CHINA COSCO SHIPPING CORPORATION LIMITED YEARBOOK

2020

中国远洋海运集团有限公司年鉴

中国远洋海运集团有限公司 / 编

人民交通出版社
北京

内 容 提 要

本书是中国远洋海运集团有限公司组织编写的专业年鉴，全面、系统地记录了2019年中远海运集团在生产经营、企业管理、改革强企、提质增效、党的建设和企业文化等诸多方面的基本情况和重大事项。2019年，面对世界经济下行风险加大、全球航运市场竞争加剧的复杂环境，中远海运集团坚持“跑赢市场、跑赢变革、跑赢时代”目标，坚定产业链协同融合、合作共赢，深化改革创新，不仅在规模上持续稳定增长，也在盈利能力和抗周期性风险上取得了长足进步。集团秉持“普惠共赢”理念和开放包容的心态，积极投身全球化发展和“一带一路”建设，助力全球联通和贸易畅通，服务全球经济社会发展的足迹不断深入。

本书可供社会各界特别是企业界的读者阅读，尤其可作为航运界专家、学者、研究人员、工作人员的重要参考工具。

图书在版编目(CIP)数据

中国远洋海运集团有限公司年鉴. 2020 / 中国远洋海运集团有限公司编. — 北京 : 人民交通出版社股份有限公司，2025. 5. — ISBN 978-7-114-20103-5

Ⅰ. F552.6-54

中国国家版本馆CIP数据核字第2025CX3356号

Zhongguo Yuanyang Haiyun Jituan Youxian Gongsi Nianjian 2020

书　　名：中国远洋海运集团有限公司年鉴2020
著 作 者：中国远洋海运集团有限公司
责任编辑：李　刚
责任校对：龙　雪　武　琳
责任印制：张　凯
出版发行：人民交通出版社
地　　址：（100011）北京市朝阳区安定门外外馆斜街 3 号
网　　址：http://www.ccpcl.com.cn
销售电话：（010）85285857
总 销 售：人民交通出版社发行部
经　　销：各地新华书店
印　　刷：北京印匠彩色印刷有限公司
开　　本：889 × 1194　1/16
印　　张：49.5
字　　数：1330 千
版　　次：2025 年 5 月　第 1 版
印　　次：2025 年 5 月　第 1 次印刷
书　　号：ISBN 978-7-114-20103-5
定　　价：380.00元

2019 年 2 月 21 日，中远海运大连投资有限公司揭牌成立。

2019 年 2 月 22 日，中远海运（青岛）有限公司揭牌成立。

2019 年 2 月 25 日，中远海运（天津）有限公司揭牌成立。

2019 年 3 月 21 日，中远海运集团财务有限责任公司成立。

2019 年 11 月 27 日，海南港航控股有限公司重组成立。

当地时间 2019 年 5 月 10 日，中远海运港口秘鲁钱凯公司成立。

当地时间 2019 年 5 月 13 日，中远海运港口收购秘鲁钱凯港口股权项目交割仪式在秘鲁总统府举行。

2019 年 5 月 6 日，中远海运金融控股与胜狮货柜签署《股权转让协议》，以 100% 股权收购胜狮货柜旗下五家集装箱制造公司。收购后，集团造箱产能跃居全球第二。

2019年1月17日，“海洋联盟”在海南博鳌签署相关文件，将合作期限延长至2027年。

2019年1月9日，中远海运港口宣布香港葵青货柜码头组成联合操作联盟。

当地时间2019年6月7日，中远海运集团与俄罗斯诺瓦泰克股份公司、俄罗斯现代商船公共股份公司以及丝路基金有限责任公司在俄罗斯圣彼得堡签署《关于北极海运有限责任公司的协议》。

2019 年 1 月 17 日，新加坡中远－新港码头新增泊位项目在海南博鳌签约。

当地时间 2019 年 11 月 8 日，中远海运欧洲公司所属中欧陆海快线有限公司与希腊 PEARL 公司在希腊比雷埃夫斯港举行 PEARL 公司股权收购协议签约仪式。

当地时间 2019 年 11 月 20 日，中远海运欧洲公司所属中欧陆海快线有限公司与奥地利国家铁路货运公司在匈牙利首都布达佩斯签署 RCT-BILK 铁路场站股份收购协议。

2019 年 1 月 24 日，中远海运重工设计研究院成立。

2019 年 3 月 7 日，青岛中远海运与连云港市交控物流集团在连云港签订 LNG 罐箱制造项目合作协议，双方共同成立合资公司——远通装备制造（连云港）有限公司。

当地时间 2019 年 5 月 16 日，中远海运特运（欧洲）有限公司在荷兰鹿特丹开业。

2019 年 6 月 12 日，上海中远海运和比利时 LBC 公司举行上海中远海运收购上海亿升海运仓储 70% 股权交割签字仪式。

2019 年 6 月 18 日，中远海运散运广州国际航运大厦项目奠基。

2019 年 7 月 7 日，青岛市南区国际航运贸易金融创新中心揭幕。

2019 年 7 月 31 日，广西新通道国际集装箱码头有限公司揭牌。

2019 年 10 月 16 日，临沧中远海运物流有限公司成立。

2019年9月6日，“中远海运行星”轮命名交付。至此，中远海运集运6艘21 000TEU系列集装箱船全部交付。

“中远海运银河”轮

“中远海运太阳”轮

“中远海运宇宙”轮

“中远海运星云”轮

“中远海运恒星”轮

2019 年 9 月 20 日，中远海运集运开通“广西钦州—南美东”远洋直航航线。

2019 年 12 月 31 日，中远海运集运智利—上海“樱桃快航”在上海港首靠。

2019 年 1 月 25 日，中远海运散运 40 万吨超大型矿砂船“远津海”轮在上海命名。

2019 年 4 月 18 日，中远海运散运 40 万吨超大型矿砂船“远神海”轮在扬州中远海运重工命名。

2019 年 11 月 18 日，中远海运散运 40 万吨超大型矿砂船“远穗海”轮在上海命名。

2019年9月24日，中远海运能源第四代17.4万立方米大型液化天然气（LNG）运输船首制船“天枢星”轮命名。

2019年，中远海运特运5艘62 000吨多用途纸浆船陆续命名交付，此系列船舶均为大连中远海运重工建造。

2019年1月11日，中远海运特运首艘62 000吨多用途纸浆船“中远海运开拓”轮命名交付。

2019年4月18日，中远海运特运第二艘62 000吨多用途纸浆船“中远海运创新”轮命名交付。

2019年6月15日，中远海运特运第三艘62 000吨多用途纸浆船“中远海运进取”轮命名交付。

2019年9月20日，中远海运特运第四艘62 000吨多用途纸浆船“中远海运卓越”轮命名交付。

2019年11月6日，中远海运特运第五艘62 000吨多用途纸浆船“中远海运锦绣”轮命名交付。

2019 年 4 月 26 日，中远海运特运 7 500 吨沥青船“康华湾”轮入列。

2019 年 5 月 24 日，中远海运特运 7 500 吨沥青船“盛华湾”轮入列。

2019 年 5 月 20 日，中远海运特运“天禄”轮承运中国铁路客车顺利抵达古巴首都哈瓦那港。

2019 年 7 月 30 日，中远海运特运“大玉霞”轮成功“运输 + 安装”2 件单重达 330 吨 LPG 罐体。

2019 年 8 月 24 日，中远海运特运“新光华”轮成功潜装 FLOATING DOCK NO.2 号浮船坞。

2019 年 10 月 1 日，中远海运特运“莲花松”轮装载中老铁路项目首船钢轨启航。

2019 年 10 月 5 日，中远海运特运“大泰”轮顺利通过白令海峡，驶出北极东北航道。公司全年北极航行 9 个航次，创历史新高。

2019年8月8日，中远海运物流成功完成ITER核心部件跨国运输。

2019年8月16日，上海中远海运船务助力“亚洲奋进者1号”钻井平台成功出运。

2019年9月28日，中远海运物流移动冷库项目落地西藏地区。

当地时间 2019 年 5 月 25 日，“中远海运太阳”轮首挂沙特阿拉伯达曼市的阿卜杜勒·阿齐兹国王港。

当地时间 2019 年 7 月 25 日，比利时泽布吕赫码头 Navis N4 系统成功上线，这是中远海运港口全球布局 TOS 系统（码头操作系统）的首个成功案例。

当地时间 2019 年 12 月 12 日，意大利 Vado Gateway 码头投入试运营。

截至当地时间 2019 年 11 月 18 日，中远海运比港年度集装箱吞吐量突破 500 万 TEU。

2019 年 9 月 27 日，中国首艘自主运营的豪华邮轮“鼓浪屿”号从厦门首航，图为 9 月 26 日举行的首航仪式。

2019年12月，中远海运重工“海上8MW级大型风机高效高稳自航自升式安装平台与关键技术”项目荣获2019年度中国机械工业科学技术一等奖。

2019年9月27日，南京船配自主研制的船用柴油机二冲程排气阀杆实现首台套装机，填补国内产业空白。

2019年12月16日，国内首个1 300吨自升自航式风电安装船“铁建风电01”交付。

2019年10月15日，中波公司“帕德雷夫斯基”轮以大船套小船方式装载16艘最大长度90米、重580吨的驳船。

2019 年，中远海运集团打造服务进博升级版，为 108 个国家和地区以及国际组织的 687 家展商提供主场运输服务。

2019年10月18日，中石化中海燃供首船低硫保税燃料油从SILVER ORLA号油轮顺利卸入华瀛石化保税罐。

2019年12月2日，中国船燃参加山东港口国际油品大会，并与山东港口集团签署战略合作框架协议。

2019 年 4 月 3 日，中远海运能源举办全球客户年会。

2019 年 12 月 17 日，中远海运西亚公司举办 2019 年区域代理会。

2019年10月18日，天津中远海运与YOU+联手打造的首个国际青年社区开业。

2019年10月22日，广州新海医院新业务大楼奠基。

2019年12月3日，上海船研所在国际海事展上举行“中国数值水池船舶快速性子系统功能认证发布会”。

节能减排突出贡献企业奖

2019 中国航运业十大科技创新企业、最佳窗口服务集装箱班轮公司、最佳智慧服务集装箱班轮公司、综合服务十佳集装箱班轮公司奖

BIMCO 主席特别奖

董事会价值创造奖

新财富
中国最佳上市公司
Top50

最佳港口运营商奖

最具社会责任上市公司奖

最佳社会责任奖、公司治理优秀企业奖

2019 年，中远海运集团获得国务院国资委经营业绩考核 A 级、党建考核 A 级，同时荣获多项重大荣誉。

终身成就奖

2019 年 3 月 26–29 日，中远海运集团为博鳌亚洲论坛 2019 年年会圆满召开提供全方位支撑。

当地时间 2019 年 11 月 13 日，中远海运集团出席金砖国家领导人巴西会晤。

2019 年 3 月 22 日，中远海运集团出席中意领导人接见活动及中意企业家委员会议。

2019 年 10 月 22 日，中远海运集团承办亚洲船东协会海员委员会第 25 届中期会议暨 2019 年亚洲海员发展论坛。

2019 年 10 月 24 日，中远海运集团出席首届可持续发展论坛，并与阿里巴巴集团、中国长江三峡集团等中外企业共同发起可持续发展企业行动倡议。

2019 年 11 月 26 日，中远海运集团出席中俄投资合作委员会会议。

2019 年 12 月 9 日，中远海运集团出席第十三届中国－拉美企业家高峰会议。

2019 年 12 月 18 日，中远海运集团出席第五届中国品牌论坛，并入围中国品牌发展（企业）指数 100 强。

上左：2019 年 4 月 18 日，中远海运集团参加 2019 中国天津投资贸易洽谈会暨 PECC 博览会。

上右：2019 年 12 月 3 日，中远海运集团出席 2019 年中国国际海事技术学术会议和展览会。

左：当地时间 2019 年 3 月 28 日，中远海运韩国公司参加青瓦台外资企业代表座谈会。

下：当地时间 2019 年 5 月 26 日，中远海运韩国公司出席中韩企业家合作交流会。

上：当地时间 2019 年 4 月 8 日，来自英国、比利时、日本等国家的 32 名驻希腊大使和 11 名中国驻希腊使馆外交官参观比雷埃夫斯港。

右：当地时间 2019 年 9 月 23 日，中国驻希腊使馆在雅典举行招待会，隆重庆祝中华人民共和国成立 70 周年。驻希腊大使章启月在招待会上代表驻希腊使馆向中远海运比港等 10 家希腊机构颁发“中希友谊贡献奖”。

下左：2019 年 11 月 5-10 日，中远海运比港设展参加第二届中国国际进口博览会。

下右：当地时间 2019 年 4 月 18 日，西雅图港举办“柳林海”轮首航美国 40 周年庆祝活动。

2019年6月4日，中远海运集团召开“不忘初心、牢记使命”主题教育动员大会。

2019年6月24日，中远海运集团党组举办“不忘初心、牢记使命”主题教育读书班。

2019年7月23日，中远海运集团党组举办“不忘初心、牢记使命”主题教育调研成果交流会。

2019 年 3 月 18 日，中远海运集团党组举行中心组（扩大）集体学习会，集团党组书记、董事长许立荣传达全国两会精神。

上左：2019 年 6 月 14 日，中远海运集团党组举行中心组（扩大）集体学习会，中央党校马克思学院副院长牛先锋教授作专题辅导报告。

上右：2019 年 7 月 12 日，中远海运集团党组举行中心组（扩大）集体学习会，上海市政协副主席、民建上海市主委周汉民同志作专题辅导报告。

右：2019 年 12 月 30 日，中远海运集团党组举行中心组（扩大）集体学习会，原中央党校校委委员韩庆祥教授作专题辅导报告。

2019 年 7 月 1 日，中远海运集团召开庆祝建党 98 周年暨“两优一先”表彰大会，集团党组书记、董事长许立荣作“不忘初心、牢记使命”主题教育党课。

2019 年 5 月 7 日，中远海运集团党组书记、董事长许立荣在上海交通大学作主题报告。

2019 年 12 月 27 日，中远海运集团董事、总经理、党组副书记付刚峰在上海交通大学作“驶向深蓝”专题报告。

初心筑梦
中央企业经典爱国主义歌曲歌咏展演

不忘初心 牢记使命

“中国心·博鳌情”

与祖国同行 与时代共进
中华人民共和国成立70周年

礼赞祖国 筑梦远航
庆祝中华人民共和国成立70周年
中远海运特运职工合唱比赛

中远海运集团驻连单位庆祝新中国成立70周年联合文艺汇演

风雨同舟七十载
奋楫扬帆新航程

为世界“船”递能量
为祖国增添荣光
庆祝中华人民共和国成立70周年
中远海运能源运输股份有限公司职工文艺汇演

2019 年，中远海运集团全系统举办“潮起新中国　远航新时代”各类主题活动庆祝中华人民共和国成立 70 周年。

2019 年 9 月 25 日，中共中央宣传部等发布关于表彰“最美奋斗者”的决定，原上海海运局船员杨怀远被授予“最美奋斗者”称号。

2019 年 9 月 21 日，中央企业先进集体和劳动模范表彰大会在京举行，中远海运集团所属 5 个集体、7 名个人荣获表彰。

2019年6月6日，在世界航海日主场活动上，中远海运港口阿布扎比码头委派团队获评2019年“海洋人物”。

2019年9月9日，中远海运比雷埃夫斯港口有限公司总裁傅承求获评中国港口行业“最美港口人”。

2019 年 5 月 21 日，中远海运集运“新福州”轮成功救援 1 名海上漂航 11 天的遇险渔民。

2019 年 7 月 11 日，中远海运能源“远洋湖”轮成功救援 32 名遇险渔民。

2019 年 9 月 4 日，中远海运物流助力龙潭水电站抢险。

2019 年 9 月 6 日，中远海运散运“远神海”轮成功救援 23 名遇险渔民。

2019年3月31日，中远海运集运与上海虹口区检察院开展检企共建活动。

当地时间2019年10月26日，中远海运韩国公司与驻韩大使馆经商处开展联学共建活动。

2019年6月25－28日，第五届中国海员技能大比武活动在浙江舟山举行，集团参赛选手成绩突出，揽获多个奖项。

2019年9月8日，中国驻芬兰大使陈立率领使馆工作人员及家属40余人登上中远海运特运“天恩”轮，与船员共同庆中华人民共和国成立70周年。

2019年2月，中波“寰宇”轮在船厂坞修期间，邀请20位船员亲属上船共度春节。

当地时间 2019 年 11 月 21 日，中远海运慈善基金会助学公益项目捐赠仪式在希腊比雷埃夫斯港举行。

当地时间 2019 年 12 月 18 日，中远海运北美公司参加美国新泽西州斯考克斯玩具捐赠活动。

2019 年 7 月 20 日，中远海运金控本部及下属单位员工参加“守卫香港”和平集会，表达守护香港繁荣稳定的心声。

2019 年 10 月 12 日，中远海运驻港单位举办 2019 海滩清洁活动。

2019 年 4 月 11 日，中远海运集运开展“创客行动”成果展示大赛。

2019 年 4 月 17 日，中远海运驻穗单位举行升国旗仪式暨“跑赢青春”主题团日活动。

2019 年 11 月 15 日，中远海运能源举办英语演讲比赛。

2019 年 11 月 30 日，中远海运特运举办 2019 年职工趣味运动会。

2019 年 12 月 15 日，中远海运能源举办首届职工运动会。

《中国远洋海运集团有限公司年鉴 2020》编纂机构

《中国远洋海运集团有限公司年鉴 2020》编审委员会

主　任：万　敏

委　员：朱碧新　靳宏荣　孙云飞　刘鸿炜　陈扬帆　林　戟　张　勇
冯　波　张善民　翁　羿　韩　骏

《中国远洋海运集团有限公司年鉴 2020》编纂工作委员会

主　任：刘海涛

副主任：徐永上　朱雪峰

委　员：郭庆东　吴彦红

总部机关和直属单位（按姓氏笔画排序）

马向辉　王玉洲　王庆标　王金山　王　雷　王　蕾　白培军
冯　凭　朱春辉　刘孔明　刘　剑　刘清卿　刘福阁　关育德
许丽华　许　超　孙　铁　纪海东　李晓春　李倬琼　李　辉
李景石　杨宏文　杨宗辉　杨　健　吴　迪　吴春增　佟　明
沈　熙　张志明　张晓岚　张　鹏　欧阳木林　金　洋　周崇沂
周媛媛　段学庆　姜少虎　祝孝福　姚　炯　姚　强　夏一忠
顾菊根　顾霞琴　徐国栋　高宝明　高　原　郭　伟　陶卫东
黄　坚　黄　莉　黄爱新　龚韶明　康炳建　董宇航　董　雷
蒋玉生　蒋时飞　辜忠东　霍拥军

《中国远洋海运集团有限公司年鉴 2020》编辑部

组　长：佟成权

成　员：柳邦声　相熔钢

《中国远洋海运集团有限公司年鉴 2020》主要特约撰稿人

（按姓氏笔画排序）

丁　羿　于　炯　马洪进　马晓静　马　嵘　王　易　王金山
王俊兴　王续伟　王鹏飞　卢向峰　卢艳雯　卢婧瑶　叶　琦
史明彪　朱月芳　朱　江　朱春辉　朱雪峰　任梦婕　刘　飞
刘心蕊　刘永亮　刘旭阳　刘　剑　刘　悦　刘清卿　刘辉华
刘福阁　江　茜　祁　浩　孙　轶　孙洋洋　孙臻稷　严妙群
李　辉　李景石　李锦绣　杨新远　杨　煜　肖江宇　吴　晓
吴勤范　邱　晨　汪家荼　沈海龙　张　华　张　进　张志明
张　芸　张希南　张　洁　张　琪　张　雯　陆英祥　陈史奇
陈　坤　陈晓雨　陈晓波　陈晓艳　陈　鑫　范祝莲　范路遥
林　欣　罗开军　金佳慧　周　明　周家恺　周涵聪　赵丰年
赵中博　赵　杰　赵　科　赵博宇　赵燕青　胡柏青　胡　彧
柳　芳　姜丽莉　祝孝福　姚兆羽　袁　帅　顾菊根　徐帮林
徐　彦　高伟燔　高思航　郭梁梁　郭　静　唐继云　陶广昭
黄奉洁　黄奇萃　龚韶明　梁诗枫　葛　昊　傅　奇　傅源源
曾　涛　詹黎明　窦文金　蔡　宏　裴　凯　薛　堃

编辑说明

一、《中国远洋海运集团有限公司年鉴2020》（以下简称《年鉴》）是中国远洋海运集团有限公司组织编纂的专业年鉴，是全面、系统、准确记录中远海运集团主要发展情况的权威性大型资料性工具书。《年鉴》全面、系统记录了2019年中远海运集团在生产经营、企业管理、深化改革强企、提质增效、创新技术迭代和转化、党的建设、企业文化和履行企业社会责任等诸多方面的总体情况和重大事项。

二、编撰《年鉴》的指导思想：坚持以习近平新时代中国特色社会主义思想为指导，全面贯彻党的十九大精神，紧紧围绕企业发展主线，坚持辩证唯物主义和历史唯物主义的观点和态度，尊重历史、实事求是，全面、真实、客观地记述年度重大历史事件、重大工作成就和重要历史荣誉，达到存史、资政、育人的目的。

三、《年鉴》资料记述时限为2019年1月1日至2019年12月31日，个别内容略有延伸。《年鉴》中引用的数据、资料等均为中远海运机关各部门、各直属单位提供，各单位主管领导对文稿进行了审阅。

四、《年鉴》框架结构由篇目、栏目、条目三个层次组成。本卷设17个篇目，即专文、概况、产业集群、船队建设、国际化经营、安全生产、企业管理、投资者关系、科技创新与数智化、企业党建、群团工作、企业文化、企业社会责任、直属单位概览、大事记、光荣册、统计资料。遵照年鉴编撰的规范要求，编辑部对撰稿人提供的稿件依据编写大纲与撰稿要求，统一全书体例，规范专业名词术语，补充部分资料，理顺语言文字，力求做到资料翔实、叙述简洁、数据准确。为了便于读者查阅和检索，文前附英文目录，文后附索引。

五、书中货币单位除另有说明外，均为人民币。

六、在《年鉴》编辑、出版过程中，得到中远海运机关、各直属单位领导、专家及撰稿人的大力支持与帮助，在此谨向提供各种帮助的人士，致以诚挚的谢意。

由于《年鉴》编辑出版时限性强，疏漏和欠缺之处在所难免，恳请读者批评指正。

《中国远洋海运集团有限公司年鉴2020》编撰组

2024年10月

目　录

第四篇　船队建设 / 115

第五篇　国际化经营 / 141

第七篇　企业管理 / 171

第九篇 科技创新与数字化转型 / 215

第十篇 企业党建 227

第十一篇　群团工作 / 255

第十二篇　企业文化 265

第十三篇　企业社会责任 281

第十五篇　大事记 / 589

第十六篇　光荣册 / 595

第十七篇　统计资料 / 625

索引 / 699

Contents

Part 1 Feature Articles / 001

Part 2 Corporate Profile / 055

Part 5 International Operations / 141

Part 6 Work Safety / 157

Part 7 Corporate Management / 171

Part 8 Investor Relations / 197

Part 10 Party Building / 227

Part 11 Work of Mass Organizations / 255

Part 12 Corporate Culture / 265

Part 13 Corporate Social Responsibility / 281

Part 16 Awards and Honors / 595

Part 17 Statistics / 625

2020

CHINA COSCO SHIPPING CORPORATION LIMITED YEARBOOK

中国远洋海运集团有限公司

年鉴

第一篇

专文

工作报告

跑赢市场　跑赢变革　跑赢时代　在高质量发展道路上砥砺前行（摘要）

——在 2019 年工作会、党建工作会暨一届三次职代会上的总结讲话

中远海运集团董事长、党组书记　许立荣

2019 年 1 月 13 日

第一部分　深刻认识面临的形势与任务

中央经济工作会议指出，我国发展仍处于并将长期处于重要战略机遇期，呈现长期向好的发展前景，这是党中央在国内外形势发生深刻变化的情况下，全面分析形势和任务得出的一个重要结论。这一重大判断，也是基于当今时代主题、全球趋势性变化与我国自身实力综合考虑的科学论断。我们要把思想和行动统一到中央的重大判断和科学决策上来，坚持从全局看局部，从未来看当下，科学把握航运发展面临的机遇和挑战。

从大势来看，重要战略机遇期为航运发展带来了诸多利好。一是加快经济结构优化升级带来新机遇。中国经济结构正由投资拉动型向消费驱动型转变，这必将促进中国贸易结构由出口拉动型向进口均衡发展转变。习近平总书记在中国国际进口博览会上指出，“预计未来 15 年，中国进口商品和服务将分别超过 30 万亿美元和 10 万亿美元”[①]，这为我们航运企业高质量发展带来了非常大的利好。二是深化改革开放带来新机遇。全面深化改革不断激发市场的活力，全面开放新格局正在形成并向纵深发展。“一带一路”建设在全球范围内不断深化，为航运企业持续健康发展创造了新空间。三是提升科技创新能力带来新机遇。我国科技支撑条件已经今非昔比，市场需求持续旺盛，制度优势无比强大，前沿领域科技发展具备了良好基础，为我们航运企业提质增效注入了新动能。四是参与全球经济治理体系变革带来新机遇。国际事务话语权和影响力不断提升，外部环境朝着有利于我们的方向发展，为中国航运企业提升全球运输通达能力提供了新契机。这些趋势性变化，在加速集聚并形成势头，为航运发展带来了新机遇。

在看到有利机会的同时，也要清醒认识到，今年我们也面临不少挑战，一是外部环境更加复杂和严峻。世界经济下行风险在逐步增大。国际货币基金组织将 2019 年全球经济增速由 3.9% 下调到了 3.7%，这是两年多来的首次下调。二是内需增长有可能放缓。最近中央出台了一系列政策，对民营企业、实体企业的发展提出了一些减税降费的支持政策，这也说明现在实体经济的发展面临着不少困难。三是航运供需矛盾有待进一步缓解。从今年整体来看，供需矛盾还没有得到有效缓解，今年航运企业的任务非常繁重，我们应该积极把握战略机遇，同时还要积极应对挑战，战胜挑战。

新年伊始，集团党组召开了党组会，专题学习习近平总书记在元旦发表的新年贺词。习近平总书记在贺词中讲，“我们都在努力奔跑，我们都是追梦人”[②]。习近平总书记提到的“奔跑”，概括了我们国家发展的节奏，也让我们的国人增

① 习近平：《共建创新包容的开放型世界经济——在首届中国国际进口博览会开幕式上的主旨演讲》，《人民日报》2018年11月6日。

② 《国家主席习近平发表二〇一九年新年贺词》，《人民日报》2019年1月1日。

添了奔跑的豪情。作为中远海运集团，我们是中国最大的航运央企，也是全球最大的航运公司，我们不仅要与时代、与国家一起努力奔跑，更要跑出我们自己的“加速度”，跑出我们发展的高质量，跑出我们集团的新成就。2019 年，我们要做到“三个跑赢”——跑赢市场、跑赢变革、跑赢时代。

跑赢市场，就是要提高市场预判能力，提高创收创效能力，就是要跑赢市场的大势，取得比市场平均水平、比同业同行更好的经济效益。

跑赢变革，就是要以改革开放 40 年为新起点，跑赢深化改革再出发的“接力赛”，就是要站在改革第一线不断加大深化改革的力度，不断提升快速改革的速度。

跑赢时代，就是要准确把握时代脉搏，肩负起时代赋予我们的新使命；就是要勇于站在时代前沿，赢得全球航运从跟跑到并跑到领跑的“新竞赛”，赢得我们世界一流企业的“入场券”，做推进航运强国，建设世界一流引领全球航运的先锋队，创造无愧于伟大新时代的新辉煌。因此，新的一年，我们要把“三个跑赢”作为我们的努力方向和工作准则。

第二部分　2019 年总体要求和重点工作

2019年是中央企业新一轮三年考核的开始，也是集团推动向高质量发展的关键一年，新形势对集团改革发展提出了新的要求，也提供了新的机遇。2019 年，集团总的工作指导思想是：以习近平新时代中国特色社会主义思想为指导，全面贯彻党的十九大和中央经济工作会议精神，落实“巩固、增强、提升、畅通”八字方针，聚焦“主业全面盈利，再获 A 级殊荣”，弘扬同舟共济精神，坚持新发展理念，坚定不移做强做优航运主业，坚定不移深化改革，大力推进高质量发展，努力打造卓越中远海运，为航运强国建设贡献更大的力量。大家要认真领会这一指导思想，在“三个跑赢”工作方针下，把 2019 年各项工作做得更好。

下面，我对 2019 年的工作谈几点要求。

一、巩固集群优势，促进经营效益稳增长

2018 年，集团经济效益再创新高，大家对此感到非常振奋，这是一个来之不易的成绩，是我们充分参与全球化竞争，努力在市场拼搏的成果。在大家的努力下，集团实现营业总收入 2 818.37 亿元，同比增长 20.29%；实现利润总额 200.86 亿元，同比增长 3.71%，超额完成国务院国资委下达的经营责任目标；这是集团成立三年来，利润总额首次突破 200 亿元大关。与 2017 年相比，2018 年的经营效益，含金量更高。众所周知，自 2018 年初开始，中美贸易摩擦对整个运价和运输量造成了非常大的影响，同时燃油成本大幅上扬，同比增长 32%，我们额外多支出了大笔燃油费用，在这样的环境下我们实现这样的效益，充分体现了改革发展的成果。

集团大多数企业效益完成得比较好，效益排名前十的单位包括：中远海运港口、中远海运散运、金控平台、香港中远海运、中远海运集运、东方海外、中远海运物流、广州中远海运、中远海运财务、中远海运能源。从这些企业创效的内涵来看，创效能力和经营水平与同行相比，都有非常明显的进步，甚至超越了同行。通过对标我们看到，2018 年前三季度，中远海运集运实现利润、能源大小三角航线平均期租水平、散运内外贸平均租期水平，都优于市场、优于同行，这说明我们的经营内涵在质量和水平上都在不断提升。接下来，我们还要树立更大的信心和勇气，把创效工作做到最好。

当然，从全球经济、中国经济以及国际航运市场的走势来看，今年我们还面临不小的挑战，对此我们要积极应对，拿出敢为人先的闯劲，一往无前的拼劲，咬定目标不放松，为集团持续创效做出更大的贡献。

一要从任务指标入手，层层落实责任。各单位要认真按照经营业绩考核责任书、党建责任书和安全责任书经营业绩考核责任书、党建责任书和安全责任书的指标层层分解，明确时间表、路线图，拿出完成目标的具体措施。集团工作会结束以后，各家公司都将陆续召开工作会，各单位

要在自己的工作会上，把指标进一步细化，层层落实下去，要努力克服中美贸易摩擦、低硫油新政带来的困难，确保全面完成，甚至突破我们的目标。

航运是主业，我们对航运的要求也更加重视，航运板块要贯彻“三个要求”：一是不亏损是底线，我们已经连续两年实现了航运板块的全面盈利，在这样的市场形势下，取得这样的成绩是不容易的。特别是 2018 年，其他不少公司是亏损的。2019 年，不确定因素不少，但航运板块不亏损要作为底线。二是业绩要优于去年，有了底线思维，还要树立奋斗目标，那就是业绩要优于 2018 年。三是跑赢市场是使命，面对市场可能出现的波折，我们要树立责任感、使命感，要优于同业同行。对这三个要求，各航运单位都要深刻领会，认真研究，年底我们将用这三个要求对大家进行考核。

二要从收支两条线入手，夯实增收创效的基础。从收入看，集团去年增长较好。今年，我们要继续聚焦新兴市场、第三国市场、区域市场，抓好增收的关键路径。继续抓好战略客户、直接客户、中小价值贡献客户的开发。要注重挖掘海外市场潜在价值客户，充分发挥庞大海外网络的作用，把海内外资源整合起来，进一步开拓海外市场的价值，提高收入增长。

就成本而言，我们去年的成本增长 23%，幅度较大，其中燃油上涨是非常大的因素，所以，在重点抓好燃油成本的同时，还要考虑如何妥善解决低硫油使用的问题。大概统计一下，我们使用低硫油按目前燃油单价计算，成本增加较多，对此，各航运公司必须有一个正确判断和具体措施。另外，我们还要从产业链入手，抓住每一个关键环节，在网络成本、租船成本、采购成本、财务成本、人工成本、行政成本等各方面下功夫，按照精细化管理的要求，对每项成本进行对标考核。其中，除了正常的生产成本，最容易疏忽的是行政成本的支出，虽然我们家大业大，效益不断攀升，但是艰苦奋斗的作风不能丢，每项行政支出都要把握好。

在财务成本方面，昨天已经召开了风险管理委员会，集团外部董事对集团重点财务支出内容提出了意见。第一个意见，是要控制成本降低费用。对我们企业而言，降本增效永远在路上，因为控制一分成本就产生一分利润，所以，我们一定要把成本控制工作做细。第二个意见，投资要优中选优，按优先排序。集团投资的项目要尽快发挥效益，这个意见非常好。现在集团投资规模越来越大，从“6+1”产业集群发展以及“一带一路”建设来看，这些投资项目中我们都要优中选优。第三个意见，要进一步重视现金流。从 2019 年预算来讲，我们的财务费用数额不低，所以，各单位要从应收账款、存贷、应付贷款、资产处置等方面入手，切实下功夫，把资产变现、把财务费用转换为利润。希望各级单位都要高度重视，把每项工作都抓实抓好。

集团外部董事对 2019 年工作会非常重视，2018 年集团董事会被国务院国资委评为中央企业董事会考核前三名，成绩来之不易，各位外部董事作出了重要贡献，对集团工作全力以赴支持，在此，我提议大家以热烈的掌声向我们的外部董事，表示衷心的感谢！

三要从企业盈利入手，切实抓好重点企业的创效。昨天的工作报告已经讲得非常详细，今天我在这里就不再提具体要求，主要谈一下总体要求。对于航运产业集群，集运要坚定不移地推进“全球化、数字化、端到端、双品牌”四大经营战略。散运要坚持稳健发展，在保持基础货源和战略客户比例稳步增长的同时，更加注重中美贸易摩擦谈判出现的新变化；双方贸易谈判后，中国可能会大量采购美国大豆、粮食，散运要认真研究把握机会，要在中国大量采购中拿到更大的市场份额，这要作为今年的一个目标，需组织营销团队落实好。能源要进一步提升经营效率，强化经营质量，做好提质增效，提升抗周期业务发展能力。要进一步加强液化天然气（LNG）业务的运营和发展，我们的 LNG 船队现在已经有一定规模，到 2020 年，船队规模将进一步扩大。LNG 运输的商业模式有其独特之处，可以保证十年、二十年的平稳利润回报，要坚持推广这种模式。我们的中铝几内亚项目，也运用了这种模式，有固定回报，不追求暴利，但盈利可以保证在相对客观的水平。未来，我们要全力推进 LNG 运输业务的发展，中美贸易谈判后，可能会从美国大量进口能源，能源公司要把握好这一机会。港口要进一步加快全球战略支点布局，切实抓好重大项目，提升码头控制力和管理能力，要和集装箱船队以及海洋联盟协同配合，共同发展集装箱业务。

物流产业集群要主动融入“一带一路”建设、京津冀协同发展等；要着力加快基础资源的建设，延伸物流服务领域，完善全球网络的布局，推进商业模式创新。物流未来的商业盈利模式正受到一些挑战，所以必须在转型升级上拿出实招。特运要坚定“特”字战略，扩大在半潜船市场上的技术领先优势，在多用途船和纸浆船等领域，建立引领行业发展的规模优势。中国的用纸需求是世界上最大的，加上我国对废纸进口严格限制，未来纸浆进口量将会非常大，特运要统筹策划好，增加一些新的运力，投入到纸浆的专业运输当中。

航运金融产业集群要充分发挥集团产业优势，加快租赁、投资、保险、银行、财务业务协同发展，打造一站式的航运金融服务体系，大力推进产融结合。

对于装备制造产业集群，现在面临的困难比较多，要坚定信心，持之以恒地“学川崎”，推动造船技术和产品升级，“学川崎”不仅是学技术，更要学先进的管理理念，学成本控制意识。重工要勇于担当，2019 年要全力控亏减亏，要全面复制川崎的生产模式，坚定不移地推进去产能工作，解决好历史遗留问题，做好债务优化和债转股等工作。

航运服务产业集群和社会化产业集群，要进一步加强整合，提升创效和盈利能力。

二、做好“三个切换”，坚持走高质量发展道路

集团重组以来，我们一直处在高速发展的过程中，我们的“6+1”产业战略，取得了非常好的效果。但不可否认的是，目前我们还停留在粗放发展阶段，离高质量发展还有相当差距，无论从产业结构、抗风险能力，还是实际的盈利水平和管理上，我们都需要进一步提升。从快速发展向高质量发展转换，具体来说就是“三个切换”：即从追求做大到追求做优的切换，从外延式扩张向内涵式提升的切换，从高速发展到高质量发展的切换，做好这“三个切换”，我们才能向高质量发展迈进。

虽然我们面临很多新的机遇，但同时也面临很多新的挑战。当前，我们最主要的事，就是如何克服内在的短板，破解碰到的难题，改变粗放式的发展和管理。昨天工作报告中，讲到了我们工作中存在的一些不足，包括全球化布局有待进一步优化，创新能力有待进一步增强，管理水平有待进一步提升等。除了这三个不足，在 2019 年务虚会上，我还讲到了我们在商业模式、创新能力等方面存在短板，这些问题我们必须看清楚，要通过高质量发展来解决。

一是进一步优化产业结构，这是高质量发展的基础。我们确定了“6+1”产业集群的发展战略以及四个板块优先发展的战略路径。从现在来看，这些产业集群的发展还处在一个简单相加的粗放过程中，或者简单地把一个企业划分到一个产业集群之内，实质性的产业结构优化还没有真正运行起来。在产业结构优化上，要在以下几个方面做得更好。

航运要形成市场优势，集运、散运、能源、特运等航运产业，一定要争取在细分市场达到最高的市场份额。能做到这一点，就是竞争能力的体现。我们已经有了好几个世界第一，但世界第一，仅仅大是没用的，一定要在市场份额上形成优势，那才是真正的竞争优势，我们的航运产业要向这个方面发展。

港口要做好重点布局，要在全球化上点线结合、以点带面，持续推进全球发展。物流要转型升级，创造新的商业模式和盈利能力。航运金融要打造资本市场的品牌，充分利用航运产业资产、资本优势，发展金融融资产品，形成在资本市场上的知名度和影响力。现在中海发展的股票价格很低，说明我们的发展能力还没有被市场认可。虽然重组时，我们把它顺利地切换成一个金融控

股平台，但怎么让市场认可我们，还需要做出进一步的努力，需要我们打造出真正的有竞争力的产品，让资本市场认可。

装备制造板块一定要继续深化供给侧结构性改革，航运服务产业和社会化产业要坚定不移地加强整合。“互联网 +”要进一步确定发展方向。这次在进口博览会上，集运牵头建立了一个港口和海运的区块链联盟——全球航运商业网络（GSBN），影响非常大。我们将把一些重要的产品放到这个平台上。从目前的实践来看，现在很多港航企业对我们这个 GSBN 非常感兴趣，这也是我们利用东方海外的信息资源创造出来的，这是一个好的开端，但是“互联网 +”未来怎么发展，如何为集团产业作出新贡献，还需要认真研究。

在高质量发展过程中，要强调市场原则，发挥市场在资源配置中的决定性作用，进一步调整优化内部结构，包括船队结构、客户结构、市场结构和人力资源结构等。

二是继续坚持创新驱动发展。创新是高质量发展的动力，当前，新产业、新业态、新模式等新动能对经济发展的支撑明显提升。面对创新浪潮，与优秀企业相比，我们在创新能力上还存在着不小的差距。我们围绕产业内布局，以客户为中心突出全程服务、全域化经营的商业模式还处在摸索中。在创新上，我们仍然是一个追随者、效仿者。2019 年，要重点推进商业模式创新、科技创新和管理创新等工作。当然，现在也有一些好的商业模式的创新案例，像中铝几内亚项目、航运区块链联盟等。下一步，我们不仅要把这些项目打造好，更要通过探索，不断启发和指导更多的创新项目，各个产业都要用心去研究创新，注重创新。

三是进一步坚持精益管理。这是高质量发展的保障，没有一流的管理就没有一流的企业，我们一定要转变思维，树立精益理念，强化精益运营、精细运作，实现企业有质量、有效益地增长。面对在管理上存在粗放的问题，各个产业都要认真思考和学习精益化运营。在精益管理方面，有一个非常好的学习榜样，就是集运和东方海外天衣无缝的合作。今天来看，令人感到振奋的是，我们收购东方海外取得了非常好的效果。在“六个保留”[①]原则下，东方海外现在的创效力、凝聚力，都达到了最高水平。集运在整个融合过程中，非常注重发挥东方海外精益化运营的优势，并不断向东方海外学习。2018 年 12 月，集运召开的全球代理会非常成功，集运非常认真地把整个经营和管理过程与东方海外进行对标，将集运存在的不足在大会上公开亮相。收购不是简单的经济效益相加，更是管理上的全方位对标，全方位学习。通过学习创造，相信未来我们在精益管理上会越来越出色。从东方海外的个人素养上来讲，他们是非常优秀的，个人的能力在经营管理过程当中得到了充分的发挥，这一点也要加强学习对标。我们每一个职工，都要培育良好的职业道德，要在经营管理过程中充分体现职业素养和敬业精神。我们要将东方海外和集运在精益管理上的合作，总结提炼成案例向全集团推荐学习，共同提高我们的精细化管理水平。

高质量发展需要脚踏实地，不是为了花拳绣腿、摆花架子，而是最终要体现在企业发展的成果上。高质量发展，要认真去理解其内涵，认真去做好相关工作。

三、增强内生动力，推动深化改革再出发

2018 年 12 月 18 日，在庆祝改革开放 40 周年大会上，习近平总书记发表重要讲话，他指出，“我们现在所处的，是一个船到中流浪更急、人到半山路更陡的时候，是一个愈进愈难、愈进愈险而又不进则退、非进不可的时候。改革开放已走过千山万水，但仍需跋山涉水，摆在全党全国各族人民面前的使命更光荣、任务更艰巨、挑战更严峻、工作更伟大”[②]。这段话我学习了好多遍，因为我感觉集团改革正处在习近平总书记所讲的这个关键时刻，船到中流浪更急、人到半山

① 六个保留，即保留东方海外独立品牌经营、保留东方海外上市公司地位、保留东方海外总部在香港运营、保留东方海外治理结构和管理制度、保留东方海外管理团队和全球服务网络、保留东方海外薪酬福利体系。

② 习近平：《庆祝改革开放40周年大会在京隆重举行 习近平发表重要讲话》，《人民日报》2018年12月19日。

路更陡，越进越难，越进越险，我们现在是滚石上山，不进则退。因此，我们一定要不畏艰险，知难而进，传承40年改革开放精神，进一步加大改革的力度。

解放思想永无止境，改革开放永无止境。改革开放40年，也是中远海运跨越式发展的40年。我们从小到大，从无到有，都是通过改革开放实现的。很多同事谈到我被评为“改革先锋”，我觉得这不是凭我个人能够实现的，这是我们集团的光荣，是我们全体干部职工的光荣，是大家努力干出来的，也说明了中央对中远海运改革成效的充分认可。当然，我们也有很多不完善的地方，改革过程中还有不少不成熟、不科学、不到位的地方，但没有关系，只要我们的改革方向是正确的，就可以逐步克服上述问题。接下来就是如何细化完善改革措施、如何把这些改革做得更好的问题了。因此，我们要增强信心，坚定不移地进一步推进深化改革工作。

一要勇争先，切实抓好国有资本运营公司试点改革。这次国务院国资委把我们列入了第二批国有资本运营公司试点改革，我们现在正在做方案。同时，国资委还将对我们进一步授权，在一些投资上，国家还会给予我们政策方面的支持。进入试点，对我们来说是改革发展的契机，要抓住抓好这个良机，明确向国资委申请的授权范围，敢于突破、善于争取，扎实做好试点方案，这对企业下一步的改革发展会有非常大的帮助。

二要坚持完善市场化选聘职业经理人机制。要研究扩大试点范围，合理增加经理层，中外方市场选聘职业经理人的比例，要根据考核来决定薪酬。我们在金控平台、自保公司、比港以及泛亚公司，按照市场化选聘、契约化管理、差异化薪酬的原则进行了职业经理人试点，进一步调动了干部的积极性。应该说，对于试点职业经理人制度，方向是正确的，但现在很多的制度需要进一步完善。集团组织部门要研究出台关于职业经理人管理办法，认真研究体制内外的市场选聘管理模式。通过完善组织体系，严格分离体制内和体制外的市场化选聘。在这方面，我们的步子要大一点，要探索市场化选聘的董事会聘用制度，相关配套政策要跟上，这样才能更好地按市场化规则来管理。

原来中远太平洋有很好的经验，他们一直坚持完全按市场化管理法则，非常有效果，外籍专业人士的作用也得到充分发挥。北美公司也按市场化原则，选聘美国当地人才进入高管层，帮助开展市场营销。下一步，海外公司要选聘一些当地外籍人才进入管理层，在这方面海外公司要大胆研究，进一步加快市场化和职业经理人制度建设步伐。未来，我们要把职业经理人制度推广到更多企业，包括海外。通过执行职业经理人制度，海外人员转换为职业经理人市场考核，行就干下去，不行就别干。如果你干得好，就没有五年、六年的时间限制。外籍员工老觉得“铁打的营盘流水的兵”，不知道换了多少任总经理，所以从企业未来长远发展考虑，今年我们要出台一些国际化人才的激励政策，同时加强海外管理。

三要建立绩效挂钩的薪酬分配制度和以股权为代表的多元化中长期激励机制。港口、能源两家公司股权激励已经实施，中远海控、特运的股权激励方案以及中远海科科技人员分红激励试点方案已经上报国务院国资委，获批后就将实施。这方面，我们海控做得非常好，股权激励方案把东方海外一百多名高管全部纳入，他们感到非常振奋。只要大家共同努力创造出良好的效益，我们职工就能够分享到改革和创新的红利。集团按照年初经营目标对大家进行了考核，每个单位完成的绩效，可以用计算公式算出薪酬。要合理应用股权、期权、分红权等“政策包”，加快推进一些上市公司的股权激励计划。继续推进中远海运控股、中远海运特运等上市公司股权激励工作，推进上海船研所科技人员分红激励工作。当然，不管用什么制度来解决分配问题，都不可能是绝对公平的，任何制度都有它的缺陷。对此，我们需要看主体、看主流、看主要效果，同时需要不断完善绩效考核机制；要从大局看，绩效挂钩是绩效考核的核心，不能改变。

四要进一步完善各直属单位董事会制度建设。我们不断强化直属董事会制度建设和授权，2018年，我们已经对直属30家公司进行董事会授权。最近，集团已任命一批集团专职董事，这些董事都是从各单位、二级公司、班子成员中选拔出来的，专业能力强、管理经验丰富。今年，集团将全面推进各直属单位董事会制度建设，首先要把董事配全，董事结构有我们二级单位的领导人员，有集团派的专职董事，还有市场选聘、全球知名人士选聘组成董事会。集团要充分授权，让董事会充分发挥治理作用，决定企业的发展战略和主要的投资及生产经营活动。开董事会就是履职的过程，董事都有职责，要认真履行董事职责。今年集团要加强对董事的考核，出台一些对董事考核的办法。当董事不是轻松活，要负责任。集团有条件的单位要实行董事长、书记一肩挑，我讲是有条件的单位，这就是有前提的，现在集团已在几个区域公司试点董事长、书记一肩挑。今年，我们将不断推进公司治理工作，通过充分授权，各职能部门有效放权，切实发挥二级公司董事会自主经营决策作用。

五要敢作为，切实抓好地区公司改革。地区公司改革已经起步，三家公司正在抓紧时间做挂牌的准备，准备非常充分，工作积极性很高。大家一定要认清地区公司的发展不是存续公司，不是任其发展，而是集团新产业的孵化器，是多业态、多元化发展的重要增长级，集团将大力支持地区公司的发展。地区公司发展不能急功近利，要做好长远发展战略。集团在当前经济效益好的情况下，应尽可能帮助地区公司解决历史遗留问题，让大家轻装上阵，规划好长远发展战略。作为地区公司来讲，虽然集团没有明确马上实现盈利的要求，但一定要有紧迫感，要用只争朝夕的精神去谋划、去创业。

六要在所有制改革方面继续推进。物流要争取成为国家发展改革委混改试点，集运和宁波中远海运物流要将“双百行动”综合试点方案加紧推进。

七要继续推进改革重组和资源整合。2018年，我们深入推进船员管理体制改革。到目前为止，船员管理体制围绕“三提高一降低”的目标推进改革，应该说非常成功。其中的关键，是制定了清晰的战略和科学合理的工作方案。只要我们发扬以人为本的精神，我相信一切问题都会迎刃而解。改革开放40年，无论这个时代如何发展，环境如何变化，航运始终是我们永不舍弃的主业，船员队伍始终是我们永不舍弃的核心战略资源，唯有这样，航运板块才能成为真正的世界最大、最强。

此外，我们还稳步推进船管体制改革。2018年10月，船管改革启动之后，散运、能源和天津、青岛、大连地区公司做得非常好，深刻领会集团整体战略意图，讲大局识大体，支持船管体制改革，积极筹备谋划企业转型发展，眼睛向内看存量，眼睛向外谋增量，为二次创业做好了充分的准备。现在三个地区公司的积极性非常高，改革势头非常好。

2019年，我们要加快燃油供应和教育资源的整合。近三年，燃油和教育资源整合在现实中碰到一些实际难题，有股权问题，也有地方政府方面的问题，但不是说改革停滞了，改革要进行到底。下一步，我们要腾出精力继续推进改革。希望相关部门进一步拿出方案，加强沟通，求同存异，把解决方案做好，关键是做好顶层设计。

八要回头看，切实保障已有改革项目行稳致远。要看看近两年的改革到底出成效了没有，我们的改革项目还有哪些不适应市场，还有哪些制度环节需要进一步完善和建立。改革的最终目的是增厚改革发展的红利，提高我们高质量发展的效果。所以，总体来讲，改革是有困难的，但是党中央充分肯定我们的改革，我们就要大胆改、大胆试、大胆闯，按照现在既定的改革路线图、时间表加强推进，在这个过程当中，要把握好改革与发展、改革与稳定的关系，把我们的各项改革落到实处。

四、要提升布局能力，下好“一带一路”先手棋

目前，我们已经取得了非常好的经营业绩，特别是这两年港口发展势如破竹，成效显著，影响重大，意义深远，成为我们国家“一带一路”建设的重要战略平台。2018年12月，阿布扎比哈里发港开港，这个港口未来处理能力达240万

标准箱，开港仪式非常隆重。这也是我们在中东地区新的战略布局，我们有了自己控股的码头和港口。国家发展改革委很重视，宁吉喆部长出席了开港仪式，他认为中远海运集团有国家的使命和担当，有能力践行国家战略，无论走到哪里都受到欢迎。他认为我们是完全市场化运行，确实起到了合作共赢的效果，既让国外合作方感到满意，自身也能实现盈利和创造价值。发改委领导对我们工作的肯定，是对我们“一带一路”建设的支持和鼓励。下一步，我们还要深入推进“一带一路”建设。比港成为是中希两国合作的成功典范，2018 年吞吐量、经济效益特别是净利润都有可观的增长，而且得到了希腊社会执政党、反对党、社会精英和老百姓普遍赞誉。今年，我们正在规划新的码头建设，这些都为“一带一路”建设注入新的发展活力。新加坡新港码头，2017 年 4 月投资三个泊位，2017 年和 2018 年都有良好业绩，现在我们已经运营了新加坡 5 个大型深水集装箱码头，回报非常可观，这个项目是中新两国最大的投资项目，未来，我们在新加坡集装箱吞吐量还将进一步上升，这对我们的“一带一路”建设具有非常重大的意义。

另外，在航线布局上，无论集装箱、散货、能源、物流，在“一带一路”区域做了很多项目，包括中欧班列，最近的广西钦州、海南到东盟的新航线，以及中欧陆海快线。其中，中欧陆海快线是非常成功的。下一步，我们要聚焦精耕细作，着力抓好“一带一路”重点区域、重大项目和重点路径建设。

一是在重要区域建设上，要统筹推进南美和非洲地区的发展规划，围绕产业链延伸和商业模式创新这两个主线推动区域发展。重点完善非洲地区业务布局，加强延伸服务建设。要加快东南亚、南美、非洲地区仓储资源的前瞻性布局，抢占优质港口岸线和土地等基础设施资源。

二是在重大项目建设上，PPA（中远海运比雷埃夫斯港）要在 2018 年吞吐量可观增长的基础上，再接再厉，成为欧洲最大的枢纽港之一。未来五年或者一段时间要达到 1 000 万标准箱，就成为欧洲大港。散运要扎实做好中铝几内亚项目，这也是“一带一路”建设的重要成果。

三是在重点路径建设上，欧洲公司在组建中欧陆海快线平台方面已经做了前期大量工作，下一步要强化协同发展。中欧陆海快线未来是深入整个中东地区 7 个国家 3 000 万人口的一个经济大动脉，现已形成了全球贸易的第三个通道，战略意义非常明显，要想方设法把它做得更好。另外，还要积极推动国际陆海贸易新通道，重庆、四川陆海新通道也在积极推进当中，物流、集运在这些地区做了大量工作，和当地政府建立了良好的合作关系，我们要把这些项目做实。

五、积极打造全球公司，进一步增强国际市场竞争力

过去，我们给自己的定位是“全球承运”；现在，我们是“承运全球”。这两个定位是完全不同的。过去的“全球”是状语，核心词是“承运”二字，也就是在全球范围内承运以中国货主、中国贸易商为主的货物。今天我们新的定位是“承运全球”，“全球”是宾语，核心词是“全球”二字，具体含义是：承运全球范围内各国货主及贸易商的货物。一个是全球承运，在全球范围内承运中国的货物，现在是承运全球，在全球范围内承运各个国家的货物，我觉得这个意义是非常不同的，所以，我们必须做全球化的公司，不能老讲本土化的优势。随着经济格局发生变化，我们在全球的份额也要越做越大，无论从经营到资源配置、产业布局都必须全球化。

丹麦马士基是我们的竞争对手，但是我们要学习它的核心——承运全球。丹麦没有什么本土化市场，它反而到中国来跟我们抢市场，它承运的全球份额是最高的。未来，我们要做马士基这样承运全球的全球化公司，两头不在中国的市场我们要占有非常大的比重，无论集运、散运、能源、特种船都要扩大第三国市场的比例。传统的停留在中国本土化市场的思维要逐步扭转过来，我们不能把中国本土化作为我们的优势、本领，这不是本事。承运全球，抢下别人的市场才是本事。所以，我们要在意识、行动、目标、战略上真正实现全球化。从四个维度看，规模化、抗周期性、

盈利能力和全球公司。我们在 2018 年又有了长足的进步，但未来提升空间仍然非常大，我们还要花大力气做好。

一要重点加大第三国市场和新兴市场的拓展力度。去年 1 ~ 10 月，集运、散运、能源占第三国市场的份额已经有了非常大的提升，接下来我们还要继续增加，加大区域市场、新兴市场的营销力度。要积极保持原有区域市场的优势，形成一个网络。对集装箱来讲，欧洲地区、东南亚地区支线建设非常成功，这些支线要进一步扩大和发展。要在成熟目的地地区不断完善网络布局，做好干支线的配套。

二要积极开拓进口市场业务。要抓住中国从“卖全球”向“买全球”的深刻变化，首届进口博览会带来了商机，现在进口博览会每年都要举办，商务部已经和我们商讨今年的进口博览会了，我们要作为商务部战略合作伙伴进一步扩大合作面。进口货源对我们各航运产业板块，无论是集装箱、散运还是能源都至关重要。当我们的货物平衡达到一定水平的时候，我们的盈利增长是非常快的，所以，我们必须要加强进口业务。现在来讲，要抓住中美贸易短暂关税停收的关键时刻，加强北美市场布局，研究做好夺取北美农产品、能源运输市场份额。

三要发挥海外公司资源优势，助推集团国际化发展。我们在海外有许多机构，是全球化布局最多的，一定要把资源充分利用好，助推集团的全球化发展。海外公司要在战略上、发展上、盈利模式上，成为助推国际化发展的先锋。要发挥海外当地优秀人才的作用，在这方面集运已经做过一些尝试，把美国、欧洲的外籍人才调到总部来工作，然后把非洲员工调到印度去工作。在利用当地人才优势方面，我们还要进一步加强，要把国际化人才，把有水平、有能力的海外当地员工，充实到我们的高级管理人员当中，然后派驻到我们其他地区，不是仅仅从我们国内派到那里，还可以把美国能干的人派到欧洲去，欧洲能干的人派到非洲去，他们都是我们的员工，要根据市场需要把人才优势发挥出来。

四要充分发挥当地合作伙伴的资源优势。要将海外合作伙伴的资源优势充分挖掘出来，为我们的国际化发展添砖加瓦。我们海外的合作伙伴，往往是当地非常有名望、有地位的精英，我们与他们合作，就是要把他们的市场优势和资源充分挖掘，并为我们所用。现在不少地区已经这样做了，我们在当地投资开拓，已经有了很好的社会资源。要从大局出发，通过利益共享，让他们主动承担责任，充分发挥作用。

五要挖掘海外投资项目，推动集团全球化发展。海外公司有很多资源，遇到好的项目要积极向集团建议。东南亚公司收购的高昇物流就是一个非常成功的案例，原来船务亏损，我们把它置换出来，然后收购一个物流公司装进去，新加坡资本市场非常欢迎，现在效益非常好。像这些好的投资项目，海外公司要多发现、多挖掘，及时向集团提出建议，助推我们国际化发展。

六、确立成大事的大胸怀、大格局，做好集团协同大发展

协同发展、协同效益是非常重要的，我们现在已经有不少成功案例。比如东方海外运营就是一个很好的协同案例；还有物流的空客项目赢得了一期二期，是我们欧洲公司、集运和物流通力协作产生的巨大效果。所以协同做好了就是效率、就是效益，就推动了企业发展；反之做不好就会形成内耗，就会浪费资源，阻碍发展。把协同发展做好是要有格局、有大局意识的，没有大局意识是做不成的。只有大境界、大胸怀、大格局，我们才能把协同做好。如果眼睛只盯着自己的一亩三分地，只见树木不见森林，那集团的协同效益无从谈起。做好协同大文章要注重三个方面。

一是抓住优化资源着力点，不断提升协同质量和效率。在航运协同上，集运和东方海外，今年已经确定了新的协同目标，这是非常重要的，我们一定要实现。另外航运公司之间也要产生协同，特运、中波、厦门远洋等系统内的企业都有不同的业务交叉，都要协同起来。

在链式协同上，要重点抓好航运与港口、物流、修造船、燃油供应之间的协同，发挥我们系统资源优势。未来的竞争不是船与船的竞争，是

供应链的竞争。从集团内部来看供应链，我们有那么好的资源，我们应该一致对外形成互补，而不是互相内耗。在链式协同上，我们一定要坚持生产、资产、资本三轮驱动，持续优化产融结合，挖掘我们企业之间的效益。

二是以构建协同圈为切入点，不断扩大协同合作的空间和价值。协同圈有内外两个，内圈我们要抓好重点项目，如比港、中欧陆海快线、中铝几内亚、空客项目，总部和共享中心的协同也非常重要，相关的协同单位要步调一致起来。昨天我看小组讨论发言情况，有些代表提出来，希望集团高度注重协同效应，最好有一个领导主管协同工作，建立各个公司总经理、主管部门参加的协同工作机制。我觉得这个建议很好，要把协同效应作为党组布置的重要工作来抓，建立一个制度，定期召开会议以加强沟通，有问题尽快解决，避免小问题变成大问题。外圈协同就是我们怎么来加强对外的拓展，如：央企之间的合作，海洋联盟之间的合作，军民融合之间的合作，都要把我们的外圈合作做好，树立我们的领头羊作用，加强我们的引领作用，产生协同效应。要努力形成全球化协同、全产业链协同的发展合力。

三是以高质量发展为落脚点，建立协同长效机制。从集团来讲，要加强顶层设计，建立协同机制，加强业务协同的考核评价、信息沟通，通过集团效益最大化来解决问题。

七、切实增强“四个意识”，构筑干事创业人才新高地

党员干部要不断增强政治意识、大局意识、核心意识、看齐意识，坚持正确政治方向，做好各项工作的保障；这也是不断提高干部党性修养的标准，做一个合格党员的前提。集团提出高质量发展的核心是人的素质必须高质量提升。总体而言，我们的干部综合素质在改革过程中的表现是很好的，四个意识也很强。集团重组三年来，对于我们这个管理团队，员工评价是非常高的，干事创业精气神很高。但是，仍然有个别干部信仰迷茫，职业道德、工作态度、综合素质跟不上集团高质量发展的要求，跟不上集团大规模的全球化发展要求。我们一定要注重干部个人的品德。品德最重要，好的职业品德是一个人真正的学历。做事先看做人，人品决定态度，人品决定行为，所以干部的职业素养、修养要进一步提高。

一是要强化“六个建设”①，忠诚干净担当。坚持政治标准，强化“六个建设”，领导干部要严格要求自己，这是我们党对于所有干部提出的。要求别人做到的我们自己先做到，要求别人不能做的事情我们自己首先不能做，这就是党员干部的先锋模范作用。要突出理想信念和党性教育，加强政治能力训练，注重培养专业能力和企业家精神，提升干部综合能力素质。

二是要不拘一格大胆使用年轻干部。中央已经开始全面对年轻干部的培养作出规划，集团现在也处于需要大量人才的阶段，这也为国际化、高质量发展提供了支持。下一步，集团要对年轻干部进行专项培养和使用，要有一批年轻干部到重要岗位上去。各级党委都要重视这个问题，重点掌握一批40岁以下优秀年轻干部。我们一定要形成每个单位的干部梯队，通过以老带新，扩大年轻干部队伍。年轻干部要通过学习锻炼，提高修养和学习能力，提高政治意识和自律能力。我们还要注重那些援藏扶贫干部的选拔使用，组织部门要把年轻干部培训教育选拔任用作为重要的工作抓紧抓实。

三是要坚持严管与厚爱相结合，形成正向激励。各级党组织对干部的管理要注重抓小抓早抓预防，防止小错误酿成大问题，要注重平时的监督。看到有的同志有一些苗头，领导干部要找他谈心谈话，提醒他，让他警觉，别越走越远。当然严管也不要忘了厚爱。政治上要激励，把敢担当、善作为、肯奉献的干部用起来，这是最直接最有效的激励，让真正实干的人得实惠，有为的人有位置，这就是政治激励。物质激励方面要运用好考核结果，将贡献大小与薪酬联系起来，把干多干少与奖金多少联系起来，不能让老实人吃

① 六个建设，即政治建设、思想建设、组织建设、作风建设、纪律建设、制度建设。

亏，确保让付出一定得到回报。在精神激励方面要热情关心关爱我们的干部，关心他们的心理健康和身体健康，关心他们的个人困难和工作困惑，让我们的干部时刻感觉到组织的关怀就在身边。这里我要特别强调，各级党委和领导班子要注重关心我们的基层干部，虽然广大干部工作激情很高，但是他们的工作压力也很大。所以，我们必须进一步关怀关心他们，关心他们的身体和心理健康，必要时进行心理疏导。各级人事组织部门要将各级干部的体检、疗休养进行制度性的安排，做一些规定，让大家感觉到组织和上级领导的关心，让他们更好发挥作用。

八、坚守安全底线，切实把好系统安全关

我们刚刚开完安全工作会，对 2019 年安全工作作出了全面部署。集团的安全特点是非常明显的，平均每天在全世界有 1 300 多条船航行，140 多条船进出港，180 多条船靠离港口、码头，110 多条船在狭水道、渔区密集的风险大的水域航行，30 多条船在海盗高风险区域航行，这些数字体现了我们安全工作的特点，而数字背后也是我们安全工作的压力。安全工作是系统工程，必须把安全作为系统工作来抓。安全工作还是责任工程、是人心工程，我们必须将安全工作系统性做好。特别是当前这段时间正值岁末年初，经营业绩指标和工作责任书已经下达，各级领导班子各项工作密集叠加，非常繁忙，压力很大。然而，压力繁忙，越要绷紧安全这根弦，安全工作千万不能忽视。

九、加强党建工作，为高质量发展提供坚强政治保障

一是要夯实主体责任，深化全面从严治党。要增强“四个意识”、坚定“四个自信”、做到“两个维护”，以党的政治建设为统领，全面推进集团党的建设。大家都熟知集团党建工作理念，就是“党建工作做实了是生产力，做细了是凝聚力，做强了就是竞争力”，党建工作的核心就是为经济发展保驾护航，所以这个中心工作不能忘记。核心是什么？就是党的十八大提出的奔小康、2020 年生产总值翻一番。这是一个大目标，我们所有的党建工作、反腐倡廉工作、环保工作以及其他工作都是为实现这个大目标服务的。

二是要认真学习贯彻十九届中央纪委三次全会精神。习近平总书记在十九届中央纪委三次全会上发表了重要讲话。习近平总书记在会上充分肯定了党风廉政建设反腐败斗争取得的成效，用“五个必须”①全面总结了改革开放 40 年来管党治党的基本经验，用“六项任务”②对深入推进全面从严治党提出了新的明确要求，为新时代党的建设提供了行动指南重要遵循。集团党组已经决定 1 月 31 日召开全系统的反腐倡廉工作会议，传达学习落实习近平总书记的重要讲话精神。一要严明党的政治纪律和政治规矩，维护习近平总书记党中央的核心、全党的核心地位。二要持之以恒纠“四风”、转作风，巩固和拓展落实中央八项规定精神。三要持续保持反腐败的高压态势，坚持无禁区、全覆盖、零容忍、重遏制，决心不变、尺度不减、力度不松。

三是要深化集团纪检监察体制改革。集团正在落实中央纪委《关于深化中央纪委国家监委派驻机构改革的意见》等相关文件，具体方案也在研究制订中。集团成立了单独的审计部门，集团纪检监察部门要积极适应中央纪检监察体制改革要求，聚焦主业，进一步转职能、转作风、转方式，建立健全工作机制，完善工作流程，强化业务培训，提高履职能力。

同志们，让我们以习近平新时代中国特色社会主义思想为指导，以梦为马、扬鞭奋蹄、同舟共济、团结拼搏，拿出跑赢市场、跑赢变革、跑赢时代的决心、信心和意志，创收、创效再创佳绩，深化改革再出发，抢占创新制高点，做新征程的奔跑者、新时代的逐梦人，在高质量发展的道路上，砥砺前行，以优异成绩迎接新中国成立 70 周年。

①② 《习近平在十九届中央纪委三次全会上发表重要讲话强调 取得全面从严治党更大战略性成果巩固发展反腐败斗争压倒性胜利》，《人民日报》2019年1月12日。

恪守航运初心 聚力深化改革 倾力开启高质量发展新航程

——在中远海运2019年年中工作会议暨干部人才工作会上的讲话（摘要）

中远海运集团董事长、党组书记 许立荣

2019年7月16日

第一部分 深刻认识我们面临的压力和问题

今年以来，面对错综复杂的全球经济和航运形势，在全集团14万职工共同努力下，上半年我们取得了非常好的业绩。按国务院国资委的预通知，我们2018年考核不仅继续被评为A级企业，实现A级“三连冠”，而且2016—2018年任期经营业绩考核结果也是A级，并被评为2016—2018年任期“业绩优秀企业”“节能减排突出贡献企业”。这些成绩是大家共同努力的结果，可喜可贺。当然，在面对成绩的同时，我们也必须保持清醒的头脑。虽然企业现在步入高速发展的轨道，不论重组整合、经济效益，还是深化改革都有了长足的进步，但我们更要看到自身存在的问题，看到全球经济不确定性给我们带来的不可预测的影响。我们必须积极面对存在的问题，勇于战胜挑战，以咬定青山不放松的精神，继续把各项工作抓实抓细。

我们面临的压力和问题，主要体现在六个方面。

第一大压力：经济下行的压力。昨天，研究咨询中心对全球经济形势做了非常深入的分析，我们大家都看到了。从宏观形势来看，下半年，全球经济和中国经济都有下行的压力。国际货币基金组织已经多次下调全球经济增长速度，预计今年增速为3.3%，这一增速已经低于连续9年平均3.8%的增速。我们现在面对的是世界百年未有之大变局，一定要认真思考如何有效应对挑战。经济下行的压力，必然会反映到航运上，因为航运和经济周期紧密关联。昨天研咨中心分析讲到，不仅经济下行压力在增大，而且航运供需矛盾仍然突出，运力增长仍然高于需求增长，这就意味着我们面临的是经济下行与运力过剩的双重压力，这也更说明集团上半年的成绩来之不易。

第二大压力：中美经贸摩擦的压力。当前，全球经济面临的首要挑战就是逆全球化，虽然G20峰会透露出积极的信号，宣布不再对中国产品加征新的关税；但整体来看，美国压制中国的战略不会变。中美经贸摩擦对集团运输业务影响较大，尤其是集装箱运输业务。现在美国已经对2 500亿美元中国商品加征25%关税，涉及的货物约占中国出口美国总箱量的39%。预计对2 500亿美元中国商品实施关税加征，将涉及集团集装箱货量120万标准箱，涉及集团收入近15亿美元。按照今年货量进度来看，全年将减少50万标准箱，减少收入6.3亿美元。受中美经贸摩擦影响，2018年，集团中美航线箱量同比下降8%；今年1—6月，集团中美航线箱量同比下降16%，而且影响还在进一步加剧。经贸摩擦不仅对中美自身经济造成影响，而且必然给全球经济造成伤害，这不仅是中美之间的问题，也会影响全球经济增长，尤其对整个航运业带来巨大的冲击，对此，我们一定要有足够的认识和应对办法。

第三大压力：低硫油全面实施的压力。从2020年1月1日开始，全球将全面实施0.5%的低硫燃油，我国已从今年1月1日起，在沿海实施硫排放控制区。应对限硫令，我们主要还是选择使用低硫燃油，虽然现在也有其他的辅助脱硫技术和装置，但船东使用低硫燃油已经成了一个不可逆转的趋势。今年上半年，集团燃油成本同比增长44%。从这里也可以看到，上半年取得很好的效益是多么不容易，因为这是在燃油成本大幅增长的情况下取得的。预计，到2020年全面使用低硫油时，按目前燃油单价计算，成本增加不少，这对我们的影响非常大，而且这也是绕不过去的现实问题。下一步，我们要重点研究如何降低成本的问题。

第四大压力：进一步改善缓解改革发展的压力。经过三年多的重组，集团取得了非常大的成果，实现了包括总部、集运、能源、散运等19项业务的重组合并，每年释放协同效应达到55亿元。去年，我们完成收购东方海外，释放协同效应4.76亿美元。我们的重组在全球引发了强烈关注，推动了当今世界航运格局的重大变化，引领了航运发展的新潮流，使我们在全球竞争中处于一个非常有利的位置，品牌影响力也在不断扩大。这些改革成果，也反映了全集团14万职工上下同欲的精神风貌。但我们也要看到，重组已经过去了，重组的红利也基本释放了。接下来，想要进一步提高发展的质量和水平，唯有走深化改革这条路。我们要充分利用国家深化改革的有利政策，特别是国有资本投资公司的试点，推进集团改革从物理变革向化学反应转变，从而获得更多的改革红利。昨天工作会议的专题发言讲到了集团当前改革存在的诸多问题，特别是我们不能躺在三年改革的红利上裹足不前。现在，我们的强激励、硬约束不够，导致了劳动积极性和经营动力不足；我们的战略游移现象时有发生，特别是在一些企业，战略措施概念多、落地少；我们有一些企业经营行为短期化，导致短期利润和中长期目标相互脱节。因此，下一步要想高质量发展，改革就必须进一步深化。当然改革的难度也更大，改革进入深水区，我们面临的问题更加复杂，如果不坚持改革的决心、保持改革的定力，只按旧思维惯性躺下去，不仅高质量发展无从谈起，恐怕也经不起下一轮新的全球性新变局的冲击。我们必须看清楚当前所处的位置，保持清醒的头脑，加足马力从体制机制层面、治理结构层面激发改革的再生动力，释放新的改革红利，推动集团高质量发展。

第五大压力：安全生产稳定的压力。尽管集团安全生产形势总体平稳，但必须看到，我们的安全压力非常大。现在看全球信息化系统，一张世界地图就把我们近1 300艘船的实时位置都标记出来了，这张图也反映出我们的安全管理难度非常大。当前中东地区是一个“火药桶”，美国和伊朗的对立还在持续发酵，随时可能引发战争，近期其他国家有好几艘油轮被击沉、被扣押，而我们每天在中东地区进出的油轮有11艘，这意味着我们在中东地区随时面临风险。我们每天在海盗区域航行的船舶超过30艘，随时可能被海盗袭击。前不久，交通运输部刚刚宣布将马六甲海峡的安保提升到3级，而我们每天在马六甲海峡航行的船舶超过25艘。在全世界各个港口，我们每天进出的船舶将近115艘。每天在危险区域、狭水道航行的超过45艘，每天在中国沿海航行的船舶高达350艘。中国沿海是全世界最复杂的航行区域，除了一年四季气候多变，大雾台风多之外，渔船也密密麻麻，不守规矩，这些都给我们的安全带来非常大的隐患。上半年，集团发生一般性事故1起，小事故20起，虽然同比减少4起，但安全隐患仍然不容小觑。其中，擦碰事故5起，搁浅2起，人员伤害12起。上半年，集团有724艘船舶接受港口国监督（PSC）检查，总缺陷281项。其中，“玉衡先锋”轮和“新赤湾”轮，PSC检查存在缺陷，被港口滞留。这些都反映出一些单位在安全管理中的突出问题，包括安全生产意识淡薄、主体责任不落实、隐患排查治理落实不到位、安全规章制度执行仍存有漏洞等。

第六大压力：管理提升的压力。这几年，集团不断做大做强，无论经营业绩、管理水平都有了较大提高。但现在我们管理上的问题也不少，而且随着成绩越来越多，我们管理松懈的现象也越严重。“大企业病”是我们重组时就提出要重点解决的问题，现在看来又有回潮的现象。信息不畅、机构臃肿、职责不清、决策复杂、行动缓慢、本位主义、各自为战、安于现状、墨守成规、纪律松弛、效率低下、工作不认真、责任心不强，这些现象在我们各个单位都有表现。从集团总部来看，流程繁琐、信息阻隔、忙闲不均等问题依然突出，办公效率、调研质量、执行能力都成为阻碍集团发展的瓶颈。部门间协同不足、效率不高、遇事互相推诿、遇事绕道走这些表现非常突出，对此一定要高度重视切实解决，要进一步加强协同和效率。

管理上的不严，也反映在我们的风险控制能力和意识不足上，今年审计署对集团进行贯彻中央重大政策措施落实审计时发现不少问题。管理不严也导致廉洁风险不断显现。最近发生了一些案件，有一些船员倒卖货物，一些员工倒卖燃油，倒卖船票被查；一些三四级公司个别领导侵吞公司利益，侵吞公司的资金，严重违纪违法。大家知道，大连中远海运酒店大厦公司一些人违纪违法案已经判决，相关违法违纪人员还是不少的。这些事件的发生，都反映出我们在执行制度上存在管理不严、监督不够的问题。集团党组、纪检监察组专门发布了禁令，划出了的底线，各单位的领导必须高度重视这些问题。这些问题和压力如果不认真对待，不认真解决，我们后面的发展就会遇到更多的障碍和瓶颈。

虽然我们面临很多压力，但我们也要看到很多的有利因素，中国经济仍然是世界经济增长的引擎，这是不可动摇和改变的，我们也会从中获得更多发展的机会。习近平总书记在 G20 峰会上宣布了五项进一步开放的措施，必将给我们带来发展的新机遇。国家进一步减税降费，也会进一步降低我们的成本。全系统广大干部职工，精气神非常饱满，斗志昂扬，这也为我们战胜困难奠定了基础。我们要把问题看清楚，冷静地一项项解决存在的问题；同时更要坚定信心，抓住机遇，进一步做好高质量发展工作。

第二部分　下半年工作要求和重点工作

昨天，集团对下半年工作做了八个方面的部署，希望各单位认真贯彻落实好。发展出题目，改革做文章。今天的中远海运集团处在一个“船到中流浪更急、人到半山路更陡”的时候。滚石上山，不进则退，我们需要加油给力、破浪前行、团结一致，共同推动企业做强做优做大。下半年，我们要以习近平新时代中国特色社会主义思想为指导，坚持“三个跑赢”“三个切换”，围绕深化改革这一主线，以推进国有资本投资公司试点为契机，推动从释放重组红利向挖掘改革红利转变，努力实现高质量发展。下半年，我们的主要任务是深化改革，国家已经出台了很多政策，我们要充分用好政策，大力推动国有资本投资公司试点改革。要通过深化改革挖掘新的红利，实现集团高质量发展。

下半年，集团主要抓好以下重点工作。

一、对标卓越，为客户创造新价值

中美经贸摩擦已延续一年多时间，在其中，我们看到一个明星企业的卓越表现，那就是华为。之所以提到华为，是因为它在中美经贸摩擦中表现出来的长袖善舞、独步全球的信心和底气。逆境而上，反映出的是中国力量的独特气质和精神，这是我们今天特别要学习的地方。当前，我们正处在全球百年未有之大变局，学习华为对我们下一步改革有重要的现实意义。华为经过 32 年的发展，成为了全球最大的电信设备制造商，收入 70% 来自于海外，在全球 170 多个国家和地区中拥有超过 500 家客户，这些客户都是非常重要的运营商。每天使用华为设备通信的人口已超过 30 亿——即使在 4G 技术领先的欧洲，华为市场占有率也已超过 50%。应该说，华为是国际化程度最高的中国企业。下面，我们看一下华为成功的地方。

成功之一：对战略的坚守。华为的战略成功之处主要体现在“成为世界一流的电信设备供应商”。30 多年过去了，华为一直保持战略定力，聚焦主航道，围绕商业需求，专注于电信设备产品，从而做到最强最优最大。华为的战略坚守还表现在战略的前瞻性上。就在前不久，任正非在接受采访时讲到，“其实我们牺牲了个人、家庭，牺牲了陪伴父母……这些都是为了一个理想——

站到世界最高点”。为了实现这个理想，华为预计迟早要与美国在山顶相遇，“并已经为和美国在山顶上交锋，做好了一切准备。”华为的战略有坚守，同时有前瞻性。华为未雨绸缪，早在 15 年前就自行研发芯片，打造出一个“备胎”——海思芯片，还研发了新的操作系统“鸿蒙”。所以说，华为对战略的坚持和前瞻性对我们有更多的启发。

成功之二：对变革的追求。对于华为来说，变革是一种常态。1990 年，从刚刚开始发展就推出“内部融资、员工持股”的机制。1996 年通过“市场部集体大辞职”的方式调整人员结构，以配合营销模式更符合市场。在 1998 年之后的十年里，华为发起了“走向制度化、规范化、职业化”的大变革，向世界一流标杆学习，彻底将华为改造成一个具备全球化一流标准的企业。2009 年，在华为处于“最好的时候”，却推动了防止“大企业病”的系列变革措施。当时华为感到“大企业病”可能会发生，所以层层松绑，“让听得见炮声的人来呼唤炮火”。任正非强调，“管理者在处理矛盾的过程中要变得更加成熟。成熟的重要标志就是不走极端，多一些未雨绸缪和循序渐进的持续变革”。华为的考核制度不是僵化固定的，而是保持一个合理的变化范围，而授权和分权是否有效，最终的衡量标准是实现目标的程度。华为今天的成功是不简单的，它是在不断进取变革当中取得的。华为坚持变革的追求对我们有非常大的启发。当然，我们两家企业体制不一样，但坚持变革、以变革推动发展的逻辑是一样的。

成功之三：对文化的塑造。华为强大的竞争力、员工高昂的劳动热情以及相对稳定的高素质团队源自华为的“以奋斗者为本”的文化塑造。华为文化的核心在于对人的全方位尊重，主要体现在：一是通过全员持股塑造员工的主人翁意识。华为股权是全面对员工开放的，企业 98.6% 的股权全部由高管和员工持有。每年所赚取的净利，几乎是百分之百分配给股东，员工能感受到公司的经营成果。二是坚持“不让雷锋吃亏”的薪酬体系，这是值得我们去思考的。任正非认为，“以奋斗者为本的文化可以传承的基础就是不让雷锋吃亏，对那些有使命感、自觉主动贡献的人，组织不要忘了他们”。这对我们来说非常有意义，也就是说，我们不能让那些努力干事创业的员工吃亏。“这个文化不是在大喊大叫中建立起来和传承下去的，它要落实到若干考核细节中去，要春雨润物细无声般地将文化溶解在血液中。”除了股权激励之外，华为也是当今现代企业中的“三高”企业，即“高效率、高工资、高压力”，我们也要成为这样的“三高”企业，但不能只想高工资，没有高效率，更谈不上高压力。三是实行“选贤不选亲”的人才选拔机制。华为通过“三优先、三鼓励”原则选择干部。三优先是：优先从优秀团队中选拔干部；优先选拔责任结果好、在一线和海外艰苦地区工作的员工进入干部后备队伍培养；优先选拔责任结果好、有自我批判精神、有领袖风范的干部担任各级一把手。三鼓励是：鼓励机关干部到一线特别是海外一线和海外艰苦地区工作，奖励向一线、向海外艰苦地区倾斜；鼓励专家型人才进入技术和业务专家职业发展通道；鼓励干部向国际化、职业化转变，这也是值得我们认真学习的。华为在选人用人上更多体现了人的素质、能力和精神三要素。因此，我们的人才工作要把“三优先、三鼓励”好好对标一下。现在条件好的地方大家都争着去，包括海外外派，欧洲、美国都争着去，而困难地区，如非洲、拉丁美洲都不愿意去；好的岗位都争着抢，艰苦的岗位不愿意去。比较起来，我们援藏干部、扶贫干部有多么不容易，多么有志向。我们有的援藏干部三年援藏结束后自己主动申请继续援藏三年，表现非常优秀，这样的干部值得我们学习。

成功之四：对客户的推崇。任正非说过，华为公司有哲学，就一点“以客户为中心，为客户创造价值”。华为的董事会明确不以股东利益最大化为目标，也不以其利益相关者利益最大化为原则，而坚持以客户利益为核心的价值观，驱动员工努力奋斗。在此基础上构筑了华为今天的伟大。华为对客户的态度是以价值为纲的具体体现，客户在，华为的魂就永远在。“为客户服务是华为存在的唯一理由”，华为的成功就是长期关注客户利益。华为坚持快速响应客户需求，持续为客户创造长期价值以成就客户。2011 年，日本地震引发福岛核泄漏。当别的电信设备供应商撤离日本时，华为选择了留下来，工程师穿着防护服走向福岛，抢修通信设备，给所有的客户留下了深刻的印象，华为的服务是做的非常精致的。我想正是因为华为如此体贴服务客户的需求，才有今天的华为。华为已经与全球 TOP 50 运营商中的 45 家建立了战略对话关系，向全球 150 多家运营商客户提供技术咨询服务，具有超过 250 个解决方案咨询项目经验。这就是为什么在当前如此逆境之下，在美国如此严酷遏制之下，华为依然岿然不动，能够实现快速发展的原因。华为有坚实的客户基础，你再打压它，它都不怕，因为客户离不开它，贸易摩擦和技术封锁都不能阻挡它前进的脚步。

华为的成功归结为上述四点：战略的坚守、变革的追求、文化的塑造、客户的推崇。这是四个成功的秘诀，这四个方面，也是我们重组以来坚持的理念。我们很多地方也和华为相似，我们也是全球化企业，航线覆盖全球 160 多个国家和地区的 1 500 多个港口，集团境外资产占总资产的比重达到 57.6%，我们也是国际化程度非常高的中国企业。但是与华为相比，我们感到了差距。他山之石，可以攻玉，我们学华为，这对我们下一步改革发展的启发非常大。我们是一家服务贸易企业，其本质就是提供服务，全球竞争能力强弱就看我们的服务水平到什么程度，有多少精致的服务就有多大的竞争能力。服务是我们的根和魂，我们不能忘记，特别是在充分竞争的市场当中，如何把华为的经验真正学好用好至关重要。

一是从战略层面，以客户需求作为我们发展的原动力。我们制定战略，必须将客户融入我们的战略体系中。集运开展端到端服务，已经和东方海外合作有了非常大的起色，截至 6 月底，端到端客户量达到 303 家，增长非常快，预计年化箱量达到 27.1 万标准箱。中欧陆海快线今天能够成功，也是源自端到端的服务创造，而且中欧陆海快线未来还会有更加强劲的力量，它会为比港枢纽港战略提供更加强大的支持和保障，会引发欧洲整个贸易格局的大变革。因此，我们一定要把客户原动力作为战略资源去挖掘，这样就可以具备发展的持久性。

二是从价值层面，以客户的价值主张作为我们的价值追求。在去年海运年会上，我们提出“航运回归服务本质”，我希望各位更多理解“航运回归服务本质”的内涵是什么。过去我们总是当“船老大”，总是觉得自己拥有很多资源，因为我们有船。总结过去那些年企业亏损的原因，是因为没有以客户为中心，很难说孜孜以求地拜访客户，寻求客户的合作。计划经济时代是有船就有货，如果我们今天还有这样的思想，那是非常危险的。我们是服务企业，我们的工作就是为客户服务。坚持为客户服务并由此获得客户的信任和支持，则我们的竞争能力就会不断增强，这个理念我们必须要牢固树立。

三是从成长层面，以构建利益共同体与客户共成长。成就客户的成功，从而成就企业的成功。今天，在“一带一路”建设上我们有很多成功，那就是按照习近平总书记讲的“多予少取、先予后取、只予不取”①的理念指导下取得的。以此为基础，我们才可以伴随着利益共同成长。昨天，散运发言就提到了中铝几内亚项目，这样一个大型项目，从一开始我们就先稳定客户的利益和安全，然后给我们带来长期运输业务，与客户绑在一起。中铝项目长达 30 年合作，如果我们多几个这样的项目，我们还担心效益吗？这种模式是我们今天必须全力以赴去打造的。集运、散运、能源、特运、物流等单位都应该用这种方法。希望大家回去后，好好看看华为的书，对我们未来竞争启发非常大。

二、全面深化改革，推动高质量新发展

国发 9 号文和国资发改革 52 号文件，为我们进一步深化改革提供了一个非常大的政策支持。昨天，战企部已经介绍了国有资本投资公司

① 习近平：《携手共命运　同心促发展——在二〇一八年中非合作论坛北京峰会开幕式上的主旨讲话》，《人民日报》2018年9月4日。

试点方案的基本内容。下一步，集团要深入谋划全面改革，推动高质量发展。要构建“全到位、全覆盖、全放开”的“2+N”模式。“2”是指两项改革规定动作必须完成，即直属公司规范治理全到位和系统内部三项制度全覆盖。“N”是指国有企业体制机制改革工具包全放开，包括混合所有制、职业经理人、中长期股权激励、岗位分红、项目跟投、超额利润分红、供给侧结构性改革等措施，形成有效制衡的法人治理结构和灵活高效的市场化经营机制，全面激发各层级活力。

（一）全面完成直属公司的规范董事会建设

在管控架构上，要构建定位清晰的三层战略管控架构。对于董事会制度建设，集团已经推进了一年多，去年我们又在进一步强化。下一步要在治理结构上建立有效制衡公司治理机构，现在38家公司已经进行了董事会授权，实现了董事会授权的全覆盖，有一些单位已经实现了董事长、书记“一肩挑”。2018年，又选拔了12名直属单位班子成员转任专职外部董事，现在都在发挥积极作用。要优化董事会组成结构。考虑外部董事要占大多数，集团还要进一步选拔专职董事充实到各二级单位去。按照中组部的要求，集团领导也要逐步退出二级公司董事会，包括集团职能部门，完全由外部董事和专职董事形成主导结构。要加强董事队伍的考核培训。要加强董事评价和管理考核机制，我对一些专职董事讲，把你们从各单位班子选拔出来，充实到董事会去，是要承担责任的，你们要尽心尽责履职，不是挑一个清闲的工作，你们千万不要觉得这是一个闲差，可以轻松。下一步，我们要对专职董事建立全面的考核制度，考核履职尽责和薪酬完全挂钩，不履职尽责就退出董事职务，这样才可以让专职董事发挥作用，在董事会治理结构当中起到监督把关的作用。

（二）推进混合所有制改革

上海泛亚成为首批10家央企混改试点之一，中远海运物流成为第四批混改试点企业，中远海运集运、宁波中远物流纳入国务院国资委“双百行动”方案当中。昨天，物流在发言中，结合自身实际，介绍了物流整体的改革方案，对混改也提出了一些很好的思路。下一步，我们要全力推进“双百”试点和中远海运物流混改试点工作，支持各直属公司积极探讨以混改或上市为切入点，引入有利于企业长期发展的非公资本，优化股权结构，健全市场化运作机制。根据国资委最新精神，“双百企业”实施员工持股不受试点名额限制。比如说，物流、集运要推进职工持股，不受名额限制，所属三、四级公司都可以推进职工持股。所以，下一步的工作就要在中远海运物流等混改企业和中远海运集运等我们“双百企业”中全面推行员工持股制度，政策允许时再进一步扩大覆盖面。

（三）推行以股权为代表的多元化激励机制

集团目前10家上市公司中，已有5家公司（含东方海外）的核心骨干员工拿到股权激励。昨天，特运介绍了股权激励的一些好的做法，对我们正在进行的企业是有帮助的。上海船研所、北京中远海科、上海中远船务、南京国际备件等4家科技型企业分红激励工作已经启动。另外，PPA的股权激励计划已正式报国务院国资委，这是具有重大意义的，也是国资委审批的第一家实施股权激励的欧洲上市公司，PPA也将成为希腊现行第四家实施有效股权激励的上市公司。

这一次我到希腊专门进行了调研，和中外员工进行了座谈，外籍员工纷纷发言，讲得非常感人。当初也有外籍员工是反对中国公司控股的，他们也毫不掩饰提反对意见，但是现在他们看到比港在中国企业管理下，天天变、月月变、年年变，他们感到有信心，感到在这样一家中国企业工作安心、放心。我们要把这些有效的市场化的激励制度用足用好，同时我们也要推进非上市公司激励政策全放开，积极探索超额利润提成机制。对于一些重大项目，可实施项目跟投机制；此外，还可以探讨“奖金包”“奖金池”等方式，建立专项奖励基金或奖金包干管理办法，对贡献突出的单位和关键岗位员工实施特别激励，推进上市公司股权激励实现全覆盖。中远海运发展股份有限公司、中远海运国际（香港）有限公司、中远海运（新加坡）有限公司及中远海运科技股份有限公司等上市公司，要认真做好股权激励工作方案，成熟一家推进一家，力争在2020年底之前，集团所有上市公司实施股权激励，推进科技型企业分红激励全落地。

当然，天上不会掉馅饼，要真正能够享受到股权激励的红利是需要奋斗的，需要拼搏的，需要贡献的。因为只有完成目标才可以享受到红利，股票市值上不去哪里来的增值红利？要增加企业市值，得到资本市场认可，必须有效益；企业的影响力，企业的管理，企业的项目也要得到资本市场的认可。世上没有免费的午餐，需要我们每一个享有股权激励的人员共同努力奋斗。

（四）深化国企改革工具包全面放开

这次集团不再设定试点改革企业，根据国务院国资委52号文，由下属企业依法合规自主选择改革工具，集团对其实施分类指导。集团鼓励大家依法合规、用足用好改革政策。各直属公司要有针对性地选择包括不限于混合所有制、职业经理人、中长期股权激励、岗位分红、项目跟投、超额利润分红等改革措施，增强企业活力和员工拼搏创效的动力。改革要激发我们的再生动力，需要各单位领导担当，需要我们自己主动积极研究后提出思路和措施，特别是对那些有利于发展、有利于解决发展中困难和瓶颈、有利于解决历史问题的措施，要深入研究并大力推行。

（五）建立保障机制

集团总部的双百行动领导小组、工作小组整合更名为集团深化国企改革领导小组。集团领导成员进入小组，主要职能部门领导任组员。集团将尽快出台关于集团二级单位改革发展的指导意见，集团党组将专题研究改革事项，希望各单位组织宣贯交流，加强跟踪指导，确保我们这些改革措施落实到位。

（六）继续深化供给侧结构性改革

这是我们已经在做的工作。有一些在推进过程中，已经取得成效；还有一些没有完成，需要坚定不移继续推进。从现在来看，重工去产能已经有了不小的进步，“学川崎”正在抓紧落实，降负债运作已经在积极实施。集团三家地区公司工作热情正在不断迸发，昨天青岛公司代表三家地区公司做了发言，广大员工信心十足，虽然航运主业剥离了，但仍然有强劲的发展机会。关键看我们能不能干事，能不能把握发展的机会。集团和港中旅共同合资经营邮轮业务，9月份“鼓浪屿”号即将首航，厦门中远海运做了大量工作。港航控股筹备工作正在紧锣密鼓推进，工作进展顺利，这是海南省委、省政府给我们支持的结果，是港航控股干部职工和我们同心协力的结果。今天，筹备组的同志也来参加年中工作会，我相信未来港航控股在自贸区建设中，一定会发挥不可估量的作用。集团教育资源整合、燃油供应体制整合仍在继续推进，当前碰到一些困难，但是要坚持下去，迎难而上。推进科技板块的创新也在进行当中，上海船研所信息化整合取得了积极成效，未来在整个集团也可以起到带动和辐射作用，要继续通过深化改革，推动产业持续优化。

三、全力以赴攻坚克难，实现效益新增长

上半年，集团取得了重组以来最好的经营业绩。其中：集运、东方海外、港口等效益可观；散运克服不利市场因素，在上半年波罗的海指数（BDI）平均895点的周期性低点下，仍取得不俗业绩；中远海运物流、中远海运发展、金控及香港中远海运都取得很好的成绩，这里就不一一列举了。

上半年，在大家共同努力、积极拼搏下，集团实现利润增幅在中央企业位居前列，可喜可贺。下一步，我们要着力在“三稳一降”上下功夫，努力取得实效。三稳是稳主业、稳收入、稳预期，一降是降成本。

（一）抓住关键稳主业

华为强调成功的关键之一是聚焦主航道，对于我们来说就是稳主业，要确保集装箱运输、港口、物流、散运、能源、特运、客运等航运产业

集群能够持续盈利，集团效益才能保持稳固增长。集团“6+1”产业集群发展战略确立后，其他产业的优势已经逐步发挥出来，投资收益也非常成功，效益显著。但是如果航运产业集群不能实现盈利，主业经营不能取得成功，一旦造成巨额亏损，不仅无法给集团带来正面效应，还会拖累集团整体收益，影响集团的可持续发展。所以，我们一定要稳主业，下半年，各航运企业一定要充分认识自身的重大责任聚焦航运主业，精心谋划部署，把创收创效抓实抓稳。

（二）多措并举稳收入

从上半年完成情况看，集团收入同比增长不俗。下一步，一要强化服务本质，抓客户促增量。收入稳不稳，关键看客户群体，如果说我们的重要客户占的比重高，那么收入自然就会非常稳定地增长。上半年，集团战略客户完成货量及收入都很不错，各航运企业，特别是散运、能源、集运、特运的客户结构已经发生了非常大的变化，重要客户、长期客户占据比重逐步提高，这就是我们能够实现航运效益持续稳定的根本。因此我们还是要向华为学习，不断优化客户结构，抓好关键大客户。如果可以把全球贸易商更多地集中在自己手上，那么我们在竞争中就拥有了非常显著的优势。二要注重效益增量，抓市场促扩容。围绕“以货源为中心”理念，持续开拓规模增量，努力将其转化为效益增量。三要聚焦增值服务，抓延伸促提质。深入推进中欧陆海快线建设，加快推动中欧班列、中欧陆海快线有效对接。最近，上海市委、市政府支持我们入股上海海铁联运经营平台 20% 的股权，参与上海的海铁联运项目运营。我们要把握好这次机遇，不断提升延伸增值服务水平，在海铁联运中发挥更重要的作用。

（三）坚定信心稳预期

稳预期就是稳信心、稳进度。尽管我们面临的困难很多，市场变化也很大，但是，我们要看到有利因素，要坚定信心。没有信心什么都谈不起来，华为能够保持战略定力，首先就是坚定信心，面对美国的极限遏制，毫不动摇，对未来发展仍然保持信心和勇气。有信心就有底气，有信心可以有办法解决困难。下半年，我们要坚定信心，对照时间进度，明确任务指标，确保完成全年目标，同时把握机遇，争取更好效益。

（四）精益运营降成本

上半年，集团发生营业成本同比增长 20.2%，其中关键是燃油费用的增长。因此，下半年，要狠抓燃油成本，同时要切实做好低硫燃油保供工作。现在中国船燃和中石化中海燃供正在积极谋划保障集团船队的低硫油供应。各航运公司要加强与这两家燃供沟通联系，依靠自己的力量大幅降低燃油成本。此外，我们还要严控运营成本、压降财务成本。上半年，集团财务费用同比增长较快，带息负债规模较大，如何降低财务费用，压降“两金”余额，努力降低财务费用对我们来说也是非常重要的。

四、积极应对中美经贸摩擦，加快实现全球新布局

中美经贸摩擦是一个根本性、长期性、复杂性、全球性的问题，其本质是美国对中国的遏制，我们必须透过现象看本质，要有长期性、常态化的思维。2018 年，我们就开始研究中美经贸摩擦，做了相应部署。昨天港口公司的发言非常客观地指出，特朗普主导的中美经贸摩擦会催生一大批全球化的中国企业。的确如此，过去我们的航线以中国本土为基础，现在迫使我们快速迈向全球化，去抢占其他市场的资源。有的时候，封锁并不是坏事，毛主席在新中国成立的时候，面对美国的经济封锁，就预言，“封锁吧，再封锁几年中国什么都有了”。几十年过去了，现在的中国的确什么都有了。现在的经贸摩擦，也是逼着我们更好更全面地进行全球布局。下一步，要重点做好以下几方面。

（一）立足承运全球，加快全球布局

从去年开始我们已经对全球运力布局做了非常大的调整，特别是集装箱运输，我们在美国的航线从去年开始已经有意识地调整运力，投放占

比下降了13个百分点。同时，根据市场变化，在南北干线、区域市场相应增加了投入，其中东南亚市场增长最快，越南到美国同比增长17%，第三方市场增长了15%。另外加强干支配套，欧洲公司的“钻石快航”已经做成精品，现在已经形成27组航线，投入25艘运力，单周运力5万标准箱，和干线配套，在欧洲国家25个国家和地区形成了强大的网络优势。东南亚支线也非常成功，现在已经形成42组航线，投入21艘运力，单周运力1.6万标准箱，形成了东南亚区域连接干线的配套网络服务。这些干支配套的网络将是我们未来全球新布局非常重要的战略资源。支线网络形成后，全球布局四通八达，我们的竞争力就无所不在，我们的市场就无所不在。

（二）注重转移替代，拓展三大市场

转移替代在中美经贸摩擦之前，已经开始了，只不过中美经贸摩擦加快了转移替代的速度。现在中美之间被替代的产品贸易已达到了17%，我们必须重点关注替代市场，关注各个区域市场，深入挖掘欧洲、中东、西亚、拉丁美洲、南非等区域市场的替代转移效应。同时，要加强对国内沿海市场的开拓，集运、散运、能源、特运，都要关注内贸市场的进一步发展。未来，外贸受到一定压力的时候，内需必然会成为一个新的增长点。

第三国市场也是我们未来必须努力争夺的主战场。对于两头不在中国的市场，一定要争取扩大，无论集运、散运、能源，都要全力以赴，这也是我们实现从全球承运到承运全球的新布局。在共建“一带一路”及新兴市场地区，我们已经取得了成功，但是，还要持之以恒，加大对沿线地区市场的投入。利用在共建“一带一路”国家地区的港口支点，做好港航协同。比港、阿布扎比哈里发、泽布吕赫、鹿特丹等港口都是我们在共建“一带一路”国家投资的关键地区。我们要围绕这些港口支点，优化航线布局，把市场做得更好。

（三）巩固美国市场，争取更大市场份额

虽然中美经贸摩擦使中国进入美国遇到了壁垒，但美国消费市场仍然巨大，美国还会寻求从其他地方进口产品和服务，所以，我们千万不要丢掉美国本土市场。北美公司要进一步服务好美国客户，要紧盯不放，从源头抓起，巩固美国客户，从转移替代市场拿到更多的美国市场份额。

（四）坚持底线思维，全面防范风险

要重点做好投资、汇率和履约合同风险防控，特别要关注美国对中国相关产业的“长臂管辖”。贸易格局、汇率带来的变化，都会对我们的经营产生较大影响，风险也将逐步显现，我们要高度重视这些问题，全面做好防范应对，守住不发生重大风险的底线。

五、着力选优配强，促进全球化人才发展新飞跃

昨天，集团党组做了干部人才工作报告，从八个方面总结了去年以来的工作，从五个方面提出了今后的工作任务。六家单位做了交流发言，讲得都非常好。在人才工作上，还要做好以下几点。

（一）大力选拔使用优秀年轻干部

虽然集团非常关注年轻干部的选拔使用，但是与集团干部“老龄化”程度比较，其重视力度还是不够的。上半年，集团提拔的10名干部中，70后有9人，但平均年龄也到了45.6岁。按照“十三五”人才发展规划的目标，到2020年底，每家直属单位班子至少配备1名45岁以下年轻干部，其中正职要占一定数量。从这个测算来看，只有9家单位能够达到目标，31家单位领导班子没有45岁以下年轻干部，时间和任务都非常紧迫。我们必须要提升战略高度，抓好硬任务，进一步增强责任感、紧迫感，把培养选拔使用年轻干部作为集团的头等大事和硬性任务来抓。要加快工作进度，完成硬指标，确保2020年之前，每一家直属单位领导班子必须有一个45岁以下的年轻干部。按照先境内后境外的顺序，从今年

年底开始，我们要完成境内 15 家没有 45 岁以下年轻干部的直属单位领导班子的补充。到 2020 年底前，要结合海外干部专题培训、公开选聘的情况，逐步完成其余 12 家境外单位领导班子的补充。各单位党委书记、董事长、总经理都必须把这个目标作为硬任务扛回去，按照集团的要求做法，完成三、四级公司领导班子年轻干部占比达到 1/5 到 1/6 的目标任务，要加大使用力度，采取硬措施，把 75 后、80 后的年轻干部及时提拔到领导班子甚至正职岗位上来。可采取内部推荐、公开竞聘两种方法，大胆破格使用素质优秀、业绩突出的年轻干部。当然，我们也要坚持“宁缺毋滥”，必须坚持好干部标准。

（二）加大年轻干部教育培训工作力度

今年以来，集团已经选调 15 名集团管理的干部，参加中央党校等“一校五院”的培训，效果非常好。集团也从全系统选拔了 50 名年轻干部参加启航班、远航班，他们都是各家单位的精英人才。近年来，参加远航班、启航班的年轻干部，提拔到集团管理干部岗位的已有 9 名，远航班、启航班发挥了非常重要的作用。所以，年轻干部要通过参加集中培训，在原来工作的基础上，通过学习提升能力素质。同时，集团党组要加强跟踪考察，为下一步选拔使用创造条件。各直属单位要加强对年轻干部的培训和教育，像中远海运集运的“英才计划”和“菁英计划”，中远海运散运的“领导力提升专题培训班”和“年轻干部培训班”都办得非常好。

（三）全面推进职业经理人制度

两年来，金控平台试点选聘职业经理人的效果非常好。昨天，中远海运发展已经全面介绍了金控平台试点经验，其资产和业务规模均超过行业平均水平，取得这样的发展成绩很不容易。金控平台从公司高管到普通技术人员，通过实行职业经理人制度，使得干部的能效彻底释放出来，实现了干部能上能下，考核达不到目标就要制度化退出。这个经验值得我们学习借鉴。

下一步，我们要把握“市场化选聘、契约化管理、差异化薪酬、市场化退出”的原则，全面推进职业经理人制度。在推进范围方面，原则上除代管单位、拟整合单位、直属院校及以集团内部业务为主的单位外，其余直属企业要全部建立职业经理人制度。同时，鼓励三、四级公司也推行职业经理人制度，特别是“双百行动”试点单位和混改配套等单位，都应加大职业经理人制度实施的力度。各单位董事会和各级党委都要认真研究，按照时间表抓紧制定工作方案。集团将按照“成熟一家、审批一家、推进一家”原则稳步实施，总体上航运、物流、港口、重工等板块，要在 2020 年前建立职业经理人制度。我们要加大改革力度，通过改革持续释放红利，形成有竞争、有退出的用人新机制。对职业经理人要实行契约化管理，严格考核兑现薪酬，与市场对标，考核不合格要退出。

（四）加大薪酬总额和分配改革力度

集团重组以来，我们坚持业绩导向，不断加大对直属企业负责人的激励力度，随着集团整体经济效益的不断攀升，职工的收入也同步增长，广大职工也分享到了集团改革发展创效的红利。但是，我们不能只想集团给予多少而不愿意个人付出。现在有些干部和员工，只看薪酬高不高，不看业绩好不好，习惯收入横向比，不去纵向比，只看别人比自己高多少，不看自己涨多少。中国学者曾仕强讲过这样一个案例，老板给员工发了 5 000 元，员工很高兴，当他一打听其他人也有，而且别人还有 6 000 元的，他就不满意了，凭什么他们都有？凭什么他们比我高？这种思维是要不得的。我们要看贡献，看业绩，不能光看别人高不高，比你高多少，而要看自己的收入是不是在增长。如果都是这样一种攀比心态，都把这种情况作为一种公平来想象的话，那我们又回到“大锅饭”年代了。所以，我们就是要打破这样的“铁饭碗”，从而拉开薪酬激励差距，凭个人业绩、能力和贡献取得报酬。我们要学习华为“以奋斗者为本”的文化，将薪酬向奋斗者、贡献者倾斜，让干得好的多拿，干不好的少拿。希望我们各级领导从正面加强宣传引导，坚决杜绝盲目攀比思想。

（五）优化海外人员管理方法

要建立权责明确的管理体系。现在集团已经制定了《驻外员工管理调整方案》，对海外管理进行授权。原则上，集团从宏观上管战略规划、流程规则、监督检查和关键岗位，各专业公司和海外公司管人员选派、境外交流、职务调整、考核评价、薪酬激励、日常监督、机构编制等具体事项。对海外人员管理要充分授权，由专业公司和区域公司共同来确定派出的干部。要建立海外职业经理人制度。在条件成熟的海外企业积极推进职业经理人制度，将优秀的驻外员工转为职业经理人。解决好“铁打营盘流水兵”的问题。过去，由于一些外事规定，海外人员到期必须按时调回，像走马灯似的来回轮换，不利于企业的长远发展。今天，随着全球化的经济发展和中国的改革开放，外部形势发生了巨大变化，我们必须根据现在的形势来调整和确定集团的外派人员政策，如果几十年的规矩不变，我们怎么来面对当今世界百年未遇之大变局？所以，我们既要有改革创新的思想，还要有实际行动。要加大国际化人才培养。一定要把当地员工培训好、使用好。我们是国际化的企业，一定要依靠当地员工。我们召开部门长以上人员的会议时，如果齐刷刷的全都是中国人面孔，就不是一个国际化的企业。我们有很多外籍员工，像欧洲区域公司就有 2 800 多名外籍员工，他们都是当地人才，为我们在海外取得成功发挥了非常大的作用。我们要把这些外籍员工用好，用全球化的思维做好人才的培养，把他们提拔到高层管理岗位。今后，我们选派海外干部，除了短期有目的地派出一些干部到海外锻炼外，长期驻外的人员要有选择，应该把当地员工用好，这是我们全球化发展和进步的一个标志。

（六）加大岗位交流力度

现在干部交流机制还不顺畅，迫切需要加大改革力度。集团人才济济，要坚持不拘一格用人才，加大交流力度，促进集团总部与共享中心及二级公司的人员交流、基层单位之间相互交流、党政领导人员之间相互交流和船岸之间人员交流。干党务的可以干行政，干行政的也可以干党务。特别是船员体制改革完成之后，船岸人员交流的问题是未来非常突出的矛盾，我们是以航运为主的企业，有将近 1 300 艘船，但我们的船舶管理人才，未来会缺乏。昨天，船员公司介绍了“十五百千海上人才培养计划”，现在船员集中管理了，各个船公司的专业人才都集中到船员公司，我们要注重把一些具备专业知识的船舶“三长”有意识地选拔到各个航运企业的专业管理队伍中，这项工作不能脱档，否则会导致我们的专业干部越来越少，将难以驾驭这么一个庞大的航运企业。

六、全面提升管理，实现全球协同新发展

（一）大力提高效率——这是管理的目的

我们总是讲，时间就是金钱，效率就是生命。集团成立以来，我们的效率得到提升，特别是在“压减”方面受到了国务院国资委的表扬。但是，集团现在的“大企业病”也慢慢显现，如何提高效率，改变慢慢显现的一些毛病，需要引起高度重视。

要马上办，切实提升决策执行效率。行动产生结果，一切好的思想最终都要靠落实来解决，早一天行动，就会早一天产生价值；晚一天行动，不仅没有产生价值，有可能把原来可能产生的价值给抵消了；不行动，你有再好的思想，那就是幻想。现在，集团家大业大，改革也进展比较顺利，但有的同志工作不严谨、不讲规矩、不守纪律的苗头也在慢慢出现。所以，要及时消除苗头问题，坚持严格管理，切实抓好基础管理工作。

要务实办，杜绝形式主义，为基层抓好减负工作。集团就防止形式主义、官僚主义问题发文并提出要求，但是在执行的过程中，还需解决好层层发文、层层开会、层层调研的问题。可发可不发的文件就不发，有些已经是中央明确的内容，按中央制度做好，不要另行制定一套文件。可开视频会的，就不要再层层开现场会。我们要加强统筹管理，解决好督查、检查、考核过于频繁、

过度留痕的问题。对于调研、检查、考核、评比等工作，能合并的坚决合并，为基层减轻负担，让他们把更多的精力投到生产、改革、效益发展当中去。对于这个问题，党组工作部、办公厅要认真抓好落实，要从这两个部门自身做起，然后督促抓好全面落实。

要严格办，扎实落实各项规章制度，做到违章必究。我们对现在有的制度关键要落实好、执行好，对制度要有敬畏心理，有了制度不执行，再多的制度有什么用呢？制度不能说在嘴上，挂在墙上，放在抽屉里，而要落实到行动上。现实中，还存在一些纪律涣散、办事不够认真负责，作风漂浮、浮在表面现象，虽然是个别现象，但是会影响整个工作全局。比如，总部机关纪律松弛的问题有所显现，部门长回去好好看一看，包括有些部门长，一到周五就找不到人。集团对北京到上海工作的异地员工很关心关爱，给予了一些照顾，但我们不能只想到照顾而忽视了工作，要自律与自觉，一定要尽心地工作，偶尔有事请假是可以的，但不能把提前返回当作一种惯例，这反映出我们的作风和纪律问题。这个问题各个部门长工作会议后要召开本部门会议特别强调，作为主题教育对照检查的一项内容。

（二）强化全球协同——这是管理的重点

作为全球化的企业，竞争优势从哪里来？就是通过产业与产业之间的协同、区域与区域之间的协同，实现最低的成本、最高的效率、最好的服务，最终凝聚成为企业的核心竞争力。

集团协同也产生了很好的效果，比如集装箱和港口协同做得非常好，打造成了全球同业协同最好的样板，马士基都高度认可。要有大局意识，有了大局意识就有了协同的动力，每个单位都要站在集团的大局看问题，不能让个人利益或者自家企业的局部利益来影响大局，没有大局观的企业形成不了集团的凝聚力。内部资源要充分使用，这个规矩讲了多少遍，但是，有些企业总会用服务不好，价格高、招投标程序等各种理由进行阻碍。集团分别成立了多家专业公司，形成了多元化产业与上下游的产业链，如果产业链上游不给下游做，哪里来的协同？所以，内部资源必须充分共享，这是集团产业链发展的需求，不能打着各种幌子各干各的。近年来，集团在燃油供应、采购、保险、海外代理、培训等方面取得很好的成效，这些都是加强相互协同、促进产业链发展的结果。所以，这不是说用市场化或其他理由可以找借口的，而是整个集团产业链发展的需求。下一步，运营部要对各单位使用内部资源情况进行通报、监督和检查。各单位党政一把手要认真梳理一下，认真思考怎样才能实现集团不同业务的协同发展，要坚决服从集团大局。在集团自己的产业链发展，还有什么担心呢？所以，大家一定要形成好的协同机制共同推动集团发展。

七、夯实安全根基，落实安全工作新举措

上半年，我们安全工作总体平稳，但是也有不少的问题需要解决。下半年，要进一步提高站位，严格落实安全生产责任制。特别是我们将迎来新中国成立70周年、第二届进博会，保持集团安全生产持续稳定尤为重要，各单位领导要高度重视，切实增强安全工作的紧迫感和责任感。要密切关注突发事件，做好安全防范。近段时间以来，区域安全风险加剧。对安全热点地区，我们要进一步提高警惕，继续健全和完善安全应急预案，加强预案演练，增强预案的可操作性。要抓好安全制度落实，对安全检查紧盯不放。聚焦检查发现的问题，以问题为导向，有针对性地加强相应检查力度，确保全年隐患排查工作深入、有序开展。这里我要特别提一下，上半年集团“远洋湖”轮、“新福州”轮和“乐顺”轮三次参与海上救援，共救起遇险人员37人，得到了社会的广泛赞誉。特别是在7月11日“中国航海日”，“远洋湖”轮成功救起32名遇险渔民，受到政府主管部门、中央媒体和社会民众的赞扬，体现了人道主义精神，很好地诠释了航海精神，这些船舶的海上救援行动值得表扬。

八、抓好主题教育，推动党建迈上新台阶

6月4日，我们开展了“不忘初心、牢记使命”主题教育，下一步，我们要按照习近平总书记重

要讲话精神和中央指导组的要求，认真抓好主题教育。

（一）强化政治建设，确保“不忘初心、牢记使命”主题教育卓有成效

要学深悟透，筑牢思想之基、理想之魂。要夯实基础，不断增强基层党组织活力。要打造具有“航海文化”特质的企业文化，积极推广“三舱理念”，推动“四个坚守”，为企业干事创业增添正能量。集团党组在进行集中学习，领导干部、党组成员要先学一步，学深一步，引领和带动广大党员干部抓好学习。要将学习、调研、检视和整改贯穿于主题教育的全过程，希望各级党组织按照集团党组决策部署抓好贯彻落实。

（二）狠抓正风肃纪，推动全面从严治党向纵深发展

下半年，我们要继续深化政治巡视，继续推进纪检监察体制改革，抓好审计工作，要把监督挺在前面，持续强化日常监督。要巩固深化治理“四风”成果，坚持不懈执行中央八项规定。要严肃查处违规违纪违法问题，保持惩治腐败高压态势，真正做到不敢腐、不能腐、不想腐。精准有效运用监督执纪“四种形态”，贯彻中央纪委“三个区分开来”要求，用好、用足第一种形态，保护好广大干部干事创业的积极性。

（三）履行社会责任，切实抓好扶贫援藏工作

今年4月，集团在中央单位定点扶贫考核中再次获得“好”的最高评价，从中央开展评比以来，我们连续两年得到了“好”，取得这样的成绩实属不易。脱贫攻坚是中央提出的三大重要战略之一，我们坚决抓好贯彻落实，党组成员坚持身先士卒，亲自到扶贫点去慰问看望，集团工会、扶贫办、慈善基金会共同携手，把扶贫项目做得非常好。我们的扶贫干部各项工作表现出色。下一步，我们要将中央关于“两不愁三保障”的精神，落实到各个扶贫具体工作当中去，围绕就业扶贫、消费扶贫、教育扶贫、产业扶贫，继续做出集团新的贡献。

专论

坚守航海人初心　共筑航运强国梦①

中远海运集团董事长、党组书记　许立荣

2018年11月，习近平总书记在上海考察时指出，“经济强国必定是海洋强国、航运强国”②，深刻阐明了海运与经济、海运与国家战略的关系，为我国未来海运事业的发展指明了方向。2018年12月，习近平总书记在访问巴拿马期间，专门参观了巴拿马运河新船闸，听取了中国远洋海运集团有关情况汇报，同“玫瑰轮”船长通话，对船员给予亲切慰问，对海运事业发展提出殷切期望，并祝愿我们“一帆风顺”③。这对全体航海人是莫大的鼓舞，让我们在实现中华民族伟大复兴中国梦的历史征程中，更加深刻认识到初心的崇高、使命的光荣、担当的意义。

海运事业70年的发展史就是不忘初心、牢记使命的奋斗史

中远海运集团是新中国航运事业的开创者，参与了新中国航运从近海到远洋、从追随到领跑的70年历史进程，亲历了改革开放40多年波澜壮阔的伟大变革。回望70年的航程，回顾一代代远洋海运人的创业历程，贯穿始终的是不变的初心和使命，中远海运70年的发展史就是一部不忘初心、牢记使命的奋斗史。

航海人的初心使命体现了报国图强的崇高理想。1949年9月19日，“海辽”轮在从香港赴汕头航行途中，船长方枕流率领全体船员庄严起义，历经九天九夜惊险航程，于1949年9月28日胜利到达大连，掀开了新中国海运事业的崭新篇章。1949年10月24日，毛泽东发电报至方枕流船长和全体船员，表示祝贺和嘉勉。在“海辽”轮的感召下，新中国成立之前及成立初期，原国民党当局控制下的香港招商局和17艘海轮、近700名海员，先后分别在东海、南海海面和中国香港、新加坡等地宣布起义，投入新中国怀抱。

航海人的初心使命体现了振兴海运的雄心壮志。1961年4月28日，第一艘悬挂中华人民共和国国旗航行国外的“光华”轮启航。“光华”轮源于周恩来总理的关怀，周总理一直十分关心远洋海运事业，提出建立中国自己的远洋运输船队，并从国库中特批26.5万英镑从国外购买了这艘船，改名“光华”轮。“光华”意为“光我中华”，它的开航标志了新中国远洋运输事业的开端。1963年1月上旬，陈毅登上“光华”轮视察，之后填词一首《满江红·参观光华海轮》，词中写到：“海运百年无我份，而今奋起多兴旺。”真切地表达了我国航运业的百年沧桑，以及对新中国航运事业兴起的喜悦之情。如今“新光华”轮承载着它的梦想，在世界各地纵横驰骋。

航海人的初心使命体现了敢为人先的开拓进取。新中国成立以来，特别是改革开放以来，远洋海运人勇立时代潮头，创造了多个时代第一。1950年，在上海成立国营轮船总公司，统一经营全国国营轮船运输业务；1961年，“光华”轮首航，中国远洋运输公司成立；1978年，“平乡城”轮装载162个集装箱从上海港起航赴澳大利亚，开辟了中国第一条国际集装箱班轮航线；1979年，“柳林海”轮由上海启航，横跨太平洋，于4月18日首次抵达美国西雅图港，正式开通中美海上航线；1988年，成立了集团第一家海外独资公司中远（英国）有限公司；1993年，中远投资（新加坡）成为进入海外资本市场的第一家中国国企；1997年，中国海运集团成立；

① 本文刊载于《学习时报》2019年7月26日。
② 《习近平在上海考察时强调　坚定改革开放再出发信心和决心　加快提升城市能级和核心竞争力》，《人民日报》2018年11月8日。
③ 《习近平和巴拿马总统巴雷拉共同参观巴拿马运河新船闸》，《人民日报》2018年12月5日。

2016 年，世界最大航运企业中国远洋海运集团成立，中国航运业以领航者的姿态驶向新航程。

航海人的初心使命体现了不畏艰险的斗争精神。中远海运始终以人民和国家利益为重，在关系国计民生的重大工作中，勇于担当，完成了一系列重要任务。为了冲破封锁禁运，1968 年 4 月 25 日，“黎明”轮由湛江港启航，航行 12 个昼夜，完成新中国成立后首次南北航行。1968—1979 年，广州海运和广州远洋运输公司恢复了中断 10 多年的南北海上交通线。南北航线是我国沿海最长的海上航线，途经我国沿海 10 余个省市，是关乎国计民生的最有效、最经济的重要运输通道。

航海人的初心使命体现在“浮动国土”的职业坚守。新中国培养的第一代远洋船长贝汉廷先后驾驶 15 艘远洋轮船，到过 40 多个国家和地区、80 多个港口，为发展祖国的远洋运输事业，倾注了一生心血。他说：“为了发展祖国的航海事业，我一辈子不离开船，不离开海洋！”他在 59 岁生日时，在船上劳累过度，不幸去世，在挚爱的远洋船上工作到生命的最后一刻。杨怀远同志在船 38 年，始终以雷锋为榜样，甘当人民的“挑夫”，他挑着一根为人民服务的小扁担，从青年、中年一直挑到老年，始终不计报酬、不求职务，全心全意为人民服务，创造了让全国人民，乃至国际友人都为之敬佩的“小扁担精神”。1985 年他被授予“全国劳动模范”称号，2009 年被评为新中国成立 60 周年 100 位新中国成立以来感动中国人物，多次受到党和国家领导人的接见。

航海人的初心使命体现了关键时刻的主动担当。20 世纪 80 年代末，我国电力供应主要靠火力发电，华东、华南等地因电力需求变化，出现煤炭运输供应不足的局面，上海海运担负上海地区 80% 的煤炭运输任务，公司树立“多运煤就是保上海，保上海就是保全国”的大局意识，发扬“以苦为荣，无私奉献”的精神，在 1989 年完成煤运量 3 339.5 万吨，人均运煤 1 万吨，为改变上海煤炭紧缺局面作出了重要贡献。

我们坚决执行“服从外交，服务外贸”的企业责任，在“浮动国土”上完成了一系列国家外交任务。中远海运集团在历次海外撤侨接侨工作中都扮演着重要的角色。20 世纪 60 年代，“光华”轮、“新华”轮等一直活跃在撤侨战线上；20 世纪 70 年代，“明华”轮等赴越南、柬埔寨撤侨；20 世纪 90 年代，“富清山”轮赴刚果撤侨；2011 年 2 月，在新中国历史上最大规模的利比亚撤侨行动中，“天福河”轮等 16 艘商船待命，其中“天福河”轮成功撤离 559 名同胞。

坚守新时代航海人的初心使命

新时代、新航程，我们要牢记习近平总书记重要指示批示精神，心怀建设“航运强国”伟大梦想，进一步发扬老一辈航海人的精神基因和信念追求。我们要弘扬“三舱精神”：理想信念坚定“压舱”，坚守“航运强国”的初心使命，坚如磐石，矢志不渝，推动事业行稳致远、破浪前行；工作责任落实“满舱”，聚焦世界一流的愿景目标，全力担当，实干兴企，促进企业提质增效、做强做优；精神状态迸发“爆舱”，砥砺领航全球的壮志豪情，只争朝夕，砥砺奋进，引领企业跑赢未来、驶向卓越。在新时代，我们要做到“四个坚守”。

把稳舵，坚守“航运强国”的理想信念。新的征程中，我们将深入学习贯彻习近平新时代中国特色社会主义思想，持续推进习近平新时代中国特色社会主义思想在集团大学习大普及大落实，筑牢信仰之基、补足精神之钙、把稳思想之舵，不断增强“四个意识”、坚定“四个自信”、做到“两个维护”。特别是牢记习近平总书记关于“航运强国”的重要论述，将“航运强国”作为我们的初心使命，着力打造“6+1”产业集群，积极参与“一带一路”建设，推进全球化发展布局，推动高质量发展，坚定不移做强做优做大，建设世界一流的综合物流供应链服务企业，加快实现“航运强国”的美好梦想。

定好锚，坚守脚踏实地的实干精神。当前，面对世界百年未有之大变局、国际经贸形势风云变幻、航运市场波动起伏等复杂局面，我们应保持政治定力、战略定力、发展定力，按照党中央决策部署，按照集团既定的战略目标，继承发扬老一辈航海人坚守星辰大海的敬业精神、劳模精神、工匠精神，脚踏实地，真抓实干，埋头苦干，把企业的事情一步一个脚印、一棒接一棒地持续做好。

扬起帆，坚守战风斗浪的奋斗精神。航海者天然是坚定的奋进者、搏击者，航海人最具“激流勇进”的奋斗品格、“不进则退”的奋斗自觉、“勇立潮头”的奋斗精神。在风云激荡的时代大潮中，我们既要心怀忧患，又要展现“乱云飞渡仍从容”的气度，磨砺奋进者的意志与能力，激发出开创新局、扬帆远航的磅礴力量，敢于斗争，善于斗争，攻坚克难，战风斗浪，切实把保增长稳增长的各项应对措施做实做细，切实发挥央企顶梁柱和主力军作用。

拧成绳，坚守同舟共济的团队精神。船舶缆绳由无数的丝线拧在一起，这样才具备了能够带动万吨巨轮的力量。中远海运的企业精神是“同舟共济”，同舟共济是航海精神的重要元素。我们要大力弘扬同舟共济的企业精神和“务实、高效、协调、融合、智慧”的钻石团队精神，心往一处想，劲往一处使，以大局为重、以团队为荣、以合作为赢、以和谐为贵，同舟共济、众志成城，汇聚千里奔涌、万壑归流的洪荒伟力，驶向世界一流、领航全球的光辉彼岸。

企业家要做国际化成长的领航者①

中远海运集团董事长、党组书记　许立荣

航运业，是一个古老的行业，也是完全市场化、全球化的行业。长期五湖四海的孤舟远征，拓展了航运人的国际视野。中国远洋海运集团作为新中国航运事业的开创者，也是“走出去”最早、国际化经营程度最高的中国企业之一。1951 年，我们和波兰合资组建了中波轮船股份公司，开辟了第一条沟通亚欧的国际远洋航线。1961 年，“光华”轮首航，赴印度尼西亚接侨，这是一次历史性、划时代的启航，开辟了我国远洋事业的新纪元。1978 年，“平乡城”轮装载 162 个集装箱从上海起航，抵达澳大利亚，开辟了中国第一条国际集装箱班轮航线。1979 年，“柳林海”轮抵达美国西雅图，中美海上航线正式开通。1988 年，我们在英国，通过收购成立了第一家海外独资公司，从此开始跨国经营。1993 年，我们在新加坡成立上市公司，这也是进入海外资本市场的第一家中国国企。可以说，中远海运与祖国共同成长的 70 年，也是不断走向全球化的 70 年。现在，我们在海外设有 10 大区域公司，海外资产、收入和利润占比年均超过集团一半，已成为世界最大的、具有全球竞争力的综合性航运企业。我经常和大家说，做全球化企业、参与全球化竞争，不要总是做追随者，要有战略自信、文化自信，要敢于做领航者。

重构产业生态圈

变革总在危机之后。当年，因为欧洲战乱阻断了陆上丝绸之路，才迫使人们寻求海上运输，于是才有了哥伦布发现新大陆，才有了麦哲伦首次环球航行，才有了后来的欧洲大航海。

今天，我们在经历了全球金融危机之后，大家关注的是商业模式创新。航运业周期性非常明显，可以说是大起大落、大风大浪、大进大出、大喜大悲。如何摆脱航运业传统商业模式带来的周期性魔咒，我们提出商业模式创新的主要手段是产业链与供应链整合，打造产业集群，形成不同业务的最佳组合，避免分散、孤立的业务布局，力求连点成线，排线成面。

譬如我们在“一带一路”布局上，以码头为“点”，到目前为止在全球投资了 56 个码头，形成“一带一路”支点；以航线为“线”，我们的船舶往来于全球 1 500 多个港口，拓展“海上丝绸之路”；以物流为“面”，加强物流、仓储、配送等业务的发展，开通亚欧海铁联运、亚欧国际班列，延伸“陆上丝绸之路”；以极地为“极”，破冰南北极航线并常态化运营，开辟“冰上丝绸之路”。由此形成了“点、线、面、极”的立体化“一带一路”业务模式。

国际化经营中，我们致力于将全球航运业带向“互利共赢”，塑造航运产业链新生态、新格局。这一生态圈，涵盖“海陆空”领域现代供应链各方面的利益相关者，而我们在生态圈中扮演一个平台的角色，把产业链各环节的经营者加以撮合，为客户创造新价值，为自身实现新增长。构建现代供应链综合服务体系，是全球化的应有之责。我们这代人正处于第四次工业革命的风口浪尖，所有行业都面临前所未有的变革，我们不会缺席这场变革。

推动全球本土化

国际化战略的最高层次是全球中心战略，是将全球视为一个统一的大市场，在全世界的范围内配置资源、主导市场。

过去，我们给自己的定位是“全球承运”，

① 本文刊载于《国资报告（北京）》2019年第5期。

在全球范围内运输中国的货物；现在是“承运全球”，在全球范围内承运各个国家的货物。字面上差异不大，但却是市场份额、产业布局实现真正全球化的巨大跨越。传统的停留在中国本土化市场的思维要扭转过来，我们不能把中国本土化作为优势和本领，这不是本事，在别人的地盘上发挥出竞争优势，这才是本事。所以，我们需要的是意识、行动、目标、战略上真正实现全球化。

2008 年，我们获得希腊比雷埃夫斯港 2、3 号集装箱码头特许经营权。2016 年，我们又成功收购了比港 67% 的股权，正式成为比港经营者。这是中国企业第一次在国外获得港口特许经营权。进驻之初，港口管理无序、长期亏损，外面的船进不来，码头的货出不去，而且希腊工人拒绝中国人管理他们的港口，举行集体罢工，甚至喊出了“中国人滚出去”的口号。面对困境，我们表明态度，我们不会抢他们的地盘，也不会抢他们的饭碗，只会带来发展。事实上，投资希腊比港以来，我们仅派出了 7 个人的中方管理团队，为当地直接创造工作岗位 2 600 个，间接创造岗位 8 000 多个。十年辛勤耕耘，没有带走寸土寸金，却将比港码头吞吐量从接管之初的 68.5 万标准箱提升到 2018 年的 500 万标准箱；利润由亏损 621 万欧元提升到 2018 年度盈利超过 7 000 万欧元；比港在全球港口排名由第 93 位跃升至第 32 位。古老的希腊港口焕发出前所未有的活力，比港项目得到了希腊社会执政党、反对党、社会精英和老百姓一致赞誉，成为中希两国合作的成功典范。

中远海运在海外有 1 055 个公司机构。我们赋予海外公司国际化经验积累、国际化投资选点、国际化市场开拓、国际化人才培养的功能，把海外公司作为助推国际化发展的先锋。特别是人才选用上，我一直鼓励发挥外籍人才的作用。一个全球化的企业，总部看不到老外的面孔，那不是真正的全球化。我们现在有意识地从全球知名人士中选聘董事，把有能力的外籍员工，充实到集团和海外公司的高级管理人员当中，把美国能干的人派到欧洲去，把欧洲能干的人派到非洲去，把非洲能干的人派到印度去，坚持按市场化管理的法则，把人才优势发挥出来。

提升行业话语权

企业国际化成长，不仅需要企业内部的资源整合能力，更需要外部资源整合能力。整合外部资源，就是要占据产业价值链的制高点，建立一个包括互补企业、合作企业、联盟企业在内的业务平台，变旧模式下的“为我所有”为新模式下的“为我所控”“为我所用”。在市场新变局下，通过资源整合，打造的是“企业群”优势，构筑合作网络，实现“强强联合”。谁具备这个能力，谁就拥有在行业中的话语权。

对航运业而言，我们与长荣、法国达飞轮船组建了集装箱班轮联盟“海洋联盟”。海洋联盟的运力在全球占比达到 30%，是目前全球最大的航运业联盟。在 2018 年的首届进博会上，我们又牵头建立了一个港口和海运的区块链联盟——全球航运商业网络（GSBN），影响非常大，可以说是推动了航运业“互联网 +”的实质性发展。

企业全球化发展，离不开全球发声。2017 年，我们联合 17 家港航企业，共同发布“博鳌宣言”。2018 年，我们在博鳌亚洲论坛年会期间主办“物流的变革”分论坛，与全球同行坐而论道、畅谈未来。事实上，我们是博鳌亚洲论坛的承办方，连续 19 年支撑保障从未缺席。我们还从 2004 年起创办并连续 14 届主办国际海运年会，作为国际航运界最重要的高峰论坛，国际海运年会提高了中国航运业在国际上的影响力和话语权，被行业内外誉为“航运达沃斯”。

决定行业影响力的还有文化的引领。我一直认为，做人要德才兼备，以德为先；做国际化企业，要义利并举，以义为先。这一点决定了投资的可持续性，决定了企业发展的可持续性。我记得很多年前的一次商业谈判，国外客户寸步不让。最后一次谈判前，我了解到对方主要负责人属鸡，于是单独去拜访他，并给他赠送了一幅画，画面上是一只公鸡，上面写了鸡的五种品德：头上有“冠”（官帽），能文；脚上有“距”（武器），善武；在对手面前，敢于斗争，很勇敢；看到食物就咕咕叫着呼喊同伴，共同分享，有仁德；早晨准确报时，有信誉。当我把关于鸡的这些中国文化讲给客户，特别是讲到鸡有仁德时，对方的负责人一下子深刻感悟，“鸡五德”打动了他，最终达成了双赢的谈判结果。至今我一直很感慨，一个企业，你的竞争力来自哪里？话语权来自哪里？也许并不单单是因为你强，而是你有道德、善分享，这可能是你走向全球化的另一张名片。

航运业至今仍是全球不可替代的重要基础性和战略性行业，而我们作为“国家队”，唯有担当领航重任。对于当前全球化的贸易格局，任何人为的阻挡和保护，我认为都是徒劳的，贸易的自由流动、平等开放、共享共赢，依然是我们航运人的商业信条。

在国有企业改革发展中砥砺企业家精神[①]

中远海运集团董事长、党组书记　许立荣

习近平总书记指出，“我们全面深化改革，就要激发市场蕴藏的活力。市场活力来自于人，特别是来自于企业家，来自于企业家精神”[②]。企业家精神是由优秀企业家群体衍生、创造出来的一种精神特质，但这种精神并不为企业家所独有，而是一种精神的传播和引领。在国有企业，领导班子和广大党员领导干部共同创造了这种精神，反过来，这种精神应该在全体党员领导干部身上得以更广泛的弘扬和传递。

从 2016 年中国远洋海运集团由原中远、中海重组成立至今，已逾三年。这三年，是集团重组起航、深化改革的三年，也是全集团砥砺企业家精神，激发企业家创新活力的三年。三年改革实践，让我们深刻认识到，国有企业砥砺企业家精神，重点要做到三个“心”。

一是坚如磐石的初心。

初心体现在坚定的政治方向。为中国人民谋幸福、为中华民族谋复兴，这是中国共产党人的初心和使命，更应是国有企业领导干部的政治担当。在国有企业，企业家是党在经济领域的执政人，是国有资产的当家人，政治上要求更高，其精神格局是与中国特色社会主义理论、制度和道路这个大环境密切相关，并由之决定的。讲政治，是职责所在，也是素质所需。只有深刻理解国企改革的政治逻辑，改变传统商业思维模式，构建与党和人民利益相一致的产业结构和生产方式，才能够获得政治赋能，带领企业做强做优。中远海运集团的改革重组，是贯彻落实中央关于深入推进国有经济布局结构调整、深化国资国企改革、推进建设海洋强国战略目标的具体行动。重组过程中，以政治为先，组织改革领导小组专题学习习近平总书记系列重要讲话和党中央、国务院关于国有企业改革的重大决策部署，不折不扣抓好中央精神的贯彻落实。重组整合过程，每一步都离不开党中央决策部署，每一环都体现了党的领导，可以说，正确的政治方向是国企改革走向成功的保障，也是企业家精神的核心要义。

初心体现为坚定的改革意志。企业家是推动企业改革创新的重要力量。对于改革中的艰难险阻，需要发扬企业家精神，以破釜沉舟的勇气，凝聚改革的磅礴力量。2015 年底，中远海运集团启动重组之时，航运市场仍处寒冬，很多业务连续亏损。中远、中海两家中央直管的“巨无霸”企业要完成合并，背后涉及中国内地和中国香港 8 家上市公司，包含 74 项资产交易，被咨询公司称为“史上最复杂交易”。而且，我们的重组，不是简单的总部合并，而是要通过改革，发挥“1+1 > 2”的重组整合效应和规模优势效应，重新构造全球航运物流产业链。这是一件非常艰难的工作。但是，我们没有退缩，首先从领导班子层面向全体职工宣示了壮士断腕的改革决心，做好顶层设计，大刀阔斧、深改快改、一往无前。

初心体现为坚定的战略自信。习近平总书记在上海考察时指出，“经济强国必定是海洋强国、航运强国”[③]。海运业是海洋战略制高点，关系国家安全与国民经济命脉。随着中国经贸大国和政治大国的崛起，实施海运强国战略就成为实现中国梦的必然选择。基于这样的认识，集团

① 本文刊载于国务院国资委《宣传工作》总第136期［央企领导谈］专栏2019年7月10日。

② 习近平：《谋求持久发展　共筑亚太梦想——在亚太经合组织工商领导人峰会开幕式上的演讲》，《人民日报》2014年11月10日。

③ 《习近平在上海考察时强调　坚定改革开放再出发信心和决心　加快提升城市能级和核心竞争力》，《人民日报》2018年11月8日。

改革重组的第一项重点工作不是设计具体的重组方案，而是明确新集团的发展愿景和目标，制订新集团的发展战略。依据“规模增长、盈利能力、抗周期性、全球公司”四个重要评价维度，集团对各业务板块现状和发展目标进行了论证和定位，以战略为改革突破口，做好“加、减、创、除”。集团整体战略明确之后，我们以其为指针，坚定不移组织改革落地实施，以战略制定改革方案、确定交易结构、打造业务板块，所有顶层设计都为实现战略而服务。战略执行步步为营，极大的鼓舞了员工士气，坚定了改革信心。

二是全球拓展的雄心。

雄心体现为领航全球的视野。经济全球化时代，企业家精神的一个重要考量指标是全球视野。作为国有企业家，在日趋复杂的改革环境下，应该具有开放创新的精神，从全球范围考虑公司的市场与资源配置，提高竞争能力，增强竞争地位，为中国的开放发展与国企改革探路。中远海运是中国最早“走出去”的中国企业之一，也是中国国际化经营程度最高的中央企业之一，重组后是全球最大规模的航运公司。集团的境外资产占集团总资产的比重达到 57.6%，境外收入占比年均达到 56.2%，境外利润占比年均达到 53.7%。但我们深知，“全球最大”不代表“全球最强”，两大航运企业整合后，提升全球竞争能力，是我们始终坚定不移的目标。未来，我们将面向全球对标，打造具有国际竞争力的全球一流的国际航运巨头，以此改写全球海运格局。

雄心体现为国家战略担当。“一带一路”倡议是习近平总书记提出来的重大国际合作倡议，促进了共建国家之间的经济融合和贸易往来，以及陆上“一带”与海上“一路”的互联互通，对国际海运和物流业来说意义重大。作为国有企业当家人，我们心中要有走向“一带一路”的畅想，胸中要有进军“一带一路”的底气。作为响应倡议的先头部队，中远海运在共建“一带一路”国家进行了积极布局。在共建“一带一路”国家投入约 180 艘集装箱船舶、172 万标准箱运力，约占公司总经营集装箱船队规模的58%。在共建“一带一路”国家投资经营港口与码头 18 个，遍及亚洲、欧洲、南美洲和非洲。其中，希腊比雷埃夫斯港已成为“中希两国合作典范”。2018 年底，集团控股 90% 的阿布扎比哈里发码头正式开港。2019 年初，集团在南美洲投资的首个控股港口——秘鲁钱凯码头项目完成签约。与此同时，我们积极参与建设国际新通道，提升“一带一路”全程供应链服务，推动产业向价值链高端迈进。

雄心体现为合作共赢的胸襟。协同的意识、合作的胸怀，是优秀企业家的精神特质。强者越强、赢者通赢的时代已成过去式，经济新常态下，实现做大做强唯有打造利益共同体、命运共同体。2016 年，中远海运联合达飞轮船、长荣海运等组建了全球最大班轮联盟“海洋联盟”。通过全面提升服务水准，在市场份额、航线数量、运力规模、挂靠港口等方面的优势更加突出。2017 年，中远海运联手 16 家境内外港口、航运企业共同发布《博鳌宣言》，港航合作新时代从此开启。航运物流产业链，既涵盖航运企业、码头运营商，也包括物流服务提供商、铁路经营者、航空企业等现代供应链各方面的利益相关者。2018 年，中远海运承办博鳌亚洲论坛自设立以来首次举办的以物流为主题的“物流的变革”分论坛，我提出的当前物流业发展理念和“纵向整合、跨界合作、集群竞争”的观点受到业界广泛认同。

三是家国天下的丹心。

丹心体现在心系国运。企业命运与国家民族发展相一致。作为新时代中国国有企业的企业家群体，身上肩负的是图强报国的使命担当，因此内在的精神动力，应该更自觉地与以习近平同志为核心的党中央保持高度一致，要有“以天下兴亡为己任”的抱负，要有“苟利国家生死以，岂因祸福避趋之”的情怀，要具有崇高的国家使命感和民族自豪感，把对企业的事业追求融入国家发展战略中，在精神层面上形成高度优化的人格力量。企业家毫无疑问是这个时代的铸造者。在经济新常态下，许多企业面临新考验新挑战，正是优秀企业家大显身手的好时机，必须具有高度的政治敏锐性，主动融入国家的宏观布局当中。中远海运目前拥有总运力规模等六个“世界第一”，通过全面深化改革，集团各业务板块迅速打造规模和成本领先优势，协同效应、规模效应和产业集群优势持续显现，经济效益稳步增长。集团成立以来收入年均增长8.3%，总资产从2016年的5 900亿元增加到2018年底的8 100亿元，增长了37%。在推动企业高质量发展，实现国有资产保值增值，促进效益持续增长的同时，集团坚守星辰大海，牢记使命担当，参与中国历次接侨撤侨，数百次参与海上紧急救援，以实际行动促进两岸“三通”，积极参与国家对外交往，以海运促国运。

丹心体现在心系民生。企业家精神的定义中有一个最朴实的元素，就是他们既能够带领企业成长，又同时能够帮助社会进步。作为“共和国长子”，我们全面参与到国家全面建成小康社会的目标中，主动融入国家“脱贫攻坚战”当中，利用企业的资源、技术、人才优势帮助更多的贫困群众脱贫。为集中全集团公益慈善资源和力量，我们以中远海运慈善基金会为平台，参与多次国际重大自然灾害援助，落实国家援藏扶贫任务，帮助中西部贫困地区人民建设美好家园，运作和实施慈善项目超过460个，累计捐资超过5亿元。多少沧桑付流水，常念家国在心怀。家国情怀是一个宏大命题，既是几千年的优良传统，也是社会主义核心价值观的注脚，最终体现为“穷者独善，达者兼济”的境界。企业家如此，企业亦如此。

丹心体现在文化领航。企业家精神和企业文化是相对统一的，企业家的价值主张很大程度上主导了企业的价值理念。国企改革，需要企业家在价值多元的社会里，团结起足够多的共识，推动改革向更深层次发展。在中远海运重组过程中，我们非常重视文化的引领和融合，提出“一个团队、一个文化、一个目标、一个梦想”的“四个一”文化目标，成为两家集团重组的核心理念。集团改革工作小组全体成员认真践行“四个一”，在短短数月内，高强度、高效率、高质量完成了改革重组方案，为文化融合作出了表率。中远和中海都是新中国远洋事业的开创者，也都承载了新中国打破国际封锁、海上开疆拓土的历史重任。远洋船舶被称为“浮动的国土”，在促进文化融合的过程中，我们把船舶文化与践行海洋强国梦紧密结合起来，推出了“同舟共济”的企业精神，这是一种领航精神、奋斗精神和协同精神，这种精神让我们在新的征程中永远坚定目标，永远坚守责任，永不迷失方向。

优秀的企业家，或者优秀的企业家群体，必然有初心，有梦想，有情怀，百年基业，全球领航，千帆过尽，归来少年——这是最好的时代，尽管国际经济贸易形势依然复杂，尽管国有企业的改革发展依然任重道远，尽管中国仍然在驶向“海运强国”的航道上，但我们的航程从未停止迈向光辉的彼岸。

经济强国必定是海洋强国航运强国①

——海运业的战略地位及“强国”担当

中远海运集团董事长、党组书记　许立荣

海运即国运。“经济强国必定是海洋强国、航运强国”，深刻阐明了海运与经济、海运与国家战略的关系，为我国未来海运事业的发展指明了方向。

海运是“强国”难以复制的动力要素

强国的路径有多条，但通过一个产业的发展，进而带动国家地位的提升，这在世界产业经济中是少见的，海运业就具有这样的特点。一些国家通过海运业的繁荣，进而直接带动国家由小变大、由弱变强，充分体现了这个规律。

海运见证了欧美强国的兴起。15 世纪末开始的大航海时代，欧洲三国通过发展海运成为三强。近代的英国，通过海运成为“日不落”帝国。现代的美日韩等国，通过强化海控力争强国地位。古罗马著名政治家西塞罗曾预言，谁能控制海洋，谁就能控制世界。海运业充分印证了这句话，海运与大国崛起的进程有着紧密联系；与其他产业相比，海运是强国背后难以复制的动力因素，这一规律千百年来未曾改变。

海运见证了中国的发展与崛起。中国的海运业起源于唐，兴盛于明。在经历了古代海运的发展和繁荣之后，于晚清时期开始衰败。近代的仁人志士都把振兴民族航运作为梦想追求。新中国成立后，在毛泽东、周恩来、朱德等老一辈革命家的亲切关怀下，中国航运事业在一穷二白中开始新的拓荒。

中远、中海正是在这样的背景下，伴随新中国的成长而长大，从孤舟远征，到百舸争流，历经风雨征程，不断改革发展。其中有几个重要时间节点：1949 年 9 月“海辽”轮起义，回到人民的怀抱；1950 年 4 月国营轮船总公司在上海成立，统一经营全国国营轮船运输业务；1951 年，新中国第一家中外合资公司中波公司成立；1961 年“光华”轮首航标志着中国远洋船队诞生；1978 年“平乡城”轮启航澳大利亚，中国第一艘集装箱货轮远航；1988 年，中远在英国成立首家海外独资公司；1993 年中远新加坡投资公司在新加坡上市，是第一家进入海外资本市场的国企；1995 年国家取消海运指令性计划；1997 年中海集团成立；2001 年中国入世，全球和中国海运业迎来了发展的黄金期；“一带一路”倡议的提出，为中国海运业注入了新动力；2016 年 2 月 18 日，中远中海整合重组成为全球最大海运公司，等等。作为新中国航运事业的开创者，中远海运集团参与了中国航运 70 年从近海到远洋、从追随到领跑的历史进程，亲历了改革开放 40 年中国波澜壮阔的伟大变革。这些发展历程，也是客户、市场、业务、竞争等要素融入国际市场的过程。正是在与国际强者的同台竞争中，我们熟悉了国际规则、深化了全球思维、学到了先进管理，顽强地发展壮大了。

目前，中国已经是名副其实的航运大国：年造船产能达到 6 000 万载重吨，全球第一；海运量世界占比达到 26%，全球第一；注册运力 1.8 亿载重吨，全球第二；全球前 20 大货物吞吐量的港口，中国占 14 个；全球前十大集装箱港口，中国占 7 个；全球最大的航运公司在中国，运力超过 1 亿载重吨，占国内总运力的 56%，就是中

① 本文刊载于《学习时报》2019年8月19日08版特别专题。

远海运集团。

海运是应对国际突发事件的重要后备力量。全球发展正面临治理赤字、信任赤字、和平赤字、发展赤字，局部动荡频繁发生，粮食安全、能源安全、网络安全等全球性问题愈加突出，恐怖活动更给当今世界增添了不安定因素。一旦发生以上这些重大安全事件，特殊情况下，只能依靠自己国家的船队。如索马里、所罗门群岛、利比亚政治风波中的撤侨任务、海上紧急救援以及我国能源进口运输等，中远海运都是责无旁贷、勇当先锋。

总的来说，海运作为强国背后的重要动力，是其他产业所难以比拟的。

海运是“强国”不可或缺的经济要素

“强国”的基础是经济，经济的增长离不开贸易，而贸易的最重要载体就是海运。无论外部环境如何变化，海运作为全球贸易最主要的载体，它的地位和角色始终没有变，至今仍然是不可替代的。除此之外，海运与其他经济要素的关联也是非常高，包括与市场、与消费、与竞争、与技术、与国际化等，都是密切关联，相辅相成，体现了海运对经济拉动的不可或缺性。

海运是全球贸易的主要载体。贸易与世界经济增长速度、人口增长等因素正相关。据联合国贸易发展促进会统计，按重量计算，海运贸易量占全球贸易总量的 90%；按商品价值计，则占贸易额的 70% 以上。2018 年全球海运货物贸易量约 120 亿吨，其中干散货占 44%，石油占 27%，集装箱货占 16%，三大货类合计占 87%。这一数据充分体现了航运在全球贸易中的不可替代。再以中国与共建“一带一路”国家贸易为例，海运在进口中占比 61%，在出口中占比 74%，充分体现了航运在区域贸易中的不可替代性。

成本优势不可替代。在目前所有的国际贸易方式中，海运一直以来都是最经济的运输方式。根据估算，2016 年，平均只需支付 1 美元可以将 1 吨货物在海上运输 110 英里。有数据显示，从 10 吨 / 公里的运输成本来看，海运是公路运输的 1/26，是航空运输的 1/95。

网络优势不可替代。海运的全球网络化布局具有铁路、公路等不可比拟的优势。以网络化特征最为明显的集装箱班轮为例，目前，全球仅班轮航线就有 2 100 多条，东西航线、南北航线和区域内航线纵横交错，覆盖广泛，形成了密集高效的市场网络，而且这个网络是全球化的，是陆海连通的。

适货性不可替代。海运主要靠船舶，船舶和飞机、汽车、火车不是一个重量级的，所谓“大肚能容天下难容之事”，海运几乎可以运输所有种类、所有形态的商品——标准化的集装箱；煤炭、铁矿石、粮食等干散货；石油、液化天然气等液体散货；更有超大、超重的特种件，比如大型发电设备、高铁机车、海上石油钻井平台等，譬如法国空客的大飞机大部件，主要是通过海运拉回来再组装的，中远海运是空客公司的唯一承运方。海运的这些特点打破了其他运输方式在尺寸、重量、适货性等方面的局限，也体现了在贸易中的不可替代性。

与贸易的关联度不可替代。贸易领域的任何变化都会直接影响到海运，反过来也一样。以中美贸易摩擦的一组数据为例：单从中美贸易量来看，如果 2 000 亿美元商品税率保持 10%、500 亿美元商品保持 25%，海运贸易量将减少 3 300 万吨；如果 2 000 亿美元商品税率加到 25%、500 亿美元商品保持 25%，海运贸易量将减少 4 600 万吨；如果 2 000 亿美元商品税率加到 25%、500 亿美元商品保持 25%，2 670 亿美元商品税率 10%，减少的海运贸易量为 5 200 万吨。

海运是预判国际市场的“晴雨表”。海运业始终处于国际市场的前沿，是国际经济走向的晴雨表。海运业内有一个非常知名的指数，称为“波罗的海运价指数”（BDI），通过这个指数观察经济具有很高的参考价值，尤其是对国际市场的判断。从 2008 年金融危机至今，BDI 指数从顶峰跌到低谷，体现出明显的繁荣和萧条周期，而这与全球经济的周期惊人的一致。海运市场中供给侧和需求侧一直在演变，导致了海运业的周期性。从高峰到低谷算一个周期，平均 7 年一个周期。从全球化带来经贸结构变化推动海运市场的 2003 年至今，海运业竞争经历了高位期、转换期、常态期三个阶段。2003 年到 2010 年是高位期，市场起伏大、资本热、盈利高，全球主要海运企业业绩表现良好；2011 年至 2015 年是转换期，受金融危机、国际油价等影响，市场持续低迷，出现行业性亏损；2016 年进入常态期，国际海运市场开始寻找新的动力和增长方向。这个轨迹与全球市场的走势有着高度的一致性。

通过运价指数的变化，也可以预判全球经济：比如过去 10 年，油品运输年均 1.9% 的增速，反映了美国页岩油革命对全球原油市场的影响；集装箱货量 4.4% 的增速，则表明经济一体化、产业链全球化，仍是大势所趋。2001—2006 年，中国人均国内生产总值（GDP）低于 6 000 美元，中国海运进口量的增幅为 5 亿吨；而在 2007—2012 年，中国人均 GDP 突破 6 000 美元，海运进口量的增速翻了一番，增长了 10 亿吨；2012—2018 年，中国人均 GDP 从 6 337 美元增至 9 900 美元，海运进口量则从 18.3 亿吨再增长了 6.3 亿吨。因此，不管是从运价、还是从运量的角度看，海运都与全球经济和产业的增长有很强的相关性。

海运是市场充分竞争的标杆。海运业的性质决定了我们面对的是一个完全开放、充分竞争的市场。我国的海运业开放时间早、开放程度高。国际上十多家经营全球航线班轮公司，十大干散货船东等长期占据市场主导权。2018 年全球集装箱船总运力为 2 081 万标准箱，十二大班轮公司合计运力份额达 86.8%；全球干散货船运力总计 8.17 亿载重吨，十大船东运力占比为 15.7%；全球油轮运力总计 5.46 亿载重吨，十大船东运力占比为 24.3%。

海运是国内经济融入国际市场的先导。海运业天生具有“全球化”属性，海运业依海发展，因海而兴，航线连接五大洲四大洋。

海运市场全球化：国际产业转移已经演进为产业链条、产品工序的分解和全球化配置，对低成本的追求是跨国公司进行全球产业要素配置的动力。航运业由于拥有运量大、运距长、运费低廉、节能环保等优点，是世界经济和国际贸易重要产业链中不可缺少的一环。

海运客户全球化：如在航运业务方面，目前，全球国家中，中国、印度、日本、韩国和西欧等国为世界煤炭的进口主体。原油进口大国主要集中在美国、欧洲、日本、中国和印度。全球谷物海运主要以小麦、玉米和大豆为主，种植地主要集中在美国、阿根廷、巴西和中国，占据着全区谷物交易市场中近 60% 的市场份额。

海运雇员全球化：海运企业参与国际竞争，就要成为国际化程度高的全球公司。目前，中远海运集团境外员工总数近 2 万人，其中外籍员工比例达到 97%。

海运管理全球化：中远海运集团在海外有十大区域公司，1 050 家企业。实施跨文化管理，在异域文化环境中做到资本相容、智力相容、文化相容，把不同文化背景的各国员工凝聚起来，共同实施企业经营战略。

总体看，海运业是一个非常特殊的产业，有人非常形象地用八个“大”概括了海运业的特点：大起大落、大风大浪、大进大出、大喜大悲。同时，它和经济的关系也十分特殊，不仅自身发挥拉动经济的巨大作用，而且与多个经济要素关联度高、组合作用大，所以说它是不可或缺的经济要素。

深化改革重组是做强海运的最佳路径

海运对强国有着重大意义，中国要想成为海运强国，就要首先做强中国的海运企业，最佳的路径就是深化改革。

坚持战略引领，改革重组稳步推进。2016 年 2 月 18 日，原中远集团与原中海集团重组，在上海成立中国远洋海运集团。集团以新发展理念为引领，持续深化改革重组，大力推进企业高质量发展，实现了规模与效益、改革与发展同步增长，成为全球最具竞争力的综合航运企业。

集团以建设海运强国战略、“一带一路”倡议为指导，制定了涵盖航运、物流、航运金融、装备制造、航运服务、社会化产业和基于商业模式创新的“互联网 +”相关业务的“6+1”产业集群发展战略，优先发展集装箱运输、港口、综合物流、航运金融产业，持续做强做优做大航运主业，不断提升全球竞争力。

集团以深化国企改革“1+N”系列文件为指导，坚持“一个团队、一个文化、一个目标、一个梦想”的“四个一”理念，按照“6+1”产业集群战略，不断推进“深改”“快改”，先后完成总部、集运、航运金融、能源运输、散运、码头、物流、重工、海外区域公司及海外网络、中远海控、船员和船舶管理体制、财务公司、信息资源等19个重点领域的重组整合。在推进改革重组的同时，不断推进机制体制创新。重点抓好董事会建设、混合所有制改革、股权激励机制改革和市场化经营机制改革，进一步释放了改革红利，提升了改革效益，焕发了改革活力。

追求改革实效，奠定行业竞争地位。重组3年来，集团坚持深改快改，先后完成了19个核心业务板块的重组整合，资产交易规模最大、涉及上市公司最多、复杂程度最高。集团目前已成为全球最大的综合航运企业和全球最大的码头运营商，航线覆盖全球160多个国家和地区的1 500多个港口。具体来看：

在主要业务指标方面，实现了六个世界第一。综合运力世界第一：1 284艘/1.03亿载重吨；干散货运力世界第一：3 976.05万载重吨/423艘；油气运力世界第一：2 494万载重吨/195艘；集装箱码头吞吐量世界第一：1.26亿标准箱；特种船队运力世界第一：444.7万载重吨/164艘；全球船舶燃料销量世界第一：超过2 600万吨。

在规模增长方面，集团成立以来收入实现连续增长，集团总资产三年来增长了45.5%。

在盈利能力方面，集团平均利润率高于国际同行水平，连续获得央企业绩考核A级。今年以来，集团生产经营继续保持了良好的增长势头。

在抗周期性方面，集团非周期性资产占比、非周期性资产实现利润占比均过半，确保了集团国际化经营稳定可持续发展。

在全球公司方面，集团境外资产、境外收入、境外利润占比均过半，已成为具有全球竞争力的综合性航运企业。

在2018年最新公布的全球500强企业排名中，中远海运集团位居335位，较2017年上升31位；在福布斯全球最受信赖公司2 000强榜单中排名104位，成为全球唯一上榜的航运企业，在中国大陆最值得信赖企业中排名第一。2018年，全球知名海运咨询机构——英国海贸（Seatrade）专门将“全球最佳表现者”大奖颁给了中远海运集团。

中远海运集团的改革重组在业界引起巨大反响。目前，我们除了业务量占据绝对优势之外，从业界的影响力来看，现在越来越多的大客户主动与我们合作，体现了市场影响力和改革成效。

收购东方海外，集团实现再度飞跃。东方海外由香港船王董浩云创立，是世界排名第七的集装箱班轮公司。2017年，东方海外船队规模为102艘，集装箱运输及物流业务总载货量630万标准箱，航线覆盖亚洲、欧洲、北美、地中海、印度次大陆、中东及澳大利亚等地。2018年7月24日，中远海运完成对东方海外的收购工作。随着航运业规模化经营成为大势所趋，中远海运集团收购东方海外后，使我们的集装箱船队规模达到近300万标准箱，迅速进入全球班轮行业第一梯队，成为全球第三大班轮公司。

中远海运这次收购是联合上港集团、丝路基金、国投、和记黄埔共同来完成，为了充分体现收购实效，集团提出“六个保留”的承诺东方海外凝聚力进一步增强，实现了“客户不流失，货量不下降，份额不降低”的目标。收购完成后，东方海外和中远海运集运共同推动“全球化”“端到端”“数字化”和“双品牌”四大战略，不断放大协同效应。

践行“一带一路”是做强海运的最大机遇

如果说贸易与投资是“一带一路”上流淌的血液，那么承担了全球90%贸易量的海运网络就是动脉和毛细血管。所以，作为推动“一带一路”落地最成熟的产业力量，海运应当充分发挥在“一带一路”建设中的骨干作用，同时，“一带一路”也是海运业自身发展的难得机遇、最大机遇。

积极构建“一带一路”航运合作新格局。2016年，中远海运牵头成立全球最大班轮联盟——“海洋联盟”，为“一带一路”提供优质服务。持续放大经营能力，近两年在新兴市场运力投放增长50%。在共建“一带一路”国家布局集装箱班轮航线和油品、干散货海运量每年均大幅增长。

另外，中远海运是全球唯一一家运营南北极

航线的航运企业，成为“冰上丝绸之路”的先行者。特别是北极东北航道，已经实现常态化、规模化运营，比经苏伊士运河传统航线节约大概 7 ~ 10 天航程。

积极布局全球支点网络，强化产业链核心资源控制。加强共建“一带一路”国家网络布局，围绕欧洲、地中海，南美洲、中美洲及非洲等新兴市场重要节点开辟延伸服务，2016—2018 年，东南亚、印度、欧洲、拉丁美洲、非洲区域市场货量取得大幅增长。以码头为核心积极打造“一带一路”支点，目前，集团在共建“一带一路”国家投资经营港口与码头 18 个，遍及亚洲、欧洲、南美洲和非洲。

其中，希腊比雷埃夫斯港已成为“中希两国合作典范”，吞吐量由接管之初的 68.5 万标准箱增长到 500 万标准箱，经营由亏损转为年盈利 7 000 万欧元，为当地直接创造工作岗位 2 600 个，间接创造岗位 8 000 多个；直接经济贡献 7 亿欧元。据希腊知名智库“经济与工业研究所”报告分析，到 2025 年，比港项目将为希腊财政增收 4.747 亿欧元，创造 3.1 万个就业岗位，提高希腊 GDP0.8 个百分点，希腊物流的产值有望从 2015 年的 4 亿欧元增加到 2025 年的 25 亿欧元。

2018 年 12 月，集团控股 90% 的阿布扎比哈里发码头正式开港。2019 年 1 月 1 日，集团在新加坡原有三个码头泊位的基础上，新增两个大型泊位正式启用，成为中新两国合作投资的最大项目。

2019 年 1 月，集团在南美投资的首个控股港口——秘鲁钱凯码头项目完成签约。该项目是绿地项目，填补了集团在南美地区港口投资的空白。

积极参与建设国际新通道，提升“一带一路”全程供应链服务，推动产业向价值链高端迈进。加大了对亚欧海铁联运、亚欧国际班列业务的投入，先后开通了渝深、蓉深、连云港—哈萨克斯坦—欧洲等班列；支持互联互通南向通道建设，增加以广西钦州港为始发港或经停港的远洋航线，助推内陆沿边地区成为开放前沿；深入中东欧腹地开辟物流新通道，以希腊比港作为枢纽港开辟中欧陆海快线，2018 年，中欧陆海快线完成货运量 5 万标准箱，同比增长 27%，客户数量由 3 家增加到 635 家，覆盖面扩大到 9 个国家 1 500 个网点 7 100 万人口。

中远海运还主动整合航运物流上下游产业链，收购新加坡最大物流公司——高昇控股，投资哈萨克斯坦霍尔果斯东门无水港、阿联酋阿布扎比码头集装箱拆装箱场站等重大物流项目，取得了良好的经营效果。

推进“一带一路”的实践体会。体会和思考很多，最主要的一点就是坚持义利并举，实现共享共赢。

一是“义”字。在“一带一路”建设中，我们以“义”字主导价值观，见利要思义，不义则不为。尽管财务上的回报依然是主要依据，但是一个企业所产生的社会影响也越来越成为我们投资的愿望。

二是“惠”字。“惠”字强调的是仁爱，强调的是给他人带来好处。中国企业走出去，必须要讲求长期稳定发展，不能搞短期行为，要真正参与到当地的经济发展和民生改善中，增强东道国的“造血”功能，实现企业与东道国可持续的共赢目标，惠及当地、惠及社会、惠及人类。

三是“多”字。打造人类命运共同体，当然不是单赢，不是我赢你输，不是零和游戏。所以必须突出一个“多”字，实现多赢。这个“多”字还有一个空间概念，就是说，“多赢”不是一个“点”赢，而是一条“链”赢，是一个“面”赢。在“多赢”理念推动下，我们对于“一带一路”沿线资源，就要讲求协同效应，避免分散、孤立的业务布局，力求连点成线，排线成面。

海运是连通全球的重要纽带和桥梁，承载着全球贸易，创造着全球价值，传递着全球文明，海运即国运。今年是新中国成立 70 周年，也是新中国海运事业发展 70 周年。让我们高举习近平新时代中国特色社会主义思想伟大旗帜，让初心照亮航程，让使命激励未来，团结拼搏、砥砺奋进，建设卓越企业，打造海运强国。

在集团“不忘初心、牢记使命”主题教育动员大会上的讲话

中远海运集团党组书记、董事长　许立荣

2019年6月4日

在全党开展“不忘初心、牢记使命”主题教育，是党的十九大作出的一项重大部署。习近平总书记5月31日在“不忘初心、牢记使命”主题教育工作会议上的重要讲话，深刻阐述了开展主题教育的重大意义，深刻阐明了主题教育的目标要求和重点措施，对开展主题教育提出了明确要求，具有很强的政治性、思想性、针对性、指导性，是开展主题教育的根本指针，是新时代加强党的建设的纲领性文献。6月3日，集团党组召开党组会，传达学习习近平总书记重要讲话精神和中共中央《关于在全党开展“不忘初心、牢记使命”主题教育的意见》，就集团开展主题教育进行研究部署。各单位、各级党员领导干部一定要认真学习领会，自觉把思想统一到习近平总书记重要讲话精神上来，切实抓好贯彻落实。

下面，我就学习贯彻习近平总书记重要讲话和中共中央《关于在全党开展“不忘初心、牢记使命”主题教育的意见》，开展好集团“不忘初心、牢记使命”主题教育讲四点意见。

一、深刻认识主题教育的重大意义

习近平总书记在“不忘初心、牢记使命”主题教育工作会议讲话中指出，开展这次主题教育，是党中央统揽伟大斗争、伟大工程、伟大事业、伟大梦想作出的重大部署，并以“四个迫切需要”深刻阐述了主题教育的重大意义，即开展这次主题教育，“是用新时代中国特色社会主义思想武装全党的迫切需要”“是推进新时代党的建设的迫切需要”“是保持党同人民群众血肉联系的迫切需要”“是实现党的十九大确定的目标任务的迫切需要”[①]。要开展好主题教育，首先要结合企业实际，深刻理解其重大意义。

第一，开展主题教育，是全面践行习近平新时代中国特色社会主义思想的生动实践。加强思想教育和理论武装，是党内政治生活的首要任务，是保证全党步调一致的前提。我们党抓住思想教育这个根本，通过一次次集中教育，始终保持党的先进性和纯洁性，不断增强党自我净化自我完善自我革新自我提高的能力。理论每创新前进一步，理论武装就要跟进一步。传承发展好党内集中教育这个优良传统，我们党必将在各种风浪考验中蓬勃向前、劈波斩浪。

开展主题教育，有助于激励广大党员干部在学懂弄通做实习近平新时代中国特色社会主义思想和党的十九大精神上做表率、走前列，用党的创新理论武装头脑、指导实践工作，有效克服领导干部本领不足、本领落后的问题，使领导、决策和执行更加科学、更接地气、更富有成效；开展主题教育，有助于推动广大党员干部全面系统学、深入思考学、联系实际学，不断增强“四个意识”、坚定“四个自信”、做到“两个维护”，筑牢信仰之基、补足精神之钙、把稳思想之舵，进一步坚定为人民谋幸福、为民族谋复兴的信念之心、责任之心、奋斗之心、为民之心；开展主题教育，有助于促进广大党员干部深刻反思和改进理论学习一知半解、似懂非懂、浮于表面、脱

① 习近平：《在“不忘初心、牢记使命”主题教育工作会议上的讲话》，《求是》2019年第13期。

离实际的问题，推动全面践行习近平新时代中国特色社会主义思想往深里走、往心里走、往实里走，以强大的思想理论武装，驾驭全球驰骋的钢铁巨轮。

第二，开展主题教育，是开启党建新篇章的奋进号角。习近平总书记指出，“我们党面临的‘四个考验’是长期的、复杂的，面临的‘四个危险’是尖锐的、严峻的”①。“不忘初心、牢记使命”主题教育与党的十八大以来的系列教育活动一脉相承，生动说明了全面从严治党绝没有歇歇脚、松口气，真正做到了久久为功，真正体现了“全面从严治党永远在路上”。

中远海运70年发展征程，与新中国一起成长壮大，从开创“支部建在船上”的船舶党建传统，到现在倡导的“党建工作做实了就是生产力，做细了就是凝聚力，做强了就是竞争力”理念，党建一直为企业发展领航护航。但在新时期，依然存在极少数党员干部政治信仰不坚定的问题，贯彻党中央决策部署上热中温下冷的问题，形式主义、官僚主义扫之不尽的问题，基层党组织凝聚力不强的问题，党建工作方式方法创新力不足的问题。开展主题教育，就要把政治建设、思想建设、组织建设、作风建设和制度建设交互融合，使之成为新时代加强党的建设的有效抓手，成为新时代党的建设焕发生机活力的有力实招；开展主题教育，就要全面落实新时代党的建设总要求，促进党员锤炼党性发挥先锋模范作用，着力解决“从哪里来，到哪里去”的问题，锻造素质过硬的党员干部队伍；开展主题教育，就要营造风清气正的政治生态，清除腐败滋生的土壤，筑牢拒腐防变的防线，营造上下齐心、同舟共济的创业环境。

第三，开展主题教育，是凝心聚力新时代的铸魂工程。习近平总书记指出，“人民是我们党执政的最大底气，是我们共和国的坚实根基，是我们强党兴国的根本所在”“人民是历史的创造者、人民是真正的英雄，必须相信人民、依靠人民”②。“不忘初心”，就是永远不要忘记我们党的为民之心；“牢记使命”，就是永远牢记我们党实现好、维护好、发展好最广大人民根本利益的使命。

中远海运70年发展，从孤舟远征到全球领航，其中是一代又一代职工前赴后继的风雨兼程；中远海运百年愿景，从全新启航到驶向卓越，还必将依靠一代又一代职工继往开来、同舟共济。开展主题教育，为全集团凝心聚力提供良好契机，推动广大党员干部以高度的政治自觉、强烈的责任担当、深挚的为民情怀和鞠躬尽瘁的奉献精神，大力创新、全力创效、合力创业；开展主题教育，为全体党员干部强化宗旨意识提供精神洗礼，促进广大党员干部坚持党的事业第一、人民利益第一，深入实际联系群众，想职工之所想，急职工之所急，办职工之所需，着力解决好职工群众最关心最直接最现实的利益问题，不断增强职工对党的信任和信心。

第四，开展主题教育，是乘风破浪新航程的强大引擎。“不忘初心、牢记使命”主题教育，归根到底是为了党的事业基业长青，实现“两个一百年”奋斗目标。具体到我们集团，是为了统一思想、凝聚意志，推动企业全球领航、驶向卓越。

开展主题教育，将为进一步深化改革、打造国企改革样本提供坚强动力。新时期、新常态下，集团“6+1”产业集群多头并进、各项改革千头万绪，全球信息化数字化发展风起云涌，产业发展模式、发展业态日新月异。通过主题教育，将进一步教育引导广大党员干部砥砺初心愿景、牢记使命担当、发扬优良作风，把企业蓝图一步一步变为美好现实；开展主题教育，将为沉着应对风险挑战、坚定全球发展增添强大信心。当前，国际环境风云变幻，风险挑战更加严峻，但越是爬坡过坎、船到中流，越需要保持定力。此次主题教育正逢其时，是我们凝聚共识，增强忧患意识、砥砺斗争精神、埋头自主创新、坚持开放合作的迫切需要，将为我们打造具有国际竞争力的世界一流航运企业、实现航运强国指明奋斗航向。我们要深入贯彻落实习近平总书记提出的“经济强国必定是海洋强国、航运强国”③理念，牢记

①② 习近平：《在“不忘初心、牢记使命”主题教育工作会议上的讲话》，《求是》2019年第13期。

③ 《习近平在上海考察时强调 坚定改革开放再出发信心和决心 加快提升城市能级和核心竞争力》，《人民日报》2018年11月8日。

习近平总书记在巴拿马对集团船员“一帆风顺”①的殷切嘱托，进一步激发开创百年航程的正能量，向着世界一流破浪前行。

二、准确把握主题教育的目标任务

这次“不忘初心、牢记使命”主题教育，党中央将“守初心、担使命、找差距、抓落实”作为总要求，这是根据新时代党的建设任务、针对党内存在的突出问题、结合这次主题教育的特点提出来的，我们要深入理解，并认真抓好贯彻落实。

守初心，就是要牢记全心全意为人民服务的根本宗旨，以坚定的理想信念坚守初心，牢记人民对美好生活的向往就是我们的奋斗目标，时刻不忘我们党来自人民、根植人民，永远不能脱离群众、轻视群众、漠视群众疾苦。落实到中远海运，就是要坚持发展为了职工、发展依靠职工、发展成果与职工共享，无论到什么时候，以职工为本、依靠职工发展壮大国有企业这个初心、这个传统优势不能丢。

担使命，就是要牢记我们党肩负的实现中华民族伟大复兴的历史使命，勇于担当负责，积极主动作为，保持斗争精神，敢于直面风险挑战，以坚忍不拔的意志和无私无畏的勇气战胜前进道路上的一切艰难险阻。把担使命落实到中远海运，就是要践行中央企业的政治责任、经济责任和社会责任，不负时代担当，努力将中远海运建设成为具有国际竞争力的世界一流企业，为践行“一带一路”倡议，建设海洋强国、航运强国作出更大贡献。

找差距，就是要对照习近平新时代中国特色社会主义思想和党中央决策部署，对照党章党规，对照人民群众新期待，对照先进典型、身边榜样，坚持高标准、严要求，有的放矢进行整改。落实到中远海运，就是要坚持问题导向，认真对照中央巡视整改要求、审计署反馈问题、中央八项规定精神、职工群众切身利益问题、基层党组织建设薄弱环节，深入查找在理论学习、思想认识、强化执行上存在的差距，全面系统研究制定整改方案，边学边改、即知即改、立行立改、全面整改。

抓落实，就是要把习近平新时代中国特色社会主义思想转化为推进改革发展稳定和党的建设各项工作的实际行动，把初心使命变成党员干部锐意进取、开拓创新的精气神和埋头苦干、真抓实干的自觉行动，力戒形式主义、官僚主义，推动党的路线方针政策落地生根，推动解决人民群众反映强烈的突出问题，不断增强人民群众获得感、幸福感、安全感。落实到中远海运，就是要围绕当前影响和制约企业改革发展的各类重点难点问题，围绕各种急难险重任务，以时不我待的使命感“急起来”，以慢进也是退的危机感“动起来”，以只争朝夕的紧迫感“干起来”，以真抓实干的责任担当和“钉钉子”的精神，在攻坚克难中抓落实，善始善终、善作善成，确保以实实在在的成效取信职工，推动企业改革发展。

对照中央要求，我们要通过这次主题教育，确保实现五大目标：

一是理论学习有收获。就是要教育引导党员干部深入学习习近平新时代中国特色社会主义思想，进一步激发党员干部抓学习、强素质、长本领的内在动力，在学深悟透、融会贯通中，努力增强党员干部改革创新本领、科学发展本领、群众工作本领、狠抓落实本领、驾驭风险本领，全面提升党员干部马克思主义理论素养和推动实际工作的综合能力。

二是思想政治受洗礼。就是要教育引导广大党员干部坚定对马克思主义的信仰、对中国特色社会主义的信念，努力在学思践悟中提高“三个认同”，即：从对习近平新时代中国特色社会主义思想的政治地位、政治立场、政治价值的深刻领会上提高政治认同，从对习近平新时代中国特色社会主义思想的科学性、体系性、有效性的深刻把握上提高思想认同，从对习近平同志作为党中央的核心、全党的核心的远见卓识、人格魅力、政治担当和爱民情怀的深刻感悟上提高情感认同，进一步增强“四个意识”、坚定“四个自信”、做到“两个维护”，筑牢信仰之基、补足精神之钙、把稳思想之舵。

① 《习近平和巴拿马总统巴雷拉共同参观巴拿马运河新船闸》，《人民日报》2018年12月5日。

三是干事创业敢担当。就是要教育引导广大党员干部以强烈的政治责任感和历史使命感，以钉钉子精神抓工作落实。事不避难、敢于担当，是党员干部最为鲜明的政治品格，也是一种时代责任。只有以敢啃硬骨头、敢涉险滩的勇于担当精神，才能不断解决国企改革发展中的“痼疾”和难题。当前，我们正处于百年未有之大变局，外部环境复杂，对集团干部干事创业担当提出更高要求。通过这次主题教育，要进一步激励广大党员特别是党员领导干部的奋斗精神，在工作中敢于担当、乐于担当、善于担当，把担当作为一种志向、一种责任、一种追求，坚持“敢为”“能为”“有为”，引导和激励广大党员干部在各项工作中担当尽责、砥砺奋进。

四是为民服务解难题。就是要教育引导广大党员干部树立以人民为中心的发展理念，着力解决群众的操心事、烦心事，以为民谋利、为民尽责的实际成效取信于民。职工群众是推动企业发展的根本力量和决定性因素。坚持全心全意依靠职工办企业，不仅是贯彻党的群众路线的必然要求和具体体现，更是我们国有企业的鲜明特色和独特优势。通过这次主题教育，要进一步树牢党的宗旨意识，着力解决一批事关职工群众的切身利益问题，努力形成依靠职工、造福职工、发展职工的良好氛围，为建设具有国际竞争力的世界一流航运企业筑牢群众基础，提供最持久的动力和最可靠的保障。

五是清正廉洁作表率。就是要教育引导广大党员干部保持为民务实清廉的政治本色，自觉同特权思想和特权现象作斗争，坚决预防和反对腐败，清清白白为官、干干净净做事、老老实实做人。就是要求我们的党员干部既要“想干事”“能干事”“干成事”，还要务必确保“不出事”。当前，集团正处于改革发展的关键时期，为广大党员干部干事创业、大显身手提供了广阔的舞台。这里我要特别提醒我们的党员干部，特别是党员领导干部要紧密围绕习近平总书记对国有企业领导人员提出的“对党忠诚、勇于创新、治企有方、兴企有为、清正廉洁”[①]20字标准，认真贯彻执行集团“五条禁令”要求，既要把好权力的“方向盘”，更要系好廉洁的“安全带”，始终把清正廉洁作为一生的坚守，以高标准严要求立起清正廉洁的戒尺，做到在规矩和纪律面前，常怀敬畏之心，时刻严于律己，努力涵养浩然正气，做一个一身忠诚、一身干净、一身担当的好党员、好干部，为党员和职工群众立好标杆、树好榜样。

三、统筹推进主题教育的重点措施

根据中央精神和中央指导组意见，集团主题教育自上而下分两批进行，每批安排3个月时间。第一批包括集团领导班子、总部机关、共享中心，集团境内二级单位领导班子、机关部门和境外各单位，从6月初开始，8月底基本结束；第二批包括集团三级及以下所有基层单位，从9月初开始，11月底基本结束。具体到每个单位，开展集中教育时间不少于3个月。按照中央有关精神，本次主题教育主要执行以条为主、垂直管理的原则，沪外二级单位的主题教育由集团党组部署推动和督促指导。

本次主题教育不划阶段、不分环节，这不是降低标准，而是提出更高要求。要结合实际，突出重点，针对机关和基层、境内与境外、陆岸与船舶等不同情况加强分类指导，统筹安排、有序推进，把学习教育、调查研究、检视问题、整改落实贯穿主题教育全过程，创造性开展工作，确保主题教育取得良好成效。

一要抓好理论学习。要把抓好理论学习、强化理论武装作为主题教育重中之重，推动学习贯彻习近平新时代中国特色社会主义思想往深里走、往心里走、往实里走。要全面系统学，认真学习党的十九大报告和党章党规，学习《习近平关于“不忘初心、牢记使命”重要论述摘编》《习近平新时代中国特色社会主义思想学习纲要》，学习习近平总书记最新重要讲话及文章，学习习近平总书记关于国有企业改革发展和党的建设的重要讲话精神和重要指示批示精神，理解其核心

① 《习近平在全国国有企业党的建设工作会议上强调 坚持党对国有企业的领导不动摇 开创国有企业党的建设新局面》，《人民日报》2016年10月12日。

要义和实践要求，自觉对标对表、及时校准偏差。要创新方法学，在抓好自学同时，加强集中学习研讨，采取中心组理论学习，举办读书班等形式，列出学习专题，开展研讨交流，各级领导班子集中学习研讨时间不少于一周；同时要广泛开展革命传统教育、形势任务教育、企业发展史教育、身边先进典型教育和警示教育，增强学习针对性、实效性和感染力。要结合实际学，发扬理论联系实际学风，把学习研究同解决集团改革发展突出问题、党的建设面临的紧迫问题结合起来，注重运用攻坚克难典型案例开展学习研讨，提高运用科学理论解决实际问题的能力。船公司、船员公司要发挥协同作用，结合船舶管理实际情况，组织好船舶党支部和公休船员党员的理论学习。

二要深入调查研究。通过调研查摆问题，是这次主题教育的鲜明特色。要围绕党中央决策部署和集团各项目标任务，大兴调查研究之风。把身子“沉下去”，到基层一线去，到职工群众中去，到困难企业、问题矛盾突出单位去，主动找职工群众了解问题、掌握情况。调研要求真务实，既可采取个别访谈、分层次召开座谈会等“面对面”听取意见，也可发放征求意见表等“背靠背”形式听取意见，要让群众敢开口，敢于提意见。要把意见“带上来”。要认真梳理解决职工群众的意见建议，对本单位无法解决或者需要上级协调解决的，及时向上级报告；上级要帮助基层共同查找问题，搞清楚症结所在，拿出破解难题的办法和措施。党员干部做好基层联系点工作，充分听取意见，帮助解决实际问题。要讲好专题党课，党员干部要在学习调研的基础上讲专题党课，主要负责同志带头讲，其他班子成员到分管领域或基层单位讲；讲党课要突出针对性，讲学习体会收获，讲存在的问题和差距，讲改进工作的思路措施。

三要深刻检视问题。要坚持问题导向，对照习近平新时代中国特色社会主义思想和党中央决策部署，对照党章党规，对照集团发展规划、年度目标任务以及中央巡视、内部巡视巡察长效整改、“六个自查”，以及影响企业改革发展、提质增效和党的建设各个方面的问题，查摆自身不足，查找工作短板，认真检视剖析，一条一条列出问题。各级领导班子要聚焦党的政治建设、思想建设、作风建设、企业发展存在的突出问题进行检视反思。各级党员领导干部要联系思想工作实际，根据“群众提”“上级点”的问题，实事求是检视自身差距，把问题找实、把根源找深，并明确努力方向。

四要抓好整改落实。要把“改”字贯穿始终，立查立改、即知即改，明确时限和要求，按期整改到位。开展专项治理是整改落实的重要抓手，集团党组在实施方案中提出了专项整治的重点问题，各单位要结合实际，有针对性地进行集中治理。各级领导班子和领导干部要自觉把自己摆进去，理清问题根源和具体表现，找准发力点，积极推动整改。主题教育结束前，集团及二、三级单位领导班子要召开专题民主生活会，联系思想和工作实际，聚焦突出问题，深入开展批评和自我批评，对查摆出的问题认真整改。其他基层党组织要以党支部为单位，依托“三会一课”、主题党日等，组织党员开展学习教育，严格组织生活，加强组织建设。

四、切实加强主题教育的组织领导

这次“不忘初心、牢记使命”主题教育时间紧、任务重、要求高，集团各级党组织要增强责任感、紧迫感，把开展好主题教育作为重大政治任务和工作重点，高度重视、精心组织，以钉钉子精神，一级抓一级、层层抓落实，以更严的要求、更认真的态度、更有力的措施，抓责任链条，抓分类指导，抓督促检查，持续用力、一抓到底，推动主题教育扎实深入开展。

一要明确责任职责。集团各级党组织是抓好本单位主题教育的责任主体，务必要认真负责，把主题教育各项工作摆上重要议事日程，不折不扣落实中央部署和集团党组要求。各单位要成立主题教育领导机构和工作机构，主要领导同志要担负起第一责任人责任，特别是要深入一线、靠前指挥，吃透政策原则，把握进度节奏，解决关键问题。党组织班子成员要认真履行“一岗双责”，对分管单位、分管部门加强指导督促。领导干部和单位机关要以上率下，先学一步、学深一点，先改起来、改实一点，相关部门要明确责任、密切配合，形成良好的组织指导格局，抓好所属单位主题教育各项工作。

二要认真制定方案。本次主题教育涉及面广、政策性强，各级党组织要深入基层一线、深入职工群众，广泛听取意见、发现问题、理清思路、明确举措，抓紧制定符合中央精神和集团党组要求、符合本单位实际、操作性强的工作计划和实施方案。要针对机关和基层、陆岸和船舶的不同情况，找准本单位需要解决的突出问题，提出适合本单位实情的办法措施，不搞一刀切。要统筹安排每个批次的工作重点和工作进度，使整个主题教育衔接紧凑、推进有序。各直属单位的主题教育实施方案要及时报集团党组备案。

三要强化指导督促。集团指导组要对各直属单位的主题教育开展情况进行全面督促、检查、指导，并及时向领导小组报告工作。各直属单位党组织在落实集团党组有关主题教育工作要求的同时，也要做好对所属单位主题教育的指导督促。要下沉到基层党组织去发现和解决苗头性、倾向性、潜在性问题，面对面开展工作。要按中央领导的要求，讲原则不讲关系，讲规矩不讲面子，对不符合要求的敢于批评，对工作不力的及时指出纠正。

四要加强宣传引导。这次主题教育全党关心、社会关注、职工期盼，抓好宣传引导工作十分重要。集团各级党组织要通过多种形式、多种媒介，积极宣传中央的决策部署、宣传主题教育重大意义和经验成效，引导党员干部和职工群众把思想和行动统一到习近平总书记在“不忘初心、牢记使命”主题教育工作会议重要讲话上来，统一到党中央对主题教育的工作部署上来。要积极发挥典型的示范作用，发现、挖掘一批叫得响、立得住、职工群众公认的先进典型，加大宣传力度，用身边事教育身边人。同时，要抓住一些带有普遍性、职工群众反映强烈的反面典型，进行深入剖析，发挥警示作用。

五要反对形式主义。必须以好的作风开展主题教育，把防止形式主义贯穿主题教育全过程，使各项工作务实、求实、做实、落实。对学习教育提出硬性规定，外出调研必须解决实际问题，整改落实不能久拖不决，简报内容必须聚焦指导性和反映突出问题。坚决杜绝随意要求基层单位填报材料，将领导批示、开会发文、台账记录、工作笔记作为评判主题教育各项工作落实标准的情况。对搞形式主义的要及时纠正，防止为创新而创新，杜绝将主题教育搞成娱乐化，决不能一边反形式主义，一边搞形式主义。

六要推动改革发展。检验集团开展主题教育取得成效与否的标准，就是要看各级党组织是否更好地学习贯彻了习近平新时代中国特色社会主义思想和党的十九大精神，就是要看各级党组织是否教育引导了党员干部切实担负起新时代国企改革发展的职责使命，归根到一点，就是要看我们中远海运集团全体干部职工能否有信心、有决心、有能力应对外部各种风险、挑战和冲击，持续深化改革，不断增强企业发展动力和活力，实现打造具有全球竞争力的世界一流航运企业的宏伟目标。各单位要把开展主题教育与学习贯彻习近平总书记对国有企业工作的一系列重要指示精神和党中央各项决策部署紧密结合起来，与推进“两学一做”学习教育常态化制度化紧密结合起来，与建设海洋强国、航运强国的目标任务紧密结合起来，与做好当前改革发展各项工作紧密结合起来，与完成本单位各项任务目标紧密结合起来，分布好时间和精力，使主题教育每个环节、每项措施都为企业高质量发展服务，把党员干部和职工群众焕发出来的工作热情和进取精神转化为集团实现“三个跑赢”“三个切换”目标任务的不竭动力，把好舵、定好锚、扬起帆、拧成绳，谱写集团高质量发展新篇章。

同志们，“不忘初心、牢记使命”主题教育是今年集团各级党组织最重要的政治任务，是党建工作的龙头任务。我们要进一步深入学习贯彻习近平总书记在主题教育工作会议上的重要讲话精神和党中央决策部署，积极投身到主题教育工作中来，凝心聚力，担当尽责，全力以赴抓好落实，推动主题教育取得实实在在的成效，以优异的成绩向新中国成立70周年献礼！

把握新机遇　开创新未来

——在2019全球贸易与国际物流高峰论坛上的主旨演讲（摘要）

中远海运集团董事、总经理　付刚峰

2019年11月7日

当前，世界正处于百年未有之大变局，在这个大变局中，国际经贸格局不可避免地正在经历剧烈演变，并重塑着物流行业。我们认为要通过思维理念的革新、枢纽通道的更新、技术模式的创新，来寻找物流业的新机遇，实现新发展。

一、守正出新，用新思维引领新机遇

要在“破”和“立”之间打开思路。要敢于突破传统、破旧立新，在变革中寻找机遇。“一带一路”倡议是当前国际交流领域最大的创新，已成为规模最大的国际合作平台，其“五通”内涵，为国际物流业带来了全新视角，也为开创新格局提供了历史性机遇。实践证明，围绕“一带一路”倡议守正出新，国际物流业就能进入新机遇的蓝海。以中远海运集团为例，我们依托“一带一路”，突破传统物流思维局限，以希腊比雷埃夫斯港为枢纽打造中欧陆海快线，搭建起继传统海运和铁路大陆桥后，中国与欧洲贸易流通第三条大通道，实现兼具时效性和经济性的全新物流解决方案，取得了令人瞩目的成效。

要在“转”和“承”之间实现平衡。国际物流市场正由西方主导逐步向东西方平衡发展转变。以航运为例，过去以太平洋、大西洋和远东—欧洲三大干线为主的欧美市场占主导，但随着全球经贸发展和产业链梯度转移，新兴市场、区域市场、“一带一路”沿线市场正迎来繁荣发展期，东西方贸易平衡发展趋势逐渐形成。同时，随着我国西部大开发，以及西向、西南向国际物流大动脉的打通，包括丝绸之路经济带上的“钢铁驼队”——中欧班列、国际陆海贸易新通道，等等，中西部地区也面临从市场后方到市场前沿的转变。这种转移和承接之间，必将孕育出新的机遇。

要在“和”与“合”之间塑造优势。物流的本质是服务，只有为客户创造价值，才能实现行业自身的价值，需要供应链各环节朝着一致目标共同发力，凝聚合力。当前来看，推动“链式”发展，塑造物流业新优势，既需要通过船公司整合资源，延伸产业链条来实现，也需要通过和第三方建立更加紧密的协作关系，打造和谐共融的物流生态圈来实现。

二、聚力谋新，用新实践把握新机遇

一是适应发展大势，构建全球枢纽。配合客户贸易、物流需求，中远海运集团加快了在枢纽节点、发展中市场的网络布局。刚才提到的希腊比雷埃夫斯港，已成为“一带一路”中希两国合作典范。在集团经营下，比港吞吐量由接管之初的68.5万标准箱增长到2018年的500万标准箱，今年1—9月完成吞吐量424.69万标准箱，同比上升17%，在全球港口排名由第93位跃升至第32位，重回世界十大枢纽港行列。此外，集团在阿布扎比哈里发码头、新加坡巴西班让码头，都做了进一步投资。今年1月，集团又完成了秘鲁钱凯码头项目签约，填补了在南美地区的空白。目前，我们围绕“一带一路”沿线投资码头18个，在主要发展中国家和地区不断构建起新的物流枢纽。

二是适应经贸走势，开拓物流通道。就物流领域而言，画好“一带一路”工笔画需要持续推进通道建设。当前，中远海运集团在物流新通道

建设上的成效主要体现在以下方面：第一，中欧陆海快线优化了中东欧物流资源配置。今年 1—9 月，快线累计完成货量同比上升 56.3%，累计客户数量达到 1 477 家。目前，快线服务范围已延伸至中东欧 9 个国家，覆盖 1 500 多个内陆点，服务内容由单一铁路运输整合为集铁路、拖车、清关和仓储等多元化的“端到端”服务，深刻改变了欧洲物流格局。第二，国际陆海贸易新通道打通了西南地区的南向通道。集团加强与陆海新通道沿线省（区、市）的战略合作，特别是重点加大了在海南、广西、重庆和四川等地的港口、物流等相关领域投资。今年 1—9 月，在新通道班列运营上，我们完成配送货量同比增长 91%。第三，中欧班列推动形成了横跨亚欧大陆的海陆物流闭环。我们整合铁路、航运、境内外代理和全球提还箱点等资源，实现“铁路去、海路回”，开创性地建立起中国—欧洲海陆物流闭环，促进了中欧班列的可持续发展。今年 1—9 月，集团开行中欧班列 614 班，货量同比增长 145%。

三是适应开放趋势，打造合作平台。我国一系列扩大开放政策，为物流业发展提供了新的平台。以进口博览会为例，中远海运集团作为博览会唯一推荐的“国际段运输服务商”“主场运输服务商”和“特装施工服务商”，今年国际段共承运了 180 家企业馆展商、9 个国家馆展商和 2 个国际组织的展品，承运量达到海运 40 标准箱、空运 5.5 吨，承运展品覆盖了所有展区。更重要的是，进博会反映了“中国制造卖全球”向“中国市场买全球”转型的趋势，有巨大的溢出效应。抓住举办进博会机遇，主动扩大进口，有利于航运物流企业缓解全球东西向货量结构性不平衡问题，促进行业健康可持续发展。

三、融合创新，用新科技开辟新机遇

目前，新一轮科技革命和产业变革加速演进，“ABCD”，即人工智能（Artificial Intelligence）、区块链（Blockchain）、云计算（Cloud Computing）和大数据（Big Data）技术的广泛应用，为全球贸易和物流业重塑提供了新动能。世界贸易组织预计，通过数字技术每年可提振 2% 的全球贸易，到 2030 年前可累计提振达 30%。如何将新科技与传统物流业相结合，将技术体验与客户价值相融合，不断创新商业模式，拓展广阔市场，对我们来说既是新的挑战，也是难得的新机遇。

中远海运集团以“互联网 +”为基础的数字化融合战略，构成集团“6+1”产业集群发展的重要部分。近年来，在沿产业链布局的数字化创新实践与探索上，我们主要有以下进展：一是坚守服务本质，利用新科技为客户创造更大价值。我们推出了垂直型航运电商平台——泛亚电商，致力于让航运更简单，让客户更省钱，成交量和交易额年均增长分别达到 81.9% 和 78.9%；建设了全新的“可视化外贸航运电商平台”，为全球客户提供了全程物流解决方案；联手京东、佳农，推出厄瓜多尔香蕉原产地溯源项目，实现区块链技术在海运业的首次商业化应用，帮助客户保障了品牌信誉度。二是坚持共建共赢，利用新技术推动航运数字化合作。集团致力于改变全球航运“碎片化”现状，成立了首个港口和海运区块链联盟—全球航运商业网络（GSBN），携手各利益相关方，专注为客户提供最佳的供应链管理选择；我们与上海海关、上港集团合作，建设跨境贸易管理大数据平台，实现“靠泊即提”，大幅提高了通关效率，这一平台也为进博会展品运输提供了高效率的服务。我们相信，基于共建、共享、共赢模式的数字化合作，将进一步提升供应链的整体效率和服务水平。

专记

打造具有全球竞争力的世界一流海运企业[①]

——来自中远海运集团的调研报告

纵观世界经济发展的历史，一个明显的轨迹，就是由内陆走向海洋，由海洋走向世界，走向强盛。海洋是融入世界的大通道。海洋事业关系民族生存发展状态，关系国家兴衰安危。目前，中国已经是名副其实的航运大国，年造船产能全球第一，海运量世界占比全球第一。全球最大的航运企业——中国远洋海运集团有限公司董事长、党组书记许立荣感叹："海运即国运，无论外部环境如何变化，作为全球贸易最主要的载体，海运的地位和角色始终没有变，至今仍然不可替代。"

海运是强国背后难以复制的动力因素，是强国不可或缺的经济要素。本报调研组采访中远海运集团，就是要探寻这个全球综合运力排名第一的中央直接管理的特大型国有企业的成长之路，倾听新中国远洋运输的故事。

伴随新中国诞生，同步成长

回溯中远海运集团的历史，可以说是伴随着新中国的诞生而诞生，伴随着共和国的成长而发展，伴随着新时代的高歌而奋进。中远海运作为新中国航运事业的开创者，参与了中国航运 70 年从近海到远洋、从追随到领跑的历史进程，亲历了改革开放 40 年中国波澜壮阔的伟大变革。70 年来，中远海运作为中国海运事业的主力军，用实力创造了无数世界第一，用行动诠释了航运"国家队"托起海运强国梦的使命担当。

1949 年，在新中国的召唤下，香港招商局及招商局旗下"海辽"轮等 17 艘船舶，高举爱国主义旗帜，毅然宣布起义，回到人民的怀抱，大量滞留海外的私营船商先后北归。中国共产党创立的新政权在一穷二白中开始了新中国航运事业新的拓荒。随着几十年的发展，我国远洋运输的两大主力船队——中国远洋运输（集团）总公司与中国海运（集团）总公司，日趋壮大。

2016 年 1 月 4 日，经国务院批准，中国远洋运输（集团）总公司与中国海运（集团）总公司重组成立中国远洋海运集团有限公司。2 月 18 日，中远海运集团在上海正式成立。重组 3 年来，中远海运集团在国际竞争中实现了从跟跑向并跑、领跑的转变，从规模增长、盈利能力、抗周期性等方面，集团已成为具有全球竞争力的综合性航运企业。截至 2019 年 1 月，集团在职员工总数近 14 万人，集团远洋航线覆盖全球 160 多个国家和地区的 1 500 多个港口，在规模上拥有"六个世界第一"和多个世界前列。

聚焦海运强国，打造世界一流企业

2018 年 11 月，习近平总书记在上海视察期间指出，"经济强国必定是海洋强国、航运强国"[②]。习近平总书记的重要指示，为中远海运集团指明了发展的方向，进一步坚定了集团做强做优做大、打造世界一流航运企业的信心和决心。

坚持战略引领，改革重组稳步推进。许立荣介绍，"中远海运集团以深化国企改革'1+N'系列文件为指导，坚持'一个团队、一个文化、一个目标、一个梦想'的'四个一'理念，按照'6+1'产业集群战略，不断推进'深改''快改'。"集团先后完成总部、集运、航运金融、能源运输、散运、码头、物流、重工、海外区域公司及海外网络、中远海控、船员和船舶管理体制、财务公司、信息资源等 19 个重点领域的重组整合。

---

① 本文刊载于《学习时报》2019年7月24日。

② 《习近平在上海考察时强调 坚定改革开放再出发信心和决心 加快提升城市能级和核心竞争力》，《人民日报》2018年11月8日。

2019 年 2 月底，集团新成立了青岛、大连、天津三家地区公司，财务公司也完成了重组挂牌。在推进改革重组的同时，不断推进机制体制创新，重点抓好董事会建设、混合所有制改革、股权激励机制改革和市场化经营机制改革，进一步释放了改革红利，提升了改革效益，焕发了改革活力。2018 年 12 月，集团成功入选了第二批国有资本投资公司试点，为集团下一步改革发展注入了新的动力。

收购东方海外，集团实现第二次飞跃。2018 年 7 月，中远海运集团完成对东方海外的收购，集装箱船队规模近 300 万标准箱，迅速进入全球班轮行业第一梯队。收购完成后，在集团“六个保留”的承诺下，东方海外凝聚力进一步增强，实现了“客户不流失，货量不下降，份额不降低”的目标。收购完成后，东方海外和中远海运集运共同推动“全球化”“端到端”“数字化”“双品牌”四大战略，不断放大协同效应，竞争力不断增强。

坚持高质量发展，扎实推进供给侧结构性改革。中远海运集团持续推进瘦身健体，优化产业结构。截至 2019 年上半年，集团在“压减”方面，累计减少法人单位 541 户，压减比例为 30%，管理层级压至 4 级，“压减”工作走在央企前列。集团造船产能缩减至 748 万载重吨，较设计产能累计压减 407 万载重吨；海工产品产能缩减至 9 个，较设计产能累计压减 9 个项目，均大幅超过目标进度。集团以拆旧造新为契机，推进船队结构优化，同时建造了一批国民经济发展急需的超大型集装箱船等高附加值、高技术船舶。集团船队平均船龄 8.8 年，平均吨位 8.64 万载重吨，为未来长远发展奠定了良好基础。

强化创新驱动，着力打造创新型企业。中远海运集团坚持向创新要动力、要实力，为长远发展注入新的活力。在创新经营模式方面。近 3 年，集团围绕“智慧航运、智能制造”立项 29 个，项目投入近 2 亿元。集团牵头成立了“上海海洋工程国家制造业创新中心”，组织了“智能船舶”“深水半潜式支持平台”等 8 个国家科研专项，着力提升海洋装备自主研发能力。由集团投资建造的航运技术与安全国家重点实验室总投资 10 亿元，2022 年全部投入使用后将进一步提升航运和造船基础研究能力。

服务国家战略，践行“一带一路”倡议

“作为我国参与国际航运市场竞争的主力军，始终以推进‘一带一路’建设为己任，服务中国企业‘走出去’发展，服务共建国家和地区的互联互通，争做‘一带一路’沿线市场开拓的排头兵和先锋队。”中远海运集团党组成员、副总经理俞曾港介绍说。

突出全球布局，打造港口码头新支点。截至 2019 年上半年，集团全球投资经营码头共 56 个，在共建“一带一路”国家投资额达到 558 亿元，投资码头 18 个，包括比利时、荷兰、希腊、阿联酋、西班牙、新加坡、土耳其等。其中，比雷埃夫斯港是希腊最大港口，也是“21 世纪海上丝绸之路”在地中海区域的重要枢纽。经过 10 年的辛勤耕耘，比港码头吞吐量从接管之初的 68.5 万标准箱提升至 2018 年的 500 万标准箱；利润由接管之初亏损 621 万欧元提升到 2018 年盈利超过 7 000 万欧元；比港在全球港口的排名由第 93 位跃升至第 32 位。2018 年底，中远海运比港管理团队被国务院国资委评为第三届“央企楷模”。

突出纽带连接，编织海上运输新丝路。为进一步推动“一带一路”互联互通，集团持续优化全球航线布局，相继开通欧亚等地区多条班轮航线。集团在共建“一带一路”国家布局集装箱班轮航线 174 条，投入 161.4 万标准箱的运力，占集装箱总营运船队规模的 58%，2018 年集团完成集装箱箱量 1 215.2 万标准箱，同比增长 9%。

突出海陆并举，开创综合物流新局面。在国际班列方面，“一带一路”倡议提出以来，集团不断加大对亚欧海铁联运、亚欧国际班列业务的投入，先后开通班列共 25 列，2018 年完成集装箱箱量 2.35 万标准箱。在中欧陆海快线方面，集团大力推进以希腊比港为基地的“中欧陆海快线”建设，深入中东欧腹地开辟中国与东欧之间的物流新通道。在国际陆海贸易新通道建设方面，增加了以广西钦州港为始发港或经停港的远洋航线，开通了海南—东盟（新加坡）航线。在“一带一路”沿线物流基础设施投资方面，先后收购新加坡高昇物流公司，投资哈萨克斯坦霍尔果斯东门无水港、阿联酋阿布扎比码头集装箱拆装箱场站等重大物流项目，取得了积极的成效。

突出极地开发，积极拓展冰上丝绸之路。2013 年，集团下属中远海运特运“永盛”轮作为中国货轮首次穿越北极东北航道，开辟了我国商船北极航行的先河。截至 2019 年上半年，集团共执行22个航次的北极东北航道商业化航行，在人类航海史书写了壮丽的篇章。2016 年，“永盛”轮又首次以商业模式运作南极菲拉兹科考站物流运输项目，再次开创由商船承运南极科考站建设物资的先河，集团下属中远海运特运成为全球唯一一家能够提供南极和北极航线服务的公司。

面向未来，中远海运集团正以海洋强国、航运强国建设为己任，同舟共济，奋力拼搏，以跑赢市场、跑赢变革、跑赢时代的精神风貌，努力打造具有全球竞争力的世界一流航运企业。

2020

CHINA COSCO SHIPPING CORPORATION LIMITED YEARBOOK

中国远洋海运集团有限公司

年鉴

第二篇

概况

集团概述

集团概述

【集团简介】

中国远洋海运集团有限公司（简称“中远海运集团”“中远海运”“集团”）成立于2016年2月18日，总部设在上海，是中央直接管理的特大型国有企业。注册资本110亿元，员工总数近14万，总资产规模超过8 770亿元，在境内外拥有11家控股上市公司。

中远海运集团以推进航运强国战略以及“一带一路”建设目标为指引，以承载经济全球化使命、打造全球领先的综合性物流服务商为愿景，围绕“规模增长、盈利能力、抗周期性和全球公司”四个战略维度形成了涵盖航运、物流、航运金融、装备制造、航运服务、社会化服务和基于商业模式创新的“互联网+”相关业务的“6+1”产业结构。

集团成立以来，坚持做强做优做大，持续创效创业创新。在规模增长方面，持续推进航运主业发展，2018年完成收购东方海外，集装箱船队规模迅速进入全球班轮行业第一梯队，集团综合运力超过1亿载重吨，同步实现干散货船队、油轮船队、杂货特种船队、集装箱码头吞吐量和船员管理规模等六个“世界第一”，成为全球最大综合航运企业。2019年，集团在全球500强企业排名中位居279位，较2018年大幅上升56位。2016—2019年，集团连续四年被评为国务院国资委考核A级企业。

【历史沿革】

中国远洋海运集团有限公司由原中国远洋运输（集团）总公司和原中国海运（集团）总公司合并重组建立。

原中国远洋运输（集团）总公司（简称“中远集团”）最早前身可追溯到1961年在北京成立的中国远洋运输公司。1961—2015年，在中远50余年的发展进程中，中远集团历经数次变更，反映出新中国海洋运输事业的发展壮大和对外贸易运输的沧桑巨变。企业变化经历了四个阶段，即成立初期的政企一体化——交通部远洋运输局和中国远洋运输公司合署办公阶段（1961—1966年）；“文化大革命”期间的铁、交、邮合并期——交通部水运组主管阶段（1967—1971年）；国营企业转型期——中国远洋运输总公司自主经营阶段（1972—1993年）；改革开放大发展期——中国远洋运输集团市场化经营阶段（1993—2015年）。1993年2月16日，中国远洋运输（集团）总公司成立，由原隶属交通部管理的中国远洋运输总公司、中国外轮代理总公司、中国汽车运输总公司、中国船舶燃料供应总公司等4家企业组建。到2015年末，中远集团拥有船舶577艘、4 496万载重吨；货运量3.83亿吨，货物周转量16 485亿吨海里；总收入1 443.2亿元，总资产3 613.2亿元。

原中国海运（集团）总公司（简称“中国海运”）于1997年7月1日在上海成立。中国海运在整合上海海运（集团）公司、广州海运（集团）有限公司、大连海运（集团）公司、中国海员对外技术服务公司、中交船业公司五家公司基础上而成立。其中，上海海运（集团）公司的前身是1872年成立的轮船招商总局，广州海运（集团）有限公司的前身是轮船招商局广州分公司，两家公司在新中国成立后都经历了军管、公私合营、现代企业制度改革的过程，成为中国沿海的主力航运集团；大连海运（集团）公司的前身是1949年成立的大连轮船公司，在渤海湾航线具有较强的竞争力；中国海员对外技术服务公司成立于 1984 年，是中国第一家海员劳务外派公司；中交船业公司成立于 1993 年，主业从事二手船贸易及拆船业务。1997—2015 年的 18 年间，中国海运实现了跨越式发展。到 2015 年末，中国海运拥有船舶 544 艘、4 047 万载重吨；货运量 5.46 亿吨，货物周转量 11 298 亿吨海里；总收入 799.41 亿元，总资产 2 321.59 亿元。

2016 年 2 月 18 日，中远海运集团挂牌成立后，当年相继完成集装箱运输、航运金融、能源运输、散货运输、港口码头、物流、装备制造等 7 个核心业务板块和 10 大海外区域公司的重组整合。

2016 年 3 月 1 日，集团集装箱运输业务合并原中远和中海两大集团旗下集装箱业务，成立中远海运集运；2016 年 6 月 6 日，集团油轮运输业务合并原大连远洋运输公司和原中海发展股份公司旗下的油气业务，成立中远海运能源；2016 年 6 月 16 日，集团散货运输业务合并原中远散运集团和中海散运公司，成立中远海运散运；2016 年 3 月 18 日，集团港口码头资产以中远太平洋公司吸收合并中海港口公司的方式完成股权交割，重组成立中远海运港口；2016 年 9 月 8 日，集团航运金融业务保留了原中海集运作为金融上市平台，更名为中远海运发展；2016 年 6 月 2 日，原中海香港控股公司更名为中远海运金控在香港正式挂牌。2016 年 2 月 20 日，集团海外业务整合启动，2016 年底全部完成海外区域公司和国家公司的整合。2016 年 12 月 21 日，集团物流业务板块重组整合，中远海运物流正式挂牌。2016 年 12 月，集团装备制造业务完成整合，中远海运重工正式挂牌。

2017—2019 年，中远海运集团继续推动资源重组整合，先后完成船员船舶管理体制改革、地区公司改革、集团信息化资源和财务公司整合。2017 年 12 月 26 日，中远海运船员管理有限公司正式成立，成为世界上规模最大的专业化船员管理公司。2018 年 2 月 2 日，中远海运集团科技与信息化平台正式启动，推动集团“数字化转型”。2019 年 2 月 21 日、22 日、25 日，中远海运大连投资有限公司、中远海运青岛有限公司、中远海运天津有限公司等三家地区公司先后成立，集团船管体制改革顺利推进。2019 年 3 月 21 日，由原中远、中海两家财务公司合并组成的中远海运财务在上海正式成立。

（周家恺）

【经营业绩】

2019 年，中远海运集团坚持跑赢市场、跑赢变革、跑赢时代，跑出了改革发展的加速度、高质量和新成就。面对航运市场持续低迷、中美经贸摩擦、低硫油即将推行等考验，集团上下同舟共济、奋勇拼搏，沉着应对市场挑战，强化增收节支，着力提质增效，生产效益稳中有升，财务状况保持平稳。2019 年，集团实现营业收入 3 084.97 亿元，同比增长 9.46%；实现利润总额 230.99 亿元，同比增长 15.00%；净利润 166.24 亿元，同比增长 13.87%。

截至 2019 年末，中远海运集团资产总额 8 770.26 亿元，较年初增长 5.91%；负债总额 5 692.22 亿元，较年初增长 3.44%；资产负债率 64.90%，较年初下降 1.55 个百分点。

（周家恺）

【生产经营】

截至 2019 年底，集团全年货运量累计完成 13.10 亿吨，同比增长 8.96%；货运周转量累计完成 36 201.26 亿吨海里，同比增长 14.53%，其中集装箱重箱运量完成 4 015.15 万标准箱，同比增长 24.92%。

2019 年 12 月底，中远海运集团运营运力 1 316 艘、10 462 万载重吨，载重吨同比上升 3.19%，排名世界第一。其中，集装箱船队规模 508 艘、298 万标准箱，载箱量同比上升 6.46%，居世界第三；干散货船队运力 411 艘、3 984 万载重吨，载重吨同比上升 0.96%；能源船队运力 203 艘、2 547 万载重吨，载重吨同比上升 2.83%；杂货、特种船队 160 艘、446 万载重吨，载重吨同比上升 2.29%，均居世界第一；客滚、邮轮船队规模 34 艘、13 万载重吨，载重吨同比上升 59.26%。

是年，中远海运集团拥有 61 家全资及合资码头公司，包括：中远海运港口下属 49 家、东方海外下属 3 家及 PPA、PMS、WBCT、法国 Seayard、海南港航，其中集装箱码头公司 53 家，集装箱码头吞吐能力 12 905 万标准箱。2019 年，集装箱吞吐量为 13 395 万标准箱，散杂货吞吐量为 8 778 万吨。2019 年，新增码头为收购海南港航所间接获得的码头。

是年，中远海运集团拥有造船产能 748 万载重吨 / 年，修船产能 1 500 艘 / 年，年可完工交付 6 个海工产品。

（周家恺）

【员 工 队 伍】

截至 2019 年底，中远海运集团共有员工 13.68 万人，其中陆地员工 8.52 万人，船员 5.16 万人。按劳务形式划分，劳动合同用工 9.81 万人，劳务派遣用工 3.77 万人。在劳务合同用工中，在岗职工 9.50 万人，派出职工 1 168 人，其他职工 1 982 人。

（胡柏青）

组织结构

组 织 结 构

【集团领导层】

集团实行董事会领导下的总经理负责制。截至 2019 年底，集团领导班子成员及总经理助理级领导共 14 名，包括：

董事长、党组书记：许立荣

董事、总经理、党组副书记：付刚峰

副总经理、党组副书记：孙家康

副总经理、总会计师、党组成员：孙云飞

副总经理、党组成员：叶伟龙

副总经理、党组成员：黄小文

党组纪检组组长、党组成员：刘鸿炜

副总经理、党组成员：王海民

副总经理、党组成员：张　为

董事会秘书：傅向阳

总法律顾问：叶红军

工会主席：张善民

安全总监：翁　羿

总经理助理：韩　骏

（周家恺）

【集团组织机构】

截至 2019 年底，中远海运集团本部共有职能部门 15 个、共享中心 6 个以及中远海运慈善基金会 1 个；境内共有直属公司 24 家（含全资、控股企业），境外直属公司 15 家（含全资、控股企业），对等持股合资公司 2 家，非企业单位 3 家，代管单位 2 家，其他企业 2 家。

2019 年中远海运集团组织机构见图 2–1。

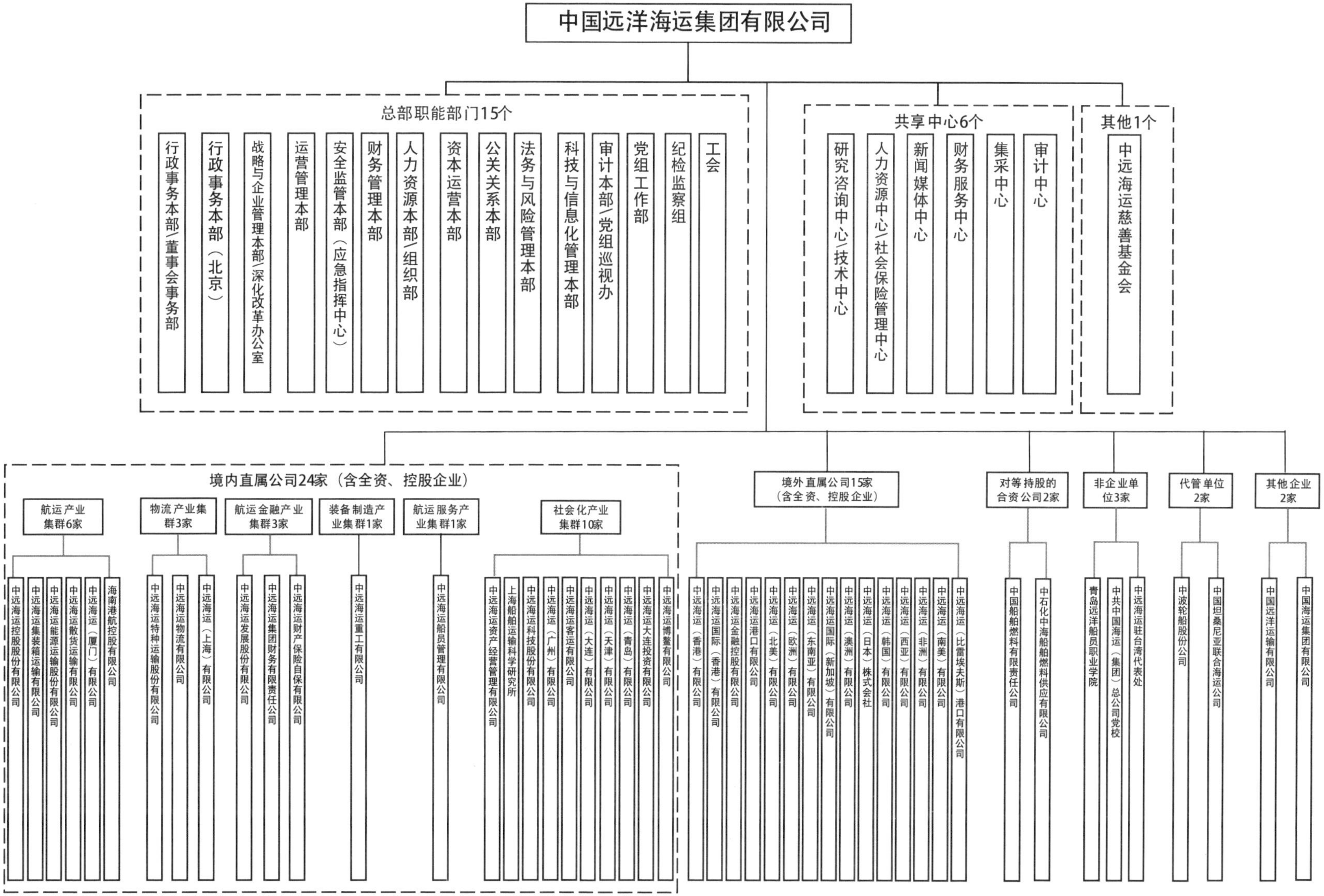

图2-1 集团管理组织架构图

战略规划

战略规划

【发展愿景】

集团"十三五"期间的发展愿景是：承载国家使命、服务世界贸易、构建全球网络，打造以航运、物流及相关金融服务为基础，多产业集群、世界一流的全球化供应链综合服务平台。集团发展愿景的基本内涵是：①承载国家使命。积极融入国家战略，在中国企业全球化布局过程中，以全球综合供应链服务支持中国资本海外扩张，同时以集团多年植根海外积累的本土化优势积极支撑中国企业海外发展。②塑造世界一流企业。着重强调"规模增长、盈利能力、抗周期性、全球公司"四个维度均衡发展，努力塑造服务一流、人才一流、管理一流的综合性物流服务企业。③着眼全球化经营。基本完成集团核心业务板块的全球化布局，加大第三国业务开发力度，逐步实现海外经营人才的本土化。④打造供应链综合服务平台。整合集团优势资源，形成航运、物流、航运金融为基础，多产业集群及业务板块的协同互动，借助互联网等先进工具，构建端到端供应链服务能力。

【"十三五"规划完成情况】

中远海运集团在"十三五"期间围绕"服务全球贸易，经营全球网络，以航运、物流及相关金融服务为基础和核心，打造世界一流的全球综合物流供应链服务平台"的愿景目标，取得了辉煌成就，为"十四五"发展打下了良好基础。

中远海运集团实现了既定的关键目标。在规模增长方面，集团实现了总运力、干散货运力、油轮运力、杂货特种船队运力和集装箱码头设计吞吐量等"六个世界第一"和多个世界领先，2019 年，全球 500 强排名第 279 位。在盈利能力方面，利润率 2016—2019 年年均复合增长达到 12%，业内处于领先地位。在抗周期性方面，港口、航运金融等抗周期性产业布局比重上升，非周期性业务资产占比超过 50%。全球化方面，航运业务的国际网络进一步完善，海外营收占比达到 56%。

中远海运集团发挥国有企业的龙头表率作用，2016—2018 年，连续 3 年被国务院国资委评为 A 类企业及任期"业绩优秀企业"。2018 年 12 月，集团党组书记、董事长许立荣荣膺"改革先锋"称号。中远海运荣登《福布斯》全球最受信赖公司 104 位，为全球唯一上榜的航运企业，中国大陆最值得信赖企业排名第一。2019 年，习近平总书记视察比雷埃夫斯港项目时指出，"比雷埃夫斯港项目是中希双方优势互补、强强联合、互利共赢的成功范例"[①]。

【三年滚动规划】

中远海运集团以国务院国资委《中央企业规划编制大纲》为基本框架，以"十三五"发展规划为发展定位和纲领指引，编制完成《中远海运集团 2019—2021 年发展规划》（简称三年滚动规划），将"十三五"发展规划确定的各项任务目标，特别是阶段规划任务有效分解、有序落实。三年滚动规划作为"十三五"发展规划的重要组成部分，集团对相关发展指标进行了细化，明确了有关战略实施方案和落地举措，是集团未来三年贯彻国家有关方针政策、实现既定战略任务和目标的重要依据。（张希南）

① 《习近平和希腊总理米佐塔基斯共同参观中远海运比雷埃夫斯港项目》，《人民日报》2019年11月13日。

集团董事会

集团董事会

2019 年，中国远洋海运第一届董事会有成员 8 名，分别是集团董事长、党组书记许立荣，董事总经理、党组副书记付刚峰，董事、党组副书记孙家康，4 名外部董事何庆源、钟瑞明、徐冬根、罗建川以及职工董事杨志坚。

2019 年 3 月 12 日，国务院任命孙家康为中国远洋海运集团董事。

2019 年 5 月 22 日，根据集团党组提名，报国务院国资委党委批准，并经职工代表联席会议选举，杨志坚任中国远洋海运集团职工董事。

2019 年 7 月 22 日，国务院国资委在集团总部召开董事会调整会议，刘章民因年龄原因不再担外部董事，增补罗建川为专职外部董事。

2019 年 9 月 5 日，中组部任命付刚峰为中国远洋海运集团董事。

【董事会及专门委员会会议】

根据董事会议事规则，2019 年开展了董事会会议决议和工作要求的督办工作，收集反馈董事会相关决议和工作要求的执行情况。做到有决议执行、有跟踪督办，将董事会、各专门委员会会议精神和工作要求融入企业经营和管理的各个层面，更好地发挥董事会作用。中远海运第一届董事会 2019 年共召开 10 次会议，其中现场会议 4 次，书面通讯表决会议 6 次，共计审议 32 项议案，听取 10 项重大事项通报。

中国远洋海运第一届董事会设立 5 个专门委员会，分别为战略发展委员会、提名委员会、薪酬与考核委员会、审计委员会和风险管理委员会，委员会由 4 ~ 5 名董事组成，外董占多数。2019 年，中国远洋海运第一届董事会各专门委员会共计召开 9 次会议，评议议题 17 项，听取 2 项报告。

【专门委员会人员调整】

2019 年 10 月 16 日召开的董事会第 36 次会议，根据董事会成员变动情况，对提名委员会、战略发展委员会、薪酬与考核委员会、审计委员会和风险管理委员会成员进行了调整（见表 2–1、表 2–2）。

调整前的专门委员会名单　　表 2–1

专门委员会	主任	具体组成名单
提名委员会	许立荣	许立荣、万敏、刘章民、何庆源、钟瑞明
战略发展委员会	何庆源	何庆源、许立荣、万敏、刘章民、徐冬根
薪酬与考核委员会	钟瑞明	钟瑞明、刘章民、何庆源、徐冬根
审计委员会	刘章民	刘章民、何庆源、钟瑞明、徐冬根
风险管理委员会	徐冬根	徐冬根、刘章民、何庆源、钟瑞明

调整后的专门委员会名单 表 2-2

专门委员会	主任	具体组成名单
提名委员会	许立荣	许立荣、付刚峰、何庆源、钟瑞明、罗建川
战略发展委员会	付刚峰	付刚峰、许立荣、何庆源、徐冬根、罗建川
薪酬与考核委员会	何庆源	何庆源、钟瑞明、徐冬根、罗建川
审计委员会	钟瑞明	钟瑞明、何庆源、徐冬根、罗建川
风险管理委员会	徐冬根	徐冬根、孙家康、何庆源、钟瑞明、罗建川

【把党的领导与公司治理紧密结合】

中远海运集团把坚持和加强党的领导贯穿改革的全过程和各方面，确保党组充分发挥把方向、管大局、保落实作用，同时把战略性、关键性、全局性重大事项作为党组会的重要内容，前置研究提交董事会的议题。全年召开党组会 36 次，研究议题 130 项，前置研究董事会、总经理办公会议题 62 项，充分行使党组在重大决策中的决定权、把关权、监督权。

【风 险 管 控】

集团董事会高度重视风险防范，全面推进依法治企，在定战略、作决策、防风险等方面发挥了重要作用。2019 年，集团董事会对集团年度投资及调整计划、财务决算、内部控制评价和风险管理报告等内容进行了认真审议。董事会第 29 次和第 31 次会议分别审议通过了“2019 年度投资计划及资产处置计划”“2019 年度预算报告”“2019 年度全面风险管理工作报告”和“2018 年度内部控制评价工作报告”的议案，对董事会职权范围内的重大事项、重要投资和战略等及时作出决策，提高依法治企的能力和水平。

【规范直属单位董事会建设】

集团加大对二级公司的授权放权力度，进一步激发各层级企业的活力。截至 2019 年底，集团完成了各直属公司的董事会授权工作，实现了董事会授权全覆盖。2019 年，集团直属公司董事会授权事项共行权 70 项、金额 178.79 亿元，董事长授权事项共行权 90 项、金额 183.14 亿元，总经理办公会授权事项共行权 559 项、金额 500.38 亿元。同时，集团还注重做好二级公司董事选拔任命工作，从各单位班子成员中选拔一批专业能力强、管理经验丰富的专职董事，充实到专职外部董事队伍中去。在 9 家公司推行了董事长兼任党委书记一肩挑的机制，进一步增强了二级公司董事会自主经营决策能力。 （李锦绣）

国企改革

国 企 改 革

【混合所有制改革】

2017 年，中远海运集团所属上海泛亚航运有限公司成为国务院国资委首批混改和员工持股试点单位。2018 年，经国务院国有企业改革领导小组批准，集团直属物流公司下属的宁波中远海运物流被列入 2018—2020 年“双百行动”企业名单，成为国有控股混合所有制企业开展员工持股的试点单位。2019 年 5 月，集团所属二级企业中远海运物流获批成为国有企业混合所有制改革第四批试点企业。

2019 年，中远海运集团推进全面深化改革工作，制定并印发了《中远海运集团全面深化国企改革指导意见》。根据各单位制定的改革工作方案，共计 16 家下属企业选择推动混改。在总结试点经验的基础上，集团研究制定了《中国远洋海运集团有限公司关于推进国有企业混合所有制改革的指导意见》《中国远洋海运集团有限公司国有控股混合所有制企业员工持股试点管理办法》《中国远洋海运集团有限公司关于实施员工持股试点工作的暂行规范》等规章制度，为进一步推动全面深化改革提供具体操作指引。

通过实施混改，公司在股权多元化和混合所有制改革方面实现了突破，经济效益显著提升。以增资扩股的方式，引入战投，形成了国有资本、民营资本和职工股本构成的多元化股权结构，公司的所有制形式由国有独资变为混合所有制，使公司的治理结构更加完善。此外，通过有效开展员工持股工作，将个人劳动收益、股权收益等经济利益和企业的整体效益、长远利益捆绑在一起，有效激发了员工干事创业内生动力和企业转型发展的生机活力，公司的向心力、凝聚力和战斗力有了根本性的提升。

【市场化用工机制改革】

强化考核挂钩，推动薪酬制度落地实施。坚持“业绩升薪酬升、业绩降薪酬降”理念，优化完善直属企业负责人及海外员工薪酬制度，依据企业经营业绩考核结果和个人考核评价结果核定薪酬，严格考核兑现、拉开薪酬差距，实现强激励、硬约束。同时，强化目标奖励与企业效益挂钩力度，鼓励、引导各直属单位多创效益。

坚持市场对标，加强职业经理人薪酬管理。按照“市场化选聘、契约化管理、差异化薪酬”原则，依据与职业经理人签订的业绩合同，结合市场对标情况核定职业经理人薪酬，体现了“一岗一薪酬、一年一考核，依岗议薪、一人一薪”的原则。同时，根据国务院国资委“双百行动”精神，按照《集团直属单位实施职业经理人制度指导意见（试行）》相关规定，指导相关直属单位制订职业经理人薪酬方案。

坚持因企施策，建立多元化的正向激励机制。根据集团全面深化国企改革工作总体部署，按照激励与增量同步的原则，指导、鼓励各级单位用足用好上市公司股权激励、科技型企业分红和股权激励、混合所有制企业员工持股、超额利润分享、项目跟投等激励方式为主体的改革工具包，激发企业创造活力和市场竞争力，调动员工的积极性、主动性和创造性。

【职业经理人制度试点】

2019 年是中远海运集团推行职业经理人制度试点工作的第三年。为进一步加大职业经理人制度推进力度，按照“试点—总结—推广”的路线图，集团紧紧抓住“试点、制度、范围”三个关键环节开展工作。

继续推进职业经理人试点。做好金控平台、中远海运自保、中远海运比港等试点单位年度职业经理人履职考核和薪酬兑现工作。成立考核评价小组，对照业绩合同约定指标，实行“一人一考核”。根据考核结果，差异化兑现薪酬并续签新一届聘期合同。

制定实施职业经理人制度。在总结试点工作经验的基础上，出台《集团直属单位实施职业经理人制度指导意见（试行）》，明确推行职业经理人的主要目标、基本原则、集团党组与直属单位董事会、党委的职责分工，并对职业经理人的适用范围、选聘、考核、激励与约束等方面提出指导意见，为各单位建立职业经理人制度明确了方向。

扩大职业经理人实施范围。结合国务院国资委“双百行动”工作要求，在航运产业集群中选择市场化程度较高的直属单位——中远海运集运，探索实施职业经理人制度，基本完成制度实施方案制订工作。

【“三供一业”分离移交】

中远海运集团于2016年启动了职工家属区“三供一业”分离移交改革工作，具体涉及中远海运特运、中远海运物流等8户直属单位的12处分离移交大项、26个子项目。项目分布于北京、上海、河北、辽宁、河南、广东、安徽、山东、江苏等地，共涉及供水2 738户，供电2 990户，供热328户，供气234户，物业管理10 164户，合计16 454户。集团“三供一业”分离移交工作已于2018年底全面完成，分离移交完成100%。2019年，集团按照国务院国资委、财政部要求，积极推进“三供一业”分离移交财政补贴清算工作，于2019年11月通过单一来源采购方式聘请清算审计机构，确保“三供一业”分离移交的后续工作质量。

【供给侧结构性改革】

在去产能方面，坚持压缩过剩的造船及海工制造产能，截至2019年底，造船产能累计减少35%，海工设计产能累计减少三分之二。在去库存方面，参与组建海工装备资产管理平台——国海海工资产管理有限公司，完成首批3个海工项目的划转。在去杠杆方面，加大直接融资力度、提高内部资金使用效率、推进债转股项目，有效降低了资产负债率，2019年底，企业资产负债率64.9%，财务状况保持平稳。在船队优化方面，顺应船舶大型化、年轻化、环保化发展趋势，持续拆旧淘汰一批不适合市场的老旧运力，新增一批高附加值、节能型船舶，截至2019年底，集团船队平均船龄降至9.12年，单船载重吨8.69万吨。

【压减管理层级】

2019年，集团继续按计划推进压减工作。年度累计完成压减户数554户，压减率达30.6%；管理层级由7级压缩至4级，提前超额完成了国务院国资委布置的任务目标。在处置“僵尸企业”和开展特困企业专项治理方面，集团所属“僵尸企业”及特困企业共7户，其中5户“僵困”企业为修造船重工业务板块企业，1户为港口码头企业，1户为宾馆酒店企业；根据《关于印发中央企业处置“僵尸企业”和开展特困企业专项治理工作完成标准的通知》所制定的治理完成标准，截至2019年底，集团所属“僵尸”、特困企业已全部达到了基本完成标准，所属6户特困企业较2015年总体减亏11.83亿元，整体减亏幅度达到70.58%。（王易）

2020

CHINA COSCO SHIPPING CORPORATION LIMITED YEARBOOK

中国远洋海运集团有限公司

年鉴

第三篇

产业集群

概述

概　　述

“十三五”时期，中远海运集团，初步形成了有限多元化产业布局，称之为“6+1”产业结构，即以航运、航运金融、物流产业为核心，以装备制造、航运服务、社会化产业为支持，以“互联网 +”为商业模式创新方式。通过打造新的产业布局，大力提升集团的国际竞争力与综合实力。

航运产业集群　作为集团核心产业集群，按业务类型划分为集装箱运输、油气运输、干散货运输、码头运营等 4 大业务板块，以及对台客货运输业务。截至 2019 年底，航运产业集群资产总额 4 352.18 亿元，当年实现收入、利润总额分别为 2 084.68 亿元、163.54 亿元。

物流产业集群　作为集团核心产业集群，按业务类型划分为特种货物运输、综合物流、船舶代理、专业物流、液体储运以及理货检验等 6 大业务板块。截至 2019 年底，物流产业集群资产总额 446.26 亿元，当年实现收入、利润总额分别为 426.68 亿元、5.42 亿元。

航运金融产业集群　作为集团核心产业集群，按业务类型划分为租赁、金融股权投资、保险和财务公司等 4 大业务板块。主要包括中远海运发展、中远海运投资、中海财务、中远财务及中远海运自保等业务主体。截至 2019 年底，航运金融产业集群资产总额 3 606.3 亿元，当年实现收入、利润总额分别为 134.08 亿元、141.97 亿元。

装备制造产业集群　作为集团重要产业集群，按业务类型划分为船舶修理改装、船舶制造、海洋工程装备制造以及集装箱制造等 4 大业务板块。截至 2019 年底，装备制造产业集群资产总额 548.61 亿元，当年实现收入、利润总额分别为 252.24 亿元、–51.67 亿元。

航运服务产业集群　作为集团支持产业集群，按业务类型划分为船员管理、船舶燃料供应、船舶物资供应（润物料、水、伙食等物资供应、备件供应、海图销售）以及通信导航（主要以通信导航设备维修业务为主）、油漆生产和贸易、一般贸易（沥青等一般贸易业务）等 5 大业务板块。截至 2019 年底，航运服务产业集群资产总额 231.75 亿元，当年实现收入、利润总额分别为 621.96 亿元、–3.97 亿元。

社会化产业集群　作为集团支持产业集群，承担了服务其他产业集群、孕育新兴产业、进行地区管理等多项综合职能。2019 年共有不动产投资、高速公路、交通科技、教育、医疗康复养老、旅游会展和地区公司等 7 大业务板块。截至 2019 年底，社会化产业集群资产总额 961.09 亿元，当年实现收入、利润总额分别为 167.67 亿元和 –7.86 亿元。

在“互联网 +”业务方面，2019 年，集团在完成科技与信息资源整合工作基础上，通过组织架构重建及区域布局调整，扭转科技和信息化资源“散、弱、小”的局面，实现“人才聚集、资源共享、技术融合、业务协同”新的发展格局。按照“十三五”规划要求和对“互联网 +”的定位，集团积极研究探索新技术、新模式、新场景与各产业集群的有机结合，构建“科技创新的创意、组织平台”“创新项目的实施、孵化平台”和“创新成果的管理、转换平台”，为各产业集群赋能。

航运产业集群

航运产业集群

【主 要 业 务】

航运产业集群业务范围涵盖了集装箱运输、油气运输、干散货运输、码头经营、对台运输业务和海外业务等。

集装箱运输业务 集团主要通过中远海运集装箱运输有限公司(以下简称“中远海运集运”)、东方海外(国际)有限公司(以下简称“东方海外”)两家公司专业经营集装箱运输业务。截至2019年12月底，集团控制经营集装箱运输船舶508艘、298万标准箱，其中，自有运力245艘、213万标准箱，按控制经营运力规模排名世界第三、中国第一。集团经营集装箱运输航线420条，其中，国际航线、国内航线分别为274条、146条，挂靠全球105个国家和地区的356个港口。2019年，集团完成集装箱运量5 160.4万标准箱，其中，重箱量4 015.15万标准箱，第三国重箱量740万标准箱。

油气运输业务 集团主要通过中远海运能源运输股份有限公司(简称“中远12海运能源”)专业营石油、液化天然气(LNG)等液体散货运输业务。截至2019年12月底，集团控制经营油轮船舶163艘、2 240.4万载重吨，其中，自有运力153艘、1 993.5万载重吨，控制经营的油轮运力规模排名世界第一、中国第一。参与投资38艘LNG船舶，其中，投入运营的LNG船舶35艘、590.1万立方米，均为自有船舶；在建LNG船舶3艘、52.3万立方米。2019年，集团完成油气运量22 758万吨，其中，石油运量为14 966万吨。石油运量中，承运我国海运进口原油5 033万吨，约占我国海运原油进口总量的12.3%。

干散货运输业务 集团主要通过中远海运散货运输有限公司(简称“中远海运散运”)专业经营金属矿石、煤炭、粮食等干散货运输业务，截至2019年12月底，集团控制经营干散货运输船舶411艘、3 984.0万载重吨，其中，自有运力367艘、3 593.2万载重吨，按控制经营运力规模排名世界第二(自有运力排名世界第一)、中国第一。2019年，集团完成干散货运量3.7亿吨，其中，金属矿石、煤炭及制品、粮食运量分别为15 022.59万吨、26 178.62万吨、2 096.17万吨。

码头业务 集团主要通过中远海运港口有限公司(简称“中远海运港口”)、海南港航控股有限公司(简称“海南港航”)、中远海运(比雷埃夫斯)港口有限公司(简称“PPA”或“比港”)、中远海运(北美)有限公司(简称“中远海运北美”)经营码头及相关业务。截至2019年底，集团参与投资并拥有权益的海内外码头53个，拥有泊位数193个(中远海运港口在海内外36个港口参与投资并拥有权益码头47个；运营泊位数290个，其中197个为集装箱泊位，总设计吞吐能力达1.13亿标准箱)。集团2019年名义吞吐能力1.42亿标准箱，排名世界第一；集团2019年实现权益吞吐量4 860万标准箱，排名全球第二、中国第一。从码头布局看，在国内环渤海、长三角、东南沿海、珠三角、西南沿海、长江中下游，以及中国香港、台湾等主要区域均有布局，在海外希腊、美国、西班牙、比利时、荷兰、意大利、阿联酋、新加坡、秘鲁、埃及、土耳其、韩国等国家或地区分散布局，已经初步构建起以中国市场为主、国际市场持续增长的全球码头经营格局。

对台运输业务 集团主要通过中远海运(厦门)有限公司(简称“厦门中远海运”)从事大

陆与台湾间的旅客和货物运输业务。集团积极发挥厦门中远海运地处台湾海峡西岸的区位优势，在两岸海上交流实践中做了大量首创性工作，实现了真正意义上的两岸客货直航，先后主导开通和运营泉州—金门、厦门—金门等“小三通”海上客运航线，厦门—台中、厦门—基隆、厦门—高雄、大麦屿—基隆等闽台、浙台海上客货直航航线，为提升闽台经贸合作水平、加强两岸产业合作和文化交流、方便两岸人民往来、促进两岸互利共赢作出积极贡献。

海外区域公司　“十三五”期间，集团在海外主要国家和地区设立了中远海运（北美）有限公司（简称“中远海运北美”）、中远海运（欧洲）有限公司（简称“中远海运欧洲”）、中远海运（东南亚）有限公司（简称“中远海运东南亚”）、中远海运（西亚）有限公司（简称“中远海运西亚”）、中远海运（非洲）有限公司（简称“中远海运非洲”）、中远海运（南美）有限公司（简称“中远海运南美”）、中远海运（澳洲）有限公司（简称“中远海运澳洲”）、中远海运（日本）株式会社（简称“中远海运日本”）、中远海运（韩国）有限公司（简称“中远海运韩国”）等 9 家海外区域公司，主要承担起集团的全球业务协同、信息共享、新兴业务孵化、区域服务支持、国际人才培养等五大平台作用。

【中远海运港口购入北部湾港 4.34% 股份】

2019 年 1 月 2 日，中远海运港口宣布，2018 年 12 月，中远海运港口有限公司通过子公司上海中海码头发展有限公司以约 4.7 亿元人民币认购北部湾港股份有限公司（简称“北部湾港”）非公开发行的 70 943 455 股股份，占北部湾港发行后总股本约 4.34%。中远海运港口此次入股北部湾港，进一步加强了与北部湾国际港务集团有限公司的合作，也为公司参与广西港口整合打下了基础。

【中远海运港口签署葵青码头联盟协议】

2019 年 1 月 9 日，中远海运港口有限公司宣布中远—国际货柜码头（香港）有限公司（中远—国际码头）、亚洲货柜码头有限公司（亚洲货柜码头）、香港国际货柜码头有限公司（香港国际货柜码头）和现代货箱码头有限公司（现代货箱码头）签署香港海港联合操作联盟协议。此举意在加强四方合作，有效管理及经营位于香港新界葵青 1 号、2 号、4 号、5 号、6 号、7 号、8 号及 9 号码头，合计共 23 个泊位（简称码头组合设施）；通过提升码头组合设施的效益，应对日益增长的区域竞争，最大程度提升效率及营运，满足客户和行业的需求。

考虑到航运业经营环境的变化，尤其是航运公司组成战略联盟及使用大型船舶的趋势，此次组成联合操作联盟，可通过提升码头组合设施的 23 个泊位与堆场规划的灵活性，提高处理能力，更好地满足航运联盟的需求，持续优化码头组合设施使用率及发挥成本协同效应。

【海洋联盟合作期限延长至 10 年】

2019 年 1 月 17 日上午，海洋联盟在海南博鳌签署相关文件，将海洋联盟的合作期限正式延长至 10 年，即延长至 2027 年 3 月 31 日。海洋联盟自 2017 年 4 月运营以来，运营情况平稳有序，联盟成员之间沟通顺畅，合作效率日益提升。16 日，海洋联盟正式向市场发布了 DAY3 航线产品，联盟共投入运力规模达 386 万标准箱，提供 40 条航线服务。合作范围覆盖西北欧、地中海、美西南、美西北、美东美湾、跨大西洋、中东及红海等航线区域。经过两年来的精诚合作，海洋联盟产品不断得到优化，航线产品覆盖面广，服务频次高，港到港服务独特，班期稳定，在整个航运市场上享有较高声誉，并拥有了较好的品牌效应。（钟远海）

【中远海运收购秘鲁钱凯码头60%股份】

2019年1月23日，中远海运集团所属中远海运港口与秘鲁火山矿业集团（Volcan Compañía Minera S.A.A.）在瑞士达沃斯世界经济论坛2019年年会期间举行签约仪式。中远海运港口以2.25亿美元向火山矿业收购秘鲁钱凯码头（Terminales Portuarios Chancay S.A.）60%的股权，首期付款为5 625万美元。收购完成后，钱凯码头将成为中远海运集团在南美控股的第一个码头项目，也是在海外的第二个控股绿地港口项目。

秘鲁共和国副总统阿劳斯，中国国务院国有资产监督管理委员会主任肖亚庆，中国交通运输部副部长戴东昌，秘鲁驻瑞士大使路易斯·哈维斯·巴沙戈提亚，中远海运集团董事长许立荣、副总经理黄小文等出席仪式并见证签约。中远海运港口副主席兼董事、总经理张为和火山矿业主席何塞·毕加索代表双方签署协议。

钱凯码头位于秘鲁中部的钱凯湾，距离秘鲁首都利马北部约58公里，地理位置得天独厚，通往秘鲁经济中心的交通十分便捷。同时，该港是天然深水良港，最大水深16米，能够满足大型船舶的挂靠需求。钱凯项目包括多用途码头、集装箱码头及相关的基建设施。建设规划一期将兴建4个泊位，其中两个泊位为多用途泊位，两个为集装箱泊位，年设计总吞吐量为100万标准箱。

在仪式举行前，许立荣还应邀与梅赛德斯·阿劳斯副总统举行了会谈，双方就进一步深化港口、物流与经贸合作进行了交流。（钟远海）

【第二代40万吨矿砂船“远津海”轮入列】

2019年1月25日，中远海运散运第五艘第二代40万吨矿砂船——“远津海”轮命名交付仪式在上海外高桥造船有限公司举行。该轮总长362米，型宽65米，型深30.4米，结构吃水23米，航速14.5节，续航2.55万海里，是当今世界最新一代绿色、节能、环保超大型矿砂运输船。此次命名交付的“远津海”轮系中远海运重工旗下扬州中远海运重工和外高桥造船有限公司联合建造的40万吨矿砂船的首制船。该船是扬州中远海运重工建造的6艘VLOC系列船首制船，也是扬州中远海运重工首次承建的超大型矿砂船。截至2019年初，中远海运散运投入运营的第二代40万吨矿砂船已达5艘，40万吨矿砂船合计9艘，这将为中远海运散运积极参与“一带一路”建设，大力践行“海运强国”战略和“大客户、国际化、集约化”战略，提升散运船队的国际竞争力和品牌影响力，打造全球领先、世界一流的干散货航运企业提供更加有力的支撑。

（刘艺惠　周晓雨）

【中远海运港口连夺三项ESG大奖】

据《中国远洋海运报》2019年2月22日报道，中远海运港口凭借优秀的环境、社会及管治报告（ESG报告），2月在300多家公司中脱颖而出，首次荣获由“立信德豪”（BDO）颁发的中型市值上市公司“最佳ESG报告大奖”“ESG最佳表现大奖”以及“ESG年度公司大奖”等三大奖项，并且成为了全场唯一一家囊括三个奖项的机构。BDO为全球五大会计网络之一，其颁发的香港环境、社会及管治报告大奖，旨在表彰香港杰出的ESG报告，同时提升企业对社会责任的认识，鼓励企业关注社会责任，将可持续发展纳入业务发展。（余蔡惠君）

【中远海运客运春运收入首次过亿】

2019年3月1日，为期40天的2019年渤海湾春运落下帷幕。春运期间，中远海运客运共完成航次652个，运送旅客25.2万人次，车辆4.96万辆次，运量同比均有小幅增长，运输收入1.01亿元，同比提高7.1%，营业收入首次突破亿元大关。

春运前夕，公司积极筹划，采取有针对性的营销措施，获得了大量返乡中高端客源。线上销售方面，在通过微信公众号开展春节乘船抽大奖活动的同时，与携程网开展“春运大促”等活动揽取线上新客源。春运期间，各船舶践行“安全温馨服务至上”的理念，在落实“首问负责制”基础上，开展了一系列服务活动，如与熊猫船长一起为旅客送“福”、与旅客互动联欢、正月十五“猜灯谜”、务工人员服务站、军人优先等等，充分彰显了“情满旅途”的春运主题，赢得了许多回头客；同时通过开展“爱心助学”“警民一家亲”等公益活动与媒体互动，树立了良好的品牌形象。

（马嵩洋　王芳）

【亚马尔项目4艘破冰船完成命名】

2019年3月28日上午，中远海运能源拥有50%股权的中国液化天然气运输（控股）有限公司（简称CLNG）与Teekay共同合资建造的亚马尔项目4艘船冰区LNG船（Nikolay Yevgenov、Vladimir Voronin、Georgiy Ushakov、Yakov Gakkel）命名仪式，在韩国巨济岛玉浦船厂隆重举行。作为亚马尔项目的重要参与者，中远海运能源承揽了15艘Arc7级极地破冰液化天然气（LNG）运输船中的14艘以及4艘常规船。4艘新船交付后，中方LNG船队数量进一步增加，中方将切实履行好船东职责，和Teekay一起为租船人提供好安全可靠优质的LNG运输服务。此次命名的船舶为亚马尔项目订造15艘冰区船的其中4艘，船名均取自苏联北极探险家。船舶总长299米、型宽50米，总舱容量17.4万立方米，拥有Arc7级双向破冰能力，按照计划均于2019年底前交付Yamal Trade并投入运营。

亚马尔LNG项目是俄中法三国油气巨头联合开发的涵盖勘探开发、天然气液化、LNG运输的上下游一体化项目，是全球最大液化天然气项目，也是“一带一路”倡议提出后建设实施的首个特大型极地项目。项目3条年产量550万吨液化天然气生产线全部建成后，每年可生产液化天然气1650万吨（250亿立方米）。

（张可可）

【希腊比港全球排名居32位】

2019年4月，Alphaliner发布了全球前120大集装箱港口（2018年）吞吐量排行数据。在全球120个商业集装箱港口吞吐量排名中，希腊比雷埃夫斯港以491万标准箱的吞吐量排名第32名，较2017年排名上升4位。在欧洲集装箱港口中排名第6（超过西班牙的Algeciras）；在地中海港口中排名第2，仅次于西班牙的瓦伦西亚。

在“一带一路”大背景下，中远海运集团不断赋能欧洲“南大门”，助推比港的发展，其货运枢纽地位日益凸显。希腊比雷埃夫斯港不断优化资源，进一步加快市场开拓，强化内部管理，加强与2M、OCEAN、THE等航运联盟的合作，发挥中远海运比雷埃夫斯集装箱码头（PCT）与中远海运比雷埃夫斯港务局（PPA）协同优势，不断完善干支线网络，吸引了越来越多的船公司将比港作为其在地中海的中转枢纽港，集装箱吞吐量实现快速增长。2018年的吞吐量与2017年相比增幅达18.4%，大幅高于2018年全球前120大集装箱港口4.9%的平均增幅，吞吐量增长率在全球前40大集装箱港口中排名第一。

（王继航）

【中远海运秘鲁钱凯项目正式交割】

当地时间2019年5月13日下午，中远海运秘鲁钱凯项目正式交割仪式在秘鲁首都利马市中心的总统府举行。秘鲁总统比斯卡拉、交通和通信部长哈拉、外交部长波波利西奥和外贸旅游部长巴斯克斯、中国驻秘鲁大使馆临时代办李昀、经商参赞郝沁梅和中国远洋海运集团董事长许立荣出席交割仪式。中远海运港口主席兼董事、总经理张为和火山矿业主席何塞·毕加索代表双方签署交割证书。

中秘双方均表示，钱凯项目是中秘两国积极践行“一带一路”倡议的重要举措。中秘两国经济互补性强，两国企业发展目标和需求高度契合，正迎来前所未有的历史机遇。在北京举办的第二届“一带一路”国际合作高峰论坛期间，中国政府与秘鲁政府签署共建“一带一路”谅解备忘录，为两国的合作打开了广阔空间。

钱凯港是中远海运在南美洲的第一个控股绿地项目。2019 年 1 月 23 日，中远海运港口与火山矿业在达沃斯正式签署秘鲁钱凯项目的认购及投资协议。秘鲁的经济发展潜力较大，钱凯港位于距离秘鲁首都利马 58 公里的北部，地理位置得天独厚，通往秘鲁经济中心的交通十分便捷。秘鲁约60% 经济活动集中在利马及其周边地区。因此，钱凯港靠近利马的地理位置非常具有战略意义。钱凯港属天然深水港，最大水深 16 米，能够满足大型船舶的挂靠需求。钱凯项目包括多用途码头、集装箱码头及相关的基建设施。建设规划一期建四个泊位，其中两个泊位为多用途泊位；两个为集装箱泊位，年设计总吞吐量为 100 万标准箱。（钟远海）

【中远海运携手海南打造港航新企业】

2019 年 5 月 18 日下午，海南港航控股有限公司（简称“港航控股”）股权合作签约暨重组工作筹备组成立揭牌仪式在海口市港航大厦举行，标志着海南省政府与中远海运战略合作迈入新的阶段。时任海南省省长沈晓明、常务副省长毛超峰、副省长王路、海南省政府秘书长倪强、国务院国资委总会计师白英姿、国投集团董事长王会生、中远海运董事长许立荣等领导莅临现场。活动由王路主持，沈晓明、白英姿、王会生、许立荣共同为港航控股重组工作筹备组揭牌。国务院国资委有关部门，海南省国资委、交通运输厅、发改委、商务厅、自然资源和规划厅、生态环境厅、财政厅、税务局和海口市政府、洋浦管委会的主要负责人，中远海运、国投集团的相关部门负责人和中信证券有关负责人，以及港航控股重组工作筹备组成员和集团总部有关中层干部参加了活动。

根据合作备忘录与协议，海南省与中远海运集团以港航控股为平台开展股权合作，中远海运集团将通过下属全资子公司持有港航控股 45% 股权，双方共同推动优化整合海南省港口和航运资源。中远海运与国投集团（持有港航控股 10.81% 股权）将在海南省港口航运、物流等领域开展全面战略合作。

港航控股是海南省的龙头港航企业和港口资源整合省级平台。本次中远海运与海南省以港航控股为平台开展股权合作，是海南省政府在全面深化对外开放背景下，发挥中远海运资源聚集、产业带动、航线布局和资本实力等优势，加快海南港口、航运和临港经济发展，推动海南自由贸易试验区和中国特色自由贸易港建设的重要举措，也是中远海运依托海南特殊地理区位和战略区位优势，以实际行动全力支持海南中国特色自贸区（港）建设、践行“一带一路”倡议和国际陆海贸易新通道建设的重要举措。

为推动海南自贸区（港）建设，中远海运已于 2018 年底开通了海南首条对接国际陆海贸易新通道的集装箱班轮航线，以洋浦为中转港的集装箱内外贸航线已累计开航 181 个航次，并实现 26 艘散货船在海南纳统。（钟远海）

【中远海运港口蝉联“最创新港口运营商”】

2019 年 6 月，凭借持续良好的运营水平、行业地位和创新能力，中远海运港口连续 2 年荣获 *International Finance* 颁发的“最创新港口运营商”奖项。这也是中远海运港口继去年首获 *International Finance* 颁发的“最创新港口运营商”和 *International Business Magazine* 颁发的“2018 年最佳港口运营商”奖项后，公司的港口运营能力再获市场认可。

2016 年重组后，中远海运港口确定了“The Ports for ALL”的发展理念，明确码头业务发展的三大战略方向——推进全球化码头布局、发挥与中远海运及海洋联盟的协同效益；以及强化港口及码头业务的控制力和管理能力，中远海运港口的“全球化”含金量得到持续提升。截至 2019 年 5 月 31 日，中远海运港口在全球共投资 37 个港口，308 个目标泊位，其中 211 个为集装箱泊位，设计处理能力达 12 192 万标准箱。2018 年总吞吐量 1.17 亿标准箱。按总吞吐量计算，中远海运港口全球排名第一。

International Finance 为全球知名财经网站，该网站在全球范围内评选出在各领域和行业表现优秀且具创新能力的公司，以表彰在企业形象卓越、运营及财务等方面表现出色的全球化公司。

（余蔡惠君）

【中远海运集装箱码头总吞吐量蝉联全球第一】

全球航运咨询公司德鲁里（Drewry）7 月 31 日发布《2019 年全球集装箱码头运营者年度回顾和预测》报告，按照德鲁里的口径，以总吞吐量计算，中远海运集团 2018 年完成总吞吐量 1.06 亿标准箱，同比 2017 年的 9 130 万标准箱增长了 13.5%，排名全球第一。按权益吞吐量计算，中远海运集团 2018 年完成权益吞吐量 4 610 万标准箱，与 2017 年相比增长超过 32%，全球排名由 2017 年的第 5 位升至第 3 位。

报告根据各个全球码头运营商的表现，重点分析了 2018 年度前七大全球集装箱码头运营商（根据股权比例调整），中远海运集团以 32.3% 的增长率表现最佳。在 2017—2018 年全球集装箱码头运营商处理能力排名中，中远海运集团以 2018 年 1.3 亿标准箱同比 2017 年增长 17.8% 的表现位居全球第一。在 2018—2023 年全球集装箱码头运营商处理能力预测中，中远海运集团位居全球第一。

（远海港）

【“八朵金花”系列集装箱船圆满收官】

2019 年 8 月 30 日，中远海运集装箱运输有限公司在上海江南长兴造船订造的第八艘 13 800 标准箱集装箱船“兰花”轮举行交船命名仪式。中远海运集运、中远海运重工、英国劳氏船级社和中国船级社领导以及客户代表参加了此次活动。

自 2015 年 7 月 29 日签署建造合同，至中远海运“兰花”轮完成交付，历时 4 年多时间。在此期间，船东、船厂、设计单位、船级社及相关各方共同携手打造“八朵金花”，不但铸就了企业间深厚的友谊和牢固的战略合作关系，更为中远海运集运建设世界一流船队，实现高质量发展的目标，为我国继续扩大对外开放、推动经济全球化、贸易自由化和包容互惠发展提供了坚实的运力保障。

（范志勤）

【“广西钦州—南美东”远洋直航航线开通】

2019 年 9 月 20 日，中远海运“广西钦州—南美东”集装箱班轮远洋航线首航仪式在钦州保税港区集装箱码头 2 号泊位举行。这是北部湾港钦州港区首条通往南美的远洋集装箱班轮直航航线，航线的开通有效填补了广西连接南美洲地区远洋直航航线的空白，进一步丰富了北部湾港集装箱航线布局，为广西和西南地区外贸进出口企业打开南美市场提供了更加高效、便捷、经济的海上运输渠道。

参加此次首航仪式的船舶是中远海运集运的“新湛江”轮，该轮船长 263 米、舱位 4 250 标准箱。中远海运集运在这条航线上与合作方共同投入 11 艘 4 250 ~ 5 000 标准箱的船舶，总运力达 50 000 多标准箱。除了钦州港以外，该航线途经挂靠的还包括香港、青岛、上海、宁波、蛇口、新加坡、巴生、伊塔瓜伊、桑托斯、巴拉纳瓜、伊塔普亚、纳维根斯特、伊塔雅伊等港口。该组航线的开辟将为客户提供更加快捷的直航运输服务，不仅能有效降低其运输物流成本，还将为客户创造更高的价值。

截至 9 月，中远海运集运围绕钦州港已经开辟了 4 组外贸航线，航线覆盖国内沿海、东南亚、南非、南美东岸等多个重要港口。此次钦州至南美东直航航线的开辟是中远海运进一步深化与广西壮族自治区战略合作的重要举措，对提升北部湾港综合服务能力，打造西部陆海新通道国际门户港具有重要意义。

（钟远海）

【2019 北极行船舶数量创新高】

北京时间 2019 年 10 月 5 日 7 时 32 分，中远海运特运全年最后一艘北极航行船“大泰”轮东行顺利通过白令海峡，驶出北极东北航道。至此，中远海运特运所有 9 艘次船舶全部圆满完成北极东北航道段航行任务。这也是公司历年来执行北极航次最多的一年。

“大泰”轮于北京时间 2019 年 9 月 17 日晚自俄罗斯启航取道北极回国，9 月 25 日 6 时通过挪威北角进入北极东北航道航行。这是该轮本年度第二次航行北极。无独有偶，此前，北京时间 10 月 1 日国庆当天，“天恩”轮刚刚东行通过白令海峡，圆满完成北极东北航道段航行任务，向新中国成立 70 周年华诞献上了一份厚礼。作为中远海运特运 2019 年北极航行的首发船，这也是“天恩”轮本年度的第二次北极之旅，此前该轮已圆满完成了一个西行航次。

值得一提的是，东行返航途中，当地时间 9 月 18 日 23 时和 9 月 20 日 16 时 30 分，“天恩”轮分别与对向行驶的姊妹船“天佑”轮和“天惠”轮相遇并互致问候。

“天恩”“天惠”“天佑”是中远海运特运于 2016 年 6 月与上海船厂签约建造的 3 艘冰级 36 000 吨多用途船，为 CCS Ice Class B1 冰级，相当于劳氏船级社 LR Ice Class 1A，该冰级船可通行 0.8 米厚的当年冰航区。三艘“冰雪姐妹”都参加了中远海运特运 2018 年北极航行并圆满完成任务，她们的加盟使特运船队冰区航行实力进一步增强。

2019 年，作为中远海运特运第四艘北极航行船，“天佑”轮于北京时间 8 月 26 日满载着风电设备和重大件从上海张华浜码头出发，9 月 6 日 4 时西行通过白令海峡进入北极东北航道航行，9 月 20 日下午顺利抵达欧洲卸港，圆满完成任务。

“天惠”轮同样西行自国内出发取道北极前往欧洲，于北京时间 8 月 30 日载着风电及设备货物驶离江阴港；9 月 10 日 17 时通过白令海峡，正式进入北极东北航道航行；9 月 19 日 16 时 35 分通过挪威北角驶出北极东北航道；9 月 26 日中午抵达欧洲。

与此同时，另外三艘北极东行船“天禧”“大祥”“天祺”也分别于北京时间 9 月 5 日、9 月 16 日、9 月 22 日顺利通过白令海峡，圆满完成北极东北航道段航行任务。

其中，第一艘东行船“天禧”轮装载着 3 万吨纸浆于 8 月 19 日自芬兰赫尔辛基港扬帆启航，并于 9 月 16 日抵达国内第一卸港青岛。

第二艘东行船“大祥”轮于北京时间 9 月 2 日满载重件、设备、化肥等货物从欧洲最后一个装港汉堡港扬帆启航，开启了自己的北极处女航；9 月 6 日 23 时 20 分驶过挪威北角正式进入北极东北航道航行。

第三艘东行船“天祺”轮于北京时间 9 月 6 日凌晨驶离圣彼得堡港开赴北极，9 月 13 日通过挪威北角进入北极东北航道航行。这也是该轮首次航行北极。

自 2013 年“永盛”轮首航北极至 2018 年期间，中远海运特运已安排 15 艘船舶完成了 22 个航次的北极东北航道航行任务。随着 2019 年的 9 艘次船舶全部圆满完成北极东北航道航行任务，这一数字变更为 18 艘 31 个航次。

（柳芳）

物流产业集群

物流产业集群

【主 要 业 务】

物流产业集群包括特种货物运输、综合物流、船舶代理、专业物流、液体储运以及理货检验等六大业务板块。

特种货物运输业务 集团主要通过中远海运特种运输有限公司（简称“中远海运特运”）专业经营特种货及杂货运输业务。截至2019年12月底，集团控制经营特种、杂货船舶160艘、446万载重吨，其中，自有运力137艘、382万载重吨。特种船队综合规模世界第一，多个细分船队世界领先，其中：多用途船队规模世界第一；半潜船队和沥青船队规模都位居世界前列，亚洲第一。从船型结构和航线网络来看，集团控制运营重吊船、多用途船、半潜船、沥青船、汽车船、木材船、纸浆船等七类专业化船型，在远东至地中海、远东至欧洲、远东至波斯湾、远东至美洲、远东至非洲等航线上，形成了稳定可靠的班轮运输优势，牢固树立了项目设备等特种货物运输市场的领军地位。

综合物流业务 集团主要通过中远海运集运和中远海运物流有限公司（简称“中远海运物流”）专业经营货代、仓储等综合物流业务。其中，货代业务方面，集团从事的货代业务主要包括无船承运人（NVOCC）、海运货代、陆运代理、航空货代等，拥有境内外网点600余家，在境外60多个国家和地区设立了业务机构，与88个海外的货运代理企业签订了长期合作。仓储业务方面，截至2019年12月底，集团控制运营仓储面积超过550万平方米，按仓储性质分，仓库、堆场面积分别为225万平方米、327万平方米；按所有权归属分，自有、租赁面积分别为293万平方米、259万平方米。主要分布在我国天津、河北、山东、上海、江苏、广东等东部沿海省市。

船舶代理业务 集团主要通过中远海运物流所属中国外轮代理有限公司（简称“中国外代”）、中海船务代理有限公司（简称“中海船务”）专业经营船舶代理业务。2019年，中国外代船舶代理业务量11.39万艘次，代理船舶净吨14.28亿吨；中国外代作为中国船舶代理暨无船承运人协会的会长单位，以协会为平台和载体，引领全行业规范有序发展。

专业物流业务 集团主要通过中远海运物流专业经营工程物流、合同物流等专业物流业务。其中，工程物流业务方面，紧随国家战略，不断增强参与“一带一路”建设的自觉性和主动性，聚焦十大战略核心行业，抢抓机遇、凝心聚力、乘势而上。截至2019年底，累计签约额超过56亿元人民币，服务客户覆盖南亚、东南亚、中亚、中东、非洲、欧洲、南美、大洋洲等70多个国家和地区，为“一带一路”多个具有影响力的战略项目，如哈萨克斯坦IPCI项目、印度尼西亚米拉务电站，俄罗斯阿穆尔天然气处理厂项目、巴基斯坦瓜达尔新国际机场项目等提供安全高效的全产业链物流服务，是国内领先的工程物流服务提供商。合同物流业务方面，集团以搭建大客户服务体系为抓手，重点布局长三角、中西部等国内核心区域，通过为客户提供全程化、专业化、信息化、集成化的端到端物流解决方案，在家电、电子、化工等物流细分市场保持国内领先地位。

液体储运业务 集团主要通过上海中远海运专业经营液体仓储、码头接卸、油污水处理及环保等液体储运业务。其中，液体仓储业务，涵盖液体化学品接卸、仓储、分拨以及污水处理等综合服务，目前共拥有储罐128个，总罐容达47.22万立方米，其中上海地区两家库区仓储容量 11.5 万立方米，投资控股福州江阴建滔化工码头有限公司，目前已完成一期工程建设，拥有 1 个 5 万吨级石化泊位以及一个内侧 3 000 吨级泊位，码头岸线长 325 米，以及 38 个储罐，仓储总容量 18.1 万立方米；在上海浦东建有 3 万吨级液化码头，码头岸线长 430 米，是上海地区唯一船舶污水陆岸处理单位，年处理能力达到 30 万吨。已经初步搭建起液体储运产业链。化学品运输业务，下属中海化工运输有限公司（简称“中海化运”）是集团内目前唯一液体化学品运输船公司，现控制运力 20 213 载重吨，其中自有运力 15 814 载重吨，租入运力 4 399 载重吨；新建 2 艘 13 800 载重吨不锈钢化学品船和 8 000 吨新增内贸运力。2019 年 COA 收入占中海化运整体收入 82.93%。

理货检验业务 集团主要通过中远海运物流专业经营理货及检验业务。理货业务方面，2019 年，外理系统完成理箱量 1.65 亿标准箱；理货量 19.08 亿吨 12.5%；装拆箱理货 449.99 万标准箱。检验业务方面，中远海运物流积极拓展检验认证业务，坚持服务集团战略，打造业内知名全程供应链第三方质量服务平台，业务范围覆盖“一带一路”共建国家，以及国内 70 余家主要港口。

【圆满完成印尼 K2 项目核心重件项目】

2019 年 1 月 10 日，随着最后一台定子安全吊装成功，中远海运集运武汉分部圆满完成印尼 K2 项目所有 40 吨以上核心重件。重件设备的安全运输在每个项目中都是重中之重。K2 重件批次的运输策划开始于 2018 年 8 月，从上海港的集并方案、海船船型的选择、过驳方案的确定、滚装上岸的策划、现场道路的适应能力、最后吊装方案等多个角度，寻找出了最佳的解决方案。在实际的执行过程中，项目部遇到不可控制的风险层出不穷。在上海港装船期间，克服了雨雪大风的恶劣天气影响；在锚地过驳中，涌浪和大风带来了巨大的操作风险，项目部当机立断，果断采取了“锚地过驳改为岸泊过驳”的应急方案；在滚装上岸和卸货过程中，最大程度降低了雨季和现场道路条件对运输的影响。

印尼 K2 项目是武汉分部持续扎根东南亚对外承包工程市场的一个良好的延续，是积极投身“一带一路”建设的经典实例。（李栋）

【助力天津建设中国国际航空物流中心】

2019 年 1 月 17 日，天津航空物流发展有限公司（简称“天津航发公司”）增资扩股协议签约仪式在天津港保税区管委会举行。根据协议，中远海运物流旗下中远海运航空货运代理有限公司出资入股天津航发公司，助力天津建设中国国际航空物流中心。此次签约是中远海运物流积极贯彻京津冀协同发展战略，推行“央地合作”的又一重大举措。天津航发公司作为开发建设主体，主导推进天津航空口岸大通关基地建设，也是天津建设中国国际航空物流中心的重要载体之一。增资扩股的天津航发公司将进一步推动三方股东优势互补、资源共享、互利共赢，共同推进天津航空口岸大通关基地建设，谱写出天津航空物流区发展新篇章。（关一诺）

【江西首条“点对点”中欧双向班列成功开行】

2019 年 3 月 19 日，由中远海运独家经营的中欧班列（南昌）图定化运行暨中国国际进口博览会“江西号”到发双向对开仪式在南昌（向塘）铁路口岸举行，这是江西省对接“一带一路”倡议的又一重大成果，也是中远海运进一步履行央企职责、服务南昌“开放型经济发展新高地”的新起点。

当天，满载着 41 车天然有机矿物培养原料和先进农用品的返程“白俄罗斯奥尔沙—南昌横岗”中欧班列，经 16 天铁路运输，由二连浩特入境抵达南昌（向塘）铁路口岸，与此同时，满载着 46 车服装、衣帽、电器等货物的“南昌横岗—白俄罗斯明斯克”中欧班列出发，将经由二连浩特出境，16 天后到达白俄罗斯明斯克站。

两趟班列相继开行，标志着中欧班列（南昌—

白俄罗斯）实现双向对发，这也是江西首条“点对点”中欧双向对开班列，有效地缩短了运输时间、提高了运输效率、提升了服务水平，将为江西及周边对外经济贸易往来搭建双向“快车道”。南昌至白俄罗斯班列双向对开的顺利运行，是中远海运响应“一带一路”倡议，在江西省乃至中部地区不断深化的重大举措，进一步促进了中国与“一带一路”共建国家和地区间的经贸往来。

（严宝德）

【中车长客悉尼双客全程物流顺利收官】

2019 年 3 月，随着第 13 批次最后 2 列机车缓缓牵入澳大利亚业主车厂内，标志着操作了 400 多个日夜的中车长客澳大利亚悉尼城市双客项目安全顺利完成。

澳大利亚悉尼城市双客项目是中车长客股份公司与澳大利亚业主 DOWNER 联合获得澳大利亚悉尼城市双层客车项目二期的采购订单，中车长客股份公司负责该项目列车的设计与制造。2017 年 11 月，中远海运工程物流有限公司与中车长春轨道客车股份有限公司成功签订了澳大利亚悉尼双客运输物流合同，承接从国内大连指定火车站接货到大连港装船海运至澳大利亚业主车厂的 13 批次 192 台机车的全程物流服务。

为确保项目顺利运营，作为该项目的具体操作方，昆明中远海运工程物流有限公司高度重视，精心筹划、科学组织，充分利用大连中远海运物流、中远海运物流（香港）的优势资源和精锐力量，以最专业的技术和最集约的资源为业主提供了最优质的服务。该项目采用多式联运方式，从长春经铁路运输至大连指定火车站，待检查货物完好后牵入大连港内；在大连港进行装船前作业，包括解大线、装吊具、解编；待国内报关结束，使用船吊装船，经海上运输至澳大利亚纽卡斯尔港，清关之后船吊卸船，最后经铁路运输至业主车厂交货。

经过 15 天的远洋运输，承运船舶安全抵达澳大利亚纽卡斯尔港。项目组人员现场指导监督整个卸船作业，并全程跟踪铁路运输至业主车厂交货。次日，两列 16 辆机车装备完好无损交付业主，交货时间比预定时间整整提前了两天，受到业主一致好评。

（杨诗岑）

【中远海运定制中欧班列“创维号”首发】

为响应国家“一带一路”倡议，广州中远海运物流为客户量身打造的个性化服务产品“创维号”中欧班列满载着 41 个集装箱，于 3 月 29 日从成都城厢站缓缓驶出。随着汽笛长鸣，标志着“创维号”中欧班列首发仪式圆满成功。

“创维号”是首次以客户名称命名的中欧班列，首发仪式由深圳创维 –RGB 电子有限公司主办，成都国际铁路港管理委员会和中远海运物流有限公司联合协办。

数月以来，在广州中远海运物流的大力支持下，深圳中远海运物流围绕深圳创维 –RGB 公司拟采用中欧班列通道出口欧洲的需求，积极组织团队策划方案。凭借深圳中远海运物流在海铁联运多年的积累和发运惠州 TCL 中欧班列的经验，“创维号”中欧班列方案得到了深圳创维的高度认可。为确保方案具有稳定的操作性，公司邀请成都政府相关部门到深圳创维进行三方协商；发挥系统内网络资源优势，协同成都物流负责当地的运输、报关等业务；提前安排试运，反复检测方案细节，为首发成功做好保障。（蒋兰兰）

【中欧陆海快线惠普南行铁路正式运行】

2019 年 4 月，承载惠普电子产品集装箱的中欧陆海快线南行班列正式抵达比雷埃夫斯港，中远海运物流项目物流部惠普希腊现场工作小组在码头现场完成接车，并盯控集装箱顺利转场。

中欧陆海快线惠普南行班列的顺利实施，是中远海运物流落实集团比港与中欧陆海快线规划的积极成果。惠普南行货物由惠普捷克工厂出运，搭乘中欧陆海快线南行班列到达比雷埃夫斯港，再通过海运出口转运至北非、地东与中东等地区国家。中远海运物流充分利用快线北行车板回程的优势打造全程物流解决方案，增强了客户体验，

同时帮助客户缩短交货期、降低成本并提升供应链的竞争力。（谢银）

【俄列索至赣州陆港中欧班列木材顺利发运】

2019年5月，伴随着汽笛轰鸣声，由江西联合船务代理有限公司（简称“江西联代”）为中国林产品公司定制的进口木材中欧班列，满载着62个集装箱从俄罗斯列索出发顺利到达赣州国际陆港。该班列是江西联代首次“推集装箱进工厂”，为客户提供量身打造的全程物流供应链服务。

一直以来，赣州市南康区不断完善赣州国际陆港多式联运示范区功能，加快落实南康家具产业的发展，致力于打造成为连接“丝绸之路经济带”和“21世纪海上丝绸之路”的重要节点城市和国际货物集散地。该班列的顺利发运，是江西联代与中国林产品公司深度合作的全新成果，是公司积极响应国家“一带一路”倡议的又一体现，为打造赣州国际陆港中国木材交易中心作出了积极贡献。（邱光力）

【西部陆海通道冷链服务实现零突破】

2019年7月15日，经由西部陆海贸易新通道进口至重庆的首批越南巴沙鱼货物交接仪式在重庆团结村成功举办，标志着西部陆海贸易新通道海铁多式联运冷链服务正式上线。

中远海运集运重庆公司前期捕捉到客户市场信息之后，立刻向客户详细准备了冻柜运输设计方案，阐明了中远海运越南胡志明港直达航线加铁路的出运优势，说服客户最终选择了中远海运。从起运港空箱确认到装箱后船期确认，从胡志明装船到整个海铁联运过程中的运输，重庆公司和海关、铁路等各相关部门不放过任何一个细微环节，安全准时地把货物顺利运达重庆。

这批冻柜从越南胡志明港启运，经海船至钦州铁路集装箱中心站，再通过铁路抵达园区完成清关。不仅省去了以往的换箱手续，且以转关方式进入重庆后清关，有效压缩了通关时间，大大节约了运输时间，较以往的进口方式相比，节约了20天时间。此次海铁联运冷箱进口的成功运行，不仅赢得了客户的高度认可，同时也填补了西部陆海贸易新通道海铁联运冷链业务的空缺。（陈鑫）

【越南海阳项目重大件货物圆满交付】

据《中国远洋海运报》2019年8月2日报道，中远海运工程越南海阳项目第五批次大件货物顺利交付现场。本批次货物从集港至全部交付工地现场为止，总历时37天，合计4件重大件，5个超限件。为给客户提供优质周全的服务，项目组早在货物发运前3个月便开始筹备。

由于主变压器、发电机定子、转子装配等重大件货物的生产厂家在长江以北，而7.5米长宽的超限货物生产厂家在长江以南，如按照常规将所有货物发运至上海港，至少还需20～30天的运输时间才能运抵上海港，但此时现场临时码头将在最后一批次重大件抵达后拆除改造为输煤码头。然而，由于最后一批次重大件货物迟迟未到达，改造工作无法开始，如再拖延将会严重影响现场煤码头改造工期，为此客户十分着急。项目部在获知此情况后，秉承服务至上的理念，多次与客户、生产厂家沟通协商，最终确定采用两装一卸的发运方案，为客户至少节约了20天时间，最终确保了货物全部顺利交付。

回顾这5个批次的大件发运工作，尽管经历了种种不可预测的困难，熬过了无数次现场仓储临近爆仓的紧急情况，但项目组精心操作，科学、合理的安排，顺利完成了所有重大件货物的运输，在降低操作成本的同时也向客户展现了中远海运工程物流团队专业的技术和优质的服务。（董章渊）

【圆满完成中老铁路首船钢轨运输任务】

2019年10月29日，经过4天紧张有序的作业，中远海运特运“莲花松”轮安全顺利卸下中老铁路项目首船钢轨，缓缓驶离泰国林查班港（Laem Chabang）。两天后，这批铁轨将由内陆转运到老挝首都万象，中老铁路项目轨道铺设工作正式展开。

中老铁路是在中国与老挝之间通行的一条铁路，是中国“一带一路”倡议对接老挝“变陆锁国为陆联国”战略的标志性项目，也是泛亚铁路中线的重要组成部分。该项目2015年12月奠基，2021年12月底通车；建成通车后，3小时便可从中老边境直达老挝首都万象，将极大带动老挝和我国西南地区的经济发展。该铁路北起中国云南省玉溪市，经普洱市、西双版纳、中老边境口岸磨憨、老挝著名旅游胜地琅勃拉邦至老挝首都万象，全长414公里，标准轨道，时速160公里。

中老铁路也是自“一带一路”倡议提出后，首条以中方为主投资建设、共同运营并与中国铁路网直接联通的国际铁路，项目全线采用“中国造”技术，铁路修建过程中一些大型机械、钢轨等硬件设备都从中国输出，从出资到技术再到管理整套生产链均为“中国化”。

在公司营销中心和多用途船经营部的共同努力下，中远海运特运成功签约中老铁路钢轨海运项目，并由“莲花松”轮作为执行项目运输任务的第一船。2019年10月1日，伴着国庆的阅兵礼炮，“莲花松”轮载着中老铁路项目首船钢轨扬帆起航，经过25天航行，于10月25日顺利抵达卸港。

中远海运特运对该项目高度重视，周密细致安排运输、装卸各环节工作，确保项目执行安全顺利。“莲花松”轮抵港后，中远海运特运多用途船经营部负责人专程到卸港作业现场参加首批钢轨接货仪式，同时总结项目首批货载执行情况，听取客户代表意见建议，并就项目后续工作安排进行沟通交流。客户对中远海运特运专业高效的海运执行能力表示高度赞赏，“莲花松”轮良好的船风船貌也给客户留下了深刻印象。客户表示期待双方在中国铁路走出去的更多项目中加强合作，共同为“一带一路”建设贡献力量。

（李建中　高荫钰）

【中远海运物流移动冷库项目落地西藏】

2019年10月，自太仓发运的移动冷库“三合一”箱体设备经公铁联运，历时11天，成功运抵西藏自治区昌都市八宿县同卡镇，中远海运物流移动冷库项目正式落地西藏地区，随后将进行安装交付使用。

移动冷库将冷藏的经济性和便利性有效结合，适合在地广人稀地区广泛使用。西藏移动冷库项目，是中远海运物流继发运“西藏号”班列、推广“西藏好水”等项目后，进一步积极贯彻国家“央企助力、富民兴藏”精神，推进集团“产业援藏”战略布局的创新举措。中远海运物流总部项目物流部充分发挥战略引领职能，牵头西藏中远海运物流和香港中远海运物流共同组成项目组，完成赴藏实地调研、选址分析、设备组装方案设计等工作，并由上海中远海运物流安排运输，保障项目顺利推进。（李宗娜）

金融产业集群

金融产业集群

【主 要 业 务】

航运金融产业集群主要有中远海运发展股份有限公司（简称“中远海运发展”）、中远海运投资控股有限公司（简称“中远海运投资”）、中远海运集团财务有限责任公司（简称“中远海运财务”）和中远海运财产保险自保有限公司（简称“中远海运自保”）等4家业务主体，以及由集团持有的部分金融股权，主要涉及租赁、金融股权投资、保险和财务公司等4大业务板块。

租赁业务 集团租赁业务主要包括船舶租赁、集装箱租赁、非航租赁等3个业务领域。其中，船舶租赁业务，主要通过中远海运发展专业经营；截至2019年底，中远海运发展控制船舶167艘、59.08万标准箱（仅集装箱船）、909.17万载重吨（全部船舶），按照船舶租赁资产统计，集团外客户比重为15.6%。集装箱租赁业务，主要通过中远海运发展及所属佛罗伦公司专业经营；截至2019年底，集团集装箱租赁总箱队规模达到367万标准箱（中远海运发展及其子公司自有集装箱336万标准箱），按箱队规模排名世界第二。非航租赁业务，主要通过中远海运发展及所属中远海运租赁有限公司（简称“中远海运租赁”）专业经营，目前主要从事医疗健康、教育、清洁能源、工业装备、建设和商业保理等领域的融资租赁业务；截至2019年底，集团租赁业务总资产为1 086.6亿元，当年实现收入、利润总额分别为110.5亿元、11.5亿元。

投资业务 集团目前从事投资业务的经营主体较多，除原中远（集团）总公司直接投资持有金融股权以外，中远海运发展、中远海运投资、中远海运（广州）有限公司（简称“广州中远海运”）、中远海运（上海）有限公司（简称“上海中远海运”）等均持有一定规模的金融股权，主要投资参股了招商银行、招商证券、光大银行和渤海银行等股权。

保险业务 集团主要通过中远海运自保开展各类保险业务，2019年，自保公司承保集团船舶983艘，参与集团境内、外码头保险业务，承保集团国内11个码头保险业务，为集团本部及各直属单位提供了海外派遣人员雇主责任保险，为集团总部及各公司共计530名外派人员提供了境外人身专属安全保障。截至2019年底，中远海运自保总资产34.85亿元，当年实现保险业务收入5.49亿元，实现利润总额1.34亿元。

财务公司 集团主要通过中远海运集团财务有限责任公司从事财资管理业务，负责为集团成员单位提供资金管理、交易结算、内部贷款、承兑汇票、开具保函等金融服务，发挥“集团资金归集平台、集团资金结算平台、集团资金监控平台、集团金融服务平台”四项功能。截至2019年底，集团财务公司资产总额763.37亿元，当年实现收入、利润总额分别为17.83亿元、8.23亿元。

【自保公司市场经营与影响力成绩喜人】

2019年2月18日是中远海运集团成立3周年的日子，中远海运财产保险自保有限公司也迎来了成立两周年。中远海运自保公司拥有集团航运金融板块的第一张真正意义上的金融牌照，其成立标志着中远海运集团在布局“6+1”产业集群的横向和纵深化改革更具成效。

从两年前筹建完成开始，中远海运自保公司就牢记自己作为集团风险管理工具、保险管理平台、风险成本中心的三大核心职责，秉持专业、价值、合规、稳健、高效的经营理念；通过加大市场化改革的力度，不断提升中远海运自保公司的展业能力和声誉。经过700多个日夜的奋斗，中远海运自保公司在经营业绩和行业影响力方面取得了优异成绩。

在为集团全面生产经营提供充分的保险保障，以及承保业务经营盈亏基本达到平衡的同时，中远海运自保公司依法合规和高效运用保险资金，实现较好收益。在做好核心保险业务的同时，中远海运自保公司还根据集团和兄弟单位的风险状况，为其量身定制保险方案。其中，为中远海运集运量身定制"远海通"保险方案，根据集团风险状况推出海外派遣人员雇主责任险，有效地为集团及下属单位的海外派遣人员提供了可靠的保险保障。

两年来，中远海运自保公司在履行集团赋予的三大核心职责的同时，也积极推动中国自保行业的发展。连续两年参加2018京津冀保险（天津空港）国际论坛，讨论中国自保行业现状及未来发展方向；2018年代表中国自保企业出席参加佛蒙特自保大会，向专家学者介绍中国自保行业的发展现状以及中远海运自保公司开业以来的经营情况，学习国际自保行业的先进经验；承担监管机构《自保公司的偿付能力监管》课题研究工作。

在集团的大力支持下，经过公司全体员工的拼搏努力，中远海运自保公司荣获国际信用评级机构——贝氏（A.M.Best）A级（卓越）评级，中远海运自保公司成立被评为上海市改革开放标志性首创成果之一。（徐星然）

【中远海运集团财务有限责任公司正式成立】

2019年3月21日，中远海运集团财务有限责任公司（简称"中远海运财务"）在上海正式成立。上海市浦东新区区委常委、常务副区长姬兆亮，中远海运集团董事长、党组书记许立荣出席仪式，并共同为中远海运财务揭牌。

中远海运集团财务有限责任公司由原中远、中海两家财务公司合并组成，是中远海运集团不断深化改革的又一个硕果。中远海运财务是集团"6+1"航运金融产业集群的重要组成部分，肩负着服务集团实体经济发展的责任和使命。公司以产业链金融为纽带，进一步深化与集团上下游相关财务公司合作，努力构建集团内、外两个产融生态圈，共同推进集团上下游企业协同发展；并携手银行、券商、基金、保险等同业机构，积极推进产融结合，共同为实体经济发展贡献力量。

在开业仪式上，中远海运财务分别与中油财务、中铝财务、神华财务、中粮财务、宝钢财务签署企业集团财务公司产业链合作框架协议，与工商银行、建设银行、农业银行、中国银行和招商银行签署银企合作协议，与中远海运集运、中远海运能源、中远海运散运、中远海运物流和中远海运重工签署金融服务战略协议。

上海市浦东新区有关部门、单位领导，主要合作银行代表，中远海运集团相关职能部门和直属单位领导，公司合作伙伴代表，公司董监事等共计近200人应邀出席仪式。（曹晓乐）

【远海母基金2018年度投资人大会成功举办】

2019年4月12日，由中远海运发展发起设立的远海明华资产管理有限公司旗下远海母基金2018年度投资人大会在苏州成功举办。此次会议汇集了来自中远海运发展、苏州高新区、河北港、中国船东互保协会、青岛港、厦门港和国机资本等政府、企业、机构的嘉宾，共同回顾远海母基金的成长历程，探讨创新发展机遇，磋商合作共赢机会。本次投资人大会的成功召开，向资本市场展现了远海明华公司的投资能力及发展潜力，远海明华则以本次大会为崭新起点，为投资人创造更多价值。（谢佳）

【成功发行债权收益权投资集合资金信托计划】

2019年5月23日，中远海运发展股份有限公司下属海汇商业保理（天津）有限公司（简称海汇保理）成功发行首期债权收益权投资集合资金信托计划，发行规模 3 000 万元，产品期限 179 天。

中远海运发展认真分析海汇保理底层资产和市场目标资金理财需求，量身定做私募信托产品。产品上线后得到个人合格投资者和机构投资者的踊跃认购，两天内完成全部发行额度的销售工作，并收集了大量投资意向，为下一期信托计划销售打下扎实基础。中远海运发展作为中远海运集团所属的航运金融上市平台，坚持践行集团“产融结合，投融结合”管理要求，盘活保理资产，创新直接融资渠道，为海汇保理小额资金需求提供资金保障。（张新梅）

装备制造产业集群

装备制造产业集群

【主 要 业 务】

装备制造产业集群按业务类型划分为船舶修理改装、船舶制造、海洋工程装备制造以及集装箱制造等4大业务板块。

船舶修理改装业务 集团主要通过中远海运重工有限公司（简称“中远海运重工”）专业经营船舶修理改装业务。集团以船舶修理为起点，快速实现从常规修船产品向高附加值、高技术含量特种船、大型改装船等高端产品的升级，具备改装世界各类复杂船型的能力。2019年，集团年最大修船能力1 500艘，稳居中国第一。

船舶制造业务 集团主要通过中远海运重工专业经营船舶制造业务，坚持“引进—消化—吸收—再创新”的发展道路，全面提升高效造船和信息化总装造船能力，在技术上确立了国内领先地位。集团在大连、南通、扬州等地建有大型船厂，截至2019年12月底，年造船能力约750万载重吨，按造船能力、手持订单数均排名中国第二。

海洋工程装备制造业务 集团主要通过中远海运重工专业经营海洋工程装备制造业务。集团海工业务已跻身国际高端市场，产品几乎覆盖从近海到深海的全部类型，并向系列化、规模化发展，自主设计并交付世界首座超深水海洋石油钻井平台SEVANDRILLER、半潜式海洋钻井平台GM4000、海洋铺缆船改装超深水海洋铺管船“凯撒号”等多个世界首制和国际尖端产品，成为中国海工装备建造行业的领军企业。2019年全力推进遗留项目去库存，启东海工交付“高德4号”，广东重工、舟山重工转卖5艘PSV，大连重工、启东海工的3个海工平台划转至国海海工。

集装箱制造业务 集团主要通过中远海运发展所属上海寰宇物流装备有限公司（简称“上海寰宇”）专业经营集装箱制造业务。2019年，中远海运投资从香港胜狮货柜企业有限公司收购获得青岛箱厂、启东箱厂和宁波箱厂并委托上海寰宇代管。连同上海寰宇下属锦州、连云港和广州南沙箱厂，集团2019年当年集装箱制造能力达到132万标准箱（含冷箱），按制造能力排名世界第二、中国第二。2019年，集团生产集装箱69.4万标准箱，市场份额26.7%，产能利用率达到52.5%。

【自升式钻井平台（N582）“智慧引领幸福3号”命名】

2019年1月7日，大连中远海运重工自升式钻井平台项目（N582）“智慧引领幸福3号”举行命名仪式。“智慧引领幸福3号”总长约74米，型宽约63米，生活区可居住120人，是世界先进高效节能和环保安全新型自升式海洋钻井平台。平台主船体为三角形，配置3根正方形单面齿条桁架桩腿，桩腿下端安装桩靴，通过桩腿和桩靴立于海床上，适用于印度洋、中东和墨西哥湾等海域。

“智慧引领幸福3号”以光租的方式拖移至阿布扎比海域钻井作业。为适应该海域作业，大连中远海运重工仅用不到5个月时间便完成新设备安装、桩腿切割等多项工程。在切割桩腿过程中，大连中远海运重工在高度145米处进行挂钩、110米处进行焊接施工，创下了企业最高的切割施工纪录。改装后的“智慧引领幸福3号”工作水深为76米左右，平台可升至距海平面30米处作业，钻井深度超过9 000米。

“智慧引领幸福3号”是大连中远海运重工命名的第三座super116E型自升式钻井平台，

前两座已于 2016 年 8 月 25 日同日命名交付。前两座平台正在印度洋西海岸钻井作业。已统计出的数据显示，其 2017 年有效运行时间高达 99.7%。（张善殊）

【“开拓”“双鱼座”两艘新造船同日交付】

2019 年 1 月 11 日，中远海运重工旗下大连中远海运重工为中远海运特运设计建造的多用途纸浆船“中远海运开拓”轮命名交付。该船为中国船厂建造交付的最大多用途纸浆船，载重达 6.2 万吨。同日命名交付的还有中远海运重工旗下大连中远海运川崎为中远海运集运设计建造的“中远海运双鱼座”轮，系集团第 10 艘 20 000 标准箱“星座系列”超大型集装箱船，正式投入“星座快航”航线，为中国华北、华东地区和东南亚提供到希腊和西北欧主要国家的快速、可靠的直航服务。

多用途纸浆船“中远海运开拓”轮总长 201.8 米，型宽 32.26 米，型深 19.3 米，结构吃水 13.3 米，航速 13.5 节，续航能力 22 000 海里，悬挂五星红旗，入中国船级社。船舶设有 6 个大型货舱，总计舱容达 72 500 立方米，货舱平面无坡度、台阶，可满足超长超重的大型设备装载要求；货舱配有除湿设备，可提供除湿保障，确保运输质量；舱盖从顶升到开启仅 5.5 分钟，保证了货物装卸速度；配备多台吊车，最大可对 150 吨货物自装自卸；船舶具有绿色牌照，主机、副机均配备 SCR 系统，可中和燃油燃放过程中产生的氮氧化物，能满足防止船舶污染国际公约最高要求。

该船能在除南北极外的全球海域航行，不仅可运送纸浆，还可运送高铁列车、风电设备、大型机械设备、超长超重钢管桩结构等，其航线的广泛性及运输多样性，对世界港口贸易及城市建设发展有积极的推动作用，更对“一带一路”合作共赢有积极的示范作用。

“中远海运开拓”轮的成功交付，不仅打开了大连中远海运重工建造多功能纸浆运输船的市场，也为全面推进特种船建造的发展战略增添了浓墨重彩的一笔。大连中远海运重工仅用不到 16 个月的时间，完成了从合同生效到完工交付的全部环节，创造了企业船舶建造周期的最短纪录。船舶实际节点较目标计划全部提前完成，主船体成型提前 15 天、下水提前 20 天，全船完整性高达 100%，一次报验合格率在 99% 以上。船舶交付后将主要用于中国—巴西之间的纸浆运输，不仅为中国纸浆进口提供了强有力的运力支持，更打破了欧洲船东对纸浆运输市场的垄断地位。

同日命名交付的“中远海运双鱼座”轮船长 400 米，型宽 58.6 米，型深 30.7 米，最大载重量达 19.7 万吨，设计航速 22.5 节，是国内建成交付的最大箱位集装箱船之一。该船具有装箱量大、油耗低、智能化程度高、适港性强等优势，船舶装载量、营运快速性和安全性能指标均属世界先进，其能耗水平远低于市场上同级别集装箱船，能效指数低于基准值 50% 左右，满足十年之后的国际排放标准。船上预留有使用 LNG 燃料的装置系统，以满足特定航线大容量 LNG 燃料舱未来的改装需要。该型船还具有绿色船舶入级符号和特定航线绑扎力计算入级符号，满足 CSSCODE 公约、香港公约、最新生效的压载水公约，使用防污漆，对污水管理、垃圾管理、油污控制、压载水管理、岸电系统、拆船管理等进行优化，成为最新一代全生命周期“环境友好型”超大集装箱船。

“中远海运双鱼座”轮是大连中远海运川崎推进智能制造、建智能船舶的最新成果。该船通过配备智能能效管理系统，实现了燃油管理、能效监控、航行报告、纵倾优化、船速优化等全方位的能效监控与管理；通过“一人桥楼”技术实现了航行设备的互联，大幅提高船舶智能化水平，实现了驾驶室一人操作和计算机管理；通过配备的航线优化系统，利用数学模型对以往航行数据的分析，智能规划最优的航速和航线，并通过 Voyages+ 将修正后的转速自动提供主机遥控系统，实现了从航速优化决策到决策执行的智能化控制。智能技术的应用，使“中远海运双鱼座”轮成为新一代“智能船舶”。在该船建造过程中，大连中远海运川崎还大力推进智能制造，启用了全面印字机、小组焊接机器人、中管智能焊接机器人等智能设备，使该船总建造工时较前船减少了7.7%，船东一次报检合格率达到了99%，大幅提高了建造效率和建造质量。

（张善殊　李健）

【南通中远船务改装多功能起重打捞船“凯力”轮】

2019年4月9日，中远海运重工旗下南通中远船务有限公司承接改装的上海打捞局“凯力”多功能起重打捞船交付。“凯力”轮由非自航无人货驳改造成起重打捞工程船，主要用于大型遇难破损船舶、舰艇的抢险打捞；同时兼顾海上大型设备及钢结构件、船舶分段等大型结构物的吊装任务。该工程船设八点定位锚泊系统，能够满足在限制航区作业和载人拖航调遣，以及在浅水坐底作业。

上海打捞局、美国船级社、上海振华重工、中国船舶工业第708研究所领导和嘉宾以及“凯力”项目团队参加交付仪式。（顾晓燕）

【首台中远海运造中国南极科考站极地特种箱顺利下线】

2019年中秋前夕，一台通体红色的特种集装箱在寰宇东方国际集装箱（启东）有限公司（简称“寰宇东方启东箱厂”）顺利下线，这是由2019年刚完成并购整合的寰宇东方启东箱厂承接的中国南极科考站极地特种箱中的第一台。2019年，寰宇东方启东箱厂承接了中国南极科考站可移动特种集装箱模块化制造业务。本批次极地可移动特种集装箱模块由科考模块箱、冷冻集装箱、常温集装箱等多模块组成。随着本批次第一台箱顺利下线，该系列由中远海运制造的极地特种箱产品很快亮相地球最南端的南极大陆。

因南极气候极端，箱体设计考虑了风雪环绕的密封性，所有的内部装修都具备了一定的抗腐蚀性能，每个舱体都配备了正常照明和应急照明。舱内安装的烟感探测报警器和声光报警器，均能够在温度极低的环境下正常工作。在用电消防方面，更是配备相应的消防设施应对可能突发的火灾，舱体采用防火门，开门方式都满足了火灾情况下的迅速逃生要求。

建成后的极地特种箱产品全部将随中国第36次南极考察队登陆南极，服务中国南极科考站。通体红色的箱体，饱含着中远海运人对中国南极科考事业的美好祝福，为白雪皑皑的南极大陆带去一抹亮丽的中国红。（李琳）

【广东中远海运重工成功交付深海原油中转船CTV2】

2019年11月19日下午，广东中远海运重工为Sealoading公司设计建造的深海原油中转船CTV2（N706）成功交付。该项目全船总长90米，宽度20米，设计航速13节，入DNV-GL船级社。该项目有4台可变速柴油机，2台主推进器，配有全回转伸缩推进器以及艏侧推进器，可提供强大的动力定位，便于大型油轮定位在安全作业的海域内，可将FPSO/FSO①上的原油快速安全地转驳到常规油轮。全船采用可变速柴油机、直流电站系统等国际海事前沿新技术，具有低能耗、低排放等优点，可提高燃油经济性、有效降低排放。直流电站系统也是未来船舶和海工建造的主流发展方向。

该深海原油中转船是广东中远海运重工深耕船舶与海洋工程高新技术领域的又一坚实成果，进一步提升了企业在高新技术船舶领域的建造实力以及向更高建造水平迈进的信心。在建造过程中，广东中远海运重工积极进取，勇于探索，攻克原油增压泵、原油软管、软管卷盘等货油系统新设备的安装与调试难题，并通过推进区域完工等管理手段保证各项生产节点的按期完成。尤其是在冲刺试航阶段，面对繁多的作业系统，项目建造团队不惧艰难，确保各项工程落实到位。至

① FSO，即Floating Storage and Offloading，指浮式储存和转运装置；FPSO，即Floating Production Storage and Offloading，指浮式生产、储存和转运装置。

此，广东中远海运重工已顺利交付实船 11 艘，提前完成 2019 年度必保交付目标。（黄小军）

【国内首艘 1 300 吨自升自航式风电安装船交付】

2019 年 12 月 16 日，由启东中远海运海工承建的国内首个 1 300 吨自升自航式风电安装船“铁建风电 01”，历经 16.5 个月，完成全部生产设计及总体建造并成功交付，创造了国内同类型产品中建造最快纪录，充分展现了启东中远海运海工国内领先、世界一流的建造能力。

“铁建风电 01”项目是启东中远海运海工开拓国内海工市场的第一个项目，也是中远海运集团与中国铁建股份有限公司签署战略合作框架协议后中远海运重工和中铁建港航局集团合作的第一个项目，启东中远海运海工不负众望，全力以赴确保项目成功交付，标志着中远海运与中国铁建友谊之花结出硕果。

“铁建风电 01”风电安装船全长 105 米、宽 42 米、型深 8.5 米，桩腿总长 85 米，甲板作业面积约 2 500 平方米，可容纳 3 套 6 兆瓦或两套 8 兆瓦的风机组件，续航力 3 000 海里，可抵御 16 级台风，在恶劣海况下亦可实现高精度安装。船舶起重能力在国内同类船舶中处于领先地位，双钩均 1 300 吨的绕桩吊机为国内最大的绕桩式起重机，相当于可以吊起一艘“轻型护卫舰”。

“十三五”时期，中国海上风电产业高速发展，国家《可再生能源发展“十三五”规划》提出，到 2020 年，海上风电开工建设 1 000 万千瓦，确保建成 500 万千瓦，市场前景极为广阔。启东中远海运海工已先后为荷兰、丹麦等国建造交付了“决心”系列和“东安吉”系列 4 艘世界先进的海上风车安装船，投入使用均有突出表现，对世界清洁能源发展具有积极的推动作用。其中，“东安吉 1”号被国际海洋工程领域著名的“海上支持期刊奖”（Offshore Support Journal Award）授予“海洋可再生能源奖”“决心 1”号作为人类合理开发利用风能的代表入选央视与 BBC 合作的大型纪录片《改变地球的一代人 3》。启东中远海运海工在建风电安装船 3 艘，从 2009 年“决心 1”号的承接，经过 10 年的倾力打造，启东中远海运海工在风电安装平台建造领域已具有世界一流水平。（顾晓燕）

航运服务产业集群

航运服务产业集群

【主 要 业 务】

航运服务产业集群按业务类型划分为船员管理、船舶燃料供应、船舶物资供应（润物料、水、伙食等物资供应、备件供应、海图销售）以及通信导航（主要以通信导航设备维修业务为主）、油漆生产和贸易、一般贸易（沥青等一般贸易业务）等五大业务板块。

船员管理业务 集团所属的中远海运船员管理有限公司（简称“中远海运船员”）是集团内从事船员管理、船员劳务派遣的专业公司。截至 2019 年底，集团共拥有和控制船员 48 060 人，其中自有船员（含三自船员）28 962 人，占 60.26%；供方船员 17 098 人，占 35.58%，外聘船员 2 000 人，占 4.16%。高级船员 23 491 人，占 48.88%；普通船员 24 569 人，占 51.12%。

船舶燃料供应业务 集团主要通过中国船舶燃料有限责任公司（简称“中国船燃”）、中石化中海船舶燃料供应有限公司（简称“中石化中海燃供”）专业经营船舶燃料供应业务，中远海运日本、中远石油有限公司、远华（新）私人有限公司、新峰航运服务有限公司、中海新加坡公司等 5 家公司也从事境外燃油加注业务。截至 2019 年底，集团各级业务主体共完成船舶燃料销售量 2 900 万吨。

中国船燃是国内最大的水上供油供水专业性公司，是由原中远集团和中国石油天然气股份有限公司对等持股在北京出资组建的合资公司，拥有国内外成员企业 30 余家，在国内主要港口和新加坡、韩国、荷兰、美国等国外港口设立了专业公司和网点。公司在内拥有各类船舶近 70 艘，储油库 19 座，总库容达 145 万立方米，以及设施完备的油码头和火车装卸线，是目前中国网点分布最广、销售规模最大的水上专业供油企业，经营规模位居亚洲第一，全球第三位。2019 年，中国船燃完成船舶燃料销售量 1 984 万吨。

中石化中海燃供是由原中海集团和中国石油化工股份有限公司对等持股在广州出资组建的合资公司。1998 年以来，中石化中海燃供负责原中海集团系统内船舶燃料和润物料备件的统一供应及相关服务，在全国沿海（含香港）15 个主要港口城市设分（子）公司。中海燃供主要经营燃料油、成品油、保税油、润滑油和化工等石油产品的销售、仓储和运输，同时在沿海港口为船舶提供各种燃料油、柴油、保税油、润滑油、物料、备件和淡水供应以及专业的船舶救生筏和消防系统检修、舱容鉴定等配套服务。中石化中海燃供的“为船服务”电商平台已试运行。2019 年，中石化中海燃供完成船舶燃料销售量近 302 万吨。

船舶物料供应、通信导航、油漆生产和贸易、一般贸易业务 中远海运（香港）有限公司（简称“香港中远海运”）所属的中远海运国际（香港）有限公司（简称“中远海运国际香港”）构建了包括船舶贸易代理、船舶保险代理、船舶设备及备件供应、涂料生产和销售，以及相关产品贸易及供应等综合服务的航运服务产业集群，为航运企业、修造船企业以及集装箱制造商等客户提供多元化及专业化的航运相关服务和产品，业务网络遍及中国、新加坡、日本、德国以及美国等国家。2019 年，香港中远海运航运服务产业集群实现总收入 28.7 亿元，税后利润 2.9 亿元。其中船舶物料备件供应、通导服务实现收入 11 亿元，利润总额为 5 891 万元，税后利润 4 933 万元；油漆生产贸易实现收入 8.8 亿元，利润总额为 4 310 万元，税后利润 3 395 万元；一般贸易业务实现收入 6.9 亿元，利润总额为 592 万元，税后利润为 411 万元。

【中国船燃决战高低硫转换】

据《中国远洋海运报》2019 年 3 月 1 日报道，通过对国际海事组织 IMO2020 限硫政策的深入研究，中国船舶燃料有限责任公司在国内第一家开始供应保税超低硫燃料油，为应对 2020 年全球限硫要求积累了丰富的操作经验，也赢得航运公司和各港口主管机构的赞誉。

2019 年 2 月 21 日，中国船燃召开了 2019 年度工作会、党建会暨职代会。会上，明确了未来的发展方向。船用燃油已经成为我国燃料油行业和水上运输领域的主要增长动力，中国船燃将全力决战高低硫转换，推进改革理顺美元业务体制，建设全球营销团队，强化风险防控，夯实安全发展基础，全面从严治党，弘扬核心企业文化理念，着力打造国际一流船舶燃料服务商。此外，中国船燃还积极参与“一带一路”建设，燃油供应业务覆盖了亚洲、欧洲、美洲主要港口，海外供油总量已经占到中国船燃全球供油总量的一半。作为船舶燃油服务保障单位，中国船燃在欧洲、北美洲等港口多次优质、高效地完成出访舰只燃油供应保障任务，得到了好评和肯定。

截至 2019 年 2 月底，中国船燃全球销售总量创出历史新高。保税油单元境内销量大幅增长 8.8%，占境内市场份额的一半，在市场竞争日趋白热化的情况下，仍居市场龙头地位。（郭静）

【舟山保税库顺利完成首单直供业务】

2019 年 4 月 5 日，中石化中海燃供供油船“宏达海 88”轮从舟山保税库运载 2 000 多吨 380CST 燃料油，于当天 14 时 40 分顺利靠泊恒顺轮。在相关人员的共同配合下，经过 7 小时的供油作业，顺利完成了舟山保税库正式投入运营后的首单直供业务，受油船舶对公司的供油服务给予了充分肯定。（张君伟）

【船员公司联合中国移动推出海员专属电话卡】

据《中国远洋海运报》2019 年 7 月 12 日报道，中远海运船员公司工会积极为广大海员办实事，协调中国移动于 7 月 11 日第十五个“中国航海日”来临之际，联合推出了国内首张“海员无忧行专属优惠号码卡”。此卡的推出，是在广泛听取海员意见建议的基础上，针对海员在境外经常换号码、信号覆盖不稳定、上网速度受限制等问题，通过更低的资费、境外流量包半价、赠送境外通话时长等优惠措施；同时针对国内、在船航行、国际三个不同场景推出的专享福利，使广大海员享受到更加便捷和经济的通信服务，更加拉近了远航海员与家人的距离。（徐国华）

【再度中标北部湾港国产品牌润滑油（脂）采购项目】

据《中国远洋海运报》2019 年 7 月 26 日报道，中国船燃广西公司接到北部湾港股份有限公司通知，在 2019 年度北部湾港国产品牌润滑油（脂）采购工作中被选为签约单位。这也是公司连续两年中标该项目，该项目覆盖了防城港、钦州港、北海港和贵港四港区的拖轮、机械和设备用油。

自 2018 年中标该项目以来，中国船燃广西公司完善润滑油配送设施，加强同各用油单位的沟通，及时高效地完成每批次油品供应。在此次招标工作中，广西公司凭借优良的油品质量，良好的企业信誉，贴心周到的配套服务，合理的报价从 5 家竞标单位中脱颖而出，连续两年被选为签约单位。（蒋培舜）

【福州建滔码头迎来最大成品油船】

2019 年 8 月 2 日，装载 92 号汽油 12 137 吨和 0 号柴油 13 292 吨的中国籍成品油船“昆仑油 205”，顺利靠泊在上海中远海运投资控股的福州江阴建滔化工码头有限公司 10 号泊位上。该船船长 177 米，型宽 29 米，载重吨 27 499 吨，排水量满载 39 098 吨，是福州建滔码头所接泊的最大船舶。

8 月 2 日 13 时 20 分，内贸成品油船“昆仑油 205”到港靠泊；15 时完成软管接固，期间完成舷梯搭放、联检、计量取样等工作；20 时 10 分开始作业，并于 8 月 4 日 6 时 15 分完成卸货及后续作业；8 月 4 日 9 时 40 分，“昆仑油 205”顺利离泊。

该船得以顺利靠泊作业，离不开码头及相关各方的通力合作。建滔码头克服多项困难、解决数个技术性难题，使船舶及时靠泊接卸。中石油特地向福州建滔送来了感谢信，感谢福州建滔为中石油福州、莆田、宁德、南平等 4 个地市加油站的资源提供了保障，避免了因断油造成的不良社会影响，并希望双方继续深化合作，携手共同开拓和深耕福建成品油市场。

此次靠泊体现了福州建滔对大客户临时需求的专业响应能力，也为福州建滔下一步在同类业务上积累了宝贵经验。大吨级船舶作业自此将作为一个重要的组成部分加入到福州建滔的服务内容中。（Erik）

【中国船燃广西公司圆满完成燃油紧急供应任务】

据《中国远洋海运报》2019 年 8 月 23 日报道，中国船燃广西公司在钦州港外锚地圆满完成“MADONNA III”轮 450 吨燃油紧急供应任务。该轮于 7 月 28 日抵达钦州港，但是受到国家进口煤“限制令”的影响，直至 8 月 7 日仍未靠泊。该轮代理联系中国船燃广西公司，告知由于船舶在锚地等待时间太长，轻油库存严重短缺，甚至有无法进港靠泊的危险，希望公司能在锚地紧急供应燃油。了解到船舶紧急情况后，中国船燃广西公司秉承“客户至上、品质保证、服务贴心”服务理念，立即与钦州港海关沟通，得到钦州港海关批准。

次日 16 时，公司加油船和海关监管艇先后搭靠好“MADONNA III”轮，在钦州港海关登轮检查公司加油船关锁完整且相关安全措施落实到位后，正式批准可以开始供油作业。23 时 50 分，450 吨燃油圆满供应完毕，解决了客户的燃眉之急，受油船轮机长和船长对中国船燃广西公司雪中送炭的油品供应服务表示了由衷的感谢和赞扬。（磨生辉　苏明）

【保税油深圳网点正式开通运营】

2019 年 10 月 18 日 23 时，经过近 30 个小时的紧张作业，中石化中海燃供首船低硫保税燃料油从靠泊在华瀛石化 30 万吨码头的“SILVER ORLA”号油轮顺利卸入华瀛石化保税罐，标志着中石化中海燃供保税油深圳网点正式开通运营。

为确保首船油品顺利入库，公司前期与海关、边检、商检、油库等多方积极沟通协调，对进油方案进行多次优化调整，并制定多套应急预案。在卸船作业过程中，中石化中海燃供针对现场实际情况，及时研究并调整作业方案，积极协同油库全力配合，在确保安全环保及数质量管控要求前提下，全部油品最终按船期顺利入库。

（陈泽乾　李艳）

社会化产业集群

社会化产业集群

【主 要 业 务】

社会化产业集群承担了服务其他产业集群、孕育新兴产业、进行地区管理等多项综合职能。

不动产投资管理业务 特指从事不动产开发及物业投资的公司，集团内从事该项业务的公司有中远海运资产经营管理有限公司（简称“中远海运资产”）及香港中远海运旗下的中远（香港）置业有限公司。其中，中远海运资产主要从事集团境内存量土地的开发和建设，以及存量资产的经营等业务。至2019年底，中远海运资产建设管理7个项目，总规模约50.53万平方米，积极推进教育板块、厦门、天津、海南等4个项目，资产运营总规模约18.93万平方米。香港中远海运在香港持有十四层中远大厦、三层三湘大厦以及三层九龙贸易中心写字楼物业，同时还持有永丰大厦、益丰花园、广丰台等住宅物业；在内地持有江门中远大厦和在深圳的少量住宅物业。香港中远海运所属中远海运（香港）置业有限公司共经营8.64万平方米的写字楼和住宅物业，其中坐落于香港的物业5.02万平方米、坐落于内地的物业3.62万平方米，实现租金收入2.42亿元。截至2019年底，不动产投资管理业务资产总额为22.75亿元，当年实现收入、利润总额和净利润分别为2.42亿元、0.96亿元及0.56亿元。

高速公路业务 香港中远海运共参股四家高速公路公司，拥有京石高速、京哈高速公路天津段、津沧高速和济菏高速的经营权，四条高速公路共计全长457.209公里。截至2019年底，四家高速公路公司的股权43.61亿元，当年权益收益5.096亿元。

交通科技业务 上海船舶运输科学研究所（简称“上海船研所”）所属中远海运科技股份有限公司（简称“中远海运科技”）是国内最早进入智能交通系统集成领域的企业之一，主要从事智能交通、智能交通产品、工业及港航电气自动化、智慧城市和安防、软硬件系统运营维护等领域技术研发和系统集成。除此之外，船研所长期从事国内交通运输和造船行业的共性技术、前瞻性技术的开发研究，作为国内唯一面向航运业的综合应用研究机构，在船舶水动力、船舶运输控制系统等航运技术领域及环境工程领域均有特殊的行业地位。截至2019年底，交通科技业务资产总额55.28亿元人民币，当年实现收入、利润总额分别为17.77亿元、1.58亿元。

医疗康复养老业务 集团从事医疗康复养老业务的机构为广州中远海运所属广州新海医院和广州中远海运健康管理有限公司（简称“远海健康”）。广州新海医院为一所集医疗、教学、保健为一体的综合性国家二级甲等医院，实际开放床位510张，全年累计诊疗业务量超过41.5万人次。远海健康是广州中远海运依托自身医疗资源优势、突出医养结合特色而设立的健康养老专业公司，运营管理2家五星级养老机构和1个社区居家养老服务平台，并利用广州市长期护理险定点机构资质提供居家养老服务，目前可供开放机构养老床位276张，床位使用率78%。截至2019年底，集团以广州新海医院、远海健康为主的医疗康复养老业务当年实现收入、利润总额分别为33 241.50万元、176.77万元。

教育业务 截至2019年底，集团拥有11家以实体方式运行的教育培训机构，主要承担全集团的党校教育、干部人才培训、船员培训和航海学历教育职能，具体包括2家集团直属院校青岛船院（含中远党校）、中海党校，9家二级单位所属以船员培训为主的机构，11家教培机构年均线下培训集团各类干部人才和船员 5.5 万人次，集团外船员及其他技术技能人才 7.5 万人次。

旅游会展业务 中远海运博鳌有限公司（简称“中远海运博鳌”）是中远海运集团为服务博鳌亚洲论坛专门设立的公司，是博鳌亚洲论坛年会的核心服务单位。自 2001 年博鳌亚洲论坛正式成立以来，中远海运博鳌有限公司至 2019 年已圆满服务了 19 届博鳌亚洲论坛年会，接待了党和国家领导人以及国内外政要贵宾 2.6 万人次，细致周到的服务得到了国内外宾客的广泛赞誉。中远海运博鳌依托博鳌亚洲论坛品牌的影响，积极抓住海南发展机遇，发挥战略引领职能，充分开发自主经营模式，打造自主管理服务输出、会议组织和旅游度假品牌的建设。年均接待会议 200 多场、千人以上会议 30 余次，接待酒店住客 14 万人次、接待景区游客 80 万人次。截至 2019 年底，中远海运博鳌总资产为 23.75 亿元，当年实现收入、利润分别为2.65 亿元、−0.86 亿元。

中远海运客运有限公司（简称“中远海运客运”）主要经营渤海湾客滚运输业务，并与港中旅邮轮投资（深圳）有限公司、中交海洋投资控股有限公司、三亚国际邮轮发展有限公司合资设立三沙南海梦之旅邮轮有限公司，主要经营南海旅游航线。截至 2019 年，公司共经营客滚船 9 艘（含合资公司 2 艘、光租船舶 2 艘），船舶艘数、客位、载车线分别占渤海湾实际投入运力总量的 36.0%、37.88% 和 30.87%。2019 年，完成客运量 200.76 万人，完成车运量 43.55 万辆，分别占渤海湾总客数的 33.5%、总车数的 31.4%。海南港航充分发掘海南省丰富的旅游资源，开展具有特色的水上旅游业务，主要包括西沙旅游、滨海旅游、水上飞机旅游观光等业务。公司新建造的豪华客滚船舶“长乐公主”轮投产三亚至西沙航线，并与中远海运客运的“南海之梦”轮建立联合营销机制，单航次上座率增加显著。2019 年，西沙航线整体收入达到新高 9 617 万元，同比增加 2 432 万元，增长 33.85%，实现利润 149 万元。

地区公司业务 “十三五”期间，为落实国家区域发展战略，增强集团在重要地区的产业布局，并配合集团船员体制改革、船管体制改革和教育体制改革任务的协同推进，集团于 2019 年新设立了中远海运（天津）有限公司（简称“天津中远海运”）、中远海运（青岛）有限公司（简称“青岛中远海运”）和中远海运大连投资有限公司（简称“中远海运大连投资”）三家地区公司。其中：天津中远海运是集团在京津冀地区发展社会化产业的重要平台，截至 2019 年底，天津中远海运资产总额 51.3 亿元，当年实现营业收入 8.83 亿元。青岛中远海运是集团在山东、中原、东陇海地区的社会化产业的重要平台，截至 2019 年底，青岛中远海运资产总额 38.25 亿元，当年实现营业收入 8.75 亿元。中远海运大连投资是集团在东北地区发展社会化产业的重要平台，截至 2019 年底，中远海运大连投资资产总额 18.4 亿元，当年实现营业收入 1.26 亿元。

【青岛船院向 IMO 提交的 4 份提案获评优秀提案】

据《中国远洋海运报》2019 年 3 月 8 日报道，交通运输部海事局公布了 2017—2018 年度海事国际事务优秀提案和提案先进单位评选结果，青岛远洋船员职业学院（简称“青岛船院”）提交的 4 份提案被评选为优秀提案。其中，《精通个人求生技能（1.19）示范课程的修订草案》获得一等奖，《“高级值班水手”新编示范课程草案开发》获得二等奖，修订《1972 年国际海上避碰规则》系列提案（MSC99/INF7、MSC100/INF6）获得优秀提案鼓励奖。

“十三五”时期，青岛船院依托海事公约研究所积极跟踪和研究国际海事公约发展变化，主动参与国际海事组织（IMO）事务，向国际海事组织提交了多份提案。此次获奖再次彰显青岛船院在海事教育方面的研究水平，进一步提升了学院在航海教育领域的地位。系列国际海事组织提案的提出及相关研究工作的开展，对于提升中国引领国际海事标准制定的能力，增加中国海事国际话语权具有重要意义。 （王成海）

【远海健康江南颐养苑开设康复理疗服务】

据《中国远洋海运报》2019年3月15日报道，广州中远海运健康管理有限公司江南颐养苑全面开放康复理疗、中医针灸等专业服务，配备现代化康复治疗设备，为在住长者及社会人士提供便捷优质和专业化、标准化的护理服务。入住长者可实现楼上养老生活，楼下做康复和理疗的愿望，足不出户享受医疗、养老、康复全程服务。江南颐养苑康复理疗中心拥有一批来自广东省中医院的医疗健康专家团队，他们不仅拥有丰富的临床经验，而且对骨科中各类常见病、疑难杂症的检查、诊断、治疗都有独到的见解和有效的治疗经验。（卢秋芹）

【牵头承担全国船舶电子电气技术专业标准修订】

据《中国远洋海运报》2019年4月5日报道，在全国交通行业职业教育教学指导委员会以及航海专业指导委员会的指导下，青岛远洋船员职业学院机电系成功争取到教育部组织的第二批《高等职业学校专业教学标准》修（制）订工作，牵头全国各航海院校及相关单位负责“船舶电子电气技术”专业教学标准的修订工作。

3月28日，在青岛船院组织召开了全国船电专业教学标准修订工作启动会，全国交通运输行业教学指导委员会航海类专业指导委员会部分领导、来自中远海运船员青岛分公司等部分企业的代表，以及来自全国18所开办船电专业的航海类职业院校船电专业系部负责人、专业负责人、骨干教师等40余人参加了此次会议，对船电专业教学标准修订实施推进工作进行了研究讨论。

青岛船院船舶电子电气技术专业自成立以来，以不断提高教学质量和培养符合企业需求的专业人才为己任，毕业生考证通过率、上船顶职率一直位居全国各航海院校前列。此次能够牵头全国各航海院校承担专业教学标准修订工作，巩固了学院在国家航海人才培养领域的地位，促进学院对于国家船电专业高职教育的引领作用。（陈爱玲）

【中远关西斩获中国涂料大会两项大奖】

据《中国远洋海运报》2019年4月5日报道，在“致敬改革开放40年——2019中国涂料大会”上，中远关西涂料化工有限公司凭借卓越的产品质量和优良的服务，成功入围“改革开放四十年中国涂料行业发展贡献企业”；公司副总经理刘会成凭借其在涂料行业近三十年的专注和创新能力，荣膺“改革开放四十年中国涂料行业科技发展推动者”称号。30年来，中远关西由小到大，由弱变强，从成立之初年设计生产能力3 000吨、仅生产集装箱涂料，到2019年集装箱、工业防腐行业涂料双线并举，在中国涂料行业的发展进程中，中远关西始终扮演着参与者、见证者及推动者的角色。（任旭　焦婷）

【广州远洋宾馆举行金钥匙授徽仪式】

2019年4月10日，广州远洋宾馆举行金钥匙授徽仪式。中国金钥匙、中国金钥匙广州地区等组织机构负责人一行5人与广州远洋宾馆领导班子及中层管理人员一起参加授徽仪式，并为广州远洋宾馆新会员侯文悦现场授徽，同时授予广州远洋宾馆金钥匙服务标识。侯文悦也成为广州远洋宾馆开业33年来的首位“金钥匙”会员。

国际金钥匙组织起源于法国巴黎，是全球唯一拥有90年历史的网络化、个性化、专业化、国际化的品牌服务组织。自1995年被正式引入中国以来，中国金钥匙经过24年发展，目前覆盖全国300个城市、2 960多家高端企业，拥有4 860多名金钥匙会员，形成中国最大的线上线下品牌服务网络。

此次广州远洋宾馆与金钥匙服务的结合，是金钥匙“关注客人服务体验感受”服务理念和广州远洋宾馆“以人为本、服务创新、体验升级”发展理念的高度契合，也是宾馆在自有年轻专业人才队伍培养战略布局和培训高度等方面的一次

全新且成功的尝试，将打通宾馆更多年轻人才的职业规划发展之门，进一步激发他们的工作活力和热情。（陈璐）

【新海医院与中远海运散运交流船舶远程医疗】

2019 年 7 月 31 日下午，广州新海医院副院长带领航海医学科、急诊科、药剂科和防疫站负责人等应邀到中远海运散货运输有限公司船舶管理中心（简称中远海运散运船管中心），交流船舶远程医疗工作和航海医学的发展。

中远海运散运船管中心负责人肯定了新海医院远程医疗工作，感谢医院对公司及船员的帮助和支持。广州新海医院介绍了医院航海远程医疗的基本情况。双方就接诊医师处理方式、体检把关、过期药品处理、药品价格等问题进行交流探讨，并提出相关改进意见。双方表示，要加强沟通交流，进一步完善相关工作流程，充分发挥医院在航海医学和船舶远程医疗方面的经验和优势，为船员身心健康保驾护航。（汤东平）

【上海船研所被授予“航运新秀培训基地”】

为加快推进上海国际航运中心建设，聚力优化航运人才发展环境，2019 年 8 月 15 日，上海船研所应邀参加由上海市人社局人才服务中心举办的“2019 上海航运人才服务季”启动仪式，并与中国东方航空公司、江南造船集团公司、中铁上海局集团公司、上海长航国际海运公司、吴淞口国际邮轮港公司等 5 家企业一同被授予“航运新秀培训基地”。

“上海航运人才服务季”活动是上海市人社局人才服务中心强化专业服务窗口，是提升上海国际航运人才服务能级的重要举措。（喻雪）

“互联网 +”

“互联网 +”

【主 要 业 务】

“互联网 +”业务集中于上海船舶研究所、中远海运科技。除此之外，集团内各板块、各公司也广泛建立、使用“互联网 +”的业务平台，如中远泛亚电商、一海通公司、中远 e 环球、无界电子、远洋壹号等商务等平台。2018 年，上海船舶研究所及中远海运科技继续大力推进“互联网 +”战略，完成“1+3”（集成平台、智能航行、智能机舱、智能能效）的软、硬件开发，实现了基于大数据分析的船岸信息对接和协同应用；开发集团主数据管理系统（MDM），启动境内广域网专线整合项目，完成集团下属 19 家二级单位 81 条零散线路整合，改造优化形成 40 个广域网接入节点，基本形成集团境内 MPLS“一张网”；开展实施集团投资管理系统、人力资源系统、财务信息化系统、航标船舶管理系统、采购和供应商管理系统、办公自动化系统、船员管理系统等 10 余个重点统建项目。中远海运集运运用大数据技术，推出在线客服平台，为客户提供“船期查询”“货物跟踪”“进口费用查询”“滞期费查询”等多项服务；同时利用大数据、人工智能技术支持运营活动，不断提升对客户的响应速度，2018 年已有 60% 的客户信用期实现自动审批，免费用箱天智能审批系统也已试点，改变了过去人工层层审核的模式，大大降低了人工干预。围绕商品选择、集中采购、营销宣传、客户服务、协同合作、爱心帮扶、网络安全、新平台建设等方面，集团进一步拓展“远洋壹号”电商平台的影响力和受众度，自主研发建设新“远洋壹号”电商平台；2018 年 12 月，网站一期核心电商功能顺利上线运营。

【“船货易”订阅号正式上线运行】

2019 年 4 月 16 日，“船货易”订阅号正式上线运行。该订阅号的正式发布是中远海运散运同中远海运科技研发创新中心开展“联合创新，协同共建”试水行业“互联网 +”平台转型工作的重要标志之一。作为“船货易”平台的重要宣传推广工具，“船货易”订阅号首推“E 享智点”栏目，资讯内容包括：平台交易流量、交易点评、成交货盘、内外贸市场行情、交易数据分析、沿海运价指数、波罗的海运价指数和 FFA、装港库存和锚地船舶情况、大宗商品价格和燃油价格等十个章节。

“船货易”平台定位于行业第三方的身份角色，共建生态圈，整合国内沿海散货运输资源，最大化合理地调度运力，起到指导散运运输资源调配、稳定散运运输市场的目的。2019 年 2 月 28 日，船东协会大会正式在平台上向国内沿海散运市场发布。平台一经推介开放，就受到了沿海散货船东以及船东协会的欢迎，纷纷表示平台正是行业所需要的线下合作机制的线上体现，并高度认同平台“共建共生共荣共享”的理念。

（林亦雯）

【中远 e 环球签约澳淘跨境电商平台】

据《中国远洋海运报》2019 年 4 月 26 日报道，由澳门特别行政区经济局支持，中葡电子商务商会主办的澳淘跨境电商平台发布会暨澳门中小企业签约仪式在经济局国际银行大厦隆重举行。中远海运空运所属广州中远海运电商供应链管理有限公司与澳淘跨境电商平台签订了物流合作协议。

根据协议，中远 e 环球作为目前澳淘平台唯一跨境物流战略合作伙伴，依托中远海运物流强大的综合实力和全球网络资源，以及多年的供应链管理经验，在平台筹建阶段就为平台订单的进境物流方案提供了许多专业意见，获得平台的高度信任。中远 e 环球为平台提供中国澳门至内地最终消费者的全程一体化物流服务，帮助解决澳门中小企业跨境物流难题，为消费者提供优良的跨境运输网购体验，促进平台业务的快速发展。

此次与澳门跨境电商平台的成功合作，是中远海运空运落实国家粤港澳大湾区经济发展战略的具体成果，也是公司紧紧抓住跨境电商迅速发展的机遇，积极探索和培育服务于跨境电商这种外贸新业态的物流服务产品，坚定创新发展战略的又一成果。2019 年一季度，中远 e 环球完成进出口订单量同比增长 131.1%，市场占有率进一步扩大，经营的质量和效益明显提升段。

（姜昀含）

【集团参与建设跨境贸易管理大数据平台】

2019 年 5 月 9 日，上海海关召开“进一步优化跨境贸易营商环境推动大数据平台建设”企业宣讲会，中远海运集团董事长、党组书记许立荣应邀出席会议并发言。

会上，上海海关、中远海运集团、上港集团及上海市报关协会共同发起《共建跨境贸易营商环境新高地倡议书》。上海地区 400 余家企业代表参加了此次会议。

许立荣在发言中指出，上海海关主导开发、大力推动的跨境贸易管理大数据平台建设，以大数据战略引领，突出共享共赢理念，进一步优化了跨境贸易营商环境，为实体经济和数字经济融合发展打造了新的模式，为上海国际航运中心建设提供了新的助力。他表示，作为大数据平台的开发者和受益者，中远海运集团将继续深度参与平台建设，为持续优化上海口岸营商环境，为上海国际航运中心建设作出应有的贡献。他举例，现在一票来自荷兰的货物，在抵达上海港前 2 天，客户就可以通过大数据平台实现货物申报，抵港卸货后不到 20 小时，客户就可提货离港。相较于以前，通关效率大幅提升，客户的体验度、满意度不断提升。

2018 年，上海海关联合中远海运集团、上港集团，在上海口岸全面开展跨境贸易管理大数据平台建设，将船公司、航空公司、海港、空港、进出口企业、税务、工商、外汇等各类贸易链、物流链数据，与海关通关监管数据进行智能集成，共享信息资源，精简通关手续，做到“让信息多跑路、让企业少跑腿”，切实提升跨境贸易便利化水平。经过一年多的探索，大数据平台已汇集生产、贸易、物流、税务、工商、外汇等各方数据 7 亿多条，并与“单一窗口”、船公司和港务部门实现无缝对接。通过平台探索建立智慧通关新模式，企业不仅能够自主提前申报，还可提前安排提箱计划，实现“优享订舱”和“靠泊直提”。

（钟远海）

【“5G+ 船舶造修”智能化战略合作落地舟山】

2019 年 5 月 24 日，舟山中远海运重工与舟山群岛新区六横管委会、中国电信舟山分公司、中国科学院盈江科技公司结成深度战略合作伙伴关系，正式签署“5G+ 船舶造修”智能化战略合作协议。四方积极探索多种创新合作模式，充分发挥政府资源协调、通信企业专业化信息服务、船厂信息技术落地的优势，共同推动 5G 技术在船舶修造领域的落地应用，开启船舶工业探索 5G 时代的全新旅程。

根据协议，四方将本着面向未来、优势互补、合作共赢的原则，合作打造船舶行业基于 5G 的工业互联网应用试点示范，共同致力于推进 5G+ 船舶造修智能化。舟山中远海运重工将与中国电信、哈尔滨中科盈江重点推进以 5G 网络为支撑，以修造船过程数字化管理为基础，探索构建修造船生产环节智能化场景，实现设计研发和工艺创新、仓储管理和物资供应、生产管理和安全质量控制、施工人员和工程车辆信息化可视化动态管理等大数据应用，加快修造船生产技术流程向机器化、集成化、智能化转变，不断增强企业数字化、信息化管理水平。

此次战略合作，是推动浙江省数字经济“一号工程”在船舶修造行业落地的生动实践，舟山中远海运重工将以此为契机，发挥好船舶行业龙头企业示范引领作用，探索构建符合企业发展、符合行业规律的数字化信息化体系，为舟山乃至全国船舶工业开启5G时代做出有益尝试和探索。

（郭秋旺）

【多家港航企业签署GSBN服务协议】

2019年7月12日，全球领先的航运管理软件解决方案供应商货讯通（CargoSmart）宣布与9家航运业运营商签署全球航运商业网络（GSBN）服务协议，签署方包括达飞轮船、中远海运集运、中远海运港口、赫伯罗特、和记港口集团、东方海外、青岛港集团、PSA国际港务集团和上海国际港务集团。

根据该协议，各签署方承诺将共同成立一个致力于航运业数字化转型的非营利性联合经营体GSBN，投入资源并全力支持成立的各项准备工作，其中包括建立GSBN所需的监管法规、竞争法和反垄断法的审批。货讯通将在GSBN成立后，为其提供软件解决方案和服务。

GSBN成立后，将为航运供应链相关方提供一个可协同合作的数据平台。该平台通过提供可信赖且安全的数据，致力于加速技术创新及解决方案的研发。签署方坚信，GSBN平台开放和透明的模式将释放数据的潜在价值并为各方创造新机遇。在获得相关监管机构批准后，GSBN将独树一帜地以非营利性联合经营的形式成立，建立开放和透明的机制，促进全球供应链转型。GSBN平台力求公平认可数据提供者为技术解决方案带来的价值，在数据提供者和数据使用者之间寻求利益平衡。作为GSBN成立准备工作的一部分，签署方将建立有效的数据管理和治理框架，其中的重要原则是参与方始终拥有其对数据的控制权。

GSBN成立以后，将借助可信赖的数据为货运提供更高透明度和可视性的信息，同时在数据管理框架基础上，GSBN在成立后将不断引领构建用户案例、数据访问API及应用程序的发展蓝图。

在取得所有必要的反垄断法、竞争法和监管法规批准的前提下，协议签署方计划在2020年初完成GSBN的建立。各签署方十分乐意接受业内人士的意见和反馈，以促进GSBN提供契合市场需求的解决方案。在此期间，作为筹备GSBN过程的一部分，货讯通将运行试点应用以测试GSBN的可行性，并展示GSBN为供应链参与者可以带来的前所未有的价值。

货讯通致力于协助企业发展全球供应链的数字化变革，掌控人工智能、物联网、区块链以及现今海运行业的分析，为物流和运输团队提供创新的解决方案。货讯通旨在构建整体视野，从而促进协同合作、提升可视性，并且优化供应链规划和运营。货讯通自2000年于中国香港成立以来，成功支援超过16万名运输及物流业专业人士提高货运可靠性、降低运输成本及简化运营流程。

（吉轩）

【“南沙智慧港口区块链平台”上线】

据《中国远洋海运报》2019年8月16日报道，由中远海运港口旗下广州南沙港务海港码头、中科院、广州易港达信息服务公司、中航科技等单位合作研发的“粤港澳大湾区南沙智慧港口区块链平台”成功上线并全面开放试用。

“粤港澳大湾区南沙智慧港口区块链平台”是粤港澳大湾区首个基于区块链分布式记账技术建设的港口平台，利用其不变性、可信性和透明化的技术特点进行数据交互。在“无纸化”业务办理场景的基础上，让港口“无纸化”后的单证数据变得不可篡改，增强港口公司数据的可信度和权威性，为集装箱班轮企业及相关用户提供准确、便利、可视化、可追溯的数据检阅及单证存证管理平台。项目通过区块链的加持，提升参与各方的信任关系，提高港口沟通效果，丰富港口无纸化的延展性，加快港口无纸化进程，也助推粤港澳大湾区港口间的开放协作。

集装箱运输行业的特点往往是跨物理、跨企业、跨空间与数字领域发生的不同过程。广州南沙港务海港码头公司也正与 GSBN、TradeLens 等行业区块链平台进行深入合作探讨，旨在为全球货运提供可信赖、高透明度的信息交换服务，通过加速技术创新，促进港口运营优化、提升业务效率与服务体验。（廖伟文　李尊豪）

【中远海运云数据中心搬迁】

2019 年 8 月 18 日，随着集团上海 SAP 系统顺利完成迁移，集团全华数据中心内的所有 IT 生产系统已顺利搬迁至中远海运云数据中心。此次搬迁共迁移物理设备 300 余台、虚拟机 800 余台、生产系统近 100 套、网络专线近 50 条。搬迁过程中，IT 系统实现“云化”，并通过中远海运云计算管理平台统一纳管，为集团实现“十三五”信息化规划“五个一”蓝图作出了积极贡献。

集团全华数据中心建于 2006 年，至 2019 年已运行十多年，存在设备老化、安全隐患等问题。为助力集团打造世界一流航运企业的愿景，2018 年初，中远海运科技决定在船研所园区内建设新一代云数据中心，同年 5 月获得集团批准。经过详细方案设计、严格的专家评审、公开招投标、精细化项目施工等一系列工程后，新一代云数据中心于 2019 年 5 月份正式建成。

新数据中心总面积 1 177 平方米，可容纳 160 个机柜，采用混合云部署方式，全面使用态势感知系统，获得 CQC1313-2017 信息系统机房动力及环境系统增强级认证。新一代云数据中心从技术先进、安全可靠、管理便捷等方面大幅提升集团信息化管理水平。

数据中心搬迁不是单纯的 IT 系统或设备迁移，而是对业务的平滑迁移。搬迁工作涉及用户面广、难度大，不可能在短时间内一次性完成搬迁，且设备性能参差不齐，使用年限长短不一，各系统关联程度非常高，直接搬迁有很大风险。为保证在搬迁过程中各信息系统能安全稳定运行，2019 年 2 月，在公司领导的有序组织下，中远海运科技成立了云数据中心搬迁项目组（简称“项目组”），负责具体落实全华数据中心的搬迁工作。

由于资源限制，系统搬迁交替进行，梳理完成一部分、搬迁一部分，整个过程持续了 5 个月。为了适应各 IT 系统的停机窗口，最大限度降低对用户的影响，所有搬迁工作都安排在双休日和节假日进行。项目组成员平日照常从事岗位工作，而搬迁工作则加班加点进行系统梳理，一到周末，就甩开膀子开始进行系统搬迁，整个团队日以继夜，7×24 小时连续作战，5 个月来几乎没有好好享受过周末。项目组成员凭借一股“能干事、干成事”的决心，积极主动、精益求精、脚踏实地、扎实工作，最终不辱使命顺利完成了艰巨的搬迁任务。（刘敏）

【云计算管理平台荣膺上海市应用示范项目】

2019 年 11 月 19 日，中远海运云计算管理平台获“2019 年度上海市云计算应用示范项目”。自 2018 年 11 月《上海市推进企业上云行动计划（2018—2020 年）》发布以来，上海市经济和信息化委员会（简称经信委）围绕推动重点行业企业上云，组织开展了云计算应用示范项目和培育项目的评定工作。此次评选，中远海运云计算管理平台从 200 多个企业申报项目中脱颖而出，成为十大“上海市云计算应用示范项目”的标杆项目之一。

2019 年 8 月 15 日，中远海运云计算管理平台正式上线，是中远海运云数据中心围绕集团“十三五”信息化规划自主建设的混合云计算平台。平台集私有云、公有云为一体，颠覆了传统 IT 资源管理模式，以多租户体系进行资源申请、审批、交付和计费，利用服务编排技术，通过纵、横双向的云计算弹性伸缩，实现对多云和跨云资源的自动交付，提供“一体化、服务型、开放式”的云计算服务。平台提供包括传统虚拟化资源、微服务容器资源的云服务，以及围绕业务持续交付的 DevOps 服务、数据中台服务、大数据分析、安全漏扫服务、网络资源服务等。

此外，平台还提供云资源运营分析、计量计费、资源统一监控、数据备份、安全审计等多种服务，可持续提升云计算平台的安全合规水准和运维运营效率。除了传统集团级私有云计算资源、阿里云（公有云）资源之外，平台还定制发布了几十种 aPaaS 云服务来满足用户对云资源应用的多样化需求。（王骏翔）

【集团首家国内码头上线 Navis N4 系统】

2019 年 12 月 2 日，中远海运港口连云港新东方国际货柜码头正式上线 NavisN4 码头操作系统，成为继比利时泽布吕赫码头后，中远海运港口国内第一家上线 NavisN4 系统的码头公司。

中远海运港口在各控股码头优先推广 NavisN4 系统，一方面旨在加强控股码头标准化生产流程管理，落实强化码头业务的控制力，打造高效率运营的码头；另一方面，则为提升信息共享技术和未来融入航运信息链的能力，最终形成中远海运港口全球范围统一的管理视角、管理思路、管控能力和营销能力。

作为中远海运港口国内布局 NavisN4 系统的首个项目，该项目联合 Navis、烟台华东电子、连云港电子口岸等系统开发商，将复杂多样的外围业务模块交由熟悉国内码头业务需求的系统开发商处理，让 Navis 专注于提供码头智能化作业的调度和管理系统支持，保证了外围业务与 N4 系统的兼容和平滑连接。同时，为使国内码头人员能快速上手新系统，中远海运港口企业管理部组织编写了 NavisN4 系统中文版操作手册。项目历经调研、系统配置、外围开发、开发测试、人员培训和实船演练等项目重要环节，前后用时 1 年时间，实现了新系统成功上线。（林维猛）

2020

CHINA COSCO SHIPPING
CORPORATION LIMITED
YEARBOOK

中国远洋海运集团有限公司

年鉴

第四篇

船队建设

概述

概 述

中远海运集团由中国远洋运输（集团）总公司与中国海运（集团）总公司于 2016 年 2 月 18 日重组整合而成，总部设在上海，是中央直接管理的特大型国有企业，集团的业务领域包含多个产业集群，其中航运产业集群包括集装箱运输、干散货运输、油气运输、特种船运输以及客轮运输等业务，有着排名世界第一的庞大的运输船队，致力于保障全球海上运输生命线高效畅通。该产业集群主要包括中远海运集运 / 东方海外、中远海运能源、中远海运散运、中远海运特运、中远海运客运、厦门中远海运和海南港航等业务主体。

【船队综述】

中远海运航运产业集群拥有种类齐全的运输船队，船队由集装箱船队、干散货船队、油、气船队、杂货特种船队和客轮船队等五大专业化运输船队构成，截至 2019 年 12 月 31 日，中远海运经营船队营运船舶 1 316 艘，综合运力 10 462 万载重吨，排名世界第一。其中船队的自有运力规模为 8 703 万载重吨 /974 艘，租入运力为 1 759 万载重吨 /342 艘。

五大专业化运输船队中，集装箱船队规模居世界前列；干散货船队运力、油、气船队运力、杂货特种船队运力均居世界第一。各船队的运力规模如下：

1. 全集装箱船队

全集装箱船队运力为 508 艘 /3 472 万载重吨 /298.2 万标准箱；其中，自有船运力为 245 艘 /2 416 万载重吨 /213.3 万标准箱，租入船运力为 263 艘 /1 056 万载重吨 /84.9 万标准箱。

2. 干散货船队

干散货船队运力为 411 艘 /3 984 万载重吨；其中，自有船运力为 367 艘 /3 593 万载重吨，租入船运力为 44 艘 /391 万载重吨。

3. 油、气船队

油、气船队主要包括油轮船队、液化天然气（LNG）和液化石油气（LPG）船队组成，运力为 203 艘 /2 547 万载重吨。

其中，油轮船队运力为 163 艘 /2 240 万载重吨，其自有船运力为 153 艘 /1 993 万载重吨，租入船运力为 10 艘 /247 万载重吨；LNG 船队运力为 35 艘 /305 万载重吨，全部为自有船；LPG 船队运力为 5 艘 /1.5 万载重吨，全部为自有船。

4. 杂货特种船队

杂货特种船队运力为 160 艘 /446 万载重吨；其中，自有船运力为 137 艘 /382 万载重吨，租入船运力为 23 艘 /65 万载重吨，杂货特种船队还有 10.1 万标准箱的集装箱运力和 2.4 万辆汽车的运输能力。

5. 客轮船队

客运船队运力为 34 艘 /12.9 万载重吨，客位数为 3.3 万个。其中，自有船运力为 32 艘 /11.8 万载重吨，客位数为 3.0 万个，租入船运力为 2 艘 /1.1 万载重吨，客位数为 0.3 万个。客轮船队还具有 1 028 标准箱的集装箱运力和 2 344 个车位的运力表。

中远海运集团船队运力基本情况见表 4–1。

中远海运集团船队运力基本情况统计表（截至 2019 年 12 月 31 日） 表 4–1

船队		自有运力		租入运力		控制运力	
		艘数	载重吨	艘数	载重吨	艘数	载重吨
集装箱船队		245	24 161 253	263	10 560 386	508	34 721 639
小计						508	34 721 639
能源船队	油轮船队	153	19 934 641	10	2 466 166	163	22 400 807
	LNG 船队	35	3 051 053	—	—	35	3 051 053
	LPG 船队	5	14 862	—	—	5	14 862
小计						203	25 466 722
干散货船队		367	35 931 808	44	3 908 180	411	39 839 988
小计						411	39 839 988
杂货与特种船队		137	3 815 506	23	645 999	160	4 461 505
小计						160	4 461 505
客运船队	客船	1	47	—	—	1	47
	客滚、客箱船	31	118 430	2	10 699	33	129 129
小计						34	129 176
合计		974	87 027 600	342	17 591 430	1 316	104 619 030

（徐帮林　于炯）

【新造船接收】

2019 年，集团新交付船舶 30 艘 /516 万载重吨，其中：集装箱船 10 艘 /191 万载重吨，油气运输船共 10 艘 /95 万载重吨，干散货船 5 艘 /199 万载重吨，特种船共 5 艘 /31 万载重吨。中远海运集团接新船的基本情况见表 4–2。

2019 年中远海运集团接收新船情况 表 4–2

序号	船名	船型	船舶性质	交船时间	建造国家	船旗	载重吨
1	泛非	LNG	自有	2019–01–08	中国	中国香港	83 312
2	中远海运开拓	特种	自有	2019–01–11	中国	五星旗	62 051
3	中远海运双鱼座	集装箱	自有	2019–01–15	中国	中国香港	196 996
4	Boris Davydov	LNG	自有	2019–01–18	韩国	塞浦路斯	98 000
5	远津海	干散货	自有	2019–01–25	中国	新加坡	398 683
6	Nikolay Zubov	LNG	自有	2019–02–22	韩国	塞浦路斯	98 000
7	中远海运创新	特种	自有	2019–04–18	中国	五星旗	62 042
8	中远海运银河	集装箱	自有	2019–04–18	中国	中国香港	198 069
9	中远海运太阳	集装箱	自有	2019–04–25	中国	中国香港	198 069
10	中远海运杜鹃	集装箱	自有	2019–04–26	中国	中国香港	192 369

续上表

序号	船名	船型	船舶性质	交船时间	建造国家	船旗	载重吨
11	中远海运荷花	集装箱	自有	2019-05-08	中国	中国香港	192 369
12	中远海运山茶	集装箱	自有	2019-05-10	中国	中国香港	146 587
13	远神海	干散货	自有	2019-05-31	中国	新加坡	398 383
14	Nikolay Yevgenov	LNG	自有	2019-06-03	韩国	巴哈马群岛	98 000
15	中远海运宝瓶座	集装箱	自有	2019-06-05	中国	中国香港	197 087
16	中远海运进取	特种	自有	2019-06-15	中国	五星旗	62 045
17	中远海运恒星	集装箱	自有	2019-06-27	中国	中国香港	198 485
18	Vladimir Voronin	LNG	自有	2019-08-13	韩国	巴哈马群岛	98 000
19	远福海	干散货	自有	2019-08-16	中国	新加坡	398 407
20	Vikolay Urvantsev	LNG	自有	2019-08-30	韩国	中国香港	79 970
21	中远海运兰花	集装箱	自有	2019-09-01	中国	中国香港	192 369
22	中远海运行星	集装箱	自有	2019-09-06	中国	中国香港	198 485
23	中远海运卓越	特种	自有	2019-09-29	中国	五星旗	61 991
24	远华海	干散货	自有	2019-10-15	中国	新加坡	398 440
25	天枢星	LNG	自有	2019-11-06	中国	中国香港	80 155
26	Georgiy Ushakov	LNG	自有	2019-11-06	韩国	巴哈马群岛	98 000
27	远穗海	干散货	自有	2019-11-18	中国	新加坡	398 199
28	中远海运锦绣	特种	自有	2019-11-26	中国	五星旗	62 003
29	Yakov Gakkel	LNG	自有	2019-12-04	韩国	巴哈马群岛	98 000
30	远莲湾	油轮	自有	2019-12-13	中国	五星旗	113 826
合计							5 158 391

（杨煜）

【新造船投资计划】

2019 年，计划投资新造船 43 艘，实际履行集团决策程序后下单订造船舶 25 艘，分别是中远海运散运新造中铝几内亚项目 16 艘 21 万吨级散货船，中远海运特运新造 1 艘 5 万吨级半潜船、4 艘 6.2 万吨级纸浆船，中远海运能源新造 2 艘 MR 型油船，以及中远海运客运新造 2 艘 2 800 米载车线客滚船。上述 25 艘船舶计划 2020—2022 年陆续交付营运。（杨煜）

【淘汰老旧运力】

2019 年，集团共报废处置 13 艘船舶，淘汰老旧运力约 14.4 万载重吨。（赵科）

集装箱船队

集装箱船队

【中远海运集装箱船队概述】

中远海运集装箱船队的运力主要有全集装箱船队提供，杂货特种船队和客轮船队也提供少量的集装箱运力。截至2019年12月31日，中远海运集装箱船队的总运力为3 084 064TEU。跻身全球集装箱运输第一梯队。

全集装箱船队自有船舶245艘，载箱量为2 133 179标准箱。租入船舶263艘，载箱量为848 827标准箱。控制运力为508艘船舶、载箱量为2 982 006标准箱。全集装箱船舶运力占集团集装箱总运力的96.7%。

集团杂货特种船队和客轮船队拥有102 058标准箱的运力。这些船舶集装箱运力占集团集装箱总运力的3.3%。

中远海运全集装箱船队运力主题是中远海运集运、中远海运发展和东方海外（国际）有限公司 [Orient Overseas (International) Limited] 旗下的东方海外货柜航运有限公司（Orient Overseas Container Line，OOCL）。中国远洋海运集团全集装箱船队的组成见表4–3。

中远海运集团全集装箱运输船队运力表（截至2019年12月31日） 表4–3

公司	自有运力			租入运力			控制运力		
	艘数	载重吨	载箱量	艘数	载重吨	载箱量	艘数	载重吨	载箱量
中远海运集运	110	11 423 766	1 007 757	225	8 935 497	715 734	335	20 359 263	1 723 491
中远海运发展	74	6 774 762	581 603	—	—	—	74	6 774 762	581 603
东方海外	61	5 962 725	543 819	38	1 624 889	133 093	99	7 587 614	676 912
合计	245	24 161 253	2 133 179	263	10 560 386	848 827	508	34 721 639	2 982 006

注：1. 中远海运集运的自有船舶中，还包含7艘中远海运英国的船舶；

2. 由于存在内部租船，各公司租船数量要大于表中的数量。

【中远海运集装箱运输有限公司】

1. 中远海运集运船队现状

（1）船舶数量、运力（载重吨、载箱量、载客量），包括大、中、小型船舶的数量，内贸、外贸船舶的数量。

截至2019年12月31日，中远海运集运拥有和控制船舶409艘，总运力2 305 094标准箱。其中，自有船103艘，运力969 635标准箱；租入船306艘，运力1 335 459标准箱；扣除出租在外的船舶6艘，运力70 742标准箱，中远海运集运自营船舶403艘、运力2 234 352标准箱。

船队自营运力包括了10 000标准箱型以上船舶72艘/1 054 965标准箱；8 000 ~ 10 000标准箱型船舶36艘/323 740标准箱；4 000 ~ 8 000标准箱型船舶128艘/608 208标准箱；4 000标准箱以下型船舶167艘/247 439标准箱。

船队中有117艘船舶/300 889标准箱运力在内贸航线服务。

（2）本年度运力增加数量，运力减少数量，年末较年初运力实际增减数（船舶艘数、载重吨、集装箱船的载箱量）。

2019 年初，中远海运集运自营船舶 376 艘 / 运力 2 057 350 标准箱（不含出租运力），与 2019 年底自营运力相比，2019 年共计增加船舶 27 艘 / 运力 177 002 标准箱，运力增幅约 8.6%。

2. 公司船队建设采取的措施

（1）船队建设规划。

中远海运集运围绕价值创造、高质量发展，持续推进集装箱运输的规模化与全球化发展；积极发展航线的全球化布局，加大新兴市场、区域市场、第三国市场的运力配置。

（2）重点发展船型。

中远海运集运全年接收新造船 10 艘，合计新增运力 178 694 标准箱，包括 4 艘 13 800 标准箱型、2 艘 19 273 标准箱型、4 艘 21 237 标准箱型，至此该批 35 艘新造船订单全部完成交付。

（3）船队结构变化。

中远海运集运船队结构得到进一步优化，控制自有船舶单船平均箱位已达 9 414 标准箱；自有船舶平均船龄降至 7 年，单船平均箱位及平均船龄方面均在同业中处于中上水平，进一步降低了安全风险，船舶管理资源得到充分释放。

（4）船舶租赁情况。

2019 年，密切跟踪租船市场态势，结合航线实际需求，适时租入质优价廉船舶，有效控制租船租金成本。集运本部自市场租入船舶 74 艘次，包括 23 艘新租船舶和 51 艘续租船舶，合计运力约 37.5 万标准箱。其中，考虑到市场的稀缺性和航线对大型船舶的稳定需求，择机续租了 7 艘 9 469 标准箱船舶，租入 1 艘 9 000 宽体船舶；在 8 500 标准箱型船舶租金走高之前，提前研判，低位锁定，续租 3 艘 8 500 标准箱型船舶，为航线的稳定运营提供坚实基础；综合考虑非洲等市场对于 4 250 标准箱型船舶的需求，统筹安排，积极寻求较短及较灵活的租期，全年累计租入和续租 4 250 标准箱船舶 30 艘次，租金均控制在市场平均租金之下，在保障航线运力需求的同时，有效控制了公司租金成本。

中远海运集运积极应对 2020 年限硫新规，为满足国际、国内限硫排放要求，根据公司《2020 限硫排放应对规划》，制定了租入船应对限硫排放工作目标及计划，并制定下发《租入船低硫油换装操作管理办法（试行）》。针对 2020 年 1 月 1 日生效的全球限排规定，要求所有船东提前做好相关船舶接收低硫油的管系改造、油舱清洗等准备工作，确保船舶届时能够依法合规满足低硫油使用要求。对于长租船，与各船东积极洽商，力争由船东承担油舱清洗等相关费用；对于短租船，在租约到期后仍有续租需求，在商谈续租时，要求船东保证船舶在 2020 年 1 月 1 日前接收低硫燃油，同时相关船舶管路改造、油舱清洗等费用明确由船东承担，并将相关条款纳入续租租约条款，作为新租或续租船舶的必要条件，确保所有租入船舶在 2020 年 1 月 1 日后符合全球限排规定。

（5）联营公司船队建设情况。

2017 年 4 月，中远海运集运与达飞轮船、长荣海运、东方海外共同组建的“海洋联盟”，英文名称为“Ocean Alliance”正式投入运营。

截至 2019 年 12 月 31 日，联盟各家船公司运力情况如下：

达飞轮船：507 艘 /2 695 863 标准箱（不包括新船订单 31 艘 /471 036 标准箱）；

长荣海运：200 艘 /1 276 568 标准箱（不包括新船订单 69 艘 /557 002 标准箱）；

东方海外：104 艘 /733 580 标准箱（按东方海外内部口径统计）。

3. 公司几个典型船型介绍

（1）13 800 标准箱系列船。

2015 年 7 月 29 日，原中海集运（现中远海运集运）与上海江南长兴造船有限公司签订 8 艘 13 800 标准箱船建造合同。该型船总长 366 米，船宽 48.2 米，型深 30.2 米，载重量 147 000 吨，载箱量 13 800 标准箱，主机最大持续功率 48 600 千瓦，设计航速 23 节，船籍港为中国香港，入中国船级社（CCS）和劳氏船级社（LR）双船级。首制船“COSCO SHIPPING PEONY”轮于 2015 年 10 月 12 日开工，2018 年 5 月 31 日交付。

（2）14 566 标准箱系列船。

2014 年 9 月 17 日，原中远集运（现中远海运集运）与上海江南长兴造船有限公司签订 5 艘 14 566 标准箱船建造合同。该型船总长 366 米，船宽 51.2 米，型深 30.2 米，载重量 153 500 吨，载箱量 14 566 标准箱，主机最大持续功率 49 000 千瓦，设计航速 22.5 节，船籍港为中国香港，入中国船级社（CCS）和挪威船级社（DNV）双船级。首制船“COSCO SHIPPING HIMALAYAS”轮于 2015 年 11 月 9 日开工，2017 年 7 月 25 日交付。

（3）19 273 标准箱系列船。

2015 年 9 月 9 日，原中远集运（现中远海运集运）分别与南通中远川崎和大连中远川崎签订 4 艘和 2 艘 19 273 标准箱船建造合同。该型船总长 399.9 米，船宽 58.6 米，型深 30.7 米，载重量 197 000 吨，载箱量 19 273 标准箱，主机最大持续功率 55 000 千瓦，设计航速 22.5 节，船籍港香港，入中国船级社（CCS）和劳氏船级社（LR）双船级。首制船“COSCO SHIPPING ARIES”轮于 2015 年 11 月 13 日开工，2018 年 1 月 15 日交付。

（4）20 119 标准箱系列船。

2015 年 9 月 9 日，原中远集运（现中远海运集运）分别与上海外高桥造船有限公司和大连船舶重工（集团）有限公司签订 3 艘和 2 艘 20 119 标准箱船建造合同。该型船总长 399.9 米，船宽 58.6 米，型深 30.5 米，载重量 202 000 吨，载箱量 20 119 标准箱，主机最大持续功率 55 000 千瓦，设计航速 22.5 节，船籍港香港，入中国船级社（CCS）和挪威船级社（DNV）双船级。首制船“COSCO SHIPPING TAURUS”轮于 2015 年 11 月 3 日开工，2018 年 1 月 29 日交付。

（5）21 237 标准箱系列船。

2015 年 10 月 30 日，原中海集运（现中远海运集运）与江南造船长兴重工签订 6 艘 21 237 标准箱船建造合同。该型船总长 399.9 米，船宽 58.6 米，型深 33.5 米，载重量 198 500 吨，载箱量 21 237 标准箱，主机最大持续功率 57 900 千瓦，设计航速 22 节，船籍港香港，前三艘船为中国船级社（CCS）和劳氏船级社（LR）双船级，后三艘船为中国船级社（CCS）和挪威船级社（DNV）双船级。首制船“COSCO SHIPPING UNIVERSE”轮于 2015 年 12 月 18 日开工，2018 年 6 月 12 日交付。（刘清卿）

油、气船队

油、气船队

【中远海运油、气船队概况】

中远海运油、气船队从事国际和中国沿海原油及成品油运输、国际液化天然气运输以及国际化学品运输业务。中远海运油、气船队由油轮船队和 LNG/LPG 船队组成。按运力规模统计，中远海运油、气船队是全球第一大能源运输船队。

1. 原油及成品油运输船队

中远海运原油及成品油运输船队由直营船队和联营船队组成，直营船队由中远海运能源本部负责经营和管理，主要由上海油运、大连油运、寰宇公司和华昌船务等公司组成。联营船队主要由三鼎公司、北海船务、洋浦公司、中远海运石油运输公司和华洋海运等公司组成。截至 2019 年 12 月 31 日，原油及成品油运输船队共有船舶 163 艘 /2 240 万载重吨，其中自有运力 153 艘 /1 993 万载重吨，租入运力 10 艘 /247 万载重吨。原油及成品油运输船队运力情况见表 4–4。

油轮船队运力表（截至 2019 年 12 月 31 日） 表 4–4

公司	自有运力		租入运力		控制运力	
	艘数	载重吨	艘数	载重吨	艘数	载重吨
中远海运能源本部	120	18 529 308	9	2 461 640	129	20 990 948
华海公司	3	129 884	—	—	3	129 884
洋浦公司	2	133 919	—	—	2	133 919
中远海运石油运输有限公司	8	81 469	—	—	8	81 469
广州三鼎	2	150 968	—	—	2	150 968
北海船务	11	683 920	1	4 526	12	688 446
台州中海油运	6	163 216	—	—	6	163 216
华洋海运	1	61 957	—	—	1	61 957
合计	153	19 934 641	10	2 466 166	163	22 400 807

注：北海船务的“北海凤凰”轮于2019年底接船，一些资料没有统计在内。

2. LNG/LPG 船队

LNG/LPG 船队主要由中国液化天然气运输（控股）有限公司（简称 CLNG）、上海中远海运液化天然气投资有限公司（简称“中海 LNG”）及深圳中远龙鹏等 3 家公司所属的船舶组成。其中中海 LNG 为直营船舶，其余为联营，全部为自有运力。截至 2019 年 12 月 31 日，LNG/LPG 船队所属公司经营 LNG/LPG 船舶共 40 艘 /307 万载重吨，592 万立方米，2019 年 LNG/LPG 船队运力的具体情况见表 4–5。

LNG/LPG 船队运力表（截至 2019 年 12 月 31 日） 表 4–5

船型	公司	艘数	载重吨	容积（立方米）
LNG	CLNG	21	1 889 238	3 477 890
	中海 LNG	14	1 161 815	2 422 793
LNG 小计		35	3 051 053	5 900 683
LPG	深圳中远龙鹏	5	14 862	18 213
合计		40	3 065 915	5 918 896

注：LNG是液化天然气(Liquefied Natural Gas)的缩写，是天然气在超低温(–163℃)条件下液化形成的，其体积是同质量天然气的1/625。

【中远海运能源运输股份有限公司】

中远海运能源运输股份有限公司（简称“中远海运能源”）主要从事国际和中国沿海原油及成品油运输、国际液化天然气(LNG)运输以及国际化学品运输。

按运力规模统计，中远海运能源是全球第一大油轮船东。截至 2019 年 12 月 31 日，中远海运能源共拥有和控制油轮运力 151 艘 /2 171 万载重吨，其中，自有运力 142 艘 /1 925 万载重吨；租入运力 9 艘 /246 万载重吨。另有订单运力 17 艘 /304.4 万载重吨[①]。中远海运能源也是中国沿海原油和成品油运输领域的龙头企业。在沿海原油运输领域，中远海运能源一直保持着行业龙头地位和 55% 以上的市场份额。2018 年 3 月中远海运能源完成收购中石油成品油船队后，已跃升为沿海成品油运输市场的龙头企业。

中远海运能源是中国 LNG 运输业务的引领者，是世界 LNG 运输市场的重要参与者。中远海运能源所属全资的上海中远海运液化天然气投资有限公司，和持有 50% 股权的中国液化天然气运输（控股）有限公司（CLNG）是中国目前仅有的两家大型 LNG 运输公司。截至 2019 年 12 月 31 日，中远海运能源共参与投资 38 艘 LNG 船舶，其中，投入运营的 LNG 船舶 35 艘，590 万立方米，在建 LNG 船舶 3 艘，52 万立方米。

（傅源源）

① 油轮运力表中，除了北海船务的船舶，其余运力均属于中远海运能源运力。

干散货船队

干散货船队

【干散货船队概述】

中国远洋海运集团旗下的干散货船队是全球规模最大的专业化散装货物运输船队，装载铁矿石、煤炭、粮食、散杂货等全品类散装货物，航线覆盖国内沿海和世界主要港口，服务网络遍布全球，运力规模位居世界第一。截至 2019 年 12 月 31 日，干散货船队拥有和控制各类散货船 411 艘 /3 984 万载重吨，其中自有船舶 367 艘 /3 593 万载重吨。租入船舶 44 艘[①]、391 万载重吨。船队的骨干企业为中远海运散货运输有限公司。2019 年中国远洋海运集团干散货船队的运力情况见表 4–6。

干散货船队运力表（截至 2019 年 12 月 31 日） 表 4–6

公司	自有运力		租入运力		控制运力	
	艘数	载重吨	艘数	载重吨	艘数	载重吨
中远海运散运本部	224	22 571 180	2	102 808	226	22 673 988
中远新加坡	3	163 484	—	—	3	163 484
中国矿运	13	5 186 171	—	—	13	5 186 171
广州中远海运	1	57 300	—	—	1	57 300
国投海运（中远海物流）	9	512 909	—	—	9	512 909
中海散运（雅达公司）	4	253 845	—	—	—	—
雅达公司	—	—	40	3 731 517	40	3 731 517
天津天惠船务	—	—	1	58 675	1	58 675
中远发展（联营）	1	67 681	—	—	1	67 681
湖南远洋（联营）	2	149 374	—	—	2	149 374
上海时代航运（联营）	28	1 663 834	—	—	28	1 663 834
上海友好（联营）	3	140 351	—	—	3	140 351
上海银桦（联营）	2	97 256	—	—	2	97 256
广州京海（联营）	4	34 784	1	15 180	5	49 964
中海华润（联营）	9	439 715	—	—	9	439 715
嘉禾航运（联营）	3	126 811	—	—	3	126 811
广发航运（联营）	5	286 550	—	—	5	286 550
香港海宝公司（联营）	8	1 444 000	—	—	8	1 444 000
神华中海（联营）	40	2 154 636	—	—	40	2 154 636
上海远望（联营）	2	151 809	—	—	2	151 809
广东海电（联营）	3	211 057	—	—	3	211 057
广东省远洋（联营）	2	151 380	—	—	2	151 380
中坦公司（联营）	1	67 681	—	—	1	67 681
合计	367	35 931 808	44	3 908 180	411	39 839 988

注：合营公司中远大唐“中海昌运3”/5.79万载重吨没有统计在内。

① 因为存在内部租船，船队总租入船舶数量小于中远海运散运的租船数量。

【中远海运散货运输有限公司】

中远海运散运隶属于中国远洋海运集团有限公司，是一家主营干散货运输的国有大型航运企业，中远海运散运由原隶属于中远集团的中远散货运输（集团）有限公司和原隶属于中国海运的中海散货运输有限公司重组整合而成，于2016年6月16日正式挂牌运营，运输货物覆盖铁矿石、煤炭、粮食、散杂货等全品类，经营航线覆盖全球100多个国家和地区的1 000多个港口。

截至2019年底，公司拥有和控制船舶397艘/3 900.5余万载重吨，干散货船运力规模位居世界第一。其中自有运力299艘/3 197.8万载重吨；租赁船舶50艘/432.2万载重吨；其他合资航运公司自有运力48艘/270.4万载重吨。

1. 中远海运散运自有运力情况

2019年底，中远海运散运自有运力347艘/3 468.3万载重吨（含控股管理合资航运公司船舶48艘/270.4万载重吨），详见表4–7。其中，4.5万吨级以下小灵便型散货船38艘/140.0万载重吨；4.5万~6.5万吨级大灵便型散货船164艘/889.1万载重吨；6.5万～12万吨级巴拿马型散货船71艘/574.1万载重吨；12万～22万吨级好望角型散货船37艘/676.1万载重吨；22万吨级以上超大型矿砂船37艘/1 189.0万载重吨。2019年，中远海运散运接入新造船5艘/199.2万载重吨（包括自有船：远津海轮、远神海轮、远福海轮、远华海轮、远穗海轮）。详见表4–8。

中远海运散货运输有限公司干散货运输船队运力表（截至2019年12月31日） 表4–7

公司	自有运力			租入运力			控制运力		
	艘数	载重吨	船龄	艘数	载重吨	船龄	艘数	载重吨	船龄
中远海运散运	224	22 558 749	8.50	49	4 306 739	8.29	273	26 865 488	8.46
中国矿运	13	5 186 308	2.64	—	—	—	13	5 186 308	2.64
中远发展	1	71 634	8.13	—	—	—	1	71 634	8.13
上海时代	28	1 663 834	10.86	—	—	—	28	1 663 834	10.86
友好航运	3	140 351	6.77	—	—	—	3	140 351	6.77
上海银桦	2	97 256	5.86	—	—	—	2	97 256	5.86
广州京海	4	34 784	4.20	1	15 180	10.10	5	49 964	5.38
中海华润	9	439 715	6.57	—	—	—	9	439 715	6.57
嘉禾航运	3	126 811	12.36	—	—	—	3	126 811	12.36
广发航运	5	286 540	9.51	—	—	—	5	286 540	9.51
海宝公司	8	1 444 000	8.94	—	—	—	8	1 444 000	8.94
神华中海	40	2 154 636	6.99	—	—	—	40	2 154 636	6.99
上海远望	2	151 809	6.21	—	—	—	2	151 809	6.21
广州海电	3	211 057	27.21	—	—	—	3	211 057	27.21
中远大唐	1	57 858	10.37	—	—	—	1	57 858	10.37
中远海运（广州）	1	57 300	8.42	—	—	—	1	57 300	8.42
小计	347	34 682 641	8.38	50	4 321 919	8.33	397	39 004 560	8.37

中远海运散运船队自有运力表（按船型分类情况统计） 表4–8

船型（按载重吨分类）	2018年底	2019年底
小灵便型（DWT ＜ 4.5万）	39艘/144.7万载重吨	38艘/140.0万载重吨
大灵便型（4.5万≤ DWT ＜ 6.5万）	164艘/890.4万载重吨	164艘/889.1万载重吨
巴拿马型（6.5万≤ DWT ＜ 12万）	71艘/574.1万载重吨	71艘/574.1万载重吨
好望角型（12万≤ DWT ＜ 22万）	37艘/676.1万载重吨	37艘/676.1万载重吨
VLOC（DWT ≥ 22万）	32艘/989.8万载重吨	37艘/1 189.0万载重吨
合计	343艘/3 275.0万载重吨	347艘/3 468.3万载重吨

2. 新造船情况以及租入运力情况

截至 2019 年底，公司在建船舶 5 艘 /169.59 万载重吨；租入船舶 50 艘 /432.2 万载重吨。其中，公司期租租入船舶 43 艘 /392.3 万载重吨；光租租入船舶 7 艘 /39.9 万载重吨（其中租入集团内其他兄弟公司持有的船舶 4 艘 /25.4 万载重吨，均为中远海运金控持有）。详见表 4–9、表 4–10。

船舶租赁情况表 表 4–9

租赁方式	2018 年底	2019 年底
期租	60 艘 /560.4 万载重吨	43 艘 /392.3 万载重吨
光租	7 艘 /39.9 万载重吨	7 艘 /39.9 万载重吨
合计	67 艘 /600.3 万载重吨	50 艘 /432.2 万载重吨

光租租入船情况表 表 4–10

序号	船名	载重吨	建造日期	船龄	船东
1	恒越时代	32 686.0	2010–10–12	9.22	集团外单位
2	新瑞海	56 092.0	2012–10–10	7.23	
3	新祥海	56 111.0	2012–07–24	7.44	
4	清平山	63 473.0	2015–10–01	4.25	中远海运金控
5	清云山	63 441.5	2016–03–01	3.83	
6	清华山	64 357.0	2016–08–18	3.37	
7	清泉山	63 472.7	2016–12–02	3.09	

3. 合资航运公司船队建设情况

截至 2019 年底，公司共有并表与非并表合资航运公司 14 家，自有运力共 110 艘 /693.8 万载重吨，其中并表控股管理合资航运公司 8 家，自有运力 62 艘 /423.3 万载重吨；其他合资航运公司 6 家，自有运力 48 艘 /270.4 万载重吨，详见表 4–11。2019 年，烟台中韩轮渡有限公司处置“香雪兰”轮、0.7 万载重吨，天津远华处置“泰安海”轮、4.8 万载重吨。

合资航运公司自有运力按船型分类情况表 表 4–11

所属公司	2018 年底	2019 年底
时代航运	28 艘 /166.4 万载重吨	28 艘 /166.4 万载重吨
友好航运	2 艘 /9.5 万载重吨	3 艘 /14.0 万载重吨
银桦航运	2 艘 /9.7 万载重吨	2 艘 /9.7 万载重吨
嘉禾航运	3 艘 /12.7 万载重吨	3 艘 /12.7 万载重吨
中海华润	9 艘 /44.0 万载重吨	9 艘 /44.0 万载重吨
京海航运	4 艘 /3.5 万载重吨	4 艘 /3.5 万载重吨
广发航运	5 艘 /28.7 万载重吨	5 艘 /28.7 万载重吨
香港海宝	8 艘 /144.4 万载重吨	8 艘 /144.4 万载重吨
广州振华	1 艘 /5.8 万载重吨	—
神华中海	40 艘 /215.5 万载重吨	40 艘 /215.5 万载重吨
中远大唐	—	1 艘 /5.8 万载重吨
中发航运	1 艘 /7.2 万载重吨	1 艘 /7.2 万载重吨

续上表

所属公司	2018 年底	2019 年底
中远海运（广州）	1 艘 /5.7 万载重吨	1 艘 /5.7 万载重吨
海电公司	3 艘 /21.1 万载重吨	3 艘 /21.1 万载重吨
上海远望	2 艘 /15.2 万载重吨	2 艘 /15.2 万载重吨
天津远华	1 艘 /4.8 万载重吨	—
烟台中韩轮渡有限公司	1 艘 /0.7 万载重吨	—
合计	111 艘 /694.7 万载重吨	110 艘 /693.8 万载重吨

注：神华中海、中远海运（广州）、海电公司、中远大唐、中发航运、天津远华、烟台中韩轮渡有限公司是非并表合资航运公司，上海远望是代管公司。

4. 散运船队主要船型

2019 年，中远海运散货船队典型船型主要有灵便型散货船、巴拿马型散货船、好望角型散货船以及超大型矿砂船 5 种船型。

小灵便型散货船 主要为 4.5 万吨以下船舶，船舶型深较小，配有船吊，对港口适应性强。几款代表性船舶有：① 3.5 万吨散货船。2012 年 6 月 15 日至 2013 年 12 月 27 日，山海关造船重工有限责任公司建造的“七仙岭”等 3 艘船舶交付，该型船舶总长 179.9 米，型宽 28.8 米，型深 14.6 米，载重量 3.46 万吨，航速 13.6 节，主机功率 6 480 千瓦，配有 4 台 30 吨起重机。② 4.0 万吨散货船。2015 年 9 月 2 日至 2015 年 12 月 29 日，天津新港船舶重工有限责任公司建造的“珍珠海”等 4 艘船舶交付，该型船舶总长 179.99 米，型宽 30 米，型深 15 米，载重量 4.0 万吨，航速 14 节，主机功率 6050 千瓦，配有 4 台 30 吨起重机。公司成立以来，先后接入了“安定海”“珊瑚海”“绿松海”“建国海”“岫玉海”“复兴海”“德胜海”共 7 艘船舶，3.88 万吨散货船，船长 179.95 米，船宽 32 米，型深 15 米，满载吃水 10.5 米，共有 5 个货舱，可为国内外客户提供干散货运输服务。

大灵便型散货船 主要为 4.5 万 ~ 6.5 万吨船舶，对港口适应性较强，代表性船舶有：① 4.8 万吨散货船。2013 年 11 月 1 日至 2015 年 10 月 29 日，中海工业（江苏）有限公司建造的“宝月岭”等 13 艘船舶交付，该型船舶总长 189.9 米，型宽 32.26 米，型深 15.7 米，载重量 4.77 万吨，航速 13.7 节，主机功率 7948 千瓦。② 5.6 万吨散货船。2004 年 3 月 28 日至 2009 年 4 月 30 日，南通中远川崎船舶工程有限公司建造的“远宁海”等 9 艘船舶交付，该型船舶总长 189.9 米，型宽 32.26 米，型深 17.8 米，载重量 5.56 万吨，航速 13.5 节，主机功率 6 970 千瓦，配有 4 台 30.5 吨起重机。③ 5.7 万吨散货船。2009 年 1 月 10 日至 2012 年 7 月 5 日，中海工业（江苏）有限公司建造的“中海昌运 1”等 22 艘船舶交付，该型船舶总长 199.82 米，型宽 32.26 米，型深 18 米，载重量 5.78 万吨，航速 14.27 节，主机功率 8 510 千瓦。④ 6.4 万吨散货船。2015 年 11 月 30 日至 2016 年 11 月 28 日，中船黄埔文冲船舶有限公司建造的“丰德海”等 13 艘船舶交付，该型船舶总长 199.9 米，型宽 32.26 米，型深 18.5 米，载重量 6.38 万吨，航速 14.4 节，主机功率 8 050 千瓦，配有 4 台 30 吨起重机。公司成立以来，先后接入了“清华山”“宁静海”“丰和海”“丰秀海”“清泉山”等 13 艘船舶，该船型是目前市场主推的优秀船型之一，可满足当今市场的最新需求，绿色环保，并具有超低油耗、适港性强、适货性广、运营灵便等特点。

巴拿马型散货船 主要为 6.5 万 ~ 12 万吨船舶，多数是通用型船舶，代表性船舶有：① 7.6 万吨巴拿马型散货船。2010 年 8 月 18 日至 2013 年 3 月 13 日，江南造船（集团）有限责任公司建造的巴拿马型船“日观峰”等 11 艘船舶交付，该型船舶总长 225 米，型宽 32.26 米，型深 19.6 米，载重量 7.56 万吨，航速 13.82 节，主机功率8 833千瓦。②8.2万吨巴拿马型散货船。2014年1月23日至2014年2月18日，广州中船龙穴造船有限公司建造的巴拿马型船“中粮1”等2艘船舶交付，该型船舶总长229米，型宽32.26米，型深20.2米，载重量8.2万吨，航速15.13节，主机功率10 260千瓦。③ 11.5万吨巴拿马型散货船。2012年5月25日至2014年6月19日，上海江南长兴重工建造的巴拿马型船“桃花海”等8艘船舶交付，该型船舶总长254米，型宽43米，型深20.8米，载重量11.5万吨，航速14.92节，主机功率13 080千瓦。④ 6.5万吨散货船。2013年1月18日至2014年1月18日，广州黄埔船厂建造的交付6.5万吨散货船“鹏锦”“鹏利”等4艘船舶，总长225米，型宽32.96米，型深17.5米，载重量6.5万吨，航速15节，主机功率12 730千瓦，是根据国内港口特点建造的内贸船舶。公司成立以来，先后接入了“华兴”“华盛”2艘船舶。

好望角型散货船 主要为12万～22万吨船舶，代表性的船舶有：① 17.5万吨散货船。2003年10月28日至2006年9月28日，上海外高桥造船有限公司建造的17.5万吨好望角型船“新旺海”等7艘船舶交付，该型船舶总长289米，型宽45米，型深24.5米，载重量17.5万吨，航速16.5节，主机功率16 850千瓦。② 17.8万吨散货船。2008年9月19日至2009年9月2日，上海外高桥造船有限公司建造的17.7万吨好望角型船“百安海”等4艘船舶交付，该型船舶总长292米，型宽45米，型深24.8米，载重量17.8万吨，航速14.36节，主机功率16 860千瓦。③ 20.8万吨散货船。2011年1月18日至2011年11月18日，南通中远川崎船舶工程有限公司和大连中远川崎船舶工程有限公司各建造和交付了的4艘20.8万吨好望角船，其中“中兴海”“天发海”等4艘船舶，该船型总长300米，型宽50米，型深24.7米，载重量20.80万吨，航速14.8节，主机功率17 950千瓦；“恒盛”“恒顺”等4艘船舶，该船型总长295米，型宽50米，型深24.7米，载重20.80万吨，航速14.2节，主机功率17 950千瓦。④ 18万吨散货船。2014年3月18日至2015年7月7日，上海江南长兴重工有限责任公司建造的18万吨好望角型船“中海祥和”等4艘船舶交付，该型船舶总长295米，型宽45米，型深24.8米，载重量18.04万吨，航速15.53节，主机功率17 880千瓦。公司成立以来，先后接入“新达海”“新丽海”“广元海”“广亨海”“广利海”“新昌海”“新富海”7艘船舶。

大型矿砂船型 主要为22万吨以上船舶，代表性的船舶有：① 29.7万吨矿砂船。2008年12月16日至2010年4月9日，南通中远川崎船舶工程有限公司建造的29.7万吨矿砂船“合恒”等6艘船舶交付，该型船舶总长327米，型宽55米，型深29米，载重量29.75万吨，航速14.5节，主机功率16 680千瓦。2009年2月13日至2010年12月20日，日本船厂Universal Shipbuilding Corporation，Ariake Shipyard建造的29.7万吨矿砂船“新鞍钢”等4艘船舶交付，该型船舶总长327米，型宽55米，型深29.25米，载重量29.75万吨，航速15节，主机功率16 934千瓦。② 23万吨矿砂船。2010年2月5日至2011年11月11日，广州中船龙穴造船有限公司建造的23万吨矿砂船“中海兴旺”等4艘船舶交付，该型船舶总长324.99米，型宽52.5米，型深24.3米，载重量22.90万吨，航速15.61节，主机功率22 500千瓦。③ 30万吨矿砂船。2011年12月27日至2013年8月10日，大连船舶重工集团，建造的“中海荣华”等6艘依次交付，该型船舶总长330米，型宽57米，型深28.6米，载重量31.5万吨，航速14.89节，主机功率25 200千瓦。公司成立以来，先后接入14艘40万吨超大型矿砂船和2艘32.5万吨定制船。其中，40万吨超大型矿砂船是迄今世界最大的干散货船型。该系列船为单桨低速柴油机驱动的无限航区的矿砂船，总长362米，型宽65米，型深30.4米，具有经济、绿色、环保、节能、安全的特点，是一款中国领先、世界先进的船舶产品，主要设备全部实现了国产化。

（梁诗枫）

杂货特种船队

杂货特种船队

中远海运杂货特种船队主要经营管理半潜船、多用途重吊船、汽车船、木材船和沥青船等类型的杂货特种船舶。中远海运杂货特种船队的运力主要包括中远海运特运、中波公司、厦门中远海运等公司船舶的运力。

截至2019年底，集团杂货特种船队拥有和控制特种运输船舶160艘/446万载重吨，载箱量10.1万标准箱，汽车船的运力为2.4万CEU（Car Equivalent Unit，标准车位）。船队中自有船137艘/382万载重吨，载箱量9.1万标准箱，汽车船的运力为2.4万CEU，租入船舶23艘/65万载重吨，载箱量0.96万标准箱。中远海运杂货特种船队总体情况见表4-12。

中远海运杂货特运船队运力表（截至2019年12月31日）　　表4-12

公司	艘数	载重吨	载箱量（TEU）	载车量（个）
自有运力				
中远海运特运	103	2 811 238	53 689	24 342
厦门远洋（特种）	7	253 810	1 320	0
中远海运物流	2	19 126	0	0
上海中远海运	2	15 814	0	0
中波公司本部	14	422 073	26 716	0
上海弘发航运（中波）	1	21 963	1 094	0
上海中波航运管理（中波）	8	271 482	8 614	0
小计	137	3 815 506	91 433	24 342
租入运力				
中远海运特运	16	461 851	0	0
上海中远海运	1	4 399	0	0
中波公司本部	1	33 271	1 158	0
上海弘发航运（中波）	5	146 478	8 439	0
小计	23	645 999	9 597	0
控制运力				
中远海运特运	119	3 273 089	53 689	24 342
厦门远洋（特种）	7	253 810	1 320	0
中远海运物流	2	19 126	0	0
上海中远海运	3	20 213	0	0

续上表

公司	艘数	载重吨	载箱量（TEU）	载车量（个）
控制运力				
中波公司本部	15	455 344	27 874	0
上海弘发航运（中波）	6	168 441	9 533	0
上海中波航运管理（中波）	8	271 482	8 614	0
总计	160	4 461 505	101 030	24 342

【中远海运特种运输股份有限公司】

中远海运特种运输股份有限公司（简称“中远海运特运”）主营特种船运输及相关业务。公司拥有规模和综合实力居世界前列的特种运输船队，截至 2019 年底，公司经营管理半潜船、多用途船、重吊船、汽车船、木材船和沥青船等各类型船舶 119 艘 /327 万载重吨。中远海运特运的船舶结构合理、运载能力和适货性强、节能环保，能够承运包括钻井平台、机车及火车车厢、风电设备、桥吊、成套设备等超长、超重、超大件、不适箱以及有特殊运载和装卸要求的货物。承运能力从 1 吨 ~ 10 万吨全覆盖，可为广大客户提供安全、高效的运输服务。

2019 年，公司共新增 5 艘船舶计 31.0 万载重吨，退役 6 艘老旧船舶计 11.0 万载重吨，新签订了 1 艘 50 000 吨半潜船造船合同，行使 4 艘 62 000 吨纸浆船订单选择权。截至 2019 年底，公司自有船舶 103 艘计 281.1 万载重吨，比上年减少 1 艘船舶，增加约 20 万载重吨，自有船队平均船龄 9.3 年。（柳芳）

【中波轮船股份公司船队】

中波公司自营船舶 17 艘（中波公司自营船队除附录船名录中中波公司的 14 艘船外，还包括上海中波航运管理的“瑞安”“雄安”和“Lisbon Trade”轮[①]，总运力约 51 万载重吨，平均船龄 11 年。随着连续几轮的更新换代，目前拥有一支船龄年轻、结构合理的重大件设备货专业化运输船队。

2019 年 9 月，“中波雄安”轮入列，该轮是中国黄海船厂于 2012 年建造的 28 000 载重吨多用途二手船。10 月，“Lisbon Trade”轮更名为“中波宝安”轮，该轮是公司 2018 年购入的 33 000 吨多用途二手船。（陈晓波）

① “Lisbon Trade”轮后来改名为“宝安”轮。

客轮船队

客 轮 船 队

中远海运客轮船队运力主要由中远海运客运、厦门中远海运、中远海运集运、青岛远洋海南港航等公司的船舶提供。截至2019年底，中远海运客轮船队运营船舶34艘/12.9万载重吨，客位数为3.3万个，车位数为2 344个，载箱量为1 028标准箱，其中自有运力32艘/11.8万载重吨，租入运力2艘/1.1万载重吨。此外，上海中远海运浦江旅游观光平台下属上海巴士旅游船务有限公司还经营管理4艘游览客船，客位总量为1 698位，浦江旅游观光平台船舶没有统计。运力具体情况见表4–13。

中远海运客轮船队运力表（截至2019年12月31日） 表4–13

公司	艘数	载重吨	载箱量（TEU）	车位数（个）	载客量（个）
自有运力					
中远海运客运	7	39 361	0	1 001	9 456
烟台中韩轮渡（青岛中远海运）	1	6 526	293	0	392
厦门中远海运	1	47	0	0	322
海南港航	18	41 465	0	817	15 892
三沙南海梦之旅（联营）	1	5 995	0	197	893
闽台轮渡（联营）	1	10 326	256	0	683
星旅远洋国际邮轮（联营）	1	6 715	0	0	2 014
中日国际轮渡（联营）	1	4 321	250	0	345
上海国际轮渡（联营）	1	3 721	229	0	316
小计	32	118 477	1 028	2 015	30 313
租入运力					
中远海运客运	2	10 699	0	329	2 726
小计	2	10 699	0	329	2 726
控制运力					
中远海运客运	9	50 060	0	1 330	12 182
烟台中韩轮渡（青岛中远海运）	1	6 526	293	0	392
厦门中远海运	1	47	0	0	322
海南港航	18	41 465	0	817	15 892
三沙南海梦之旅（联营）	1	5 995	0	197	893
闽台轮渡（联营）	1	10 326	256	0	683

续上表

公司	艘数	载重吨	载箱量（TEU）	车位数（个）	载客量（个）
控制运力					
星旅远洋国际邮轮（联营）	1	6 715	0	0	2 014
中日国际轮渡（联营）	1	4 321	250	0	345
上海国际轮渡（联营）	1	3 721	229	0	316
总计	34	129 176	1 028	2 344	33 039

【中远海运客运有限公司】

中远海运客运有限公司为中远海运（大连）有限公司全资子公司，注册资本 105 970 万元。2019 年，中远海运客运经营客滚船 9 艘（含合资公司 2 艘、光租船舶 2 艘），客位是 12 182 个、载车线为 12 033 米，分别占渤海湾运力总量的 37.88% 和 30.87%。公司新造 2 艘 2 800 米载车线客滚船将于 2021 年交付。目前经营 3 条航线：大连至烟台航线，投放运力 7 艘；大连至威海航线，投放运力 1 艘；旅顺至东营航线，投放运力 1 艘。此外，旅顺至天津航线由于天津码头资质和公司运力短缺等问题停航。（刘福阁）

【中远海运（厦门）有限公司】

2019 年，厦门中远海运在对台客运业务方面，对台“小三通”“大三通”载客量 24.78 万人次，继续保持增长态势；其中“新五缘”轮由厦门中远海运直营，主要航行于厦金小“三通”航线。“新五缘”轮是一艘采用世界先进制造工艺和技术水平的双体铝合金高速客船，总载重吨为 47 吨，船舶总长 42.3 米，宽 10 米，型深 3.4 米，满载 322 名乘客。“新五缘”轮配备了 2 台全球顶尖的最新喷水推进器，满载最高航速可达 31.5 节，进一步缩短了厦金两岸往来的时间。

2019 年，“新五缘”轮共运营 1 366 个航次，载客人数 199 199 人次。

往来海峡两岸的“中远之星”轮，则由合营公司——厦门闽台轮渡有限公司经营。

（姚兆羽）

【客运合营公司】

1. 中日国际轮渡有限公司

中远海运集运所属的中日国际轮渡有限公司（简称“中日轮渡公司”），是原中远集团与日本日中国际轮渡株式会社创办的合资企业，成立于 1985 年 5 月 30 日。中日双方各占 50% 股份，在中日航线投入客货轮渡“鉴真”轮，从事国际客货运输及相关业务。随着国家改革开放的深入发展和中日两国之间人员交往及贸易的迅速增长，经交通部、外经贸委、中远集团批准，1993 年公司建造“新鉴真”轮。“新鉴真”轮于 1994 年 4 月取代“鉴真”轮，投入中日航线营运。“新鉴真”轮可载集装箱 250 标准箱（其中冷藏箱 100 标准箱），旅客 345 人。

2019 年，“新鉴真”轮共完成 100 个航次，其中进口 50 个航次，出口 50 个航次。完成集装箱重箱运量 8 077.5 标准箱。完成旅客运量 5 864 人次。完成散货 477 立方吨。公司实现全年利润总额 366 万元。（王琳）

2. 上海国际轮渡有限公司

上海国际轮渡有限公司（简称“国际轮渡”），成立于 1992 年 10 月 29 日，由上海远洋运输有限公司与日本上海货客船株式会社合资组建，出资比例为各 50%。当时的中方股东为中国远洋运输（集团）总公司。1992 年 4 月，在公司成立之前，从日本购入新造客货轮“苏州号”，该轮总吨位 14 410 吨，全长 154.73 米，营运航速 22 节，可装载集装箱 229 标准箱，旅客定员 316 人。根据股东之间的协议，“苏州号”项目下设上海国际轮渡有限公司和日本上海轮渡株式会社两家公司，国际轮渡公司作为船东公司，将“苏州号”轮租赁给上海轮渡株式会社，由其负责经营。同时，国际轮渡公司受其委托担任“苏州号”轮在上海港的船舶代理并协助开展中国境内的经营活动。

2019 年，国际轮渡全年完成货运量 6 008 标准箱，客运量 5 314 人次。实现税后利润 276 万元。（翁丹丹）

3. 烟台中韩轮渡有限公司船队

中远海运（青岛）有限公司管理的烟台中韩轮渡有限公司（简称“中韩轮渡”），成立于 1995 年 10 月，是经营中国烟台至韩国仁川海上客货集装箱班轮航线的中韩合资企业，中韩双方出资比例各为 50%。公司具体股东及投资构成包括：中远海运（青岛）有限公司 45%、中国烟台外轮代理有限公司 5%、韩国株式会社鲜光 17%、韩国现代海运株式会社 9%、韩国株式会社国宝 9%、韩国林光开发株式会社 9%、韩国株式会社海工 6%。

中韩轮渡原先主要经营中国烟台至韩国釜山和群山航线，2000 年中韩轮渡抓住市场机遇，开通烟台至仁川航线，并将釜山和群山航线相继关停。船期安排是每周 3 个往返航次，周一、三、五自烟台开航，周二、四、六自仁川返程。用于航线运营的“香雪兰”轮，集装箱舱位 293 标准箱，载客定员 392 人，是 1996 年由德国建造的豪华客箱船。2019 年，烟台中韩轮渡有限公司面对船舶老旧，油价上涨、航线竞争激烈等恶劣条件下，深耕市场，通过加大西向进口货揽货力度；加紧开拓中国珠三角地区小商品货运市场，取得较好的经营业绩。

2019 年 1 ~ 12 月，累计完成客运量 86 241 人次，同比增加 24.72%，完成货运量 30 962 标准箱，同比减少 7.58%，2019 年中韩轮渡营业收入为 18 219 万元。（张雯）

4. 厦门闽台轮渡有限公司

厦门闽台轮渡有限公司（简称“闽台轮渡”）是厦门市首家直航台湾海峡两岸的国有航运企业，总部设在厦门，浙江台州玉环设有分公司。2019 年来，闽台轮渡在董事会及中远海运的正确领导下，按照中远海运集团“三个跑赢”即“跑赢市场、跑赢变革、跑赢时代”的要求，围绕年度董事会上提出的“固本强基，转型发展，打造两岸邮轮标杆企业”工作思路和目标，以“管理提升”为主线，持续推进公司经营管理和转型发展等各项工作迈上新台阶。

闽台轮渡经营海峡两岸间唯一一条以厦门为母港往返于海峡两岸之间的滚装班轮航线，投入船舶为“中远之星”轮。“中远之星”轮全长 186 米，宽 25.5 米，航速 22.85 节，26 847 总吨，8 054 净吨，载客配员 683 名。船舱自下而上共计 8 层，1 ~ 3 层可同时容纳 150 辆小汽车，4 ~ 5 层是 256 个标准集装箱舱容设计的货舱层（其中包含有 80 个冷藏箱插位），6 ~ 7 层是经改装后拥有 640 个旅客卧铺的客舱层，第 8 层则是供旅客活动的公共区域。

2019 年，“中远之星”轮共载客 48 646 人次；运载集装箱 15 096 标准箱，同比增长 20.9%；散件杂货 3 299.4 吨，同比增长 155.5%；车辆 181 台，同比减少 35.1%；生鲜 137.1 吨，同比减少 8.6%。2019 年，闽台轮渡营业收入 6 143 万元，利润总额 408 万元。（姚兆羽）

5. 浦江旅游观光平台

上海中远海运浦江旅游观光平台下属上海巴士旅游船务有限公司成立于 2001 年 12 月 12 日，凭借 10 余年的浦江游览行业资历、成熟的运营团队以及良好的品牌价值，为公司带来稳定的投资收益。截至 2018 年底，公司浦江旅游观光平台共经营管理 4 艘游船，分别是“振宇”轮、“金灿灿”轮、“康宁”轮、“蓝森”轮，客位总量为 1 698 位，4 艘游船的总载重吨为 5 586 吨。2018 年 2 月，上海浦江游览集团有限公司经上海交运（集团）公司以股权转让的形式转股 50% 成为股东方，与上海中远海运共同经营巴士船务。2018 年 3 月，巴士船务投资的上海水迪企业发展有限公司新项目——星愿湖旅游开发项目正式启动。2018 年 9 月，巴士船务合资公司上海浦江游览营运服务有限公司投入运营，经营态势良好。

2019 年，巴士船务累计完成客运量 460 357 人次，比上年增加 18 323 人次，增幅达 4.14%。实现营业总收入 3 539.91 万元，完成利润总额 1 306.14 万元。（周涵聪）

2020

CHINA COSCO SHIPPING CORPORATION LIMITED YEARBOOK

中国远洋海运集团有限公司

年鉴

第五篇

国际化经营

概述

概　述

中远海运集团作为全球最大综合航运企业，始终对标全球最具竞争力的世界一流企业，国际化经营能力持续提升，已成为国际航运业东方平衡西方的重要力量。截至2019年底，集团的海上运输航线覆盖160多个国家和地区的1 500多个港口，在70多个国家和地区设有1 000多家分支机构；境外直属公司13家，包括设立在中国香港、德国、美国、新加坡、阿联酋、南非、巴西、日本、韩国和澳大利亚等国家或地区的十大境外区域公司；在中国香港、新加坡、希腊等国家或地区拥有上市公司8家（包含3家A+H股上市）。

“一带一路”建设

“一带一路”建设

在“一带一路”建设及国际化经营过程中，集团始终立足运输主业，注重发挥交通运输领域国家队的作用，着力推动陆、海、空、网四位一体联通，聚焦关键通道、关键城市、关键项目，连接陆上公路、铁路、道路、网络和海上港口网络，在构建“点、线、面”传统物流供应链布局的基础上，通过数字化赋能和开拓冰上新丝路，为推进“一带一路”建设发挥积极作用。

【区域海上运输】

中远海运以“21 世纪海上丝绸之路”为主线，不断优化全球航线布局。2019 年，集团在“一带一路”沿线布局集装箱班轮航线 189 条，投入运力 192 万标准箱，占集团总运力的 64%；在“一带一路”沿线完成集装箱运输箱量 1 279 万标准箱，同比增长 5.3%；散运运输货量 7 549 万吨，同比增长 16.7%；能源运输货量 5 975 万吨，同比增长 7.9%；特运完成货量 941 万计费吨，同比增长 7.2%。“冰上丝绸之路”是穿越北极圈，连接北美、东亚和西欧三大经济中心的海运航道，具有重要的社会意义。集团是全球唯一一家运营南北极航线的航运企业，是“冰上丝绸之路”的先行者。自 2013 年“永盛”轮首航北极到 2019 年底，集团已安排 18 艘船舶完成 31 个航次的北极东北航道航行任务，推动了北极东北航道实现常态化、规模化运营。

【沿线港口经营】

码头建设是集团布局“一带一路”的核心，自倡议提出以来，集团在“一带一路”沿线完成投资 608 亿元，投资集装箱码头 18 个，主要控股码头包括希腊比雷埃夫斯港、比利时泽布吕赫码头、西班牙瓦伦西亚及毕尔巴鄂码头、阿联酋阿布扎比码头、新加坡巴西班让码头、中国香港亚洲货柜码头和秘鲁钱凯码头等，覆盖西亚、东南亚、欧洲、南美和非洲，其中希腊比雷埃夫斯港受到国内外的高度评价，被誉为中希合作的典范。

【陆海综合物流】

中远海运着力解决货物运输在“一带一路”沿线的陆路运输短板问题，推动“通道 + 节点”建设，打造全球供应链综合服务能力。2019 年度，集团加大了对亚欧海铁联运、亚欧国际班列业务的投入；支持互联互通陆海新通道建设，增加以广西钦州港为始发港或经停港的远洋航线，助推内陆沿边地区成为开放前沿；深入中东欧腹地开辟物流新通道，以希腊比港作为枢纽港开辟中欧陆海快线。2019 年度，中欧陆海快线完成运输量 8.4 万标准箱，同比增长 64%。

【沿线重点项目】

希腊比雷埃夫斯港

希腊比雷埃夫斯港是地中海最大、世界第 32 位的港口，是“21 世纪海上丝绸之路”通往中东欧的门户，也是两国互利合作的典范。以比港为枢纽的中欧陆海快线辐射中东欧腹地 9 个国家 7 100 万人口，是远东到中欧东的第三条贸易通道。集团接手比港十年来，推动港口吞吐量从 68 万标准箱提升至 2019 年的 565 万标准箱，经营效益从亏损 621 万欧元提升至 2019 年度实现利润 8 135 万欧元，全球排名从第 93 位跃升至第32位，并在2019年超越瓦伦西亚港成为地中海第一大港。

2019年11月11日，国家主席习近平在希腊总理米佐塔基斯陪同下参观了比港项目。习近平指出，“比雷埃夫斯港项目是中希双方优势互补、强强联合、互利共赢的成功范例。希望双方再接再厉，搞好港口后续建设发展，实现区域物流分拨中心的目标，打造好中欧陆海快线。我相信比雷埃夫斯港的前景不可限量，合作成果一定会不断惠及两国及地区人民”[①]。

秘鲁钱凯码头

2019年1月23日，集团下属中远海运港口与秘鲁火山矿业签约秘鲁钱凯项目，成功收购秘鲁钱凯码头60%股份。钱凯项目是集团在南美投资的首个控股绿地码头，填补了集团在南美地区港口投资的空白。项目计划分两期建设，其中一期计划投资12.98亿美元，力求将钱凯码头打造成为中秘、中拉友好经贸往来的连接点和沟通桥梁。

秘鲁副总统梅赛德斯·阿劳斯表示，“秘中两国企业签署上述协议具有里程碑式的重要意义，两国企业在建设‘一带一路’互联互通的基础上，共同投资发展钱凯港口，必将促进秘鲁经济的发展和中秘经贸往来合作。钱凯港的建设不仅会有助于区域的发展，建成后的钱凯港还将成为南美洲大陆的重要枢纽港、太平洋沿岸的物流中心，必将推动地区贸易以及中拉贸易的发展”。

（吴晓）

① 《习近平和希腊总理米佐塔基斯共同参观中远海运比雷埃夫斯港项目》，《人民日报》2019年11月13日。

境外业务管理

境外业务管理

【投资决策及风险管控】

全球化一直是中远海运集团战略的重要维度，坚持整体规划、谨慎决策、协同发展是控制海外经营风险的源头和关键。2019年，中远海运集团坚持实施境外重大投资经营项目“三同步”机制，即项目立项与风险评估工作同步启动、项目负责人及风险责任人同步明确、可行性研究报告与风险评估报告同步上报等。在日常的投资项目审核中，针对项目风险问题，集团注重抓好实施全生命周期管理，发现问题及时制定应对措施。对于境外码头等重大投资及并购项目，集团在审核时特别关注项目是否符合企业的境外发展战略及航线规划，强调产业链协同发展，在保证投资预期的同时，把风险控制关口前移，尽可能把风险隐患消除在萌芽状态。在风险隐患消除方面，集团积极构建境外资产的科学监管体系，推动建立风险动态评估机制；通过对各个国家政治、经济、法规、政策的研究分析和动态跟踪，持续辨识和评估境外经营的各种潜在风险，将责任落实到人，落实到岗，及时在过程中发现重大风险隐患，有针对性制定切实可行的风险应对措施并严格执行相关风险预案，确保风险有效化解。

【境外融资管理】

截至2019年底，集团境外带息负债余额占比为51%。为此，集团强化对境外融资的集中管控，制定相应的管控制度，融资管理包含在集团统一的监管体系之内，未发现境外挪用、体外循环等违规行为。集团通过搭建统一的境外资金管理平台，不断加强境外资金集中。通过跨境资金融通和对境外子企业融资统一管理，提高内部资源配置与调剂能力，防范境外资金债务风险。

【境外业务审计】

中远海运集团2019年度共完成73项境外审计项目，涉及境外单位136个、资产总额1 784亿元，发现各类问题484个，被审单位采纳审计意见和建议439条。审计重点包括落实中央和集团重大决策部署、推动企业战略目标落实、执行“三重一大”决策制度、经营业绩情况、对下属公司管控、会计信息质量、资金管理、遵规守纪、落实审计问题整改等方面情况。

【国际化人才队伍建设】

在国际化人才队伍建设上，集团重点抓好“选、用、留”三个方面。

选，即人才吸纳。集团秉承“谁行谁上，不问出处”原则，通过国际化业务平台吸引从事市场开发和投资的当地人才，主要考量境外企业管理能力，是否熟悉市场运作模式、相关法规，掌握当地人脉，务必以能力与匹配程度作为唯一指标，不以人才国别、出处为核心指标；动态调整境外岗位的起始标准工资和年增长比率，通过比照国内的实际收入水平并参照汇率水平变化，提供汇率补贴。

用，即人才晋升。明确能力晋升通道，不设“中国天花板”，并培养当地本土化团队，敢用“老外高管”；从整个人力资源管理的角度启动全集团范围内关键管理岗位的职业路径规划设置；提前与外派人员就业绩表现评估方法以及评估结果对回国岗位的影响等进行沟通；外派期将结束的前半年，集团主动与外派人员联络进行评估，并介绍最新发展动态、原有部门现状、潜在岗位机会等，做好外派收尾和新岗位衔接工作，尽量做到“人尽其用，平稳衔接”。

留，人才挽留。坚持“市场化薪资，国际化标准”。为挽留国际化人才，集团采取国际标准薪资体系，在各地区和当地人才标准相匹配；设立更加人性化的人事制度，为随行家属提供更充分的生活补贴和子女教育津贴。参照阳明海运、中石油的做法，仅对业绩表现出色、并愿意长远为集团效力服务的外派员工提供获取当地绿卡的支持，其后以属地化方式进行聘用管理，并以签署服务协议/离职赔偿协议等方式实现人才身份变更后的管理约束。（吴晓）

国际交流与合作

国际交流与合作

【重要外事会见活动】

2019 年 1 月，中远海运集团董事长许立荣在瑞士达沃斯参加世界经济论坛期间，应邀与格鲁吉亚总理马穆卡·巴赫塔泽举行会谈，双方就格鲁吉亚及中亚地区的航运、码头、综合物流业务发展以及“一带一路”建设充分交换看法。

2019 年 4 月，在北京参加完第二届中国“一带一路”国际合作高峰论坛的沙特阿拉伯王国交通部长阿尔阿木迪博士代表团一行到访中远海运集团总部。中远海运集团董事长许立荣与代表团进行了会谈，介绍了中远海运集团的总体情况，以及在沙特阿拉伯业务开展的现状。双方并就未来合作事宜进行了交流和探讨。

2019 年 4 月，在第二届“一带一路”国际合作高峰论坛即将召开之际，哈萨克斯坦国有铁路股份公司董事长门巴耶夫·萨乌阿特一行到访中远海运集团北京远洋大厦，集团许立荣董事长与其进行了会谈。自 2017 年参与哈萨克斯坦霍尔果斯一东门无水港项目以来，中远海运与哈萨克斯坦国铁合作良好。该项目是中远海运集团积极响应国家“一带一路”倡议，推进集装箱运输“端到端服务”战略的一项重要举措，对推动中哈两国各领域全方位合作具有重要意义。

2019 年 11 月 4 日，应邀出席第二届中国国际进口博览会的希腊总理基里亚科斯·米佐塔基斯到访中远海运集团。许立荣董事长对米佐塔基斯总理上任后首次访华即到访中远海运集团总部、对新一届希腊政府及相关各界快速推进并批准中远海运比雷埃夫斯港总体规划（Master Plan）表示感谢。（胡彧）

【重要外事出访活动】

2019 年 5 月 30 日至 6 月 2 日，应德国联邦政府邀请，时任国家副主席王岐山访问德国，其间会见了汉堡市长辰切尔，并参观汉堡港。王岐山参观汉堡港时适逢“中远海运白羊座”轮靠泊等待作业，全体船员在船边列队欢迎。王岐山来到船员身边，逐一与船员握手亲切慰问，与全体船员合影留念。中远海运纪检监察组组长、党组成员刘鸿炜陪同参观并向王岐山现场汇报了中远海运参与“一带一路”建设工作情况。王岐山对公司努力与成果予以肯定，赞赏中远海运与汉堡港超过 35 年的稳固合作关系。①

2019 年 11 月 11 日，国家主席习近平和夫人彭丽媛在希腊总理米佐塔基斯夫妇陪同下，共同参观中远海运比雷埃夫斯港项目，受到了中外员工的热烈欢迎。中远海运集团董事长许立荣陪同国家主席习近平与希腊总理米佐塔基斯共同参观中远海运比雷埃夫斯港项目。习近平主席听取了集团董事长许立荣所作的港口运营和发展规划的相关介绍，登上楼顶平台远眺码头，在与 4 位当地员工进行了亲切交谈后，习近平主席发表了重要讲话指出，比雷埃夫斯港项目是中希双方优势互补、强强联合、互利共赢的成功范例。②

（胡彧　马晓静）

【重要国际签约仪式】

收购秘鲁钱凯码头 60% 股份签约仪式

2019 年 1 月 23 日，中远海运港口公司与

---

① 《王岐山访问德国》，《人民日报》2019年6月3日。

② 《习近平和希腊总理米佐塔基斯共同参观中远海运比雷埃夫斯港项目》，《人民日报》2019年11月13日。

秘鲁火山矿业集团在瑞士达沃斯世界经济论坛2019年年会期间举行签约仪式。秘鲁总统梅赛德斯·阿劳斯，时任交通运输部副部长戴东昌，秘鲁驻瑞士大使路易斯·哈维斯·巴沙戈提亚，集团董事长许立荣、副总经理黄小文等出席仪式并见证签约。

5月中旬，集团董事长许立荣出访秘鲁期间受到了秘鲁总统比斯卡拉的会见，并参加了中远海运港口秘鲁钱凯项目正式交割暨项目公司揭牌仪式。比斯卡拉高度评价钱凯项目是中秘两国积极践行“一带一路”倡议的重要举措。秘鲁交通和通信部长哈拉、外交部长波波利西奥和外贸旅游部长巴斯克斯，中国驻秘鲁大使馆临时代办李昀、经商参赞郝沁梅，以及中远海运相关负责人出席并见证了交割仪式。

北极海运公司成立签字仪式

2019年6月7日，在俄罗斯联邦副总理马克西姆·阿基莫夫的见证下，中远海运集团与俄罗斯诺瓦泰克股份公司、俄罗斯现代商船公共股份公司以及丝路基金有限责任公司在俄罗斯圣彼得堡签署《关于北极海运有限责任公司的协议》。中远海运集团许立荣董事长，国家丝路基金执行董事、总经理王燕之，俄罗斯诺瓦泰克公司董事会主席列昂尼德·米赫尔松，俄罗斯现代商船总裁、首席执行官谢尔盖·弗兰克分别代表各方签字。四方的合作协议签署是中俄两国企业积极落实两国领导人有关共同推进北极可持续发展合作声明，践行“一带一路”倡议、打造“冰上丝绸之路”，积极参与北极航道商业化运作的重要举措，为两国企业共同开发利用北极航道提供新的契机、注入新动力。

与哈萨克斯坦国有铁路公司签约活动

在2019年5月举行的第十二届阿斯塔纳经济论坛（AEF）期间，集团与哈国铁签署了战略合作备忘录。根据备忘录，双方将加强在中哈两国境内的运输和物流等领域的创新合作，共同为促进中国丝绸之路经济带建设和哈萨克斯坦光明之路新经济政策的实施推进做出积极贡献。

9月11日，中哈企业家委员会第六次全体会议在北京钓鱼台国宾馆举行。哈萨克斯坦总统托卡耶夫出席会议并在开幕式上致辞。集团总会计师孙云飞受邀出席了会议。会议同时举行了中哈两国合作项目的签约仪式。中远海运集运公司、哈国铁公司、连云港港口集团三方就成立车板运营合资公司签署了谅解备忘录。（胡彧）

【重要国际论坛活动】

2019达沃斯世界经济论坛

达沃斯世界经济论坛2019年年会于1月21—23日在瑞士达沃斯举行。中远海运董事长许立荣出席论坛开幕式并聆听了王岐山副主席的致辞，参加了分论坛及中外企业交流会等系列活动。许董事长在年会期间还出席了秘鲁钱凯项目签约仪式、会见秘鲁副总统阿劳斯女士、格鲁吉亚总理巴赫塔泽、马士基CEO施索仁等。

同年7月1—3日，2019年夏季达沃斯论坛在大连举行，国务院总理李克强7月2日出席论坛开幕式并发表特别致辞。董事长许立荣参加了论坛相关活动。期间，许立荣董事长出席了论坛开幕式，现场聆听李克强总理的致辞，并先后参加了李克强总理与中外企业CEO对话会、国务院国资委与世界经济论坛共同主办的中外企业交流会等活动。

2019年中国发展高层论坛

2019年3月23—25日，2019年中国发展高层论坛在北京钓鱼台国宾馆举行。集团董事长许立荣应邀参加论坛，并现场聆听了时任国务院副总理韩正在开幕式上的致辞。论坛活动期间，许立荣董事长参加了论坛经济峰会“建设普惠多赢的‘一带一路’”分组会并发表讲话。在分组会的发言中，许立荣董事长表示，“一带一路”建设正在走向深入，如何走稳、走实、走深，坚持惠普多赢理念很关键。他认为，坚持惠普多赢理念，就是要突出“义”“惠”“多”三重内涵。

博鳌亚洲论坛2019年年会

博鳌亚洲论坛2019年年会于3月26—29日在海南博鳌举行。国务院总理李克强出席了开幕式，并发表题为《携手应对挑战 实现共同发展》的主旨演讲。董事长许立荣等集团领导受邀参加开幕式并聆听了总理的演讲。中远海运受邀参与会议及论坛包括：许立荣董事长应邀参加李克强总理会见中外企业家代表；许立荣董事长作为委员出席博鳌亚洲论坛咨询委员会会议；许立荣董事长作为嘉宾出席“一带一路”：为全球化‘修路’”主题分论坛并发言；董事长许立荣、总会计师孙云飞出席了“国资委分论坛：改革促进共融，合作实现共赢”；董事长许立荣、外部董事徐冬根、总会计师孙云飞出席了“企业在促进社会可持续发展中的角色”分论坛；副书记孙家康陪同博鳌亚洲论坛副理事长周小川一行在年会前夕考察年会筹备情况，并在中方联席会议上进行工作汇报；副总经理俞曾港出席了两岸企业家圆桌会议；许董事长与博鳌亚洲论坛理事会秘书长李保东进行会见等相关会议。

第九届中国—中东欧国家经贸论坛

2019 年 4 月，许立荣董事长在克罗地亚应邀参加第九届中国—中东欧国家经贸论坛，并在开幕式上聆听了李克强总理的致辞。李克强总理在致辞中提及中远海运开通的中欧陆海快线，称 2018 年中欧班列新开行 6 000 多列，中欧陆海快线建设稳步推进，中东欧国家在亚欧互联互通中的枢纽地位继续提升。

第二届“一带一路”国际合作高峰论坛

第二届“一带一路”国际合作高峰论坛于 2019 年 4 月 25—27 日在北京举行，高峰论坛是“一带一路”框架下最高规格的国际合作平台。集团董事长许立荣参加论坛开幕式并聆听习近平主席演讲，参加高级别会议、企业家大会、设施联通分论坛等活动，集团副总经理俞曾港参加了民心相通分论坛。论坛期间会，许立荣董事长还会见了哈萨克斯坦国有铁路公司、新加坡港务集团、新加坡太平船务、俄罗斯诺瓦泰克、俄罗斯现代商船、秘鲁火山矿业等集团重要业务合作伙伴，就未来彼此的合作发展进行了交流。

2019 年阿斯塔纳经济论坛

2019 年 5 月 16 日，董事长许立荣在哈萨克斯坦首都努尔苏丹参加第十二届阿斯塔纳经济论坛（AEF）开幕式及各项配套活动。许立荣董事长在现场聆听了时任国务院副总理韩正的致辞。本届论坛主题为“激励增长：人、城市、经济”。

中挪建交 65 周年经贸座谈会

庆祝中挪建交 65 周年经贸座谈会于 2019 年 5 月 16 日在挪威首都奥斯陆举行，全国人大常委会委员长栗战书在会上致辞，与会两国企业家纷纷表示希望进一步扩大和深化双边经贸合作。此次座谈会由中国商务部和挪威贸工渔业部联合主办，两国政商界代表约 170 人参会，其中包括 40 多名中挪大型企业主要负责人。中远海运集团党组副书记孙家康参加本次活动，并同与会的挪方企业家进行了交流。

第 23 届圣彼得堡经济论坛

第 23 届圣彼得堡国际经济论坛于 2019 年 6 月 6—8 日在俄罗斯圣彼得堡举行，主题为“创建可持续发展议程”。国家主席习近平、俄罗斯总统普京、联合国秘书长古特雷斯等出席。习近平主席发表题为《坚持可持续发展共创繁荣美好世界》的致辞。董事长许立荣、副总经理黄小文参加了论坛并聆听了习近平主席的致辞。作为金砖国家工商理事会中方主席，许立荣董事长参加“金砖国家的创新活动：发展合作的主要重点和前景”主题分论坛，许立荣董事长还在会上介绍了航运业的创新趋势及未来合作前景。

第二届中国国际进口博览会

2019 年 11 月 5 日，第二届中国国际进口博览会在上海国家会展中心开幕。国家主席习近平出席开幕式并发表题为《开放合作命运与共》的主旨演讲。董事长许立荣、总经理付刚峰等集团领导出席开幕式，现场聆听了习近平主席的演讲。同日下午，总经理付刚峰出席虹桥国际经济论坛“开放、规制与营商环境”分论坛，并作为讨论嘉宾发言。11 月 6 日，董事长许立荣、总经理付刚峰出席了由国务院国资委主办的“央企对外合作论坛”。当天下午，中远海运集团主办了本届进博会最大的配套活动—国际海运年会 2019，许立荣董事长发表了题为《“产业链经营”是航运的解决之道》的主旨演讲。（胡彧）

【国际组织活动】

中意企业家委员会

2019 年 3 月，国家主席习近平对意大利进行了国事访问。访意期间，集团副书记孙家康作为中意企委会理事，受邀参加在罗马召开的中意企委会第六次会议。孙家康书记还作为中方企业家代表受邀出席了习近平主席和意大利总统马塔雷拉的集体会见活动，聆听了双方领导人的演讲。企委会第六次会议围绕中意经贸投资合作热点问题、“一带一路”合作、优势互补开展行业交流等进行了热烈的交流。

金砖国家工商理事会

2019 年 4 月，中远海运集团作为金砖国家工商理事会主席所在单位、中方秘书处所在单位，为中方代表团参加 2019 年度南非中期会议做了充分的准备和组织策划工作。中期会议明确了峰会前的各项工作重点。

8 月 9 日，金砖国家工商理事会中方理事会在北京远洋大厦召开了2019年第一次理事会议。集团董事长许立荣参会并主持。会上，时任外交部国际经济司司长王小龙宣读了关于新一任金砖国家工商理事会中方理事会任命的决定，由中远海运集团董事长许立荣等 5 位担任中方理事会理事，由许立荣兼任中方理事会主席。随后，会议部署了新一届中方理事会今年工作的重点方向，并审议通过了新一届中方理事会秘书处人员任命及中方九个工作组组长单位任命。

11 月 13—14 日，金砖国家领导人第十一次会晤在巴西首都巴西利亚举行。国家主席习近平出席了金砖工商论坛闭幕式，及金砖国家领导人同金砖国家工商理事会和新开发银行对话等系列活动并发表重要讲话。集董事长团许立荣作为金砖国家工商理事会主席及中方理事会主席，先后出席了金砖工商理事会 2019 年年度会议、金砖国家工商论坛和金砖国家领导人同金砖国家工商理事会和新开发银行对话会，并在对话会上作为中方理事会主席向国家主席习近平递交了金砖国家工商理事会《年度报告》。

欧盟中国商会

2019 年 4 月，李克强总理出席了在比利时举行的欧盟中国商会成立揭牌仪式，寄望欧盟中国商会要打造中国的“金字招牌”。总理提出三点希望：一是做好服务，为到欧盟投资兴业的中国企业服务好，更有力地推动中国与欧盟贸易投资合作；二是倾听声音，不仅要倾听中国企业的声音，还要倾听欧盟商会和企业的意见建议，起到沟通联系的桥梁作用；三是树立形象，要在参与新一轮国际竞争中，树立中国企业的良好形象。

中远海运集团副总经理、总会计师孙云飞代表集团，作为欧盟中国商会三家发起单位之一参加了揭牌仪式，并组织中远海运（欧洲）公司、集团财务部有关负责人陪同参加了揭牌仪式。

欧盟中国商会于 2018 年 8 月 31 日在布鲁塞尔成功注册成立，商会由中国银行（卢森堡）有限公司，中国三峡（欧洲）有限公司，中远海运（欧洲）有限公司三个发起单位共同发起设立，旨在通过对欧盟相关政策的调研及代表会员与欧盟有关部门进行沟通协商，进而改善欧盟内中资企业相关政策条件和投资环境，促进中欧经济贸易合作发展。

中芬创新企业合作委员会

2019 年 12 月，中远海运组织协调中远海运欧洲公司、中远海运特运、中远海运重工、中远海科参加第四届中芬创新企委会年会，并在海运物流组小组会上发言，向参会嘉宾介绍集团在北极航线、船舶技术方面的工作亮点。 （胡彧）

2020

CHINA COSCO SHIPPING CORPORATION LIMITED YEARBOOK

中国远洋海运集团有限公司

年鉴

第六篇

安全生产

概述

概　　述

2019 年是新中国成立 70 周年和决胜全面建成小康社会奋斗目标的关键之年，也是集团公司推进高质量发展、打造世界一流企业、助力航运强国的攻坚之年。按照集团公司 2019 年工作会、安全工作会的部署，各单位、船舶按照“坚持一个目标，强化两个导向，严抓落实”的总体思路，在安全工作的针对性和实效性上下功夫，认真落实各项工作要求，安全、生态环保形势保持持续稳定。（裴凯）

安全制度体系

安全制度体系

【安全生产委员会】

2019 年，根据集团领导工作分工调整情况，集团公司对安全生产委员会组成成员进行调整，集团公司总经理担任安委会主任，集团公司分管安全工作领导担任安委会常务副主任，集团公司党组成员、总助级领导担任安委会副主任，安委会成员包括集团公司总部各职能部门主要负责人、境内外各直属单位主要负责人。将境内外各直属单位主要负责人列入集团公司安委会成员，以加强对各直属单位的指导和监管。集团公司安委会办公室保持不变，设在集团安全监管本部，集团安全监管本部总经理任办公室主任，安全监管本部副总经理任办公室副主任。

【安全生产责任制】

2019 年，集团党组高度重视安全生产工作，多次召开专题会议，研究、部署新中国成立 70 周年安全保障、防台防汛等工作要求；主要领导带队到基层单位、船舶开展安全检查，在法定节假日、台风登陆中国沿海等关键时段，带头执行带班值班要求，起到了良好的表率作用。

2019 年，集团公司紧跟国家深化改革步伐，第一时间做好与海南港航控股、上海寰宇新并购箱厂等安全管理工作的对接；结合安全生产形势变化，对新成立的区域公司安全生产责任追究系数进行核定，对部分直属单位安全生产责任追究系数进行调整；强化安全生产目标指标分解，完成《2019 年安全生产工作责任书》签订，认真落实“党政同责、一岗双责、齐抓共管、失职追责”的要求。

【安全生产制度】

2019 年，根据上级主管部门有关要求，结合安全生产、生态环境保护工作实际，集团公司继续完善制度体系，制定、修订《关于加强生态环境保护的指导意见》《安全生产法规管理细则》《船舶低硫燃油使用指导意见》和《船舶防海盗工作指导意见》等制度和专项工作指导意见，形成了较为全面的、涵盖 17 项制度和 14 个指导意见的安全生产和生态环境保护制度体系。

（裴凯）

安全工作重点

安全工作重点

【重点管控】

2019年，适逢中华人民共和国成立70周年、博鳌亚洲论坛年会、习近平总书记视察比雷埃夫斯港、“一带一路”高峰论坛、第二届中国国际进口博览会等重大活动。集团公司、各单位把确保重大节日和活动期间安全平稳作为重大政治任务来落实。各级领导带头履职，加强组织保障，强化措施落实，安全生产持续保持平稳，重大节日、重大活动安全保障能力进一步加强。

2019年，集团公司持续加强重点管控，每天对航经长江、珠江、马六甲/新加坡海峡等重点航区，以及装载旅客、院校实习生、危化品和易流态货物等重点货物的船舶进行跟踪、提醒。针对海上触碰事故、人员伤害事故相对多发的问题，集团持续开展驾驶台班组和现场工班组专项活动，强化驾驶台班组管理专项检查和驾驶台CCTV视频抽查，严格驾驶台值班纪律，明确现场工班组安全责任边界，集团公司船舶航行安全和防工伤工作取得积极成效。

2019年，集团公司针对个别单位安全形势有所波动的情况，加大对有关单位的督查和指导力度，分析问题、查找不足、制定对策，有针对性地开展事故调查、分析和整改；加强对船舶关键性操作的安全风险分析与防范措施研究，强化安全风险识别和评估，重点防范和管控固有风险为较大及以上等级的风险，努力保持风险点尤其是重要风险点在控可控。

【安全活动】

2019年6月，集团公司以“防风险、除隐患、遏事故”为主题，以安全生产“五防”（防碰撞、防海盗、防污染、防工伤、防火防爆）为重点，组织开展“安全生产月”活动。活动期间，集团公司及各单位、船舶广泛动员、精心组织，通过开展主题宣讲、“6·16”安全宣传咨询日、安全警示教育和应急预案演练等活动，进一步提高各级管理人员及广大船岸员工的安全意识；结合年度安全生产目标、任务，以“抓落实、求实效”为核心，从做好建国70周年、第二届中国国际进口博览会等重大活动安全保障工作入手，组织开展第二阶段安全检查（2019年6—9月），强化安全风险预控，突出安全生产关口前移和源头管控，持续抓好专项安全生产工作，持续夯实安全管理基础。

2019年8月起，根据交通运输部安委会部署和上海市安委办有关工作要求，集团公司组织所属单位深入开展“安全生产风险防控和隐患排查治理百日行动”，认真贯彻习近平总书记关于安全生产的重要指示批示精神，逐项落实国务院有关安全生产的决策部署，提高政治站位，切实履行安全生产主体责任；组织各单位深刻吸取外部和自身的典型事故教训，提高安全监控等级，防范化解重大安全风险；坚持问题导向，深入开展安全大检查，及时消除事故隐患；加强重大活动和节假日期间值班值守，认真做好“防风险、保安全、迎大庆、护进博”各项工作，切实为新中国成立70周年、第二届中国国际进口博览会召开等创造良好的安全稳定环境。

根据国务院安委会、交通运输部安委会、国务院国资委有关通知要求，从2019年12月至2020年2月底，集团公司制定了《中国远洋海运集团安全生产集中整治工作方案》，在全系统组织开展为期3个月的安全生产集中整治。活动期间，集团公司深刻吸取江苏响水“3·21”特别重大爆炸事故教训，确定综合整治，危险化学品生产/储运企业整治，装备修造、物流和港口企业整治，以及航运企业整治等工作重点，严抓无资质、无证等源头管理失控，超能力组织生产、疲劳作业等本质安全水平低下，对分承包方监管不到位、教育培训流于形式等制度落实“挂空挡”等问题；同时做到“四个结合”，即：安全管理与第三阶段安全大检查落实各项任务相结合；与防碰撞（雾航）、防火防爆、防冻防滑等冬季安全生产工作相结合；与做好元旦、春节、春运等关键时段安全工作相结合；与岁末年初人员不稳定、生产节奏加快等阶段性安全工作特点相结合，确保集团安全生产形势持续平稳。

【防 台 工 作】

2019 年，全球共生成命名热带气旋 98 个，其中大西洋 19 个，东北太平洋 18 个，西北太平洋 29 个，南太平洋 9 个，北印度洋 7 个，南印度洋 16 个，集团共计 1 018 艘次船舶受到影响。其中，西北太平洋是全球生成热带气旋最多的区域，影响集团船舶 874 艘次，占总影响艘次的 85.9%，是集团防台工作的重点区域。

2019 年，西北太平洋有 29 个台风生成（5 个台风在中国沿海登陆），主要特点是：一是开始早、结束晚；二是台风生成比较集中，多次发生 2 个台风或 3 个台风同时活动的情况；三是部分台风对中国沿海影响范围广、强度大、时间长。台风生成主要集中在 7 月、8 月、9 月和 10 月，其中 9 月共计 6 个，有 4 个对中国沿海产生影响，1 个在中国沿海登陆，是台风影响最频繁的月份。其中，1909 号台风“利奇马”在浙江温岭一带登陆时中心风力达到了 16 级超强台风等级，登陆后继续向北移动穿过长江进入黄海，并在山东青岛再次登陆，最后在渤海湾南部消亡，共计持续 216 小时，登陆时中心风力超强，持续时间长，影响范围广，集团受影响船舶达到 167 艘，是年度对集团影响最大的台风。

防抗台风中，集团公司及时组织召开防台视频会议，集团领导在会上听取防台重点单位的防台布置情况并做出指示，高度重视集团防台工作，严抓防台各项措施落实，起到了较好的示范和督促作用；各公司认真落实防台措施，严守集团“以防为主，适时早避，留足余地”的防台方针，及时跟踪全球其他洋区台风情况并作出合理布置。

【防 海 盗】

2019 年，全球共发生 202 起海盗袭击袭扰事件，其中在西非几内亚湾水域发生 27 起劫持船舶、绑架船员事件，有 5 艘船舶遭劫持，有 179 名船员被绑架，2 人遇害。从集团公司看，中远海运特运是受到海盗袭扰最多的船队，集团船队个别船舶在航行中出现被疑似海盗船舶跟踪的事件，由于船舶及时发现、采取果断措施，保障了船舶、船员平安。

根据海上保安形势的变化，集团公司及时组织研究，修订《船舶防海盗工作指导意见》，对高风险海域、防海盗措施进行了调整，通过多种途径指导、监控各公司、船舶对防海盗措施的落实情况，发现问题，及时沟通、解决；对航标平台防海盗模块进行进一步完善，增加岸基人员对船舶未正常报告报警后的处理情况的跟踪与统计功能；分别对船舶报告超时预警的跟踪处理、船舶防海盗工作证据附件的上传等工作进行统计、分析、通报，有效提高相关人员对防海盗工作的重视程度。

2019 年，集团公司通过航标平台、现场检查等多种方式，跟踪、指导各公司岸基人员对船舶的监控、管理情况，做好防海盗重点船舶日常跟踪，共跟踪、监控航经印度洋亚丁湾、西非几内亚湾、菲律宾南部等防海盗重点区域的集团所属船舶共 3 328 艘次。其中，航经印度洋、亚丁湾水域船舶 1 454 艘次，航经西非几内亚湾水域船舶 109 次，航经菲律宾南部海域船舶 1 083 艘次，其他海区 682 艘次，共有 296 艘次雇佣武装保安随船护航。

【北极航行】

2019年，集团公司继续指导、监控中远海运特运实施2019年夏季北极航行任务。2019年7月20日到10月19日，“天恩”轮、“大泰”轮、“天禧”轮、“天佑”轮、“天惠”轮、“大祥”轮和“天祺”轮等7艘船舶，相继圆满完成了9个航次的北极航行任务。其中，西行4个航次，东行5个航次，共运载货物：168 713重量吨，航行总里程：73 139海里，相比传统航线，节省里程约31 400海里，节约燃油约2 500吨。

2019年，集团公司及时组织对2019年北极航行进行技术总结，对北极西北航道进行研究；积极参与《中国商船开辟极地航线关键技术研究与应用》项目研究，获得中国航海学会科学技术特等奖。

【应急演练】

2019年6月27日，集团公司总部与中远海运物流、中远海运化工物流奉贤基地开展三方联合演习，模拟槽罐车发生碰撞后化学品泄漏、仓库起火，完成危险品车辆防泄漏扩散、灭火救援、人员搜救/疏散及危险品中和清理、洗消等科目的演练。整个过程贴近实战，注重实效，达到预期效果。

2019年，集团公司各单位结合生产经营实际，组织重点岗位、重点部位开展应急演练预案演练活动，使员工了解掌握应急处置程序及要求；针对演练中存在的问题和不足进行评估，据此改进和优化应急预案，确保预案的科学性和可操作性不断得到提升。

【安全检查】

2019年，根据集团年度工作重点，集团公司研究、制定安全检查计划，分三个阶段开展检查，2—5月为第一阶段、6—9月为第二阶段，2019年10月—2020年1月为第三阶段。集团公司及各单位坚持“高标准、严要求”以及“狠抓落实、注重实效”的原则开展安全检查工作，从集团总部开始严格检查促规范、严肃整改保落实，带动、引导各单位认真开展安全检查工作。

2019年，集团公司持续提升迎接外部检查水平，船舶港口国检查滞留率、船均缺陷数和无缺陷通过率保持良好水平，港口国检查滞留率同比降低39.1%；与主要备忘录港口国检查情况相比，集团船舶迎检各项数据均保持领先水平。

船舶安全检查聚焦驾驶台航行安全相关的正规瞭望、行为规范以及岸基对船舶的管理等，增加了公司对船舶指导和支持情况的检查内容，制定优秀船舶、重点督查船舶、公司缺陷和重复缺陷等的考核要求；陆岸单位安全检查聚焦现场工班组管理、分承包方管理以及安全管理部门对现场（船舶）的监管情况等，深入排查治理安全生产隐患，消除薄弱环节和管理盲区；各公司自查在2018年安全检查的基础上，突出重点部位、关键环节，努力做到自查不留死角、盲区。

（裴凯）

安全文化与科技

安全文化与科技

【安全教育培训】

2019 年，集团公司密切关注集团教育培训资源整合工作，保持集团安全培训工作的持续推进，努力提升船员和陆岸员工的安全素质；组织航运公司和船员公司等单位，对船舶驾驶员操纵与避碰能力提升培训工作取得的阶段性成果进行总结，对存在的问题和不足进行分析，布置船员公司和各航运公司加强协同、提高培训的针对性和有效性。

2019 年，集团公司继续推进船员在线安全教育培训系统，做好培训课件的整理和优化，在能源、散运、特运、客运等单位 105 艘船舶进行培训系统实船安装、测试、改进；组织相关直属单位和重点基层单位人员，开展企业主要负责人和安全管理人员、防工伤及工班组职业健康、消防安全和应急管理专题培训、交流；继续推广安全体感培训、实操模拟培训和电教化培训等教育理念和方法，利用“可视化、可感知、可操作”的教育手段，提高安全教育培训的效果。

【科 技 兴 安】

2019 年，集团公司重点跟踪、指导和协调集运公司全面切换使用航标平台事宜，实现集团所有船舶的船舶管理等业务在航标平台上操作、运行；继续推进航标平台升级、优化工作，认真做好航标平台能效履约模块开发、航标平台操作手册编写等工作。

2019 年，集团公司组织中远海运科技及有关航运单位，研究、开发“开阔水域自主避碰系统”，初步完成系统开发工作，并在船舶进行现场测试；联合青岛船员学院，开展“网络培训模拟系统（GMDSS）”开发研究，基本完成 GMDSS 网络学习平台的总体框架搭建、部分培训内容的开发。

2019 年，集团应急指挥系统的可视化水平不断提升，共有 554 艘船舶安装了 VSAT 系统，其中 514 艘船舶完成了视频链接，为进一步实现跟踪、指导等提供了有力的基础保障；集团公司应急指挥中心定期与各级主管部门、各公司调度和安全应急对口部门进行应急通讯测试，不断完善应急联动机制，与新成立的公司等保持主动沟通和信息对接。

【职 业 健 康】

2019 年，集团公司以“预防职业病，保护劳动者身心健康”为宗旨，严格执行《中华人民共和国安全生产法》和《中华人民共和国职业病防治法》，履行国际劳工公约规则，从建立管理机构、完善落实责任体系、健全管理制度入手，努力做好职业病防治的宣传、培训、防护用品的配备、发放和使用等方面监督工作，深入推进职业健康安全管理工作的有序开展。

2019 年，集团公司以宣传落实《中华人民共和国职业病防治法》《国家职业病防治规划（2016—2020 年）》为主线，认真开展以“健康中国，职业健康同行”为主题的宣传周活动；坚持正面宣传、贴近员工，指导下属企业通过开展系列宣教活动，进一步落实职业病防治工作责任，普及职业健康知识，营造全集团全员关心关注支持职业病防治的浓厚氛围。

2019 年，集团公司所属重点单位和检测机构签订职业危害因素现状评价合同书，及时掌握和了解危害因素的变化情况，并将监测结果告知有关单位和员工；各企业不断加大对职业健康防护设备投入，如大连川崎投入50余万元对电极焊机装置、型钢切割机等进行技术改造，增加真空负压除尘设备，极大降低等离子切割机的粉尘浓度。

【安全文化建设】

2019年，集团公司按照《中国远洋海运集团安全生产“十三五”规划》部署，积极开展安全文化建设，逐步总结、提炼体现集团行业特点的安全价值观、安全愿景等，做好航海基础资料积累和经验总结；协同中国航海学会海洋船舶驾驶专业委员，联合开展“船舶驾驶管理与航行安全”和“复杂水域航行安全”的专项研究和讨论；组织专家对中国航海学会征集的2019年优秀论文中46篇航海驾驶类论文进行了进行评审、排序。

2019年，集团公司以《中远海运安全》杂志为平台，主要内容涉及安全信息、航海技术、港口航道、机电管理、船员管理、检验检查、消防救生、陆企安全、通导管理、保险保赔、安全文化等。《中远海运安全》杂志共出刊12期，刊载文章334篇，根据各公司整合变动情况，对各公司的通讯员、杂志配送数量进行重新调整，理顺工作体制、流程，对优秀组稿公司、通讯员、作者进行表彰。《中远海运安全》杂志不断提升专业性和权威性，影响力不断扩大，有14篇刊登在《中远海运安全》杂志上的论文被中国航海学会评为优秀论文。

2019年，交通运输部安委会组织开展“平安交通”创新案例征集评选活动，集团公司所属单位、船舶积极参加征集评选活动。其中，中远海运散运报送的《VLOC渤海深水航路技术保障信息系统》被评为“平安交通”创新案例“特别推荐”项目，《船舶文化建设标准化研究与实践》被评为“平安交通”创新案例“优秀案例”项目。

2019年，集团公司发挥航海专业人才的团队优势，组织有关安全管理人员和一线船长、驾驶员，初步完成涵盖亚洲、欧洲、美洲、非洲、大洋洲等海域，290多个港口，分四册、共93万字的《港口与航道参考指南》，更加突出实用性、操作性和针对性，是对航路指南、进港指南等常规航海出版物的有效补充；充分利用集团2018年完成编写、出版的《防避台风论文汇编》相关成果、经验，在船舶和陆岸单位防台中发挥了积极作用。（裴凯）

2020

CHINA COSCO SHIPPING CORPORATION LIMITED YEARBOOK

中国远洋海运集团有限公司

年鉴

第七篇

企业管理

概述

概　述

2019 年，中国海运集团围绕年初工作会议的各项部署和要求，不断提高财务、人力资源、资本运营、内部审计、法务和风险、集中采购等方面的管理水平，为圆满完成全年工作任务奠定了扎实基础。

财务管理方面，按照集团 2019 年年度工作会、年中工作会等要求，持续加强精益管理，深入推进财务转型，积极优化资源配置，圆满完成上年度财务决算工作，组织开展 2019 年滚动预算；多措并举保障集团资金需求、加强资金集中管理、优化集团债务结构；推进财务信息系统建设，提高信息化水平；加强财税政策研究应用，有效促进集团高质量发展；做好国资委“两金”压控、降杠杆减负债、民企清欠等专项工作，圆满完成国家下达的各项任务。

人力资源管理方面，按照“建设高素质干部人才队伍，推动集团高质量发展”的目标任务，强化责任担当，锐意改革创新；突出政治标准，按事业需要选干部配班子；完善企业治理结构，加强直属单位规范董事会建设；在总结试点经验基础上，积极推进职业经理人制度；健全工资效益联动机制，推进实施多元化激励机制，不断提升人力资源配置效率；着眼“一带一路”建设新形势和集团海外事业发展新需求，创新海外员工管理模式；坚持多措并举，加快推进人才队伍建设；加强自身建设，提升组织人事工作服务水平。

资本运营管理方面，全力推进重大战略并购及资本运营项目，积极开展上市公司资本运作，推动集团所属上市公司资本结构优化和综合实力的全面提升；积极落实国务院国资委和集团年度重点工作任务，缜密规划，狠抓落实，推动专项工作取得实质性进展；夯实集团产权管理基础，服务集团改革发展大局；加强集团金融股权管理，做好金融风险防控工作。

内部审计方面，全集团各级审计机构认真落实年度工作计划，整合资源、突出重点，努力在集团提质增效、管理提升、反腐倡廉、防控风险等方面发挥重要作用，共完成各类审计项目 751 项，审计发现问题 3 465 个，提出并被采纳审计意见和建议 2 655 条，促进增收节支和挽回经济损失 2.95 亿元。2019 年，集团继续把扶贫审计作为一项重大政治任务来抓，连续第三年到集团全部 5 个定点帮扶县开展扶贫资金和项目专项审计，涉及资金约 1.05 亿元、项目 84 个，进一步压实了扶贫工作责任，规范了扶贫资金的使用，提升了项目实效。

法务与风险管理方面，稳步扎实推进法治建设，强化法治建设领导和组织推动，全面推进依法治企；坚持深度融入集团重大并购、重要业务重组项目，做好法律服务保障，确保交易依法合规；健全合规管理体系，积极应对突发事件，管控合规风险；进一步夯实风控管理基础，法务部整理定“风险责任清单”，全面规范全系统的风控工作；推动法治队伍建设，注重法治风控人才素质能力培养；加强普法宣传，塑造企业法治文化。

采购管理方面，围绕集采工作的基本内容和职责，稳步推进各维度的体系建立健全工作，促进流程与组织高效运转；高度重视具体项目的集中采购工作，积极组织实施集团一级集中采购目录中的各项采购，不断加大集中采购比重；针对国内及 IMO 2020 年硫排放要求，按照低硫保供工作小组统一部署，做好集团低硫油保供相关工作，形成低硫油过渡时期的浮动价格操作程序，密切跟踪落实保供工作方案。

财务管理

财务管理

【预 算 管 理】

加强预算过程管控 围绕“稳中求进”工作总基调，完成集团2019年度预算的编制和报送工作；强化事前管控，结合各单位预算反映出的问题提出意见和改进要求，以预算批复形式下达；加强预算执行监控，通过月度预算执行情况通报和经济效益滚动预测等手段，及时发现问题和风险，督促各单位及时采取有效措施，确保完成预算目标；对重大不确定事项采用清单管理方式，实时跟踪事态的发展动向，及时发现问题并提出应对措施，增强对经济运行的预控能力，为完成年度预算目标提供决策依据；落实集团工作会要求，完成总部行政费用预算的编制、下达和执行监控工作。

提升预算刚性约束 根据集团预算目标，分解核定各单位预算目标和奋斗目标，以经营业绩责任书的形式向各单位下达年度考核目标；年末根据快报、决算数据，核定各单位业绩完成情况，通过部门协同实现全面预算与业绩考核、薪酬兑现的有效衔接，确保预算执行到位；2016—2018年，集团预算完成率分别到达107%、167%、121%，全面完成国务院国资委的考核目标。

优化财务分析内容 优化经济运行分析材料，根据各专项工作及集团年度目标等要求，优化《月度财务快报和生产统计简报》《月度财务情况通报》等内容，展示集团及所属公司财务指标和生产指标情况，总结集团经济运行特点，通报所属企业预算执行情况，确保完成年度各项任务目标；完善经济运行分析指标体系，拓展分析深度和维度，对集运、能源、散运、特运等主要航运单位开展运输收入的量价分析，监测影响运输收入变化的量价因素，完善航运单位的单位收入、期租水平、日租金等对标指标，每月跟踪指标预算执行情况。（陈史奇）

【资 金 管 理】

拓宽融资渠道 加大债券发行力度，抓住年内债券市场整体平稳、发行利率处于历史低位的有利时机，扩大直接融资规模，以集团本部、中远海控及中远海发为发行主体，累计发行债券316亿元；完成集团200亿元DFI额度注册并择机发行，进一步拓宽融资渠道、优化债务结构和降低融资成本；指导特运通过直接租赁方式进行船舶融资，10年期贷款利率下浮15%以上，为境内船舶融资利率最低水平。

保障资金需求 推进东方海外项目21.80亿美元并购贷款，落实金控收购胜狮货柜项目38亿元人民币等值美元融资；指导秘鲁钱凯港码头项目融资方案，确定银团贷款结构；统筹集团信贷资源，通过联合贷款方式降低中远海运重工等企业财务成本；主导财务公司与商业银行组建银团，完成集团总部大楼抵押融资、所属单位四处房地产开发项目融资，突破了房地产开发贷款利率下限。

多措并举推进降杠杆减负债工作 根据年度预算管理要求，严格压降债务规模，确保集团2019年末资产负债率指标不超过目标要求；扩大股权融资规模，中远海控顺利完成77亿元定增项目，中远海发发行50亿元可续期公司债券，中远海运港口实现10亿美元可转债发改委备案展期；持续引入保险等权益资本，年内完成60亿元十年期“永续债券投资计划”审批；确定重工30亿元市场化债转股方案；进一步发挥资金调剂功能，通过财务公司和境外资金管理平台，置换部分重点单位和困难企业的外部债务，年内内部资金融通余额达到571亿元，较期初增加41亿元。通过以上措施实施，降低集团资产负债率2.4个百分点。

推进资金集中管理 制定《集团资金管理办法》和《货币类金融衍生业务管理规定》，统一规范集团资金管理工作，规范货币类金融衍生品交易，保障集团资金安全；推动财务公司新资金结算模式落实、关联交易额度更新等工作，促进财务公司提高管理水平；推进境外资金集中管理，年内完成北美、欧洲、中国香港等地区公司主要资金归集，全年增加集中资金折合人民币94亿元。创新资金集中方式，以财务公司为主办企业的集团跨境资金池获上海外管局批准，年底通过跨境资金池集中港口公司境外资金折合人民币10亿元以上。截至年底，集团全口径资金集中度达到72%，完成国务院国资委决算批复要求。

（赵丰年）

【财税管理】

应对全球税务监管变化 2018年底，在欧盟和OECD（经合组织）要求下，维京、开曼群岛等世界主要避税岛先后颁布“经济实质法案”，2019年陆续生效，对集团部分BVI公司产生重大影响。面对监管要求变化，加强与中介机构沟通交流，剖析和研究具体法律条文，关注和探讨对集团可能造成的影响；召开集团转让定价管理指引发布会，讲解国际税收监管变化，梳理集团在低税负国家注册公司情况，并针对121户注册在维尔京群岛、开曼群岛和百慕大的公司，分别采取注销、取得香港等地居民身份、以及加大投入以匹配经济实质等措施，有效降低风险；做好集团税务同期资料编报工作，2018年度国别报告和主体文档编制完毕，共整理汇总了包括东方海外在内的集团所属1693户单位国别分布和收入、利润、已缴企业所得税、注册资本、雇员人数、有形资产等数据。

落实减税降费新政 围绕2019年国家出台减税降费政策，积极推进国家减税政策落实，多管齐下开展政策宣贯，召开多场专题培训会，统一宣讲政策变化，利用集团税务咨询交流微信群，确保税务人员应知尽知；布置各单位税务人员与业务部门充分沟通，积极加强业财协同，采取销售合同以含税价签署、进项合同以不含税价签署等方式，促进减税政策效应提升；组织各单位开展业务系统、报销系统改造，保障业务正常运行，推动进项抵扣等各项优惠政策平稳实施。

开展税务案例研讨 年内启动税务管理实践案例研讨活动，组织各单位编写具有学习研讨价值和示范效应的税收实践案例。活动共收集实践案例47个，内容涵盖企业重组、并购税务处理、税务管理流程优化、税务风险防控和争议应对等方面，从中选取26个优秀案例集结成册，形成汇编近10万字，有力推动集团税务人员工作交流，提高了从业人员的专业胜任能力。（赵杰）

【会计管理】

高质高效做好财务报表编制工作 建立财务决算“纵向到底、横向到边”的高效协同工作机制，在决算部署、审计安排、技术支持等方面实现全级次扁平化管理，决算数据及监管统计指标逐项落实到对应职能部门，做到填列无盲点，报送有确认，决算工作效率和填报质量进一步提升。2018年，集团财务决算工作成果获评财政部中央企业第6名，连续三年排名靠前，并作为决算工作先进典型与其他央企进行经验交流。高效高质完成财务快月报、两金报表、清欠报表、损赠报表等财务及专项监管报表的编制，准确反映集团效益完成情况及财务状况；针对全级次编报工作中存在的填报不完整、口径不统一、重分类不准确等问题，在系统中增加报表审核及人工复核环节，进一步提升报表数据质量。

优化境内外单位审计机构 根据相关要求和规定，2019年，集团已完成全部境内单位主审事务所到期更换工作，完成了集团总部年度主审事务所的续聘工作，确保集团境内各单位审计机构在未来一段时期保持相对稳定。

参与财政部会计准则修订 参加财政部企业会计准则技术小组会议，圆满解答关于亏损合同计提、新租赁准则执行等方面重点关注的前沿问题；多次组织并联系所属境内外上市公司及境外企业，对新的租赁准则实施范围及相关处理进行讨论和明确，采取有利的执行方案。截至 2019 年底，有 11 家二级管理单位如期执行新准则，有效控制对集团资产负债率的影响。（杨新远）

【综合工作】

开展“两金”清理专项行动 组织各单位积极开展清理专项行动；将清理专项行动纳入全年工作重点，结合实际情况，制定集团和各单位的清理工作任务目标；督导各单位建立横向到边、纵向到底的责任体系，落实各环节工作责任，明确责任分工，形成专项行动工作合力；突出风险和问题导向，对于“两金”（应收账款和存货）增幅高于同期收入增幅、一年以上应收账款余额居高不下等难点问题，创新工作方式，通过“业务源头管控、加强信用管理、黑名单制度”等多项扎实、有效措施狠抓压控，确保专项行动取得实效。集团应收账款增幅、存货增幅均低于营业收入增幅，应收账款周转率和存货周转率同比提升，“两金”管控工作取得较大成效。

做好清理拖欠民营企业账款专项工作 建立工作机制，集团及各直属单位成立清理拖欠民营企业账款专项工作小组，明确各自职责和分工；组织各单位多次全面摸排拖欠情况，并按照“应付尽付、统筹资金安排、依法合规”原则进行清偿，累计支付各类逾期款项 8.39 亿元，完成国务院国资委 2019 年底前“零拖欠”的目标任务；对于前期存在问题的子企业进行重点督导，通过强化源头管理、合同管理、支付管理等措施，防止出现新增无分歧拖欠问题；认真核实国务院国资委转送及民营企业反映的拖欠问题线索，确保数字准确、证据充分，对于属实的问题，按照发现一笔清偿一笔的原则及时予以偿付，保障民营企业合理、合法诉求；建立清理拖欠工作长效机制，推动清欠从“治标”向“治本”转变，以清理拖欠民营企业账款工作为契机，牢固树立诚实可信、依法治企的理念，理顺管理流程，做重合同、守信用的表率。

开展财务检查 加强对境内外各级单位的财务监督，结合相关要求，组织各单位对“会计信息质量、资金管理、两金压控、民企清欠”四方面工作开展自查和重点检查，及时问题和短板，督促问题单位立查立改，提高各单位严格遵守中央八项规定的自觉性，提升依法合规经营意识，有效防范财务违纪、违规风险。

配合审计署做好专项审计工作 建立高效有序的审计配合工作机制和工作流程，明确各部门、各单位工作职责和工作原则，建立沟通联系机制，成立工作组，统一组织、部署配合审计署专项审计的各项工作，明确资料报送、审计需求单及取证单反馈等工作流程，指定专人负责对接，全力做好各项配合工作；积极主动做好组织和沟通工作，协调各部门和各单位认真按照审计署要求做好资料提供、约谈、调研等审计工作，积极与审计组沟通协调，认真解释、详细说明，切实做好各项审计配合工作。（王易）

人力资源管理

人力资源管理

【领导班子和干部队伍建设】

集团党组管理干部基本情况 截至 2019 年底，集团党组管理干部共计 272 人，其中总部部门（中心）负责人及以上干部 54 人、直属单位领导班子成员 204 人、直属单位专职外部董事 14 人。中共党员 263 人，民主党派 2 人，群众 7 人。从年龄结构看，平均年龄 52.11 岁，40 岁及以下 5 人，占 0.4%；41 ~ 50 岁 95 人，占 34.9%；51 岁以上 172 人，占 63.2%。从学历结构来看，研究生以上学历 84 人，占 30.9%；本科学历 165 人，占 60.7%；大专及以下学历 23 人，占 8.5%。从职称结构看，高级职称 145 人，占 53.3%；中级职称 102 人，占 37.5%；初级及以下职称 14 人，占 5.1%；无职称 11 人，占 4.1%。

直属单位领导班子及干部调整 根据各部门、各单位领导班子建设工作需要，对照“好干部”标准，选配综合素质优秀、实绩突出的干部。2019 年，调整直属单位班子正职 24 人次、副职 35 人次，涉及中远海运控股、中远海运集运、中远海运散运、中远海运能源、厦门中远海运、中远海运物流、中远海运港口、中远海运北美、中远海运欧洲、中远海运比港等 22 家直属单位。调整总部部门（中心）正职 5 人次、副职 11 人次，涉及行政部、战企部、财务部、人力资源部、科信部、集采中心等 11 个部门（中心）。参与海南港航控股有限公司重组筹备工作，研究组建新公司领导班子。优化直属单位领导班子结构，在中远海运能源、中远海运物流、中远海运欧洲等 9 家直属单位实施董事长与党委书记“一肩挑”模式，实行双向进入、交叉任职。推动干部任职交流，通过跨板块、跨专业领域、跨国境的干部交流，促进集团总部与基层单位之间、不同产业集群之间、海内外单位之间、业务与党群岗位之间的人才流动。2019 年，集团管理干部交流共计 22 人次。

职业经理人制度试点 结合前期职业经理人工作试点情况，稳步推进职业经理人制度建设工作。在总结试点工作基础上，总结金控平台试点经验，研究优化措施，印发《集团直属单位实施职业经理人制度指导意见（试行）》。继续推进金控平台职业经理人试点，监督指导金控平台做好 2018 年度职业经理人履职考核、薪酬兑现及 2019 年绩效合约签订工作，严格执行契约化管理。扩大职业经理人试点，结合集团“双百行动”工作方案，在中远海运集运试点建立职业经理人制度。

直属单位董事监事管理 优化董事会人员结构，扩大专职外部董事和外聘董事在直属单位董事会中的比例；集团领导和集团总部部门负责人逐步退出；2019 年，选配和调整 29 家直属企业的董事、监事共 95 人次。加强专职外部董事队伍建设，鼓励部分集团管理干部转任专职外部董事，专职外董人数从 3 人增至 14 人。加强专职外董履职培训，组织 12 名专职外董开展专题培训。加强董事履职考核，引导专职外董不断提升个人能力，提高决策水平和履职绩效。加强外聘董事队伍建设，通过国务院国资委外部董事库、境内外直属单位推荐等渠道，邀请集团系统外专家学者担任外部董事，新增 9 名原央企负责人和行业专家担任集团 5 家直属单位董事。

年轻干部选拔培养 加大优秀年轻干部选任力度，优化干部队伍年龄结构。通过集团管理干部到龄退休、转任专职外部董事等退出机制，为优秀年轻干部提供上升空间。2019 年，集团管理干部退休 10 人，转任专职外董 3 人。根据优秀年轻干部调研结果和集团日常工作情况，通过民主推荐和公开遴选方式，加大优秀年轻干部选任力度，优化班子年龄结构。全年新提拔集团管理干部32人。其中，70后31人，75后17人。

制度建设与干部监督工作 加强制度建设，对照中央最新修订的《中央企业领导人员管理规定》，修订印发《集团党组管理干部管理规定（试行）》，制定《竞争性选拔集团管理干部工作办法（试行）》。从严管理监督干部，对中燃公司、厦门中远海运、中远海运科技、中远海运特运、中石化中海燃供开展选人用人监督检查。严格执行领导干部报告个人有关事项规定，组织248名党组管理干部集中填报个人有关事项，开展随机抽查26人，重点查核34人。加强干部日常管理，做好干部兼职、关键岗位干部任免、“两委”人选等事项的审批工作。

扶贫、援藏和干部挂职 根据中央有关部委和集团党组工作部署，完成2名援藏干部和5名扶贫干部任期考核及轮换工作。根据中组部要求，选派港口公司1名干部赴海南自贸区挂职。加强企业与地方交流，选派6名干部到益阳市挂职，接收对方3名干部到集团挂职。根据中央有关部委要求，接收2名地方干部到集团总部挂职。

（范路遥）

【人才队伍建设】

人才招聘工作 印发《集团境内陆岸岗位员工招聘管理规定》，全面推行公开招聘制度。采取公开遴选、公开招聘、竞聘上岗、委托人才中介机构推荐等方式，加大市场化选聘人才力度。开展2019年应届毕业生集中校招和统一考试测评工作，在集团、国务院国资委、各大高校招聘平台发布700多个招录岗位，组织近20家单位在上海、北京、大连、武汉等地10多所高校集中开展校园招聘宣讲。落实中央“精准扶贫”要求，举办中远海运集团“2019年临沧市就业专场招聘会”，共计1320人参加招聘，报名268人，达成用工意向71人，最终录用15人。

人才教育培训 编制总部2019年度教育培训计划，涉及党建理论、专业人才等4大类共85个重点培训项目。做好上级培训选调工作，先后安排32名领导人员赴中央党校（国家行政学院）等国家和部委干部培训院校参加学习，其中安排境外研修3人次。突出抓好重点培训项目的统筹实施，举办“启航、远航”年轻干部培训班，50名来自集团总部和各直属单位优秀年轻干部参加学习；开展董事研修班，共60余人参加研讨；举办首届国际化人才培训班，来自20多个国家和地区的33名学员，在上海交大开展集中培训。对集团网络学习平台进行升级迭代，拥有在线课程近4 000门，突出“随时随地、自在学习”优势。

人才推优评先 2019年，集团累计推荐14批35人次申报国家及省部级各类领军人才工程。其中，入选“深化人才发展体制机制改革示范企业”1个，新增享受国务院政府特殊津贴4人，新入选国家级人才工程1人，新认定国家中央机关会计领军人才1人，新入选“中央企业百名杰出工匠”1人。

员工职称评审管理 2019年，共有171人获得高级职称。其中，经集团高级职称评审委员会评审并获得高级职称人员共计128人，包括高级工程师48人，高级经济师35人，高级会计20人，高级政工师16人。委托中国航海学会船舶（海洋）系列高评会评审并获得高级船长资格29人、高级轮机长资格13人。委托大连海事大学教育系列高评会评审并获得教育研究系列职称副研究员1人。

（唐继云）

【总部员工管理】

总部员工基本情况 截至2019年底，集团总部职能部门共有员工249人，其中，总部部门负责人及以上干部54人，处室负责人73人，员工122人。其中，中共党员220人；平均年龄44岁；本科及以上学历243人，占97.6%；高级职称73人，占29.3%。

年度职务职级调整 根据《集团总部员工管理办法》及《总部员工职务管理规定》，集团对216名总部员工的职务职级进行了调整。此次总部员工职务调整工作，获得了总部广大干部群众的普遍认可，对加强总部机关建设，激发总部员工干事创业的热情具有积极意义。（陈坤）

【派驻境外员工管理】

境外员工基本情况 截至2019年底，集团派驻境外员工共计488人，其中，中共党员407人。从年龄结构看，平均年龄50岁；30岁及以下1人，占0.2%；31～40岁43人，占8.8%；41～50岁196人，占40.2%；51岁以上248人，占50.8%。从学历结构看，硕士研究生及以上学历107人，占21.9%；本科学历334人，占68.5%；大专学历42人，占8.6%；中专学历5人，占1%。从职称结构看，高级职称87人，占17.8%；中级职称251人，占51.4%；初级职称95人，占19.5%；无职称55人，占11.3%。

境外员工管理 印发《驻外员工管理若干事项调整方案》，进一步明确集团公司、专业公司和区域公司的职责分工，适当下放管理权限，将驻外员工的人员选派、驻外工作年限调整、境外交流、职务调整、考核评价、境外公司机构调整及当地员工编制管理、境外职业经理人、薪酬管理等事项，按境外公司资产及业务归属关系授权相应专业公司或区域公司管理。为体现驻外员工选派工作的公平公正、公开透明，集团首次采用公开报名的方式，面向集团外派后备库内所有后备人员及正在外派的驻外员工，公开选拔6个驻外岗位的接替人选。结合中远海运散运中铝几内亚项目的实际情况，提出采用“项目制”管理模式，明确集团公司和散运公司管理权责，推动几内亚项目顺利运营。

境外后备人才库建设 结合境外单位岗位实际需求，持续做好驻外后备人才入库选拔工作，全年共开展外语测试及素质能力测评2次，通过选拔共有264人纳入集团驻外后备人才库统一管理。（陈坤）

【薪酬与绩效管理】

工资总额管理 2019年，坚持分类管理与效益联动有机结合；对于境内陆岸人员的工资总额预算，严格按照效益优先的原则予以同向联动；对于船员和境外板块工资总额预算，根据群体定位和特点，试行差异化管理，进一步强化分配导向，不断激发员工积极性。

领导人员薪酬管理 认真贯彻上级有关中央企业负责人薪酬管理规定，做好集团领导班子薪酬日常管理工作。按照国务院国资委相关通知要求，认真编制中远海运集团企业负责人2018年度薪酬及2016—2018年任期激励收入兑现方案，并做好兑现工作。

推进上市公司股权激励 2019年，中远海运控股、中远海运特运、中远海运比港等3家上市公司股权激励计划分别获国务院国资委批复。年内，上述3家单位按照规定程序，分别进行了股权激励的首次授予，共向600余名激励对象授予股权激励2.27亿份，激励范围进一步扩大，集团上市公司股权激励工作再上新台阶。同时，集团继续按照“成熟一家、推进一家”的原则，分别指导符合条件的中远海运国际香港、中远海运国际新加坡、中远海运发展、中远海运科技等上市公司制定股权激励方案。2019年12月，上述4家单位股权激励计划草案经履行集团审批程序后，行文报送上级有关部门。（刘飞）

【船员管理】

协调争取船员个税减免优惠政策 船员个税减免政策争取工作涉及广大船员切身利益，集团一贯高度重视，多年来一直持续多渠道反映诉求提建议。2019年，公司进一步协调落实跟踪推进机制，积极向审计署上海特派办报告船员个税政策争取相关材料，参加人社部、财政部、国税总局、国家医保局来沪调研座谈会，反映船员个税减免事宜。2019年11月20日，国务院常务会议决定：为促进海运业发展，适应国内较快增长的海运需求，自2019年年初到2023年底，对一个纳税年度内在船航行超过183天的远洋船员，将其工资薪金收入减按50%计入个人所得税应纳税所得额。2019年12月29日，财政部、国税总局联合发布《关于远洋船员个人所得税政策的公告》，正式发布了远洋船员个人所得税政策。

开展船舶管理人员返船锻炼工作 返船锻炼是船舶管理人员了解船舶、了解一线安全和生产情况的重要途径，是满足船舶技术发展带来知识更新需求的重要手段。为贯彻落实集团2019年年中工作会暨干部人才工作会议精神，建立船岸岗位交流机制，促进船舶管理人员始终接地气、接海气，制定下发《关于开展船舶管理人员返船锻炼工作的通知》，通知要求各航运公司要高度重视、认真组织，结合实际情况制订船舶管理人员返船锻炼工作方案，在确保船舶安全生产的前提下，有序安排直接对船舶行使管理职能的人员返船锻炼，进一步推动船岸交流工作。

（罗开军）

【离退休人员管理】

离退休人员情况 截至2019年底，集团离退休人员共67 870人，其中，离休干部421人，退休干部67 449人。离退休人员党员26 943人，其中离休人员党员405人，退休人员党员26 453人。设有离退休干部党委1个，离退休干部党支部33个；其中离休干部党支部20个，退休干部党支部13个。

离退休党组织建设 按照集团党组统一部署，督促各单位结合企业实际开展“不忘初心、牢记使命”主题教育。组织离退休党支部学习贯彻《中国共产党支部工作条例（试行）》，深入领会条例精神，掌握条例内容，严格党员干部日常管理，不断提高支部建设质量。

发挥离退休干部优势作用 开展庆祝新中国成立70周年系列活动，做好“我看新中国成立70周年新成就”专题调研，组织“赞成就、助发展、当先进、作表率”主题活动，结合集团成立3周年取得的业绩，通过座谈、交流、主题征文、建言献策、讲好故事等方式，组织广大离退休干部以亲身经历回忆艰苦创业的峥嵘岁月，谈新中国建设发展深切感受，赞改革开放伟大成就，谋集团重组发展新未来。大张旗鼓开展离退休干部“双先”表彰工作，经集团综合评选推荐，中远海运特运王颂汤同志被评为全国离退休干部先进个人，中远海运集运离退休党工委被评为上海市先进集体，上海中远海运胡林鑫同志被评为上海市先进个人。

推进退休人员社会化管理 印发《退休人员社会化管理的有关要求》，成立集团退休人员社会化管理工作领导小组，进一步明确领导小组、相关部门工作职责，经过摸底调研、职能移交两个阶段的细化工作，退休人员社会化管理工作有条不紊展开。同时，积极同兄弟央企联系，搭建沟通平台，交流管用做法，借鉴成功经验，跟踪政策动向，移交退休工作得以稳步推进。

离退休老干部服务 2019年，在集团上海、北京、广州、大连、深圳、天津和青岛共7个地方公司组织举办了老干部春节团拜会，集团领导亲自带队慰问各地老干部，通报集团取得的各方面业绩。全年共慰问离退休干部约400人，发放慰问金逾百万元。根据党中央要求，在新中国成立70周年之际，开展走访慰问老干部、老党员活动，集团领导分别到上海地区、北京地区正局级离休干部和百岁高龄离休干部家中进行看望，同时部署各相关单位在“十一”国庆节前，对新中国成立前参加革命工作的老干部、老党员普遍进行一次走访慰问。根据中组部要求，做好相关离休干部提高医疗报销待遇的申报及落实工作。研究解决原中远总部在沪退休人员管理服务事项，完善退休干部生病住院必访慰问制度，更好地体现集团以人为本、关爱员工的文化氛围。

（张华）

【人力资源信息化建设】

2019年，历时15个月，全面建成人力资源信息系统。集团各单位共分三个批次上线，覆盖40家直属单位和1 103家所属单位的12.6万名员工，收集数据量600多万条。初步构建了标准化、规范化、集约化的人力资源管理体系。开展上线后的数据校对工作，对272名党组管理干部和500名集团职能部门、共享中心员工数据进行校核，建立电子化人事档案。（郭梁梁）

资本运营管理

资本运营管理

【推进重大战略并购及资本运营项目】

2019 年，集团积极运用资本市场工具，开展上市公司再融资、增持、回购等资本运作，满足外部合规监管要求，助力优化集团所属上市公司资本结构，提升市值管理水平，增强集团核心竞争能力。

完成东方海外美国码头出售工作。2018 年 8 月，集团顺利完成了对东方海外的收购，成为控股股东。作为集团收购东方海外股权交易获批的先决条件之一，中远海控、东方海外和美国国家安全委员会签署了《国家安全协议》，中远海控及东方海外承诺在8个月期限内(即2019年4月)完成 LBCT 码头出售的协议签署。经过集团项目专项小组的不懈努力，最终在于 2019 年 4 月 29 日完成了码头出售协议的签署工作，并于 2019 年 10 月 24 日完成交割。

按计划推进百合花项目。2019 年 4 月 18 日，百合花项目实施方案提交集团董事会审批通过。2019 年 5 月 6 日，中远海运金控与胜狮货柜正式签署股权收购协议，收购对价 38 亿元人民币。2019 年 8 月 2 日，百合花项目股权交割完成，中远海运金控正式接管了胜狮货柜旗下 5 家标的公司并将其委托上海寰宇管理，集团集装箱生产能力得以大幅提升，有效满足集团内部用箱和外部市场需求。

完成中远海控 A 股非公开发行。为进一步改善上市公司资本结构，提高直接融资比例，稳步实现降杠杆目标，2019 年 1 月 24 日，中远海控 A 股非公开发行工作顺利完成，募集资金 77.03 亿元（扣除发行费用），为 2019 年度国内资本市场规模最大的再融资项目。中远海控在完成再融资、补充造船资金的同时，还引入东航、中调基金、中船、国新、振华重工、青岛港、光大等优质战略投资人，进一步优化了股东结构。

稳妥推进中远海发股份回购操作。为进一步建立、健全上市公司长效激励机制，并有效维护广大投资者利益，增强投资者对公司的投资信心，推进公司的长远和可持续发展，中远海运发展于 2019 年 2 月 27 日启动回购股份交易，并于 5 月 14 日实施完毕。本次回购 A 股、H 股股份共 154 627 003 股，占公司总股本约 1.32%，使用资金总额约 299 769 696 元。通过此次回购，体现了上市公司积极响应国家政策，加强市值管理，积极维护股价稳定，从而有效维护投资者利益的责任与担当，并为进一步深化国企改革和金融改革奠定良好基础，同时也向资本市场传递了对公司未来发展前景的信心，从而有效提振投资者信心。

持有青岛港国际股权。为进一步落实集团关于做大做强码头产业的战略目标，实现由投资码头向投资港口的战略转型，努力将中远海运港口打造成为全球领先的港口投资运营商，中远海运港口与青岛港集团就其战略入股青岛港国际进行了多轮沟通洽谈。2017 年 5 月，中远海运港口以持有的青岛前湾集装箱码头有限责任公司（QQCT）20% 股权（评估价 32 亿元）和不超过 26 亿元的现金，合计总对价 58 亿元，认购青岛港国际发行的约 10.156 亿股内资股。青岛港已于 2019 年 1 月正式回归 A 股。截至 2019 年底，集团合计持有青岛港国际 19.65% 股权，账面浮盈 12.8 亿元。

【推进专项工作】

2019 年，围绕落实国务院国资委“处僵治困”、组建海工平台以及集团组建地区公司、资产盘活等工作任务，缜密规划方案、抓好具体落实。

继续推进“僵尸”、特困企业治理工作。集团共有1户“僵尸”企业、6户特困企业。2017年已经完成了“僵尸”企业的清算退出。截至2019年底，已阶段性地完成了“处僵治困”工作任务，由国务院国资委挂牌督导的5户企业都已通过检查验收，相关“处僵治困”人员安置任务均已完成。

开展中央企业重点亏损子企业专项治理工作。按照国务院国资委2019年6月10日组织召开的中央企业重点亏损子企业治理、降杠杆减负债、“两金”压控等专项工作视频会议要求，集团积极推进所属重点亏损子企业治理专项工作。2019年，集团共有24户所属企业纳入重点亏损子企业治理范畴。为做好治理工作，集团于8月8日组织召开专项治理工作动员布置视频会议，要求相关所属单位提高政治站位、建立工作机制、坚持因企制宜、落实考核奖惩，确保治理任务按期完成。同时，及时跟进相关所属企业治理方案行动落实，建立相应的沟通协调机制。

推进地区公司转型发展。按照地区公司整合方案，集团收购天津、青岛两家地区公司股权，涉及金额合计约44.83亿元。为支持地区公司转型发展，将原中海集团所持烟台港股份6.1%股权、中汽货代所持青岛远洋祥和工贸100%股权无偿划转至青岛中远海运；将原中远集团所持苏州工业园560万股股份、原中海集团所持秦港股份4 144万股A股股票、中汽货代所持天津远洋房地产公司100%股权、天津远昌6%股权无偿划转至天津中远海运，上述无偿划转项目涉及标的公司净资产值约6.28亿元。

盘活存量资源和资产。持续推动存量资产盘活是2019年集团一项重点工作。其重点推进的盘活、处置项目包括两项：一项是北京远洋酒店资产盘活工作，于5月21日正式签署招租协议，年租金约1 500万元，超过其招租底价200万元，同时避免了后期固定资产更新的巨额投入，实现了资产盘活暨审计意见整改目标；另一项是重点跟踪上海中远海运、中远海运重工存量物业处置工作。

【夯实产权管理基础】

2019年，集团坚持抓好业务股权整合、资本运作、资产处置等各项工作，做好相关产权、资产无偿划转、协议转让、吸收合并、增资及清算关闭经济行为审批、资产评估备案及产权登记各项工作，确保操作过程的依法合规，服务于集团改革重组发展大局。全年清算关闭项目6项，标的公司净资产值约合4.62亿美元；股权无偿划转30项，标的公司净资产值约合人民币150亿元；协议转让32项，涉及标的公司账面净资产值合计约107.3亿元，增资7项（包括增资和非公开协议增资），参与非公开发行1项。

着眼于团改革发展大局，集团全力做好产权整合、并购、股权转让、资产盘活等事项所涉及的资产评估报告的审核、备案工作，确保相关经济事项后续工作的顺利开展。全年共审核资产评估项目61个，已完成备案项目56个，全部为集团备案项目；涉及被评估资产、股权账面净值114.08亿元，评估值257.32亿元，评估增值143.24亿元，增值率125.56%，实现了国有资产的保值增值。

【加强金融股权管理】

做好集团持股上市公司议案研究及分红收取工作。2019年，对集团控股的10家上市公司和参股的招商银行、招商证券、上港集团、平安人寿、平安财产、东方航空、广州港、秦港股份、览海投资等上市公司的各项董事会、股东大会、专业委员会审议议案进行研究，完成控股公司2018年度分红事项的审批。集团收到招商银行、招商证券、宝钢股份、中国船舶、上港集团等参股公司2018年度分红合计24.32亿元。

开展金融风险防控专项检查。根据国务院国资委《关于做好中央企业金融业务季度报告工作有关事项的通知》要求，组织中远海运发展等9

家企业按时完成报表数据填写，并做好总部数据汇总和核查工作。根据国务院国资委《关于开展中央企业投资基金清理排查工作的通知》的要求，组织相关单位开展基金清理排查工作，在汇总分析上报数据的基础上形成总部报告，并按时上报国务院国资委。根据国务院国资委关于贯彻落实《关于加强中央企业金融业务管理和风险防范的指导意见》的通知要求，认真组织相关单位开展分析总结，形成专项报告按时上报国务院国资委。

加强对上海农商银行股权的跟踪管理。配合上海农商银行 IPO，由集团派出董事接受上市辅导及考试验收，并签署申报文件；积极履行股东职责，认真做好董事会及股东大会议题的研究分析工作；做好 2018 年度分红款 1.48 亿元的按时入账；并向银监会报送集团股东资格自查、参股商业银行情况等报表资料。

内部审计

内 部 审 计

【成立审计委员会】

2019年4月，为落实党中央对审计工作的部署要求，进一步加强集团党组对内部审计工作的领导，构建“集中统一、全面覆盖、权威高效”的审计监督管理体系，经集团2019年第12次党组会研究决定，成立中共中国远洋海运集团有限公司党组审计委员会。集团党组书记、董事长许立荣任党组审计委员会主任，集团党组成员、副总经理、总会计师孙云飞和集团党组成员、纪检监察组组长刘鸿炜任副主任。集团党组审计委员会作为党组议事协调机构，全面领导集团审计工作，其主要职责是贯彻落实党中央关于审计工作的方针政策，统筹领导集团内部审计工作，研究提出在集团内部审计领域坚持党的领导、加强党的建设的决策部署，审议集团内部审计监督重要制度和审计管理体制改革方案，审议集团内部审计发展规划、年度审计计划和审计工作报告、重要内部审计报告以及内部审计监督等其他重大事项等。集团党组审计委员会下设办公室，设在集团审计本部。

2019年7月8日，集团党组审计委员会召开第一次会议，集团党组书记、董事长、党组审计委员会主任许立荣，集团党组成员、副总经理、总会计师、审计委员会副主任孙云飞，集团党组成员、纪检监察组组长、审计委员会副主任刘鸿炜以及集团党组审计委员会委员出席会议，会议由孙云飞主持。会议传达学习了中央审计委员会办公室《关于深入推进审计全覆盖的指导意见》，审议通过了《中远海运集团党组审计委员会工作规则》和《中远海运集团党组审计委员会办公室工作细则》，听取了审计本部关于2019年上半年集团内部审计工作情况及下阶段重点工作打算的汇报。

【增设“成果运用室”】

2019年11月，为进一步强化内部审计发现问题整改和审计成果运用，经集团2019年第33次党组会研究，决定集团审计本部/党组巡视办增设“成果运用室”，编制3人，由内部调剂，增加室负责人编制1人。

【建立审计人才库】

2019年4月，为切实加强集团内部审计人才队伍建设，优化配置集团内部审计资源，根据《中远海运集团关于推进审计管理体制改革的指导意见》《中远海运集团专业人才库建设管理办法（试行）》和《关于开展中远海运集团专业人才库建设工作的通知》要求，集团决定建立审计人才库，作为集团专业人才库的组成部分。7月，集团确定首批310名入库人员，在各单位审计岗位人员基础上，吸纳有纪检、战略管理、投资、财务、金融、法律、组织人事、航运、工程基建等相关专业背景的其他岗位人员入库。人才库按初级、中级、高级确认入库人才的层级，发挥其作为内部审计人才成长、交流、使用的平台作用。

【创刊《内部审计情况反映》】

2019年5月，为便于全系统审计干部对上级精神的学习和领会，进一步加强集团内部审计信息沟通和交流，总结推广内部审计工作中的经验做法，提升集团内部审计工作水平，集团审计本部创办了《内部审计情况反映》。全年累计编发《内部审计情况反映》4期，宣传贯彻上级精神与工作部署，解读审计相关政策发挥，通报集团面上审计重点工作情况，介绍推广集团各单位审计工作典型经验，助力完善适应集团改革发展需要的审计监督管理体系，推动了集团内部审计工作水平的提升。

【积极参与外部专项工作】

2019年4月，集团当选为中国内部审计协会交通分会副会长单位。2019年7月，集团审计中心赵平同志受聘担任审计署第一批特聘审计监督员，聘期3年；2019年12月，集团向中国内审协会推荐《浅谈航运企业商务系统的联网审计实践》等9篇论文全部获奖，集团获得了优秀组织奖；2019年，集团作为三家中央企业代表之一，受邀参加审计署《内部审计工作指南框架》的编撰工作。（王续伟）

法务与风险管理

法务与风险管理

【重大项目法律服务】

集团法律团队多次赴美协调解决相关问题，指导、督促东方海外推进长滩码头出售交易，通过一系列的工作，排除交易推进所面临的重大风险，为项目协议如期签署发挥重要作用，并通过现场指导交易商务谈判，为项目争取最大权益，为集团创造经济价值约 3 亿美元；督促指导“百合花”项目风险防控工作，组织中远海运发展对包括涉外反垄断风险在内的法律风险进行全面排查，评估相关法律风险影响，及时制定风险防控措施，保障交易顺利实施。根据国务院国资委分工安排，结合集团重大项目实战经验，组织完成《经营者集中合规指南》编制，获得上级机构的肯定和认可。（陈鑫）

【合 同 管 理】

2019 年，集团注重加强合同全生命周期风险管理；根据集团工作会年度重点工作部署，下发《关于进一步加强合同管理工作的通知》，确定 2019 年度以防控合同风险为主题，全面加强合同全生命周期管理。同时注重优化推广范式合同文本；完善集团范式合同文本库，新增制定范式合同 366 份，修订范式合同 36 份；集团范式合同文本库分为 11 大合同板块，共有范式合同 610 份。（祁浩）

【重大外部纠纷案件处理】

加强重大案件督办力度 将重大案件总法律顾问负责制列入考核指标，强化重大案件总法律顾问机制的落地。督导检查各单位结案报告制度的落实情况，推动案件闭环管理。指导督办 20 余起重大案件，取得显著效果。2019 年 2 月，美国司法部终结对集团下属单位和公司高管持续两年的反垄断刑事调查，应对工作取得圆满结果。2013 年涉诉的“中海才华”轮断缆失控碰撞案达成和解，避免了巨额损失。持续督办质押监管系列案件，涉案单位建立落实专项管理机制，从 2017 年 7 月至 2019 年，质押监管案件的数量和金额下降近三分之二，13 件重大案件结案，全部取得胜诉或大部分胜诉，避免经济损失约 12 亿元。

实现案件标准化流程管理 2019 年 4 月 1 日，集团案件信息化系统正式上线运行。案件管理实现线上填报，解决手工表格报送效率与准确性较低的问题，基本实现案件的全流程动态管理，提升了集团案件管理工作的效率和效果。

开展以案为鉴互动 组织开展第三届“以案为鉴”典型案例编写活动。所属单位报送各类案例 30 余篇，涵盖了集团生产经营活动中易发高发的纠纷类型。将报送的优秀案例编制形成《集团“以案为鉴”案例汇编》。积极参与国务院国资委组织的优秀案件评选活动，促进各单位提升依法治企意识，提高案件处置和经营管理水平。

完成公司律师申报 完成集团公司及十余家直属单位共 38 名公司律师的申报工作。公司律师队伍的组建，为集团法务人员专业化培养、发展与使用搭建了新平台。（杨智祥）

【法律研究与规章制度梳理】

加强集团制度体系规划 集团以健全企业法人治理结构、保障重要领域改革为目标，大力推进集团制度体系规划工作，对接集团国有资产投资公司试点工作，加强集团制度体系顶层设计，发挥规则的引领、推动作用；服务国企授权经营体制改革，加强规范董事会运作体系、投资授权体系建设，确保各项授权放权接得住、行得稳，加强违规经营投资责任追究体系建设，建立容错纠错机制，保障国有资本规范有序运行；以年度制度计划为抓手，围绕战略管控定位，对总部与所属单位的管理界面、管控思路进行梳理评估，提升集团内部治理管控效率。

加强制度执行组织推进 加强内部监督协同，定期组织对各方监督检查发现的制度问题进行梳理、汇总，倒查管理漏洞，推动各单位不断完善规章制度、提高合规经营水平；组织各级单位对董事会运作、国有产权、特殊关联企业管控、采购、船舶租赁、安全监管、国际制裁、法治建设等重点领域的制度执行情况开展检查，推动集团规章制度的有效落实，加大制度执行推动。

加强所属单位制度工作指导 建立制度备案管理机制，从保障授权体系运行、防控重大风险、落实上级整改要求、夯实合规底线等方面开展直属单位年度制度计划备案审查，坚持“一企一策”针对性指导；发挥集团对海外资源的统筹协调作用，调查摸底海外区域公司制度现状，研究集团境内外资源运用方案，加强区域公司协同，补齐制度短板，支持海外公司提高制度建设整体水平。

加强船员立法研究 中远海运集团董事长许立荣在十三届全国人大二次会议提出的《关于加快船员立法，支持航运强国建设的建议》，引起了社会各界的广泛关注和热烈讨论，集团以“交通运输部海事局就提案答复”意见沟通为契机，结合集团船员管理实际，从加大船舶配员保障能力、维护船员休假合法权利、统一海员社保规费缴交标准等方面提出主张，取得积极回应。

加强海上交通安全法研究 以国务院国资委就《中华人民共和国海上交通安全法》修订调研为契机，从平衡海上交通安全义务关系角度出发，提出增加托运人在危险品托运中法律责任的立法诉求，被立法机构积极采纳。（邱晨）

【普 法 培 训】

开展普法宣传活动 搭建集团宣传学习交流平台，宣传集团及各单位法治建设、风险内控、合规管理等方面的好的做法和经验；集团党组带头组织法治专题学习，带动各单位先后开展党委中心组法治专题学习。以“法治伴你远航 风控创造价值”为主题，组织开展集团法治宣传月，通过专题论坛、模拟仲裁、辩论大赛、视频展播、宣传图片等形式，进一步提升普法宣传效果，促进法治宣传教育、法治理念融入企业经营管理。

开展法务风控教育培训和研讨交流 聚焦新形势新问题，组织全系统开展多层次、分类别的法治风控培训、座谈、专题讲座，近千人次参加该项活动。2019 年 5 月，集团举办上半年风控工作研讨会，通报集团内控评价及检查复核情况，围绕年度风控工作重点、海外风控方法与技术等开展了现场培训，境内外各直属单位风控管理职能部门负责人、岗位骨干 60 余人参加；7 月，组织所属各单位参加 2019 年数字化时代风险管控系列专题培训。

组织形势研判与经验交流 2019 年 6 月，在北方地区举办以“开放共享促发展、风险防控保远航——中远海运集团‘一带一路’和航运强国建设”为主题的法务论坛，邀请了学术界院校教授和事务届律师，就面临的贸易战、国际制裁、履约风险防控等挑战以及对业务合同引发的法律问题进行分析和研讨，组织所属单位开展合同管理经验介绍和交流。（祁浩）

【风险管理工作】

强化重大风险防控 确定集团 2019 年度前十大风险：宏观经济风险、汇利率风险、投资风险、健康安全环保风险、政策风险、价格风险、国际化经营风险、战略管理风险、人力资源风险、竞争风险；分解落实重大风险管理责任，确保重大风险得到有效控制；编制《中国远洋海运集团 2019 年度风险管理报告》，按要求报送国务院国资委。

结合国资委检查推动体系建设提升 落实国务院国资委要求，组织所属单位开展集团境外重点经营投资项目风险排查，进一步规范集团经营行为，维护国有资本安全，并按要求向国资委报送《中国远洋海运集团境外重点经营投资项目风险排查情况报告》。

强化重点领域风险防控 针对2020限硫令，组织相关单位系统梳理业务流程，全面排查、识别可能面临的法律风险，根据排查情况制定切实可行的应对方案；对各类合同，包括航运主业经营合同、技术开发、设备安装、燃油保供、保险安排等各类合同条款进行深入研究。根据研究内容开展合同条款的谈判和修订工作，确保集团所属公司能够平稳度过 IMO 2020 限硫令的实施转换期，满足各项公约要求及合同义务，规避相关法律风险可能带来的负面影响。

（徐彦　袁帅　祁浩）

【业务流程优化】

开展业务流程优化工作，推动风险管控融入企业经营管理。组织重点单位梳理优化贸易业务流程，建立完善制度机制，加强对分支机构的管控力度，保障依法合规经营；组织开展金融租赁业务内控管理专项提升，集团相关单位全面排查融资租赁业务风险，建立金融、类金融业务风险评估和预警机制，完善相应业务内控体系。

（徐彦）

【内控体系运行】

持续完善集团内控体系建设 按照统一性和个性化相结合的原则，推动各直属单位持续构建完善内控体系。制定发布《中远海运集团 2019 年度风控工作要点》，明确年度工作目标和具体要求。编制《中远海运集团 2019 年风险管理与内控工作年报》并向全集团发放，实现信息共享、借鉴学习的目的。

落实内控评价机制 编制形成《中国远洋海运集团 2018 年度内控评价报告》，按要求报送国务院国资委；组织集团总部及各单位开展 2019 年内控自评价，发现内控缺陷 506 项，主要涉及采购管理、资产管理、销售管理、合同管理、人力资源管理、工程项目管理、安全生产管理等领域。

督促落实内控缺陷整改 组织开展内控缺陷监督检查，对近 3 年（2016—2018 年）内控缺陷整改情况进行全面督查，推动所属单位积极落实整改，所属单位近 3 年的缺陷整改率有了较大提升。

加强内控业务培训 聚焦新形势新问题，组织风控从业者开展专业培训：5 月，举办 2019 年度上半年集团风控工作研讨会，通报集团内控评价及检查复核情况，并围绕年度风控工作重点、海外风控方法与技术等开展现场培训，境内外各直属单位风控管理职能部门负责人、岗位骨干 60 余人参加；7 月，组织所属单位风控骨干参加 2019 年数字化时代风险管控系列专题培训活动。

（袁帅　徐彦）

采购管理

采 购 管 理

【采购管理提升】

按照国务院国资委采购管理提升工作的要求，建立独立的采购归口部门，形成一个管控高效、上下一致的采购组织体系，并将此作为每年的考核重点。集团在企业经营管理业绩考核中，专门针对集中采购设立了必达指标。通过2019年的持续努力，集团境内主要二级企业均已设立了采购管理归口部门，明确了本单位的采购主责领导，建立了上下贯通的基本采购组织体系。

（赵博宇）

【燃油采购管理】

针对国内以及IMO 2020年硫排放要求，按照低硫保供工作小组统一部署，做好集团低硫油保供相关工作，完善低硫油过渡时期的浮动价操作程序。根据保供需求，排定时间表，实地考察，通过现场走访炼厂、油商及供应商等方式，持续跟踪市场信息，结合集团船队的需求和供应公司的低硫油资源渠道，跟进落实集团发布的国内、国外保供工作方案，保障集团内船舶的低硫油供应。

根据集团采购及供应商管理系统（SRM）一期项目整体计划，做好燃油上线的有关工作，并从燃油交易环节的功能完善方面收集各方意见和建议，督促项目组做好相应的功能开发和完善工作。（刘永亮）

【船舶备件采购】

按照集团合同管理规定，组织航运公司和平台公司开展船舶备件采购框架协议谈判。2019年共完成了瓦锡兰、麦基嘉、三井造船机械、大发和ABB等5家供应商协议签署。通过此项工作，既统一了原中远和中海备件的不同折扣，为批量采购打下基础，为航运公司起到了降低成本的作用。同时使用我方协议版本，既提高了合同管理的规范性与秩序性，又有助于树立企业现代化、科学化和精细化管理的企业形象。（刘永亮）

【港口服务采购】

2019年在交通运输部颁布的新港口费收计费办法正式实施的背景下，通过努力先后完成2019年度上海港、连云港、广州港、天津港、大连港的引航协议、港口作业协议、停泊协议、拖轮协议，减少集团港口费支出。（刘永亮）

【信息化采购创新】

全面了解信息化产品迭代、服务提升、知识产权保护条例等方面的信息，深入探讨数字化发展新技术、新理念，专项调研各类产品性价比选型、采购模式（OEM\EA）、供应商风险管理、支出分析等课题，为后续合理规划软件版权与维保服务采购方案提供信息保障。提升信息化采购合同的规范性、标准化与系统化管理，结合国际先进范例，统一集团与中远海科的信息化项目技术服务合同范本，并不断补充修订。（卢向峰）

【内 部 商 城】

持续优化集团智能优选商城，通过协调解决平台账务问题，搭台供销双方面对面交流，深化供应商寻源与维护工作，集团内用户不断增加，用户体验美誉度不断提升。（汪家荼）

2020

CHINA COSCO SHIPPING CORPORATION LIMITED YEARBOOK

中国远洋海运集团有限公司

年鉴

第八篇

投资者关系

概述

概　述

截至 2019 年底，中远海运集团在境内外共有 11 家控股上市公司，包括：中远海控、中远海能、中远海发、中远海特、中远海科、海峡股份、中远海运港口、中远海运国际香港、东方海外国际、中远海运国际新加坡、中远海运比港（PPA）。集团控股上市公司秉持最大程度回报股东、社会和环境的理念，持续完善与市场投资者等利益相关方多层次、多方位的沟通渠道，优化合规、诚信的对话机制，打造资本市场良好形象。

2019 年，中远海运集团控股上市公司积极应对错综复杂国际国内形势，深入贯彻落实国务院国资委关于加强上市公司市值管理的要求，聚焦基础制度建设，提升公司治理和规范运作水平，积极开拓多元化的投资者沟通渠道，增加投资者沟通范围，做好投资者的预期管理，增强投资者信心，努力提升公司在资本市场的关注度和股价表现，以优秀的业绩表现和积极的投资者沟通，提升集团在资本市场的品牌形象和总体市值水平。

2019 年 5 月，海南省国资委将所持有的海南港航控股 45% 股权，无偿划转至中远海运集团下属全资子公司，海峡股份成为中远海运集团控股的第 11 家上市公司。

上市公司资本市场大事记

上市公司资本市场大事记

【中远海控大事记】

非公开发行A股股份 2019年1月，完成非公开发行A股股份，发行价格为3.78元/股，募集资金总额为77亿元。中国远洋海运集团有限公司本次认购的非公开发行股票锁定期为36个月，其他投资者本次认购的非公开发行股票锁定期为12个月。本次发行后，公司总股本变更为12 259 529 227股。

收购TPCH股权 2019年1月23日，公司下属公司中远海运港口及中远海运港口钱凯与Volcan及TPCH签署认购及投资协议与股东协议；按照正常商业条款经公平协商并考虑Volcan截至2018年4月30日的出资情况（包括物业资产及发展支出），中远海运港口钱凯向TPCH增资。增资完成后，中远海运港口钱凯持有TPCH 60%股权，Volcan持有40%股权，TPCH成为中远海运港口钱凯的下属公司。

发行超短融债 2019年4月15日，公司发行了2019年度第一期超短期融资券（债券简称：19中远海控SCP001，债券代码：011900889），本期发行规模为人民币15亿元，期限180天，每张面值100元，票面利率为2.80%，募集资金15亿元于2019年4月17日到账。本期超短期融资券发行由招商银行股份有限公司担任主承销商，中国银行股份有限公司担任联席主承销商，通过集中簿记建档的方式在银行间市场公开发行。

对中远海运集运增资 2019年4月26日，公司召开第五届董事会第二十六次会议、第五届监事会第十四次会议，审议通过《关于使用募集资金向中远海运集运增资之议案》，公司以募集资金向中远海运集运增资。根据公司《非公开发行A股股票预案》，本次非公开发行募集资金总金额扣除发行费用后的募集资金净额将用于支付20艘已在建集装箱船舶所需造船款。公司本次非公开发行的募投项目由公司全资子公司中远海运集运下属公司负责实施。

股票期权激励计划 2019年5月7日，公司第五届董事会第二十八次会议及第五届监事会第十五次会议审议通过《关于修订〈中远海运控股股份有限公司股票期权激励计划（草案二次修订稿）〉及其摘要之议案》。根据公司2019年第一次临时股东大会、2019年第一次A股类别股东大会及2019年第一次H股类别股东大会的授权，公司第五届董事会第二十九次会议及第五届监事会第十七次会议审议通过了《关于向股票期权激励计划激励对象授予股票期权的议案》，确定股票期权的首次授予日为2019年6月3日。

收购中交疏浚40%股份 2019年8月23日，公司第五届董事会第三十一次会议审议通过了《关于控股子公司拟与关联方共同投资暨关联交易之议案》，同意公司间接控股子公司中远海运港口之全资子公司上海中海码头发展有限公司，拟与公司间接控股股东中国远洋海运集团有限公司之下属公司中远海运（天津）有限公司及其他一名或多名投资者共同签署《联合收购协议》组成联合体，通过公开竞买方式在产权交易所受让中国交建持有的中交疏浚（集团）股份有限公司经扩大已发行股本约40%股份。

向上港香港出售所持子公司股权 2019年9月18日，公司间接控股子公司中远海运港口与上港集团（香港）有限公司签订3份股权转让协议，拟分别以3.67亿元、3.16亿元、3.81亿元向上港香港转让其直接持有的3家全资子公司“龙潭项目公司”（COSCO Ports（Nanjing）

Limited）、“远扬项目公司”（COSCO Ports（Yangzhou）Limited）及“张家港项目公司”（Win Hanverky Investments Limited）100%股权，从而将其间接持有的南京港龙潭集装箱有限公司（简称“南京港龙潭公司”）16.14%股权、扬州远扬国际码头有限公司（简称“扬州远扬码头”）51%股权及张家港永嘉集装箱码头有限公司（简称“张家港永嘉码头”）51%股权（含张家港永嘉码头持有的扬州远扬码头9%股权）转让给上港香港。

向青岛港香港出售所持子公司股权 2019年11月26日，公司间接控股子公司中远海运港口与青岛港国际发展（香港）有限公司及其全资子公司中远海运港口（阿布扎比）有限公司签订股份转让协议及股东协议，向青岛港香港转让标的公司33.335%股份（即6 667股股份），从而间接转让标的公司直接及通过信托持股方式合计持有90%股份的“阿布扎比合资公司”（CSP Abu Dhabi Terminal L.L.C.）之30.001 5%股份。

【中远海能大事记】

2019年5月29日，公司董事会审议通过《关于调整公司非公开发行A股股票方案的议案》，同时通过公司与中远海运集团签署附条件生效的《股份认购协议之补充协议》，并发布《公司非公开发行A股股票预案（二次修订稿）》

【中远海发大事记】

股份回购 2019年2月，公司完成A、H股股份回购，成为资本市场首家成功实施两地股份回购的上市公司。本次回购的A股股份用于实施股权激励，有助于进一步建立、健全公司长效激励机制，并有效维护广大投资者利益，增强投资者对公司的投资信心，推进公司的长远和可持续发展。

发行可续期公司债 2019年，公司充分发挥上市平台功能，积极抓住直接融资市场窗口，全年累计发行4期公司债，累计发行金额为50亿元。3月，公司在上海证券交易所面向合格投资者公开发行了2019年第一期可续期公司债券，发行规模15亿元，票面年利率4.47%，期限为3年。5月，公司成功发行第二期可续期公司债券，发行规模10亿元，票面年利率4.68%。同年，公司第三期可续期公司债17亿元、第四期可续期公司债8亿元陆续发行成功，票面利率分别为4.51%、4.48%。公司债券的成功发行为公司在债券市场树立了良好的品牌形象，市场专业投资者对公司综合实力和发展前景表示认可。

收购胜狮货柜集装箱资产 2019年5月6日，中远海运投资有限公司（简称“中远海运投资”）与胜狮货柜企业有限公司（简称“胜狮货柜”）签署《股权转让协议》，中远海运投资收购胜狮货柜持有的启东胜狮能源装备有限公司100%股权、宁波太平货柜有限公司100%股权、胜狮货柜管理（上海）有限公司100%股权以及青岛太平货柜有限公司100%股权（并通过该交易间接收购青岛太平全资子公司启东太平港务有限公司100%股权），并将上述公司股权委托给中远海运集团造箱平台中远海运发展所属上海寰宇物流装备有限公司进行管理。通过集装箱资产的成功收购，中远海运集团旗下的集装箱制造平台规模跃居行业第二，助力集团进一步做强做优航运产业链。

【中远海特大事记】

股票期权激励计划首次授予 2019年6月，公司股东大会、董事会、监事会先后审议通过《关于审议中远海特向激励对象首次授予股票期权的议案》，并完成了股票期权激励计划的首次授予登记工作，促进公司进一步建立健全长效激励机制。

增资广州中远海运建设实业 2019年12月，公司股东大会、董事会审议通过《关于以子公司股权增资入股广州中远海运建设实业有限公司的关联交易议案》，公司以下属广州远洋持有的广州特运的股权，增资广远投资的全资子公司建设实业，进一步提升中远海特房产出租经营效益，更好地支持和促进航运主业的发展。

【中远海科大事记】

转让深圳一海通 25% 股权 2019 年 3 月 28 日，公司召开第六届董事会第八次会议审议通过了《关于转让参股公司股权的关联交易议案》，公司拟将持有的深圳一海通全球供应链管理有限公司 25% 股权转让给东方海外（国际）有限公司下属公司 Gold Talent (HK) Limited。待交易完成后，公司不再持有深圳一海通股权。

启动实施 2019 年限制性股票激励计划 2019 年 12 月 9 日，公司召开第六届董事会第十五次会议，审议通过《关于〈中远海运科技股份有限公司 2019 年限制性股票激励计划（草案）〉及其摘要的议案》等相关议案，公司启动实施 2019 年限制性股票激励计划。

【海峡股份大事记】

公司实控人变更 2019 年 5 月 18 日，海南海峡航运股份有限公司（简称“公司”）控股股东海南港航控股有限公司（简称“港航控股”）开展股权合作签约暨重组工作筹备组成立揭牌仪式，海南省国资委代表海南省政府与中远海运签订了股权合作协议。海南省国资委将所持公司控股股东港航控股 45% 股权，无偿划转至中远海运集团下属全资子公司。股权交割完成后，中远海运集团下属全资子公司将通过港航控股间接持有公司股份，公司的控股股东仍为港航控股，公司的实际控制人由海南省国资委变更为国务院国资委。

2019 年，中远海运集团完成了对公司控股股东港航控股的重组，公司成为中远海运集团体系新成员，借助中远海运集团平台优势，公司逐步在机构、制度、平台、业务、财务等方面全方位实现与中远海运集团、港航控股平滑对接，先进管理理念的推动初显成效，随后将促进公司经营管理的变革。

公司运营模式变革 2019 年 9 月 1 日，为进一步提升琼州海峡客滚运输服务质量和优化运输组织方式，根据交通运输部珠江航务管理局及广东、广西、海南省交通运输厅联合印发的《琼州海峡客滚运输班轮化运营实施方案（试行）》，对琼州海峡客滚运输全面推行班轮化运营。对此，公司的琼州海峡客滚运输经营方式从“航班对等”的计划经济运营模式，到“大轮班”运营模式，转变为“班轮化”运营模式，结束了过去司机旅客过海不知何时开船、不知船停靠何处、不知登上何轮的“三不知”混乱局面，实现了“定船舶、定码头、定班期”的目标，促进了琼州海峡客滚运输良好的运输秩序，打造了安全、便捷、高效的琼州海峡客滚运输民生大通道。

【中远海运港口大事记】

2019 年 1 月，新加坡中远新港码头再次新增 2 个泊位，总泊位数增至 5 个，年设计处理能力达到 485 万标准箱，成为中新两国合作投资的最大项目，是双方在海丝之路的合作典范。

2019 年 4 月，公司在广州南沙区投资打造中远海运港口供应链基地项目，利用稀缺临港物流资源，开发中高端仓储业务，向上下游产业延伸。

2019 年 5 月，公司收购秘鲁 CSP 钱凯码头 60% 股权正式交割，中远海运港口海外第二个控股绿地项目落地，因受疫情等因素影响，该项目计划于 2024 年投入运营，致力于将钱凯港打造成为南美洲重要门户港。

2019 年 9 月，公司就出售长江三角洲地区多个港口资产权益，包括南京龙潭码头、扬州远扬码头及张家港码头签署股份转让协议，深化战略合作，优化码头组合，提升码头资产质量。

2019 年 11 月，国家主席习近平与希腊总理米佐塔基斯共同参观中远海运比雷埃夫斯港项目。比港集装箱年吞吐量破 500 万标准箱，比港位列地中海第一、欧洲第四大集装箱码头的地位进一步巩固。

2019 年 11 月，中远海运港口就出售中远海运港口（阿布扎比）有限公司 33.335% 股权签署股份转让协议。

2019 年 11 月，中远海运港口就增持北部湾港 5.66% 权益至 10% 签署股份转让协议。

【中远海运国际香港大事记】

2019 年 11 月 1 日，中远海运国际香港与挪威佐敦集团就合资成立的中远佐敦在上海举行股东协议续签仪式，表明中远海运集团和佐敦集团将全面提升合作，支持合营企业持续全面领先，为双方股东创造良好回报。

【东方海外国际大事记】

2019 年 4 月 30 日，公司宣布与以 17.8 亿美元出售长滩集装箱码头予由 Macquarie Infrastructure Partners 领导的财团。

2019 年 5 月 10 日，东方海外物流的业务网络已拓展至全球逾 40 多个国家，拥有超过 140 个营运地点。

2019 年 7 月 12 日，货讯通（CargoSmart Limited，东方海外集团旗下子公司，提供全球船运管理软件方案）宣布与海运业运营商执行全球航运商业网络（GSBN）服务协议，营运商方面包括达飞海运集团、中远海运集运、中远海运港口、赫伯罗特、和记港口集团、东方海外航运、青岛港、PSA 国际港务集团及上海国际港务集团。根据协议，各签署方承诺齐力投入资源，支援成立 GSBN 所需的筹备工作。GSBN 为致力于航运业数字化转型的非营利性联合经营体。

【中远海运比港（PPA）大事记】

2019 年 4 月 17 日，希腊国家总理米佐塔基斯总理视察比港。2019 年 11 月 11 日，国家主席习近平和夫人彭丽媛在希腊总理米佐塔基斯夫妇陪同下，视察了中远海运比雷埃夫斯港项目。国家主席习近平指出，“今天我在这里看到，中国倡议的‘一带一路’不是口号和传说，而是成功的实践和精彩的现实”“比雷埃夫斯港项目是中希双方优势互补、强强联合、互利共赢的成功范例。希望双方再接再厉，搞好港口后续建设发展，实现区域物流分拨中心的目标，打造好中欧陆海快线。我相信比雷埃夫斯港的前景不可限量，合作成果一定会不断惠及两国及地区人民”[①]。

2019年4月，PPA公司股票增值权项目启动。8 月 1 日获得国资委批复，9 月 23 日特别股东大会完成最终批准，共计五个多月时间即完成了股权激励项目的审批并正式执行，创下集团股权激励项目效率之最；该项目也是国资委首个中国企业在欧洲上市公司的股权激励项目，同时也是希腊第一个采用股票增值权方式进行股权激励的企业。股票增值权的执行把公司高级管理人员、关键岗位员工的薪酬收入与公司业绩表现更紧密地结合，使激励对象的行为与公司的战略目标保持一致，助力公司长远战略目标的实现；同时将股东利益与管理团队的利益紧密联系起来，促进股东价值最大化，极大的鼓舞了中层以上管理团队的积极性。（叶琦）

① 《习近平和希腊总理米佐塔基斯共同参观中远海运比雷埃夫斯港项目》，《人民日报》2019年11月13日。

资本市场荣誉

资本市场荣誉

【中远海控】

2019年1月，上榜新财富联合光华—罗特曼研究中心评选的首届“新财富最佳上市公司”TOP50排行榜。

2019年1月，获《董事会》杂志主办第十四届中国上市公司“金圆桌奖·董事会价值创造奖”。

2019年1月，获同花顺和智通财经主办的2018年度金港股“最具社会责任上市公司”奖项。

2019年2月，获首届国际航运科技与互联网大会“杰出航运公司”奖项。

2019年4月，获《亚洲周刊》评选的“全球华商1000最大运输及物流企业大奖”。

2019年5月，公司A股纳入富时罗素全球股票指数系列（富时GEIS）。

2019年7月，公司入围《财富》中国500强排行榜，位列75位。

2019年8月，荣获第十三届中国上市公司价值评选“中国上市公司资本运作标杆”奖。

2019年9月，公司股票第二年被纳入恒生可持续发展企业指数系列成份股。

2019年12月，荣获《董事会》杂志主办“金圆桌奖”优秀董事会奖。

【中远海能】

2019年11月，公司获得金麒麟2019年ESG高峰论坛暨首届中国ESG金责奖评选之“最佳社会责任奖”和“公司治理优秀企业奖”；获得金蜜蜂2019优秀企业社会责任报告“成长型企业奖”。

2019年，在上海证券交易所2018—2019年度信息披露工作评价中获得A级。

【中远海发】

2019年7月，中远海运发展入围《财富》中国500强，中远海运发展连续三年上榜。

2019年12月，中远海运发展入选由中国上市公司百强高峰论坛组委会发布的“2019年中国上市公司百强排行榜”。

2019年，中远海运发展在MSCI ESG评价报告中获评BB级评级。

2019年，在上海证券交易所2018—2019年度信息披露工作评价中获得A级。

【中远海特】

公司获得第三届中国企业评价协会评选的“2019中国企业社会责任500优”；在入围企业中，15%为国有企业，75%为上市公司，其中不乏工商银行、中移动、中国人寿、腾讯、百度这样的大型集团公司。公司一贯注重在法律道德、质量安全和能源环境的经营理念，以及在社会责任方面的贡献得到了社会和投资者的认可。

【海峡股份】

2019年，在深圳证券交易所2019年度信息披露考核中获得A级。

【中远海运港口】

2019年2月，荣获《BDO环境、社会及管治年度大奖2019》颁发的“ESG最佳表现大奖—

中型市值”“最佳 ESG 报告大奖—中型市值”及“SG 年度公司大奖—中型市值”。

2019 年 4 月，连续两年荣获《国际商业》杂志（*International Business*）颁发的“最佳港口运营商”及首次获得“最佳投资者关系（航运组别）”奖项；荣获《全球商业展望》杂志（*Global Business Outlook*）颁发的“最佳集装箱运营商奖”及蝉联“最佳投资者关系奖—交通行业”。

2019 年 5 月，荣获企业法务及合规专家团体 In-House Community 颁发的“2019 年度合规企业法务团队”奖项；连续两年荣获《国际金融》杂志（*International Finance*）颁发的“最创新港口运营商”奖项。

2019 年 6 月，连续八年荣获《亚洲企业管治》杂志颁发的“最佳投资者关系企业奖”及首次获得“亚洲最佳 CEO（投资者关系）奖”连续八年荣获《资本杂志》颁发的“资本杰出中国码头企业奖”。

2019 年 8 月，荣获 ***Business Tabloid*** 杂志颁发的“2019 年度最佳港口运营商”奖项；荣获 2019 国际年报大奖赛（ARC Awards）颁发的航运组别“年报银奖”“年报摄影铜奖”及“年报内页设计铜奖”。

2019 年 9 月，荣获 InnoESG 颁发的“2019 InnoESG 奖”；荣获《本识顾问》杂志颁发的“最佳 ESG 报告大奖—中型市值”“卓越环境披露奖”“卓越社会披露奖”及“创新领先报告奖”；荣获《金融衍生》杂志（*Finance Derivative*）颁发的“2019 年最创新码头运营商”和“2019 年最佳投资者关系企业奖”。

2019 年 10 月，在 2019 Galaxy Awards 的评选活动中，荣获“企业网站金奖”。

2019 年 11 月，荣获中国《商法》杂志颁发的“合规—年度卓越法务团队”及获该杂志评选为“空运、航运、物流—优秀法律团队”；荣获《财资》杂志颁发的“最佳环保、社会责任及企业治理金奖”；2019 全球贸易与国际物流高峰论坛期间入选《大国航运之路》授牌。

【东方海外国际】

东方海外国际旗下得东方海外航运荣获 2018 年“社会资本动力标志奖”，以表扬公司在香港建立社会资本的贡献。是次奖励计划由香港生产力促进局及香港特区政府设立的社区投资共享基金举办，公司乃第二次获得此两年一度的奖项。

东方海外航运出色的可持续发展工作及绩效连续三年于 BICEPS（ Boosting Initiatives for Collaborative Emissions-reduction with the Power of Shippers ）评级中获得最高的 A 级。BICEPS 是付货人选择其全球海运集装箱运输供应商时所考量的成绩单，仅有两家海运公司获得 A 级评级，东方海外国际是其中之一。

2019 年 6 月 28 日，东方海外国际在 Seatrade 亚洲海事颁奖典礼上获“绿色航运大奖”(Green Shipping Award)。这次颁奖典礼被视为业内最重要的活动之一，该项殊荣展示了业内对公司环境可持续性工作的认同。

东方海外航运获 2019 那年度“新加坡环保成就奖（区域类别）（Singapore Environmental Achievement Award (Regional)”，该奖项对致力在业务各范畴实现环境可持续性的企业作出表扬。本年度是公司第三次赢得同一类别的奖项，反映了公司出色的环境管理。

东方海外物流完成 2018 年度的 ISO 14064-1 温室气体数据报告及验证程序。此认证由劳氏质量认证有限公司（LRQA）颁发，乃公司坚持可持续发展及提供排放数据真实完整的长期承诺而获得的成就之一。

2019 年 11 月 11 日，在“香港可持续发展奖 2018/19（Hong Kong Sustainability Award 2018/19）”颁奖典礼上，东方海外航运夺得“香港可持续发展奖（Hong Kong Sustainability Award）”以及“优秀可持续发展措施奖（环境方面）（Outstanding Sustainability Initiative: Environmental Dimension）”两项殊荣。东方海外航运因在可持续发展及绿色倡议方面的努力和付出得到认同，荣获香港管理专业协会颁发此两项殊荣。

2019 年 12 月 10 日，在伦敦举行的 2019 劳氏日报欧洲海事奖（2019 Lloyd's List Europe Awards）颁奖典礼上，东方海外航运获得“卓越环境管理（Excellence in Environmental Management）”奖。

【中远海运国际】

2019 年，中远海运国际获得财资杂志 ESG 企业金奖、最佳投资者关系团队奖；获得香港投资者关系协会“Certificate of Excellence”（卓越证书）；获得美国通讯专业联盟“亚太区年报 50 大”“中国最佳年报 80 大”“远见奖（运输及物流行业）金奖”和“技术成就奖”。

【中远海运比港（PPA）】

2019 年，中远海运比港（PPA）在希腊第 4 届年度可持续发展峰会上荣获“环境类出色奖”（Special Award in the Environmental Category）。公司与合作伙伴合作开展的《环境质量监测计划》活动成效显著，因而获得表彰。该峰会主题为“创新可持续发展—企业领导人讨论如何将创新实践融入企业可持续发展战略”，吸引了来自希腊和国外的企业高管、学生和教授，以及媒体代表参加。

（叶琦）

上市公司业绩

上市公司业绩

2019 年集团控股上市公司业绩见表 8–1，股价表现见表 8–2。

2019 年集团控股上市公司业绩 表 8–1

上市公司	货币	2018 年净利润	2019 年净利润	同比变化
中远海控	人民币	12.30 亿	67.64 亿	+449.9%
中远海能	人民币	1.05 亿	4.32 亿	+310.5%
中远海发	人民币	13.86 亿	17.43 亿	+25.8%
中远海特	人民币	0.86 亿	1.01 亿	+17.27%
中远海科	人民币	0.83 亿	0.97 亿	+16.2%
海峡股份	人民币	2.1 亿	2.2 亿	+4.1%
中远海运港口	美元	3.25 亿	3.08 亿[①]	–5.1%
中远海运国际香港	港元	2.86 亿	3.31 亿	+15.5%
东方海外	美元	1.08 亿	13.48 亿	+1 147%
中远海运国际新加坡	新元	1 300 万	740 万	–43.1%
中远海运比港 PPA	欧元	2 790 万	3 540 万	+26.9%

2019 年集团控股上市公司股价表现 表 8–2

上市地	上市公司	货币	2019 年 12 月末收市价	市账率[②]（P/B 倍数）	股价较上年末变化
中国内地	中远海控 –A	人民币	5.27	2.10	30.4%
	中远海能 –A	人民币	6.38	0.90	43.7%
	中远海发 –A	人民币	2.59	1.26	13.6%
	中远海特	人民币	3.74	0.83	15.1%
	中远海科	人民币	11.30	3.98	26.0%
	海峡股份	人民币	12.80	3.42	42.7%
	上证指数	—	3 050	—	22.3%
中国香港	中远海控 –H	港元	3.16	1.12	7.1%
	中远海能 –H	港元	3.68	0.47	–5.9%
	中远海发 –H	港元	0.92	0.40	15.0%

① 如不计入青岛港国际一次性股权摊薄及新租赁准则影响，中远海运港口 2019 年度净利润 3.51 亿美元，同比上涨 8.1%。

② 市账率：指的是每股现价除以每股账面值（即净资产）所得的比率，又称市净率。由于航运股的盈利波动性较大，航运股的估值水平通常以市账率来衡量，而不是市盈率。

续上表

上市地	上市公司	货币	2019 年 12 月末收市价	市账率②（P/B 倍数）	股价较上年末变化
中国香港	中远海运港口	港元	6.38	0.52	–17.1%
	中远海运国际香港	港元	2.05	0.40	–23.8%
	东方海外国际	港元	37.80	0.74	–28.7%
	恒生指数	—	28 189	—	9.1%
新加坡	中远海运国际新加坡	新加坡元	0.33	1.43	0.0%
	海峡指数	—	3 222	—	5.0%
希腊	比港管理局（PPA）	欧元	21.85	2.81	49.0%
	雅证指数	—	917	—	49.5%

（叶琦）

集团控股上市公司市值

集团控股上市公司市值

截至 2019 年 12 月末，集团控股上市公司的市值规模合计约 1 675 亿元，较上年末增长 15.4%（表 8–3、图 8–1）。

集团控股上市公司市值　　表 8–3

	A 股市值（人民币）	港股市值（港币）	新加坡市值（新币）	希腊市值（欧元）	市值合计（人民币）	较上年末变化
中远海控	510.08 亿	73.05 亿	—	—	575.51 亿	+53.4%
中远海能	174.56 亿	42.72 亿	—	—	212.83 亿	+28.3%
中远海发	205.44 亿	30.29 亿	—	—	232.58 亿	+12.8%
中远海特	80.28 亿	—	—	—	80.28 亿	+15.1%
中远海科	34.27 亿	—	—	—	34.27 亿	+26.0%
海峡股份	84.53 亿	—	—	—	84.53 亿	+44.3%
中远海运港口	—	201.73 亿	—	—	180.71 亿	+14.0%
中远海运国际香港	—	28.15 亿	—	—	25.22 亿	–30.1%
东方海外国际	—	211.90 亿	—	—	189.81 亿	–34.7%
中远海运国际新加坡	—	—	7.38	—	38.19 亿	–4.8%
中远海运比港 PPA	—	—	—	5.46	42.69 亿	+41.9%
合计					1 675.30 亿	+15.4%

注：1. 以期末汇率折合为人民币的市值计算；

2. 上年末的市值合计为1 451亿元，不含海峡股份。

（叶琦）

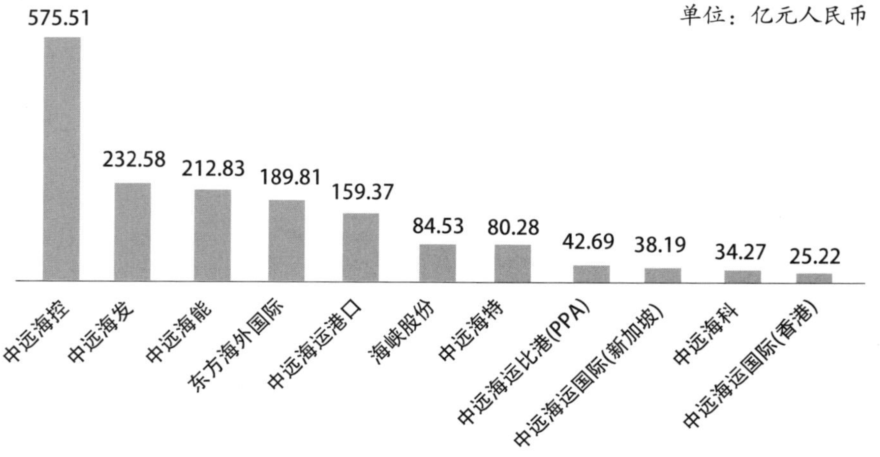

图8–1　2019年末集团上市公司市值

2020

CHINA COSCO SHIPPING CORPORATION LIMITED YEARBOOK

中国远洋海运集团有限公司

年鉴

第九篇

科技创新与数字化转型

概述

概　述

2019 年，中远海运集团根据企业战略规划和国家战略政策、行业发展趋势，聚焦“智慧航运”“智能制造”，提出“以智赋能、智慧驱动”，打造“卓越中远海运”企业愿景，设定 2025 年科技创新发展奋斗目标，明确科技创新发展方向，推动加快实施创新驱动发展战略。

在坚持科技创新驱动中，注重提升工作成效。积极开展年度科技创新典型案例总结及成果转化等工作；按照国家交通运输部要求，组织开展年度交通运输科技统计，报送科技发展概况、科技项目、成果奖励和标准、科研平台等各类统计报表 159 份，涉及科技项目 101 项，各类奖项、论文、专利、软著、标准规范等科技成果 708 项，集团科技成果总量和项目数量明显上升。加强船舶前瞻技术研究，落实智能船舶三年行动方案，联合国内产学研用等方面的 7 家重点单位签署合作开发协议，依托视频感知和压缩传输技术，探索岸端视频通信和态势感知，开展涉及智能避碰共性技术的研究；扩大智能船舶成果实船应用，完成 13 500 标准箱智能船试航和在 21 000 标准箱项目中的应用复制，落实 70 艘新造船开展智能化实施和预留预埋工作，扎实做好实船端数据的基础工作。

在信息化建设方面，加快推进集团“十三五”信息化规划落实，重点加强对集团统建系统 46 个项目的建设和推广；加快建设数据集成平台，积极落实国家部委信息化重点项目，助力集团数字化转型；推进 IT 基础设施整合，优化集团境内广域网络布局，扩大服务范围；牢牢把握航运创新发展方向，加快“智能 +”航运的建设步伐；严密筑牢网络安全防线，有序推进各项重点安全任务，搭建完善网安体系，加强统建系统运维管理，保障系统安全稳定运行。

科技创新

科 技 创 新

【科技创新体系建设】

为推动集团加快实施创新驱动发展战略，加强科技创新工作顶层设计，2019 年 8 月 28 日，集团正式发布《中远海运集团 2019—2025 年科技发展专项规划》。该规划依据集团战略规划和国家战略政策、行业发展趋势，提出“以智赋能、智慧驱动”打造“卓越中远海运”的愿景；坚持小步快跑的原则，设定2025年奋斗目标；聚焦“智慧航运”和“智能制造”，通过“一部科技规划”系统部署科技创新发展方向。中远海运集运、散运、特运、资产、中远海运（上海）等公司先后成立了科技创新领导小组。所属单位结合实际，研究制定了科技创新工作管理办法、科技创新工作推进计划。

2019 年，国家科信部以《集团科技发展专项规划》为引领，聚焦“智慧航运”和“智能制造”领域的 15 个重大科研项目研究方向，组织 2019 年度集团科研计划项目申报。对此，集团有 13 家单位、1 个管理本部和 2 个共享中心分别报送《集团科研项目建议书》66 份，涉及集团 6+1 产业集群的提质增效、安全生产和节能减排等多个领域；经过严格答辩评审，最终遴选出 23 项重点研发任务列入 2019 年度集团科研计划，研发总金额达 2.49 亿元。这是新集团成立以来第三批批准立项的科研项目，累计立项 75 项，总额达 4.85 亿元。此外，按照交通运输部要求，组织开展年度交通运输科技统计，梳理总结集团 2019 年度科技发展概况、承担科技项目和成果奖励、标准，以及集团科研平台等各类统计报表 216 份，涉及科技项目 139 项，各类奖项、论文、专利、软著、标准规范等科技成果 959 项，集团科技成果总量和项目数量明显上升。

集团以发起人身份参加中国科协组建“中国公众科学素质促进联合体”，彰显央企社会责任在“促进联合体“成立大会暨第一届理事会上，当选为常务理事单位，推动新时代全面科普事业迈上新台阶。集团所属青岛远洋船员职业学院利用全国“海员日”“航海日”“礼赞共和国、智慧科普日”等系列活动平台，先后组织航海类相关的学术讲座 10 余场，接待了 14 批次、350 余人的航海科普活动。

【科技创新制度建设】

在颁布《中远海运集团科技创新工作管理办法》的基础上，进一步加强科技创新活动的规范和指导，先后编制了《中远海运集团科研项目管理规定》《科技创新成果奖励规定》，出台了《关于做好 2020 年科研项目预算和科研支出预算的通知》《关于继续做好科技创新整改工作的通知》和《进一步做好研发费用加计扣除政策执行落实的通知》等相关制度，进一步规范和促进科技创新各项工作；印发《集团专业人才库建设管理办法》，明确建库人才库建库的职责分工、入库资格、建库程序、使用培养、动态管理和监督管理等关键内容；印发《中远海运集团科技型企业分红激励管理规定》，在“智慧航运”和“智能制造”两大技术创新领域选择上海船研所开展岗位分红激励和南京船配开展项目收益分红激励。

上海船研所 / 中远海运科技作为集团科研平台，将科技人才培养作为长期发展的重点工作常抓不懈。2019 年，公司先后制定颁布《岗位管理规定》《员工薪酬管理规定》《员工绩效管理规定》，构建了一套科学有效的人力资源管理体系，实现“全员纳入，通道发展”。中远海运特运持续提升公司科技创新能力和管理水平，先后起草《中远海运特运科技创新工作管理办法》和《中远海运特运科研项目管理规定》，从制度上明确了科技创新工作遵循的原则、组织机构与职责，规范了公司科研项目从申请 / 审批、过程、验收及成果鉴定和经费等的管理流程。中远海运重工为推进落实集团科技发展规划，提升公司科技创新能力和管理水平，不断完善和规范公司科技创新制度建设，先后修订和发布了《中远海运重工有限公司科技投入统计条目及归集办法》和《中远海运重工有限公司科研项目管理办法》，以进一步规范公司科研管理行为，确保公司科研项目管理工作的进一步科学化、规范化和制度化。

【协同创新】

中远海运集团始终坚持“开放、合作、共享”的科技创新模式，借助企业、院校、科研机构等各类创新主体的积极性和创造性，跨学科、跨部门、甚至跨行业组织实施深度合作和开放创新，加快集团科技创新链各环节的技术融合与技术辐射，加速集团成为行业的引领者。

2019 年 12 月，中远海运集团联合江南船厂、ABB、美国船级社、708 所、中国船级社等 20 家国内外合作单位，签署项目开发协议；通过搭建国际化的合作平台，逐步形成集团智能船舶设备安全管理标准、配置和设备接口标准；通过对收集到的数据进行系统分析及处理，服务于产业链各环节，推动航运产业数字化转型。

2019 年 7 月，中远海运集团牵头联合上海交大、迈润公司、中国船级社、708 所和上海船研所等国内外知名研究机构和企业，签署联合开发协议，依托视频感知和压缩传输技术，探索岸端视频通信和态势感知，开展涉及智能避碰共性技术的研究。

中远海运重工与哈尔滨工大、大连理工、大连海事、江苏科大、上海交通等高等院校，与上海船舶设计院、上海船研所等科研机构，与 BV、CCS、DNVGL、LR、ABS 等各大船级社建立了长期合作关系，分别就“多用途船型线开发关键技术研究”“极地多用途船线型开发和水池试验关键技术”等项目开展研究交流，通过产学研合作使公司在产品开发和科研攻关方面有了新的发展和进步。

中远海运港口与中远海运科技、中移智行、中移（上海）产研院联合成立“5G 智慧港口联合实验室”，稳步推进 5G 技术应用试点，推动 5G 赋能垂直行业，在厦门远海码头开展基于智慧港口的应用研究和试点，先后实现了基于 5G 技术的司机驾驶行为分析、AGV 控制指令 5G 传输、高精度定位和高精度地图采集和 5G 智能理货系统的上线。2019 年 12 月 25 日，全球首个基于 5G SA+MEC 端到端切片网络建成，现场实测时延平均 8 毫秒（已接近理论时延），华为工业型 CPE 投入使用，提升了专网的安全性和可靠性。

中远海运物流与大连海事大学签署战略合作协议，在人才培养、干部培训等方面开展合作交流。在国家实施粤港澳大湾区发展战略的宏观背景下，中远海运物流与香港物流商会、广州工商学院—粤港澳大湾区智慧冷链物流产业创新联盟，开拓冷链物流创新业务，合力打造覆盖大湾区的冷链物流供应链服务平台。同时，中远海运物流还分别与交通运输部科学研究院、希腊交通研究院、香港大学等单位开展产学研合作，共同开展“服务‘一带一路’中欧陆海快线全程供应链关键支撑技术研发与示范应用”“智能物流园区物联网关键核心技术研发及应用”等项目。

【主要创新成果】

2019 年，集团以国家重大科研攻关项目为抓手，重点围绕“安全航运、绿色航运、智慧航运、高效航运”，加快推进技术升级，积极组织各单位遴选优秀科技创新成果申报各级科技奖励。集团所属上海船研所、中远海运集运、中远海运电信和中远海运科技 4 家单位联合国内知名研究机构和大学完成的“智能船舶体系架构及关键系统技术研究”、中远海运重工和舟山中远海运重工联合完成的“绿色节能支线集装箱船关键技术研究与产业化”等3项成果获中国航运学会科技进步一等奖；南通中远船务和启动中远海运海工联合完成的“多点系泊圆筒型浮式生产储卸油平台（FPSO）关键技术研发与应用”获江苏省科技进步一等奖；中远海运特运与上海交通大学合作完成的“大型海洋平台性能监测和安全预警关键技术与应用”获上海市科技进步一等奖。

2019年集团共获得中国航海学会、中国机械工业联合会、中国海洋工程咨询协会等和上海市、广东省、江苏省省部级科技进步一等奖9项、中国创新设计产业战略联盟“2019好设计”金奖1项。

【主要科技成果转化】

2019年，中远海运集团以国家重大科研专项为抓手，加快技术转型升级，积极组织申报科技创新项目、加大科研投入，重点抓好智能船、智能制造科研成果示范应用与转化和智能制造示范成果转化。

集团积极推进“智能船舶顶层设计及部分智能系统应用示范”研究成果转化，其研究成果在国内首艘大型集装箱智能船舶13 500标准箱“荷花号”、国内首艘商用超大型集装箱智能船舶21 000标准箱“行星号”等船舶得到应用，获得中国船级社i-ship（N，M，E，I）船级符号和英国劳氏船级社Digital Ship符合性证书，为中国大型远洋集装箱船开启了智能发展的新篇章。在此基础上，智能船舶系统解决方案已在集团新造船全面推广，已落实包括70余艘新造船开展智能化系统实施和智能系统预埋预留工作，船型涵盖了覆盖集装箱船、散货船、半潜船、客滚船、油轮、矿砂船、纸浆船等多种船型，夯实船端数据收集的基础工作，为集团全面实施船舶智能化、船队数字化奠定基础。

结合智能船舶关键系统和应用方向，综合考虑智能系统功能和关联，上海船研所和有关研究机构开展“智能船舶综合测试与验证研究”和“智能船舶国际海事公约及标准”研究，通过测试场景设计，完善智能船舶研发与运营的验证体系。在此基础上同步开展智能船舶的系统模型测试、校准方法、系统要求、适用性等技术研究，制定智能船舶相关标准，为智能船舶产业链上的相关方提供协同创值和增值服务，适应相关规则、法规、规范及航行惯例的要求，推动智能船舶规范有序发展。

中远海运重工响应集团“智能制造”持续深化的要求，研究制定“重工智能制造顶层设计方案”及“智能制造三年滚动计划”，分层次、分步骤推进公司智能制造工作。南通中远海运川崎作为国内船舶行业智能制造标杆企业，一直致力于智能船厂建设。2019年，南通中远海运川崎在前期两化融合、智能制造基础上，深入完善以“工序标准化、员工多能化、改善持续化”为主要内容的精益管理体系，重点推进“一体化三维设计研究、面向智能制造的工艺设计”，进一步提升了数字化设计能力。通过三维数字化设计的协同化、工艺设数值模拟、钢板加工可视化仿真等手段进一步提升了数字化建模和工艺设计能力。同时，南通中远海运川崎还持续推进制造装备智能化，将扩大机器人应用和实施生产线自动化改造作为智能制造的切入点，以提高生产效率、减少人工成本、减轻劳动强度、改善作业环境，从而持续提升企业核心竞争力。2019年，南通中远海运川崎推进“全面印字生产线、小组立定盘焊接机器人生产线、小二径自动化加工生产线、大组立焊接机器人生产线”等智能化项目，推进“VOCs改造技术研究与应用”等绿色造船生产线升级的应用研究。

中远海运特运通过集团航标系统，强化提质增效和标准化建设，大幅提升船岸管理水平。公司加强燃油管理，指导、监督船舶燃油使用情况，借助航标系统能效管理模块上线；通过船端每航次制定具体详细的能效管理计划、填写执行记录，岸端实时监控执行情况等措施，有效控制船舶燃料消耗，做到每月进行船舶航次燃油达标、航速达标效能评估，燃油节约累计9 162吨，共约2 826万元人民币；借助航标系统润料管理模块上线，全面实现船舶润滑油的库存化管理，利用滑油供应商相关技术人员各方面信息，针对当前燃润油使用新变化、管理问题以及可能出现的突出问题，进行多项技术研讨；升级优化物料标准化管理，实现常用物料的定期定量配送；加强库存管理，减少冗余库存；实施分类管理，杜绝重复浪费；启动备件管理标准化工作，开展备件生命周期和全生命周期管理研究；对同种船型、同类船舶实施船舶备件库共享，大型备件实施互相调拨，进一步减少船舶库存量。

【科技创新软课题研究】

2019 年，集团研究咨询中心重点围绕三个方面开展科技创新软课题研究。

研究构建干散货健康指数模型。通过理论研究与实地业务调研，确定影响干散货航运市场成本的关键因素；在权威机构数据采集、筛选的基础上构建多个数据库，调整优化并确定科学合理的计算方法。构建干散货健康指数（DBI）模型，完成船舶健康指数编制与修改，完成船舶成本数据库搭建及数据更新，其中二级指数“船舶管理指数”（OPEX INDEX）已在 2019 年国际海运年会上由波罗的海航运交易所正式发布。

研究自主航行船舶的应用对船舶管理的影响。跟踪分析 IMO 在自主船技术、法规监管等方面的最新发展，分析和总结 IMO 法规监管方面的方向和框架；对航运企业在自主船管理和船员管理等方面的应对措施进行进一步研讨、补充和完善，形成具体建议。预测自主船应用对船舶管理、船员管理、安全配员、航运经济性等方面的影响，协助政府部门梳理 IMO 相关公约法规，以中国政府名义撰写两份有关自主船议题的提案。

研究区块链技术在航运领域的应用。与北京大学共同主办“2019 智慧口岸与航运研讨会”，介绍课题成果并获得了北京大学新一代信息技术研究院、天津市口岸办、IBM、中国移动、工信部“可信区块链推进计划”参会代表的一致认可。通过对马士基牵头成立的区块链平台 TradeLens 的研究，分析了区块链的价值、应用中的难点，并对集团区块链应用发展提出专题报告。

（卢艳雯）

数字化转型

数字化转型

【推进信息统建项目建设】

2019年，严格贯彻落实国资监管信息化建设"三年行动计划"，完成大额资金、三重一大等重点项目建设，并根据中远海运"十三五"信息化规划，加快推进集团信息统建系统46项，已完成35项；同时加强对所属单位非统建系统管理，满足个性化经营管理需求。集团信息系统的整体布局和建设基本成型，避免信息孤岛，减少成本投入，建设了数据集成平台，规范了数据标准，提高了数据信息流转能力；重点开展包括OA协同办公及档案管理系统、SAP管理系统、主数据管理系统、邮件系统、财务核算系统、社保系统、税务系统、科技创新系统、党建平台、航标平台等统建系统以及集运IRIS4系统和内贸系统非统建项目建设。

【推进IT基础设施整合】

在数据中心机房方面，持续跟踪各单位数据中心机房的"关停并转"情况；中远海科研发大楼的机房已完成建设并搬迁，并获得CQC1313-2017增强级[对应GB50174-2008（环境）A级]认证。在网络线路优化方面，启动了集团境内广域网专项整合（二期）项目，全年完成14家直属单位33个节点搭建，整合优化专线和集团境内广域网络布局，扩大服务范围。在云资源共享方面，启动和运行中远海运科技云平台，获得计算机软件著作权登记证书和工业和信息化部《多云管理平台解决方案》可信云认证、国家信息安全等级保护（三级）测评复测。截至2019年底，该平台已为30个集团内外企业组织和111个项目组提供工作空间，有400余个用户订单在平台完成受理并执行相应虚拟机申请、磁盘变更等操作。

【部署和推动数字化发展】

根据集团提出的"智能+"发展思路，加快"智能+"航运建设步伐，推动数字化转型，组织集团内60余位信息化相关负责人参加集团信息化交流培训，并邀请华为、集运、OOCL、中远海运科技等专家，在数字化转型顶层设计以及具体实操等方面交流经验。

【筑牢网络安全防线】

2019年，集团组织推进落实邮件安全、重大活动安保、执法检查、HW2019网络安全攻防实战演习、互联网存储数据资产排查等多个专项行动，荣获国家网络与信息安全信息通报中心的"中央企业网络与信息安全信息通报工作先进单位"称号。

在管理体系方面，持续完善并有效运行集团总部信息安全管理体系，获得中国船级社质量认证外审证书；启动2019年集团信息安全管理体系运维项目，形成体系文件初稿；督促各单位尽快完善网信安全应急预案。在技术体系方面，重点组织研究电脑终端、互联网应用云WAF统一防护方案；根据HW攻防演习预防和后续总结情况，在北京数据中心机房部署堡垒机、防火墙、数据库审计和日志审计等设备。全年未发生重大及以上网络安全事件。在运维管理方面，未发生一般事故等级以上的系统安全问题。根据各类统建系统的特点，编制5类系统的运维实施体系，进一步规范日常运维程序，并将系统停机运维等工作纳入OA审批流程。（高伟燔　张琪）

2020

CHINA COSCO SHIPPING
CORPORATION LIMITED
YEARBOOK

中国远洋海运集团有限公司

年鉴

第十篇

企业党建

概述

概　述

2019 年，中远海运集团党组以习近平新时代中国特色社会主义思想和党的十九大精神为指导，认真贯彻落实党的十九届四中全会精神，坚持新时代党的建设总要求，坚持把方向、管大局、保落实，聚焦实现高质量发展中心任务，积极应对中美贸易摩擦严峻挑战，深入开展“不忘初心、牢记使命”主题教育，持续深化全面从严治党，全面提升党建工作质量。习近平总书记视察比雷埃夫斯港对集团改革发展和“一带一路”建设给予充分肯定。集团连续 3 年被国务院国资委评为经营业绩考核 A 级，被国资委党委评为 2018 年度党建考核 A 类“好”企业。

是年，集团深入贯彻全国宣传思想工作会议和中央企业宣传思想工作会议、外宣工作会议精神，增强“四个意识”、坚定“四个自信”、做到“两个维护”，按照“坚定航向、汽笛长鸣、乘风破浪”的总体思路，提高政治站位，把握企业大势，高扬爱国主义主旋律，唤起初心使命感召力，提升干事创业凝聚力，宣传思想工作建设成果突出，为新时代集团改革发展事业提供了强大的思想保障和精神动力。

是年，集团各级纪检监察（监督）机构认真贯彻落实十九届中央纪委三次全会精神，坚持稳中求进工作总基调，扎实推进企业纪检监察体制改革，紧密结合集团实际，聚焦主责主业，创新方式方法，强化监督执纪问责，持续正风肃纪，一体推进不敢腐、不能腐、不想腐，为集团改革发展提供纪律保障。

在巡视工作中，不断提高巡视工作的政治站位，准确把握新时代赋予巡视工作的责任和使命；注重强化巡视工作职能，推动巡视监督和审计监督的有机融合，对集团巡视工作机构设置进行调整；坚持做好集团两轮内部巡视工作，做好集团直属单位的巡察工作。

在信访、维稳、综合治理方面，集团坚持抓早抓小抓源头，落实稳定风险排查评估，依法分类调处矛盾，积极推进积案化解，有力保障了新中国成立 70 周年、第二届进博会等重大活动顺利举办和集团深化改革重组工作顺利推进，圆满完成了总部各项重大安保任务，有效维护了企业和谐稳定，实现了集团无重大群体性事件、无进京群访事件、无重大刑事案件的目标。

党建工作

党建工作

【贯彻落实习近平总书记对本行业本企业重要指示批示精神】

集团党组把贯彻落实习近平总书记对本行业本企业重要指示批示精神和党中央决策部署作为增强“四个意识”、做到“两个维护”、对党绝对忠诚的重要政治任务，不折不扣抓好贯彻落实。

贯彻落实“一带一路”建设系列重要指示批示精神。集团坚决落实习近平总书记重要指示精神，充分发挥全球最大综合性航运企业优势，自觉承担国家“一带一路”倡议的政治责任、经济责任。一是积极布局“一带一路”全球支点网络，强化航运产业链核心资源控制。二是积极参与建设国际新通道，提升全程供应链服务，推动产业向价值链高端迈进。主动整合航运物流上下游产业链，收购新加坡最大物流公司高昇控股，投资哈萨克斯坦霍尔果斯东门无水港、阿联酋阿布扎比哈里发码头集装箱拆装箱场站等重大物流项目，取得良好经营效益。

贯彻落实建设海洋强国、航运强国重要指示精神。集团聚焦“海洋强国、航运强国”战略，积极构建国际航运合作新格局，持续创效创业创新，在国际行业竞争中实现了从跟跑向并跑、领跑的转变。集装箱船队规模进入全球班轮行业第一梯队。集团境外资产占总资产的比重达到57.6%；境外收入占比年均达到56.2%，境外利润占比年均达到53.7%，已成为具有全球竞争力的综合性航运企业。

贯彻落实对集团比港建设的重要指示。2019年11月18日，集团党组书记、董事长许立荣主持召开第33次党组会，专题传达学习贯彻习近平总书记视察比港重要讲话精神。11月20日，集团党组印发《关于深入学习宣传贯彻习近平总书记视察希腊比雷埃夫斯港重要讲话精神的通知》，号召全系统各级党组织和广大党员干部充分认识学习贯彻习近平总书记在比港重要讲话精神的重大政治意义、历史意义、理论意义和现实意义，带着感情学习、带着使命思考、带着问题领悟、带着责任落实。通知印发后，集团各级党组织把学习宣传贯彻习近平总书记视察比港重要讲话精神作为首要政治任务和头等政治大事，迅速兴起学习宣传贯彻习近平总书记重要讲话精神的热潮。截至2019年底，比港码头吞吐量已从接管之初的68.5万标准箱提升至500万标准箱，在全球港口排名由第93位跃升至第32位，成为地中海区域发展最快的港口。比港的集装箱码头、邮轮码头、汽车码头、修造船、渡轮码头以及物流仓储等六大业务板块也已逐渐落地。

贯彻落实关于阿联酋阿布扎比哈里发码头建设重要指示精神。2018年12月10日，在习近平总书记当年访问阿联酋5个月后，集团与阿方隆重举行了哈里发码头开港仪式。哈里发港成为集团继投资和成功运营希腊比雷埃夫斯港后，在“一带一路”沿线投资经营的又一重要战略支点，这是中阿长期友好合作的又一重大成果，标志着中国和阿联酋“一带一路”项目合作跃上新台阶。

贯彻落实在访问巴拿马期间慰问“中远海运玫瑰”轮时重要指示精神。集团党组牢记习近平总书记重要嘱托，重点抓好两方面的工作：一是善用巴拿马运河，不断优化物流运输。加快拓展中美洲业务，制定、完善在中美洲发展的2020年规划。加大在巴拿马码头投资力度，关注巴拿马港口的投资机会，在巴拿马设立码头作为中转基地，盘活集运航线网络，增强在中美洲地区的服务辐射能力。二是关心关爱船员，加快建设国际一流船员队伍。切实管理好、使用好、服务好、发展好船员这一宝贵资源，把总书记对船员的关心关爱落到实处。以船舶党建为核心，丰富船员在船文化生活，加强人文关怀，解决船员生产、生活实际困难，以扎扎实实的工作和细致入微的服务，不断增强广大船员的幸福感、获得感和成就感。

贯彻落实关于北极航道建设重要指示精神。在特种运输方面，截至2019年底，集团共执行22个航次的北极东北航道商业化航行。是年6月7日，在圣彼得堡中俄经济论坛期间，在俄罗斯联邦副总理马克西姆·阿基莫夫的见证下，集团与丝路基金、俄罗斯诺瓦泰克公司、俄罗斯现代商船公司“四方”联合签署了《关于北极海运有限责任公司的协议》。协议的签署，是落实习近平总书记重要指示精神，践行“一带一路”倡议、打造“冰上丝绸之路”，积极参与北极航道商业化运作的重要举措。

贯彻落实关于海南自由贸易试验区建设重要指示精神。集团与海南省政府签署战略合作协议，双方积极响应习近平总书记和党中央赋予海南建设自由贸易试验区和探索建设中国特色自由贸易港的重大使命，服务国家重大战略，充分发挥双方优势，在推动航运逐步开放、优化整合港口资源、设立国际航运交易场所、推进总部基地建设、深化琼州海峡合作等方面深入合作，以加快建设海南自由贸易试验区，逐步探索、稳步推进中国特色自由贸易港。

贯彻落实关于推动中波友谊航船全速前进重要指示精神。集团全力支持中波公司发挥自身优势，不忘初心，继续前进，在新时代擦亮中波金字招牌，为中波两国经济发展再作贡献。一是坚持传统航线，优化营销策略和航线布局。指导中波公司积极融入集团在中东欧波兰的发展布局。二是积极融入“一带一路”和中国—中东欧“16+1”合作战略。2019年，波兰中国总商会在华沙成立，中波公司被选举为总商会副会长单位。三是积极推进文化交流。支持中波公司不断巩固传统友谊，加强两国文化交流。（窦文金）

【上级精神贯彻落实】

集团党组把政治建设放在首位，坚决做到“两个维护”，持续推进学习贯彻习近平新时代中国特色社会主义思想往深里走、往心里走、往实里走。坚持中心组学习制度，全面系统、及时跟进学习习近平总书记最新重要讲话精神，增强贯彻落实中央重大决策部署的思想自觉、行动自觉。制定工作方案，在全集团掀起学习贯彻党的十九届四中全会和习近平总书记视察比港重要讲话精神的热潮。系统梳理习近平总书记对本行业本企业重要指示批示精神贯彻落实情况，认真对标对表，强化工作落实，在航运强国和“一带一路”建设等方面取得重要进展。制定《向党中央请示报告重大事项实施办法》，向党中央请示报告重大事项22次，中央领导和相关国家部委11次作出批示指示。比雷埃夫斯港建设和中欧陆海快线成为“一带一路”建设的成功范例。

党组坚持服务大局，主动担当，切实履行央企政治责任、社会责任。集团深度参与服务第二届中国国际进口博览会和博鳌亚洲论坛等国家主场外交活动。集团连续19年为博鳌亚洲论坛提供服务保障，并将会议服务拓展到进博会。集团坚决落实中央脱贫攻坚部署，投入资金6 000万元，聚焦精准扶贫，扎实推进定点帮扶项目落地。类乌齐、洛隆、安化县成功摘帽，集团连续两年获评中央单位定点扶贫工作考核最高等级“好”。

党组扛牢中央巡视整改政治责任，认真对照习近平总书记指出的“四个有差距”突出问题，把巡视整改与主题教育、日常监督、深化改革结合进来，持续推动中央巡视整改常态化长效化。认真开展中央巡视整改自查，定期跟踪巡视整改情况。在2018年基本完成中央巡视整改任务基础上，聚焦海工产品去库存、降低核心板块资产高负债率、清理高尔夫球卡等问题，持续深化整改，取得积极进展。（窦文金）

【党建工作会】

2019年1月12—13日，中远海运集团召开

2019 年工作会、党建工作会暨一届三次职代会。集团董事长、党组书记许立荣作总结讲话，集团副总经理、党组副书记孙家康作集团 2019 年党组工作报告。集团外部董事刘章民、何庆源、徐冬根出席会议。集团副总经理、总会计师孙云飞，副总经理丁农、王宇航、俞曾港出席会议。

会议对 2018 年集团党建工作从七个方面进行了全面总结。一是全面加强政治建设，坚决贯彻落实党中央决策部署；二是全面落实政治责任，坚决做好巡视“后半篇文章”；三是全面提升组织力，扎实推进基层党建工作；四是全面贯彻新时代党的组织路线，推进干部人才队伍建设；五是全面加强文化建设，塑造良好品牌形象；六是全面落实“两个责任”，深入开展党风廉政建设；七是全面加强党对群团工作领导，营造和谐稳定大局。对 2019 年党建工作从六个方面进行了重点部署。一要提高政治站位，推动党的全面领导有新加强；二要突出政治功能，推动基层组织力有新提升；三要强化政治标准，推动干部人才队伍建设有新活力；四要落实政治责任，推动全面从严治党有新成效；五要突出政治引领，推动宣传思想工作有新格局；六要强化政治领导，推动群团工作有新局面。（陶广昭）

【党组会议】

2019 年，集团党组坚持发挥把方向、管大局、保落实领导作用。面对风险挑战明显上升复杂局面，党组统揽全局、迎难而上，坚持稳中求进，保持战略定力，积极贯彻新发展理念、扎实推进供给侧结构性改革，深化“一带一路”建设，坚定稳妥、沉着应对中美经贸摩擦和美国“制裁”。党组把加强党的领导和完善公司治理有机结合，推动“两个一以贯之”落实落地，坚持重大事项决策前置程序，细化前置研究清单。全年召开党组会 35 次，研究议题 125 项，其中前置研究讨论重大经营管理事项 60 项，确保集团改革发展正确方向。（窦文金）

【民主生活会】

2019 年 1 月 26 日，中共中国远洋海运集团有限公司党组按照中央统一部署，召开 2018 年度党员领导干部民主生活会。集团党组书记、董事长许立荣同志主持会议并作总结讲话，中央第 44 督导组有关领导出席会议并作指导讲话。

集团党组和班子成员围绕强化创新理论武装，树牢“四个意识”，坚定“四个自信”，勇于担当作为，以求真务实作风坚决把中央决策部署落到实处这一主题，结合对照党章党规找出的问题、基层调研发现的问题、谈心谈话指出的问题、向职工群众征求的意见建议等，进行深刻对照检查剖析，严肃开展批评和自我批评，明确努力方向和改进措施。班子成员还如实报告了本年度个人有关重大事项、配偶子女从业情况以及巡视反馈、组织约谈函询等问题，达到了统一思想、增进团结、互相提醒、强化监督、共同提高的目的。

督导组领导同志对会议召开情况给予充分肯定，并对集团党组下一步工作提出三点希望和要求。许立荣同志进行会议总结，并对民主生活会后续工作进行部署。

集团党组工作部、党组纪检组工作部主要负责人列席会议。（陶广昭）

【党建述职评议考核】

3 月 1 日，中远海运集团党组召开 2018 年度集团二级单位党组织书记抓基层党建述职评议会。集团党组书记、董事长许立荣进行点评并作讲话。中央组织部二局副巡视员、组织三处处长崔亚飞同志对会议进行了指导点评，中央组织部组织二局组织三处干部杨童心同志出席会议。中远海运资产、中波公司、厦门中远海运、中远海运博鳌、青岛船院等 5 家直属单位党委书记先后围绕 2018 年度抓基层党建工作分别述职。许立荣党组书记、董事长对参加现场述职的党委书记逐一点评，既客观公正肯定成绩，又直面问题提出要求。中央组织部有关领导就进一步做好党组织书记抓基层党建工作，对本次述职会进行了点评，并对加强集团基层党建工作进行了具体指导。集团总助级领导、集团党群部门负责人及相关处室负责人列席会议。（陶广昭）

【基层党建】

2019年，集团党组全面落实中央企业基层党建推进年要求，结合实际谋划部署和推进集团基层党建工作。一是党建责任进一步压实。集团党组召开党建工作会议，制定印发《2019年党建工作要点》，与二级单位党委签订党建工作责任书，压紧压实党建工作责任；召开二级单位述职评议考核会，实现现场述职评议考核三年全覆盖。二是组织建设进一步优化。成立集团机关党委、机关纪委；集团6家二级单位召开党代会完成换届选举；将境外二级单位党组织全部调整为党委建制，强化海外事业发展组织保障；召开船舶管理和船员教育专题会，理顺船舶党建工作职责，夯实“支部建在船上”党建优良传统。三是开展基层党组织书记集中培训。主题教育期间，党组举办集团基层党组织书记示范培训班、集团船舶党建管理工作培训班，160余名基层支部书记参训。全系统共举办基层支部书记培训班培训170批，2 317人参训，实现了基层支部书记集中轮训全覆盖。四是党建基层基础工作进一步规范。强化基层党建规范化、标准化、信息化建设，指导所属单位制定党建工作标准化工作细则，完成集团党建信息化系统开发并上线运行。五是境外党建进一步彰显特色。召开境外企业党建工作会，党组巡视组对欧洲公司和澳洲公司进行了巡视反馈，纪检监察组对在韩国、日本、希腊、阿联酋等公司进行了调研和监督检查。境外各级党组织始终坚持把政治建设放在首位，按照“五不公开”原则，坚决服务国家大局、维护国家利益。（陶广昭）

【党建融合】

2019年，集团党组在全集团大力倡导“党建工作做实了就是生产力、做细了就是凝聚力、做强了就是竞争力”的“三做”理念，广泛弘扬“理想信念坚定压舱、工作责任落实满舱、精神状态迸发爆舱”的“三舱”精神，持续推动集团各级党组织党建工作与生产经营紧密融合，同频共振。中远亚洲轮党支部坚持和传承“支部建在船上”的优良传统，把思想政治工作贯穿于船舶安全生产和精益管理的全过程，形成了独具特色的船舶安全和精细化管理文化，有力带动了整个集装箱船队的安全准班、高效营运。中远海运空运第二届进博会服务团队在党支部带领下，戮力同心，克服一切困难，为21个国家和地区的国际运输、900多个展商的主场运输，以及19个国家和地区的37家特装施工提供了优质服务，受到上海市委、市政府表彰。中远海运希腊比港党组织带领18名中方员工，充分发挥党建工作优势，加强多元化文化管理、突出文化融合，和3 000多名希腊当地员工一道，将比雷埃夫斯港建设成为“一带一路”行业标杆和中希两国合作典范。中远海运博鳌成立第二届进博会服务保障临时党支部，带领390名员工高质量完成进博会服务保障工作，受到中央有关部委和上海市政府高度评价。（陶广昭）

【直属党委工作】

统筹抓好上海和北京地区各单位的发展党员工作，印发《关于做好2019年发展党员工作的通知》，根据上海市委组织部下达的2019年发展党员指导性计划，对2019年党员发展指标进行分解，并根据各单位发展情况及时进行内部调剂，督促各单位用好用足发展指标，按计划、高质量完成全年377个发展指标。规范发展党员工作，根据上海市委组织部《发展党员工作调研检查情况反馈》，组织上海和北京地区单位进行整改，研究制定《中国远洋海运集团有限公司总部机关发展党员工作操作规范》。向上海市委组织部推荐发展党员重点单位和重点培养对象。协调集团党校，先后开办 3 期发展对象培训班、2 期入党积极分子培训班，对 150 名发展对象、98 名入党积极分子进行了培训。 （赵中博）

宣传思想工作

宣传思想工作

【开展“不忘初心、牢记使命”主题教育】

在党中央的统一部署下，从2019年6月起，全党自上而下分两批开展“不忘初心、牢记使命”主题教育。

在中央巡回督导组和中央指导组的督促指导下，集团各级党组织和广大党员干部，深入学习贯彻习近平总书记关于开展主题教育“四个注重”[①]“四个到位”[②]的重要讲话精神，牢牢把握总要求，紧紧聚焦主题主线，高起点谋划、高标准部署、高质量推动两批主题教育各项工作落实落地、走深走实。

1. 坚持领导带头，周密进行动员部署

集团党组把主题教育作为重要政治任务，集中力量精心组织，制定两批主题教育实施方案，召开主题教育动员部署会，实现总部与基层、境内与境外全面动员、一体宣贯。党组班子以上率下，做到“六个带头”；集团各级党组织把领导带头作为开展主题教育的一项重要原则，党员领导干部主动扛起政治责任、发挥关键作用。集团党组成立4个指导组和2个巡回指导组，召开2次指导组工作培训会，编发《指导工作手册》，印发12期《主题教育工作提示》，明确阶段性工作要求；各直属单位成立164个指导组，坚持因地制宜、强化分类指导。两批主题教育中，集团领导到基层单位调研指导主题教育79次，各直属单位领导到所属基层单位调研指导706次，各直属单位指导组到基层单位指导主题教育1 097次，确保规定动作不走样、自选动作有特色。

2. 坚持理论武装，扎实开展学习教育

集团党组坚持把学习教育贯穿始终，将学习贯彻习近平新时代中国特色社会主义思想作为根本任务，着力在学懂弄通做实上下功夫，在真学真信真懂中强化理论武装。集团党组充分发挥“头雁效应”，坚持全面系统学、及时跟进学、联系实际学，精心打造“1+7+3”学习模式，并与交通运输部党组理论学习中心组开展联学，编辑出版《思想领航》，引导党员干部读原著、学原文、悟原理，持续加强理论武装。集团所属单位党组织坚持利用个人自学、集体研讨、专题辅导、座谈交流等方式，认真学习、研读中央指定书目和内容，深入开展学习研讨；各基层党支部组织党员认真学习《习近平关于“不忘初心、牢记使命”论述摘编》，并通过“三会一课”“主题党日”等形式，开展常态化学习。船公司组织船舶党支部开设“海上课堂”，开展“流动党员，不变支部，永恒党性”活动，推动主题教育在“浮动国土”上生动开展。各境外企业以读书会、党建联建等形式开展主题教育。全系统党员干部讲专题党课1 734次，36 082人次参加；开展集中学习研讨3 652次，40 064人次参加；举办专家辅导240次；基层支部书记讲党课、报告学习体会3 211次。

3. 坚持聚焦短板，深入基层调查研究

集团党组成员坚持问题导向，聚焦“一带一路”建设、企业治理和提质增效、船员队伍建设等问题广泛深入调研；召开党组调研成果交流会、对照党章党规找差距专题会、主题教育专题民主生活会，深刻检视剖析，严肃认真开展批评和自

---

① 《习近平在河南考察时强调 坚定信心埋头苦干奋勇争先 谱写新时代中原更加出彩的绚丽篇章》，《人民日报》2019年9月19日。

② 《习近平在内蒙古考察并指导开展“不忘初心、牢记使命”主题教育时强调 牢记初心使命贯彻以人民为中心发展思想 把祖国北部边疆风景线打造得更加亮丽》，《人民日报》2019年7月17日。

我批评。两批主题教育中，集团党组对检视出来的各类问题进行了梳理，形成涵盖七个方面45个问题的整改方案和问题清单，并逐项推进整改落实。各级党组织围绕企业改革发展问题、企业党建问题和群众最急最忧最盼问题，求真务实开展调查研究。全集团党员干部共开展调研2 097次，召开调研成果交流会336次；征集意见建议6 203条；经梳理合并，各直属单位和基层单位党组织制定整改方案涵盖问题5 986个，以检视问题实效推动主题教育往深里走、往实处落。

4. 坚持精准发力，统筹联动整改整治

集团党组聚焦解决突出问题，切实增强抓好整改落实的责任感紧迫感。各级党组织着力提升整改落实的质量与效果，坚持刀刃向内真刀真枪解决问题。截至2019年底，集团党组整改方案中45个问题已有40项整改到位。其中，降低核心板块资产负债率、教育资源整合、推进国有企业退休人员社会化管理、加强集团内部协同等工作，取得积极进展并持续推进。围绕中央要求的八个方面专项整治，集团党组以深入开展“六项自查”、船员违法违纪专项整治、集中整顿软弱涣散基层党组织为抓手，全力推进整改整治。截至年底，集团专项整治台账中2019年限期整改的15项措施全部落实到位，2020年底前限期整改1项以及其他35项持续整改项均有效落实并持续改进。集团所属单位对调研发现的问题、群众反映的问题、自身查找的问题列出清单、建立台账，并统筹联动、一体整改。两批主题教育中，各级党组织共落实专项整治措施1 709项、完成问题整改4 276个。

5. 坚持夯实基础，全面提升基层组织力

集团通过主题教育不断加强“三基建设”，积极践行“三做”党建工作理念，促进党建工作和企业中心工作深度融合。集团党组先后举办船舶管理培训班、基层党支部书记示范培训班，160名基层支部书记、船舶政委参加培训。全集团各单位组织基层党支部书记、党务工作者2 317人参加培训，着力提升基层党务干部履职能力。同时，各级党组织不断提升基层党建工作制度化、规范化水平，制定党支部工作考评细则，推进基层支部标准化建设。集团各级党组织在主题教育中通过加强组织力建设，压实党建责任，积极打造特色党建品牌，基层党组织战斗堡垒作用和党员干部先锋模范作用得到充分发挥。

6. 坚持典型引领，多措并举营造氛围

集团党组在主题教育中积极运用各种媒体把握舆论导向，通过宣传“央企楷模”集团希腊比雷埃夫斯港管理团队、“最美奋斗者”杨怀远、“最美港口人”傅承求、连续6年援藏干部徐步的先进事迹，出版《回望初心》故事集等方式，教育引导广大党员干部对标先进、见贤思齐，以实际行动践行初心使命。积极组织庆祝新中国成立70周年活动，激发全集团广大党员、干部和职工的民族自豪感、国家荣誉感和建设海洋强国、航运强国的神圣使命感。

7. 坚持围绕中心，推动企业改革发展

集团党组梳理了习近平总书记对本行业本企业重要指示批示精神，制定了31项贯彻落实措施。各级党组织和广大党员干部积极主动将主题教育融入集团深化改革中，融入企业拼搏创效中，融入推动“一带一路”建设中，融入更好履行央企政治责任、经济责任中，推动主题教育与中心工作贴得更紧。集团国有资本投资公司改革全面启动，“2 + N”的框架方案基本形成。广大党员干部进一步焕发干事创业的精气神，在破解企业发展深层次问题中担当实干、奋发有为，形成了主题教育与中心工作互相促进、相得益彰的良好格局。2019年，全体员工努力拼搏，实现了“三个跑赢”，全面完成国务院国资委年度业绩考核目标。

8. 坚持巩固提升，健全常态长效机制

集团党组和各级党组织结合行业特点和企业实际，研究治本之策，把主题教育中形成的好经验好做法用制度形式运用好、坚持好。集团党组先后制定《关于集团全面深化国企改革工作的指导意见》等27项制度文件。全系统各级党组织共建立、修订各类制度1 205个，进一步扎紧制度“笼子”，实现了用制度堵塞漏洞、规范管理，确保各类问题整改不反弹、管长远、见长效。

（朱雪峰）

【学习宣传贯彻党的十九届四中全会精神】

根据国务院国资委党委部署，集团党组将学习宣传贯彻党的十九届四中全会精神作为集团当年重要政治任务，认真做好全会精神学习宣传贯彻工作。

1. 坚持高政治站位，抓实学习宣贯

党的十九届四中全会召开后，集团党组第一时间召开党组会和中心组集体学习，专题学习研讨《决定》和习近平总书记重要讲话精神，深刻认识全会重大意义，深刻领会《决定》重点内容；第一时间印发《关于做好党的十九届四中全会精神学习宣传贯彻工作的通知》，明确总体要求，对深入学习宣传贯彻全会精神作出全面部署；第一时间下达《党的十九届四中全会精神宣讲提纲》，编发四中全会精神专题中心组学习材料，为各级党组织学习培训宣讲提供蓝本；第一时间制定学习贯彻四中全会精神轮训工作方案，分四期完成总部集团管理干部、处以上干部集中轮训。各直属单位根据干部管理权限，开展处以上干部轮训。集团党组成员亲自抓、带头学，到基层进行集中宣讲，不断增强“四个意识”、坚定“四个自信”、做到“两个维护”。集团宣传思想工作会以“深入学习贯彻党的十九届四中全会精神”为主题，深入学习全会精神；各级党组织结合各自实际作出具体安排，发挥各级中心组学习示范带头作用，抓好各支部集中学习、党员自学和“学习强国”平台学习，迅速兴起学习宣传贯彻四中全会精神的热潮。

2. 坚持高标准研究，抓深理论探索

集团党组坚持把学习宣传四中全会精神与学习习近平新时代中国特色社会主义思想和党的十九大精神结合起来，与学习贯彻习近平总书记“航运强国”“一带一路”重要论述和视察比港重要讲话精神结合起来，与“不忘初心、牢记使命”主题教育学习研讨和长效机制建设结合起来，结合集团深化改革实际，加大理论研究和全会精神阐释。围绕全会提出的重大思想观点、重大制度安排、重大工作部署，集团政研会组织广大党员干部深入开展调查研究，形成理论研究成果 136 篇；集团召开政研会一届三次会员大会，确定将学习贯彻四中全会精神、解读习近平总书记关于比港建设以及“海洋强国”“航运强国”“一带一路”等一系列重大理论纳入 2020 年重点课题计划；集团印发《关于深入学习宣传贯彻习近平总书记视察希腊比雷埃夫斯港重要讲话精神的通知》，举办学习贯彻习近平总书记视察比港重要讲话精神征文活动；集团党校把学习全会精神作为类干部教育培训的必修课和课堂教学的重要内容，安排部分党员领导干部进行系统培训，让全会精神入脑入心。

3. 坚持高规格宣传，抓好氛围营造

集团党组坚持把学习宣传四中全会精神与贯彻《中国共产党宣传工作条例》和深入开展“潮起新中国·远航新时代”庆祝新中国成立 70 周年主题宣传结合起来，统筹全系统各类新闻媒体的力量和资源，全方位、多层次、立体式宣传解读全会精神，在全集团迅速形成广泛影响。集团新闻宣传部门主动对接外部媒体，做好四中全会精神落实和习近平总书记视察比港的深化报道；集团内部报刊网微聚焦四中全会精神宣贯，开辟专题宣传版面和专栏，推出一批有分量的深度报道、通讯综述、理论文章、学习体会，持续报道各企业学习贯彻落实的好做法、好经验，形成网下网上正面舆论强势；集团各级宣传部门充分发挥宣传主导作用，结合企业实际，多层次、多角度深入解读和大力宣传，全力推动学习热潮不断向基层单位延伸、向全体党员职工延伸，推动讲话精神进基层、进船舶、进码头、进一线。

4. 坚持高质量发展，抓紧推动落实

集团党组坚持把学习贯彻四中全会精神与贯彻落实中央经济工作会精神、中央企业负责人会议精神结合起来，与全面深化国企改革、系统谋划 2020 年工作结合起来，确保学习宣传贯彻工作取得扎扎实实的效果。按照四中全会提出的“全面贯彻新发展理念，坚持以供给侧结构性改革为主线，加快建设现代化经济体系”和“坚持和完善社会主义基本经济制度，推动经济高质量发展”的部署，集团以推进国有资本投资公司试点为契机，围绕深化改革这一主线，更深层次、更广范围、更大力度推动集团全面深化国有企业改革，印发《关于集团全面深化国企改革工作的指导意见》等制度文件，推动重点工作落地。完善创新发展体系，促进产学研深度融合，推进互联网、大数据、人工智能、区块链应用，提升产业基础能力和产业链现代化水平。完善开放发展体系，推动共建“一带一路”高质量发展，提升全球资源配置能力。发挥市场机制作用，深入推进现代企业制度建设。规范董事会建设，充分授权放权，推动企业法人治理结构完善。推动“总部机关化”专项整改，提高总部运行效率和工作质量。按照“市场化、契约化、差异化”原则，着力在职业经理人制度、中长期激励机制、“三项制度”改革取得突破，最大限度激发内生动力。持续深化“法治央企”建设，健全法律工作体制和监督检查体系，加强制度管理和流程管控，严密防范化解企业重大风险。按照四中全会提出的“坚持和完善生态文明制度体系，促进人与自然和谐共生”的部署，集团制定《关于加强生态环境保护的指导意见》，落实八项举措。按照四中全会提出的“坚持和完善党的领导制度体系”“把党的领导落实到国家治理各领域各方面各环节”“完善全面从严治党制度”等多项部署，集团党组把坚持党的领导贯穿到推进企业治理体系和治理能力建设全过程，完善党委（党组）前置研究程序，落实“四同步、四对接”要求，发挥党委（党组）把方向、管大局、保落实的领导作用。加强基层党建工作，巩固提升主题教育成果，深化“三基”建设，完善党建工作责任制，加快党建信息化建设。抓好党风廉政建设和反腐败斗争，持续深化中央巡视整改，不断推进不能腐、不敢腐、不想腐体制机制建设。（朱雪峰）

【党组理论学习中心组学习】

2019 年，集团党组结合“不忘初心、牢记使命”主题教育，进一步加强党组理论学习中心组学习，深入学习贯彻习近平新时代中国特色社会主义思想，特别是认真学习贯彻习近平总书记关于“海洋强国”“航运强国”重要论述和在巴拿马与中远海运“玫瑰轮”船长通话精神、在希腊视察中远海运比雷埃夫斯港口项目时的重要讲话精神，认真学习党的十九届四中全会精神、中央经济工作会议精神等，以政治学习为根本，努力掌握和运用马克思主义立场、观点、方法，坚持围绕中心、服务大局、学以致用，为推动集团改革发展提供坚强理论支持。

1. 提高思想认识，密集开展学习

集团党组印发《2019 年中国远洋海运党组、各直属单位党组织理论学习中心组专题学习重点内容安排》，制定《2019 年集团党组理论学习中心组学习计划》。把全系统各级党委理论学习中心组学习情况纳入党建工作考核。集团党组率先垂范，制定全年学习计划，在学深悟透做实上下功夫，2019 年共组织党组中心组学习 25 次，党组中心组（扩大）集体学习 7 次，先后邀请中央党校牛先锋教授、韩庆祥教授、罗援少将、上海市政协副主席周汉民等授课研讨。通过学习，进一步增强“四个意识”、坚定“四个自信”、做到“两个维护”。

2. 突出学习重点，加强研讨交流

集团党组把学习习近平总书记视察希腊比雷埃夫斯港项目重要讲话和在巴拿马与“玫瑰轮”船长通话精神作为重要政治任务，印发学习通知，通过开展党组中心组学习、组织征文活动、制作专题宣传片、编辑学习图书等，把学习成果转化为推动企业改革发展、建设航运强国的强大动力。结合企业实际，编写《思想领航——中国远洋海运集团深入学习习近平总书记重要论述材料选编》图书、编发 12 期党组理论学习中心组学习资料汇编。把定期学习和不定期学习结合起来，学习习近平新时代中国特色社会主义思想，第一时间组织党组理论学习中心组学习会，传达学习中央重要会议精神，及时学习研讨领会中央最新精神和重要部署要求。结合集团开展国有资本投资公司改革试点等工作，深入学习，深度研讨，深化交流，推动解决企业改革发展中的重点难点问题。

3. 丰富学习形式，提高学习质量

集团党组自2019年6月起举办“不忘初心、牢记使命”主题教育“读书班”。“读书班”聚焦主题教育根本任务，把深入学习贯彻习近平新时代中国特色社会主义思想作为主题主线，由集团党组班子成员轮流领学、带头主讲，其他党组成员研讨交流学习体会，通过认认真真学原著悟原理，深学细悟笃行，掌握核心要义和实践要求。“读书班”在每周一举行，连续举行七期。通过集中强化学习，进一步学深悟透、融会贯通，增强贯彻落实的自觉性和坚定性，提高运用党的创新理论指导实践、推动工作的能力。9月25日，集团党组与交通运输部党组举行理论学习中心组联学。联学以深入学习贯彻习近平总书记关于“一带一路”建设的重要论述，充分发挥先行官作用，更好服务“一带一路”和“交通强国”为主题，开展交流研讨，加强思想引领，深化学思践悟。

4. 注重联系实际，推动改革发展

集团党组坚持学以致用，树立“党建工作做实了就是生产力、做细了就是凝聚力、做强了就是竞争力”的“三做”理念，毫不动摇地坚持党的领导、加强党的建设，为推进企业改革重组、做强做优做大领航护航。持续深化全面从严治党，全面提升党建工作质量。坚持把方向、管大局、保落实，稳中求进，积极贯彻新发展理念，扎实推进供给侧结构性改革，聚焦“三个跑赢”“三个切换”，强化工作落实，推动高质量发展，在航运强国和“一带一路”建设等方面取得重要进展。（朱雪峰）

【宣传工作】

1. 高举旗帜，在学懂弄通上开拓新途径

结合“不忘初心、牢记使命”主题教育，深入学习习近平新时代中国特色社会主义思想。一是结合企业实际，突出学习重点。在组织全系统党员认真学习主题教育规定内容、指定书目的基础上，结合企业实际，深入学习习近平总书记关于国企改革发展、国企党建重要论述和对本行业本企业重要指示批示精神。二是开展联学活动，丰富学习形式。集团党组与交通运输部党组开展中心组联学会，深入学习贯彻习近平总书记关于“一带一路”建设的重要论述。三是深化理论学习，提高思想认识。发挥党组中心组学习示范带动效应，精心设计学习主题、编辑12期学习材料。集团党组开展23次党组中心组学习、7次读书班学习、17次党组会专题学习，集中研讨，强化学习效果。四是研究重点课题，总结理论成果。加强理论研究，安排布置8个全国党建研究会、中央企业党建研究会重点课题进行研究，形成优秀课题成果和思想政治工作案例。

2. 庆祝华诞，在主题宣传上开拓新局面

策划组织推进全年重大宣传活动。一是庆祝新中国成立70周年主题宣传活动丰富多彩。集团党组安排部署推进14项庆祝活动。参加中宣部等联合开展的“我和我的祖国”征文征集活动。做好“时代新人说——我和祖国共成长”演讲大赛参赛工作，组织参加中央企业经典爱国主义歌曲歌咏展演活动。进一步加强党史国史、中国航运史学习，大力弘扬爱国主义精神。在系统内“报刊网微”平台开辟专栏专题，营造共庆祖国华诞、共享企业荣光、共铸卓越伟业、共建世界一流的浓厚氛围，受到国务院国资委宣传局充分肯定。二是“不忘初心、牢记使命”主题教育宣传深入开展。在主题教育期间，集团主要领导到上海交通大学作“国企领导上讲台”报告、到中组部作专题报告，受到广泛好评。“七一”期间，为全系统党员干部讲党课《让初心照亮航程》，深刻阐述了远洋海运人的初心使命。加强主题教育宣传报道，集团编发简报32期、开设微信、报纸专栏，刊发稿件200多篇，宣传实效、稿件质量不断提升。三是集团改革发展宣传成果突出。全面总结集团改革重组以来不平凡的历程，系统研究重组经验和启示。《学习时报》整版刊发集团改革发展报道，新华社、人民网、央视央广、《国资报告》等连续宣传报道集团改革发展成果经验。集团参与交通运输部《大国交通》纪录片拍摄。

3. 展现形象，在内外宣传上开拓新成果

紧紧围绕2019年企业改革发展目标任务，引导广大干部职工同心同德推动改革发展。一是健全宣传工作机制。进一步加强内外宣工作，制作《奔流2018》《跑赢青春》和比港宣传片、援藏扶贫宣传片等。构建上下联动的报刊网微宣传格局，各单位宣传成果百花齐放。健全海外宣传机制，认真做好习近平总书记视察希腊比雷埃夫斯港、集团服务博鳌亚洲论坛、集团参与和服务第二届中国国际进口博览会、金砖国家峰会工商理事会等重大活动的宣传工作，《人民日报》、新华社、中央电视台等媒体宣传报道集团近百次。二是培育选树先进典型。引领推动全系统广大船岸干部职工学习先进，对标先进、赶超先进、拼搏奋进。杨怀远同志荣获新中国70年“最美奋斗者”，傅承求同志获评交通运输部“最美港口人”，中远海运港口阿布扎比码头委派团队获选2019年“海洋人物”，全系统近600名优秀干部职工荣获党中央、国务院、中央军委授予的“庆祝中华人民共和国成立70周年”纪念章。三是讲好中远海运故事。比港案例入选雅典经商大学MBA案例和清华大学终身学习教材案例。集团荣获庆祝改革开放40周年中央企业故事大赛2个二等奖、1个三等奖、2个优秀奖，集团荣获优秀组织奖。在国务院国资委“一带一路”网络摄影作品征集中，集团多幅作品获奖。

（朱雪峰　马晓静）

【意识形态工作】

2019年，集团党组认真贯彻落实国务院国资委党委关于意识形态各项工作部署，牢牢把握意识形态工作领导权，弘扬主旋律，传播正能量。

1. 种好“责任田”，落实意识形态工作责任制

集团党组把意识形态工作纳入重要议事日程和党建工作责任制考核，党组会专题研究意识形态工作3次。党组书记牵头抓总、靠前指挥，切实当好“第一责任人”。参加“国企领导干部上讲台·国企公开课”并到上海交大作专场报告，获交大师生和社会热烈反响。其他班子成员根据工作分工，按照“一岗双责”抓好分管部门和企业的意识形态工作，建立党组统一领导、党政齐抓共管、党组工作部组织协调、各部门分工负责的意识形态工作格局。

2. 拧紧“总开关”，让党的思想成为发展最强音

结合“不忘初心、牢记使命”主题教育，以线上“学习强国”与线下读书班、中心组学习、“三会一课”、培训讲座、专题研讨等方式相结合，深入学习《习近平新时代中国特色社会主义三十讲》《习近平关于“不忘初心、牢记使命”重要论述选编》《习近平新时代中国特色社会主义思想学习纲要》等，引导党员干部切实增强“四个意识”、坚定“四个自信”、做到“两个维护”，在思想上政治上行动上始终同以习近平同志为核心的党中央保持高度一致。

3. 汇聚“正能量”，大力弘扬奋斗者精神

聚焦“一带一路”建设，系统总结集团响应国家“一带一路”倡议提出以来所取得的丰硕成果，借助中央媒体，多渠道多角度讲好“一带一路”故事。

4. 引领“新风尚”，开展精神文明创建活动

策划中远海运集团庆祝中华人民共和国成立70周年系列活动，以职工群众喜闻乐见的文体活动为着力点，把弘扬社会主义核心价值观融入群众性精神文明创建活动之中，以润物无声的形式入脑入心入眼。组织开展《我和我的祖国》征文、“礼赞新中国 奋进新时代”摄影大赛等各种活动，抒发广大职工的爱国之情。

5. 坚守“主阵地”，提升企业品牌价值

加强集团《中国远洋海运报》《中国远洋海运》杂志、集团官网官微及各企业内部媒体平台、宣传平台的严控和管理，开展自查，确保内容安全可控。集团主动与央视、新华社、《学习时报》《经济参考报》《国资报告》等媒体合作对接，大力宣传集团改革成就和党建、文化建设亮点，占领舆论高地。

6. 建强“主力军”，夯实意识形态工作保障

加强意识形态工作队伍建设，着力提升干部队伍能力和水平，以加强“三基”建设为契机，举办各类基层党支部书记和党务工作者示范培训班、团干部培训班，提升意识形态领域专业素质。

集团总部各党支部专门开辟意识形态专题党课，切实推动各项工作任务落到实处。

（朱雪峰　马晓静）

【“领导干部上讲台”国企公开课活动】

2019年，国务院国资委、教育部联合举办“领导干部上讲台”国企公开课活动。活动旨在深入贯彻落实全国国有企业党的建设工作会议、全国教育大会和全国高校思想政治工作会议精神，充分发挥国有企业作为中国特色社会主义的重要物质基础和政治基础、作为中国特色社会主义经济“顶梁柱”的作用，有力促进青年学生全面正确理解党的路线、方针、政策，深入了解国情、党情、社情、企情，增强社会责任感，成为中国特色社会主义建设者和接班人，拉近青年学生与国有企业的距离，让高校学生不断增进对国有企业的信任，广泛凝聚做强做优做大国有资本、培育具有全球竞争力的世界一流企业的思想共识。该活动于 2019 年首批选择 50 家央企和 50 所高校一对一“结对子”，由国企领导上讲台，每年进高校为学生讲授 2 场公开课，构成“国企公开课 100 讲”。

5 月 7 日，中远海运集团与上海交通大学在上海交大徐汇校区文治堂联合举办“国企领导上讲台”上海交大专场报告会。中远海运集团董事长、党组书记许立荣作主题报告，上海交大党委书记姜斯宪致辞并主持报告会。中远海运集团董事、党组副书记孙家康，上海交大党委常委、党委宣传部部长胡昊出席报告会。报告会上，许立荣以“海运即国运”为主题，围绕习近平总书记在上海考察时关于“经济强国必定是海洋强国、航运强国”①的重要讲话精神，放眼世界航运史和新中国海运发展历程，结合中远海运 70 年成长发展和全球化实践，深刻阐述了海运业的战略地位、战略担当及航海精神特质。报告会后，中远海运集团与上海交通大学举行座谈会，双方就船舶海洋相关学科、上海交大中美物流研究院、学校与国企合作等情况进行了深入交流。

12 月 27 日，中远海运集团和上海交通大学联合举办的第二场专题报告会在上海交大闵行校区陈瑞球楼报告厅举行。中远海运集团董事、总经理、党组副书记付刚峰出席活动并作专题报告。上海交大党委书记姜斯宪主持报告会。上海交大党委常委、副校长王伟明，上海交大部分部门、学院领导，中远海运集团相关部门领导和交大校外辅导员出席，上海交大师生代表近 600 人聆听了报告会。付刚峰作“驶向深蓝——中远海运全球化发展实践与思考”主题报告。（朱雪峰）

【“国企开放日”有关工作】

集团认真贯彻落实党中央、国务院国资委关于开展“国企开放日”有关工作要求，围绕提升企业知名度、美誉度，以集团展示厅为平台，组织客户、公众、员工和员工家属走进中远海运，进一步了解中国航运史和世界最大航运企业的发展状况，进一步提升集团品牌传播力和社会影响力。集团加强与外部高校、媒体等合作交流，上海浦东干部学院将集团展示厅作为学员定点现场教学基地。上海海事大学、日本神户大学、泰国皇太后学院、美国大学、韩国海洋大学等航运类院校师生来访。接待中央电视台、上海电视台、海南卫视、《学习时报》等国内媒体以及巴拿马记者代表团等国外媒体机构参观。集团高度重视与社会公众的沟通交流。接待贫困地区学生和村支部书记等参观，集团工会组织职工家属及子女参观，广泛发挥教育服务功能，展现中央企业形象。

（朱雪峰）

【“学习强国”中远海运学习平台】

2019 年 3 月初，集团印发《关于启动“学习强国”学习平台使用与管理工作的通知》，组织全体党员干部职工下载“学习强国”App，完成新用户注册和个人实名认证，实现党员下载使

① 《习近平在上海考察时强调　坚定改革开放再出发信心和决心　加快提升城市能级和核心竞争力》，《人民日报》2018年11月8日。

用“学习强国”学习平台全覆盖。集团党组建立“学习强国”二级组织，集团直属单位党组织均创建独立的学习组织。3月中旬开始，集团引导各级党组织运用“学习强国”学习平台资源开展个人自学、支部学习，使该平台成为党员干部职工掌握政策、研究理论、拓展水平的重要工具平台。

（朱雪峰）

【党建思想政治工作研究会】

2019年，集团党建思想政治工作研究会坚持以习近平新时代中国特色社会主义思想为指导，以深入研究集团党建思想政治工作重大理论和实践问题、满足集团改革发展和党的建设工作需求为出发点，结合党建思想政治工作重点、难点、热点问题，确定年度33个重点研究课题，组织开展课题研究，形成145项课题成果。多个成果获评中国政研会、国企党建专委会、交通职工政研会奖项，10余篇理论文章、经验案例在《学习时报》等党媒刊登，入编各类理论图书。

部分获奖集体、获奖课题如下。

1. 中国政研会

中国政研会印发《关于表彰中国政研会2019年度一、二、三类优秀研究成果和评选活动组织工作先进单位的决定》，集团党组工作部课题《弘扬航海文化、建设航运强国的央企担当——中国远洋海运集团打造航海特质文化的思考和探索》被评为一类优秀研究成果。

2. 国企党建专委会

国企党建专委会印发《关于表彰全国党建研究会国有企业党建研究专业委员会2019年度优秀课题研究成果的通知》，中远海运散运课题《航运企业“支部建在船上”党建实践与创新研究》被评为一等奖，中远海运集团课题《围绕中心、服务大局，在国有企业改革发展中提升共青团工作价值》被评为三等奖。

3. 中国交通职工政研会

中国交通职工政研会印发《关于表彰2018—2019年度全国交通运输行业优秀政工论文的决定》，集团2篇论文获二等奖，3篇论文获三等奖，23篇论文获优秀奖。

二等奖

弘扬航海文化、建设航运强国的央企担当——中国远洋海运集团打造航海特质文化的思考和探索（作者：集团党组工作部　朱雪峰）

构筑强化新时代国有企业党委领导作用发挥的“作用力体系”——中远海运特运党委党建实践模型分析（作者：中远海运特运党委课题组）

三等奖

强“根”铸“魂”，实现国企党建与改革发展同频共振——新时代国有企业党建工作的思考与实践（作者：上海泛亚航运　徐诚诚）

把握“根”和“魂”，全面发挥好国有企业的独特“政治优势”，提升国有企业党建水平研究（作者：中远海运集运　宋其平）

坚持支部建在船上，勇当新时代基层党建机制创新排头兵（作者：中远海运船员党委课题组）

4. 中远海运集团政研会

集团政研会印发《关于表彰中国远洋海运集团2019年度党建思想政治工作优秀研究成果的决定》，表彰一等奖论文10篇，二等奖论文20篇，三等奖论文30篇，优秀奖论文40篇。

一等奖（共10篇）

坚持“支部建在船上”，加强船舶党建实践与创新研究（作者：中远海运散运党委工作部课题组）

深化人才发展体制机制改革，加大年轻干部培养使用（作者：青岛中远海运人力资源部/组织部）

践行“三做”理念，认真履职尽责全面提升船舶党建工作水平（作者：中远海运特运船舶管理部课题组）

基于干部成长路径与规律分析的年轻干部培养使用对策研究（作者：中远海运集运组织/人力资源部）

落实走出去中央企业外宣责任，加强跨文化和海外传播能力建设研究（作者：中远海运能源　高飞、黄朋）

践行“三做”理念，推动党建工作能力和水平再上新台阶（作者：中远海运集运党委课题组）

新时代国有企业宣传思想工作“五项使命任务”落地机制研究——基于中远海运特运实践探索（作者：中远海运特运党委课题组）

打造高素质船舶党支部带头人队伍，让鲜红的党旗在“浮动国土”上高高飘扬——新形势下全面加强船舶政委队伍建设的实践与思考（作者：中远海运船员党委课题组）

服务散运“走出去”战略　提升境外投资廉洁风险防控能力——以散运中铝几内亚项目为样本的廉洁风险分析（作者：中远海运散运　林于暄）

探索EAP实践应用与传统思想政治工作的融合（作者：中远海运重工　邱少华）（朱雪峰）

【制定先进典型评比表彰管理办法】

为进一步规范集团级年度先进典型奖项的评选和管理，确保重大典型评比表彰规范化、制度化，集团党组于2019年12月3日印发《中国远洋海运集团年度先进典型评比表彰管理办法》。办法共5章16条，明确了集团先进典型评比表彰的项目名称、评选条件、评选数量、奖励额度，以及组织管理、表彰管理、监督检查有关规范。

（朱雪峰）

【典型培育和选树】

2019年，集团高举习近平新时代中国特色社会主义思想伟大旗帜，认真组织开展“不忘初心、牢记使命”主题教育，坚持政治建设统领，聚焦“三个跑赢”目标，突出重点深化改革，强化协同深度融合，改革成效不断显现，重大项目接踵落地，结构调整平稳有序，经营效益再创新高，企业党建高质发展，涌现了一大批先进典型。

1. 上级荣誉

最美奋斗者：中远海运集团上海中远海运（原上海海运局）客轮服务员

2019年“海洋人物”：中远海运港口阿布扎比码头委派团队

2019年“感动交通年度人物”：中远海运比雷埃夫斯港中方管理团队

2019年“最美港口人”：傅承求 中远海运比雷埃夫斯港口有限公司总裁

2019年春运“情满旅途”活动成绩突出集体和个人：中远海运客运“长山岛”轮客运部、大连中远海运重工接待主管兼车队队长纪红岩、中远海运客运客运经理于士维

2. 集团2019年度钻石团队、先进集体、先进个人名单

集团党组印发《关于表彰中国远洋海运集团2019年度钻石团队、先进集体、先进个人的决定》，授予7个团队“钻石团队”称号，授予100个集体“先进集体”称号，授予100名同志“先进个人”称号。（名单见附录）

3. 集团“三供一业”改革先进单位、优秀团队

先进单位（9个）

中远海运（香港）有限公司、中远海运散货运输有限公司、中远海运（天津）有限公司、中远海运特种运输股份有限公司、中远海运重工有限公司、中远海运（上海）有限公司、中远海运（大连）有限公司、中远海运物流有限公司、中石化中海船舶燃料供应有限公司

优秀团队（5个）

集团战略与企业管理本部、集团财务管理本部、集团办公厅（北京）、集团财务服务中心、集团集采中心　（朱雪峰）

党风廉政建设

党风廉政建设

【反腐倡廉会议】

2019 年 1 月 31 日，集团以视频形式召开 2019 年党风廉政建设和反腐败工作会议，传达学习贯彻十九届中央纪委三次会议精神，部署推进党风廉政建设和反腐败工作。集团党组书记、董事长许立荣从 7 个方面对全面从严治党作出部署、提出要求。集团纪检监察组组长、党组成员刘鸿炜传达上级会议精神，并作党风廉政建设和反腐败工作报告，明确要求重点抓好 5 项工作。会上，许立荣和刘鸿炜分别与直属单位代表中远海运集运、中远海运重工、中远海运船员的党委书记、总经理、纪委书记签订了全面从严治党主体责任书、“一岗双责”责任书和监督责任书。上海主会场与会人员现场签署了 2019 年领导人员廉洁承诺书。本次会议共设 25 个分会场，集团领导、总部各职能部门及特设机构负责人、在沪共享中心负责人，集团在沪直属单位、代管单位党政主要领导、纪委书记，集团各职能部门特设机构室经理（副主任）以上人员在总部主会场参会。集团在京共享中心负责人及室副经理以上人员，境内各直属单位、代管单位领导班子成员，中层干部以上人员，各单位全体纪检监察业务人员，集团境外各区域公司中方派出人员，以及集团部分三级单位领导班子成员在各分会场参会。

【监 督 检 查】

集团坚持把政治监督摆在首位，印发《关于进一步加强政治监督的通知》，推进政治监督具体化、常态化。围绕贯彻落实习近平总书记关于海洋强国、航运强国建设，将希腊比雷埃夫斯港打造成地中海地区重要的集装箱中转港、海陆联运桥头堡、关于阿联酋阿布扎比哈里发码头建设、打造“冰上丝绸之路”等重要指示精神情况，刘鸿炜组长带队对中远海运（比雷埃夫斯）港口公司、中远海运欧洲公司、中远海运西亚公司等单位开展现场监督调研，及时发现问题，提出具体意见建议；部署开展“六项自查”，集团各级党组织结合实际有力推动，各级纪检机构靠前监督，认真检查，“六项自查”取得良好效果；强化做实日常监督，推动约谈工作制度化、常态化，及时就有关事项与集团领导班子成员谈话，全年约谈集团各部门和部分直属单位领导干部 50 余人次，督促其提升廉洁自律意识，切实履行全面从严治党政治责任。同时，对境内外 28 家直属单位开展现场监督检查和工作调研，对发现的问题及时提出意见建议，督促相关单位及时整改；整合集团资源，提升监督合力，建立党风廉政建设和反腐败工作协调小组，建立健全巡视巡察、监督检查、审计监督、内部风险控制相互衔接配套的大监督格局；加强对中央巡视整改、“一把手”等关键少数、选人用人、领导人员亲属经商办企业等情况的监督；加大执纪办案力度，全年集团共立案 50 件，处分 54 人，运用“四种形态”处理 300 人次。加大问责力度，对履行“两个责任”不力的严肃问责，全年全系统问责领导干部 23 人，给予党纪处分 14 人，组织处理 9 人。

【作 风 建 设】

2019 年，集团全系统深入贯彻落实中央八项规定精神，各级纪检监察机构推动严明政治纪律和政治规矩，进一步深化作风建设。紧盯“四风”问题，持之以恒正风肃纪，对涉及违反中央八项规定精神的问题线索，不分单位层级，不分干部级别，一律挂牌督办，严格审核把关，做到“三不放过”（问题不查清不放过，责任追究不落实不放过，整改不到位不放过）。全年全系统查处违反中央八项规定精神问题共31件，处理33人；紧盯重要节假日及时进行教育提醒，提出廉洁过节要求，加强节日期间监督检查，努力营造监督无处不在的氛围，形成持续震慑；开展对集团及所属单位公务用车情况专项监督检查，清理排查每一辆公务（业务）用车，督促相关单位立查立改；结合实际，系统梳理形式主义、官僚主义的90种表现形式，印发《关于对照形式主义、官僚主义具体表现形式加强监督检查的通知》，组织各单位纪委对照形式主义、官僚主义具体表现，有针对性地对本单位开展集中整治情况进行监督检查。（沈海龙）

内部巡视工作

内部巡视工作

【调整巡视工作机构设置】

2019年11月，为进一步强化巡视工作职能，推动巡视监督和审计监督的有机融合，强化监督合力，经集团2019年第33次党组会研究，决定对集团巡视工作机构设置进行调整。撤销党组巡视组，保留党组巡视办，并与审计本部合署办公。审计本部加挂“党组巡视办”牌子，巡视工作职责和党组巡视组已有人员并入审计本部，审计本部/党组巡视办增设“巡视工作室”。

【召开党组会和巡视工作领导小组会议】

2019年，先后召开4次党组会，传达学习贯彻习近平总书记重要讲话精神，不断提高巡视工作的政治站位，增强“四个意识”、坚定“四个自信”、做到“两个维护”，准确把握新时代赋予巡视工作的责任、使命和要求，切实增强做好巡视工作的思想自觉、政治自觉、行动自觉。2019年，集团召开4次党组巡视工作领导小组会议，党组书记作批示14次，对巡视工作作部署、提要求，推动内部巡视工作，为企业发展提供坚强的政治保障。

【开展两轮内部巡视】

集团党组开展两轮内部巡视，分别对中远海运特运、上海船研所、中国船燃、中石化中海燃供等4家直属单位党委开展常规巡视，对上海中远海运党委开展了专项巡视，对集团在京共享中心党委开展了常规巡视。

【各直属单位党委开展巡察工作】

2019年，所属单位党委共巡察123家单位，其中，二级单位党委巡察三级单位党组织66家，三级单位党委巡察四级单位党组织57家，共发现问题1 525个，同时提出整改意见。

（王续伟）

信访、维稳、综治工作

信访、维稳、综治工作

【深入开展学习活动】

利用召开全系统信访工作专题会议、举办业务培训、召开季度例会等时机，组织信访干部集中学习有关文件精神，领会精神要义。2019 年 8 月，在信访工作专题培训班上，邀请了国务院国资委办公厅范建林副主任做专题辅导。各单位通过党委中心组学习、举办专题讲座、组织相关培训等方式，加深对中央和习近平重要思想的理解贯彻。在面对中美贸易摩擦、经济下行压力大、集团改革重组进入深水区矛盾凸显等形势下，广大信访干部能够始终保持政治清醒，坚定信访工作政治立场，坚持以人民为中心的政治自觉，强化为职工排忧解难的政治责任，以舍我其谁的政治担当积极回应职工的期待，维护职工正当权益，有效维护企业和谐和社会稳定。

【坚持法治信访和底线思维】

集团各级信访部门积极贯彻以人民为中心的发展理念，认真落实“三到位一处理”要求，坚持依法依规、分类调处；坚持原则底线，引导上访职工逐级走访；坚持创新工作方法，化解疑难信访问题。2019 年，集团总部共接待职工群众来访 296 批次 /407 人次，同比批次下降了 19.2%，人次下降了 31.1%，其中群访 2 起 /14 人次。调处矛盾纠纷 23 起，化解历史积案 1 起。办理来信 86 封次。指导中远海运集运采取听证会形式，化解矛盾纠纷，取得良好效果。协助中远海运重工坚持底线思维，妥善化解立新船厂关停后遗留问题。

【坚持开展稳定风险排查】

坚持落实每季度稳定风险排查制度，加强对“五重”风险（重点领域、重点群体、重点问题、重点对象、重点目标）的排摸，及时治理风险隐患，确保将风险化解在萌芽状态。重点围绕船员薪酬改革、企业退休人员移交社会化管理两个重点问题开展调研，与相关单位共同分析形势，研究对策，防范重大稳定风险。对集团上海地区单位安保人员进行了资质调查摸底，纠正无证上岗现象。修订完善总部大厦安保工作方案，组织安保人员培训和处置突发稳定事件应急演练。针对总部大厦存在的治安隐患开展调研，并提出治理建议。积极配合港航公安局开展重组调研，督促相关单位搞好工作衔接，落实智慧公安建设要求。协调上海中远海运及时发放退休船员清凉补贴，化解群访风险。指导上海地区单位开展平安单位创建活动，打牢基层稳定基础。集团有 9 家单位被上海市授予平安示范单位，37 家单位被集团评为平安单位。

【加强敏感时节稳控】

认真落实上级有关要求，在全国两会、新中国成立 70 周年、第二届国际进口博览会等重大活动期间，落实信访值班、领导带班和零报告制度。同时，对重点对象、重点群体、重点领域和重点问题实行领导包案制，加强稳控，确保敏感时期企业内部安全；没有发生一起进京上访、到重点场馆上访事件。加强集团总部重要会议、重大活动、重要外事安保工作，精心制定安保方案，加强方案演练，密切与公安机关协同。

【加强信访干部业务能力建设】

坚持以会带训与集中培训相结合、线上辅导与线下指导相结合的方式，加强信访干部业务能力建设。2019 年 8 月，在青岛举办了一期信访干部培训班，重点突出了群体性事件的应急处置，邀请了国家行政学院应急管理教授做辅导授课，并组织情景演练，使受训人员掌握了处置群访事件的基本方法和程序。利用召开季度例会之机，邀请全国优秀公务员上海市虹口区信访办调研员何建华进行信访业务辅导。集团信访办分别到重工、船员公司信访工作培训班授课，宣讲有关政策，交流工作体会。同时，发挥微信平台作用，适时推送中央有关要求和案例分析，供大家学习借鉴。（刘辉华）

第十一篇

群团工作

概述

概　　述

2019 年，集团各级工会认真学习贯彻党的十九大和十九届二中、三中、四中全会精神以及中国工会十七大精神，结合集团“不忘初心、牢记使命”主题教育活动，紧紧围绕集团中心工作，聚焦 “主业全面盈利、再获 A 级殊荣”的年度目标任务，团结和动员广大职工，拼搏进取、奋发有为，各项工作取得了扎实成效。各级工会注重企业民主管理，保障职工群众的合法权益；深入开展职工劳动竞赛，助力企业生产经营；做好职工关心关爱，努力构建和谐企业；广泛组织职工文体活动，推进企业文化深度融合；注重工会自身建设，推进基础管理再上新台阶；积极履行社会职责，做好援藏扶贫工作。

2019 年是新中国成立 70 周年，同时也是五四运动 100 周年。中远海运集团团委在集团党组和中央企业团工委的领导下，深入学习贯彻习近平总书记关于青年工作的重要思想特别是“7・2”重要讲话精神，全面落实党的十九大和共青团十八大精神，对照集团“三个跑赢”的目标，以“团建规范年”作为全年工作主线，积极发挥团员青年的主动性和创造性，着力做实重点工作、做深亮点工作、做精特色工作，为集团深化改革、效益攻坚中心工作贡献青春力量。

工会工作

工 会 工 作

【企业民主管理】

2019年初，召开集团一届三次职代会，听取党组工作报告，审议总经理工作报告，通报集团年度企业负责人履职待遇与业务支出情况和集团一届二次职代会职工代表提案的征集处理情况；集团职工董事向大会作了述职报告。职代会共征集到提案29份，分送总部8个职能部门进行承办并出具了处理意见。集团工会将承办意见反馈至提案人，职工代表对提案承办处理意见满意率达100%。年中召开职代会联席会选举产生新一任职工董事，并表决通过集团企业年金调整方案及其实施细则。（张洁）

【职工劳动竞赛】

以“当好主力军、建功新时代”为主题，将“跑赢市场、跑赢变革、跑赢时代”作为主攻方向，集团系统内共开展劳动竞赛794次，开展各类技能竞赛活动225次。集团工会和江苏省人社厅、江苏省总工会联合举办第三届“中远海运杯”职工技能竞赛，来自集团4家直属单位32支参赛队伍参加了数控车工、船体装配工和钳工比赛。集团组队参加第五届中国海员技术大比武，中远海运船员精心选拔参赛队员，两支队伍分获企业组团体总分冠亚军，并夺取了6个单项比赛中的5项第一名，2项第二名和3项第三名的优异成绩。集团工会还选派2名优秀班组长赴德国参加中央企业智能制造转型研究培训班。在上海市职工合理化建议和先进操作法优秀成果征集活动中，中远海运集运获创新成果奖、优秀成果奖各1项，中远海运能源获优秀成果奖1项。

集团内有6个集体获评中央企业先进集体、9名个人获评中央企业劳动模范；中远海运散运获得全国五一劳动奖状；9个集体获评省部级五一劳动奖状、全国/上海市工人先锋号等称号，5名个人获评省部级五一劳动奖章。（张进）

【职工文化建设】

以庆祝新中国成立70周年为契机，系列活动从集团职工才艺大赛拉开序幕，到庆祝新中国成立70周年职工文艺汇演推向高潮，集团28家直属单位、600余名职工演员，通过近半年的刻苦排练和紧张筹备，为观众奉上了一场精神与艺术相结合的视听盛宴，热情讴歌新中国成立70年来的伟大发展成就，充分展示了中远海运广大职工履职敬业、追梦筑梦、奋斗圆梦的精彩历程；有近7万名职工和家属在线收看了演出盛况。集团第一届男子篮球赛由南到北，历经95场紧张激烈、精彩纷呈的赛事，完美诠释了“四个一”文化理念和中远海运人昂扬向上、勇争第一的精神风貌。组织在沪单位积极参加庆祝新中国成立70周年“中国梦·劳动美”2019年上海职工文化网络大赛，获优秀组织奖。

2019年2月，中远海运集团职工文体协会正式宣告成立，标志着集团职工文化建设迈上了一个新台阶。举办了中远海运集团成立三周年书画集邮巡展，出版了《航迹——中国远洋海运集团摄影作品集》《海之韵——中国远洋海运集团职工书法美术作品集》和《海洋文学》作品集（三卷）等一批讴歌新时代、弘扬主旋律、体现航运企业特色、展现职工美好生活的优秀文艺作品。（江茜）

【关心关爱职工】

持续开展冬送温暖、夏送清凉、金秋助学活动，集团和直属各单位工会领导带头深入一线进行慰问，全集团全年共慰问、帮扶职工 21.12 万人次，发放慰问金、帮扶金 5 388.26 万元。集团派出代表参加中国船员集体协商，切实保障船员合法权益。注重对劳模的关心关爱，集团工会为劳模订阅《劳动报》、《当代劳模》杂志和《中国远洋海运报》，年内组织 70 名省部级以上劳模参加疗休养。

集团工会组织所属 45 家单位、773 个班组、10290 名职工报名参加全国“安康杯”竞赛活动，年内对直属单位签订《集体合同》和《女职工权益保护专项集体合同》情况进行了督查，从源头上筑牢和谐劳动关系基础。（张洁）

【工会自身建设】

召开集团工会一届六次、七次全委会，传达上级工会会议精神，审议 2018 年集团工会经费决算和 2019 年集团工会经费预算情况，增补了集团工会常委、委员；指导完成 10 家直属单位换届选举及工会负责人的调整；做好海南港航控股归并集团后的工会关系接洽工作；协助 16 家所属工会完成法人资格证书变更等工作。表彰 2018 年度集团优秀工会工作者和工会积极分子。举办工会主席管理提升培训班以及女工干部、财务经审干部培训班，共有 300 余人次参加。

印发《集团工会船舶工作实施细则》《集团船务公开实施办法》《集团船舶工会管理职责界定及工会经费支出管理规定（试行）》《中国远洋海运集团船舶工会经费核算管理规定（试行）》等文件，确保船员体制改革后，船公司和船员公司按照各自职责规范做好船舶工会工作和经费使用管理。修订完善并印发了《中国远洋海运集团有限公司工会财务规章制度》《中国远洋海运集团有限公司工会经费审查管理规定》《中国远洋海运集团有限公司工会经审工作规范化建设标准及考核办法》等规章制度。（张洁）

【定点帮扶和对口支援工作】

集团党组会、总经理办公会专题研究审议扶贫援藏工作，每年向董事会汇报扶贫工作情况。集团扶贫（援藏）工作小组两次召开会议总结阶段性工作情况，研判形势、讨论工作计划、布置任务。2019 年 10 月 14 日，集团召开“2019 年扶贫援藏工作会议”，集团党组全体成员，总部各职能部门、直属各单位主要负责人和主管人员以及扶贫援藏挂职干部及村第一书记共 279 人参加了会议，会议传达了中央有关精神，相关单位和挂职干部进行了交流，党组书记、董事长许立荣总结了前阶段工作，分析了形势和任务，对集团下一步工作进行了全面部署。

2019 年，集团承担湖南省安化县、沅陵县和云南省永德县 3 个县的定点扶贫任务和西藏自治区昌都市洛隆县、类乌齐县 2 个县的对口援藏任务。当年集团投入帮扶资金 6 000 万元，各下属单位为地方脱贫攻坚支出帮扶资金 932.82 万元，中远海运慈善基金会支出扶贫资金 1803 万元，集团职工“10・17”扶贫日捐款 329.15 万元，全集团全年累计支持脱贫攻坚资金总额 9 064.97 万元。4 月，安化县宣布脱贫摘帽。12 月 17 日，沅陵县顺利完成“贫困县退出专项评估”。

（张进）

共青团与青年工作

共青团与青年工作

【青年思想政治学习】

深化青年大学习行动。集团团委带领各级团组织和团员青年以“不忘初心、牢记使命”主题教育活动为契机，深入开展“青年大学习”行动，指导各直属团组织通过主题团课、专题辅导、团日活动等多种形式持续推动习近平新时代中国特色社会主义思想和党的十九大、团的十八大精神大学习、大宣贯、大普及，同时积极开展“习近平在正定”主题征文活动，引导广大团员青年增强“四个意识”、坚定“四个自信”、做到“两个维护”。2019年，全系统共组织各类“青年大讲堂”学习400余场。10月，组织全系统各层级团干部代表共90人赴全国青少年井冈山革命传统教育基地开展专题培训。培训期间，中远海运团干部寻访革命足迹，瞻仰革命旧址，聆听革命故事，重温革命历史，深刻领悟井冈山精神的精髓，在实践中找寻初心，使心灵备受洗礼。

开展各类主题活动。紧紧围绕中华人民共和国成立70周年和纪念五四运动100周年两大纪念活动，船岸团员青年积极开展各种主题活动。4月中旬，集团团委组织上海、北京、广州、大连等地的直属公司、地区公司以及在航船舶，同步开展“青春心向党、建功新时代”主题升旗活动，通过仪式感强的升旗活动，开展团员青年的爱国主义教育；在五四前夕以“跑赢青春、放飞梦想”为主题在集团总部召开纪念五四运动100周年大会，邀请集团主要领导和各领域的榜样标兵与青年们共同畅谈青春成长经历，并在大会上发布中远海运“青春倡议书”，激励广大船岸青年勇担时代重任，牢记海洋强国、航运强国使命，积极营造团结奋进、干事创业的浓厚氛围；于10月在中共四大纪念馆开展“我与祖国共奋进——国旗下的演讲”爱国宣讲主题团日活动，展现中远海运青年与祖国同呼吸、与时代共奋进的爱国主义情怀和昂扬精神风貌。

【青年岗位建功行动】

集团团委首次组队参加第十五届“振兴杯”全国青年职业技能大赛决赛，为集团内各类青年“工匠”打造展示平台，引领广大团员青年立足岗位创新创效；“青”字号品牌创建历来是企业共青团组织推动青年创新创效工作开展的有力抓手，集团团委进一步指导各直属团组织将“青”字号品牌创建工作与集团改革重组、提质增效、安全生产紧密结合，开展各类“号、手、岗、队”评选，并以“青春心向党·建功新时代”为主题，组织在沪团组织开展2018年度上海市青年岗位建功行动先进集体创建申报，开展互访互学活动，充分依托“号手岗队”的示范引领作用，汇聚青年创新创造的正能量。其中经集团团委推报，中远海运集运中远比利时轮、中远海运能源新岳洋轮、中运海运散运五桂山轮荣获2017—2018年度全国青年文明号称号。

【青年先进典型选树】

2019年，在全系统开展“五四”先进评选，下发《关于开展2017—2018年度中远海运集团青年文明号、青年岗位能手、青年安全生产示范岗评选活动的通知》，集团各直属团组织认真开展推荐评选工作，集团团委坚持优中选优的原则，对各单位申报材料进行严格审核，命名48个青年文明号、24个青年安全生产示范岗，表彰71名青年岗位能手；并组织各直属团组织参加上级团组织的各类创建评选，由集团团委推报的中远海运科技团委、上海中远海运重工团委获得2017—2018年度“中央企业五四红旗团委”称号，中远海运科技智能交通第二事业部刘海、上海船研所航运技术与安全事业部伍锐获得上海市青年五四奖章（个人），上海中远海运集运青年团队获得上海市青年五四奖章（集体），还有一批先进青年个人和集体分别获得中央企业及上海市优秀共青团干部、优秀共青团员、五四红旗团委、青年突击队等荣誉。

【青年思想课题研究】

为认真落实共青团十八大部署，引领团员青年投身企业改革发展实践，集团团委在2018至2019年开展“走进基层、走进青年”团青工作大调研的基础上，坚持目标导向和问题导向，组成专项课题组，以“服务企业改革发展、引领青年成长成才”为主线开展专题研究，通过了解分析基层团组织和团员青年状况，探索国有企业共青团工作如何引领青年、服务青年，在助推企业改革发展大局中建功立业，形成《围绕中心、服务大局，在国有企业改革发展中提升共青团工作价值》专题调研报告，报2019年度全国党建研究会。

【青年志愿服务活动】

集团团委将云南永德县的爱心助学管理模式复制到西藏洛隆县，将“浪花·心愿”爱心之花开放在云贵高原、雪域高原。在云南永德、西藏洛隆两个县团委新增结对第七批40名贫困学生，并委托永德县团委、洛隆县团委督促学校按月将助学款发到受资助学生手中；与中远海运慈善基金会共同举办“驶向蔚蓝”航海夏令营，带领集团定点扶贫的云南永德、湖南安化、湖南沅陵的30名品学兼优的孩子来沪一同走进航运企业、倾听航海故事、体验最新科技；与中远海运慈善基金会联合开展“慈善之光”网上摄影展，结合集团扶贫工作组织各直属团组织投稿相关宣传作品200余份，并邀请各单位的摄影爱好者组成评审志愿者团队对作品进行评选；2019年3月，动员组织全系统开展“志愿者服务月”活动，广大团员青年通过爱心义卖、助残扶弱、“学雷锋”等专项活动，体现新时代的志愿精神；组织在沪团组织按照团市委通知要求，开展“青春上海”品牌志愿服务站点、志愿服务队申报，并参加团市委的培训，积极做好城市志愿服务。在第二届中国国际进口博览会上，80余名中远海运青年志愿服务团队在进博会场馆引导、会务服务、展台讲解、礼宾活动、物品传送、后勤保障等多个环节中提供服务。

【团青组织自身建设】

集团团委坚持夯实基础建立规范，不断加强各级团组织建设，按照“团建规范年”工作要求，依托“智慧团建”系统，扎实推进基础团务建设工作。在集团改革重组的背景下，根据“党建带团建”的工作原则，指导新成立的公司组建团组织，实现组织有形覆盖和工作有效覆盖相统一，同时在全系统100%建立“智慧团建”系统组织，在此基础上，加强对基本信息、基础团务、组织生活的管理维护；狠抓新进团员组织接转工作，做好“学社衔接”，通过规范化组织建设，不断夯实团组织建设基础，进而提升基层团组织的组织力、领导力、战斗力和影响力；积极探索新形势下船舶团建思路与途径，集团团委充分利用集团培训、团组织活动等机会，与各直属团组织交流船员管理体制改革和船舶管理体制改革后面临的焦点难点问题，探讨如何定好位，把好舵，各司其职抓好船舶团建工作；指导船员公司团委与各船公司团委加强沟通，针对不同船公司个性化探索沟通机制，共同搞好船舶团建工作，同时重点抓好船舶团支部组建重点环节，指导各船舶做好团支部换届选举工作，督促政委加强指导，选配合适的团干人选，严格组织程序；选派在沪单位团干部代表参与上海团市委的各类专项工作，强化各级团组织和团干部与所在区域团组织的团建联建，通过深入交流，进一步提升了团干部的责任意识、执行能力和工作业绩。（马洪进）

2020

CHINA COSCO SHIPPING
CORPORATION LIMITED
YEARBOOK

中国远洋海运集团有限公司

年鉴

第十二篇

企业文化

企业文化与精神文明建设

企业文化与精神文明建设

【精神文明建设】

2019 年，集团坚持抓好精神文明创建工作，在创建 5 家“全国文明单位”基础上，集团 23 家所属单位创建第十九届上海市文明单位，中远海运散运、中远海运特运作为全国文明单位重点培育创建企业开展相关工作。（朱雪峰）

【企业文化建设】

持续宣贯“四个一”文化融合理念，推动中远海运核心价值理念纲要广泛认知认同。编纂 628 万字、8 卷本的《中国远洋海运发展史》，发挥存史、资政、育人作用。编写《回望初心》100 篇职工故事图书，用心用情展示航海情怀，牢记初心使命，讴歌祖国人民，书写伟大时代。集团团委和各级团组织于五四期间开展系列团青活动，引导青年在“三个跑赢”中体现青春风采。通过激发爱国之情，砥砺强企之志，引导广大干部职工同舟共济，为打造卓越中远海运，培育具有全球竞争力的世界一流企业，实现航海梦、中国梦不懈奋斗。

为隆重庆祝中华人民共和国成立 70 周年，全面贯彻落实习近平新时代中国特色社会主义思想和党的十九大精神，中远海运集团于 3 月初启动开展“潮起共和国·远航新时代”庆祝中华人民共和国成立 70 周年系列主题活动，展示中远海运 70 年来与共和国同成长、共奋进过程中的重大成就、重要贡献。集团号召各企业动员广大干部职工，综合发掘系统内文学、音乐、体育、文艺、群团等五类资源，创作推出一批具有较高思想文化艺术水准的文艺作品和文化活动，献礼中华人民共和国成立 70 周年。参加国资委中央企业经典爱国主义歌曲歌咏展演活动。集团文体协会聚焦 70 周年主题，推出了文学作品集、摄影集、书画巡展等职工文化产品。集团工会组织职工才艺大赛、职工篮球比赛，并在国庆前隆重举办“不忘初心、筑梦远航”庆祝中华人民共和国成立 70 周年大型文艺汇演，集团系统内 28 家单位、600 余名演员通过近半年的辛苦训练和紧张筹备，呈现精彩的文艺盛会。各单位通过组织开展“我和我的祖国”快闪活动、拍摄“不忘初心、牢记使命”主题教育和庆祝新中国成立 70 周年微视频。（朱雪峰）

【集团展示厅】

2019 年度，集团展示厅累计接待 352 批次，参观人数 7420 人。其中省部级以上领导 16 人。接待境外国家、机构和企业高层代表主要包括：波兰驻华大使一行，马来西亚交通部部长一行，巴拿马国家记者代表团，美国通用集团，几内亚访问团，特立尼达和多巴哥西班牙市市长一行，奥地利联邦铁路集团，智利 Ultrama 集团，希腊、塞尔维亚、匈牙利、马其顿共和国四国海关总署官员，印度尼西亚国家银行，美国长滩港务集团，沙特阿拉伯交通运输部官员等，访问参观共计 20 余次。接待各类院校机构包括：中国国防大学、清华大学、上海交通大学、英国 EBOR 教育集团访问团、上海外国语大学、美国高校联盟、德国拜罗伊特大学、日本神户大学、泰国皇太后学院、香港高校学院访问团、武汉理工大学、求是杂志社、人民交通出版社等，学术访问交流共计 20 余次。此外，还接待国家及各地海事局、救捞局、海关、公安机关、消防总局、海事法院、进博局、中国法律风险基金会、丝路基金会、国家改革创新委员会、中华企业联合会、澳门经济发展协会等行业相关机关机构领导。接待中国移动、招商集团、中粮集团、中铝集团等各类行业内外客户及伙伴拜访交流50余次。接待所属单位新入职员工培训现场教学32批次，接待中国浦东干部学院县处级以上干部培训班现场教学12批次。

（傅奇）

品牌建设

品牌建设

【集团品牌战略规划研究】

2019年，着手对集团总部及二级单位的品牌管理工作开展梳理与分析，结合国资委的品牌建设调查与“央企品牌最佳实践”案例评比，系统梳理集团成立以来的品牌工作经验。同时借鉴国家电网、中国石化等央企的做法，调研考察中国人民大学国有企业形象建设研究院等知名第三方品牌咨询机构，并通过集采流程选聘中国人民大学国有企业形象建设研究院作为合作方，启动并开展集团品牌战略规划研究，制定集团品牌战略规划、品牌架构体系以及品牌建设基础管理方案。

【规范使用集团VI】

为进一步规范集团品牌视觉识别系统（VI）使用，集团加大了对各二级单位VI规范落地情况的检查，加强系统宣贯和培训，组织境内外各企业自查，对使用不规范、不合理、未经授权使用以及还未更新的各种情况进行整改，明确集团品牌标识的使用界限，加强授权管理和品牌保护。同时，为了确保各单位的规范使用，还对集团VI手册进行完善，补充了二级单位名片、熊猫船长、生产性服装设计等内容，并面向全系统发布VI手册3.0电子和纸质版本。

【参加国际大型会展】

积极参与第二届中国国际进口博览会，通过高质量的服务和保障，集团成为进博会核心支持企业及虹桥国际经济论坛钻石会员单位；成功获得进博会主场运输商、会展搭建商服务资质；以集团央企采购团秘书处的身份对外开展工作；积极筹办海运年会；组织媒体中心、集运、物流等单位开展媒体宣传；组织设计及搭建“一带一路互联互通”展示专区，在国家展中国馆中争取到将比港项目列为中国馆“开放”区域的八个展示项目之一，组织并搭建国家展中国馆集团比港项目展示方案，开展集团品牌形象展示与推广；组建近百人的志愿者与业务咨询服务团队开展各项服务保障工作等，圆满完成了集团深度参与进博会的各项工作任务。中远海科成功成为进博会证件管理系统技术服务保障单位。

此外，集团还积极参加其他国际大型展会展览，有针对性地开展品牌营销，助力企业生产经营。2019年，先后组织集团及各有关下属单位参加津洽会、渝洽会、厦洽会、蓝色经济大会“中国航海日”论坛、进口博览会、中国拉美贸易展、香港－澳门科技展、国际海事展等10余个国内外大型展会，有效推广集团品牌形象，促进业务开拓。

【企业形象宣传及舆情管理】

1. 强化新闻宣传及舆论引导

2019年，发布集团官网重要新闻（中英文）400余篇、官微稿件212篇；组织大型媒体调研采访11次；获得境内外媒体相关报道4 000余篇，其中新华社报道198次、人民日报报道58次、中央电视总台播出报道138次、央视新闻联播播出报道7次，全力提升集团品牌价值和竞争软实力。对一些重点活动，如“一带一路”建设、集团成立3周年、中国航海日、慈善公益与扶贫、新中国成立70周年、进博会、与共和国共成长、董事长上讲台、集团校招等，精心组织策划，认真撰写文稿，在集团内部外宣平台刊发，并积极协调外部媒体扩大宣传。

2. 发挥系统外宣平台作用

加强集团外宣平台建设，密切跟踪集团及所属单位重大事项进展情况，统一新闻口径并及时在集团网站、官方微信、Facebook、Twitter等公众平台发布。先后组织并发布了习近平主席视察比港、收购钱凯码头、海南港航控股转股、集团领导出席活动等集团各类重大活动、资本运作项目及重大业务进展等新闻 200 多篇。

3. 开展大型主题活动宣传

在新中国成立 70 周年主题宣传中，组织外部大型媒体来集团采访，外部媒体刊发集团相关稿件 15 篇；组织“70 年 70 件事”“奋进新时代”等专题稿件在官微、官网刊发，并积极与新华社、中国报道社等沟通刊发有关主题文章，取得积极成效，社会反响热烈。新华社刊发的题为《从一穷二白到世界第一》的许立荣董事长专访文章获得 150 万的阅读量，集团制作的《岁月如歌，我的祖国》视频节目获得 111 万的播放量。此外，为了加强船员主题的宣传，积极与新华社加强沟通，支持其出版《海洋强国的脊梁》书籍，通过对记者跟随“中远荷兰”轮随船采访经历的回顾，展现当代船员的风采。（马晓静　黄奇萃）

4. 开展邮轮首航品牌宣传活动

以星旅远洋首艘邮轮首航为契机，与中远海运厦门、中旅集团共同策划首航安排。为了确保活动效果，飞赴新加坡对邮轮进行调研，根据邮轮的实际情况，设计活动环节和路线，确定活动主题形象，制作首航宣传片，并策划邀请嘉宾和媒体。9 月 26—29 日，“鼓浪屿”号命名暨首航仪式活动在厦门、香港两地取得圆满成功，来自国务院国资委、厦门市等的各级领导以及集团的重要客户与合作伙伴、媒体等 1 000 多位嘉宾参加了活动，反响很好。特别是参加活动的媒体纷纷发稿，无论是“鼓浪屿”号，还是集团品牌都得到了有效的传播。星旅远洋邮轮作为中国第一家真正意义的国资大型豪华邮轮公司，品牌形象得到进一步提升。

5. 入选跨文化传播试点企业

自 2019 年 5 月起，集团入选中宣部、国务院国资委第二批跨文化传播专项工作试点企业，外宣对象国是希腊。集团作为希腊的央企牵头单位，围绕六个方面主题开展相关工作，包括：开通海外社交媒体账号、开展当地智库合作、开展当地媒体合作、开展企业形象推广、发布社会责任报告、举行公众开放日等。7 月底，集团作为第二批试点企业首家交流单位，向国资委及其他央企汇报了跨文化传播工作情况。跨文化传播专项工作已成为集团进一步深化外宣工作的重要抓手。（马晓静　黄奇萃）

6. 加强舆情管理

2019 年，针对国际日益复杂的舆论形势，加强每日舆情管理，在编发《每日舆情要点》的基础上，针对突发敏感舆情编发专项舆情报告，对有关敏感报道进行编译分析，评估舆情风险点并有针对性地开展舆情应对，先后编发《每日舆情报告》和专项舆情报告合计 330 余期，处理各类敏感舆情 11 起。在集团重大收购项目中，及时发现舆情风险，组织上市公司进行系统应对，多次组织媒体深入报道，加强媒体沟通，为及时澄清事实、有效引导市场舆论，维护集团资本市场形象，保障项目顺利实施发挥了积极作用。

（马晓静　黄奇萃）

文化传媒

文化传媒

【报　纸】

1.《中国远洋海运报》

自 2019 年 1 月 4 日第 1227 期至 2019 年 12 月 27 日第 1275 期，《中国远洋海运报》共计完成编辑出版 48 期，392 个对开版面，刊载新闻报道及各类文章 2 500 余篇，新闻图片及各类配图 1 000 余幅，稿件编辑总量约 250 万字。自 2019 年初开始，报纸在每周五定时发送电子版，与纸质版形成互补。2019 年下半年，还将报纸以二维码方式在报纸微信公众号上进行推送，满足了读者在移动端阅读的需求。此外，报纸还积极对接相关信息公司，完成 2016—2019 年报纸数据的归纳整理并制作成光盘。

2019 年，报纸与集团相关职能部室开设合办了一批栏目。其中，与安全监管本部合办《集团安全信息通报》43 期，总计 6 万字；与财经部合办《财经看点》11 期。协同集团党组工作部开辟“奋斗者——集团 2018 年度先进典型风采录”专栏，刊登文稿 30 篇，总计 6 万多字。开辟“卓越创新实干”专栏，刊登文稿 65 篇，总计 7 万字。

是年，报纸深度参与集团内、外宣工作，编辑、记者充分发挥新闻宣传和文字业务专长，推进集团对内、对外宣传重点工作，按要求及时为《人民日报》、国务院国资委新闻中心等主流媒体推介集团重点项目；配合开展专题宣传材料的采集、审核和报送工作，积极维护集团良好的社会形象，为企业发展创造了良好的舆论环境。报纸完成集团总部层面有关采访报道 200 余次，其中报纸刊载文字报道 70 余篇。为集团总部相关会议、活动撰写及整理文字稿件、素材近 25 万字；完成系统内采访报道及业务交流 40 余次，撰写和编辑相关稿件 40 余篇，积累相关文字素材 5 万余字。

《中国远洋海运报》重要工作举措及工作亮点包括：

（1）以集团成立 3 周年为契机，通过全国两会、博鳌亚洲论坛 2019 年年会、第二届“一带一路”国际高峰论坛、精准扶贫、集团系列大型集装箱轮交付下水等一系列重大新闻事件的宣传报道，积极营造企业良好的外部舆论环境。

（2）积极创新，加强专题策划能力，在继续做好重点栏目“‘一带一路’——中远海运印记”的基础上，推出了“奋斗者——集团 2018 年度先进典型风采录”“与改革开放同行”“卓越创新实干”等新专栏。

（3）2019 年 5 月 5—16 日，《中国远洋海运报》“一带一路”报道组赴美国、巴西和秘鲁，采访中远海运海外公司参与国家“一带一路”建设情况。采访期间，报道组在 2017 年和 2018 年共 4 次海外采访报道经验的基础上进一步拓宽思路，以融合媒体的思维为导向，创新融合媒体发布方案，做好此次海外行实时采访报道工作。采访结束后，报道组形成深度系列文字报道文章和专题版面，用文字和图片反映中远海运海外员工服务“一带一路”建设的情况和实干精神，向新中国成立 70 周年献礼。

（4）2019 年 9 月 26 日，“鼓浪屿”号邮轮首航，报纸派出记者全程登船采访，拍摄了大量照片，并现场采写报道在报纸和报纸微信公众号上及时发出。

（5）2019 年 9 月 29 日，在新中国成立 70 周年之际，《中国远洋海运报》第一次推出了 16 个版面，其中 12 个版面为“潮起新中国 · 远航新时代”特刊，生动展现了从 1949—2019 年，中远海运集团与新中国共同成长的光辉历程，引发了广大读者的强烈反响。

（6）进入11月，报纸分兵两路，一路前往第二届中国国际进口博览会现场进行报道，另一路负责在后方汇总与编辑，于11月8日开辟出了6个版面的进博会专版，全面报道中远海运深度参与进博会的各项工作以及集团成功举办国际海运年会等重大消息。

（7）2019年11月15日，报纸全面报道了国家主席习近平和希腊总理米佐塔基斯共同参观中远海运比雷埃夫斯港项目的新闻，这是继习近平主席与中远海运“玫瑰轮”通话后又一鼓舞集团全体员工的重大活动。（孙臻稷）

2.《广州海运报》

《广州海运报》于1966年5月7日由广州海运局创刊，1967年8月18日因“文化大革命”停刊，1985年9月25日复刊。广东省画院院长、广东美术家协会主席、著名画家关山月，闻《广州海运报》复刊的消息，欣然命笔，为《广州海运报》题名。1987年8月31日，《广州海运报》获得国家新闻出版署核发的报刊登记证，国内统一连续出版物号为CN44–0093，批准《广州海运报》的刊期、发行范围和主编人选，该证由广东省新闻出版局颁发。1992年7月，经国家新闻出版署批准，国内统一连续出版物号为CN44–0128。随着企业的改革发展，《广州海运报》不断进步和成熟，由原来的旬刊发展为周报，4开4版，周三出版。进入21世纪后，亚丁湾海域和印度洋海域事件成为全球性新闻热点，企业船舶常年在此海域执行生产任务，在防抗海盗的工作中，广大海员作出积极的贡献，涌现出许多先进人物和可歌可泣的英雄事迹。为此，《广州海运报》动员组织一批通讯员开展新闻报道，刊发一系列的消息、通讯、图片等不同新闻体裁的稿件。如“嘉宁山”轮击退海盗的武装袭击后，及时开展报道，推荐在该事件中涌现出的先进人物参加广东省、广州市先进人物评选。行业特色鲜明的报道受到读者和同行的广泛关注，多篇新闻报道在全国企业报好新闻评比中获奖。1997年，《广州海运报》荣获全国企业报晋京展一等奖。作为广州地区出版物新闻工作者协会副会长单位，2019年《广州海运报》有32篇作品荣获广州地区出版物新闻工作者协会好新闻作品奖。

2019年，《广州海运报》以庆祝中华人民共和国成立70周年为契机，紧扣企业与祖国同诞生、同奋进主题，结合公司举办的“企业文化年”系列活动，开设“如歌岁月70载”专栏，宣传企业历史沿革、发展现状、未来规划，开展爱党爱国爱企教育；开设“身边的榜样”专栏，加大对基层一线先进典型的宣传报道力度，营造爱岗敬业、履职尽责的企业文化氛围。（陈晓艳）

【刊　　物】

1.《中国远洋海运》

2019年，《中国远洋海运》杂志围绕行业当月热点，结合集团关注和发展重点，策划出版十余个专题报道。亮点包括：结合两会热议的自贸港话题，邀请商务部研究院白明所长、交通运输部水科院贾大山副院长、世界银行高级经济学家曾智华等重量级专家从不同层面剖析自贸港建设的方向与路径，给业界提供了有益参考，受到相关部门重视；为配合第二届“一带一路”国际合作高峰论坛，连续两期聚焦该话题，从航运产业链角度全方位展示以中远海运为代表的“一带一路”建设先锋的实践成果与启示，特别是以图示形式展现的“中远海运一带一路航迹”被许多单位作为有价值资料收藏，并被中远海运集团官方微信公众号及其他微信公众号多次转发；连续刊发本刊记者随“天恩”轮北极航行的报道，并配有扫码看视频，受到业界读者好评；首次聚焦邮轮专题，特别是首次以增刊形式通过记者随船报道“鼓浪屿”号首航纪实、游客评价及专家对中国邮轮市场的观点等，受到海运年会及邮轮大会代表的高度关注；通过对第二届进博会和海运年会参展商、嘉宾的采访，多层面展现集团的贡献和影响力。

此外，还应邀参与世界港口大会的宣传报道工作，推出专题以飨业界读者；围绕航运金融发展趋势，刊发多篇相关专家稿件；在业界率先专访 BIMCO 百年历史上首位女主席，受到关注和好评。2019 年，邀请了国家级智库专家、国际知名分析机构、国内航运及相关产业链专家数十人次就世界经贸形势、航运市场分析、多式联运、中欧班列、限硫令、邮轮、区块链、5G 应用、LNG 产业链发展、自贸试验区、（自由贸易港）及大湾区、中美贸易摩擦、国资国企改革等数十个热点进行了深度分析。

除了日常的纸质杂志出版和微信微博编发工作，杂志还策划组织了两场会议，以提升集团品牌影响力。2019 年 1 月，杂志策划组织了主题为“预见 2019”的新年航运市场分析会，邀请了国家发展改革委交通运输研究所相关负责人、交通运输部水科院相关负责人、国际知名咨询公司分析师、资深证券分析师、银行金融专家、集团各业务板块市场研究负责人以及其他船东公司、货主单位等代表与会座谈，同时邀请海事局主管领导和商务部研究院专家分别作限硫令和中美贸易战专题讲座，受到与会产业链各方代表的好评。2019 年 9 月，杂志在重庆召开了以“陆海联运 联动世界”为主题的 2019 年杂志理事单位年会，邀请了西部陆海新通道相关政策起草专家、政府主管部门官员、科研院所学者、协会负责人、企业经营管理者等产业链各相关领域的代表，就陆海联运话题从不同角度、不同层次进行深入探讨，并为行业的发展建言献策，通过一次高规格、小规模的交流活动，聚合陆海资源，共同谱写“联动”文章。（姚亚平）

2.《上海船舶运输科学研究所学报》

《上海船舶运输科学研究所学报》创刊于 1978 年，系船舶科学和船舶运输领域的综合性学术期刊，国内统一连续出版物号为 CN31-2023/U，由上海船舶运输科学研究所主办，在国内外公开发行。该刊曾用名为《交通部上海船舶运输科学研究所学报》，2005 年更名为《上海船舶运输科学研究所学报》，2012 年由半年刊改为季刊。

该刊自创刊以来，始终坚持党的基本路线，坚持“百花齐放、百家争鸣”和“理论联系实际”的办刊方针，突出理论与学术服务于丰富的实践，充分发挥科技期刊在成果转化方面的交流和传播作用，助推行业科技进步。刊登的内容主要反映船舶运输系统、船舶设计、船舶控制、交通工程、环保工程、港口工程、工业自动化、电子信息、船舶动力机械和水运经济等方面的科研成果，同时刊登具有一定学术水平的试验报告和科研管理研究报告。经过数十年的办刊历程，期刊的影响力指数逐年提升，现已成为行业知名的专业学术刊物，是中国核心期刊（遴选）数据库来源期刊、中国学术期刊（光盘版）全文入编期刊、中国学术期刊综合评价数据库来源期刊，同时被国家图书馆、上海图书馆、中国知网、万方数据库和维普数据库等数据库收录。

2019 年，该刊全年出版 4 期，出刊时间分别为 3 月、6 月、9 月和 12 月，共刊登 63 篇论文，均为交通运输和船舶工业领域的学术论文，涉及专业主要包括船舶系统工程、船舶水动力及海事技术试验研究、环境工程、智能交通系统、交通与航运信息化等，反映相关专业最新的理论和实践成果，具有较高的学术推广价值，为国家交通运输和造船行业通用技术、前瞻性技术的交流传播以及行业的科技进步作出了积极贡献。年度共收录 8 篇支撑国家级、省部级科研项目的论文，相比 2018 年增加 4 篇，占年度刊载总文献量的 13%。此外，本年度通过座谈、拜访等方式主动约稿，积极吸引船研所内外部的优秀科研人员、研究生和高校老师等在该刊发表文章，使论文数量和内容质量相比往年有了明显提升。（胡奕）

3.《青岛远洋船员职业学院学报》

《青岛远洋船员职业学院学报》创刊于 1980 年 7 月，原名《远洋科技》，由中国远洋海运集团直属的青岛远洋船员职业学院主办。

1980 年 7 月，青岛远洋船员进修学院刊物《远洋科技》创刊。1986 年 10 月，青岛远洋船员学院刊物《远洋教育研究》创刊。1996 年 1 月，经中国远洋运输（集团）总公司报交通部同意，并经山东省新闻出版局批准，《远洋教育研究》和《远洋科技》并刊，改为综合性学报《青岛远洋船员学院学报》。1999 年《青岛远洋船员学院学报》第 1 期公开发行。2012 年 2 月，经国家新闻出版总署批准，更名为《青岛远洋船员职业学院学报》，国内公开连续出版物号为CN37－1489/U，国际标准刊号为ISSN2095－3747，每3个月出版1期，为季刊。2014年12月，《青岛远洋船员职业学院学报》入选原国家新闻出版广电总局第一批认定学术期刊。

学报创刊以来，始终坚持编辑刊载学术论文和科研报告，为发展国家远洋科研事业服务的办刊宗旨，面向远洋，突出航运特色，主要设置航海技术、船舶通信与信息工程、轮机管理与船舶工程、船舶电子电气、海事法律管理与公约、航运物流、航海（高职）教育等栏目。中远海运集团成立后，学报密切关注集团航运各大业务板块，充分发挥科技期刊的媒介作用，架起行业产业和高校科研之间沟通的桥梁。

经过近40年的发展，学报办刊质量不断提高，社会影响力不断扩大，已被重庆维普《中文科技期刊数据库》、清华知网《中国学术期刊（光盘版）》《中国学术期刊综合评价数据库》、万方数据库《中国核心期刊（遴选）数据库》全文收录。2008年，学报被评为“全国高职高专优秀学报”。

2019年，学报共组稿211篇，发文76篇，其中，自然科学论文26篇，社会科学论文50篇。航海技术、轮机管理与船舶工程、船舶信息工程、航运物流和航海（高职）教育等五大栏目载文72篇，占比约95%，充分体现了学报航运特色。学报办刊质量和社会影响力进一步提高，刊载基金论文30篇，占比显著提升，国内外机构用户达5 200多个，期刊综合影响因子学科平均值0.29，全年文献下载量1.4万多次，保持平稳增长。（孙宸）

4.《航海》

创刊于1979年的《航海》杂志（ISSN1000-0356 CN31-1121/U），是中国航海界向国内外公开发行的综合性科技期刊，由上海市航海学会主办，上海市科学技术协会主管，是中国学术期刊综合评价数据库统计源期刊，被中国核心期刊（遴选）数据库全文收录。

《航海》杂志融航海学术交流、科技信息传播、航海文化发掘、航海知识普及、航海生活展示等为一体，成为社会各界朋友了解航运发展态势和开拓航海科技视野的窗口、航海爱好者的文化园地、中外航运界同仁交流信息与情感的渠道。

《航海》杂志开本为大16开，全彩印。国内邮发代号为4–272，国外发行代号为BM517。

2019年，《航海》杂志发表业界学术论文165篇。参与编辑并联系上海科学技术出版社出版《船舶主流机型服务手册（2019版）》。围绕推动航运企业高质量发展、推进区域航运经济发展、长江三角洲区域一体化、“粤港澳大湾区”建设等议题，以增刊形式编辑出版“苏浙闽粤桂沪”五省（区）一市航海学术研讨会论文集。《航海》重点关注业界各领域一线先进人物，以封面人物介绍的方式，宣传业界杰出代表人物，包括全国“十佳”引航员、宁波港高级引航员潘国华，全国海洋系统先进集体，“雪龙2”号船长赵炎平，国际海事组织“海上特别勇敢奖”获得者、交通运输部东海救助局上海基地潜水救助队队长唐顺杰，中国首位穿越北冰洋的女大副、上海海事大学副教授白响恩，中远海运集团先进个人、“新申洋”轮轮机长周成，上海海事法院海事庭审判长张珊珊等。同时，《航海》杂志还注重弘扬航海精神，传承航海文化，制作了庆祝第15个中国航海日专版以及“水上交通安全知识进校园”专栏。（罗斌）

5.《中国海员》

《中国海员》杂志创刊于1926年，创办者是成立于1921年4月6日的“中华海员工业联合总会”。在不同的历史时期，《中国海员》杂志曾多次停刊后又复刊。在改革开放的新时期，中国海员工会全国委员会决定第四次出版《中国海员》杂志。经过半年筹备，《中国海员》杂志于1985年6月正式复刊。1986年起，又与交通部合办，主管单位为交通部，主办单位为上海（海运）集团公司。

《中国海员》杂志面向交通职工、面向社会、面向海内外，讲述海运、远洋、内河、港口、筑港等广大航运企业职工身边的事情，讲述交通系统职工海内外见闻，报道全国交通系统发生的重大事件，交流工会工作经验，发表工会领导重要文章。

2018 年 12 月 3 日，习近平主席在巴拿马城同巴拿马总统巴雷拉共同参观巴拿马运河新船闸，并且与第一船闸停靠等待过闸的中远海运集团“玫瑰轮”船长吴文峰通话。《中国海员》杂志在 2019 年第 5 期封面刊登了“玫瑰轮”船长吴文峰手拿对讲机通话时的照片，并在《特稿》栏目刊登了《牢记嘱托，做新时代的航海人》一文，全面介绍了劳动模范吴文峰船长的先进事迹。2019 年，《中国海员》杂志对“中国海员建设工会四届三次全委会会议”“全国海上劳动关系三方协调机制工作会”“第五届中国海员技能大比武”等水运系统重大事件进行了全面报道；承办了“凝聚职工力量，共助港口发展——纪念新中国成立 70 周年主题征文活动”。此外，《中国海员》杂志还重点报道了朱红建、牛百龙、叶红才、谢珮嵘、齐嘉等水运系统先进人物的事迹。《中国海员》杂志全年共出版杂志 6 期，共发表约 200 篇文章，新开辟了《专家点评》等栏目。

（严永强）

【新 媒 体】

1. 集团网站

中国远洋海运集团有限公司网站设立于 2016 年，域名为 http://www.coscoshipping.com，是中远海运集团官方主办的网络平台，网站分中文、英文两个版本，主要承担对外发布集团信息、宣传集团业务、传播集团价值理念等功能，是集团面向社会和公众展示企业品牌形象的重要窗口。网站成立以来，遵从“服务企业价值创造”核心理念，坚持易用性、安全性原则，注重从航运业特色和企业特点出发，结合当下网站发展流行趋势和新媒体环境下网民阅读习惯，推进版式、内容和功能等方面与时俱进、持续创新。网站设有“关于我们、新闻中心、业务领域、社会责任、人才招聘、信息公开、订舱平台”等常备栏目，系统展示集团核心业务和主要工作；同时，可通过飘窗、临时栏目和链接等，实现重要内容的临时性展示。经过多年来的持续运营和维护，包括客户、投资者、业务伙伴、内部职工等在内的受众群体不断扩大，已经发展成为业内知名、社会关注的企业网站。

2019 年，集团先后组织策划了“一带一路”建设、集团成立 3 周年、航海日、慈善公益、扶贫、新中国成立 70 周年、进博会、与共和国共成长、董事长上讲台、集团校招等重要的主题宣传。年发布中文新闻 239 篇，英文新闻 172 篇，发布内容涉及集团内外往来、经营活动、绿色发展、企业文化、社会责任等各个方面，较为系统地展现了集团改革发展、服务客户、创新创业等各方面工作成效。

（马晓静、黄奇萃）

2. 中远海运集团新媒体平台

集团新媒体平台包括集团官方微信公众号“中远海运”及以集团名义开办的“COSCO SHIPPING”英文脸书账号和推特账号，三者均于 2016 年设立，是集团在新媒体发展形势下，结合业务拓展需要和品牌传播需求设立的新型网络传播平台。集团新媒体平台包含“最新动态”“走近我们”等栏目，内容涵盖集团业务介绍、新闻信息、品牌标识、船海知识、人才招聘等，是集团对外推广品牌、传播行业知识的重要窗口。集团新媒体平台设立以来，以“服务企业价值创造、紧跟媒体发展潮流”为工作方针，坚持在版式设计上突出活泼性、在内容编排上突出时新性、在运营维护上突出互动性，持续打造全媒体时代下展现集团品牌、适应受众需求的新型对外传播窗口。2019 年，集团官方微信公众号“中远海运”共发布、推送新闻 237 篇，总阅读量超过 81 万次，关注用户达 58 000 人，比去年同期增长近 20 000 人。集团“今日头条”号共推送新闻超过 153 条，推荐浏览数超过 70 万次。（朱江）

【图书及音像制品】

1.《思想领航——中远海运深入学习习近平总书记重要论述材料选编》

为引领广大党员干部结合企业实际深入学习习近平新时代中国特色社会主义思想，集团党组工作部历时半年收集整理习近平总书记重要论述及关于本行业本企业的重要指示批示，编撰《思想领航——中远海运深入学习习近平总书记重要论述材料选编》一书。该书共分两大篇，第一篇为习近平总书记关于本行业本企业的十个方面重要指示批示；第二篇为习近平总书记关于交通强国、海洋强国、航运强国、“一带一路”、经济建设、国企党建等六个方面的重要论述摘编。

2.《回望初心》

在中华人民共和国成立70周年和全党开展“不忘初心、牢记使命”主题教育之际，中远海运集团党组编纂了《回望初心》一书，选编了100篇集团干部职工创作的文学和故事作品，由人民交通出版社正式出版。本书的出版旨在引领新时代航运人深入学习贯彻习近平新时代中国特色社会主义思想，深刻理解习近平总书记在上海考察时提出的“经济强国必定是海洋强国、航运强国”的重要指示精神，回望初心、铭记使命，通过对历史的重温、对往事的追忆，随着文字重走70年劈波斩浪、艰苦卓绝的航运“长征路”，跨越时空，同历史对话、与初心拥抱，更好地认识过去、把握当下、面向未来。

3.《交通中国》

2019年1月，中国交通运输协会联合相关行业主管部门启动大型电视纪录片《交通中国》筹拍工作，中远海运参与拍摄。该系列纪录片共8集，全景式展现新中国成立70年和改革开放40年特别是党的十八大以来，我国交通建设发展的伟大历程和辉煌成就，展现中国交通对中国经济崛起和改善民生的支撑地位与驱动作用。纪录片诠释交通文化，讴歌交通精神，描绘交通强国建设的发展理念和宏伟蓝图。该片被列为国家广电总局“记录新时代”创作传播工程百部纪录片重点选题。（朱雪峰）

2020

CHINA COSCO SHIPPING CORPORATION LIMITED YEARBOOK

中国远洋海运集团有限公司

年鉴

第十三篇

企业社会责任

概述

概　述

中远海运集团将可持续发展理念和“创新、协调、绿色、开放、共享”的新发展理念融入企业运营管理中，统筹兼顾利益相关方的期望和诉求，平衡协调经济、社会、环境责任，为实现自身与利益相关方共同发展而不懈努力。

承担社会责任是企业实现和社会共同高质量发展的一个微观基础和必然要求。鉴于此，集团秉持“创造价值、连接梦想”的可持续发展理念和初心，与利益相关方携手共同创造更可持续的行业和社会生态；致力于守法合规、做强做优，实现企业基业长青；以优秀的发展成果履行社会责任和全球契约，关注全球环境，关爱贫困地区，参与国际援助，争做优秀企业公民，推动企业与社会的协调发展。

2019 年，中远海运集团以弘扬民族精神、奉献中远海运爱心、支持公益事业、促进社会和谐发展为宗旨，积极履行企业社会责任，开展济困赈灾、扶贫、助学等社会救助活动。中远海运慈善基金会在第三方评估机构基金会中心网公布的中基透明指数（FTI）排名中连续第七年获得满分。基金会主动履行信息公开义务，用及时、准确、公开的捐赠信息对社会公众负责。2019 年，中远海运慈善基金会筹集社会捐赠 7 849 万元，公益慈善支出 1.02 亿元，组织慈善公益项目 80 项。截至 2019 年底，中远海运慈善基金会实施慈善项目约 600 个，累计捐资 7.03 亿元。

是年，集团将海洋环境保护摆在突出位置，将“发展海洋经济，保护海洋生态环境”作为企业发展的首要社会责任，积极参与全球气候治理，积极防治海洋污染，减少资源浪费，推动能源转型，进一步提升航运生态综合治理能力。为了更有力地推进绿色发展，集团明确环保工作在集团管理中的优先级别，建立权责明晰的环境管理机制，强化集团的制度引导与监督考核责任；成立生态环境保护领导小组，协调统筹环保工作的逐级落实，为环境管理健全组织保障。中远海运制定《中远海运集团关于加强生态环境保护的指导意见》《节能减排管理规定》等制度，将节能减排、生态环境保护绩效作为各直属单位经营业绩考核约束性指标之一，完善环境管理绩效评估机制，保障环境管理绩效长效运行，积极梳理、分析集团的环境影响因素与环境影响程度；编制《生态环境保护检查标准》和《生态环境保护企业资料清单》，围绕突发环境事件应急管理、环境污染防治现场管理以及生态环境隐患排查治理等方面，对下属单位开展环保督查，将多层级、全覆盖的环境影响管理落到实处。

是年，中远海运发扬人道主义精神，多次参与海上救援行动。2019 年，集团参与海上搜寻和救助行动 36 次，并成功援救 104 名遇险人员。搜救行动得到了国际搜救组织、中国海上搜救中心以及相关地方政府的肯定。中远海运在积极促进海外区域经济繁荣发展的同时，主动承担社会责任，实现海外区域共同繁荣。2019 年，中远海运旗下中日国际轮渡有限公司的“新鉴真”轮为上海博物馆“沧海之虹：唐招提寺鉴真文物与东山魁夷隔扇画展”的展览文物提供承运服务。2019 年 11 月，中远海运慈善基金会向希腊红十字会捐赠善款 50 万欧元（合人民币 392 万元），用于对雅典、比雷埃夫斯市低收入家庭学生的学习资助，向成绩优秀的高中毕业生发放奖学金以支付大学入学考试的相关费用，以及组织 30 场针对 6 ～ 16 岁少年儿童的文体公益活动等。此次公益项目计划的实施周期为一年，受益群体规模将超过 2 100 人。此外，2019 年 12 月，中远海运特运“大二”系列重吊船“大彤云”轮还完成向非洲马达加斯加运输 6 艘单重 150 吨、总重 900 吨的渔船的任务，为支持当地渔业生产提供助力。

扶贫工作

扶贫工作

【定点帮扶】

中远海运集团深入落实国家精准扶贫有关政策及要求，进一步加大扶贫工作力度，凝心聚力脱贫攻坚，全力改善当地民生。2019年，共实施项目80余个，资金支出1.02亿元，较上年增加3 776万元，展示了集团积极履行社会责任的良好形象。其中，援藏扶贫项目资金6 740万元（含中远海运慈善基金会自有资金支持740万元）；各成员单位对口帮扶项目资金1 091万元；中远海运慈善基金会自主实施扶贫项目资金2 323万元，较上年增加520万元。

【西藏定点扶贫】

2019年，集团在西藏洛隆共投入资金1 770万元，实施4个公益慈善项目。其中，1 100万元用于自来水厂改扩建；600万元用于洛隆夏玉村易地扶贫搬迁安置点建设；30万元用于对特困群体进行帮扶救助；40万元用于干部人才培训。在类乌齐投入资金1 870万元，实施5个公益慈善项目。其中，1 000万元用于自来水建设项目；600万元用于易地扶贫搬迁安置；40万元用于干部人才培训；30万元用于对特困群体进行帮扶；200万元用于类乌齐伊日乡农牧民旅游产业项目。

【云南定点扶贫】

2019年，集团在永德投入资金1 000万元，实施8个公益慈善项目。其中，380万元用于建设3个村集体所有茶叶加工厂；135万元用于乌木龙乡小村完小教育基础设施建设；100万元用于技术人才培训基金，举办相关技能大赛和技能劳务培训；70万元用于永德大山乡麻栎寨村人畜饮水及产业灌溉；55万元用于永德一中“中远海奖助学金”项目；40万元用于对特困群体进行帮扶救助；20万元用于德党镇大出水完小入校道路硬化工程建设；200万元用于永德勐板乡白岩完小建设工程项目。

【湖南定点扶贫】

2019年，集团在湖南安化投入资金1 100万元，实施9个公益慈善项目。其中，300万元用于改善田庄中学的教学设备、设施；265万元用于仙龙村国有茶园建设；200万元用于安化长塘幼儿园危改项目；180万元用于安化思游中学校园改造；80万元用于田庄乡国有厚朴基地建设；20万元用于对安化二中高中部贫困学生提供援助；20万元用于对特困群体进行帮扶救助；15万元用于实施茶旅一体化人才培训；20万元用于安化基层干部培训项目。

此外，在湖南沅陵投入资金1 000万元，实施9个公益慈善项目。其中，370万元用于借母溪村游客接待中心建设；200万元用于解决洪水坪集镇、易地搬迁集中安置区及借母溪村游客接待中心的饮水需求问题；200万元用于沅陵二酉苗族乡中心小学修建教学楼项目；100万元用于明溪口镇高砌头九校实验楼建设；30万元用于设立“远航·追梦”奖学金和助学金；30万元用于对沅陵一中、二中100名贫困学生发放生活补助助学金；25万元用于对特困群体实施帮扶救助；25万元用于对村民和干部进行技能素质培训；20万元用于对当地农家乐、葡萄园等特色产业的帮扶。

社会捐助与公益活动

社会捐助与公益活动

【主要教育捐助项目】

1. “中远海运·格桑美朵”助学基金

集团投入资金 170 万元，用于在西藏地区设立“中远海运·格桑美朵”助学基金，帮助贫困学生圆求学梦，资助贫困教师安心教学。其中，在西藏洛隆投入资金 100 万元，受益师生 821 人；在类乌齐投入资金 70 万元，受益师生 674 人。

2. “中远海运·色钦美朵”医护人才培养基金

集团投入资金 100 万元，设立“中远海运·色钦美朵”医护人才培养基金，主要用于县医护人员的培养和激励，包括安排医护人员 126 人次参加医护培训，奖励 9 名获得荣誉资质的医生。

3. 云南临沧基础教育捐助项目

集团投入资金 200 万元，用于临沧基础教育捐助项目（十三期），为云南永德、耿马、镇康三县 15 所学校更新课桌椅、教师桌椅、餐桌椅、高低床等设施共计 7 707 套，有效改善了教学环境，并支付上期项目尾款。

4. “为中国而教”湖南沅陵、安化支教项目

集团投入资金 216 万元，用于“为中国而教”湖南沅陵、安化支教项目。其中，150 万元为“为中国而教”湖南沅陵、安化支教项目（三期）启动资金。该项目周期为 2019—2021 年，资金总量为 300 万元，用于年度派遣约 50 名志愿者教师到湖南省安化县、沅陵县的僻远山区学校任教，以支持当地的教育事业发展。另支付上期项目尾款 66 万元。

5. 白银市中远海运慈善基金大学新生奖学金项目

集团投入资金 50 万元，用于资助甘肃白银地区 200 名家庭困难的大学新生，助力革命老区教育扶持。

6. 其他教育捐助活动

此外，集团在中远海运（天津）有限公司对口扶贫点天津市武清区庞庄中心小学开展志愿者活动，购买 1 万元图书、学习用具等慰问品；在对特运扶贫点广东省阳江市北惯镇彭村考察时，为彭村小学购买 0.7 万元学生书包。

【“1+1 法律援助”项目】

2019 年，集团投入资金 300 万元，用于与中国法律援助基金会合作的“1+1 法律援助”项目，在内蒙古、湖南、云南、贵州、四川、新疆等六个省（区）44 县开展法律援助志愿服务，为当地群众提供法律保障。

【“健康饮水”项目】

2019 年，集团投入资金 100 万元，与新疆资助教育基金会合作，购置 20 套净化水设备，解决了新疆喀什地区 20 所学校师生的健康饮水问题。

【希腊助学及残奥运动捐助项目】

为积极响应“一带一路”倡议，促进中远海运当地企业的融入，集团向希腊红十字会捐赠人民币 392 万元（约 50 万欧元），用于资助希腊雅典和比雷埃夫斯地区贫困家庭儿童和青少年，主要包括为 80 名成绩优秀的高中毕业生提供奖学金，资助 30 场专门针对 6—16 岁少年儿童的文体公益活动等，受益群体规模预计超过 2 100 人，实施周期为一年。2019 年 11 月 21 日，中

远海运慈善基金会助学公益项目捐赠仪式在希腊比雷埃夫斯港举行，获得良好社会反响。此外，集团还投入资金 37.9 万元（约 5 万欧元），援助希腊残疾运动员参加北京残奥会。

【海洋公益论坛】

2019 年，集团投入资金 20 万元，与上海仁渡海洋公益发展中心和海南智渔可持续科技发展研究中心联合发起聚焦海洋环境保护的国际性公益论坛——海洋公益论坛，为加强海洋公益行业内部协作，推动海洋保护议题在社会各领域的联动作出积极的探索。（刘悦）

低碳环保

低碳环保

2019年，集团积极贯彻党中央、国务院关于能源节约与生态环境保护的决策部署，积极落实关于《全面加强生态环境保护坚决打好污染防治攻坚战的意见》要求，主动融入国家“一带一路”建设，通过推进技术创新和新型技术应用，加大产业结构调整力度，主动关停高能耗、高排放企业等举措，提升能效管理水平，努力构建低碳、绿色、循环的发展体系。集团能源节约与生态环境保护工作取得显著成效，全面完成国资委下达的各项考核指标。在2016—2018年度考核和评审中，集团公司被国务院国资委评为“节能减排突出贡献企业”。

是年，集团公司制定绿色发展战略规划，加快淘汰落后产能，逐步优化升级传统产业，初步建设绿色制造体系，积极推进绿色技术创新，大力发展绿色金融、循环经济和节能环保产业。在加快淘汰落后产能上，2019年集团所属企业共淘汰高能耗车辆11辆、燃油锅炉1座、空气源热泵3台、供水船1艘（400载重吨）；报废处置老旧营运船舶13艘，共14.4万载重吨；报废处置其他高能耗设备756台，总功率1.04万千瓦。

【倡导节能减排】

2019年，集团研究制定船舶低硫油使用管理要求，从风险控制、管理要求、监督检查等方面进行规范管理和风险预控，努力实现备舱、加装、储存和使用等环节的管控有序，全力应对2020限硫令全面实施可能带来的船舶安全和生态环保风险。各航运单位根据ISO 50001：2011，全面建成能源管理体系，制定能源管理方针，建立能源目标、指标和能源管理实施方案，通过监测体系运行过程，对照能源管理方针和目标，及时采取有效措施持续改进能源绩效和管理体系。根据IMO MEPC 213（63）决议的《船舶能效管理计划制定导则》，编制船舶能效管理计划，建立能效目标和指标，通过船舶营运能效指数（EEOI）来监测船舶能源管理水平，实现船舶营运能效的最佳操作，确保能源管理体系的有效运行和持续改进。

是年，集团加强节能减排资金投入，主要用于船舶加装螺旋桨前置水动力导轮和毂帽鳍、船体节能导管、船舶能效管理系统，船舶球鼻艏、船舶岸电接收装置改造，以及加装船舶脱硫装置和压载水处理装置等；加大成熟型节能技术应用的推广力度，不断探索和尝试采用新技术、新产品和新工艺实施船舶节能技改推进技术节能，稳步推进能源总量控制和能耗强度控制。

截至年底，集团所有船舶全部加装了船舶能效管理系统，有效减少了船舶二氧化碳等温室气体的排放；集团全年累计节能资金投入7 626.40万元，环保资金投入6.68亿元，总投入同比增加3.5倍。在推进船舶岸电改造上，16艘船舶安装岸电设施，完成29套港口岸电改造，累计节约用电5 200万度，比2018年增加141.86%；在加大船队结构改造上，共投入运营30艘新造船，总载重吨516万吨，降低了集团船队平均船龄，提高了船舶能效水平。（裴凯）

【满足IMO 2020限硫令要求】

船舶排放已成为全球港口和海域的主要大气污染源。2016年10月，IMO海上环境保护委员会（MEPC）确认将2020年1月1日定为全球船舶燃油硫含量不超过0.50% m/m标准的实施时间。IMO 限硫令希望通过限制船用燃油的硫含量，来控制柴油机尾气硫化物的排放，从而减少大气污染。限硫令的出台被认为是航运业几十年来的最大变化，昭示着航运业新一波绿色环保革命的兴起。2019 年，中远海运把握 IMO 限硫令过渡时期的关键节点，持续跟踪限硫令最新动态，发布《IMO 限硫令最新动态及应对报告》。同时，中远海运还重点开展低硫油与脱硫塔相关研究及测算，发布《船舶低硫燃油使用指导意见》，从船舶燃料与技术改造角度做好全面规划，努力实现采购、备舱、加装、储存、使用和应急管理等环节的管控有序，确保船舶营运符合 IMO 限硫令要求。从年初开始，中远海运能源逐船梳理设备状况，制定单船清舱、低硫油转换应对措施，组建低硫燃油转换专项工作小组，开展跨部门协作，确保转换工作高效推进。截至 2019 年底，中远海运能源已全面完成高硫油到低硫油的转换工作。（张希南）

【发展 LNG 清洁能源业务】

发展清洁能源是改善能源结构、保障能源安全、推进生态文明建设的重要任务。中远海运依托国家加快能源转型、推动清洁能源产业发展政策，积极探索 LNG 运输，引领绿色能源运输发展方向。

作为中国领先的 LNG 承运者，中远海运能源将发展 LNG 运输业务作为“第二发展曲线”。截至 2019 年底，中远海运能源拥有一支世界排名前列的 LNG 运输船队，参与投资船舶 38 艘，其中投入运营 35 艘，总运力 589.79 万立方米，总载重吨 278.42 万吨。中远海运能源多次主办上海 LNG 论坛，为 LNG 产业链上下游互融互通、共生共赢搭建平台，携手行业伙伴共同促进清洁能源发展。

2019 年 3 月 7 日，青岛中远海运与连云港交控物流集团启动 LNG 罐式集装箱制造项目合作，共同推进 LNG 罐式集装箱研发制造。LNG 罐箱具备宜储宜运、形式灵活的特性，以及可满足“多式联运”的优势。LNG 罐箱的研发、制造与推广，让“一罐到底”“门到门”的新型 LNG 运输服务成为可能，助力实现 LNG 进口渠道的多样化，为 LNG 存储和运输提供灵活性解决方案。（张希南）

【严格管理船舶垃圾及油污水处理】

中远海运建立排放物指标日常管理和监测机制，对生产运营过程中产生的废气、废水与固体废弃物的种类、来源、排放与回收情况进行追踪统计与报告，并针对重点单位 VOCs（挥发性有机物）、船舶油污水处理情况开展现场督查，确保各类排放物合规、达标处置。远洋船舶垃圾合规处理是固体废弃物管理的主要工作之一。集团为每艘船舶配备了详尽的《垃圾管理计划》，对船舶垃圾的收集、加工、贮藏和排放四个环节进行规范，推动船舶垃圾源头减排与循环利用，实现垃圾合规处理工作的有序、可控、可追溯，确保每一艘船舶的垃圾处理都符合规范。

海工平台是为海上钻井、采油、集运、观测、导航、施工等活动提供生产和生活设施的构筑物。废弃海工平台拆卸前需要对平台进行清洗，可能产生含有各类原油、燃料油或化学制剂的废水污染，同时传统切割拆卸过程还将产生大量固体废弃物，是海洋环境保护不可忽视的污染源。中远海运特运基于“双半潜船拆卸海上平台技术研究”等研究成果，联合上海交通大学、挪威船级社（DNV）等机构开发双半潜船拆卸方案。相较于传统拆卸方案，新方案让海工平台整体拆除成为可能，可避免平台组块切割过程中产生的海洋环境污染。2019 年 5 月，该技术获得美国某海工平台拆卸项目授标。（张希南）

【推进绿色造船与绿色港口项目】

绿色航运已成为全球航运业发展的主旋律。公司大力推动环保设备改造升级，开展船舶、港口节能减排与污染防治，为行业绿色转型提供动能。

1. 绿色造船

中远海运集团不仅考虑到船舶在营运过程中的环境影响，同时还将绿色技术应用于船舶制造的全生命周期。2019 年，集团将船舶能效设计指数作为重要指标，重点投入了超大型油轮（VLCC）和大型矿砂船（VLOC）等船舶的绿色建造，降低新造船舶设计能效指数，提高船队整体能效水平。

2019 年 4 月 3 日，中远海运能源与大船重工共同启动“全球首艘 LNG 双燃料 VLCC 合作项目”，联合研发制造 LNG 双燃料超大型油轮。使用 LNG 燃料预计可降低 CO_2、NO_x 排放量 20%—30%，SO_x 排放量 90%—99%，NO_x 排放达到 IMO 船舶能效设计指数（EEDI）Tier Ⅲ的最新标准。LNG 双燃料 VLCC 的研发，带动革新大型油轮 LNG 双燃料设计和建造标准，创新开展天然气液态加注以及大石油检查标准实践，并为大型船舶的节能减排起到积极的引领示范作用。

2. 绿色港口

建设绿色港口是提高港口物流竞争力的重要因素。集团坚持绿色港口发展，通过实施油改电项目与港口岸电改造等，推广更清洁能源的应用，降低污染物排放，着力打造资源合理利用、低能耗、低污染的新型港口。

中远海运港口积极推进码头能源清洁改造，运用全电力驱动或混合动力驱动代替传统由柴油发动的轮胎式门式起重机（门式起重机是指安装在固定结构或移动式结构上的转臂起重机，主要用于室外货物装卸作业），在有效降低碳排放与运作噪声的同时，实现能效提升并节省运营成本。2019 年，晋江太平洋码头、南通通海码头以及锦州新时代码头共完成 16 台门式起重机“油改电”项目，可减少近 200 吨碳排放。此外，连云港新东方码头完成 2 台门式起重机锂电池组安装项目，用于门式起重机堆场转场作业。

截至 2019 年底，集团累计完成港口的岸电改造 29 套，累计节约用电 5 200 万度，节约用电量同比增加 141.86%。（张希南）

【保护生物多样性】

航运业是与海洋生物多样性密切相关的行业，船舶航行、货物运载都可能会对海洋生物多样性带来负面影响。鉴于此，集团对远洋运输和相关业务带来的海洋生物多样性风险进行识别，积极开展生物多样性保护行动。船舶压载水是指为控制船舶横倾、纵倾、吃水、稳性或应力而加装到船上的水及悬浮物质。在船舶航行、装载货物过程中，常常需要排放或吸入淡水或海水，以实时调整船上压载水量，保障船舶安全平稳运行。船舱压载水中存在外来生物与病原体，对压载水处置不当将导致异地海洋生物、病原体入侵新水域并大量繁殖，破坏当地水域生态平衡，危害渔业资源，影响公众健康。2004 年，IMO 制定《国际船舶压载水和沉积物控制和管理公约》（以下简称《公约》），旨在通过对船舶压载水和沉积物的控制和管理来防止、减少并最终消除有害水生物和病原体的转移对环境、人体健康等造成的风险。2018 年 10 月 22 日，中国向 IMO 递交加入《公约》的文书。2019 年 1 月 22 日起，《公约》在中国正式生效。在《公约》生效前，集团已全面收集、分析行业相关信息，评估应对措施可行性，制定《船舱压载水管理须知》和《压载水管理计划》，通过压载水操作、更换、安全检查与记录四个环节对压载水进行管理，降低从船舶压载水及沉积物中引入外来生物和病原体的风险，努力降低航运过程对海洋生物多样性的负面影响。

东方海外（国际）致力于保护和可持续利用海洋与海洋资源以促进可持续发展。除落实集团压载水管理计划外，东方海外（国际）还计划在 2030 年或以前，在其所在地区办事处参与或自发举办海洋保护及保育工作、活动及计划超过 100 项。拒绝承载鱼翅有关产品，自觉承担支持全球抵制海洋濒临绝种及受保护生物的买卖的责任，坚决抵制相关买卖活动，承诺拒运鲸鱼、鲨鱼、海豚及各相关产品。是年，东方海外（国际）海洋保护及保育工作计划完成率为 58%。

（张希南）

【参与国际规则研究】

2019 年，集团积极参加国际海事组织、国资委、交通运输部等组织的有关会议，重点对压载水公约及 IMO2020 履约、航标平台推进应用、能源能效管理及重大风险源管控、船舶维护保养标准化等工作进行研究和布置；结合航运企业低硫、控碳、管塑料等实际现状，代表行业建言献策，推动有关政策和要求科学有序地实施，得到了相关方的好评。（裴凯）

海上救助与国际援助

海上救助与国际援助

【全年救助104名遇险人员】

2019年，集团认真履行海上救助责任，积极配合有关部门完成36起海上搜寻救助，共成功救起或协助救助104名遇险人员，为近年来成功救助人数最多的一年。其中，1月31日中远海运散运联营公司“华润电力7”轮在黄海中部协助救起11名遇险船舶船员，9月5日中远海运散运“远神海”轮成功救起遇险渔船23名船员，特别是7月11日中远海运能源“远洋湖”轮在南海海域协助救起32名失事渔船船员，得到了交通运输部和海南省政府的高度肯定。（裴凯）

【“乐顺”轮锦州港救助4名遇险渔民】

2019年3月10日13时，靠泊在锦州港3号锚地的中远海运特运“乐顺”轮突然接到锦州交管中心的呼叫，告知“辽锦渔15112”号渔船机舱进水失去动力，请求“乐顺”轮前往救援。

“乐顺”轮船长立即联系锦州交管中心，了解情况后，马上在雷达和电子海图上找到并标识出遇险渔船的位置，并广播通知全体船员实施救援行动。15时4分，救助艇入水脱钩，向遇险渔船疾驶而去。渔船上共有4名被困渔民，他们已一天多没有进食，身体虚弱，其中一人头部受伤严重，需马上救治。15时25分，船员们将4名渔民救上“乐顺”轮，经过船员的精心照顾，4名遇险渔民脱离险情，很快被安全护送上岸。

（林义　杨建强）

【“新福州”轮救援漂航11天的遇险渔民】

2019年5月21日，“新福州”轮全体船员在福建海坛列岛东35海里附近，成功救援一名海上漂航11天的遇险渔民。

这天中午，“新福州”轮驶经福建海坛列岛。值班驾驶员在VHF16频道上突然听到有船舶在急切呼叫——附近发现遇险渔船，船上有人需要救援。船长当即操纵船舶调整航向，驶往遇险渔船海域。11时2分，船长在望远镜里发现一条小船在风浪里颠簸，时隐时现。船舶立即做出救援准备。11时35分，船舶靠近小船，因风浪较大，海况恶劣，现场撇缆数次均未成功。11时45分，经多方努力，将遇险渔民救起。经了解，该渔民52岁，11天前，他只身驾驶“闽平岑渔050”渔船出海钓鱼，突遇大雾，迷失方向，随即陷入困境及至险境——先是手机没电，接着淡水全无，后又燃油耗尽，很快食品吃光。11天的漂泊、挣扎、惊恐，在几近绝境、绝望、绝生中，“新福州”轮船员们如幸运之神眷顾了他。

（尤林华　张雷　田雯雯）

【“远洋湖”轮风浪中成功救起32名渔民】

2019年7月11日，中远海运船舶在南沙海域对一艘沉没渔船实施营救，成功救起32名遇险渔民。这场在“中国航海日”当天上演的“生死救援”，又一次让人们感受到了同舟共济的航海精神。

6时许，一艘载有30多人的海南琼海籍渔船在南沙海域返航途中因风浪大遇险。据通报，这艘渔船在报警后失联，北斗系统信号丢失，沉没可能性极大。接报后，海南省应急管理厅、海南海事局等部门迅速展开救援，三沙市海事局发布航行警告，并要求过往商船参与救助。接到救援通知后，中远海运集团总值班室立即调派出事海域附近船舶，紧急参与救助。

8时25分，距离遇险渔船最近的中远海运能源公司“远洋湖”轮接到指示，立即转向前往营救。11时10分，“远洋湖”轮率先抵达出事地点，在附近发现载有遇险渔民的小船。14时许，在全体船员的共同努力下，32名渔民全数成功获救。

《人民日报》、中央电视台都对此次救援进行了持续关注报道。（汪昱卿）

【中远海运能源紧急救助船上患病船员】

2019年7月31日13时，中远海运能源旗下中远海运石油所属的华洋公司收到“鄱阳湖”轮船长报告：“鄱阳湖”轮正航行于舟山海域，船上一名水手心脏不适，胸前区胀痛、一直放射到颈部前后，下颚伴有发麻感觉，请求岸基支持。

接到报告后，华洋公司立即启动应急反应程序，全体应急组成员集中到调度室商讨救援措施，并指示船长做好病患船员的后勤保障工作。同时，华洋公司又联系了中远海运船员公司大连分公司门诊部，为船舶救治做专业医疗指导。门诊部初步了解病情后，建议立即将患病船员送到陆地医院救治。

应急反应小组为确保船员生命财产安全，即刻制定出护送患病船员上岸就医的两个方案：一是船舶开到虾峙门锚地抛锚，让当地代理联系拖轮将船员接走；二是船舶驶往长江口，联络上海海上救援中心派遣直升机救援，并委托其联系当地救助单位并代垫相关费用。

13时26分，船员病情出现反复，经岸基医疗机构远程诊断，疑似心梗。时间就是生命，应急反应小组本着以人为本的原则，直接选择快捷省时的第二方案，要求代理联系上海东海救助中心派遣直升机救援。

17时20分，救援直升机与船舶会合。直升机救援人员登轮后，对患病船员进行了检查评估后，将病人接上直升机。为了使患病船员得到更好的照顾，船舶专门安排一名陪护人员一同登机。18时58分，患病船员顺利抵达上海高桥第七人民医院，得到了及时的救治。

（罗雄辉　胡守成）

【“远神海”轮成功救起23名遇险渔民】

2019年9月5日22时15分，航行在山东威海成山角东北47.2海里处的中远海运散运的“远神海”轮收到成山头交管的VHF指示：“在你轮附近位置有渔船‘辽大开渔养22208’因机舱进水遇险，船上有23名渔民，请你轮快速前往救助！”

险情就是命令！接到交管中心指示后，“远神海”轮船长立即奔赴驾驶台指挥，以最快的速度朝着遇险渔船的位置驶去。同时，全船人员紧急行动，救助准备迅即展开。

22时30分，“远神海”轮发现了遇险渔船“辽大开渔养22208”，船舶立刻减速向遇险渔船靠拢。全体船员按平时训练程序做好准备：备好救生艇、放好引水梯。在得知渔船上有几位年龄较大的渔民不能爬引水梯后，“远神海”轮马上用网兜和托盘临时制作了吊篮，以便能安全地救起渔民。

9月6日0时3分，大副、三管轮和水手3人登上救助艇，干净利落地施放救助艇落水脱钩，驶向遇险渔船。救助艇在汹涌的海浪中摇摆不定，3人克服困难，用熟练的操作把遇险渔船上的渔民分8次接到“远神海”轮船边，再用吊篮将遇险人员吊上大船。经过一个半小时的救援操作，23名遇险渔民全部被解救到“远神海”轮上，并得到妥善安置。

离船前，23名渔民纷纷与救助他们的船员握手、拥抱，感激的泪水告诉人们——人间有大爱，遇难见真情。（梁栋）

【“天畅河”轮救助哥伦比亚 5 名遇险渔民】

当地时间 12 月 13 日上午 8 时，中远海运集团所属“天畅河”轮在驶往哥伦比亚布埃纳文图拉港途中，突然收听到 VHF 救助信息。船长试图通过高频了解对方情况，但对方只会讲西班牙语，沟通十分困难，无法确定遇险船舶的经纬度和遇险性质。

鉴于此，船长一边调整雷达，一边用望远镜对附近海面进行搜寻瞭望，很快发现在船舶右前方约 8 海里处有一小船，雷达标绘显示该船速度 1.6 节。因周边未发现其他船舶，船长判定此船应为发出遇险警报船舶，随即下令向该船方向行驶。随着目标越来越近，船长看到对方有人在不停挥手，还看到对方用 VHF 不停呼叫。船长立即通知机舱备车，并通知全船做好救援准备。

因当时情况不明，船长一方面要求全体船员做好紧急救援行动，一方面做好防海盗袭击准备。同时，船长分别向公司应急值班室和海务主管及当地代理报告，并及时得到公司全力救援的回复。

因当日涌浪大并不时下大雨，船舶多次试图靠近遇险小船而未能如愿。在接近小船过程中，“天畅河”轮不断向对方询问有关情况，遇险渔民通过手势、身体语言及西班牙语表明自己是哥伦比亚的渔船和渔民，船上共有 5 人，因主机设备故障失去动力已在海上漂航 7 天时间。

在全体船员的密切配合下，“天畅河”轮终于将渔船停靠在左舷。12 时 10 分再次确认对方身份后，通过引水梯将遇难渔民救起。截至 13 时，救助圆满结束，前后用时 5 个小时。船舶还为守护渔船的渔民送上午餐、矿泉水等食品，随后解掉小船上的缆绳，船舶续航。

渔船得到及时救助，遇险的 5 名渔民非常感动，连连竖起大拇指表示感谢。船舶主动救助遇险渔船的行动，得到了哥伦比亚布埃纳文图拉港方及渔船公司的褒奖，赞扬中国是负责任的大国，中国船员是最能体现国际人道主义精神的船员。

（张金）

【“苏州号”轮帮助日本老人回国就医】

2019 年末，冬日寒风中，一场爱的接力在中国、日本之间开始。12 月 24 日上午，在上海边检浦江站、浦江海关、上海国际客运中心等部门的积极协助下，77 岁的日本老人西平和雄在苏州的医院接受短暂治疗。病情稳定后，他被安全送上了中远海运集运旗下上海国际轮渡“苏州号”轮，回日继续治疗。

西平和雄，这位当年（2019 年）77 岁的日本老人，10 年前（2009 年）以志愿者的身份来到中国苏州担任日语教学老师，一年春秋季来苏州 2 次，免费为中国学生授日语课，10 年从未间断，这都源于他对中国的热爱。2019 年，他又如期来到中国，为教学工作忙碌。

不幸的是，他在教学期间不慎摔跤，造成左侧锁骨骨折伴中轻度脑出血。在苏州医院临时救治后，老人想回日本继续治疗。由于身体状况不允许老人乘坐飞机回国，获知在上海有往返日本大阪的客轮“苏州号”轮服务，随即与“苏州号”轮取得联系寻求帮助。上海国际轮渡客运部相关人员得到求助后，立即与其家属联系，了解相关情况，制定方案。

12 月 24 日上午，经各方协作为西平和雄老人提供绿色通道，救护车将他及家属直接送往客轮旁，并在船边办理相关出境手续。由于老人身体相当虚弱，无法自行登轮，船员用担架把老人抬上了船，为老人安排好一切登船手续。当老人躺在舒适的客舱床上，露出了宽慰的笑容；老人家属非常感激，感谢一路为老人付出的所有人：“为了爱他来到中国，现在深切地感受到了中国人对他的关爱。”

事后，老人家属给“苏州号”轮写来感谢信。字里行间满是老人和家属的感激之情，并深情表达：祝愿中日友好关系长青。（孙红）

2020

CHINA COSCO SHIPPING CORPORATION LIMITED YEARBOOK

中国远洋海运集团有限公司

年鉴

第十四篇

直属单位概览

中远海运控股股份有限公司

中远海运控股股份有限公司

【公司概况】

中远海运控股股份有限公司（简称“中远海控”），原名中国远洋控股股份有限公司，成立于2005年3月3日，2005年6月30日在香港联交所主板成功上市（股票编号01919.HK），2007年6月26日在上海证券交易所成功上市（股票编号601919.SH）。2015年12月，按照中远、中海两大集团重组的整体部署，中国远洋控股股份有限公司同步实施重大资产重组，集中资源重点发展集装箱运输和码头业务，并于2016年11月4日更名为“中远海运控股股份有限公司”。中远海控注册资本人民币12 259 529 227元，注册地天津空港经济区，法定代表人许立荣。截至2019年12月31日，中远海运集团及其所属公司合并持有该公司股份共计46.22%。

【主营业务】

1. 集装箱航运业务

中远海控主要通过全资子公司中远海运集运和控股子公司东方海外国际，经营国际、国内海上集装箱运输服务及相关业务。

2. 码头业务

中远海控主要通过中远海运港口从事集装箱和散杂货码头的装卸和堆存业务。中远海运港口的码头组合遍布中国沿海的五大港口群以及欧洲、南美洲、中东、东南亚及地中海等主要海外枢纽港。中远海运港口致力在全球打造有意义的控股网络从而为客户提供于成本、服务及协同等各方面具有联动效应的完善网络。

【发展战略】

2019年是中远海控成功收购东方海外之后，站在“四个平台，三家上市公司”新的历史起点上，加快发展的重要一年。中远海控在董事会领导下，积极应对全球经贸形势严峻挑战，以“跑赢市场、跑赢变革、跑赢时代”为指引，积极推进以“全球化、双品牌、数字化、端到端”为核心的Ocean & Plus战略，提质增效成效显著，经营业绩大幅提升。

1. 推进全球化战略，积极应对中美经贸摩擦，抗风险能力持续增强

坚定推进全球化战略，在保持东西干线竞争优势基础上，敏锐把握全球经贸格局新变化，继续加大对新兴市场、第三国市场和区域市场的运力倾斜，进一步优化调整运力结构和货源结构，有效应对中美经贸摩擦带来的不确定性。中远海控所在的海洋联盟顺利上线DAY3航线产品，航线网络和服务的规模、覆盖面均为行业领先，为客户提供了稳定、可靠的服务和具有竞争力的产品。积极完善全球码头布局，提升控股码头运营质量和服务水平，中远海运港口阿布扎比码头被打造成为中东地区的主要集装箱门户口岸和重要枢纽港口，成功收购秘鲁钱凯码头60%的股权，作为在南美的第一个控股码头项目，对于完整构建全球的港口网络体系具有里程碑意义。

2. 回归航运服务本质，践行以客户为中心理念，市场竞争力不断提升

中远海控以客户为中心，着力解决服务中的痛点，不断改善服务品质，实现了品质化发展的新跨越，有力提升了市场竞争力。中远海运集运开展了“质胜2019”客服主题活动，针对客户满意度调查集中反映的服务痛点，逐环节查找原因，落实改进方案。同时，依托东方海外领先的信息系统，中远海运集运的订舱平台功能、中转操作、班期管理等得到较大改善，服务可靠性得到显著提升。在优化舱位管理和订舱操作方面，全球2小时订舱确认率由2018年的95%提升至98%；全球范围内的制单及时率超过99%；在国内全部口岸及海外23家重点公司，98%的到货通知实现至少在货物到港前1天发送给客户。根据上海航运交易所推出的全球集装箱班轮准班率指数（Global Carrier Schedule Performance，GCSP），2019年中远海运集运和东方海外货柜的综合准班率为全球排名前三位。

3. 双品牌[①]协同发展，协同效应超预期

中远海控充分发挥收购东方海外国际后的规模优势与协同效应，在航线网络规划、集装箱管理、供应商采购、信息系统建设等方面深入挖潜，"双品牌"战略取得显著成效，超额完成了年初制定的协同效应目标。双品牌协同效应有效提升了中远海控集装箱航运业务的盈利能力，中远海运集运和东方海外货柜在2019年均实现了较好的经营业绩。其中，中远海运集运实现息税前利润（EBIT）38.9亿元（折合5.6亿美元），同比增长40.0%；实现净利润11.6亿元，同比增长19.6%。东方海外国际旗下的集运和物流业务实现息税前利润（EBIT）4.5亿美元（折合31.2亿元人民币），同比增长44.20%。

4. 顺应信息时代潮流，加快数字化建设

中远海控旗下公司与多家港航运营商签署全球航运商业网络（Global Shipping Business Network，简称GSBN）服务协议，各方承诺共同成立一个致力于航运业数字化转型的非营利性联合经营体（GSBN）。GSBN通过提供可信赖且安全的数据，致力于加速技术创新及解决方案的研发，其开放和透明的模式将释放数据的潜在价值并为各方创造新机遇。东方海外旗下货讯通公司（Cargo Smart）为GSBN提供技术解决方案和平台运营服务。此外，中远海控旗下各公司积极研究基于区块链的数字化产品，危险品审批产品已在双品牌船队试点，与上港集团共同研究区块链放货产品，完成测试和试点。中远海运集运自营电商平台的客户服务体验、运营效率和成交量不断提升。2019年9月，中远海控旗下可视化航运电商平台Syncon Hub全新上线，提供全流程在线综合物流解决方案。经过双品牌信息技术团队近半年的技术准备，自2019年8月起，中远海运集运使用的IRIS2系统，在全球在线情况下，分批次、分航线逐步切换升级到东方海外货柜使用的IRIS4系统。系统成功升级进一步提升了内部管理效率，也为改善客户服务体验打下了坚实的基础。

中远海运港口积极推进"5G智慧港口实验室"，在厦门远海码头构建起全球第一个5G信号全覆盖码头港口，为现有生产作业、办公运营、仓储物流、对外服务等场所提供了优质的无线通信服务。

5. 创新业务模式，进一步拓展端到端业务

发展端到端业务是集运平抑经营风险、拓宽利润渠道、构建高质量服务的重要手段，也是为客户创造价值的有效途径。2019年，中远海运集运成功实施以特斯拉运输项目为代表的全球物流解决方案，标志着公司全程服务能力迈上了新台阶，形成了价值营销新样板。以中欧铁路班列、中欧陆海快线为代表的国际陆海新通道建设的快速发展，意味着践行国家"一带一路"倡议正在成为公司战略落地的新引擎。全年，公司新开中欧班列26条，共开行34条，发运719列，总箱量同比增长173%；中欧陆海快线共发运1 365列，完成箱运量同比增长64.3%。

6. 改革体制机制，进一步激发企业创效活力

2019年5月30日，中远海控股票期权激励计划获得股东大会审议批准，并于7月末完成首次授予登记工作。此次股票期权激励方案的激励对象为中远海控及其所属重要子公司的中高层和关键岗位员工，共计460人，实际授予公司A股股票期权共计19 018.22万份，行权价格4.1元/股。通过实施股票期权计划，公司中长期激

① 双品牌，指"中远海运集运+东方海外"。

励机制得到进一步完善，有利于促进企业价值提升和长远发展。

此外，中远海运集运还推进了人事机制制度改革，在公司高管层实施了职业经理人制度改革，并在本部员工层面实施“用工、人事、分配”等三项制度改革，从多个维度激发员工的创效活力。

【经营效益】

2019 年，中远海控实现归属于母公司所有者的净利润 67.64 亿元，2018 年为 12.30 亿元。

2019 年，中远海控实现营业收入 1 510.57 亿元，比 2018 年增加 302.27 亿元，增幅 25.02%；发生营业成本 1 348.30 亿元，比 2018 年增加 242.25 亿元，增幅 21.90%。

2019 年，管理费用支出 97.66 亿元，比 2018 年增加 29.32 亿元。主要原因是从 2018 年 7 月 1 日起将东方海外国际纳入本集团合并范围以及企业规模、业务量的不断增长。

2019 年，财务费用支出 50.15 亿元，比 2018 年增加 20.47 亿元。主要原因是收购东方海外国际借款利息增加、合并报表范围变化、执行新租赁准则。

2019 年，投资收益为 99.78 亿元，比 2018 年增加 77.43 亿元。

【内部控制】

中远海控内部控制的目标是合理保证经营管理合法合规、资产安全、财务报告及相关信息真实完整，提高经营效率和效果，促进实现发展战略。由于内部控制存在的固有局限性，故仅能为实现上述目标提供合理保证。此外，内外部情况变化可能导致内部控制具有一定的不确定性，或对未来内部控制的有效性产生一定的风险。

中远海控按照企业内部控制规范体系的规定，建立健全和有效实施内部控制，评价其有效性。公司董事会如实披露内部控制评价报告。监事会对董事会建立和实施内部控制进行监督。经理层负责组织领导企业内部控制的日常运行。公司董事事会、监事会及董事、监事、高级管理人员保证报告内容不存在任何虚假记载、误导性陈述或重大遗漏，并对报告内容的真实性、准确性和完整性承担个别及连带法律责任。

【社会责任】

中远海控大力发展绿色航运、智慧港口、智能船舶，全面落实 IMO2020 限硫令等减排法规，在节能环保、技术创新等方面发挥行业示范引领作用。

2019 年，公司持续推广和应用多项先进的节能减排技术，并通过优化船队结构、优化航路设计、提高船舶在港操作效率等管理手段，有效降低油耗，从而降低业务运营对环境的影响并控制碳排放。在公司双品牌船队运力增长达到 7.6% 的情况下，公司全年船队耗油量下降 1.0%。

对于国际海事组织（IMO）于 2020 年在全球实施的限琉新规定，公司积极研究各种解决方案，通过多层面比对，决定采用两种办法加以解决：一是坚决使用符合标准的低硫油，二是在小范围内对部分船舶安装脱硫装置以满足新规要求。截至 2019 年末，公司双品牌船队共计 7 艘船舶完成加装脱硫塔改造并投入运营，公司其余运营中的船舶，自 2019 年第四季度开始，根据航线长短和加油港口的不同，逐线、逐船、逐舱制订油舱清洗和低硫油初装的安排，确保所有运营的船舶于 2020 年 1 月 1 日前满足新规要求。

基于在服务全球经贸发展和承担社会责任方面所作出的不懈努力，公司的品牌形象和市场认可度持续提升。2019 年 7 月，公司入围《财富》中国 500 强排行榜，位列第 75 位。2019 年 9 月，公司股票连续第 2 年被纳入恒生可持续发展企业指数系列成份股。2020 年 1 月，公司蝉联金港股评选的“最具社会责任上市公司”奖项。

2019 年初以来，在突发的新冠疫情面前，中远海控积极履行社会责任，全力以赴防控疫情。公司在第一时间启动应急响应机制，采取一系列积极有效的防控措施，严格遵守各个国家和地区的疫情防控管制政策，有力维护船岸员工的生命健康安全，保障生产经营不断不乱。同时，公司克服困难，优先保障防疫物资和疫区生活物资的运输任务，全力打通“绿色通道”，为疫情防控阻击战作出积极贡献，充分体现了高度严谨和负责任的态度。中远海控在海外的各下属公司也积极行动起来，向当地医院和政府机构捐赠防疫物资，为海外抗疫作贡献。

【公司治理】

2019 年，中远海控严格按照《中华人民共和国公司法》《上市公司治理准则》《关于在上市公司建立独立董事制度的指导意见》《上市公司股东大会规则》《上市公司章程指引》等法律法规的要求，不断完善公司治理，提升规范运作水平。公司结合实际现状，注重发挥董事会及专业委员会作用，确保股东大会、董事会、监事会的职能和责任得以充分履行，维护股东和公司利益。

2019 年，公司按照最佳治理标准，强化内部治理，通过健全公司治理结构，推进合规管理长效机制建设，规范“三会运作”，提升运作效率；通过搭建沟通协作平台机制，建立协同配合的工作流程和运行机制，提高各项工作的计划性和前瞻性；通过内控管理体系建设，完善内控制度和风险管理流程，清晰主体责任，明确管理责任，做到职责清晰、措施到位；通过加强任职培训、监管法规推送、权益信息管理、定期信息报告、现场调研考察、发挥独立董事及中介机构作用等多种措施，有效促进董事、监事、高管履职尽责。

【员工队伍】

1. 职工权益

为使全体员工共享企业发展成果，中远海控结合企业实际和内外部环境，不断改革和完善薪酬分配、福利和保险制度，以满足企业自身的经营发展和人才队伍建设需要。同时，公司严格遵守国家相关法律法规，切实保障弱势劳动群体的基本合法权益。境内企业方面，公司按照不低于所在省市标准的原则，制定了员工最低工资标准，所有员工参加了养老保险、医疗保险、工伤保险、生育保险、失业保险社会统筹，建立了住房公积金制度。境外企业方面，严格遵守驻在国或地区的薪酬有关法律法规和政策。

2. 教育培训

2019 年，中远海控围绕企业中心工作和改革发展稳定大局，坚持以人为本，增强教育培训工作的系统性、针对性和有效性，加快推进教育培训工作的改革创新，不断提高教育培训的科学化水平，为企业健康稳定可持续发展提供保障。

3. 日常管理

按照“三项制度”改革要求，中远海控以量化绩效管理作为抓手，以能力素质评估为重点，研究完善《公司干部管理办法》《非领导职务聘任管理》等 5 项制度，进一步落实“人员能进能出、职务能上能下、薪酬能高能低”的国企深化改革要求，不断完善激励机制。完善月度绩效考核、年度考评工作等监督机制，强化干部的日常监督管理。

【企业文化】

中远海控党委围绕中心，服务大局，高度重视企业文化融合工作，自始至终以集团提出的“一个团队、一个文化、一个目标、一个梦想”的“四个一”理念为引领，大力推进文化和团队融合。一方面，坚持增强企业凝聚力的导向，通过“悦步五月”“金秋十月”徒步活动、“三八”节女职工花艺培训、集体生日、趣味运动比赛等主题活动，为员工交流融合搭建平台，展示了广大职工的精神风貌，营造了团结奋进的企业文化。另一方面，坚持“内聚人心、外树形象”要求，加强宣传阵地建设，以创智微信平台、集团《党建要情》《中国证券报》为平台，持续做好海控内外宣传和企业文化工作，营造良好的企业氛围。

【党群工作】

2019 年，中远海控党委深入贯彻落实习近平新时代中国特色社会主义思想和党的十九大，十九届二中、三中、四中全会，全国国有企业党的建设工作会议精神，在集团党组正确领导下，践行“三个跑赢”（跑赢市场、跑赢变革、跑赢时代），把方向、管大局、保落实，围绕 Ocean & Plus 的战略主题，以服务“双品牌战略”为重点，以推动上市平台资本运作为根本，主动融入中心工作，为改革创效保驾护航。公司全年在深化双品牌工作协同，重大项目资本运作，推进股权激励，提升市值管理能力、合规管理能力、战略协同能力等各方面都取得了较好的工作成效。具体开展 5 个方面工作：

1. 抓好政治思想建设，扎实开展主题教育

公司党委建立主题教育“学习班”，通过专题党课、专家辅导讲座、刊发专题文章、组织观看重要讲话视频直播等形式，精读《新时代国有企业党的建设教程》《习近平新时代中国特色社会主义思想三十讲》等原文原著，重点学习党的十九届四中全会精神、习近平总书记视察比港重要指示精神、全国两会精神，紧密结合“四个平台，三家上市公司”实际，深入本部、集运、港口、东方海外的相关部门与单位开展调研，公司领导班子对照党章党规、发展规划和“六个自查”发现的问题，实事求是，检视自身差距，全年优化 2 项管理制度，督促 17 个问题的改进落实，为推动高质量发展打牢基础。

2. 抓好队伍建设，打造高素质复合型国际干部团队

2019 年，公司党委组织对公司战略实施推进、股权激励、重要干部任免、健全党建制度规范等重大问题进行了深入讨论，进一步规范决策行为、提高决策水平、防范决策风险，切实提高班子的创新力和执行力。坚持德才兼备、以德为先，推荐公司优秀年轻干部参加集团启航班培训，协助集团选派优秀年轻干部赴湖南益阳挂职锻炼，根据公司上市平台发展需要，组织开展公司内部培训 4 次、66 人次参与；继续选派优秀年轻干部参加上海证券交易所董秘资格、股权激励等项目的培训，共有 26 批、51 人次参与。组织开展集运和东方海外的互动交流，共有 9 人次进行岗位交流，涉及拉非、东南亚航线经营等 7 个业务领域，为发挥双品牌协同提供有力支撑。

3. 抓好组织建设，进一步激发支部工作活力

加强对党支部工作的指导和监督，以抓实支部党建为重点，深入推进基层党建工作规范化。严格执行《中远海控党支部工作规范》《党支部党建工作考核办法》等制度，指导各党支部落实好“三会一课”、组织生活会、民主评议党员、谈心谈话、主题党日等制度，年内完成基层换届选举。严格执行《中远海控党建责任制实施办法》，将支部党建工作纳入公司综合考评体系。围绕推动改革发展、服务职工群众、提高党建水平等方面，采用书面听取汇报、检查重要台账、访谈交流等形式，开展支部书记抓党建述职考评，检查各支部党建工作开展情况，进一步压实责任。围绕提质增效、市值管理、合规管理等主题，指导支部持续开展特色建设。行政人事党支部积极创建“效率＋效果”和“高效服务型”特色党小组，助力人力资源管理水平提升，打造“董监高”优质服务窗口；财务证券党支部创建“秉承匠心、精益求精”型特色党小组，推进合规高效管理，发挥党支部战斗堡垒和党员先锋模范作用。

4. 抓好党风廉政建设，进一步落实全面从严治党

与各支部签订全面从严治党主体责任、监督责任和“一岗双责”责任书，细化年度党风廉政建设和反腐败工作任务分解表。制定公司党风廉政建设和反腐败工作履职专项考核办法，量化 33 条考核指标，将考核结果纳入干部廉洁档案。成立“党风廉政建设和反腐败工作协调小组”，加强外部审计和内部审计沟通协作，为公司治理、风险管控等工作提供新的合作监督方式，有效发挥监督合力。聚焦思想理论武装、集中整治形式主义和官僚主义、落实上级重大决策部署、推进中央巡视整改、领导经商办企业、廉洁风险管理、线索处置和案件查办等 6 个方面具体举措，深入开展“六项自查”，明确 26 项重点任务，持续抓好整改落实。开展特殊关联企业禁入工作，全面梳理第三方客户和供应商，建立《日常监督发现问题库》，实现日常动态监督。开展履职待遇、业务支出整改情况“回头看”，全年对专项检查和审计中发现的12个问题整改情况进行检查，逐条销号，确保问题按期保质整改到位。抓好党风廉政教育，结合公司年报和季报发布，有针对性公布警示案例，利用“清风在畔”微信专栏共计刊发廉政信息25篇，做到廉洁从业提醒及时、到位。组织党员干部赴陈云故居、松江方塔园廉政基地参观学习，举办廉洁知识竞答、廉洁征文和摄影作品评选展示等活动，大力营造风清气正的良好氛围。聚焦关键岗位和重要部门，开展创建“廉洁示范岗”和“廉洁标兵”活动，倡导勤廉风尚，弘扬新风正气。

5. 抓好群团建设，发挥工团组织桥梁纽带作用

着力推进以职工代表大会为主要形式的民主管理机制建设，召开公司一届三次职工大会，听取职工群众对于改革发展和企业党建的意见和建议，不断提高工会依法治会和民主管理的能力。建立困难职工保障机制，组织开展节假日慰问活动，为全体35名会员购买了2019年B类保障，为职工提供便捷的服务。坚持党政工团联动，组织开展丰富多彩的文体活动，增进海控大家庭的团结、协作和自信。（张芸　黄奉洁）

中远海运集装箱运输有限公司

中远海运集装箱运输有限公司

中远海运集装箱运输有限公司(以下简称“中远海运集运”，2016年3—12月过渡期亦称新集运)，由中远集团旗下原中远集装箱运输有限公司(以下简称“中远集运”)与中国海运旗下中海集装箱运输有限公司(以下简称“中海集运”)集装箱业务及其服务网络整合而成，于2016年3月1日正式运营。

【公司沿革】

20世纪90年代，原中远集团根据世界航运业普遍由专业化分工向集约化经营发展新趋势，对远洋船队经营管理体制实施改革，组建了专业化船队。1993年4月底，中远集团对集装箱船队实施改革，将原来分散在广州、上海、天津等几大远洋运输公司的集装箱船实施“集中经营、分散管理”。1997年10月21日，经交通部批复同意，由原中远(集团)总公司和原中远对外劳务合作公司共同出资，组建中远集装箱运输有限公司；同时上海市人民政府函复中远集团，同意在上海市浦东新区注册成立中远集运。同年11月11日，中远集运在北京成立；12月29日，中远集运搬迁至上海试营业，地点为长阳路1555号。1998年1月27日，中远集运在上海浦东外高桥保税区举行成立揭牌仪式，时任中共中央政治局委员、国务院副总理吴邦国为中远集运揭牌。2001年10月10日，中远集运完成“债转股”工商变更，并领取新营业执照；注册资本由原来的10亿元增至61亿元；股东在原基础上，增加中国东方资产管理公司。2002年1月28日，位于上海市东大名路378号的远洋大厦落成，中远集运搬迁至此。2004年9月，原上海远洋运输公司实施重组，以船员和船舶管理为重心，拓展多元化产业经营。该公司由中远集团授权中远集运管理。2005年6月30日，原中国远洋控股有限公司(2005年3月3日注册成立)在香港联交所主板成功上市(股票代码1919.HK)，继而于2007年6月26日在上海证券交易所成功上市(股票代码601919.SH)。作为中远集团上市的资本平台，拥有中远集运100%权益。中远集运由此进入境外和境内两个资本市场。2010年，中远集运成为中远集团所属专门从事国际国内海上集装箱运输的核心企业，亦为上市公司——中国远洋控股股份有限公司的重要组成部分。公司主要经营国际、国内海上集装箱运输，接受订舱、船舶租赁、船舶买卖、船舶物料备件、伙食燃油供应及与海运有关的其他业务，以及陆上产业、国内沿海货物运输及船舶代理、通信服务、船员劳务外派业务、仓储及货物多式联运。2015年底，中远集运拥有集装箱船舶174艘、88.28万TEU。

原中海集运成立于1997年8月28日，是原中国海运所属从事集装箱运输及相关业务的多元化经营企业，经营业务以国内外海上集装箱运输为主，同时涉及船舶代理、揽货订舱、运输报关、仓储、集装箱堆场、集装箱制造、修理、销售等多个相关行业。公司总部设在上海，成立初期注册资金总计18.01亿元，其中原中国海运持有40.06%股份，原中海发展持有25%股份，原广州海运持有15.44%股份，原上海海运持有19.5%股份。2002年9月，中海发展将其持有的该公司25%股权转让给中国海运；2004年1月，上海海运和广州海运亦将所持有的该公司股权全部转让给中国海运。至此，中国海运成为中海集运的唯一股东，持有该公司100%股权。同年6月16日，中海集运在香港联交所主板上市；

2007 年 12 月 12 日，中海集运 A 股在上海证券交易所成功上市（股票代码 601866.SH）。中海集运业务涉及集装箱运输、码头经营、仓储物流等领域，而船队、码头、集卡、仓储、铁路、空运等供应链资源整合，更产生了 1+1>2 的集群效应，海铁联运、海空联运、水水联运、水陆联运等综合物流供应链经营，极大地增强了集装箱运输以及集团整体的市场竞争力。2015 年底，中海集运拥有集装箱船舶 172 艘、90 万 TEU。

2016 年 3 月，新成立的中远海运集装箱运输有限公司（亦称“新集运”）系中远海运控股股份有限公司（简称“中远海控”）全资子公司，注册资本 2 366 433.716 5 万元，注册地为中国上海自由贸易区。公司主要经营国际、国内海上集装箱运输服务及相关业务，是中远海运集团核心业务板块。截至 2016 年底，新集运共有集装箱船舶 346 艘（包括非营运及计划处理船舶）、178.18 万 TEU。

新集运组建之初，在本部设立整合管理办公室 / 流程优化部、总经理办公室、美洲贸易区、欧洲贸易区、亚太贸易区、拉美 / 非洲贸易区、航线网络规划部、全球销售部、全球海运操作中心、战略发展部、收益管理部、供应链发展部、箱管中心、采购管理部、法务及风险管理部、企业资讯发展部、客户服务部、财务部、财务共享中心、安全技术管理部、党委工作部、组织 / 人力资源部、人力资源服务中心、纪委工作部 / 审计监督部、工会和陆上产业事业部等 26 个职能部门。在全国设立大连、天津、青岛、上海、宁波、厦门、华南、海南和武汉等 9 个口岸分部，以及中货公司和中远海运货柜等公司，从事货运和船舶代理业务。拥有上海泛亚航运有限公司、上海远洋运输有限公司、上海中远资讯科技有限公司和中远海运集装箱运输信息服务有限公司等。并在美洲地区、欧洲地区、东南亚地区、澳洲地区、日本地区、韩国地区和非洲地区设立区域公司或区域分部。

新集运领导班子成员为：总经理、党委副书记王海民，党委书记、副总经理钱卫忠，副总经理陈翔、俟立平、隋军、朱建东、陈威、辜忠东、陈帅、于涛，纪委书记袁健，总会计师郑琦。

2019 年，中远海运集运领导班子成员为：董事长、总经理、党委副书记杨志坚，党委书记、副总经理钱卫忠，副总经理隋军、辜忠东、萧启豪、陈帅、于涛，纪委书记袁健，总会计师郑琦，副总经理陶卫东、冯振奋。

【发展战略　经营创效】

2019 年，中远海运集运以习近平新时代中国特色社会主义思想和党的十九大精神为指导，按照中远海运集团 2019 年工作会、年中工作会重要部署，以“跑赢市场、跑赢变革、跑赢时代”为指引，围绕 Ocean & Plus 战略，深入推进全球化、品质化、数字化和低成本化各项工作，通过双品牌（中远海运集运 + 东方海外双品牌）协同提质增效、深化改革、释放活力，顺利完成了中远海运集团下达的任务目标，经营业绩处于市场上游水平。

1. 坚定战略方向，全球化经营步伐进一步加快

运力的适度规模增长与航线的全球化布局，有力地提升了公司的全球化经营实力。运力增长方面，4 艘 21 000TEU、2 艘 19 000TEU、4 艘 13 800TEU 新船加盟集运船队，加上东方海外运力，中远海运集装箱板块运力规模位列全球第三；应对中美贸易摩擦方面，公司在保持东西干线竞争优势基础上，结合全球政治、经济、贸易格局的变化，果断实施“两个结构调整”；推动海外市场扩容方面，中远海运集运将新增运力逐步转移到“一带一路”沿线的新兴区域和第三国市场，全球化发展的基础得到进一步夯实；积极响应“一带一路”倡议，继续在沿线增开新航线，升级新船型；海洋联盟 DAY3 产品于 2019 年 4 月初顺利上线，航线网络和服务的规模、覆盖面领先业界，联盟持续稳定可靠的服务，赢得了市场的高度赞誉和客户青睐。

2. 聚焦营销重点，全球营销能力进一步增强

在实现运力规模增长的同时，公司以提升全球化营销能力夯实货源基础，提高规模经济效益。

围绕各阶段营销重点开展“Ocean & Plus，跑赢2019”系列营销活动、“后进博营销”等，有力驱动了公司箱量、收入的“双核增长”。其中，“后进博营销”将主场优势转化为营销优势，与首届进博会425家客户取得接洽，与22家实现合作，累计货量4 653TEU。成功邀请15家客户、供应商参展第二届进博会，累计招展面积603平方米，超额完成中远海运集团下达的目标任务。总部与分部参与现场营销324人次，拜访客户2 801家，其中有合作潜力的客户254家。

2019年，中远海运集运完成提单箱量1 777.5万TEU，同比增长2.3%；运输收入121亿美元，同比增长6.5%；运输成本118.4亿美元，同比增长3.4%；单箱运费收入691美元，同比增长2.2%。实现营业总收入986.01亿元，同比增长7.9%；营业总成本980.61亿元，同比增长7%；利润总额15.16亿元，同比增长3.15亿元，连续第三年实现盈利。从贸易区维度看，各贸易区均实现了全年盈利。从航线维度看，共计21条航线取得全年盈利。其中，欧洲线、红海线、地中海线、波湾线、南美东线盈利能力排名居前。

【服务客户】

2019年，中远海运集运以客户为中心，着力解决服务中的“痛点”，不断改善服务品质，实现品质化发展的新跨越，有力提升了市场竞争力。全年开展“质胜2019”客服主题活动，针对上年度客户满意度调查集中反映的服务“痛点”，逐环节查找原因，落实改进方案。优化舱位管理和订舱操作，明确“KA客户（关键客户）提前8周、普通客户提前2周、额外舱位申请1个工作日内给予反馈”的目标，全球2小时订舱确认率由上年的95%提升至98%。全球范围内，制单及时率超过99%。国内全口岸和23家海外重点公司，98%的到货通知至少在货物到港前1天发送给客户。对44家BCO客户全球装港执行KA客户用箱保障政策，得到客户高度认可。在保障运营安全前提下，提高班轮准班率，全年自营船综合准班率达96.5%，同比提高了1.3个百分点。第三方统计的准班率在全球排名第三，在海洋联盟内部处于领先地位，公司箱况、账单、合约维护等方面的投诉和抱怨明显下降。

通过中远海运集运官方微信传递公司品牌价值、宣传服务产品、发布服务信息。微信服务功能方面，开拓“微服务”渠道，强化客户互动，采集客户体验；开通官方微信客户留言服务，方便客户在非工作时间进行业务咨询；开通“客户公告”板块，实时同步公司网站发布的业务公告信息。直连中远海运集运小程序，完善服务渠道，将“客服中心”链接接入call center（应答服务中心）非工作时间自动回复，引导客户在非工作时间使用自助业务查询。截至2019年底，“中远海运集运”公众号共推送文章275篇；微信点击量超过96万次，微信用户关注量达75 127人，较上年增长24.8%；微信各项功能查询量达47万次。

2019年，公司获2019年度“澳洲—东北亚航线高度推荐奖”“澳洲—东南亚航线高度推荐奖”。一汽－大众、中兴通讯等知名大客户向公司颁发全球最佳合作伙伴大奖。第三方客户满意度调查结果显示：公司整体得分88.68分，其中，中国地区91.29分、海外地区82.41分，均比上年有所提升。

【企业管理】

1. 加强管理协同，中后台融合效率进一步提高

2019年，中远海运集运和东方海外重点围绕“一个船队、一个箱队、一个系统”，开展中后台协同融合，取得了显著进展。一个船队方面，统筹安排两家公司500艘船舶，实现每条航线船型最优，每艘船舶物尽其用，释放一个船队的最大效能。一个箱队方面，成立了双品牌箱管中心，统筹两家公司415万TEU集装箱的管理，在箱子调运、箱队规划、箱子建造和租赁等方面实现了统一管理。一个系统方面，将中远海运集运现有的IRIS2系统，在全球在线情况下，逐步切换升级到IRIS4系统，其难度不亚于人做一次心脏移植手术。经过两家公司共同努力，全年实现协同效应 5.6 亿美元（其中，中远海运集运实现 3 亿美元，东方海外实现 2.6 亿美元），超额完成年度任务目标。

2. 管控重点项目，低成本发展优势进一步巩固

2019 年，公司运输成本比预算低 4.5%，各关键成本项目基本控制在预算内。燃油成本方面，通过提前批量锁油、优化航线路径、加强运营监控等，公司船队全年耗油 510.7 万吨，比调整后的预算少消耗 3.3%。箱管成本方面，得益于双品牌协同效应，全年箱管总成本 11.95 亿美元，同比下降 5.4%，其中单重箱固定成本下降 1.7%。供应商谈判方面，利用规模优势，双品牌商务团队联手与各港口码头供应商洽商，取得港口码头采购年化协同效应 4 093 万美元，超额完成既定目标。财务成本管控方面，在中远海运集团大力支持下，通过中远海控定向增发资金，公司资产负债率已从 2018 年末的 87.11% 降至 82.84%，公司债务成本稳步下降。

3. 改革体制机制，企业创效活力进一步激发

2019 年，中远海运集运将深化国有企业体制改革与激发企业深层次活力的目标有机结合起来，进一步增强发展竞争力。一是推进人事机制制度改革。实施公司领导班子层面职业经理人制度改革；引入东方海外优秀高管人员交叉任职；推进总部员工层面实施“用工、人事、分配”三项制度改革；对集装箱板块关键岗位的 328 名人员实施股权激励计划，从多个维度激发员工创效活力。二是推进修箱业务板块整合。将鑫三利公司纳入中远海运集运二级管理企业范畴，相关企业的股权转让工作有序推进，致力于打造成为中国乃至远东地区最具竞争力的集装箱全生命周期综合服务提供商。三是推进船舶管理体制改革。中远海运发展 74 艘船舶全部纳入上远公司管理体系；启动研究船舶管理体制改革第二阶段方案，推动上远公司转型发展。

【安全生产】

2019 年，中远海运集运以中远海运集团 2019 年安全生产工作指导意见为指引，按照“坚持一个目标，强化两个导向，严抓落实”的总体思路，强化、突出“目标导向”和“问题导向”在安全管理工作中的作用，以“抓落实、重实效”为核心要求，努力保持公司安全生产形势的持续稳定。

1. 航行安全方面

2019 年，公司未发生等级以上生产安全事故，全年公司岸基管理部门跟踪指导大风浪航行船舶 129 艘次、冰区航行船舶 44 艘次、雾航船舶 179 艘次、跟踪重点船舶 989 艘次，转发重要气象信息 49 次、航行警告 54 次，发布各类安全提示和工作要点 167 期。全年，公司先后对受西北太平洋 29 个台风影响的船舶进行跟踪，指导相关船舶航行、滞航、绕航、锚泊共 423 艘次，同时还跟踪其他洋区热带风暴（飓风）70 个，指导船舶防避 12 艘次，确保冬防、防避台风 100% 的成功率。公司持续开展“两个班组建设”活动，大力整治驾驶台值班纪律，不断规范驾驶人员值班规范，进一步提升公司航行安全。根据中远海运集团要求先后开展了覆盖全年的安全检查，为确保达到全覆盖目标，上远公司先后组织多个驻港检查小组，对所有到港船舶开展检查。

2. 应急管理方面

针对各种安全风险，不断完善应急预案，强化应急队伍建设。2019 年，根据国家出台的新规定和公司机构、人员变化，对应急预案进行了全面修订，进一步完善应急预案，提高应急处置能力。全年共举行 4 次各类演习，包括 3 次船岸联合演习，通过实战化演习，检验了公司应急指挥、组织、预案和人员的应急能力，进一步提高了公司应急管理水平。

3. 企业安全文化建设方面

通过完善措施，加大投入，不断开展以员工为主要对象的安全文化建设。通过各种形式加强企业安全文化宣传，组织员工开展形式各异的安全培训，针对关键岗位员工，组织开展精准培训和专项培训，进一步提高关键岗位员工的安全意识和工作技能。2019 年，公司共安排 6 名负责人、83 名安全管理人员参加各地安全证书培训，举办各单位安全管理人员培训班1期。

【风险管理】

2019年，中远海运集运从立足当下和着眼长远两个视角，加强风险管控，消除特定风险事件的威胁，有力确保了公司运营的安全稳定。

针对美国“长臂管辖”事件，公司按照中远海运集团紧急视频会议要求，成立了主要领导和分管领导参加的应对突发事件领导小组和工作小组。及时排查并终止了相关敏感业务，要求各级经营单元严禁与制裁名单上的实体发生业务往来，并做好法律风险识别。统一口径做好客户解释工作，保证了公司在美资产、业务的安全稳定。

针对限硫2020政策实施很可能造成的公司成本急速上升的风险，提前锁定了2019年第四季度和2020年第一季度低硫油126.2万吨，占同期计划采购量的79.4%。同时，通过小范围安装脱硫塔、推动新的燃油附加费征收等方式，落实中远海运集团“合规、保供、控本”的总体要求，力争使2020年低硫油成本控制在合理区间。

开展专项审计，抓实廉洁风险点监督。聚焦公司船舶脱硫技术改造工程项目、境内代理外贸业务local charge（一般指在除了运费以外在海外当地产生的其他收费项目）管理、专项费用联网审计、船舶物资及服务采购管理审计等方面，全年共完成审计项目179项，提出审计意见与建议888条，完善各项规章制度83项，促进公司增收节支、挽回经济损失共计3 895.4万元。年内共计查实套约18起，涉及客户16家，出货箱量252TEU，追回运费差价及违约金近70万元人民币。

开展2019年廉洁从业主题教育月活动。公司在11月集中开展廉洁从业主题教育月活动，据统计，教育月期间中远海运集运全系统共组织中心组学习107场次，参加学习2 601人次，重点学习《党的十九大以来查处违纪违法党员干部案件警示录》；举办专题党课11场次，154人次参加；开展《叩问初心》观影活动97场次，2 249人次参加；组织全系统干部员工参加廉洁从业知识答题，7 468人次参加；征集各类廉洁艺术作品565幅；组织参观各地反腐倡廉教育基地41场次，705人次参加；组织案例警示教育活动49场次，1 599人次参加；购买发放相关主题教育书籍959本。

【境外业务】

2019年，中远海运集运境外企业坚持以客户为中心，秉承价值营销理念，积极应对中美贸易摩擦带来的巨大挑战，进一步挖掘自身潜力，加强内部管理，创新客户体验。

积极响应“一带一路”倡议，沿线增开新航线、升级新船型。集运中美洲公司与合作方共同将CIXX航线（巴拿马支线）从“三叶草”升级为“四叶草”，增加巴拿马科隆与危地马拉圣托马斯德卡斯蒂利亚（Santo Tomas de Castilla）、洪都拉斯科尔特斯港（Puerto Cortes）的连接。通过巴拿马与亚洲航线、西北欧航线、南北美航线连接，进一步完善区域航线服务网络。集运中美洲公司与合作方新辟东加勒比（ECX）支线，覆盖特立尼达和多巴哥、苏里南、圭亚那等国服务，该线的开辟填补了集运中美洲公司在东加勒比区域的运力投入空班，扩大了航线覆盖面，增强了服务稳定性。集运德国公司在海运主业的基础上，努力拓展延伸增值业务，开辟了中国—欧洲集装箱班列业务。

推进信息系统建设，逐步切换升级到IRIS4系统。集运欧洲公司在年初组建专门的欧洲地区系统推进小组，组织、落实各项系统推进准备工作，包括用户培训、系统实操练习、系统准备等；7—10月，船期、客户档案、销售、非运输类工作单等多个IRIS4模块陆续在欧洲地区成功上线实施；11月起，AET（亚欧）航线在欧洲地区正式进行航线切换，经过一个多月的并行切换，截至2019年底，98%以上的AET航线订舱已在IRIS4系统中操作，系统使用情况平稳，各项生产业务和客户服务不断不乱，欧洲地区IRIS4系统切换工作取得阶段性成功，客户服务和电子化推进指标得到进一步提升。

围绕双品牌战略，开展中后台协同融合。年内，集运欧洲公司全面协同整合东方海外在欧洲区域的支线业务，东方海外以舱位购买的形式全面融入欧洲公司自有支线网络，既有效降低了东方海外的中转成本，又增加了自有支线的网络覆盖和总体收入。西北欧区域，自有支线新增RFS3（芬兰线）、RFS4（现代汽车专属俄罗斯航线）和NBX（戴姆勒定制航线）等一批具有特色的支线，并且通过舱位互换，增加HRS1（德俄一支线）、HRS3（德俄三支线）、PFX3（波罗的海支线）等支线服务，增加频率和覆盖面。地中海区域，与长荣、达飞一起升级AGX（亚洲—中东）航线，船型从1 700TEU升级到2 500TEU；与达飞合作一组BSM航线，提供黑海—地西—北非的直达服务，拓展产品类型。截至2019年底，欧洲区域支线运营船舶26艘，运力5.5万TEU，航线26组，覆盖欧洲区域26个国家和地区、50多个港口码头，船队运力排名从4年前的第20名大幅提升至第4名，进一步巩固亚洲背景船公司排名第一的地位。

【陆上产业】

2019年，中远海运集运陆上产业围绕“三个跑赢”和“三个切换”，推广“三舱理念”，坚定“四个坚守”，确保陆上产业安全生产和可持续发展。

1. 全方位挖掘陆产系统内协同效应

2019年，公司共开展可量化的陆产系统内部协同效应项目23项，累计实现协同金额559万元人民币，涉及业务、人员、办公用房（库房、车辆）协同等各方面。其中，国贸公司分别与通导公司、越洋公司协同完成船舶备件进口代理项目；供应公司分别与通导公司、国贸公司、越洋公司协同进行房产盘活项目；通导公司、越洋公司、海图公司、供应公司合作洽谈广告刊登项目；供应公司分别与通导公司、越洋公司、海图公司协同完成车辆投资节支项目。

2. 优化房地产资源配置

加强相关房产的使用与处置等管理工作，通过资产盘活各项工作，在收益经营、处置管理等方面取得一定成效，全年租金回收率大于90%，房屋空置率小于10%。军工路400弄宿舍使用至今已近20年，房屋年久失修，房屋设施设备陈旧，破损严重。公司陆上产业事业部成立招评标工作小组，于2019年开展对军工路400弄3号楼、7号楼等共计36套房屋的装修工作，以“提升房屋品质，安全、美观”为总体标准进行装修，配置相应的家具、电器等生活设施，将宿舍楼改成对市场出租的居住房屋。年内3号楼和7号楼完成装修并对外按市场价出租，通过提高月租金收入进一步提升房产经营效益，实现盘活公司存量房产资源的目标。

3. 推进“远洋壹号”电商业务

2019年，重点围绕商品采购、新平台运营、拓展增值服务、加强品牌推广、合规管理等工作，进一步拓展“远洋壹号”的影响力和受众度。截至2019年底，“远洋壹号”注册会员数已超过8 900人，企业客户超过500家；商品种类不断丰富，尤其着力开拓和中远海运集运海外公司的合作采购渠道，上线了新西兰胶原蛋白粉、澳大利亚绵羊油、南非红酒、日本清洁用品等，并开发了一系列印有熊猫船长的定制品，电商订单销售额比上年增长近40%。

【队伍建设】

2019年，中远海运集运认真贯彻落实中远海运集团人才工作会议要求，坚持“专业化、年轻化、全球化”三位一体的人才发展战略，紧紧围绕深化改革和提质增效两个中心任务开展工作，为建设成具有国际竞争力的世界一流班轮企业提供坚实的组织与人才保障。

1. 依托“双百行动”，深化干部人事制度改革

加快“双百行动”改革实施步伐，在借鉴其他试点企业经验做法基础上，结合中远海运集运实际，形成《中远海运集运总部职业经理人管理方案（建议稿）》，研究制定《中远海运集运直属单位职业经理人管理制度建设指导意见》。聚焦“干部能上能下、员工能进能出、薪酬能增能减”目标，围绕“聘用（招聘）、考核、薪酬、退出”等4个重要管理环节，推出《中远海运集运总部中层管理人员管理办法（试行）》等5项配套制度，率先在中远海运集运总部推行职业经理人管理制度及三项制度改革。2019年9月21日，公司获国务院国资委颁发的“深化人才发展体制机制改革示范企业”称号。

2. 坚持正确导向，选优配强各级各岗干部

坚持“信念坚、政治强、本领高、作风硬”的选拔任用标准，强调重实干、重实绩、以奋斗者为本的选人用人导向，进一步加强各级领导班子建设，进一步完善班子和领导干部述职、考核工作制度，建立健全科学选配、动态交流有效机制。2019年，按照人尽其才、人岗相适的原则，调整干部45人次，提拔7人，平调5人，免职16人，兼职调整1人，因机构改革调整16人，涉及司管干部共30人，对7家直属单位领导班子进行了调整，确保结构合理、优势互补。

3. 着力完善梯队，大力推进后备干部培养

继续推进“英才计划”和“菁英计划”。提供充足的线上线下辅导资源，通过专题项目、专项工作等实践平台，逐月评估绩效表现，全面提升英才的综合素质。实施英才计划第二阶段岗位交流方案，通过“挂实职、明分工、压担子”，实现培养与工作两促进。派送第三批17名菁英赴非洲、南美洲、东南亚等新兴市场担任国家公司部门级领导职务，进行为期2年的海外常驻工作。在进一步充实驻外员工队伍力量的基础上，强化对菁英国际人才的培养力度，返回原单位或到新岗位工作的52名菁英人才，约90%以上已担任高级业务代表、业务代表，青年骨干作用得到进一步发挥。

【党群工作】

中共中远海运集装箱运输有限公司委员会，简称中远海运集运党委，直属中国远洋海运集团党组。现任党委班子由9人组成。截至2019年12月底，公司直属党委17个、挂靠党组织1个，所属各级基层党组织共计403个（其中党委37个、党总支25个、党支部341个），党员5 234人（其中正式党员5 075人，预备党员159人；在职党员4 658人，离退休〈退职〉职工党员576人）。

1. 持续加强政治建设，高标准高质量开展主题教育

从2019年6月开始，中远海运集运党委按照中央和中远海运集团党组的部署要求，分两批开展了“不忘初心、牢记使命”主题教育。按照“守初心、担使命、找差距、抓落实”总要求，着力健全完善政治学习制度，成立“学习小组”，班子成员结合实际学深悟透习近平新时代中国特色社会主义思想和党章党规，筑牢增强“四个意识”、坚定“四个自信”、做到“两个维护”的思想基础。公司党委聚焦思想政治建设、落实党中央重大决策部署等11个方面，形成包括81个具体问题的检视清单和整改落实清单，明确整改措施、强化整改时效，确保整改工作落到实处。

2. 带头示范引领，抓好班子自身建设

公司党委始终注重班子自身建设，在思想政治建设方面，公司党委全年共组织13次党委中心组（扩大）学习会，党委班子成员带头深入基层讲党课，组织党员领导干部到井冈山红色教育基地进行学习培训，接受革命传统教育。在能力提升方面，扎实推动“四好班子”创建，坚持集团提出的“三个跑赢”“三个切换”的工作要求，在履职能力、创新能力、应变能力、执行能力上狠下功夫。在决策保障方面，公司党委坚持民主集中制原则，全年共召开党委会24次、总经理办公会38次，对公司战略实施推进、组织架构优化、重大项目投资以及组织建设、干部任免、党风廉政建设等事项深入研究，确保科学决策、民主决策。在推进落实方面，公司党政坚持思想合心、工作合力、行动合拍的“三合理念”，扎实推动了公司Ocean & Plus战略发展落地生根、取得实效。

3. 持续加强组织建设，进一步提升基层组织力

公司党委与各直属单位签署2019年度党建工作责任书，组织开展直属单位党组织书记抓党建工作述职评议，加强分类指导。各直属单位进一步完善《党建责任制实施细则》《“三会一课”实施细则》等基础制度性文件，进一步压实党建责任。2019年，共有10家党支部被确定为公司第三批特色党支部。公司党委把党员发展的重点放在生产一线的优秀员工中，全年共发展75名年轻党员，优化了公司党员队伍结构。定期开展基层党组织书记和入党积极分子集中教育培训，先后组织两期基层党支部书记培训班，共有88名党支部书记参加，举办入党积极分子培训班，共150人参加。

4. 坚持党建带群建，进一步发挥工团组织桥梁纽带作用

公司工会完善职代会建设，鼓励职工参与公司管理，职代会共征集提案19份。开展节日走访送温暖活动，全年共慰问劳模42人次、困难职工257人次、一线职工7 667人次、离退休职工31人次，走访慰问51个一线网点和基层单位、160艘船舶，共计发放慰问金和慰问品500万元，实现了用3年时间对中远海运集运下属三级单位、网点走访慰问的全覆盖。推进对口扶贫援助工作，推荐3名扶贫干部赴西藏洛隆县、西藏类乌齐县、云南永德县任职。落实中远海运集团布置的2019年度定点帮扶项目，共注入精准扶贫资金888万元。参与上海市“双一百”村－企结对精准扶贫行动，对口帮扶云南永德和遵义赤水市天台镇新店村，助力打赢脱贫攻坚战。公司团委以纪念五四运动100周年为契机，开展“我与祖国共奋进——国旗下的演讲”特别主题团日活动，加强思想引领，助力岗位建功，提升了共青团及青年的工作能力和水平。公司团委组织的青年志愿者团队，圆满完成了国资委央企对外合作论坛以及国际海运年会的服务工作，充分展现了公司青年员工良好的精神风貌和工作状态。

【企业文化】

2019年，中远海运集运围绕“壮丽新时代，奋进70年”主题，大力开展爱国主义宣传教育，聚焦Ocean & Plus发展战略，大力夯实“We Deliver Value价值 · 因运而生”理念根基，铸就企业文化品牌。

1. 加强企业思想文化建设

围绕“壮丽70年，奋进新时代”主题，大力宣传改革重组以来的新成果、新业绩，生动展示干部职工爱党、爱国、爱企的良好风貌，进一步激发职工干事创业的积极性与创造力。利用主题摄影、征文、微视频展播和红歌会、朗诵比赛展演等形式，充分反映新中国在改革开放、奋斗实践中取得的重大成就，集中展示中远海运集装箱事业发展的光辉历程，激发全体员工向心力和凝聚力。由职工自己创作并唱响的《远海东方》《leave it to me》等歌曲深受喜爱和好评，员工自编自演的《一帆风顺》音乐剧参加了中远海运集团“不忘初心，逐梦远航”庆祝新中国成立70周年文艺汇演。

2. 加强宣传与文化建设

进一步打造服务品牌，结合“跑赢2019”“质胜2019”“创客行动”等主题活动，充分运用公司官微、集运轩、一周要闻等平台，广泛发掘经营管理和营销服务中涌现出的工作亮点，进一步推广践行Ocean & Plus发展战略的典型案例和经验模式。抓住媒体见面会、港航客户推介会和投资洽谈会、蓝色经济论坛等契机，宣传推广“We Deliver Value价值 · 因运而生”的理念。在2019年服务第二届中国国际进口博览会期间，公司参与承运了2个国家馆、1个国际组织、15个国家和地区160余家企业参展商的参展物资，出色完成了运输保障任务。公司海内外各相关单位加强工作协同，与《人民日报》、新华社、央视等主流媒体以及国际媒体加强合作，全力展示公司的服务品牌形象，赢得了社会各界的赞誉。

（金佳慧　蔡宏　林欣　范祝莲）

中远海运散货运输有限公司

中远海运散货运输有限公司

中远海运散货运输有限公司（简称“中远海运散运”）是中远海运集团旗下的全资子公司，由原中远集团旗下的中远散货运输（集团）有限公司（简称“中散集团”）和原中海集团旗下的中海散货运输有限公司（简称“中海散运”）整合而成，于 2016 年 6 月 2 日在广州南沙自贸试验区注册成立，6 月 16 日正式挂牌运营。

【公司沿革】

2011 年 6 月 7 日，中远集团控股子公司——中国远洋控股股份有限公司（以下简称“中国远洋”，H 股代码：1919，A 股代码：601919）董事会执行委员会批准通过进一步推进散货体制改革基本原则和基本框架。根据中国远洋第三届董事会第二次会议决议，决定独家出资设立中散集团，实现对中国远洋旗下中远散货运输有限公司、青岛远洋运输有限公司、中远（香港）航运有限公司 / 深圳远洋运输股份有限公司 3 家散货公司生产经营、企业管理、人力资源、财务策划、发展战略等的全方位整合。中散集团于 2011 年 10 月 26 日取得《企业法人营业执照》，注册资本为人民币 10 亿元，注册地为天津市东疆保税区，中国远洋持有其 100% 股权。2011 年 12 月 13 日，中国远洋以其持有的中远散货运输有限公司 100% 股权、青岛远洋运输有限公司 100% 股权以及深圳远洋运输股份有限公司 51.72% 股权对中散集团增资，金额为 106.97 亿元。增资后中散集团注册资本变更为 116.97 亿元。2012 年 3 月 31 日，中国远洋以其持有的对中散集团的债权对中散集团增资，金额为 142.71 亿元，增资后其注册资本变更为人民币 259.68 亿元。中散集团的经营范围包括：国际船舶普通货物运输；国内沿海及长江中下游普通货船运输；船舶租赁、买卖、管理及相关信息咨询；货运代理；企业管理。截至 2015 年底，拥有和控制干散货船舶 225 艘、2 199.6 万载重吨。其中包括自有船 176 艘、1 748.16 万载重吨，光租船 4 艘、19.73 万载重吨，期租船 45 艘、431.71 万载重吨。

1998 年 4 月 22 日，中海集团控股子公司——中海发展股份有限公司（以下简称“中海发展”，H 股代码：01138，A 股代码：600026），在广州市南沙区成立中海发展股份有限公司货轮公司（以下简称“中海货运”）。中海货运拥有中海集团下属的中国沿海最大的货轮运输船队，由上海海运集团公司、广州海运集团公司、大连海运集团公司所属的三家专业货运公司组建而成。2011 年 11 月，中海集团着手进行干散货运输资源的再次整合，决定设立新的独立法人——中海散运，将其作为中海集团干散货船队统一经营管理平台，逐步将中海集团所属的干散货船舶的资产、业务（含中海货运）及中海发展所属散货联营公司的股权划转到中海散运。中海散运于 2012 年 6 月 12 日取得企业法人营业执照，注册地为广州市南沙区，注册资本 5 亿元，中海发展持有中海散运 100% 股权。2012 年 6 月 30 日，中海发展以其持有的对中海散运的债权对中海散运增资，金额为 11.67 亿元，增资后其注册资本变更为 16.67 亿元。2012 年 9 月 28 日，中海发展向中海散运增资 26.33 亿元，其中货币资金出资 797 240 200.00 元，以其所持有的中海散货运输（上海）有限公司 100% 股权和天津中海华润航运有限公司 51% 股权出资 1 835 759 800.00 元，变更后中海散运注册资本为 43 亿元。中海散运的经营范围包括：国际船舶管理；国内船舶管理；国际船舶运输；内贸普通货物运输；水上运输设备租赁服务；水上货物运输代理；国际货运代理；水上运输设备批发；船舶修理；船舶零配件销售；船舶、海上设施、岸上工程的技术检验；煤炭及制品批发；谷物、豆及薯类批发；金属及金属矿批发（国家专营专控类除外）；钢材批发；钢材零售；非金属矿及制品批发（国家专营专控除外）；货物进出口（专营专控商品除外）；建材、装饰材料批发。截至 2015 年底，中海集团控制和拥有干散货船舶 265 艘、2 053.68 万载重吨，其中自有船舶 248 艘、1 921.65 万载重吨，租船 11 艘、132.03 万载重吨。中海集团旗下的中海散运拥有和控制船舶 106 艘、927.35 万载重吨。其中自有船舶 95 艘、835.43 万载重吨，租入船舶 11 艘、91.92 万载重吨。其余船舶为中海集团下属的其他公司或合营公司的船舶。

2015 年下半年，为了加快推进中远集团和中海集团散运板块业务的整合工作，中散集团、中海散运分别派员参加筹备工作，进行深入调研，拟写整合重组方案，并协助散运资产从上市公司剥离，为后续改革重组做好前期准备。2016 年 2 月 18 日，中远海运集团成立。2 月 24 日，集团召开了散运整合工作会，宣布集团散运改革重组工作组成立。会上介绍了整合背景，宣布整合基本原则及分工、整合方案内容及时间表等。重新组建的散运改革重组工作小组在前期方案的基础上，结合集团成立后的新形势和新要求，在经营体制上深度创新，在方案论证上精雕细琢，前后修改 83 稿，最终完成《中国远洋海运集团散货运输板块业务整合总体建议方案》，并经 4 月 18 日集团第 11 次总经理办公会审议通过。3 月 30 日，集团召开大会，宣布任命公司领导班子。4 月 20 日，公司召开第 2 次总经理办公会，决定成立筹备工作领导小组和 13 个专项筹备组。筹备工作领导小组和专项筹备组成立后，制定工作计划及进度表，严抓工作进度，严格时间节点，严控质量效率，按照倒排时间进度的要求，确定 10 项重点任务，包括新公司工商注册、总部“三定”（定岗、定责、定编）、总部人员选配、业务切换方案、基本规章制度、信息系统切换和上线、办公及后勤保障、新公司总部开业仪式、方案宣贯、履行民主程序等，每项工作均指定分管领导负责推进。重点任务的按时完成到位，确保了重组筹备工作的整体推进，保证了公司按期注册、挂牌成立并平稳运行。6 月 30 日，公司获得水路运输许可证、国际船舶运输经营许可证，并成功启动业务切换工作。11 月 19 日，公司完成海南海盛 100% 股权的收购工作。12 月 28 日，公司在完成自身增资 66.12 亿元的同时，通过对中散集团增资扩股，成为其股东并拥有 56.5% 表决权。

截至 2019 年底，中远海运散运合并报表口径各级法人企业 194 家，总资产 860.25 亿元。建有跨国、跨地区的全球营销网络，散货运力规模位居世界第一。公司紧紧围绕“三个跑赢”“三个切换”，以“提升发展质量、保持坚实增长、力保持续盈利”为工作主线，锐意进取、攻坚克难，通过持续深化“大客户、大项目”发展模式，不断延伸产业链上下游服务能力；通过积极倡导“共建共享、互利共赢”理念，推动行业生态健康发展；通过巩固改革后的管理架构和管理模式，进一步完善公司内部管控链，向“世界一流”的目标又迈出了坚实的一步。

中远海运散运管控架构图见图 14–1。

【稳 健 经 营】

在波动剧烈的散货运输市场中，中远海运散运秉持稳健经营策略，积极稳妥应对市场挑战。以“大客户”战略为抓手，与中粮集团、中铝物流、海螺水泥、象屿集团等多家央企、国企签订了战略合作协议，2019 年，公司战略客户比例达到 39.2%，同比提升 0.8 个百分点。在外贸方面，坚持“稳存量”“拓增量”策略，在确保基础货源稳定的同时，开发了 TITAN、宇部兴产等重要新客户，以及 VALE 波斯湾、天元锰业西非回国等多条高价值新航线。全年外贸基础货源比例达 42.7%，超集团指标 2.7 个百分点。在内贸方面，持续加大高收益短航线和非煤货源揽取力度，着力提升合同兑现率，内贸年度货运量首次突破 1 亿吨，创历史最高水平。聚焦稳布局，

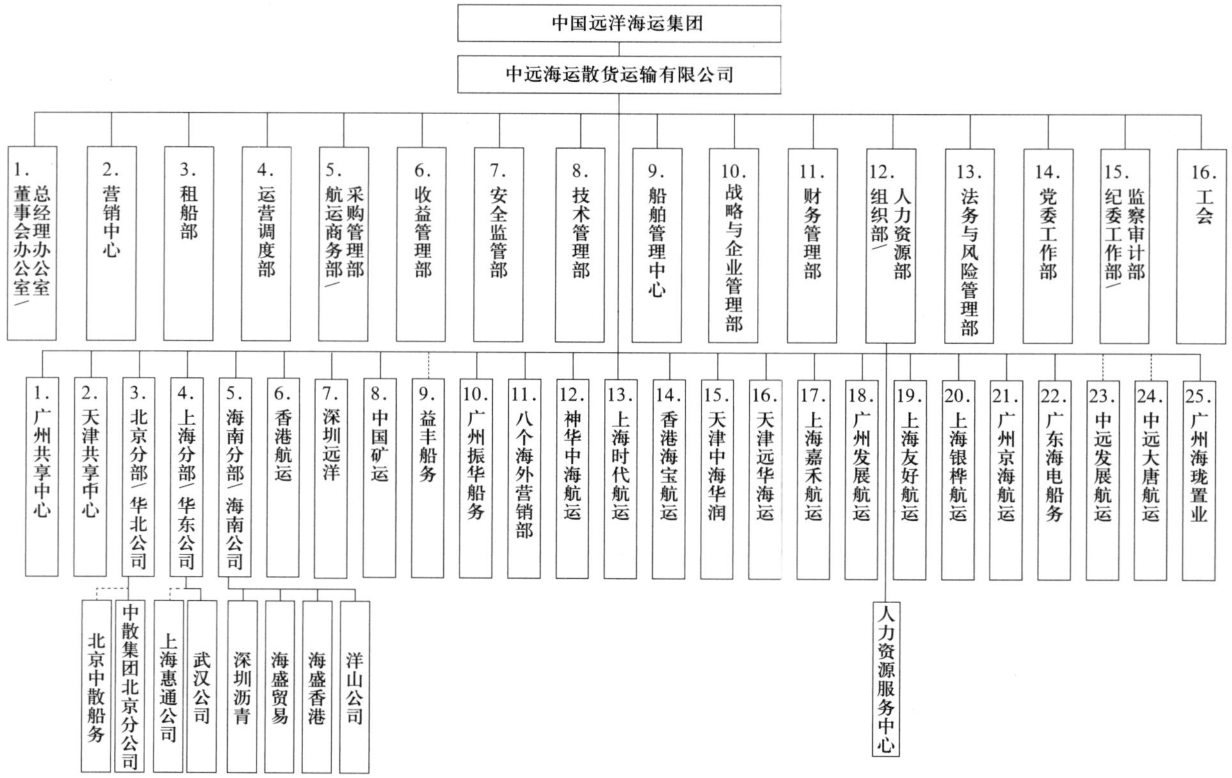

图14-1 中远海运散运管控架构图

应对物流格局变迁。面对中美贸易摩擦，大力开拓“一带一路”沿线以及大西洋第三国市场，加大跨洋区摆位货源和高价值新航线开发力度，提升兼营运力投放的灵活性，有效优化全球运力布局。2019 年，公司“一带一路”沿线货运量达 7 549 万吨，同比增加 12.7%；第三国运输比例为 31.8%，同比提升 0.7 个百分点。聚焦稳收益，多渠道获取稳定回报。面对市场大幅波动，通过增加船位追踪系统等大数据分析手段，提高市场研判的准确度，加大高位锁定和远期高价值货源揽取力度，规避市场波动带来的风险。2019 年，高位锁定运力 36 艘次、4 915 营运天，各船型均大幅高于市场同期水平；内外贸分线操作和运力保障 229 艘次，综合创效超 700 万美元。深化“以货定船”策略，2019 年，中国矿运新接入 5 艘第二代 40 万吨矿砂船，运力规模达到 13 艘、520 万载重吨。同时，4 艘 VALE 325K 船和 16 艘中铝项目 21 万吨船正在推进建造。

2019 年，中远海运散运货运量为 3.68 亿吨，货物周转量 11 358.59 亿吨海里。总收入 219.22 亿元，利润总额 1.22 亿元。

【丰富“项目制”发展模式】

中远海运散运以“大项目”为关键抓手，通过量身定制服务方案、深化产业链合作等路径，推动商业模式转型升级。积极推动中铝项目，公司所属海外益丰公司在几内亚有序推进劳务人员招聘，建立安全管理体系和规章制度，加强成本管控力度，跟踪驳运设备建造，稳步推进几内亚港口建设和航道谈判工作，确保项目的顺利投产。推动中粮项目，突破性开辟了南美至欧洲以及黑海至西北欧航线，拓展了大西洋为主的第三国运输。创新定价模式，与中粮国际签订了第一个指数联动定价 COA 合同。2019 年，双方外贸粮食运输成交 45 载，总货量 288 万吨，同比增长 83.3%。以战略客户需求为攻关方向，深入参与并投标 BHP 绿色能源运输项目，探索 LNG 燃料船舶运输合作，年度货运量达到 2 345 万吨，同比增长 36.3%。充分发挥中铝项目的样板效应和复制优势，主动融入客户产业价值链，深度介入国电投、当代矿业等几内亚重大项目，并协助兄弟公司成功中标国电投几内亚项目建设物资全程物流服务。

【风险管控】

2019年，中远海运散运强化风险防控，有效化解各类风险。制裁风险方面，公司主动加强与客户、船东、银行、供应商沟通，消除合作伙伴疑虑，畅通资金支付渠道，有效将带来的影响降到最低。案件风险方面，积极处理保险理赔及租约纠纷案件，追回欠款和减少对外赔款2.5亿元。以最低成本妥善解决了6年前的“中海才华”轮撞码头案。运营风险方面，不断提升运营监控能力，持续完善收益分析水平和工作督办机制，为经营决策和风险防控提供了有力支撑。采购风险方面，规范革新采购管理和供应商管理流程，不断加强和完善特殊关联企业管理，确保依法合规。

【企业管理】

中远海运散运围绕全面深化国企改革工作的推进，按照集团统一部署，制定了散运综合改革方案，完成了益丰船务等3家公司股权调整和上海洋山等3家公司清理关闭。广州和天津共享中心全面梳理优化业务流程，扎实开展核算和结算业务，积极清理历史旧账，强化了对主业的支撑保障作用。各分部顺利承接船管服务业务，推动区域客户深度开发，积极疏港抢抓船期，内部基础管理和对总部的支持力度持续提升。港深公司顺利分离后，香港航运充分发挥在港资产管理、业务操作、境外融资三大职能平台作用，管理质量和运营效率持续提升。深圳远洋作为代管船平台，平稳完成机构、人员调整和船舶交接，完善体系建设，规范安全管理，迅速进入了有序运转阶段。广州振华围绕新的发展定位，内抓管理、外拓市场，品牌知名度和影响力不断提升。

【市场引领】

2019年，中远海运散运成功发布内贸运输合同范本，助推内贸运输的统一化、标准化。多次派员参加BIMCO标准合同范本修订委员会工作，继续推动波交所、上交所对BDI、CBCFI等指数进行完善，促进行业秩序规范化，维护中国船东的利益。组织撰写20篇市场分析文章，在多个行业媒体中传播理性声音，坚定船东信心。利用举办沿海船东峰会、广东省港航协会会员大会等契机，发出共建共享的倡议，共同维护市场健康生态。与中远海科共同开发“船货易”，依托平台运作，提升数字化运营能力，打造沿海内贸市场互联互通新型合作平台，进一步提升订约效率，强化同业联合的渠道与力度。积极配合中远海运集团统建信息系统的开发，持续提升BMS、OA、SAP、航标等系统的稳定性和可扩展性，以信息化改善提升管理效率。

【成本管控】

中远海运散运以精益化理念深化全链条成本管控，多维度释放企业管理效能。固定成本方面，释放船管体制改革红利，科学合理安排厂修船计划和备件物料供船，集中经营机务费用发生5.3亿元，同比降低31.9%。变动成本方面，推动全业务流程成本管控力度的强化，燃油采购费用节支2.1亿元，港口费用节支1 565万元，保险费用节支1 045万元。财务费用方面，深入推进境内外资金债务集中管理，节省利息支出9 818万元；充分利用政府扶持政策，取得财政奖励1.4亿元。大力推进重点领域、关键环节的审计力度，进一步提升降本增效价值，全年实施审计项目17项，实现增收节支1 398万元。

【安全管理】

2019年，中远海运散运坚决落实安全主体责任，围绕“一个标准、一套体系、一个DOC”，建立健全安全管理规章、流程和体系，认真开展内外审和管理评审，并将各直属单位、海外机构和合资合营公司纳入安全监管体系，从源头筑牢安全管理防线。与天津海事局签署了全面战略合作框架协议，深化政企安全领域合作。坚持科学管理，安全局面稳中向好，PSC 检查实现零滞留，无缺陷通过率 82.7%，防海盗、防抗台、防污染成功率保持 100%。组织“劳动安全专项治理年”“安全生产月”等活动，强化全员安全意识，深入开展安全检查，全年登轮检查 1 453 艘次，排查安全隐患 16 950 项，整改率达到 99.8%。公司 RIGHTSHIP 五星和四星船舶分别达到 143 艘和 40 艘，占比 93.8%。密切跟踪指导航行大风浪、雾区、海盗猖獗区域以及装载特殊货物船舶 2 056 艘次，抽查船舶驾驶台视频 580 艘次，培训接班船员 4 539 人次，确保了航行安全。

【人才队伍】

中远海运散运坚持顶层设计先行，制定实施《人才发展三年滚动规划》，出台《总部员工管理办法》《考核管理规定》等制度文件，持续提升干部人才管理工作规范化、制度化、科学化水平。召开干部人才工作专题研讨会，明确工作方向和思路。加大优秀年轻干部培养选拔力度，开展财务干部公开竞聘；紧贴企业经营需求制订几内亚项目人事管理方案，在集团海外人员管理模式上实现首次创新突破；把团委书记岗位作为培养年轻干部的重要平台，明确了二级单位团委书记履职待遇和专兼职安排；鼓励管理序列干部转任业务序列职务，为优秀年轻干部脱颖而出搭建平台、预留空间。全年交流调整干部 152 人次，其中选拔任用干部 92 人次，提拔人员中 80 后年轻干部占 50%。招聘应届毕业生 26 名，补充了新生力量。加强岗位交流，接收集团“启航班”优秀船舶三长 9 名、交流船员 21 名，充实航运管理、船舶管理等专业人才储备。举办干部理想信念提升培训班、智慧港口与航运发展高级研修班、营销管理和船舶管理高级研修班、内训师培训班、新员工岗前培训等专题培训项目，推动复合型人才、海外人才及各类专业人才培养，“大培训”格局日益完善。全年总部共组织员工 1 657 人次参加各类培训班 103 期，员工队伍综合素质不断提升。

【党建工作】

2019 年，公司党委认真贯彻落实中央和集团党组关于开展“不忘初心、牢记使命”主题教育的部署要求，聚焦主题主线，成立组织机构、工作机构和指导组，制订实施方案和工作计划。在主题教育期间，公司主题教育领导小组成员到基层单位调研指导 63 人次；公司指导组到基层单位督导 187 人次；船管单位到一线船舶督导 100 多艘次，推动主题教育在 307 个船舶党支部、80 个陆岸党支部扎实开展，实现全覆盖。举办领导班子理论学习“读书班”8 次，党委书记带头为全系统党员讲主题党课。组织中层以上党员干部参加集团主题教育“理论学习大讲堂”和主题党课，各级党员领导干部讲党课 86 次，开展学习研讨 104 次、专家辅导 5 次、现场教学 23 次。各级领导班子成员围绕企业发展全局性、战略性课题，党的建设和群众关心的急难愁盼问题，深入机关、直属单位、海外网点以及一线船舶开展调研 181 次，征集意见 165 条，检视剖析查摆问题 147 个，高质量召开调研成果交流会、专题民主生活会和组织生活会。针对整改方案中的 189 个问题做到立行立改、即知即改，已有 130 项整改完毕，59 项取得积极进展。深入开展船员违法违纪问题专项整治、软弱涣散基层党组织专项整治，从严开展整改落实“回头看”，着力构建长效机制，制定完善制度 69 个。

公司党委严格履行党委决策前置程序，全年共召开党委会 26 次、党政联席会 3 次，研究决策重大事项 111 项，其中研究前置议题 41 项，党委把方向、管大局、保落实的领导作用发挥到位。召开党建工作会议，明确年度党建工作要点，与所属 8 家单位党组织签订党建工作责任书，开展年度党建工作责任现场考核，加强考核结果运用，提升了党建考核的针对性、科学性和实效性。

以“两级联述、两级联评、两级联考”为抓手，开展党组织书记抓基层党建述职评议考核工作，推动党建责任落实落细。结合深化改革后新的党组织架构，明确了广州共享中心、天津共享中心、广州振华等属地管理单位的党建和纪检重点工作责任分工。发扬“支部建在船上”的优良传统，组织开展船舶党建工作专题调研，听取管船单位意见建议，研究形成改进提升的思路举措。

【群 团 工 作】

中远海运散运工会以“提升发展质量、勇当散运先锋”为主题开展劳动竞赛，为职工搭建实现价值、展示能力的平台，共选题立项 56 个，涵盖市场开拓、管理优化、机制完善、资源整合、技术革新、素质提升等方面，助力生产经营，提升管理水平。持续开展“温暖行动”，全年慰问船舶 446 艘次、基层单位 14 家，慰问陆岸职工、劳模、老干部等 5 126 人次。组队参加集团职工才艺比赛和篮球、羽毛球比赛获得佳绩，展现了散运职工良好的精神风貌。履行社会责任，开展精准扶贫，公司领导带队深入云南永德县、海南木排村等地调研考察，捐赠扶贫资金和购买扶贫产品共 164 万元，扶贫工作得到集团充分认可。公司团委结合深化改革理顺团组织架构，健全基层组织，完成全系统团组织换届，配齐配强团干部，制定了考核、例会、团课制度，团组织服务青年的触角进一步延伸。举办青年职业发展访谈、五四主题团日活动、船岸升旗仪式和入团宣誓等纪念五四运动 100 周年系列活动，开展《我和我的祖国》快闪活动，青年思想引领工作不断创新。开展“号手岗”“青年先锋岗”评选和述岗活动，召开“青年文明号”创建交流研讨会，引领青年岗位建功更加有力。围绕青年所需，举办青春交流会、婚恋交友、志愿服务等活动，服务青年更有温度。公司 1 个青年集体获评“全国青年文明号”，6 个集体和 4 名个人荣获中央企业和集团共青团系统表彰。

【宣 传 工 作】

2019 年，公司着力打造“五微一刊一机一网一厅一墙”十位一体的宣传平台，改版《远航》月刊，更新完善“远航”展厅，加强宣传阵地管理。紧紧围绕新中国成立 70 周年等重大题材和公司改革发展中心工作，精心选题策划，2 篇作品在国务院国资委举办的中央企业故事大赛中获奖，在集团报刊发稿件 130 余篇，进行专题、专版宣传 10 余次，荣获集团 2018 年度新闻报道“优秀组织奖”。邀请《南方日报》《广州日报》等 10 余家媒体对广州国际航运大厦开工启动会、“远穗海”轮接船仪式等重要活动进行现场报道，在广州琶洲互联网创新集聚区设置公司形象宣传专栏；公司“远河海”轮等船舶作为新中国航运成就代表登上《人民日报》。组织各单位开展年度政研课题研究，确定 22 个重点研究课题，集中力量开展课题攻关，形成研究成果 150 多篇。公司 1 篇政研成果获评全国党建研究会和中央企业党建政研会优秀成果。

【纪检监察审计】

2019 年，公司纪委深入开展“六项自查”和综合监督检查工作，发现问题和不足 128 个，提出整改意见 117 条，督导整改工作扎实推进。贯彻落实集团船舶管理和船员教育工作专题会议精神，开展船舶不正之风专项整治，现场检查船舶 72 艘次，发现管理问题 199 个，提出整改要求和工作建议 198 条，出台燃油管控“十项举措”、船舶污油水处理业务规定等措施，船舶廉政建设持续加强。围绕生产经营中心工作，完成各类审计项目 17 项，发现问题 245 个，促进增收节支 1 398 万元。组织党员干部签署廉洁从业承诺书 611 份，开展廉洁谈话教育 188 人次。开展“践行初心使命、恪守五条禁令”主题承诺活动，推动“五条禁令”入脑入心入行。紧盯关键节点，严明纪律要求，坚决防止“节日腐败”。及时转发集团内部违法违纪典型案例通报 12 批次，加强警示教育。

【企业文化】

召开公司宣传文化工作会，交流工作经验，研究部署年度重点工作。组织开展第三届“企业文化月”活动，举行广州国际航运大厦开工启动会、职工合唱比赛、羽毛球和气排球比赛、书画摄影展等一系列丰富多彩的文体活动。贯彻集团企业文化理念核心纲要，提炼并发布公司企业文化核心价值理念体系。制作《扎根羊城 远航世界》《荣耀时刻》《征途 2019》等宣传片、公司新版宣传画册和楼层文化墙。制定《船舶文化建设指导意见》，推动文化建设在基层落地生根。组织排演节目参加中央企业经典爱国主义歌曲歌咏展演和集团文艺汇演，获得广泛好评。强化典型培育，积极开展创先争优活动。2019 年，公司 1 人获评中央企业劳动模范称号；41 个集体和 57 名个人分别获得国务院国资委、广东省国资委、集团和公司“两优一先”荣誉称号；47 个集体和 45 名个人分别获评集团和公司年度先进集体和先进个人荣誉称号。

2019 年中远海运散运主要情况见表 14–1。

2019 年中远海运散运主要情况表　　表 14–1

类别	项目	2019 年
运力	艘数（艘 / 万吨）	349 / 3 631.24
	自有船舶（艘 / 万吨）	299 / 3 199.07
	其他船舶（艘 / 万吨）	50 / 432.17
	新船订单（艘 / 万吨）	5 / 199.21
运量	货运（亿吨）	3.68
	周转量(亿吨海里)	11 358.59
财务状况	总资产（亿元）	860.25
	净资产（亿元）	124.15
	总收入（亿元）	219.22
	利润总额（亿元）	1.22
员工队伍	年末员工总数（人）	1731

（梁诗枫）

中远海运能源运输股份有限公司

中远海运能源运输股份有限公司

【公司概况】

中远海运能源运输股份有限公司（简称“中远海运能源”，英文简称 COSCO SHIPPING Energy）是中国远洋海运集团有限公司旗下从事油品、液化天然气等能源运输的专业化公司，由原中远集团、中国海运两大集团能源运输板块重组而成。

2016 年上半年，中海发展股份有限公司实施重大资产重组，向中远散货运输（集团）有限公司出售中海散货运输有限公司 100% 股权，并向中国远洋运输（集团）总公司收购大连远洋运输有限公司 100% 股权。在本次重组完成后，公司主营业务变更为油品运输业务及 LNG 运输业务，并将公司名变更为中远海运能源运输股份有限公司。2016 年 6 月 6 日，中远海运能源运输股份有限公司揭牌，总部设在上海。公司注册资本为 403 203.286 1 万元，注册地为中国（上海）自贸试验区。公司主要从事国际和中国沿海原油及成品油运输、国际液化天然气（LNG）运输以及国际化学品运输，是集团核心业务板块。主要的附属公司有上海中远海运油品运输有限公司（上海油运）、大连中远海运油品运输有限公司（大连油运）、上海中远海运液化天然气投资有限公司、中远海运石油运输有限公司、中海发展（香港）航运有限公司和中远海运油品运输（新加坡）有限公司。

2019 年，公司站在市场新周期的起点上，全面贯彻落实集团“高质量发展”主题和“三个跑赢”要求，深入开展“不忘初心、牢记使命”主题教育，以“四个全球领先”为战略目标，聚焦深化改革和提质创效，较好地完成了集团部署的工作任务。

【运 输 生 产】

2019 年度，面对复杂的外部环境和大幅波动的国际油运市场，公司主要把握住了以下四个方面，取得了良好的经营业绩：一是固本拓新，巩固大客户合作，同时积极开拓国际市场，开发新航线、新客户；二是精准分析市场，优化航线布局，提升高收益 VLCC 航线比例；三是开拓增量市场，深化与民营炼厂的合作，巩固国内油品运输领军者的地位；四是 LNG 运力规模稳步增长，稳定利润持续增厚。

2019 年，公司成功预判油运市场进入上升周期，及时调整优化经营策略，取得了较好的经营发展效果。公司实现运输量（不含期租）15 035 万吨，同比减少 2.90%；运输周转量（不含期租）4 407.85 亿吨海里，同比减少 19.18%；公司共实现营业收入 138.8 亿元，同比增长 12.97%，发生成本 112.47 亿元，同比增长 8.48%；实现归属于上市公司股东净利润 4.32 亿元，同比增加 310.54%；EBITDA（Eamings Before Interest，Taxes，Depreciation and Amortization，税息折旧及摊销前利润）53.64 亿元，同比增加 37.85%。实现考核利润 12 亿元，比上年增利 7.1 亿元。

1. 外贸油运业务

2019 年度，公司抓住国际油运市场回暖的机遇，实现外贸油运运输收入 73.20 亿元，同比增加 10.82%；运输毛利润 6.15 亿元，比上年增加 6.40 亿元；毛利率 8.40%，同比增加 8.79 个百分点。

（1）精准研判市场，优化航线布局，经营收益同比大幅增长。2019 年，公司精准研判国际油运市场，合理调整长短航线配比，努力提高船队整体收益。2019 年度，VLCC 三角航线营运天占比较去年同期增加 10.5%。

（2）积极开拓国际市场，承运全球。公司积极展开全球化布局，与多家欧美地区客户达成首次合作，使客户结构、业务结构更国际化、多元化。公司海外子公司业务开拓效果显著，2019 年英国公司共计揽取货载 21 载，其中 TD3C 以外的航线货载占比约 76.2%；美国公司共计揽取货载 13 载，其中三角航线、美湾 / 加勒比—远东、巴西—远东等长航线货载占比约 69.2%。

（3）积极应对“国际海事组织（IMO）2020 限硫公约”，推动行业可持续发展。2019 年，公司全部油轮运力使用低硫燃料油应对 IMO2020 限硫公约。公司发挥中远海运集团集中采购的规模效应，保证低硫油供应充足，同时抓住市场波动机遇，先后两次进行了部分低硫燃料油固定价采购，有效控制了燃油成本。此外，公司与大连船舶重工合作，研发全球首艘 LNG 双燃料、符合 EEDI PHASE Ⅲ（船舶能效设计指数第三阶段）的 VLCC，探索生产经营与环境、社会的可持续发展。

2. 内贸油运业务

2019 年，公司完成内贸油运运输收入 50.05 亿元，同比增加 18.99%；运输毛利润 12.52 亿元，同比增加 9.26%；毛利率 25.02%，同比减少 2.23%。

（1）开拓增量市场，助力炼厂大型化一体化发展。报告期内，公司全力拼抢中转油市场，开拓保税油新业务，开发多家国内新客户，实现内贸油运 COA 货源占比 90% 以上。年内推动盘锦深水航道开通，成功试靠大型油轮泊位，配合民营炼厂大型化、一体化需求，帮助重点客户提升物流效率。

（2）发挥新架构优势，提升船队整体效益。2019 年，公司重新规划组织架构，设立油轮部经营 VLCC、苏伊士以外的油轮船型，密切跟踪内外贸两个市场，积极协调内外部资源，以整体效益最大化为原则调配内外贸运力。开展内外贸联动 21 艘次，比上年增加 10 艘次。

（3）释放协同效应，打造内贸成品油运输核心竞争力。2019 年，公司以中远海运石油为成品油运输平台，整合内部成品油运输资源，巩固内贸成品油龙头地位。公司发挥协同效应，化零为整，提高大船型运输量 5 倍以上。全年公司实现内贸成品油运输收入 23.34 亿元，同比增长 37.22%，中远海运石油实现净利润 14 763 万元，同比增长 37.7%。

3. LNG 运输业务

2019 年，公司完成 LNG 运输收入 13.21 亿元，同比增加 11.91%；运输毛利润 7.13 亿元，同比增加 7.70%；毛利率 53.92%，同比减少 2.1 个百分点，实现 LNG 运输板块投资收益 4.48 亿元，同比增长 82.23%，实现税前利润 6.0 亿元，同比增长 47.61%。

（1）管理体系获得权威认可，国际竞争力持续提升。2019 年 6 月，公司所属的上海 LNG 通过劳氏认证并获得中国 LNG 运输行业首张质量、健康、安全和环保（QHSE）管理体系证书，成功对接 ISO9001、14001、45001 三大国际标准。管理体系获得权威认证巩固了集团中国 LNG 运输业务引领者的地位，也提升集团参与国际 LNG 运输的竞争力。

（2）LNG 船队规模不断扩大，第二发展曲线稳步上扬。2019 年，公司 LNG 运输业务规模稳步扩大，年内共有参与投资的 9 艘、155.2 万立方米 LNG 船舶上线运营。截至 2019 年底，公司共有参与投资的 35 艘、590 万立方米 LNG 船舶投入运营。公司将清洁能源运输作为第二发展曲线，把握市场机遇，发挥竞争优势，有序推进 LNG 运输潜在项目的开发。

【运力情况】

按运力规模统计，中远海运能源是全球第一大油轮船东。截至 2019 年底，公司共拥有和控制油轮运力 151 艘、2 171 万载重吨，其中，自有运力 142 艘、1 925 万载重吨；租入运力 9 艘、246 万载重吨。另有订单运力 17 艘、304.4 万载重吨。中远海运能源 2019 年运力情况见表 14–2。

公司也是中国沿海原油和成品油运输领域的龙头企业。在沿海原油运输领域，公司一直保持着行业龙头地位和55%以上的市场份额。2018年3月，公司完成收购中石油成品油船队后，已跃升为沿海成品油运输市场的龙头企业。

中远海运能源2019年运力情况表 表14–2

公司	自有运力		租入运力		控制运力	
	艘数	万载重吨	艘数	万载重吨	艘数	万载重吨
中远海运能源	4	34.1	1	30.9	5	65.0
上海油运	73	873.8	8	215.2	81	1 089.0
大连油运	43	945.2	0	0.0	43	945.2
广州市三鼎油品运输有限公司	2	15.1	0	0.0	2	15.1
洋浦公司	2	13.4	—	—	2	13.4
中远海运石油运输有限公司（含华海公司等）	18	43.7	0	0.0	18	43.7
油轮小计	142	1 925.3	9	246.1	151	2 171.4
龙鹏公司(LPG)	5	1.5	—	—	5	1.5
上海LNG	14	116.2	0	0.0	14	116.2
CLNG	21	190.7	0	0.0	21	190.7
LNG/LPG小计	40	308.4	0	0	40	308.4
合计	182	2 233.7	9	246.1	191	2 479.8

注：1. 集团内部租船统计为自有运力；

2. 中远海运能源、上海油运、大连油运统计为中远海运能源本部运力。

2019年12月，“远莲湾”轮加入公司船队，这是以低成本发展战略订造的16艘船舶中的第一艘，2019—2020年其他15艘船舶将相继交付使用。同年，公司接入LNG船舶9艘，新增运力156万立方米。船队的持续发展，巩固了国家骨干船队和行业地位。

【人事管理】

2019年，公司推动人力资源管理现代化，实现人力资本增值。

1. 建立“人岗匹配”的选聘机制

公司确立了“国际前一百”和“国内双一流”的入职标准，从生产经营需求出发，设计人员招聘评价体系，选择符合公司企业精神、认同公司价值观的人员加入公司团队，实现人员与公司的匹配。建立相应的岗位资格评价评审体系，通过科学合理的任职资格评定，实现人员与岗位的匹配。合理使用和选拔海外网点当地人才，加快公司国际化进程。

2. 加强“职业化发展”的培养机制

培养的目的在于产生一批能够理解、执行、传播公司核心价值观的干部队伍。逐步完善5+N精准培训，抓住“精准赋能”关键点，按照任职资格评价评审体系，设计培养方案，打造员工职业通道成长链条。匹配公司战略发展需求，突出“实务”，针对性开展专业化培训，加速岗位交流锻炼，提升解决实际工作能力。加强各类专业人才库建设，进一步储备力量。

3. 强化“奋斗者为本”的激励机制

激励机制的关键在于不能让老实人吃亏，奉献者必定得到合理回报。深化薪酬分配制度改革，健全工资报酬与目标、效益、效率的联动机制，以结果为导向，让薪酬向奋斗者、贡献者倾斜。

设计好船舶主管、客户经理等的双通道机制，做好职位分析和岗位评价，以技术绩效为基础，让员工多通道发展，以激发员工活力。坚持从市场需求出发，建立完善职业经理人制度，强化市场化薪酬、考核评价和退出机制。推广实施奖励包机制，依据部门和个人贡献值，使奖励包工具取得实效。

4. 塑造“执行力为先”的工作机制

执行力的核心是认真负责、管理有效。建立岗位工作日常考核机制，把对岗位的敬畏与执行力文化相结合，牢固树立“做好自己的事”执行理念，让每一位员工把做好本岗本职工作作为义不容辞的一项职责，让每一个团队把执行力上升到部门工作的战斗力、企业生存发展的能力的高度上来，不断追求实现最佳执行成效。

【安 全 管 理】

以“三位一体”安全管理模式为基石，完善“总管制”管船模式，贯彻“关爱船员、守护航船”工作主线，狠抓基础管理，维护了总体安全稳定大局。2019 年，PSC 检查 118 艘次，无缺陷通过 88 艘次；FSC 检查 113 艘次，无缺陷通过 32 艘次；大石油公司检查 331 艘次，通过率 99.7%；集团安全检查 69 艘次，无重点督查船舶，1 艘次被评为优秀船舶。

1. 建立统一的高标准管理体系

以一个标准、一套体系、一个 DOC 的集约化船舶管理模式为目标，对标 TMSA 等国际油轮船舶管理标准，构建了高标准能源综合管理体系。2019 年 7 月 22 日，获上海海事局安全管理体系 DOC 证书；11 月 21 日，完成全部 114 艘自有船舶 DOC 转换；12 月 12 日，顺利通过 BP 公司 TMSA 审核。

2. 落实严格安全监控体系

以安全大检查为抓手，加强船舶安全监控，特别是两起事故之后，成立事故调查工作小组，要求领导带头，从重点船舶以及安全隐患大、船舶技术力量薄弱的船舶入手，有效遏制不良势头。2019 年，安全大检查共检查船舶 185 艘次，覆盖率 100%，查出缺陷 3 840 项，高风险缺陷 56 项，全部完成整改。

3. 完善全球安全应急反应体系

为应对中东海湾地区安全局势，公司提出了危机应对原则。突发事件之后，成立了受限船舶安全风险管控工作小组，以安全应急反应体系为基础，制定应对预案，细化落实安全风险等措施，保障了受限船舶和船员的安全稳定。

4. 创建“关爱船员、守护航船”安全文化体系

深化“关爱船员、守护航船”理念，聚焦落实“一站式”服务、优化在船船员激励、加大船员人文关怀投入等实事，使“关爱船员、守护航船”成为真正可操作、接地气的行动准则。

【法务与风险管理】

中远海运能源在深化改革成果落地和加快推进战略转型的关键时期，全面启动风控体系建设，构建制度体系、内控体系、合规体系，进一步完善公司风险管理机制，与公司的综合管理体系并行，提升公司风险管理能力、免疫力和韧性。2019 年，公司制定了《董事会风险管控委员会实施细则》，明确了董事会风险管理委员会的管理职责和工作程序，规范了董事会风险管控责任，为有效提升公司风险管理水平提供了制度保障；对上海 LNG、中远海运石油、三鼎公司的规章制度建设提出完善意见，加强对下属公司风险管理体系建设的指导和监督，全面提升公司风险管理水平。

公司根据《公司规章制度体系建设方案》，完善风险管理制度体系，年内共完成修订及新增规章制度 57 项。

公司完善合规管理体系，制定和发布各项业务的合规管理办法及合规手册，完善合规预警、风险排查机制，强化合规数据应用，进一步提升合规风险防控能力和水平。

公司完善内控体系，2019 年完成“程序文件”“风险数据库”“权力清单”“表单库”“风险预警指标库”等板块建设并梳理了三级内控管理流程。

2019年4月，中远海运能源召开风控体系建设项目启动会，介绍项目推进计划并针对内控与全面风险管理相关内容开展专题培训，包括国际经营风险防控专题培训等，提升员工风险防控意识和能力。

【制度改革】

2019年，公司持续推进制度改革，有序开展改革各项工作。

进一步解放思想，不断深化放管机制，有效激发企业再生动力、组织效率和员工活力，推动综合改革方案落地。以规定动作解决改革道路上的体制机制问题。要实现“三项制度”改革全覆盖，强化综合考核，促进干部能上能下；加强用工契约化，实现员工能进能出；深化分配制度改革，实现薪酬能增能减。以自选动作解决改革道路上的主体活力问题。坚持“宜改则改”原则，稳步有序推进改革工作，制定混合所有制改革实施原则与步骤，完善中长期股权激励机制、探索研究奖励包改革措施。

【党群工作】

公司扎实开展“不忘初心、牢记使命”主题教育，党委成员高标准完成专题研讨、专题党课、专题调研和专题民主生活会。认真落实巡视整改任务，全面组织开展“六项自查”，7个方面、56个问题、136项整改措施在规定时间内全部完成。开展“两优一先”评选表彰，组织80余名船岸党支部书记参加培训，将优秀党建政研论文编印成册。贯彻集团“五条禁令”“十项规定”，强化船舶廉洁风险防控，出台《船舶廉洁风险防控手册（试行）》，开展船员违法违纪专项整治，对“远喜湖”轮、“洋美湖”轮和“遵义潭”轮违纪违法问题线索进行初步核实。与国际接轨，制定《反商业贿赂管理办法（试行）》和《反商业贿赂手册》。

组织开展庆祝新中国成立70周年“八个一”活动，职工文艺汇演、职工运动会、英文演讲比赛、退休老干部座谈会等令人印象深刻，弘扬了正能量。慰问船舶110余艘次、船岸职工2 000多人，积极解决外地来沪员工的住宿、班车和子女入学等问题，不断提高伙食管理水平，增强了向心力。组织参加“安全生产先进班组”劳动竞赛、“安全隐患随手拍”、“金点子”等活动，服务企业经营发展，形成了影响力。一批集体和个人受到上级表彰，公司荣获全国“安康杯”竞赛活动安全文化先进单位、“上海LNG亚马尔”项目组荣获中央企业先进集体、“桐林湾”轮荣获2019年全国工人先锋号、“新金洋”轮荣获2019年全国公路水路行业安全生产竞赛先进集体、“新岳洋”轮荣获全国青年文明号、陈明荣获全国交通运输行业文明职工标兵、陈俊伟荣获中央企业青年岗位能手。

【企业荣誉】

公司成功举办“为世界‘船’递能量”2019年全球客户年会、2019上海LNG论坛和中期业绩发布会，相关新闻报道经新华社客户端等主流媒体推送，点击量均突破百万，充分展示公司“资源整合者、方案解决者、价值创造者”的良好品牌形象。勇于承担社会责任，分别向湖南沅陵和云南临沧市蚂蚁堆乡一水村捐赠600万元和100万元；深化“浪花·心愿”爱心助学活动，结对资助永德贫困学子17名，助力国家精准扶贫。“远洋湖”轮在“中国航海日”成功救起32名遇险渔民。“中池”轮临危受命作为“联航516”轮遇险现场救助总指挥。收到来自码头、租家等的表扬信23封。2019年，公司先后荣获金蜜蜂“优秀企业社会责任报告－成长型企业奖”、金麒麟2019“最佳社会责任奖”和“公司治理优秀企业奖”。（傅源源）

中远海运特种运输股份有限公司

中远海运特种运输股份有限公司

中远海运特种运输股份有限公司（简称“中远海运特运”），是中国远洋海运集团控股的上市公司，中国远洋海运集团的战略产业集群之一，主营特种船运输及相关业务。中远海运特运拥有规模和综合实力居世界前列的特种运输船队，2019年，经营管理半潜船、多用途船、重吊船、汽车船、木材船和沥青船等各类型船舶119艘、327万载重吨。中远海运特运的航线覆盖全球，船舶航行于160多个国家和地区的1 600多个港口之间。以远东为依托，在欧洲航线、美洲航线、非洲航线、泛印度洋航线、泛太平洋航线上，已经形成了较强的优势，并积极开拓了大西洋航线、澳新航线等新航线。同时，公司是全球唯一的具备北极和南极两个极地航线成功运营经验的航运公司。

【公司沿革】

中远海运特运的前身——中国远洋运输公司广州分公司（简称“中远广州分公司”），成立于1961年4月27日，是新中国成立最早的国有远洋运输企业，被誉为新中国远洋运输事业的摇篮和发源地。1979年5月1日，经交通部批准，将中远各分公司改称为所在地区的远洋运输公司，中远广州分公司从此改称为广州远洋运输公司（简称“广州远洋”或“广远”）。中远海运特运更名前全称为中远航运股份有限公司（简称“中远航运”），成立于1999年12月8日，2002年4月18日在上海证券交易所挂牌上市。根据中远集团总体战略部署，2012年初，广州远洋和中远航运本部实施机构整合，新机构于1月9日起正式运作。12月5日，中远航运董事会通过决议，以自有资金收购中远集团持有的广州远洋100%股权，至此，广州远洋整体上市项目圆满完成。2016年2月18日，原中远集团与原中海集团实施合并重组，成立中国远洋海运集团有限公司。同年12月7日，公司更名为中远海运特种运输股份有限公司。

【经营效益】

2019年，中远海运特运全体船岸员工在中远海运集团和公司董事会的正确领导下，坚定初心使命，以“跑赢市场、跑赢变革、跑赢时代”为目标，秉承“举重若轻的实力，举轻若重的精神”，坚定“特”字发展战略，深入推进国有企业改革，提升公司可持续发展动能，圆满完成了全年改革发展与经营创效主要目标任务，超额完成集团下达的奋斗目标。

2019年，中远海运特运实现营业收入826 623.60万元（航运业务营业收入767 905.58万元，非航运业务营业收入58 718.03万元），同比增长9.06%，创下近十年来最高水平；实现利润总额20 048.05万元，同比增长60.95%；实现净利润10 285.11万元，同比增长18.09%。

【战略调整】

2019年，公司坚持创新驱动发展，加快推进战略落地。一是围绕贸易变革，提速全球经营步伐。公司首个海外经营平台——欧洲合资公司正式成立，标志着公司在推进全球化经营上迈出了历史性的一步；公司加快推进东南亚、南美经营平台的建设，未来将形成欧洲、北美、南美、东南亚四个海外区域中心，与公司本部共同组成全球经营网络。二是紧跟货流转移，持续优化航线布局。公司重点推进大西洋、东南亚地区的第三国航线的建设。其中大西洋航线综合运用市场和自有运力，成功实现稳定运营，全年完成20个航次；公司扩大班轮服务覆盖领域，新开泰国、缅甸、孟加拉国等班轮航线，并积极筹建巴基斯坦、印度班轮航线，客户响应度不断提高，效益不断改善，班轮航次数占公司总航次数的比重超过10%。三是着眼未来，创新船队结构调整手段。公司以更加灵活多样、丰富有效的举措推进了船队优化升级，成效也更加明显。围绕“两个优势”建设，稳步推进新造船项目，行使4艘62 000吨纸浆船选择权，订造8艘新船，启动1艘5万吨半潜船项目造船，为打造规模优势、扩大技术领先优势，提供运力保障；积极整合市场运力为我所用，相继与韩国东邦、烟台打捞局等签署合作协议，并与7家船东开展运力合作，控制外部半潜船运力17艘，市场话语权不断增强；聚焦船队整体升级，启动实施资产盘活项目，陆续处置5艘连续亏损、市场竞争力差的老旧船，订造新船，主力船队不断升级。

【公司治理】

2019年6月，根据相关法规补充推荐1名董事。经公司股东大会批准，中远海运特运第七届董事会成员为：丁农、陈威、张莉、张炜、陈冬、林尊贵、郑伟、谭劲松、许丽华。其中，丁农为董事长，陈威为副董事长，张莉、张炜、陈冬、林尊贵为董事，郑伟、谭劲松、许丽华为独立董事。

2019年，经公司股东大会批准，中远海运特运第七届监事会成员为：张善民、郝文义、李宏祥、邓自云、黎光葵、姚勇。其中，张善民为监事会主席。

2019年，公司多用途及重吊船经营部与木材船联合经营部整体合并，成立多用途船经营部。对广州中远海运船舶技术工程有限公司、广州中远海运船舶电子科技有限公司的业务、机构和人员实施全面整合。公司首个海外经营平台——欧洲合资公司正式成立，标志着公司在推进全球化经营上迈出了历史性的一步。

2019年，面对严峻的市场形势，公司发挥集中管理优势，精益成本管控。一是围绕低硫油保供，积极开展批量采购，优化采购价格，科学选择加油港，周密部署洗舱方案，准确把握油品切换时间点，在满足船队需求的同时，也节约燃油成本近4 000万元。二是重建采购管理体系，发挥集中采购规模优势，优化协同机制，加强重点费率商谈，签订44份港口使费优惠协议，并获得独享优惠待遇；引入供应商竞争机制，部分物料油漆单价下降40%以上。三是转变财务管理思路，完善财务管理制度，统一上线SAP财务软件，加快向集中管理转变，优化创新融资手段，降低资金占用成本，提高资金使用效率，节约了大量财务费用。四是加强成本考核监督，制定实施应收账款考核管理办法，责任到人，考核到岗，强化“两金”压控。

2019年，公司坚持全面深化改革，不断提升治理水平。一是优化经营管理架构，释放组织效能。打破传统思维限制，围绕新市场、新业务，搭建公司推进林产品产业链拓展的经营载体；为实现运力集中统一调配，将多用途船部与木材船部合并，并确立了分船型的经营理念；将营销中心、技术中心分别独立升级为部门，充分释放营销与技术的引领作用。二是用好改革“工具包”，推进深改快改。创新人才培养激励，实施“青年接力”，优化干部队伍，打造职业发展双通道，并率先启动实施股权激励，将公司发展与员工成长紧密结合，得到广大干部职工的热烈拥护；积极推进职业经理人改革，在推进市场化选人用人上迈出重要一步；加强下属公司董事会建设，规范治理结构，使董事会在激发经营活力上发挥更大的作用。三是完善制度体系，提升风险防控能力。推动风险管控关口前移，实现由“事后处置”向“事前防范”转变；健全合规体系，使法务与业务深度融合，建立风险管理三道防线；提高风险研判和应对处置能力，积极防范化解重特大经营风险。同时，发挥审计监督作用，认真抓好巡视整改，强化案件警示教育，严守中央八项规定精神，保持反“四风”的刚性，努力锻造企业发展的健康体魄。四是加强自主研发，积极推进信息化建设。准确把握互联网信息技术发展大势，开发经营分析报表项目，提高数据分析与决策效率；围绕海图应用、税务管理、集中核算、绑垫料管理等主业核心需求，自主完成一系列科技创新项目；加强信息安全管理，圆满完成网络安全演练与保障工作，获得集团好评。

公司岸产企业自2015年实现整体盈利以来，连续4年保持两位数以上的效益增长，为公司整体效益作出了重要贡献。建设实业积极配合财务部、战发部制定资产盘活方案，通过内部股权运作和资产评估，不仅使沉睡在账面上的优质资产价值得到真正体现，也为航运主业发展提供了宝贵的资金支持，充分发挥了岸产企业的动力支撑作用；船技工程与船电科技公司合并，全力打造专业船舶技术服务平台，提升了规模优势，增强了服务主业的能力；远洋宾馆作为公司职业经理人改革试点单位，充分发挥其市场化程度高、发展成熟的优势，积极配合完善董事会架构，优化改革试点方案，并提前做好宣传动员，高效组建了新的经营团队，效益也稳步提升；供应公司成功开拓邮轮供应业务，不断提高船舶物资供应链服务能力，收入同比增加25.7%，盈利能力也逐步增强；广远职校充分发挥培训资源优势，稳定教职工队伍，努力增收节支，培训收入同比增加22%，整体效益同比减亏50%。

截至2019年底，公司所属全资及参股企业11家，即：广远公司、上海公司、天津公司、滚装公司、特运欧洲公司、特运美洲公司、半潜船欧洲公司、香港公司、德利新能源公司、中远海运财务公司，以及通过上海公司持股的南华物流公司。公司通过广州远洋运输有限公司出资管理全资及参股企业12家，包括：沥青公司、远洋宾馆、东海大厦、船技工程、供应公司、船电科技、道达尔润滑油公司、越洋船务、捷安船务、天星船务及其名下广东重工、广裕公司。通过广州远洋投资有限公司出资管理全资及参股企业8家，包括：建设实业、物业公司、广远职校（金桥学院、海员学校）、广州海特、东苑公司、湛江供应公司、广东省远洋、东山投资。通过滚装公司代管的公司4家，包括：中海汽车船运输有限公司、中海汽车船（香港）有限公司、大连中海汽车船运输有限公司、中海川崎汽车船运输有限公司。

【项目建设】

2019年，公司聚焦产业链经营，推动纸浆船队快速发展，接入5艘62 000吨专业多用途纸浆船，加上11艘适合装运纸浆的38 000吨多用途船，公司多用途纸浆船队规模达到16艘，近73万载重吨，位居世界第三。2019年，公司承运纸浆同比增长2.4倍，增幅位居各大货种之首。

公司半潜船业务依靠先进技术和卓越的安全运营品牌，进一步巩固全球市场领先地位，审议通过5万吨半潜船项目造船，进一步增强市场控制权。2019年，公司TCO项目团队精心组织，带领分包商圆满完成36个航次，安全运抵95件模块，并凭借该项目拿到包括JGC北美LNG、YAMAL LNG二期、塞班风电导管架运输等多个远期大项目。

与此同时，公司深耕内贸汽车船市场，推进物流延伸服务；木材船方面对内强化与其他船型协同经营，对外注重产业链拓展；持续推进沥青船队结构调整，提高运营效率。

【航运经营】

2019年，公司抓住机遇，拓展营销，精益营运，着力提高航运主业经营质量，各船队竞争力得到有效提升，取得良好经营成效。全年完成货运量1 424.73万吨，周转量810.55亿吨海里。

2019年，公司积极应对中美贸易摩擦，提高营销效率。一是全力打造"一带一路"特色品牌。引领北极"冰上丝绸之路"开发，共完成9个航次，是历年来最多的，也是效益最好的一年；持续提高"一带一路"服务能力，重点加强海外物流服务体系建设，其中包括35个"一带一路"项目、4个全程物流项目，"一带一路"沿线货量同比增长4%，"国货国运"货量同比增长21%，全程物流业务收入同比增长 57.5%。二是以分行业营销为抓手优化货源结构。风电、模块、纸浆、木材、汽车、重大件等分行业营销小组均超额完成全年营销指标；公司前五大货种比重进一步提高至76%，基础货源比重提高2.7个百分点。其中，风电营销小组连续四年中标西门子－歌美飒年度COA，在客户维护以及开发长期稳定基础货源方面为其他团队树立了良好榜样。三是以技术营销为抓手扩大领先优势。加强老旧平台拆卸技术研发，成功通过集团评审，并获得美国西海岸拆平台项目技术授标，在市场开发上迈出了重要一步；在拓展“运输＋安装”业务上，公司半潜船完成了 2019 年全球唯一一个浮托安装项目，重吊船先后完成了 LPG 罐体及门座机的“运输＋安装”项目 3 个，取得了良好的经济效益。

【船 队 建 设】

2019 年，公司共新增 5 艘船舶计 31.0 万载重吨，退役 6 艘老旧船舶计 11.0 万载重吨，新签订了 1 艘 50 000 吨半潜船造船合同，行使 4 艘 62 000 吨纸浆船订单选择权。截至 2019 年底，公司自有船舶 103 艘计 281.1 万载重吨，比上年减少 1 艘船舶，增加约 20 万载重吨，自有船队平均船龄 9.3 年。

【党 群 工 作】

2019 年，公司党委深入学习贯彻习近平新时代中国特色社会主义思想和党的十九大、十九届历次全会精神，扎实开展“不忘初心、牢记使命”主题教育，团结带领全体党员干部践行“三做”理念、弘扬“三舱”精神、聚力“三个跑赢”、着力“三个切换”，坚守初心，勇担使命，狠抓落实，为公司改革发展提供了强有力的政治保证和组织保障。

公司党委在组织开展主题教育中，组织干部系统学习，开展红色党性教育、举办党建知识竞赛，规定动作不走样、自选动作有创新。各级党员干部共深入基层一线调研 90 余批次，召开各级座谈会 164 场，收集意见建议 338 条，检视形成指导深化改革、提质增效、为民服务问题 23 大类，制定 103 项整改落实举措，把学习成果转化为攻坚克难的实际成效，得到中央第十三巡回督导组现场督查的充分肯定。以集团战略和特运定位为牵引，通过抓具体、具体抓，一锤一锤“钉钉子”，确保每项整改任务扎实推进、每个措施见到实效，在服务“一带一路”、运营“冰上丝路”、拓展全球布局、挖潜增收节支、服务军民融合、加强信息化建设、发展成果惠及职工等方面取得切实进步。

公司党委在抓基层、强基础工作中，注重组织体系健全完善。公司将“党建示范工程”作为推动基层党建标准化制度化的重点，开展“践行‘三做’理念、推动示范提升”活动，引导 20 个示范支部固化成果、承优进步、不断拓展。各示范支部学在前、做表率，开展特色活动，深化结对共建，形成有力带动。常态举办党务轮训，在遵义、井冈山、古田等革命圣地开展党性教育和干部培训，全年举办 2 期党组织书记轮训班，党员干部参加各级党性教育、党务培训 122 人次。注重在一线和青年职工中发展党员，年内新发展党员 23 人。公司党委研究出台船舶党建工作指导意见，设立船管部党工委、纪工委，健全船舶党建工作体系，理顺船舶支部管理权责及事项，与船员公司建立常态沟通协调机制，强化固化公司主管领导与船舶“三长”派前谈话制度，船舶党建工作机制不断完善、管理全面覆盖、效果改进提升，受到集团党组肯定。

2019 年，公司涌现出一大批跑在前列、干在实处、赢在关键的先进集体和先进个人，其中蔡连财被授予“中央企业劳动模范”称号，远洋宾馆获广东省五一劳动奖状，TCO 项目组荣获集团先进集体和公司“钻石团队”荣誉，2 个劳模创新工作室分别获广东省总工会和广东省海员工会命名，公司驻彭村工作队和工作队长分别被评为广东省脱贫攻坚工作突出贡献集体、突出贡献个人。

2019 年，公司党委认真履行全面从严治党主体责任，通过签订党建责任书、廉洁从业承诺书，层层压实责任、传导压力。全年专题研究党风廉政建设、巡视巡察、违法违纪行为专项整治等议题25项，督促班子成员履行“一岗双责”，领导纪委落实“三转”，帮助解决重大问题。结合“六项自查”，开展形式主义、官僚主义集中整治暨公务用车管理监督检查，明确整改要求22项、发出整改通知书7份、集体约谈4人，进一步巩固作风建设成果。贯彻落实集团“五条禁令”“十项规定”，开展专题调研、强化线索处置、用好“四种形态”、严肃执纪问责、保持高压态势。全年累计受理信访举报7件，了结7件；处置问题线索10件，办结7件；联合办案结案1件，挽回经济损失18万元。抓早抓小、咬耳扯袖、红脸出汗，常规谈话1 103人次，提醒诫勉谈话8人次。深入开展盗卖船舶货物、燃油和违规处理污油水等违法违纪行为专项整治，发现问题10个，提出整改建议16条，真抓实改力刹船员违法违纪不正之风。

【安 全 生 产】

2019年，中远海运特运根据项目管理升级和新业务开展等的需要，不断强化“安全发展，生命至上”的安全理念，围绕战略发展和安全管理实际，完善安全规章制度和QHSE体系[①]。进行船岸内外审核工作，对体系运行进行监控和跟踪。按客户要求及时按质按量完成项目投标所需的QHSE调查问卷，积极主动展示体系。对新入职员工、上船船员、入库船员进行QHSE体系培训。

2019年，中远海运特运没有发生较大及以上等级安全责任事故，发生一般等级事故3起，PSC滞留事件1起，完成中国远洋海运下达的年度安全考核指标；突出抓好重点时段、重点领域安全保障工作，保证庆祝新中国成立70周年重大活动、第二届中国国际进口博览会期间的安全稳定，圆满完成北极航行、“新光华”轮装载“太湖”轮项目，TCO项目、危险品运输、重特大件货物完好率100%，防抗台成功率100%，防海盗成功率100%；顺利通过中核集团等共约20多个海工项目的QHSE体系审核认证，完成对TCO项目第二分包商的审核。

安委办建立和修订《安全生产监督管理办法》等6项中远海运特运安委会安全监管制度，创建“安全责任记分制度”，建立责任追究“抓早抓小、防微杜渐”管理机制，确立“主体责任＋专项责任＋监督责任”的“三位一体”责任体系；按照“四不放过”原则，严肃责任追究，全年对岸基事故责任员工34人次、船舶责任船员30人进行追责问责；对4个事故责任部门、单位负责人及安全主管领导进行“警示性谈话”；对岸基安全管理人员29人进行安全责任记分。

【风 险 管 理】

2019年，公司未发生重大风险事件。公司坚持“全面覆盖、重点防控、务求实效”的原则，全年通过继续建立和完善内部控制制度，推进年度风险评估、内部控制评价、风控考核等工作，顺利通过天职国际会计师事务所内控审计，风控体系运行有效；在此基础上，围绕创效目标将风控工作融入生产经营，开展风控培训、多项专项风险评估工作，把防范化解重大风险工作做实做细做好，切实提高公司风险管理水平。全年新增或修订《内部控制和风险管理办法》《财务管理办法》《制裁合规管理办法》《直属单位职业经理人制度试点改革管理办法》等21项重要规章制度，通过不断完善各项制度，确保各项经营业务活动依法、合规、高效运行。根据《企业内部控制基本规范》及评价指引要求，对公司本部及下属公司的风控体系有效性开展评价，评价范围包括公司主要业务、事项，以及高风险领域，涵盖公司生产经营的主要方面。评价发现公司本部合规缺陷5项、管理提升建议6项、下属公司合规缺陷35项。在此基础上，委托天职国际会计师事务所对公司2019年12月31日的财务报告

① QHSE体系，指在质量“Quality”、健康“Health”、安全“Safety”和环境“Environment”方面指挥和控制组织的管理体系。

内部控制有效性进行了审计，提出一般内控缺陷 13 项，事务所出具标准无保留内控审计报告。

【队 伍 建 设】

2019 年，公司积极推动《“十三五”人才发展规划》落地，制定完善相应配套制度措施。大力推进组织机构调整优化，全年完成采购职能整合及后评估、航运保障部机构优化、多用途船业务和资源整合等机构调整工作，协调推进岸产企业整合工作。优化干部成长路径，大力推进“青年接力”工程，制定青年员工职业生涯规划工作方案并顺利启动，将 28 名新员工纳入职业生涯管理，为青年员工成长成才铺路搭桥。加强人才库动态管理，建立“经理接班人”“中层干部接班人”后备梯队，助推人才成长。坚持“精准识人、精准考核、精准培训”原则，不断完善人才库建设配套机制，保持人才库“一池活水”。按照公司经营战略需求，着眼“高精尖缺”，校园招聘应届大学毕业生 14 名，社会招聘 3 人。坚持选人用人标准，以干部年轻化、能力复合化为方向，培养提拔本部副经理以上、直属单位总助以上干部 39 人。以战发部、法商部总助岗位为突破口成功推行内部公开竞聘，发挥部门及直属单位总助岗位作为关键骨干锻炼平台的作用。拓展干部人才交流锻炼途径，年内共派出扶贫干部 3 人，政府单位挂职培养 3 人，推荐外派干部 6 人次，安排 17 名船员挂职工作，借调 4 名船员到岸基工作。丰富用工渠道，2019 年继续采用项目制用工、技术外包等柔性用工方式，进一步鼓励本部部门及岸产企业扩大辅助性、操作性、重复性工作的劳务用工比例。加强海外网点和人才队伍建设，协同推进区域合资公司成立事项，选派优秀驻外干部。根据集团驻外政策调整方案要求，积极跟进区域公司或网点的人员外派事宜，拓展外派后备人才库。

围绕人事制度改革，推进职业经理人试点工作。加强职业化企业经营管理人才队伍建设，结合公司实际情况，选择远洋宾馆作为公司职业经理人改革试点单位。按照市场化选聘、契约化管理、差异化薪酬、市场化退出原则，设计职业经理人选聘、绩效考核、薪酬激励与退出机制。

结合行业及企业特点，重点加强技术人员队伍建设。针对航运企业安全管理需要，协调推进船舶与岸基人员交流 87 人次。建立了在册港口船长与临时港口船长“一对二”培养机制，以提升船员货运管理水平。以重大经营项目、技术改造项目和科研项目为平台，重点针对北极航行、新船型、货运技术、船舶信息化、经营管理信息化几个突破口，着力锻炼和培养技术人员队伍素质。

分级分类实施员工教育培训，累计组织培训 181 项，参培 1 264 人次。其中，组织外部培训 118 项，参培 158 人次；开展内部公开课程 29 项，培训主题涵盖海工运输、项目管理、风险管理、税收会计、效率提升、职业生涯、党务管理等，参培 1 010 人次；实施组织调训 34 项，参培 96 人次。重点举办中青年骨干培训班及外派人员英语提升班，参培 57 人次，培训效果良好。

【企 业 文 化】

2019 年，公司坚持守正创新，打造“高效率宣传格局、高质量宣传矩阵、高素质宣传队伍、高美誉度宣传品牌”，加强阵地建设、深化理论研究、创新实践探索，形成以意识形态责任制、党建工作责任制、企业文化评价体系为主体的考评机制，以信息发布、事件处置、舆情监测为内容的制度流程。公司再度荣获集团新闻报道“优秀组织奖”“新媒体创新奖”。公司党委对宣传思想工作的领导不断加强，党建思想政治研究取得佳绩，公司年度政研课题立项创下新高，6 篇政研成果获得集团嘉奖，公司党委三年蝉联集团政研成果一等奖第一名。公司大力弘扬“四个一”理念，丰富“两举”精神内涵，完善企业文化体系，改造升级文化展厅，提升凝练安全子文化。学习践行“永盛精神”，制定评比表彰管理办法及配套制度，激发创先争优正能量。精彩讲述“初心使命奋斗路·70 个故事”，对 9 批次共 300 多名新入职员工及新入库船员进行公司历史文化培训，进一步凝聚和提振员工改革发展创效精气神。以庆祝新中国成立70周年为主线，对接中宣部“壮丽七十年，奋斗新时代”基层采访工作，接待中央媒体定点采访，协调记者随船航行。年内，国内外主流媒体报道公司信息40余篇次，北极航行、极限运输、“一带一路”等生动题材，受到央视、中国日报、求是网和环球时报官微广泛关注报道，“特”字招牌更加闪亮。

【社会责任】

2019年，公司积极推进限硫履约工作，密切跟踪船舶应对2020年燃油限硫合规转换实施计划执行情况，针对船舶高硫油存量、航行和靠泊船期动态，实施单船跟踪，定期进行耗尽高硫油测算和加油预控，既保证船队全部按期完成0.05%低硫油转换履约工作，又确保节约成本，风险可控。公司积极推进各种科研项目，全年牵头或参研的主要项目有：中欧科技合作项目“北极极端条件下的海上安全航行”（科技部）、船舶（航行）态势智能感知系统研制（工业和信息化部）、北极环境遥感与数值预报合作平台建设（科技部）、LP SCR系统产品化（实船安装试验）试验研究（集团项目）、双船动力定位操作技术研究（集团项目）等。升级优化物料标准化管理；启动备件管理标准化工作，开展备件生命周期和全生命周期管理研究；加强燃油管理，指导、监督船舶燃油使用情况，借助航标系统能效管理模块上线，有效控制船舶的燃料消耗，累计节约燃油11 952.00吨，共约3 803.01万元。

2019年，公司继续选派优秀干部参与脱贫攻坚，加大扶贫资金投入，在扶智扶志上下功夫，有效落实精准扶贫项目，按照“两不愁三保障”目标有序推进脱贫工作。“广东扶贫济困日”公司共募得员工捐款17万余元，全部投入定点扶贫工作，公司对扶贫工作的重视程度和支持力度受到广东省的充分肯定。（柳芳）

中远海运发展股份有限公司

中远海运发展股份有限公司

【企 业 沿 革】

中远海运发展股份有限公司（以下简称“中远海运发展”）是中国远洋海运集团有限公司（以下简称“中远海运集团”）所属专门从事供应链综合金融服务的公司，前身是成立于1997年的中海集装箱运输股份有限公司。公司总部设在上海，是一家在香港、上海两地上市的公司，企业注册资本116.08亿元。截至2019年底，公司总资产1 444.94亿元。

公司致力于以航运金融为依托，发挥航运物流产业优势，整合产业链资源；打造以航运及相关产业租赁、集装箱制造、投资及服务业务为核心的产业集群；以市场化机制、差异化优势、国际化视野，建立产融结合、融融结合、多种业务协同发展的（一站式）航运金融服务平台。

【经 营 情 况】

2019年，公司航运及相关产业租赁业务实现收入人民币110.51亿元，较上年同期增长6.4%。其中，船舶租赁业务及集装箱租赁业务注重保持稳步发展，其他产业租赁业务规模持续扩大、收入大幅增长。投资及服务业务方面，公司围绕航运物流产业链，深耕产融结合，不断优化投资布局，成功实施了一定规模的金融和其他股权投资组合项目，实现良好财务回报。同时，公司不断拓宽供应链金融服务业务的广度，有效利用组合服务优势，进一步增强产业粘性，提高服务能力，成为平抑市场波动的重要支撑。

1. 租赁板块

（1）集装箱租赁板块积极发挥内部协同效应，面对市场下滑，逆势进取，实现租箱主业多项突破。随着金控平台集装箱生产线的完善，集装箱租赁业务如虎添翼，发挥了强大的规模联动效应。在不利的市场形势下，依托集团强大后盾，实施大客户战略，全年赢得35个项目19.2万TEU业务，领先全行业，也创下公司一年内所占新箱租赁份额的新高，提升了公司集装箱租赁行业地位。

（2）航运租赁板块服务集团主业，强化内部协同，为集团航运产业链上下游提供优质租赁服务，灵活设计经营性租赁、二手船融资以及长期售后回租等多种业务模式，为泛亚航运、集团内贸班轮公司定点靠泊的港口公司、中远大唐等提供船舶租赁服务，特别是协助香港中旅集团和中远海运厦门，锁定世界最大最强势的邮轮船东嘉年华的目标船，成功以其价格下限购得“鼓浪屿”号，助力集团邮轮产业扬帆远航。在深耕集团内部相关客户的同时，还积极开拓外部租赁业务，2019年投放美元项目1.79亿美元，合作的客户包含多家世界知名航运企业，涉及的标的物船型涵盖化学品船、成品油轮、散货船等。

2. 投资和金融服务业务

（1）投资业务。

通过积累一定规模的金融和其他股权投资组合作为平抑航运波动的业绩支撑，主要包括战略持有投资和其他财务性投资。2019年，金融资产投资板块积极沟通监管，获批光大银行和渤海银行董事席位，为解决集团“三参”问题赢得先机。

（2）基金板块。

航运基金在航运领域上下游产业链相关的不良资产方向持续发力，整合内外部资源，加强协同关系，形成特色行业品牌，与领先的基金管理机构和资金方合作，积极筹备设立新基金和专项基金。物流基金与中远海运物流合作投放2个大宗商品供应链金融项目，为集团内外参与方实现战略协同价值和相应的投资回报。远海明华基金覆盖1 300余家基金管理人，63家已列入核心库。直投项目数据库中含项目1 400余个，已深度访谈项目193个，将逐步开展项目直投业务。

3. 产业链金融服务板块

小贷产品较为全面地覆盖了集团上下游企业的各类融资需求，融资主体包括集装箱车队、货运代理、船东等，贷款方式包括抵押贷款、信用贷款、应收账款保理等；2019年成功推出线上平台——远海易融，打造集团内投融资信息平台。依托集团航运物流产业优势，持续深耕产业金融服务，重点拓展具有航运物流产业背景、风险可控、与集团产业密切相关的保理业务。保险经纪板块全力做好集团保险集中采购工作，密切与中远经纪的协作，更好地服务集团船队，不断提升保险经纪服务质量。

4. 不良资产处置板块

积极推进集团企业闲置房产盘活，与天津中远海运合作，圆满完成天津中远里公寓装修改造，释放协同效应和示范效应，集团内反响良好。后续持续跟进上远实业、中波研发中心、上海中远海运物流等公司房产盘活项目。

5. 集装箱制造板块

公司下属上海寰宇托管中远海运集团收购的胜狮货柜有关资产，一举弥补公司集装箱制造业务板块产能不足、关键区位布局缺失、冷箱产品空白等诸多短板，实现了产业布局的优化，并成功进军冷藏箱制造领域。同时，通过上海寰宇对收购资产的统一管理，为公司统筹实施技术升级和管理提升提供了保障，有利于公司集装箱制造板块核心竞争力的提升。

【企业管理】

1. 加强资金成本管控，优化资产负债结构

2019年，公司围绕降杠杆、减负债、稳健经营的方针，积极推进可续期公司债的发行工作。上半年，累计发行50亿可续期公司债，公司合并口径资产负债率下降2.53%。同时，公司密切关注交易所、银行间等各类直接融资市场，了解中票等各类产品发行和销售情况，有节奏地推进公司中票发行工作。公司分别在1月和8月发行了20亿和15亿中票，调整债务到期结构，置换高息债务，当年实现节约利息支出约2 800万元。

2. 强化市值管理，提升市场影响力

2019年，公司多项措施并举，着力提升市值管理，维护公司股价表现。5月14日，公司完成A股、H股市场回购股份交易，回购A股、H股股份共1.55亿股，占公司总股本约1.32%。本次回购成为资本市场首家成功实施两地股份回购的上市公司，进一步提升了公司市场影响力，并得到了资本市场的广泛认可，有效维护广大投资者利益，增强投资者对公司的投资信心，推进公司的长远和可持续发展；下半年，公司又顺利完成了对A股、H股投资者的分红派息，向全体股东合计派发现金红利总额约人民币3.8亿元，为集团分红1.5亿元，以积极的分红方案回报投资者，有效维护集团和投资者利益。

【企业改革】

公司深化与中远海运集运的协同，实现船管改革的平稳切换与过渡；一年来，公司主动进行同业对标研究，优化组织机构与职责，简化船舶租赁、投资授权等各项业务流程；深化职业经理人改革试点，强化市场对标，建立量化考核体系，积极酝酿深化混改，持续开展引进战略投资者工作。

【企业党建】

筑牢思想根基，扎实开展“不忘初心、牢记使命”主题教育。2019年，中远海运发展党委深入贯彻落实集团党组、主题教育领导小组关于主题教育的各项工作部署，统筹安排，有序推进。通过基层调研、职工座谈会等多种渠道征求到4个方面、14条意见建议，公司党委梳理形成涵盖14个具体问题、47项整改措施的整改工作方案，明确了整改时限、责任领导以及牵头和协助

部门，找准发力点，扎实推进整改落实。

夯实党建基础，持续深入激发基层活力。公司领导班子以提升基层组织力为重点，突出政治功能，健全组织设置，按照抓在日常、严在经常的工作要求，全面落实党建工作责任制。年初，公司党委召开党建工作会暨党组织书记抓基层党建述职评议会，3 家直属单位党组织书记进行现场述职。公司党委与各直属单位党组织签订新一年度党建工作责任书，并结合企业实际量化了 7 大类 100 分的评价指标体系。考核中，将年度任务完成情况与领导班子年度绩效、奖惩挂钩，做到党建责任制有部署、有落实、有监督、有考核。按照“四同步、四对接”要求，重新调整了机关各党支部所对应部门的划分，将原金融事业部党支部升格为金融事业部党总支，在新收购的 3 家箱厂设立党组织，实现组织有形覆盖和工作有效覆盖的有机统一，激发基层党建活力。各级党组织也运用新思路、新方式、新手段，谋划和推进党建各项工作，开展一系列各具特色、主题鲜明的党建活动，增强党建工作感染力，提高党建活动参与度。

创新体制机制，优化职业经理人管理考核。积极配合集团做好公司内部各层次职业经理人考核工作，建立“强激励、硬约束”的业绩考核与薪酬机制。在职业经理人的年度考核兑现中，认真落实集团有关要求，由公司党委、董事会、外部专业机构联合组建考核评价小组，严格对照每位职业经理人的业绩合同，实行“一人一考核”，按照“严格契约、数据说话、客观公正”的原则，对每位职业经理人的履职情况逐一进行严格的背对背打分，得出各自的薪酬兑现系数，并提出解聘或续聘建议上报集团。同时，根据集团下发的《中国远洋海运集团直属单位实施职业经理人制度指导意见（试行）》精神，制定了《中远海运发展股份有限公司职业经理人制度管理办法（试行）》，为公司长期、有序开展职业经理人工作提供了制度保障，并有效指导下属企业制定本单位职业经理人实施方案，每位职业经理人对照业绩合同内容形成书面述职报告，全面回顾年度履职情况，客观分析存在的问题及改进方向，协同所属各公司董事会，严格对职业经理人的考核兑现，切实体现“能上能下、能增能减”的市场竞争机制。

【企业文化与社会责任】

2019 年，公司党委围绕企业改革发展大局，聚焦“金融助力实业，发展创造价值”的企业使命，着力加强新闻宣传和舆论引导，推动精神文明和企业文化建设，积极发挥举旗帜、聚民心、兴文化、展形象的作用。

大力推进“卓实”企业文化理念体系的深植落地，通过组织开展企业文化主题嘉年华、企业党建文化培训班、“卓实缤纷童年派”六一亲子派对、企业文化全员培训等活动，进一步加深了员工对企业文化理念的认知、理解与共鸣，为企业发展和经营管理提供了有力的文化引领与价值支撑。强化社会主义核心价值观引领，总结公司在文明风尚、同创共建、社会责任、诚信建设等 16 个方面的先进经验，广泛开展文明创建活动，公司获评第十九届“上海市文明单位”称号，这是公司连续第九次获此殊荣。

中远海运发展以“保护优先、预防为主、综合治理、公众参与、损害担责”的环保工作原则为引导，以完善化的管理架构、常态化的风险排查与全面化的绩效考核为抓手，持续推动环境管理。上海寰宇下属东方国际连云港箱厂、广州箱厂、锦州箱厂均获得 ISO 14001:2015 环境管理体系认证。第三方认证机构每年对该体系运行情况开展监督审核，且每三年开展包含全面环境影响评估的换证审核。2019 年，公司制定《安全环保职责管理规定》，明确“统一领导、落实责任、分级管理、全员参与”的环保责任体系，成立安全生产和环保工作委员会，由其协调统筹环保工作逐级落实。指导上海寰宇加强对下属箱厂的生态环境保护专项检查。同时，东方国际连云港、广州、锦州箱厂以周、月、季度、专项自查的方式对集装箱制造全流程的环境污染源与环保风险点进行了识别。做好与集装箱行业协会的协调沟通，对53 英尺北美集装箱及冷箱进行“禁油推水”

工作，积极推进降低 VOC 排放工作。

中远海运发展积极参与中远海运集团精准扶贫项目，为贫困地区发展投入资金支持，并积极购买扶贫产品，为对口帮扶地区的经济社会发展做出积极贡献。2019 年，公司捐赠 600 万元支持云南永德县对口帮扶工作，并购买永德县扶贫产品 41.73 万元，助力产业扶贫。与此同时，下属公司积极参与当地政府扶贫工作，锦州箱厂投入 10 万元支持社区危房及公共设施改造，上海寰宇与虹口区政府合作捐赠 5 万元对口支援云南贫困村，为脱贫攻坚贡献力量。积极发挥融资性租赁业务专业优势，携手国家开发银行上海分行和云南省分行、香格里拉市扶贫办公室、迪庆旅游集团联合签署《开发性金融东西部扶贫协作备忘录》，共同建立扶贫贷款长效合作机制，以产业扶贫增强贫困地区“造血”能力。公司融资租赁业务成功发行第二期绿色资产支持票据，总规模 7.9 亿元。该期债券将“绿色”和“扶贫”有机结合，债券经评估审定为最高绿色等级 G-1，入池资产主要为西部地区水力发电租赁项目，支持了贫困地区的基础设施建设。

2019 年中远海运发展基础数据见表 14-3。

2019 年中远海运发展基础数据表 表 14-3

类别	项目	单位	数据
财务数据	总资产	亿元	1 444.90
	净资产	亿元	242.10
	总收入	亿元	142.29
	利润总额	亿元	19.43
	净利润	亿元	13.86
人力资源数据	员工总数（含劳务工）	人	7 325

（任梦婕）

中远海运物流有限公司

中远海运物流有限公司

【公司概况】

中远海运物流有限公司（以下简称“中远海运物流”）隶属于中国远洋海运集团有限公司，由原中国远洋物流有限公司、中海集团物流有限公司和中海船务代理有限公司重组整合而成，于2016年12月21日正式挂牌运营。2017年9月18日，中国外轮理货总公司整合并入中远海运物流有限公司。

中远海运物流是以航运物流为核心的国际化综合性物流企业，可为海内外客户提供现代化、专业化的全程物流供应链解决方案。在行业内具有良好的口碑和服务能力，是政府、港口、铁路、空港以及大型跨国企业的重要合作伙伴。

公司在中国境内30个省（区、市）及海外17个国家和地区设立了分支机构，在全球范围内拥有500多个销售和服务网点，形成了遍及中国、辐射全球的服务网络系统。

中远海运物流与中国外轮代理有限公司（以下简称“中国外代”）、中国外轮理货有限公司（以下简称“中国外理”）为一套人马、三块牌子。截至2019年底，全系统共有职工11 423名，劳务派遣用工2 900名。

【发展战略】

公司以《中国远洋海运集团“十三五”战略规划》为依归，在波士顿咨询公司协助下，从行业趋势、国家战略、集团使命和自身实际四个维度进行研究、论证，制定了《中远海运物流“十三五”后两年滚动规划暨未来五年初步规划》，2019年是中远海运物流“十三五”滚动规划推动落实的第一年。此规划是新物流成立两年多以来对企业发展战略进行的全面、系统的梳理和表述，对公司未来发展具有根本和深远的影响。根据此规划，公司对总部业务部门的职能进行梳理，制定了新的业务部门职能和改革调整方案，系统各二级单位制定了“十三五”规划后两年滚动规划实施计划。

在国家战略层面，国家“十三五”规划纲要明确以区域发展总体战略为基础，以“一带一路”建设、京津冀协同发展、长江经济带发展为引领，形成沿海沿江沿线经济带为主的纵向横向经济轴带，塑造要素有序自由流动、主体功能约束有效、基本公共服务均等、资源环境可承载的区域协调发展新格局。鼓励开展多式联运、加强南向通道建设是提升“一带一路”运能的重要战略举措。

服务国家战略是中远海运物流作为物流行业骨干国企的历史使命和责任，公司坚持围绕国家战略布局和集团赋予的“作为转型突击队、航运主业放大器和催化剂、利润增长点”的战略使命，通过打通全程物流链，与集团集装箱、干散货、杂货特种船等公司业务紧密对接，并不断嫁接陆上综合服务功能。

在此战略定位下，全程物流链的内涵在于作为客户的“全程总代理”，提供覆盖全球的、端到端的、以多式联运为核心手段的物流服务。物流链的定位，要求中远海运物流向“平台化”转型。船代、货代、理货等各项业务，集成各自优势为合力，打造整体物流解决方案，对全程物流链和物流供应链战略定位形成支撑。

【公司治理】

中远海运物流董事会严格执行《中国远洋海运集团有限公司直属公司董事会运作管理办法》

和新授权范围，按照公司规范运作董事会的各项制度，确保董事会运作顺畅、合法、规范，一些具体做法得到了集团和相关外部董事的赞赏和认可。

董事会设立审计与风险管理委员会、战略与投资委员会、提名与治理委员会三个专门委员会，其中提名与治理委员会为2019年9月新设；审计与风险管理委员会主任委员从2019年7月起调整为刘新权董事。各专门委员会根据议事规则和职责分工，对相关议案进行讨论研究，对董事会负责，为董事会科学、高效决策提供支持。

2019年，公司董事会共召开11次会议，其中4次现场会议、7次通讯会议，共审议55项议案。各专门委员会总计召开3次，审议3项议题，分别为战略与投资委员会2次，审议2项议题；提名与治理委员会1次会议，审议1项议题。

中远海运物流实行董事会领导下的总经理负责制。截至2019年底，领导班子成员共9名，包括：党委书记、董事长韩骏，党委副书记、总经理蒋恺，党委委员、总会计师段永桓，党委委员、纪委书记季建生，党委委员、副总经理高伟、符鹏、董大欣、马晓东、张燕松。

截至2019年底，中远海运物流共设置18个部门，包括：董事会/总经理办公室、党委工作部、直属机关党委、散货物流部、集装箱物流部、供应链物流部、船务部、理货检验部、仓储物流部、战略与企业管理部、运营管理部、海外发展部、安全监管部、财务管理部、人力资源部/组织部、法务/风险管理部、信息化管理部、监察审计部/纪委工作部、工会。另根据实际情况设置了党委巡察办公室、发展研究中心、集装箱运营中心、仓储工程建设中心、社会保险中心/人才保障中心、财务共享中心、集中采购中心、上海营销中心、政研会、改革办公室、处理历史遗留问题工作组、行政服务中心（挂靠董事会/总经理办公室）、网络安全中心（挂靠信息化管理部）。办公地址设在北京市朝阳区八里庄北里220号中远海运物流大厦。

截至2019年底，按照企业法人层级划分，公司系统合并范围内子公司共计256家，一级法人企业1家（中远海运物流本部）、二级法人公司38家、三级法人公司207家，四级法人企业10家；分公司共132家。截至2019年末，中远海运物流境外子公司共6家，分别为中远海运物流（日本）有限公司、中远海运物流（欧洲）有限公司、中远海运物流（香港）有限公司、中远海运物流（非洲）有限公司、中远海运（香港）船务代理有限公司、中海物流香港有限公司。

截至2019年末，公司管理层级最多为3级，除母公司外，二级子企业28家、三级子企业227家，三级分公司127家。

2019年，公司持续巩固压减成果，年内共压减法人企业4家。

【经营效益】

2019年是新物流成立以来内外部形势最为严峻的一年，公司从业务和资产端同步入手，多措并举，顶住了传统业务持续下行、现代物流业务盈利下滑、人工成本刚性上涨的压力，全年实现营业收入346.05亿元，同比增长2.0%；发生营业成本324.62亿元，同比增长2.3%；完成营业毛利润21.43亿元，实现利润总额8.67亿元，超过集团下达年度必保指标123.86%。

截至2019年底，全系统资产总额229.79亿元，较年初增长12.15%；负债总额165.68亿元，较年初增长13.78%；所有者权益64.11亿元，较年初增长8.15%；资产负债率72.1%，较年初增长1%，公司财务状况保持稳定。

【主营业务】

公司业务包含项目物流、综合货运、仓储物流、空运货代、工程物流、化工物流、供应链物流、船舶代理、理货检验等业务板块。

1. 项目物流业务

2019年，公司实现营业收入26.44亿元，同比增加7.8%，实现营业毛利润0.86亿元，同比下降14.3%。

2019年初，惠普项目中标中欧陆海快线

13 604TEU/ 年的海运货量。下半年，在全球海运投标中，公司积极协同集运公司、集运希腊公司、物流美国公司等准备报价，成功新中标10 076TEU/ 年的海运业务，并再次在美线海运业务中取得突破，为惠普提供上海至美西航线的海运服务。在 10 月底进行的惠普全球海运拖车业务投标中，中远海运物流再次成功获得中国地区出货全部拖车业务，年发货量达 26 347 车，中标合约期为 2 年。

牵头成立惠州美孚项目小组，配合美孚考察团队先后在广州、上海、安徽等地完成项目包装产线、智能立体仓库合作方、仓储操作管理系统的现场考察工作。

积极跟进紫金矿业相关货代物流业务，取得中铁物通公司承运紫金矿业塞尔维亚出口的分包物流业务并全力支持陆海快线。

中标比亚迪出口匈牙利货量，全年已完成发运 88TEU。中标匈塞铁路升级改造运输项目的首批物资，共计 84TEU。

中标进博会主场运输服务商以及特装施工服务商，共计为 4 个展馆近 600 家展商提供主场运输服务，并为 37 家参展企业提供特装施工服务，特装总面积达到 2 284 平方米，较首届进博会特装施工服务面积 1 260 平方米增长了 180%。

2. 综合货运业务

2019 年实现营业收入 127.64 亿元，同比增加 21.7%，实现营业毛利润 5.08 亿元，同比增加 6.4%。

在协同发展方面，深入贯彻落实集团调研会上关于发挥协同效应的要求，与集运、散运及北京运营中心、特运、重工持续紧密地沟通和协同。紧随国家“一带一路”倡议，积极响应集团号召，大力推进中欧陆海快线项目。积极与船代板块沟通协作，维护埃航订舱业务，分析出货口岸和箱型的变化趋势，指导各公司业务提升，提高服务水平。

在项目制建设方面，注重集约化管理的推进，着力加强各类产品设计，以项目制为平台和抓手，逐步实现传统货运向现代物流转型、向全程物流延伸。深化集约采购项目制发展，东南亚集采正式把与新鑫海的合作范围从上海区域、青岛区域、中远海运船务向全口岸推进。拉美非洲集采成功争取到集运拉非贸易区的 super T1 运价授权，打造了第一个全口岸集装箱集约采购产品。

在资源集约化方面，同意大利代理 Express Doo 签署了海外代理合作协议，跟踪酒钢物流矿石运输情况，完善矿石运输业务流程，协调天津物流办理进口锰矿在天津的港口接运工作；与黄骅物流沟通与神华铁路共同开展铁路用箱合作可能性相关事宜；拜访贵州瓮福生产原料供应部、物流采购部、国贸公司南亚销售部，就硫磺进口等业务进行了洽谈；长春—大连的集装箱专列取得了显著效果，主要货物是长春一汽的汽车散件和零部件，在铁路业务扩大影响力。

3. 仓储物流业务

2019 年实现营业收入 14.7 亿元，同比下降 0.4%，实现营业毛利润 1.5 亿元，同比下降 0.4%。

围绕战略性业务，拼抢优质仓储资源。2019 年，全系统新获批土地资源 89 万平方米，同比增长 29%。其中，规划建设仓库 32.3 万平方米，同比增长 41%；规划建设场站 5.9 万平方米，同比增长 10%。

大宗散货物流方面，通过湛江港合资平台推进了宝满码头仓储中心项目，并已完成项目设计和造价评估。多式联运方面，落实与重庆、成都的战略合作，成功获取土地资源，推进了多式联运示范基地建设的前期工作；获取约翰内斯堡铁路转运中心站，推进改建、修缮和运营资质申请，2019 年正式投产，实现了非洲地区物流布局的突破。空运物流方面，广州机场项目已进入施工阶段，天津北方基地项目已完成购地，青岛、重庆、成都、郑州机场项目正在推进审批，跟随陕西省战略合作提出了西安咸阳机场仓储项目。期货交割库业务方面，为推进与大商所合作，大连区域以战略为驱动，通过收购百丰泰物流 60% 股权快速获取仓储资源，补足了交割库资源短板；为抢抓 20 号标胶业务，中远海运仓配成功收购弘泰建设项目，以此升级打造青岛西海岸综合保税区物流园，并做好了开工前准备。政府平台方面，进一步扩大与宁保区的合作，对新嘉合作平台进行第二次增资，实施二期仓储项目收购，并推动了全程供应链服务平台建设。

4. 供应链管理业务

2019年实现营业收入0.26亿元，同比下降93.1%，实现营业毛利润0.09亿元，同比下降74.7%。

推动平行进口车项目落地。梳理流程制度、搭建项目管理体系，整理了SOP，成立了项目小组，召开全系统的项目专题会。积极寻找供应链金融资源，项目已积累资金方资源客户30余家，为项目的平稳放量运行提供了资金保障。加强与协会的沟通协作。努力做好业务服务。拜访五一汽车，就平行车项目的资金方引入、项目模式及平行进口车进藏销售合作等进行洽谈。完成平行进口车转港退运业务，推进西亚公司客户服务能力提升。与滚雷汽车天津港集团商讨平行进口车供应链金融业务合资合作方案。

粮食供应链项目平稳启动。该项目是供应链产业基金在“北粮南运”供应链金融业务的先行先试项目，确定了商业模式和合作框架，四方在哈尔滨签署战略合作协议，并在北京召开首次项目碰头会，启动试运作。

加强远海物流基金管理。与基金开展供应链配套物流项目的协同，将公司的平行进口车项目和粮食供应链项目引导到远海物流基金。协同项目调研和模式探讨，就万邦优选、中农联项目等的物流业务模式开展探讨并推进项目进展，就科迪项目进行沟通与交流，协同远海物流基金与河南物流公司赴平顶山及安阳对尼龙城、安阳曲沟物流园区等项目进行调研。对远海物流基金LP上海千临问题的解决提出意见并跟进进展。

拓展冷链物流相关业务。跟踪协同传统冷链物流业务，拜访中粮肉食（中食集团），就15万吨进口冷冻猪肉事宜进行营销，与中铁特货建立对接渠道，并与宁波公司就冷链业务发展进行交流和探讨，重点讨论了该业务模式在冷链中应用推广时存在的问题。探索研究供应链金融+冷链物流的新模式和新业务。协同远海基金拜访河南万邦优选供应链管理有限公司，探讨围绕市场内的商户物流和融资需求的三方全程物流、供应链金融平台。拜访生鲜农产品ToB电商企业善之农，协调对接俄罗斯亚麻籽首批试单（68吨）海运业务，未来以其生鲜农产品电商平台作为冷链物流业务的获客渠道之一。

5. 空运物流业务

年度实现营业收入19.88亿元，同比下降3.8%，实现营业毛利润1.28亿元，同比增加3.3%。

继续深化业务转型，各项业务取得有效突破。直接客户营销的深度和广度得到进一步加强，年度新增中免集团、中兴通讯、中芯国际、拜耳、准时达等客户，中标宝马汽车新能源电池项目，直客收入比例持续提升。海外营销取得新突破，中标中国免税品集团第三方物流项目，并成功与振华重工和中车欧洲公司展开合作。中标中国免税品集团第四方物流供应商及供应链可视化平台集采项目，向“供应链业务”发展方向迈出了坚实的一步。跨境电商业务发展迅速，成功接入苏宁、有赞、乐天心选、奥淘等新平台，南沙仓平稳投入运营。会展业务取得新发展，服务于国家对外开放，成功入围第二届中国国际进口博览会的主场运输和场馆搭建供应商，圆满完成了4个展馆900余家展商约50 000件展品的主场运输和37个展位的设计搭建工作，业务量居进博会物流商前列。

抢抓历史机遇，加快资源布局。“紧随空港”全力拼抢战略资源，持续推进核心机场资源建设，完成了天津机场56亩[①]土地的购置，完成了天津、广州机场项目的内部决策审批程序，完成了成都机场、重庆机场内部立项审批和投资协议签订等工作及青岛胶东机场仓储项目的立项审批，西安咸阳机场仓储项目也已列入中远海运集团与陕西省的战略合作协议。正式入股天津空港管委会政府平台公司（天津航发公司），紧紧抓住天津作为中国国际航空物流中心的战略机遇期，落实战略布局，参与天津航空口岸大通关基地的建设和运营。

① 亩，地积单位，合666.7平方米。

6. 工程物流业务

年度实现营业收入12.99亿元，同比下降11.8%，实现营业毛利润1.52亿元，同比下降12.5%。

核电业务线将原有设置的单项目专职项目部调整为划片归口的集约管理模式，在华北、华东和华南分别设置了三个营销操作中心，分别对口中核、中广核和国电投三大核心客户。2019年，中标了国核AP1000三门、海阳后续项目、秦山核电项目群等项目。

核能业务线坚持挖掘客户的深度需求，扎实营销，注重条块结合，发挥系统集约，在保质保量完成相关项目操作工作基础上，以项目操作带动营销，做好菲律宾模块项目、福伊特客户的新项目投标和后续项目深度营销。

电力业务线以客户为中心，激发系统潜力，跟踪和维护上海电气、大唐集团、天津电建等重点客户，中标了中国大唐印尼米拉务2×225MW燃煤发电、中信建设白俄罗斯农工综合体、上海电气迪拜光热光伏项目－标段Ⅱ等众多项目。

轨道交通业务实现了在产业链物流服务上的全覆盖。在中美贸易摩擦不确定的大背景下，成功中标了中车四方和中车株机美国芝加哥地铁、中车长江美国VGC145辆配件回运等项目，并顺利完成了中车四方美国芝加哥地铁项目的操作。

石化业务线对石化客户进行全面梳理和评估，跟踪营销恒力石化炼油、中委广东揭阳石化炼化一体化等项目，继续增加优质客户的粘性，中标了烟台万华乙烯设备运输、惠生浙石化二期裂解炉运输、中化天辰巴基斯坦项目等项目。

冶金建工业务线管理已形成初步格局，成功中标了酒钢物流牙买加氧化铝厂项目、中冶国际沙特住房项目、北京城建瓜达尔机场援外项目等。

航空业务线重点攻关航空、特资等领域的重大项目。操作了空客A320系列飞机天津总装线二期及增速、哈飞空客复合材料运输等项目，特资业务上顺利完成了航天科技集团长征五号遥三的发射准备和长征七号型号的实验阶段物流辅助工作等运输任务。

光电业务线深耕液晶面板行业市场，着力于多维度开发，先后中标了多个光电物流服务项目，巩固和发展了与战略客户的长期合作关系，并持续跟踪新客户新项目。

海工业务线协同各区域，发挥各自优势，集中经营和开发新的项目，跟踪营销了巴西国家石油压缩机模块运输、烟台中集来福士海工模块运输等项目，中标了MODEC MV30模块运输项目、海上LNG典型项目等。

EPC业务线继续聚焦国际大客户，跟进了广东沿海地区业务，包括南海石化中海壳牌和中海油、揭阳广东中石油以及湛江的BASF项目；加强同海油工程珠海、青岛和天津三大模块基地的联系和业务开发。

7. 化工物流业务

年度实现营业收入3.62亿元，同比增加1.5%，实现营业毛利润0.67亿元，同比增加7.7%。

张家港化工基地：金港化工项目坚持“五高标准”，建设稳步推进。停车场、维修车间、配电房主体完成，丙类仓库开始货架安装，综合楼、物流门面房已进入装修阶段；同时，完善功能板块建设，引进国际领先的洗灌、门式起重机、窄巷道三向堆高机等设备，并已开展安装调试。苏州化工三期项目紧随核心客户PPG需求，完善可研报告，完成前期准备工作。

重庆化工基地：持续跟踪三建工程质量纠纷及通达法务纠纷。在总部指导下，诉讼工作有序推进，完成第一次开庭审理后的工程质量及工程修复造价司法鉴定工作。

厦门夏商基地：进一步确定合资模式、实施路径等具体实施方案，同时跟进夏商二期疏港物流堆场建设进度，落实项目审批以及人员、机构、资金、资质等后续相关事宜。

南通化工基地：积极推进豪杰项目收购，已完成法律、财务、工程技术尽职调查和资产评估工作，未发现重大隐患和缺陷，准备进入商务谈判阶段。

连云港项目：与连云港中远海运就推进项目合作充分商讨，开展项目前期研究，紧随国家石化产业布局，依托港口和化工区，目标建设现代化工仓储物流综合服务基地。目前合作三方已达成初步的一致意见。

天津南港项目：南港经开区常委实地考察张家港基地，交流需求和初步规划设想，确立对接人员，以更好加强在天津南港开展政策研究和市场研发，推广复制“张家港模式”的成功经验。

8. 船舶代理业务

2019 年，中国外代代理艘次 11.39 万艘，代理船舶净吨 14.28 亿吨；实现营业收入 104.55 亿元，同比增加 8.1%，实现营业毛利润 6.41 亿元，同比下降 3.7%。

中远海运物流船代业务有中国外轮代理有限公司（PENAVICO）、中远海运船务代理有限公司两大品牌：中国外轮代理有限公司，成立于 1953 年 1 月 1 日，是中国国际船务代理和国际运输代理行业的领导者，其专业经验和市场地位被业界所公认，目前在外贸班轮、外贸非班轮船代理方面依然处于行业领先地位；中远海运船务代理有限公司（原中海船务）成立于 1997 年，凭借原中海集团在散货、油运内贸市场上的绝对优势地位，在内贸船代理方面优势明显。

在战略客户管理方面，发挥集约优势，组织相关口岸参与赫伯罗特、神华中海航运、FMG 招标工作，整理、统计各口岸中标情况，分析未中标原因并协助口岸公司改善和提升。牵头埃航无水港项目，协调专家组出访及勘查评估，并就调研报告和下一步工作计划与埃航保持良好的沟通交流，促进双方在物流领域的广泛合作。加强与潜在客户的沟通联系，促成赫伯罗特、Lachmann、海外 LNG 及油轮客户同相关口岸的业务洽商，增进双方的互信与了解，为后续合作奠定良好基础。

在重点客户推介方面，通过高层拜访、集中推介、专项访问、客户专题会等方式，充分发挥总部战略营销职能，了解客户需求，提高服务水平，巩固合作关系，确保业务稳定。公司高层赴韩国、日本、中国香港对地中海航运、长荣、高丽海运、第一中央汽船、恩斯海运等重要客户进行集中拜访，洽商战略合作事宜。会同中远海船务多次拜访天津国电、神华中海等主要内贸船东，确保了客户和费率稳定；拜访韩国化工品客户，力争开发总代理服务模式和新的服务产品；参加 Zeamarine 和 BBC chartering 代理会，为客户提出区域总代理服务方案；参加思多而特、MOLCT 代理会，对接客户信息系统服务需求；组织、参加外代－京汉代理会、埃航全球、国内代理会，对接客户需求，改善服务质量。

9. 理货检验业务

年度实现营业收入 4.07 亿元，同比增加 7.8%，实现营业毛利润 1.76 亿元，同比增加 0.4%。

成功中标中铝几内亚项目。2019 年初，中国外轮理货有限公司与中铝物流等客户进行了接触，了解项目检验需求。4—5 月，制定初步服务方案。7 月，与几内亚其他铝矿检验项目的负责人进行交流，进一步掌握铝矿检验相关情况。8—9 月，深入了解中铝物流招投标相关安排，派员赴几内亚对各项重点工作进行安排。10—11 月，协助中理检验设立几内亚机构，经过精心准备，充分发挥比较优势，最终成功中标，标志着中远海运物流检验业务成功实现“走出去”战略。

10. 物流电商

年度实现营业收入 36.48 亿元，同比下降 30.4%，实现营业毛利润 –0.01 亿元，同比下降 63.2%。

随着数字化转型的日益紧迫，公司积极打造航运电商营运平台。整合无界电商、宁波保税区全程供应链服务平台等相关资源，积极推动兴港货运 2.0 项目，与宁波舟山港、宁波保税区共同打造航运电商平台，用电商化思维推进货运订舱业务向电商化方向转型，进而完善和优化单证数据共享中心建设，推动由网点到网络的数字化服务模式，借助物流、资金流、商流和信息流，加快推进网络供应链生态圈建设。

集中式船代系统试运行上线，该项目彻底解决了船代系统分散、业务标准不统一、信息孤岛等问题，大大提高了总部对船代业务的管控能力，并为后续船代板块大数据分析打下基础。黄骅港数字化服务平台正式上线，该项目为黄骅港量身定做了抢占港口服务入口、物流入口、支付入口的平台目标，为客户实现了项目价值。单证自动化填报项目——“阿西莫夫计划”，在货运、空运等多个业务板块的多个业务场景中应用，通过智能化、自动化技术提高了工作效率，降低差错率和人工成本。

推进全系统等级保护工作，完成了总部 OA 系统、邮件系统、货运主干系统（FOCUS）、新船代系统、网站群等关键系统的等级保护备案和整改工作，并制定了后续等级保护工作计划。对数据中心结构进行优化，包括数据中心二期机房建设收尾、船代系统硬件迁移、数据中心虚拟机优化等三方面的主要内容。

【风险管控】

2019 年，以法治企业建设工作为核心，重点围绕继续推进历史遗留问题涉诉案件的处理，继续为公司经营决策、重大投资交易项目以及重大纠纷诉讼提供法律支持，进一步加强合同履约工作的管理，推进保险业务的集中统一管理，完善制度建设及健全风险管理机制，推行内控质管双体系融合工作及提升重大客户满意度调查工作，加强物流系统法务工作集约化管理等开展工作。

推进履行法治建设第一责任人职责工作，建立健全法治建设领导机构和工作机制，成立了董事会专门委员会，负责法治建设、风险内控及合规管理等工作。落实专职法律人才规划，增加各级企业具有专业资格的法律事务工作人员，逐步完善总法律顾问制度建设。

法律事务管理方面，继续加大对历史遗留问题涉诉案件的跟踪指导力度。截至 2019 年，共有历史遗留质押监管涉诉案件 19 起，涉诉标的额约 8.18 亿元。与上年同期相比，案件数量下降了 42.4%，涉诉标的额下降了 34.6%。为公司经营决策、重大投资交易项目以及重大纠纷诉讼提供法律支持。在收购海南港航物流 50% 股权的“海南项目”中，积极开展对各标的公司的法律尽职调查工作，确保对其做出的法律风险评估的准确性。

专项风险管理方面，进一步规范投资项目风险评估，提高风险评估结果的科学性和措施的可操作性，修订了《投资项目专项风险管理细则》。组织编写了设立上海中远海运纸浆物流有限公司项目的风险评估报告；组织开展了日照 IPO 项目、南通项目和海南项目的风险评估工作，并指导下属单位进行青岛西海岸综合保税区物流园等 21 个投资项目的风险评估报告专项审核工作。随着国际形势的不断变化，国际制裁合规风险日益突出，排查国际制裁合规风险，提出具体的风险应对措施，重申不违规的红线原则，积极主动应对国际制裁风险。

【安全管理】

2019 年，公司坚持安全发展理念、创新安全工作思路，提高全员安全生产意识，健全安全生产责任体系，聚力安全生产人才队伍建设，全系统安全生产形势基本平稳。

在完善规章制度方面，制定、修订并印发了《中远海运物流有限公司仓储安全管理办法（试行）》《中远海运物流防台防汛工作指导意见》《中远海运物流有限公司道路货物运输安全管理规定》《中远海运物流有限公司投资建设项目 HSE 风险评审实施办法》共 4 项规章制度。

保证风险识别与隐患排查的全面性和真实性，建立双重管控机制。组织开展系统双重预防机制专题培训，就双重预防机制建设重点内容进行培训和解析，印发《中远海运物流安全风险分级管控和隐患排查治理双重预防体系建设指导手册（试行）》，参与了 20 余个项目的安全生产、职业健康、环境影响评审，举办了环境影响和职业健康评价培训，进一步提高了各所属单位相关人员的专业素养和理论水平。

关注重点领域安全管控，在仓储设施优化方面，印发《关于进一步规范仓储设施安全管理的通知》，对仓储设施安全管理情况进行排查整改，推进仓配公司仓库优化工作；指导化工物流提升管理标准，培养化工专业人才，以规范化、标准化推进安全品牌建设；监督、指导泸州物流新罐区和可视化项目建设安全管控；进一步提升工程物流安全生产管理水平，就做好体系管理、项目监控、设备管理、双重预防机制建设等提出具体工作要求；赴天津中散船舶管理有限公司和深圳远洋运输股份有限公司进行国投船舶安全管理和船员管理工作调研与交流。同时，重点推动安全管理信息系统开发，推进安全生产管理的信息化和可视化建设。

【队伍建设】

2019 年是中远海运物流转型发展的深化之年，是全面启动混改实施“双百”的关键之年。公司围绕发展战略和改革发展的中心任务，遵循“改革－改进－改变”的工作原则，探索三项制度改革的新机制和新举措，努力推动总部机关机构改革，深化司管干部队伍改革，着力改进工作作风、改变人才生态环境，为公司转型升级、创新发展提供强有力的组织保障和重要支持。

进一步优化干部队伍结构。建立司管干部差异化、自选式、弹性制退出机制及体系较为完整的顾问序列职务通道，与领导人员退出机制形成相对独立且互补性较强的岗位安排体系。总部及直属单位共计 12 名司管干部退出领导岗位，进一步优化了人力资源，调动了干部工作积极性，优化了核心管理团队的人才结构。

大力加强人才队伍交流培养。2019 年，完成司管干部调整共 165 人次，进一步加强了跨地域、跨专业、跨岗位的交流力度。在上述调整过程中，降职使用 7 人次，充分体现了干部能上能下原则，较好地落实了三项制度改革要求。

调整总部机构编制。围绕构建“前端客户化、后端平台化”的运营管理体系目标，积极推动总部机构改革。完善总部部门设置和人员编制，确保精简高效。一是科学制定选配方案。坚持“宁缺毋滥、精简高效、适度空编”的质量标准，遵循“总分结合、逐级操作、压茬进行”的工作程序推进。二是严密组织人员选配。通过组织选拔和竞争性选拔两种方式选配，最终确定了 158 个部门（中心）管理岗位人选。因选聘失败而降职使用 5 人，直属单位选拔共 22 人。三是保障公平、公正、公开。重点对资格审核、竞聘方案实施等主要环节开展严格监督，确保整体推进平稳有序、公平、公正、公开。

有力发挥薪酬激励导向作用。进一步完善企业领导人员激励机制，强化奋斗者理念。坚持“效益升工资升、效益降工资降”的原则，在分配上向创效提升单位和岗位倾斜，真正发挥薪酬分配的激励作用。

【党群工作】

2019 年，中远海运物流党委在集团党组的正确领导下，以习近平新时代中国特色社会主义思想为指导，认真学习贯彻党的十九大及十九届历次全会精神，充分发挥把方向、管大局、保落实的领导作用，聚焦“不忘初心、牢记使命”主题教育、混合所有制改革、总部机构改革，开创改革转型发展新篇章。

中远海运物流党委班子由 9 人组成。公司党委所属基层党组织 386 个，其中党委 36 个、党总支 33 个、党支部 317 个。包括直属法人单位党委 15 个、直属法人单位党总支 1 个，直属机关党委 1 个。共有中共党员 4 565 名，其中在职党员 3 954 名，离退休党员 611 名。各直属单位党组织在接受中远海运物流党委领导的同时，遵循属地化管理原则，接受属地上级党组织的管理。

层层压实管党治党主体责任。签署年度全面从严治党“三个责任书”53 份，党建工作责任书 17 份，廉洁承诺书 227 份，层层细化党建工作责任。深入推进“六项自查”，督促系统各级党组织学习贯彻新发展理念，将企业发展融入国家战略部署，推动企业转型发展。强化政治责任落实，将两级巡视整改落实情况纳入年度党建工作责任制考核体系，推动两级巡视整改持续深化。强化责任考核结果运用，提高党建工作责任考核结果在直属单位领导班子年薪兑现比例，促进党建工作落实落细。

夯实基层组织坚强堡垒，建强基层党组织。在主题教育中，对系统内软弱涣散党组织情况进行深度排查，通过推进党组织应建必建、党组织负责人选优配强、党建工作标准化规范化等综合施策，引领系统各级党支部在企业改革发展中充分发挥战斗堡垒作用。严肃党内政治生活。组织系统各级基层党支部均召开年度和专题组织生活会，规范开展民主评议党员工作，激励广大党员自觉践行“四个合格”，保持党员队伍的先进性和纯洁性。印发《党员领导干部基层联系点制度》，不断增强各级党员领导干部服务基层的意识。提升党建工作水平和能力。积极发挥政研会“思想库”和“智囊团”的作用，针对党建思想政治工作的热点和难点问题，积极开展理论与实践问题的研究，取得了一批优秀研究成果，11 篇优秀政研成果获得集团表彰。举办 39 期基层党支部书记和党务工作者培训班，共计培训党支部书记和党务工作者 731 人，组织开展年度党组织书记抓基层党建述职评议考核，逐步提升党组织书记和党务骨干的政治素质和履职能力。

充分发挥工会职能，联系服务员工更加紧密。开好系统职代会，广泛征集和听取职工代表对企业改革发展的意见建议，组织职工参与民主决策、民主管理和民主监督。以推动肖建英、张志敬、化工安全、理货检验等创新工作室的创建为抓手，发挥劳模先进在企业转型升级、创新驱动、提质增效中的示范引领和骨干带头作用，进一步激发广大职工的工作热情和创造活力。强化关心关爱，重点慰问一线职工、户外作业人员，慰问企业和工地 179 家，慰问职工 7 800 余人次，传递公司党委的关怀。

充分发挥团委职能，青年创新创效持续深化。积极完善共青团助推青年创新创效的体制机制，落实创新驱动理念，激励青年员工投身创新实践，争当创新标兵。以开展“雷锋月”活动为契机，组织爱心义卖活动，全系统筹集义卖款 5.3 万元，全部捐至定点扶贫地西藏类乌齐县尚卡乡，深化扶贫协作，践行社会责任。开展首届“五四”评选表彰活动，共选树 12 个优秀团组织、15 名优秀团干部和 20 名优秀共青团员，进一步激发广大青年对标先进、爱岗敬业的热情。截至 2019 年底，中远海运物流全系统 35 周岁以下青年共 4 348 名，其中 28 周岁以下青年 1 311 名、团员 1 306 名。

【廉政建设】

2019 年，中远海运物流党委、纪委继续全面落实集团纪检监察组工作部署，认真履行监督职责，扎实推进党风廉政建设和反腐倡廉各项工作向纵深发展。

持续深化集中整治形式主义、官僚主义成效，出台《为基层减负的工作措施》，进一步贯彻落实中央和集团党组的要求，更好地为基层松绑减负，激励广大干部员工担当作为、不懈奋斗。贯彻落实中央八项规定精神，对系统部分单位集中整治工作开展情况进行督导，对整治工作不深入、不精准、不平衡等问题进行提醒督促，推动作风建设不断深入。警示教育并重，营造不敢腐、不能腐、不想腐的良好氛围。印发《推进廉洁文化建设实施意见》，大力推动廉洁文化“进班子、进部门、进岗位”，全年共给予党纪处分 13 人，移送地方监委 1 人，诫勉谈话 21 人，分析通报典型案例 5 起。健全机构机制，深入开展巡察。健全完善《巡察工作实施办法》等巡察工作体制机制。突出政治巡察，探索实现全覆盖，探索总部实施四轮巡察，系统共开展巡察项目 33 个，发现问题 407 个，提出整改建议 235 条，促进企业健康可持续发展。

【企业文化】

强化宣传引领，不断推进企业文化建设。牢牢把握意识形态工作领导权，持续做好主题教育学习贯彻、新中国成立 70 周年等系列重大宣传，抒发爱党爱国深情，凝聚强企奋进力量。持续开展评选“劳模”“两优一先”“服务进博”先进集体及个人等工作，策划推出“与奋斗者同行”等先进典型事迹报道。提炼物流企业文化价值理念纲要，重塑中远海运物流企业文化。积极参加“物流节”“津洽会”“西洽会”等展览活动，打造企业良好形象。充分借助集团、总部及基层宣传平台，形成上下联动的宣传格局。积极组织开展通信员、信息员业务培训，推动宣传工作者能够不断掌握新知识、熟悉新领域、开拓新视野，努力培养一支高素质的宣传思想工作队伍。借助行业平台，传递企业发展声音，获评物流业“金飞马”奖、“物流业十大科技创新企业”“交通运输与物流服务创新企业”等多个重要奖项。

中国外轮代理有限公司

中国外轮代理有限公司

【公司概况】

中国外轮代理有限公司（简称“中国外代”或“PENAVICO”）原为中国外轮代理总公司，成立于1953年1月1日，是中国国际船务代理和国际运输代理行业的领导者，其专业经验和市场地位被业界所公认。2019年，在外贸班轮、外贸非班轮船舶代理方面依然处于行业领先地位，“PENAVICO”作为其注册商标，代表着准确、及时、文明、周到的服务。中国外代总部设在北京，下设80多家口岸外代，有遍布全国的300多个业务网点，在美国、欧洲、日本、韩国、新加坡等设有代表处，具有完善的服务网络。

1992年底，中远总公司更名为中国远洋运输（集团）总公司，在经过31年“一套机构、两块牌子”体制之后，外代总公司从中远总公司分离出来，恢复了企业法人独立运作体制，成为了中远集团的重要一员。2004年2月19日，中国外轮代理总公司更名为中国外轮代理有限公司，从2002年起与中远海运物流为“一套人马、两块牌子”。

【经营效益】

2019年，中国外代代理艘次11.39万艘，代理船舶净吨14.28亿吨；当年实现营业收入104.55亿元，同比增加8.1%，实现营业毛利润6.41亿元，同比下降3.7%。

【业务发展】

2019年，在政策变化、市场放开、费率下调等情况下，船代板块紧随公司发展方针，坚持目标导向，深化转型创新各项举措，克服不利外部环境，确保船代业务的基本稳定。

在战略客户管理方面，发挥集约优势，组织相关口岸参与赫伯罗特、神华中海航运、FMG招标工作，整理、统计各口岸中标情况，分析未中标原因并协助口岸公司改善和提升。与地中海、正利、宝华、散运、ZEAMARINE、嘉吉新加坡、MSC邮轮、渤海邮轮、星旅邮轮、广物控股集团等确认代理费率、计费方式等细则，并完成相关协议的签署和续签。针对达飞、地中海、埃航等核心客户提出的跨口岸服务需求，实现一站式响应，同时做好各口岸的协调落地工作，大大提升客户体验；牵头埃航无水港项目，协调专家组出访及勘查评估，并就调研报告和下一步工作计划与埃航保持良好的沟通交流，促进双方在物流领域的广泛合作。加强与潜在客户的沟通联系，促成赫伯罗特，LACHMANN、海外LNG及油轮客户同相关口岸的业务洽商，增进双方的互信与了解，为后续合作奠定良好基础。

在重点客户推介方面，通过高层拜访、集中推介、专项访问、客户专题会等方式，充分发挥总部战略营销职能，了解客户需求、提高服务水平，巩固合作关系，确保业务稳定。赴韩国、日本、中国香港对地中海航运、长荣、高丽海运、第一中央汽船、恩斯海运等重要客户进行集中拜访，洽商战略合作事宜。在北京接待来访的客户代表团，赴上海对客户进行多次集中拜访或产品化推介，沟通客户需求，增进双方互信。会同中远海船务多次拜访天津国电、神华中海等主要内贸船东，确保客户和费率稳定；拜访韩国化工品客户，开发总代理服务模式和新的服务产品；拜访散运和特运，推介船代业务集约化重要举措。参加ZEAMARINE和BBC chartering代理会，为客户提出区域总代理服务方案；参加思多而特、MOLCT 代理会，对接客户信息系统服务需求；组织、参加外代－京汉代理会、埃航全球、国内代理会，对接客户需求，改善服务质量。

【信息化建设】

在班轮船代信息系统建设方面，在上海和大连推进系统上线工作，转入运维阶段，宁波、青岛、广州及中远海船务开展本地测试工作，梳理反馈需求及测试过程中出现的问题，保障后续各口岸上线工作的顺利进行。在内贸港口数字化服务平台建设方面，黄骅港第一期已经逐步上线使用，二期需求调研工作已完成，进入开发阶段。同时，向神华天津煤炭码头和神华珠海高栏港进行服务平台的推介，其理念和合作模式得到了码头的高度认可。

【风险管控】

对安通控股可能存在的资金风险予以提前防范，对新业务合作保持审慎态度，对已有合作督促相关口岸加紧应收账款催收，目前总体风险敞口可控。严格按集团清单对特殊关联企业实施管理，督促口岸及专业公司对非我方可控原因开展合作的特殊关联企业进行情况说明，申请受限合作和审查管理，确保合规稳健经营。对于涉敏感地区业务及时排查，按照集团要求令行禁止，做到合规经营，稳健经营。

中国外轮理货有限公司

中国外轮理货有限公司

【公司简介】

中国外轮理货有限公司（简称“中国外理”或“COSTACO”）原为中国外轮理货总公司，成立于1961年，是经交通运输部批准、国家工商管理总局登记专门从事船舶理货业务的国有重要骨干企业。先后隶属交通运输部、中央企业工委、国务院国有资产监督管理委员会管理；2005年，根据国务院国资委国企改革精神，成为中远集团所属全资子企业；2017年，与中远海运物流整合重组，并完成公司制改制，名称变更为中国外轮理货有限公司。

中国外理在理货市场份额、行业地位、影响力等方面具有很高的市场占有率和控制力。近年来，中国外理系统企业每年的理货业务收入约为28亿元，约占国内理货市场总收入的近90%。

【发展战略】

2019年是理货行业市场化改革的元年。2018年底，《中华人民共和国港口法》修订，取消理货行业行政许可。2019年4月，交通运输部发布新的《港口经营管理规定》，理货行业由许可制改为备案制，理货行业正式进入市场化时代。

面对严峻形势，中国外轮理货有限公司充分发挥理货系统牵头人作用，通过中国外理系统工作会、政研会、业务工作会、区域工作会，各口岸公司股东会、董事会、监事会等多种形式，积极宣传贯彻中远海运物流的新理念和港口物流战略，围绕理货的固本强基和检验的大布局大合作两大重点，提出重构理货商业模式与开拓检验业务战略，全系统围绕“一强化六坚持”等七个方面开展年度工作：强化责任担当，全面加强中国外理自身建设；坚持战略定力，全力以赴维护理货市场稳定；坚持“紧随战略”，不断厚植理货主业发展根基；坚持“大格局做大布局”，坚定不移推动转型升级；坚持创新驱动，持之以恒地打造理货发展新动能；坚持集约化管控，同心协力推动系统平台建设；坚持稳健经营，从根本上提高风险防控能力。

【公司治理】

加强重点公司风险管控。加强对参股投资公司的风险管控，严控业务拓展中的投资、财务和法律风险，建立健全规章制度。对于个别多年不开会、不分红，经营不规范的公司，就拟采取出让股权或清算模式退出经营进行了评估，并着手与对方股东进行沟通，以规避经营风险。发现参股投资公司的异常情况，及时与对方沟通，了解异常原因，必要时要求行使股东知情权，包括进行审计等安排，维护股东权益。

强化董监事管理工作，通过提升董监事履职能力，完善相关制度，强化对参股投资公司的管控水平。确保派出的董监事履职尽责，按要求出席股东会、董事会及监事会会议，积极发挥作用。在履职过程中严格遵守法律法规和总部各项规章制度，加强学习，强化廉洁防范意识和担当意识。

加强与合资公司沟通协调，确保董事会材料的正确性、完整性，要求参股公司在会前上报完整、清晰的董事会资料，进一步规范增资流程。针对董事会资料的保存方式中存在的问题，制定建立董事会信息系统的方案。

通过中国外理系统工作会与政研会进一步统一思想。2019年4月，在重庆组织召开了中国外理系统年度工作会议暨中国外理政研会年会。会议提出了理货行业转型升级的模式及路径，得到了港口合作方和外理系统口岸公司的高度赞同。

为了树立典型、鼓舞士气、凝聚人心，评选表彰了中外理系统 2017—2018 年度文明示范窗口 40 个、优秀理货组长 30 人与优秀理货员 50 人，将“奋斗者为本”的企业文化渗透到中国外理系统。

围绕理货价值创新，召开系统业务工作会。中国外理系统年度业务工作会于 2019 年 12 月下旬在日照召开，会议以“理货发展研究与产品创新”为主题，展示一年来中国外轮理货有限公司带领全行业在影响理货行业政策、引领系统业务创新建设、加强系统品牌维护、推进系统数据整合等方面所做的努力与成果，交流各口岸公司在业务管理、产品研发、市场开拓等方面的经验。引导全系统继续维护中国外理系统业务同一性，持续进行产品研发与创新，不断丰富理货产品功能，加强理货价值建设，努力拓展理货业务应用场景，提升业务表现。

【生 产 经 营】

面对传统理货业务受政策调整的严重影响，中国外理系统树立新思维、运用新动能、探索新模式，认清形势，协同发展，实现了稳定经营，达到了固本强基的预期效果，为全系统转型发展奠定了坚实基础。

成功中标中铝几内亚项目。2019 年初，中国外轮理货有限公司与中铝物流等客户进行了接触，了解项目检验需求。4—5 月，制定初步服务方案。7 月，与几内亚其他铝矿检验项目的负责人交流，进一步掌握几内亚铝矿检验的外部环境、政策要求、服务内容、业务流程、服务价格等情况。8 月，明确中理检验负责项目的落地工作后，深入了解中铝物流招投标相关安排。9 月，拜访中铝股份、中铝物流领导，得到客户进一步支持。同时，派员赴几内亚对接中铝几内亚公司，了解矿山、码头运营流程，掌握几内亚政府相关营运要求，明确了下一步投标、几内亚检验机构设置、资质获取、运营准备等各项重点工作安排。10—11 月，协助中理检验设立几内亚机构，跟踪投标准备工作。面对激烈的竞争，中理检验精心准备，充分发挥比较优势，最终成功中标。该项目的顺利中标，对于中远海运物流检验业务的发展具有重要意义，是服务“一带一路”建设和国家能源战略、服务央企大客户、充分协同中远海运集团资源、发挥自身比较优势的具体体现，成为中远海运物流检验业务成功实现“走出去”战略的重要标志。

2019 年，外理系统实现理货收入 27.84 亿元，同比增长 5.1%；实现利润总额 9.88 亿元，同比下降 0.4%。完成理箱量 1.65 亿 TEU，同比增长 14.6%；理货量 19.08 亿吨，同比增长 12.5%；装拆箱理货 449.99 万 TEU，同比下降 13.9%。

集装箱业务收入 19.66 亿元，同比增长 0.8%；件杂货业务收入 5.33 亿元，同比增长 2.1%。延伸业务收入 1.33 亿元，同比下降 24.4%。

中远海运物流基础数据见表 14–4。

中远海运物流基础数据表 表 14–4

类别	项目	单位	数据
生产情况	集装箱揽货量	万 TEU	264
	散杂货货量	亿吨	2.22
	空运代理货量	万吨	13.9
	仓储面积	万平方米	58
	电商业务 / 中远 E 环球	万票	1856
	工程物流操作量	万计费吨	136.1
	代理船舶艘次	万艘	11.39
	代理船舶净吨	亿吨	14.28

续上表

类别	项目	单位	数据
财务情况	总资产	亿元	229.79
	净资产	亿元	64.12
	总收入	亿元	346.05
	利润总额	亿元	8.67
	净利润	亿元	5.80
人力资源	员工总数	人	11 423

（孙洋洋）

中远海运重工有限公司

中远海运重工有限公司

中远海运重工有限公司（简称“中远海运重工”）是中国远洋海运集团有限公司旗下的直属企业，隶属于集团装备制造产业集群，是世界知名航运公司和海洋石油服务商在中国的重要业务合作伙伴。中远海运重工致力于振兴中国船舶与海洋工程装备制造产业，为国际航运和海洋开发提供一流装备和服务，努力打造中国领先、世界一流的船舶和海洋工程装备制造企业。

2019 年，中远海运重工按照集团的决策部署，在集团“三个跑赢”和“三个聚焦”理念引领下，围绕“学川崎强管理、去产能调结构、去杠杆控风险、保交付增效益”的年度工作主线，全体干部员工团结拼搏、攻坚克难，各项工作取得了积极成效。

【经营情况】

2019 年，航运市场温和回暖，造船市场转向大型化、智能化，海工市场聚焦油气生产装备，修船市场出现脱硫井喷，配套市场则以压载水处理装置和脱硫设备的制造为引领。经营中心围绕中远海运重工 2019 年度工作会提出的“学川崎强管理，去产能调结构，去杠杆控风险，保交付增效益”的年度工作主线，全力扭亏增效，推进高质量发展，营销方向上以加大市场攻坚力度，努力承接高附加值、有质量的订单的工作要求为指导，坚持“三个跑赢”，积极应对市场变化，紧抓在手热点项目，夯实经营内部管理，全力拼搏，提前 2 个月完成全年接单目标。全年完成接单 207.7 亿（不含川崎），同比上涨 53%。为重工减亏增效中心工作奠定了良好基础。

造船方面，经营中心共承接造船生效订单 19 艘，其中集团船 14 艘，占造船订单的 83.01%；海工方面，进一步拓展了 FPSO（Floating Production Storage and Offloading，浮式生产储卸油装置）建造、改装和模块建造等相对低风险、高收益的业务产品，加深了与 BP、Technip 等国际一流油公司、总包商的合作。全年共生效 5 个建造类项目，合同金额 47 亿元；修船方面，各船厂修船业务饱满，由于限硫令的实施，在脱硫业务方面斩获大量订单，已累计承接脱硫总订单 600 多艘，完工项目达 200 艘次，为修船业务的产值攀升作出了积极贡献。此外，LNG 等高附加值修理项目也持续突破，单船平均销售收入 505 万元，订单含金量有较大提升；配套与非船方面，各配套企业不断提升产品核心竞争力，威海中远科技自主研发并拥有完全自主知识产权的海盾压载水管理系统获得美国海岸警卫队批复，正式获得 USCG 型式认可证书，标志着该产品具备世界领先的产品核心竞争力和技术实力。

【经营效益】

2019 年，中远海运重工累计交付新造船 66 艘、694 万载重吨，交付率 96%；年完工海工项目 5 个，其中交付 3 个，完工率 83%，交付率 50%；年完工模块项目 2 个，其中交付 1 个，完工率 100%，交付率 50%。年度完成修船产值 59.04 亿元，完工出厂船舶 1 065 艘，其中改装 11 艘，加装脱硫装置 278 艘，累计准时出厂率约 98%。

2019 年，公司将生产质量改善与“学川崎”相结合，编制发布《生产与质量管理改善方案（2019—2021）》，统筹指导系统内各企业全面推进“学川崎”工作。定期组织开展“项目跟

踪会 +”活动，搭建互鉴互学平台，结合经营线表编制与应用、TQC 专题培训，以及项目完工反省和小 LOT 化推进经验交流等活动，进一步提升企业在经营规划、均衡生产、成本控制、风险管控等方面的综合能力。

【企业管理】

2019 年，中远海运重工完成营业收入和利润考核目标，完成净利润考核目标，同比继续大幅减亏。经营接单同比实现较大幅度增长，为后续继续减亏打下良好基础。造船方面，集团内船舶接单取得重要进展，共承接 16 艘系统内造船项目，包括 10 艘 210k 散货船、2 艘 MR 油轮和 4 艘纸浆船；海工订单向 FPSO、模块等高端业务转型；修理改装方面，承接多艘脱硫塔加装合同、LNG 船舶修理项目，进军 LNG 双燃料船舶改装市场，高附加值项目承接力度增强。

2019 年，公司按照压缩管理层级、减少法人户数工作目标要求，完成南通迪施与大连迪施整合并注销南通迪施，缩短管理链条，注销了英辉南方控股（香港）有限公司。

【企业改革】

1. 深化供给侧结构性改革情况

2019 年，公司按照中央和集团精神，持续深入推进“三去一降一补”工作。一是去产能。将工作压力层层传导，在经营接单评审时，根据各企业产品定位，严把新项目合同评审关，从源头调整优化产品结构，相关企业已不再承接新的半潜和自升式钻井平台订单，部分企业也开始按公司战略规划逐步调整产品结构。年度造船产能继续控制在 748 万载重吨以内，海工产能继续保持 6 个平台类海工项目，符合集团管控目标。二是推进海工遗留项目处置去库存。配合国资委对海工项目处理要求，根据遗留海工项目处置方案，全年将 3 个海工项目无偿划转给国海海工。另外，公司与船东积极商定处置方案，推进延期项目交付。经过努力，广东中远海运重工 1 艘 PSV 和 1 艘 CTV、启东中远海运海工 1 艘生活平台项目进行项目交付或与船东达成交付意向。三是去杠杆。通过压缩贷款总量、加快经营现金流回收、压控两金等多种方式主动去杠杆，减负债，融资总量较上年下降 39.52 亿元。四是降成本。通过制定成本管控方案，开展成本经验分享和修船对标活动等，实现成本压降，公司全年完成成本压控 7.45 亿元，实现全年成本压降金额不低于销售收入 2% 的总体目标。五是补短板。将生产与质量改善与“学川崎”相结合，研究并发布了《生产与质量管理改善方案（2019—2021）》，指导企业分解计划、明确责任人和完成时限，定期组织企业总结和交流改善成果，统筹推进系统内各企业全方位“学川崎”。试点企业扬州中远海运重工在 2 名 KHI 专家、7 批 53 名 NACKS 指导员驻厂指导下，6 项 KHI 改善提案、NACKS 作业基准导入与展开、现场巡回整改等工作按计划有序推进，企业基础管理能力逐步增强，项目交付能力大幅提升。其他各企业通过按方案实施管理改善，综合建造能力得到一定程度提升。

2. 国有企业重大改革任务推进情况

2019 年 8 月，公司成立了违规经营投资责任追究领导小组和工作小组，明确了小组成员和工作职责。公司结合改革发展和生产经营需要，制定了《中远海运重工有限公司违规经营投资责任追究实施办法（试行）》，并将进一步梳理公司各项规章制度，做好该项工作配套制度的完善工作。后续，公司将建立违规经营投资追责档案，以追责促追损，把追责成果转化为促进企业健康发展的监管效能，举一反三，及时化解资产损失风险，提升管理水平，有效促进企业稳健经营和可持续发展。

2019 年 10 月 18 日，公司下发《关于成立中远海运重工深化改革领导小组和工作小组的通知》，成立以党委书记和总经理为组长的综合改革领导小组，统筹推进公司综合改革工作。编制《中远海运重工综合改革实施方案》。

公司组织主力造修船企业编制 2020—2022 年发展规划，推动与公司三年发展规划的衔接落地工作，使战略能够有的放矢，落实到各个具体企业生产经营之中。围绕企业扭亏脱困核心任务，结合企业实际情况，研究舟山中远海运重工和广东两家重点企业的业务发展及扭亏脱困专题报告。按照工作计划如期完成威海科技股权收购，完成 SCK 股权收购工作，推进 SECOSCO 股权转让，配合推进建信债转股、海工平台划转等工作。

【科技创新】

2019 年 1 月 24 日，中远海运重工有限公司设计研究院在上海正式挂牌成立。8 月 7 日，由中远海运重工有限公司、中国船舶工业集团公司第十一研究所联合举办的“2019 船舶工业智能制造论坛”在上海隆重举行。9 月 9 日，威海中远造船科技有限公司自主研发拥有完全自主知识产权的海盾压载水管理系统获得美国海岸警卫队批复，正式获得 USCG 型式认可证书，标志着海盾压载水管理系统具备世界领先的产品核心竞争力和技术实力。9 月 27 日，南京船配在中船三井造船柴油机有限公司召开发布会，其自主研制的国产船用柴油机二冲程排气阀杆顺利通过台架试验，在中远海运能源成品油轮上实现首台套装机。南京船配二冲程排气阀杆的关键制造技术，打破国外技术垄断，填补国内产业空白。

南通中远海运船务牵头国家重点研发计划“海工装备用长寿命耐腐蚀液压元件及系统关键技术”获得立项批复；南通中远海运船务牵头工信部高技术船舶“绿色修船表面处理关键装备研制”、南通中远海运川崎参研工业和信息化部“船舶绿色涂装模式研究（研究类）”获得立项批复，威海科技参研“船舶压载水管理系统实船符合性验证研究（研究类）”获得立项批复。

【智能制造】

中远海运重工制定了中远海运重工智能制造顶层设计、三年滚动计划，首次执行 2019 年实施计划，并以任务合同书形式组织相关企业落实实施计划项目。2019 年 4 月 18 日，南京中远海运船舶设备配件有限公司获评“2018 年江苏省智能制造先进单位”。公司在工业和信息化部组织召开的船舶工业智能化转型推进工作电视电话会议上作了“船舶行业总装智能化转型实践与规划”经验交流发言。11 月 5 日，工业和信息化部发布《2019 年制造业与互联网融合发展试点示范项目名单》，公司“高技术船舶的精益建造能力”项目被工业和信息化部核定为 2019 年制造业与互联网融合发展试点示范项目。

【风险管控】

2019 年，根据集团《关于做好 2019 年度内控评价工作有关事项的通知》，中远海运重工法险部要求各企业以防控风险、合规经营为目标，针对国际化业务、公司治理、资金管理、投资管理、供应商管理、采购管理、工程项目管理、外包外协管理、招投标管理、特殊管理、企业管理、应收账款管理、资信管理、信息安全管理及薄弱领域等，开展 2019 年度内控评价工作，认真分析内控评价发现的缺陷项和提升项，制定有效管控措施，并及时总结将相关内容补充到风险库中。按照重工建立综合管理体系以及“体系融合”的整体思路，下属各企业从自身的实际情况出发，积极探索 ISO 管理体系与企业规章制度融合。截至 2019 年 11 月，上海中远海运重工、南通中远海运船务、启东中远海运海工以及广东中远海运重工将 ISO 管理体系中的程序文件融合到企业的规章制度中，并通过了船级社认证机构的认证。

2019 年，中远海运重工严格核定企业经营性现金净流入指标，要求企业以此为基础目标拟定方案，定期跟进企业完成情况。细化资金计划的编制，加强内部资金调配，加大企业内部贷款融通规模。克服融资难、银行保函开立难和资金短期周转紧张等各种困难，想方设法度过了年中还贷高峰，有效防范了债务违约风险。争取集团外股东投资，增加权益资金，降低了资产负债率。加强汇率管理，规避汇率波动风险，提高汇兑收益。强化两金压控，清理逾期应收账款，努力实现资金回流。全力推进遗留项目处置工作，取得了重要进展。公司配合国资委对重工遗留海工项目情况进行调研并协助编写《关于组建中央企业海工装备资产处置平台有关方案的报告》，制定了以无偿划转方式处置 10 个遗留海工项目的方案，并获得集团批准。年度完成第一批 3 个海工项目划转，企业获得出口报关单，实现项目的出口退税。

【安全环保】

2019 年，中远海运重工按照集团和重工年初工作会的部署，统一思想、强化落实，全面推进安全管理“学川崎”、安全改善、班组自主管理、作业安全组长工作制和内场危险源辨识等工作，安全环保形势保持稳定，为重工深化改革和经营指标的完成提供了坚强保障。

2019 年，发生上报等级生产安全事故 1 起，各项安全指标、目标控制在集团年度考核指标内，为重工深化改革和经营指标的完成提供了坚强保障。

2019 年，重工自主安全管理“学川崎”工作初见成效。一是梳理川崎安全管理体系，组建“学川崎”工作推进小组，到南通川崎蹲点学习，总结提炼出以“自主管理、设计安全、安全改善、班组考核”为核心的川崎安全管理十大要素，取其精华，作为各企业学习的重点。二是开展“学川崎”安全改善评比活动，编制《中远海运重工 2019 年 HSE 改善优秀项目合集》，在全系统推广，提高本质安全水平。三是学习川崎班组管理经验，推进作业安全组长工作制，有效地解决了小组作业监管缺位问题。

2019 年，重工全面强化安全风险管控，组织各企业开展分级管控的专项培训，并以班组为单位，开展了内场危险源辨识活动。全系统 739 个基层班组参与辨识，共识别新增危险源 515 项，新增作业基准 120 项，修订作业基准 325 项。通过内场危险源辨识活动的开展，进一步提高了员工识别和防范安全风险的能力，堵塞管理漏洞，有效改善了内场安全管理的状况。

2019 年，重工大力开展了安全文化建设，组织重工“安全在我心中”安全知识竞赛，普及安全知识，让“人的安全健康高于一切”的理念深入人心。积极对外交流，推广安全品牌，与 Technip、MODEC 和神华集团等船东公司、安全管理先进企业，交流学习安全管理和安全文化建设，强化安全品牌建设。

【队伍建设】

根据干部队伍建设实际需要，2019 年，中远海运重工对总部部门负责人及所属企业领导班子 14 名干部进行调整，同时，对接近退休年龄的 1 名领导干部予以退出领导岗位调整，并针对连续两年考核排名靠后的 3 名所属企业领导人员开展提醒谈话。修订《中远海运重工领导人员管理规定（试行）》，建立中远海运重工优秀年轻干部人才库，选调 62 名优秀年轻干部参加中远海运重工优秀年轻干部培训班，并开展组工干部培训班，提高组工干部履职能力。

编制印发《中远海运重工专业人才库建设管理办法》，提出建设“市场营销人才库”“技术研发人才库”“国际化人才库”“内部管理人才库”“党群工作人才库”“高技能人才库”等六支人才库。研究制定《关于鼓励干部人才专业化能力提升的指导意见》，推进实施专业化能力提升工程，2019 年，公司新增高级职称人员 48 名，其中高级工程师 42 名、高级经济师 5 名、高级政工师 1 名，并新增工程师 424 人，专业技术人才队伍得到进一步充实。按照集团人力资源管理信息系统建设安排，推动完成公司员工信息数据纳入集团 SAP-HR 系统并上线运营。

根据《中国远洋海运集团有限公司科技型企业分红激励管理规定》，推荐所属企业南京中远海运船配作为集团首批科技型企业分红激励试点单位，指导完成项目分红实施方案和相关配套制度的制定，获得集团审核通过并完成实施。根据集团要求，成立退休人员社会化管理领导小组和工作小组，组织启动退休人员社会化移交工作。

规范所属企业劳动用工管理，加强劳务派遣用工合规管控，督导各企业在去产能、人员压降过程中，持续优化非“三性”岗位人员，下达相关企业压减劳务派遣制员工指标159人，并超额完成。推进所属企业生产劳动力动态监控，开展工程业务分承包方年度评审及分级管理，评审合格分承包方430家，淘汰不合格分承包方4家。

【企业党建】

2019年，中远海运重工党委以习近平新时代中国特色社会主义思想和党的十九大精神为指导，认真贯彻落实党的十九届四中全会精神，坚持新时代党的建设总要求，坚持把方向、管大局、保落实，聚焦减亏攻坚中心任务，深入开展“不忘初心、牢记使命”主题教育，坚持“三做”理念，全面从严治党，紧密围绕“学川崎强管理、去产能调结构、去杠杆控风险、保交付增效益”工作主线，不断加强和改进基层党的建设，助推企业深化改革、提质增效。重点工作有：加强政治建设，贯彻落实党中央决策部署；开展主题教育，扎实推动企业改革发展；打造特色品牌，全面提升党建工作质量；提升能力素质，加强干部人才队伍建设；强化内部监督，营造风清气正良好氛围；坚持正向引领，推进宣传思想文化工作；抓好群团建设，维护和谐稳定发展大局。

2019年，中远海运重工纪委持续正风肃纪，积极推动全面从严治党向纵深发展。突出政治监督，对总部及4家企业落实海工项目划转开展专项监督；完成对5家单位党委巡察。严肃执纪问责，处置信访举报58件、问题线索46条，运用“四种形态”处理120人，追回经济损失约595万元。深入开展“六项自查”，全系统梳理廉政风险点1 073个，针对性优化流程、完善制度93项，纠正所属企业监督执纪宽松软问题。深化“四风”治理，开展专项监督检查6次，发现问题16项，完善制度40项；组织开展形式主义、官僚主义网络问卷调查，并逐一反馈、推动整改。持续加强干部监督教育管理，两级纪委参与重要人事初始酝酿258人次，回复党风廉政意见179人次，开展任职前廉政谈话229人次；开展党规党纪教育和警示教育242场次，2.4万余人次参加。扎实开展审计监督，完成各类审计项目109项，发现问题412个，提出关注事项24个、意见建议407条，促进增收节支约2 984万元。持续构建大监督格局，全系统制定完善反腐倡廉制度52项，成立反腐败工作协调小组，凝聚监督合力。

【企业文化】

中远海运重工在全系统组织开展了“砥砺奋进新时代——庆祝新中国成立70周年职工书画、摄影作品征集活动”。加强精神文明建设，公司被评选为2017—2018年度（第十九届）上海市文明单位。召开党建政研会年会，总结工作，交流成果，多项政研成果获得集团表彰。修改完善公司宣传片，新建企业文化展厅。参加2018中国工业微电影作品大赛，获得多个奖项荣誉。

重工党委努力构建舆论宣传新格局，围绕公司“学川崎”“保交付”等重点工作，组织系列报道。宣传先进典型事迹，对系统内劳模、先进集体和个人进行系列专题报道。展示职工风采，加大对一线普通员工的宣传报道力度。加强宣传队伍建设，组织宣传报道工作表彰会暨通讯员培训班。

通过加强重大活动的宣传组织策划，持续保持公司品牌宣传优势，积极在国家主流媒体上发声，扩大重工品牌影响力。牢牢把握意识形态工作主动权，关注国内外舆情，做好舆论引导、舆情应对，维护公司良好形象。

2019年，中远海运重工工会积极引领各企业开展以“提质增效”为主题的劳动竞赛和技能比武活动，助力企业中心工作。2019年，全系统共开展各类劳动竞赛210次，参赛人数5 993人次，劳动竞赛创新效益404 000元；开展技能比武65次，参加人数1 697人次。中远海运重工工会成功承办了第三届“中远海运杯”职工技能竞赛数控车床、钳工、船体装配三项大赛。重工系统职工取得了优异成绩：所属企业参赛队共获得33个奖项，并囊括3项大赛的全部5项一等奖。2019年，中远海运重工获评全国“安康杯”竞赛安全文化宣传活动优秀组织单位。中远海运重工工会大力开展合理化建议活动，全年收集、应用合理化建议 483 条，合理化建议创新效益 996 400 元。

中远海运重工工会把“心系困难职工，服务困难职工”作为 2019 年送温暖实践活动重点工作，所属企业共筹集慰问款物 373 万元，慰问困难劳模 13 人次，困难职工 884 人次，发放慰问款 257 万元。重工工会坚持开展帮困、助学等各项送温暖活动。佳节前夕，由重工领导带队对困难劳模、困难职工进行走访慰问，发放慰问款物 10.7 万元，对所属造修船企业的一线职工开展现场慰问活动，发放慰问金 16 万元。通过开展“金秋助学活动”共筹集助学款 26.8 万元，为 95 名困难职工子女提供了助学款。

2019 年，重工团委坚持学习型共青团组织建设，开展系列形势任务教育主题活动，引领青年理解和支持企业改革发展的战略要求。坚持实干型共青团组织建设，深化“学川崎，助成长”主题活动，组织开展全系统“学川崎”知识竞赛。坚持枢纽型共青团组织建设，强化“互联网 + 共青团”理念，持续打造好《青年团刊》《智慧团建》等团员青年喜闻乐见的品牌，举办好全系统团干部培训班。

【社 会 责 任】

2019 年，中远海运重工工会积极履行社会责任，做好扶贫工作。2019 年 10 月，重工工会组织开展帮扶捐赠活动，将全体职工募捐的爱心款 40.69 万元，用于集团定点扶贫县湖南省益阳市安化县思游中学学生宿舍热水沐浴改建系统，并向全体学生赠送了学习用品。年内共采购定点扶贫地区农产品 20 余万元。

中远海运重工 2019 年主要财务指标、人力资源见表 14–5、表 14–6。

中远海运重工 2019 年主要财务指标 表 14–5

项目		2018 年	2019 年	同比
财务状况（亿元）	总资产	562.72	496.12	–11.84%
	净资产	34.51	–30.90	–189.54%
	总收入	151.71	205.94	35.75%
	利润总额	–28.41	–49.72	75.01%
板块收入（亿元）	船舶建造	65.84	98.65	49.83%
	船舶修理	34.24	56.05	63.70%
	海工建造	39.77	31.57	–20.62%
	船舶配套	8.53	16.51	93.55%

中远海运重工 2019 年人力资源 表 14–6

项目	数量
中远海运重工员工总数（人）	14 107

【2019 年度大事记】

2019 年 1 月 11 日，大连中远海运重工为中远海运特运设计建造的中国最大多用途纸浆船“中远海运开拓”轮命名交付。

2019 年 1 月 24 日，中远海运重工设计研究院在上海成立，公司党委书记李懿文、总经理梁岩峰为设计研究院揭牌。

2019 年 1 月 30 日，中远海运重工和大连中远海运重工共同完成的“2.1 万吨模块运输船设计与建造关键技术研究与产业化”、南通中远海运川崎完成的“LNG/ 燃油双燃料冰区加强型

4000 车位汽车滚装船设计与建造”、广东中远海运重工完成的“多用途应急救援船研发及建造技术”3 项科技成果，荣获 2018 年度中国航海学会科学技术一等奖。

2019 年 4 月 17 日，中远海运重工与中远海运散运在扬州签署“8+2”艘 21 万吨散货船建造协议。中远海运集团党组书记、董事长许立荣，集团党组副书记、董事孙家康，集团副总经理、总会计师孙云飞，集团外部董事刘章民、钟瑞明、徐冬根等领导参加活动并见证签约。

2019 年 4 月 18 日，扬州中远海运重工为中远海运散运旗下中国矿运建造的 40 万吨矿砂船“远神海”轮举行命名仪式。中远海运集团党组书记、董事长许立荣，中远海运集团党组副书记、董事孙家康，副总经理、总会计师孙云飞，纪检监察组组长刘鸿炜，外部董事刘章民、徐冬根等领导出席命名庆典。2019 年，扬州中远海运重工共交付 5 艘该系列船。

2019 年 7 月 2 日，中远海运重工党委组织评选了重工首批 10 个“特色党支部”并授牌命名。项目党建、分包方党建与生产经营紧密融合，促进项目交付，推动企业发展。精益党建稳步推进，制定《党委工作标准化手册》和《党支部工作标准化手册》。党建信息化系统建设取得阶段性成果，“重工 e 党建”系统全面上线。

2019 年 9 月 10 日，威海科技自主研发的拥有完全自主知识产权的海盾压载水管理系统获得美国海岸警卫队批复，正式获得 USCG 型式认可证书，标志着海盾压载水管理系统具备了世界领先的产品核心竞争力和技术实力。

2019 年 9 月 21 日，中央企业先进集体和劳动模范表彰大会在人民大会堂举行，南通中远海运川崎智能制造推进组荣获“中央企业先进集体”称号。

2019 年 9 月 27 日，南京船配在中船三井造船柴油机有限公司召开发布会，其自主研制的国产船用柴油机二冲程排气阀杆顺利通过台架试验，圆满实现首台套装机。这是我国自主研发的船用柴油机二冲程排气阀杆首次在船舶上应用。

2019 年 12 月，南通中远海运船务主研、启东中远海运海工等 8 家单位参研的“海上 8MW 级大型风机高效高稳自航自升式安装平台与关键技术”项目荣获 2019 年度中国机械工业科学技术一等奖。 （马嵘）

上海船舶运输科学研究所 / 中远海运科技股份有限公司

上海船舶运输科学研究所 / 中远海运科技股份有限公司

【公司概述】

上海船舶运输科学研究所有限公司（以下简称“船研所”）成立于1962年，位于上海浦东陆家嘴功能区，占地面积130余亩，注册资本3.5亿元，资产总额28.5亿元，净资产17.77亿元，是我国最大的交通运输综合技术研究开发基地。

中远海运科技股份有限公司（以下简称“公司”）成立于2001年，总部设在上海，主要从事智能交通系统，交通和航运信息化，工业自动化，安全防范工程领域的软、硬件产品科研、开发、销售、系统集成，承揽相关工程项目的设计、施工和工程承包；网络技术开发，互联网信息服务；自营技术产品的进出口业务以及技术咨询、技术开发、技术转让和技术服务。2010年5月，在深圳证券交易所成功挂牌上市。

【历史沿革】

船研所原为交通部直属科研事业单位，2000年转制为中央科技型企业，改由中央企业工作委员会领导。2003年，转由国务院国有资产监督委员会管理。2010年，整体并入中国海运（集团）总公司，成为其全资子企业。2014年，按照中海集团的战略规划整体部署，原中海集团直属单位中海电信有限公司和中海信息系统有限公司整体划归船研所管理。2016年，随着中国远洋运输（集团）总公司与中海集团合并成立中国远洋海运集团有限公司，船研所成为其全资子企业。2017年8月，根据中远海运业务重组工作安排，上海船舶运输科学研究所与中远海运科技股份有限公司实施战略重组（以下简称“船研所/公司”）。

公司原系船研所控股子公司，2010年随船研所整体并入中国海运（集团）总公司后，更名为中海网络科技股份有限公司。2016年随船研所整体进入中国远洋海运集团有限公司后，更名为中远海运科技股份有限公司。

【组织架构】

船研所组织架构由管理部门和基层部门2部分组成，其中，管理部门包含十部一办；开展科研生产经营业务的基层部门（公司）主要包含1个国家工程研究中心、1个国家重点实验室、1个行业重点实验室、3个事业部和4个二级公司。

时任领导：党委书记夏蔚，党委副书记、副所长蔡惠星，副所长陆嘉明，总会计师、工会主席戴静，纪委书记陈学恩，副所长瞿辉，团委书记朱辰初（截至2019年底）。

公司组织架构由管理部门和基层部门2部分组成，其中，管理部门包含十部一办；开展科研生产经营业务的基层部门（公司）主要包含6个事业部、2个中心、1个二级公司、5个分公司和1个办事处。按照上市公司要求，设置股东大会、董事会和监事会，董事会下设战略委员会、提名委员会、薪酬与考核委员会、审计与风险委员会。

时任领导：党委书记、副董事长夏蔚，党委副书记、董事长蔡惠星，党委副书记、总经理周群，副总经理、总工程师吴中岱，总会计师、工会主席戴静，纪委书记陈学恩，副总经理王新波，副总经理周晓梅，总法律顾问杨阳，智能交通业务总监杨忆明，团委书记朱辰初（截至2019年底）。

【主要业务】

船研所/公司在舰船自动化、船舶水动力及海事技术试验研究、环境工程、智能交通系统、交通与航运信息化等领域内的研究开发及技术服务水平均处于国内领先地位。

1. 舰船自动化

研制的各型机舱监控系统技术性能处于国内领先地位，被广泛地应用于各类船舶。

2. 船舶水动力及海事技术试验研究

通过航运技术与安全国家重点实验室和航运技术行业重点实验室承担国家科研项目和行业共性技术的研究开发。作为 ITTC（国际拖曳水池会议）会员及顾问委员会成员单位，在行业内具有较大的影响力和核心竞争力，业务份额约占国内同类市场的 60%。

3. 智能交通系统

主要从事智能交通、智能交通产品、工业及港航电气自动化、智慧城市和安防、软硬件系统运营维护等领域技术研发和系统集成，包括高速公路、大桥、隧道、轨道交通、城市道路等的监控、通信、收费系统机电工程项目的设计、施工和总承包。

4. 交通与航运信息化

船研所承担了集团本部及下属各专业公司信息化建设的规划设计、研发实施、运维保障、系统集成等工作，以及集团数据中心的建设与运营。承建了集团综合管理平台、集团辅助决策系统（DSS）、集团内网门户、SAP 财务系统、船东 IMIS 系统（Internet Management Information System 是以互联网络为依托的，对信息进行采集、传递、储存、加工、维护和使用的管理系统）、集装箱代理系统、全球资金管理系统、集中采购管理平台、海员管理系统等建设、咨询和服务，并负责运营中海数据中心和灾备中心，为集团信息化建设提供有力的技术支撑和运维保障。

5. 船舶通信导航

从事船舶通信导航与通信工程专业技术服务，开展船舶通导设备的技术设计与检验服务、海上通信代理、通导信息技术服务、船舶通导产品销售代理和各类通信系统、有线和无线通信工程等综合服务。

6. 环境工程

从事建设项目和区域开发项目的环境影响评价，港口、工矿企业的油污水、化学污水、生活污水、工业废水的治理及高速公路、城市高架轨道交通噪声治理。

【经济指标】

2019 年，是新中国成立 70 周年，是全面贯彻落实党的十九大精神的关键之年，在集团的正确领导下，船研所/公司全力赋能数字化转型，紧紧围绕市场经营，积极应对各种挑战，努力实现各项工作目标。全年实现营业收入 17.77 亿元，同比增长 13.59%；实现净利润 1.40 亿元，同比下降 13.48%，整体经济走势平稳。

【科技创新】

2019 年，船研所牵头开展的工业和信息化部首个智能船舶顶层设计项目成功落地，完成了“1+3”（集成平台、智能航行、智能机舱、智能能效）的软、硬件开发，奠定了中国首个智能船舶规范的基础。5 月，13 500TEU 集装箱船“荷花号”智能船舶正式交付运营；7 月，21 000TEU 超大型集装箱船“行星号”交付运营，为我国大型远洋集装箱船开启了智能发展的新篇章。

公司根据集团统一部署，推进集团投资与项目管理系统、人力资源管理系统、采购及供应商管理系统、财务核算系统等重点统建项目建设，大多数重点统建项目实现上线和具备验收目标。集团人力资源管理系统覆盖集团总部和下属各级单位 1 120 家、员工 13.5 万人；集团采购与供应商管理系统覆盖涉及燃油、滑油、备件采购的集团各相关公司和供应商，为集团 446 家单位、8 620 家供应商开通账号；集团财务核算系统实现全集团财务信息共享，支撑核心资产管控。集团统建项目的建设运行，推进了集团信息资源优化，提升了集团内部协同能力，为集团数字化转型提供了有力抓手。

【科研成果】

2019 年，船研所 / 公司获批科技创新项目 6 项，发表核心期刊论文 7 篇、EI 论文 8 篇，获得发明专利授权 4 项、实用新型授权 16 项，登记软件著作权 59 项。船研所“船舶中压交流岸电系统关键技术研究及应用”项目获得中国航海科技一等奖；公司荣获第五届浦东总部经济十大经典样本“科技创新奖”。

在集团统一领导下，船研所 / 公司联合业内领先的产学研用单位，签订“中远海运集团智能船舶数据标准项目合作协议”，拟构建智能船舶设备配置和数据接口标准，形成数据驱动的创新体系，为智能船舶提供更好的数据应用产品和服务，为智能航运的发展注入新的动力。

【市场经营】

2019 年，船研所 / 公司面临的外部环境复杂严峻，传统业务市场竞争更加激烈，成本压力不断增加，全体干部员工迎难而上，确保全年工作始终咬住计划走、盯着目标干。智慧交通板块持续深化重点区域市场经营，抢抓全国取消高速公路省界收费站的重要市场机遇，一举承接青海、宁夏全省以及贵州、河南、上海、云南、安徽、浙江、广东等地的多个取消高速公路省界收费站项目，经营工作取得重大突破。智慧物流板块充分发挥资源整合效益，积极拓展集团内外部市场，成功签订了中集下一代集装箱运输管理系统、扬子江化工园区封闭管理信息化建设、云南及河南中烟物流综合管控平台等智慧物流项目合同以及锦州新时代集装箱码头岸电项目。智能船舶板块继续聚焦集团主业发展，不断推进智能船舶整体方案形成和市场转化，完成了 16 艘新造船智能船实施合同的签订，积极跟进外部市场需求，全力维持军品市场份额。环境工程板块抢抓市场机遇，环境工程业务持续增长，成功中标宁波轨交 4 号线声屏障、青岛地铁 11 号线相关咨询服务等重大工程。

【重大项目】

2019 年，船研所继续推进国家重点实验室易址建设，建设内容涵盖：深水拖曳水池实验室、航海安全水池实验室、大型空泡水洞实验室。深水拖曳水池实验室完成水池主体施工；航海安全水池实验室完成池体和部分房屋混凝土结构施工；空泡水洞实验室完成桩基、基坑围护和地下底板混凝土结构施工；船模车间已完成房屋基础施工。

船研所以国家战略需求为导向，坚持不懈推进军民协调高质量发展，组织骨干力量搭建技术团队，积极组织相关参研单位，完成了 Y65 项目初步设计方案、非标设备调研及工程实施等相关工作，编制完成了“1+4”项目专项管理制度，项目总体进度位居全国同类项目前列，管理制度被推为示范制度。

【数字化转型】

根据集团“十三五”信息化战略确立的“五个一”蓝图框架，中远海运云数据中心顺利建成并投入使用，荣获 CQC 1313—2017 信息系统机房动力和环境系统最高级别的增强级认证，通过云管理平台与各主流公有云互联互通，全面提升基础设施在全集团的协同效应。中远海运云计算管理平台获得工业和信息化部中国信通院《多云管理平台解决方案》可信云认证，并获评“2019 年度上海市云计算应用示范项目”。

在数字化基础技术框架方面，公司加大研发投入，面向不同应用场景，逐步形成自主研发的，支撑数据采集、存储、分析、可视化展示、移动应用的数据中台技术框架体系，并在集团数据集成平台、物流、集团船舶调度管理系统中得到实践应用。航运数字中台已采集 AIS 数据近 60 亿条，统计了集团 1 079 艘自有及联营船舶的全生命运行周期历史航次，实现了船舶抵离港、锚泊等运营状态的及时消息提醒以及异常情况监控，并可对全球12万艘船舶进行基于可视化地图的船位及历史航迹查询。

【人才培养】

截至2019年底，船研所/公司共有在职职工1 458人，具有高级技术职称人员240人，中级以上职称人员370人，本科以上学历人员1 280人，享受政府特殊津贴的高级专业技术人员48人。

2019年，船研所/公司制定和颁布岗位、绩效、薪酬3项人力资源主要制度，构建了一体化岗位职级体系架构，按不同部门定位和考核要求，实现部门工资总额分配、部门负责人薪酬与部门效益和整体工作考核挂钩，充分发挥薪酬分配的激励作用。制定了船研所《岗位分红激励方案》，启动了中远海科上市公司股权激励工作。

【公司治理】

船研所作为全民所有制企业，根据集团进一步完善直属单位董事会建设的工作要求，组建了董事会，并于1月召开第一届董事会第一次会议。中远海运科技作为上市公司，按照上市公司规范运作要求，建立了完整的“三会一层”治理体系。全年共召开上海船研所董事会7次，审议决议事项19项；中远海运科技董事会10次，审议决议事项34项，为形成有效制衡的法人治理结构和灵活高效的市场化经营机制发挥了积极作用。

8月，中远海运科技与宁夏交通投资集团共同投资设立宁夏交通科技发展有限公司，发挥双方技术与市场优势，实现企业的强强联合。12月31日，中远海运科技与贵州高速集团、贵州中南交科共同签署了增资协议。以公司持有的贵州新思维30%股权及现金进行战略投资，取得贵州中南交科增资后20%股权。通过股权合作，双方建立利益共同体，充分实现优势互补、信息共享、互利共赢，共同做大做强智慧交通产业。

【体系建设】

为适应平台整合后的新管理模式，结合企业经营和统一管理需求，船研所/公司对内控体系进行了改进完善。同时，进一步加强制度体系建设，围绕经营、生产、财务、投资、采购、人事、内控等各项管理要求，完善制度建设和流程优化。

2019年，船研所/公司共制定、修订制度51项，加快实施ERP功能开发和联调联试，密切跟踪推进各单位ERP建设，年内基本实现了全覆盖，强化了成本和流程管控，实现了经营、生产、科研、管理等工作统一运行。

【风险管控】

深入开展合规管理，着力推进合规管理融入生产经营，服务改革发展大局。完善法治建设合规管理领导机构，设置风控合规专员，组织与特定范围人员签订《合规履职承诺书》。针对国企改革等重大举措，提供法律风控保障，积极参与方案设计、制度建设、合规审核及风险评估等工作。

落实“全员参与、全过程管理、全要素配置”的管理要求，提高预算质量与水平，充分发挥预算作为管理工具在提质增效中的作用。优化集中采购的管理职能，强化对现有集中采购的执行监控。要抓好“两金”压降，加大应收账款催收和存货管理。

【质量安全】

船研所/公司继续推进GJB5000A体系试运行，年内达到预评价要求，持续改进质量管理体系，消除“两张皮”现象，切实把质量管理工作落到实处，提升产品质量。

压紧压实安全生产责任，持续完善安全制度体系，扎实推进双预控机制建设，分阶段组织开展安全风险隐患大排查大整治工作，全面深化安全教育培训，依法有序维护各类安全资质，不断夯实安全基础管理。2019 年，未发生一般以上等级事故，保持安全环保形势的持续稳定。通过引入技术专家、创新检查手段、细化检查内容，逐步强化对重点区域、重点部位、重点环节、重点人群的安全检查和隐患排查，确保了安全生产的有序推进。

围绕网信安全，加强网络安全保障，12 月 18 日正式上线集团网络安全态势感知平台，顺利完成 2019 年 HW 网络安全攻防演习，在 49 家参演央企中排第 22 名。

【党 的 建 设】

2019 年，船研所 / 公司党委把组织开展“不忘初心、牢记使命”主题教育作为重大政治任务，认真履行主体责任，精心组织、扎实推进。开展两批主题教育，把学习教育、调查研究、检视问题、整改落实贯穿始终，促进各级干部守初心、担使命、找差距、抓落实，推动党的建设取得显著成效。同时，根据集团党组对 2019 年第二轮巡视任务的部署，全力配合做好巡视各项工作，落实年度巡查计划。持之以恒贯彻落实中央八项规定精神，集中整治形式主义、官僚主义，围绕改革保障加强监督审计，保质保量完成“六项自查”综合治理工作。全面开展干部约谈，推动全面从严治党“三个责任”落实和干部履职尽责。

对标对表认真做好现场考核评价的各项工作，开展年度基层党组织贯彻落实党建工作责任书情况考核评价，召开公司党组织书记抓基层党建述职评议考核，强化党建责任与经营责任联动，推动实现年度党建责任制考核结果与部门领导班子和班子成员综合评价、绩效年薪挂钩，形成基层党建工作管理闭环。

强化信访事项督查督办，开展好网络舆情自查、稳定风险排查和重点时段重点排查，完善应对预案，加强内保、国安工作，形成齐抓共管的工作合力。在“春节”“国庆”及“进博会”等关键节点，严格落实每日“报平安”常态制度，确保重大活动期间企业和谐稳定。

【执 纪 监 督】

全面督导推动重要决策部署落实落地，深入开展利益输送、设租寻租、化公为私问题专项整治。抓实巡察监督，对航运业务板块、智能交通业务完成常规巡察，开展对北京中远海科的延伸巡视。编制年度党风廉政建设和反腐败工作任务分解，实现巡察全覆盖。

严格落实选人用人监督，加强选人用人全程监督，从严把好政治关、品行关、作风关、廉洁关，针对问题线索慎重提出监督意见，防止“带病提拔”。紧盯关键节点严防“四风”，“两节”前下发工作提示，强调严防“四风”纪律要求。假期，派员前往园区检查公车停放情况，对节日期间公车外出的部分单位、部门在节后要求提交用车说明，促进了反“四风”有效落地。

【廉 政 建 设】

为落实反腐倡廉建设责任，船研所 / 公司党委书记、所长、总经理和纪委书记分别代表党委、行政和纪委与设立党委纪委的直属单位的党、政、纪主要负责人签订党风建设主体责任书、“一岗双责”责任书和监督责任书；与下属单位、所属基层部门党政主要负责人签订党风建设责任书。同时，把党风廉政建设和反腐败工作责任传导给各直属单位、所属部门，所管干部及关键岗位人员签订廉洁承诺书，签订率达 100%。

【企 业 文 化】

针对船研所 / 公司整合后缺少企业文化中长期建设规划的现状，制定了《中远海运科技 / 上海船研所企业文化建设规划（2019—2021 年）》，围绕庆祝建党活动和企业中心工作，聚焦构建新发展格局和高质量发展，着力推进宣传思想和企业文化建设。积极利用“中远海运科技”“上海船研所”公众号等新媒体平台拓宽宣传范围，不断提升外部影响力，展示企业文化和企业形象。

5 月，根据中央和集团党组的有关精神，制定《中远海运科技 / 上海船研所庆祝中华人民共和国成立 70 周年主题宣传活动方案》，组织开展了升国旗活动、分两批次组织参观了上海解放成就展、组织观看爱国主义电影、策划组织了庆祝中华人民共和国成立 70 周年歌咏文艺汇演活动，通过活动凝聚人心，为企业文化建设提供了样板。

【群 团 工 作】

船研所 / 公司工会紧紧依靠职工办企业，推进企业民主管理。召开职代会和职工代表视察工作会议，续签新一轮集体合同和女职工特殊权益专项集体合同；征集处理职工提案；大力弘扬劳模精神、劳动精神、工匠精神，深化劳模创新工作室创建；组织职工爱心募捐，为困难职工发放援助金，开展“书香船研”职工读书节主题征文、职工健身节等活动。

【社 会 责 任】

船研所 / 公司党员代表和青年志愿者积极参与上海市、浦东新区、洋泾街道的各类志愿服务工作，与洋泾团工委连续多年开展国家重点实验室开放活动，组织六师附小等中小学生参观船研所国家重点实验室。连续多年在志愿者服务月、重阳节期间开展“阳光之家”爱心志愿活动、“九九重阳节、浓浓敬老情”敬老爱老活动；积极参与集团团委“浪花心愿”云南永德爱心助学活动。通过参与社会公益服务，进一步体现企业社会责任和社会担当。（吴勤范）

中远海运资产经营管理有限公司

中远海运资产经营管理有限公司

【公司概况】

中远海运资产经营管理有限公司（简称“中远海运资产”），原名中海集团资产经营管理有限公司，是经上海市工商行政管理局虹口区分局批准，由中国海运（集团）总公司、广州海运（集团）有限公司、上海海运（集团）公司、大连（海运）集团公司于 2014 年 6 月 10 日共同出资设立的有限责任公司，注册资金为 20 亿元。2016 年 9 月 13 日，公司更名为中远海运资产经营管理有限公司。2017 年，中国远洋海运集团有限公司和香远（北京）投资有限公司共同向公司增资 30 亿元，增资后，公司注册资本由人民币 200 000.00 万元增至 411 553.00 万元。公司经营范围包括：资产管理、投资管理、实业投资、投资咨询、商务咨询、企业管理、企业管理咨询、企业形象策划、市场营销策划、自有房产经营。

【目标定位】

中远海运资产是中国远洋海运集团有限公司社会化服务产业集群成员企业，承载着集团存量土地房产开发、商务不动产开发、运营专业化管理使命。根据集团“十三五”发展规划以及集团对公司的整体战略发展定位和要求，公司确定了“承载集团社会化产业使命，致力于集团商务不动产的开发、运营、管理，打造具有航运特色的不动产品牌，努力建成国内优秀的资产运营管理公司”的战略发展目标。按照集团战略发展规划，中远海运资产制定公司发展规划、投资计划，具体开展在不动产领域的各项投资和经营活动。制定存量土地、房产资源经营管理规范标准，防范风险，提高收益。公司根据集团社会化产业集群战略定位，按照集团统一部署，稳步推进集团存量土地、房产盘活开发和运营，以及集团内兄弟单位办公楼新造任务。

【经营效益】

截至 2019 年末，公司资产总额 1 314 165.84 万元，负债总额 353 773.34 万元，净资产 960 392.50 万元，资产负债率 26.92%，较年初上升 2.8 个百分点。本年度实现营业收入 24 233.84 万元，完成年度预算的 75.71%；发生营业成本 4 235.05 万元，占年度预算的 71.54%；发生管理费用 10 202.76 万元，占年度预算的 88.31%；发生财务费用 6 279.49 万元，占年度预算的 66.09%；实现利润总额 3 024.49 万元，完成年度预算的 93.56%。本年度集团考核目标为 0 万元，超额完成目标。

2019 年底纳入中远海运资产合并报表范围的企业共有 13 家，具体情况见表 14–7。

2019 年底纳入中远海运资产合并报表范围的企业情况 表 14–7

序号	企业名称	级次	公司性质	实收资本（万元）	法人代表	持股比例（%）	合并时间
1	中远海运资产经营管理有限公司	2	本部	411 553	俞曾港	—	—
2	中海工业建设（上海浦东）有限公司	3	项目公司	90 000	戴达	100	2014 年 10 月

续上表

序号	企业名称	级次	公司性质	实收资本（万元）	法人代表	持股比例(%)	合并时间
3	上海长兴中远海运资产经营管理有限公司	3	平台公司	4 000	严李浩	80	2015 年 3 月
4	中海海运（上海）资产经营管理有限公司	3	平台公司	52 000	严李浩	0	2015 年 4 月
5	广州中远海运资产经营管理有限公司	3	平台公司	12 000	戴达	51	2015 年 4 月
6	上海础泰实业有限公司	3	房产项目公司	3 000	戴达	100	2015 年 4 月
7	上海超昆实业有限公司	3	房产项目公司	3 000	戴达	100	2015 年 4 月
8	上海越昆实业有限公司	3	房产项目公司	3 000	戴达	100	2015 年 4 月
9	上海峥锦实业有限公司	3	房产项目公司	8 000	戴达	100	2015 年 4 月
10	广州海鸿房地产经营有限公司	4	项目公司	10 000	周立杰	70	2015 年 8 月
11	上海卓昆实业有限公司	3	房产项目公司	500	戴达	100	2016 年 7 月
12	上海海璟置业有限公司	3	项目公司	75 000	严李浩	0	2017 年 6 月
13	上海海瑄置业有限公司	3	项目公司	70 000	严李浩	0	2017 年 9 月

【项 目 运 营】

截至 2019 年末，中远海运资产在管项目 13 个，总建筑面积共计 19.1 万平方米，可出租办公和商业面积共 13.98 万平方米，出租率 80.83%，当年实现租金收入 2.42 亿元，同比增长 38.51%，集团外经营收入同比增长 41.94%。全年，新签和续签合同 92 份，合约面积约 4.45 万平方米，年度平均出租率达 91.58%。

2019 年，中远海运资产重点落实中远海运大厦、国客中心、北京远洋大厦、广州海尚明珠智慧园项目运营和存量物业租赁工作，上海市浦东新区即墨路 99 号、深圳国际商会中心、北京远洋大厦租金收入同比增长 85%、13.16%、6.6%。为加快存量盘活，对青岛、连云港等低效资产进行处置，资产处置已进入股权和资产交易流程。

中远海运大厦项目，顺利实现集团总部入驻办公和配套商业开业，已与农商银行签订租赁合同，塔楼 1—2 层和裙楼 1 层正在推进联合办公产品，出租率为 93.97%。

广州海尚明珠智慧园项目，已初步打造了以设计、科技研发、生物医药等行业为重点的新型智慧产业园区，并被列为广州市提质增效试点产业园区。2019 年末，可出租面积 3.69 万平方米，自 6 月自主经营以来，克服运营公司退出、市场下滑、市政环境较差等困难，半年间出租率从 41.8% 提升至 75.17%，服务入驻企业 101 家，累计出租面积 27 685.51 平方米，实现经营总收入 2 135.00 万元。

【项 目 建 设】

2019 年，中远海运资产积极落实集团决策部署，支持并配合集团重大项目实施。在集团教育资源整合、广州国际航运大厦项目中，从集团整体利益出发，通过与相关单位合作，有效推进集团多个低质低效存量土地盘活开发项目，实现存量资源向优质资产的转变。

1. 海尚世界项目

该项目坐落于上海市杨浦区世界路 201 号，闸殷路以南、世界路以西，项目用地面积为 26 633.7 平方米，地上建设用地规划性质为商务办公（含养老设施），地上建筑限高 24 米。地上建筑面积为 53 267.4 平方米，地下建筑面积 28 000.00 平方米，总建筑面积为 81 267.4 平方米。2019 年 5 月 1 日完成闸殷路 309 号项目的外立面改造和售楼中心精装修，并通过了联合验收；5 月 30 日整个项目实现了出 ±0.000；7 月 30 日完成项目整体结构封顶。6 月，项目参评上海市文明工地并获得现场验收通过；8 月，项目主体钢结构获得上海市“金钢奖”；10 月，1 号楼获得上海市优质结构工程奖，为 2020 年完成项目整体施工打下扎实基础。11 月 25 日，营销中心开放，项目营销正式启动。

2. 海尚源深项目

该项目位于上海市浦东新区，东临源深路，南临松林小区，西临松林路，北临商城路。项目用地面积约 26 692.00 平方米，总建筑面积约为 93 684.00 平方米，其中地上建筑面积约为 55 684 平方米，地下建筑面积约为 38 000.00 平方米。2019 年 1 月 21 日取得施工图审查合格证；3 月 15 日取得建设工程规划许可证；3 月 31 日正式开工；完成了公共租赁住房调整为租赁住房。通过加强与街道、居委协调和周边居民沟通，确保了项目建设维稳工作。至 2019 年末，正在进行深坑区基础大底板浇筑工程。

3. 海尚云栖项目

该项目位于上海市浦东新区，北至上海港教育培训中心、南至栖山路、西至友林路、东至益凯小区。项目主要建设内容为新建商办楼和人才公寓，总用地面积约 30 605.00 平方米，总建筑面积为 119 447.00 平方米，其中地上建筑面积为 77 447.00 平方米，地下建筑面积为 42 000.00 平方米 。2019 年 3 月 9 日完成桩基施工；5 月 6 日按期完成基坑围护工程；11 月 8 日完成深坑区基础大底板施工。积极与规划部门、房管部门沟通，完成了公共租赁住房变更为租赁住房的方案调整，为后续人才公寓建设创造了有利条件，将大大缩短建设周期，节约建设成本。

4. 广州国际航运大厦项目

该项目位于广州市海珠区琶洲 A 区。项目总占地面积约 5 055 平方米，总建筑面积约 9.5 万平方米，高 184.5 米。2019 年 6 月 18 日举行项目启动仪式；7 月 26 日取得建筑施工许可证；8 月 1 日工程正式开工；11 月 30 日完成桩基工程与地下连续墙施工。

5. 海南博鳌亚洲论坛永久会址论坛公园项目

该项目位于海南省琼海市博鳌镇东屿岛亚洲论坛酒店西南侧，2019 年 10 月 24 日集团批复项目立项，项目总投资 4 195.00 万元，建筑面积 2 160.00 平方米，22 栋建筑保留原有民宅风格，部分新建。公司派驻专业人员与中远海运博鳌共同组建联合项目管理部，负责项目设计和工程建设，10 月初项目正式开工，截至 12 月完成全部建筑主体结构施工。

【土地收储与开发】

2019 年，中远海运资产坚持战略引领，以“打造国内优秀资产经营管理公司”为战略目标，按照“调研一批、开发一批、改造一批、处置一批”的开发实施路径，重点抓战略落地实施。

1. 广州南沙明珠湾项目

2019 年底，已完成建筑概念方案征集，等待政府土地出让条件和对建筑概念方案的确认，积极推进项目可研和立项工作，加强与太平洋保险沟通洽谈合作意向。

2. 青岛江西路项目

以教育板块重组为契机，以聚合资源、聚焦服务、聚力发展，实现集团航运品牌价值的延伸和存量资产的保值增值。

3. 厦门枋湖路项目

利用厦门邮轮母港建设契机，与政府部门沟通确定开发方向。

4. 天津远洋大厦二期项目

协助项目恢复建设，目前正在进行项目定位策划和设计优化工作。

【管理提升和改革发展】

2019 年，中远海运资产认真落实集团关于社会化产业发展要求，勇于担当作为，通过提高对项目前期策划、设计、成本招采、工程进度、市场营销、资金统筹等六个方面集中管控的能力，提升公司管理水平。

1. 加强人力资源管理

为壮大公司专业人才队伍，全年市场化招录人才 21 人，市场化员工占比 39.3 %，进一步提高了公司专业化管理水平。对 14 名员工进行岗位调配，进一步提高了人力资源效率。在市场营销关键岗位试点契约化管理模式，探索薪酬分配与业绩贡献相衔接的激励机制。深化薪酬体制改革，适度拉开收入分配差距，向关键岗位、业绩突出岗位倾斜。2019 年度工资总额同比增长 18%，去除人员总量增长因素，员工人均收入约增长 8%。

2. 加强采购招标管理

为规范采购招标行为，提高采购招标质量和效率，推进《采购招标管理办法》《采购招标实施细则》的修订工作。公司采购招标管理能力有较大的提高，完成了工程施工、勘察、设计总包、监理、分项设计、服务类、设备采购类 8 类标准化招标文件编制。全年共计完成 54 项采购招标项目，中标金额为 18.41 亿元，节约投资 6 280 万元。

3. 加强制度建设

强化顶层设计，完善公司制度体系架构。制定公司制度年度计划，组织公司制度宣贯培训，推动制度落实执行。落实公司制度管理相关制度，规范制度起草、意见征询、制度审查、审批发布等制度管理环节。全年发布制度 48 项，其中新增 31 项，修订 17 项。截至年末，公司管理制度共有 139 项，公司制度体系已基本形成。

4. 加强信息化建设

完成主营业务项目建设管理系统与办公协同系统消息集成，实现在建项目全覆盖，并与集团 PPM 系统（投资与项目管理信息平台）和 MDM（Master Data Management，主数据管理）系统进行接口开发，实现成本和计划动态监控和预警。搭建以资产管理、租赁管理、物业管理和收入管理为核心的资产经营管理系统信息化平台，提高运营管控能力和经营数据精确度。开发费控模块建设，对公司本部各项费用支付以预算科目和成本核算 2 个维度实现预算管控，对营销类费用以各项目公司为核算主体进行预算管控，现已正式实施。

5. 加强项目管控

推进项目现场巡检和互检，增强项目间经验交流。建立项目日报、月报制度和安全例会制度，加强对各项目安全、质量、进度监管。以推进项目“六个一”劳动竞赛活动，形成可复制、可推广的现场管理经验，提高各项管理水平。推行项目移动质检，通过信息化手段及时掌握和指导项目现场安全管理工作，不断提高业主在项目监管中的作用，确保在建 4 个项目安全稳定。

【内 部 管 控】

2019 年，中远海运资产全面运行风险管理体系，重点推进“项目建设、租售管理、运营管理”信息化流程建设，着力夯实风险管理基础、传导风控合规理念。加强合规检查，强化履约过程管控，开展内控评价，积极组织缺陷整改；聚焦职能职责，持续强化重要领域监督制约；推进监督体系健全，构建内部控制、职能管理、审计巡察等相互衔接、协同配合的大监督格局。

1. 健全内控制度流程体系

公司于 2018 年正式印发《中远海运资产全面风险管理和内部控制管理办法》，明确风险管理和内部控制工作要求及流程；同步修订重要领域、关键事项管控制度及权责分工，固化内控要求。一是结合全面风险管理体系建设，梳理优化重要经营业务管控流程，对招标采购管理重点开展制度体系完善。二是重点加强部门职责和管控模式梳理调整，重新编制建设管理业务《权责体系表》，结合 ERP（主营业务项目建设管理系统）建设深化权责分工，落实重要风险点控制措施。三是结合“明源房地产系统”建设，进一步推进“租售、运营”管理的信息化建设，明晰管理控制流程，细化重要风险交叉管控。

2. 夯实合规管理基础

公司以制度建设为抓手，针对项目建设过程中“招投标、供应商、评审专家管理、设计、工程管理、项目投资”等重点风险环节，重新修订《设计变更管理规定》《工程质量管理规定》《项目工程后评估管理办法》《动态成本管理规定》《招标采购管理办法》《投资管理办法》等重要制度流程，组织开展制度实施宣贯，进一步规范职能条线管理与流程衔接，确保执行控制有效、合规管理有据。

3. 重新梳理完善内控体系架构

公司于 2019 年初结合多项目建设同步推进要求，组织开展内部管控模式调整，梳理明确内部管理权责体系。以《权责体系表》明确重要流程关键控制点，绘制流程图描述控制点。通过 ERP 系统明确项目建设管理岗位责任设定，建设管理流程明晰有序，落实内控管控要求。

4. 强化推动内部控制

优化合同管理制度流程，持续推进标准化合同文本体系建设；强化制度落实执行督导，重点加强合同使用、签署、履约过程的合规管控。结合年度内部控制评价，细化“招采、单证、设备材料选型及供应商管理”等高风险环节管控，重点加强物业租赁运营合规性检查，积极推进“租售管理、运营管理”信息化建设，强化合规管理，完善重要环节有效控制。风控审计纪检同向发力，重点强化制度流程执行力检查，促进管理责任有效落实；严格职能职责监督，严肃追责问责怠政懒政、疏于管理等问题，坚决制止有章不循、有禁不止、问题重复、屡改屡犯。

【安 全 生 产】

2019 年，中远海运资产立足新起点，适应新要求，认真履行安全职责，不断提升公司安全管理实效。

1. 建立健全安全生产管理体系

强化安全生产责任落实，进一步明确公司各部门、各单位和各级领导的安全生产责任。以规范内部管理流程为抓手，持续改进和完善安全制度管理体系。加强对 4 个在建项目安全巡检和运营项目安全监管，做好季节性安全工作部署，确保公司安全稳定。

2. 落实安全生产隐患排查治理

组织开展隐患排查治理工作，共开展各类专项排查 29 次，发现隐患 23 项，所属各单位开展安全隐患自查 489 次，发现隐患 555 项，578 项隐患均已落实整改。针对各在建项目安全管理特性，持续加强对项目总承包单位、监理单位安全管理的履约督查，强化项目现场安全文明施工监管力度。

3. 夯实安全生产管理基础

以落实责任为前提，组织修订了《安全生产职责管理规定》，进一步明确了公司各部门、各单位和各级领导的安全生产责任。以完善制度为保障，以管控重要领域为切入点，以规范内部管理流程为抓手，持续改进和完善安全制度管理体系。2019 年度公司共起草修订了《安全生产职责管理规定》《安全生产绩效考核管理规定》《安全生产责任追究管理规定》等 10 项规章制度。

4. 提高全员安全管理素质

加强对相关作业人员的安全防范意识、作业安全知识和操作技能培训，围绕安全生产月、“119”消防月活动主题，布置宣传展板 24 幅，发放各类安全读本 460 册，组织开展“应急和安全知识竞赛”“应急管理普法知识竞赛”“危化品及全民安全应急知识竞赛”，提高应急处置能力。

5. 强化安全生产宣教

围绕安全生产月“防风险、除隐患、遏事故”、“119”消防月“防范火灾风险 建设美好家园”活动主题，以传统电子屏、板报、宣传标语及网络信息平台等多元化载体为输出形式，结合安全生产知识竞赛、安全应急演练等活动，不断增强员工安全、消防安全意识，提高员工应急实操能力。

6. 提升应急响应和处置能力

加大应急演练频次，强化应急处置能力。公司上海三项目共开展各项应急实战演练 5 次，桌面演练 1 次；广州海尚明珠智慧园区开展各项应急演练 7 次；广州国际航运大厦项目组织开展应急演练 3 次，不断加大应急演练频次，强化应急处置能力。针对安全生产应急处置管理漏洞，通过分析总结安全生产工作经验教训，抓早抓小，防微杜渐，完善突发事件报告流程，提升公司安全管理能力。

【党建工作】

2019年，中远海运资产党委以习近平新时代中国特色社会主义思想为指导，认真贯彻落实集团2019年工作会和党建工作会议精神，聚焦集团“三个跑赢”“三个切换”的目标要求，围绕建设国内优秀资产经营管理公司目标，加强党建引领，讲政治、重品行，领班子、带队伍，抓基层、打基础，育文化、聚力量，严纪律、控风险，发挥党委领导作用，努力提升党建工作水平。

1. 扎实开展主题教育

中远海运资产党委全年召开14次党委会、组织开展5次党委中心组集体学习、连续举办8期“不忘初心、牢记使命”主题教育专题读书班，通过领导班子领学、讲党课，进一步提高党员领导干部政治站位。坚持读原著、学原文、悟原理，注重理论联系实际，将主题教育工作成效转化为补短板、强弱项的工作思路与举措，推进公司高质量发展。

2. 用心打造管理团队

领导班子坚持贯彻民主集中制，在思想上求共识，工作上求共融，事业上求共进，自觉对标“钻石团队”，为职工群众作表率。在古田举办公司30名管理干部培训班，选派14名公司管理人员参加大连高级经理学院专题选学项目培训，组织公司管理干部和外部资源开展系列专题讲座，共计399人次参加。对32名司管干部进行任期考核，完成年度绩效考核。

3. 规范提升基层党建

坚持推进“三会一课”，公司10个党支部召开“不忘初心、牢记使命”主题教育专题组织生活会和开展党员民主评议工作，继续践行“六个一”要求，抓实支部工作。细分机关与项目党支部的不同功能定位，项目党支部重点打造“五个战斗堡垒”，机关党支部重点做到“五个走在前”。与上海建工七建等单位开展党建共建，为党支部工作提供有力支撑。举办两期党支部书记能力提升专题培训班，提升党支部书记工作的8种能力，召开季度例会，以会代训，务求工作实效。

4. 用情构建企业文化

践行集团“四个一”理念，弘扬企业精神，归纳提炼“追求品质、涵养品位、打造品牌”经营理念，不断提升竞争软实力。编印公司成立5周年“同舟共济，圆梦未来”宣传册，制作宣传海报，在集团报纸推出深度视点报道，集中展示公司5周年改革发展和党建工作成绩。加强对网站、微信公众号、工作群等新媒体的管理，积极宣传公司先进典型，传播正能量。

5. 坚持抓好廉洁从业

以党委主体责任带动纪委监督责任和班子成员“一岗双责”，分别与所属单位签订2019年度全面从严治党主体责任书和监督责任书，与59名管理干部和重点岗位人员签订廉洁从业承诺书，与27名管理干部签订“一岗双责”责任书。对照集团列出的形式主义、官僚主义的90种具体表现形式，深入开展集中整治，认真检视整改。突出“六个围绕、一个加强”，完成对上海项目管理部党支部政治巡察。编印《工程建设领域警示案例汇编》，加强风控体系和ERP系统建设与运行，加大对招标采购、工程签证、物业租赁等重点领域风险管控力度。（王钰涛　卢婧瑶）

中远海运（上海）有限公司

中远海运（上海）有限公司

【公 司 概 况】

中远海运（上海）有限公司（简称“上海中远海运”）坐落于上海市虹口区北外滩，是一家从事综合服务、投资经营、液体化学品储运、航运海事技术及陆岸业务的国有控股有限责任公司。公司的前身可追溯到清末时期的招商局，1949 年 5 月上海解放后，市军管会接管招商局，此后历经变革，于 1953 年 5 月 1 日更名为交通部上海海运管理局，1993 年 6 月 18 日改组为上海海运（集团）公司，2016 年 7 月 28 日更名为中远海运（上海）公司，2017 年 12 月 13 日公司由全民所有制综合性企业改制为有限责任公司，更名为中远海运（上海）有限公司。公司曾荣获上海市文明单位、上海市五星级诚信创建企业、交通运输行业诚信企业等荣誉称号。

作为中国远洋海运集团的全资子公司，目前下属纳入公司合并报表范围的全资 / 控股子公司 10 家，合并管理单位 5 家，分别为：上海中远海运仓储有限公司 / 上海海运船舶污水处理厂、福州江阴建滔化工码头有限公司、上海海运物业管理有限公司、中海化工运输有限公司、上海海运海事技术有限公司。公司总部设置办公室 / 政策研究室、党委工作部、战略与企业发展部、财务部、法务与风险管理部、人力资源部 / 组织部、安全监督管理部、监察审计部 / 纪委工作部、液化储运营运部、置业营运部、信息管理部等 11 个部门，设立离退休人员服务中心 / 社保中心、信访接待中心 / 综治管理中心、档案管理中心，代管上海市航海学会 / 中国海员杂志社、人民武装部 / 集团人武部。

【公司治理、企业管理】

上海中远海运坚持以习近平新时代中国特色社会主义思想为指导，增强“四个意识”、坚定“四个自信”、做到“两个维护”，全面实施中国远洋海运集团批复的公司“十三五”发展规划，以“整合资源、盘活存量”为主线，以成为集团内液化储运专业化企业为目标，全面深化改革、聚力提质增效，大力推进置业发展、液化仓储、化学品运输三大平台发展，产业建设与升级不断加速，已从传统单一的社会化陆岸产业公司转变成为跨集团航运、物流、社会化三大产业集群的综合性企业。

2019 年是上海中远海运成立 70 周年，更是公司积极践行“十三五”战略规划、向目标奋力冲刺的攻坚之年。公司上下深入贯彻集团许董事长、党组书记关于“地区公司发展要坚持有所为、有所不为，围绕战略做好取舍，解决好历史遗留问题”的重要指示精神，管理提升方面始终聚焦“战略引领，集约经营”，突出流程管控和项目管理，不断推动企业从“职能管理型”向“经营管控型”转变；产业升级方面立足坚守祖业与做强主业，在原有三大经营创效平台基础上加入黄浦江旅游观光平台，升级为“3+1”创效平台。

健全法人治理结构，加强董监事会建设。上海中远海运在集团的指导下不断完善董监事会决策支持系统，充分发挥董监事会作用，为公司正确、高效决策提供有力保障。上海中远海运董事会由 7 名董事组成，其中股东派出董事 2 名，股东聘请外部独立董事 2 名，公司董事 3 名。上海中远海运监事会由 3 名监事组成，包括由股东派出的 2 名监事和由公司职工民主选举产生的 1 名职工代表监事。按照集团有关授权管理规定，公司严格履行董事长授权决策程序。

围绕“七个进一步”，运营能力不断优化。公司上下紧紧围绕年初工作会提出的“七个进一步”要求，狠抓战略落实，企业管理质效不断提高，运营发展取得较好成效。进一步转变思想观念，公司上下充分认识思想观念的转变是一切改革的前提，聚焦企业以营利创效为目的的核心要义，摒弃多年思想固化顽疾，三大经营创效平台在核心关键任务方面突破明显，企业效益显著提升。进一步加强对标学习，所属各单位以行业优秀企业为目标，通过对比明确自身发展弱项与差距，制定完善公司内控管理体系。进一步加大人才队伍建设，根据战略发展需要，公司编制下发《干部人才三年滚动发展规划》，进一步完善人才队伍和人力资源管理体制建设。进一步加强科技信息化建设，公司及所属各单位聚焦主业，在积极推动BIM（建筑信息可视化置业管理平台）、智能仓储等技术应用落地的同时，扎实推进相关制度及网信安全建设，引入国际化标准的IT治理及运营服务体系，为公司数字化转型发展赋能。进一步强化协同创效，公司上下统一协同目标，总部职能部室牵头制定各单位年度重点工作、重点项目，建立月度反馈机制，切实推动协同工作。进一步加大考核力度，公司持续推进实施“人力资源管理体系优化项目”，改革现有薪酬绩效管理，打破以往“国企大锅饭”的传统薪酬体系，建立了以岗位、绩效、能力三位一体的宽带薪酬制度，实现人员薪酬与绩效挂钩的动态调整，为下一步深化改革提供了强有力的制度支撑。进一步推动本质安全管理，公司进一步压实安全生产责任，有效管控安全风险，安全生产形势保持稳定，全年未发生上报统计范围内的一般及以上的安全生产事故、污染事故、火灾事故以及船舶PSC/FSC被滞留事件。

完善干部人才三年滚动发展规划及人力资源管理体系优化项目。作为公司重点工作之一，该项目自2018年启动以来，各类项目成果已基本成形并陆续完善。2019年，公司与中智团队召开内部研讨会12次，完成制定公司总部部门、员工薪酬管理办法、绩效管理办法（征求意见稿），公司所属单位领导班子薪酬管理办法、绩效管理办法（征求意见稿），公司干部人才三年滚动发展规划（征求意见稿），公司员工职业发展通道管理办法，并将相关成果向公司作专题汇报。该项目相关成果正逐步推进实施。

强化采购管理工作。一是结合集团采购要求和公司业务实际，进一步优化公司采购管理体系，不断完善制度建设，新增《公司招标采购基础规程》《公司非招标采购基础规程》。二是完善采购组织，建立垂直领导的采购条线，公司集采中心一方面做优物资采购业务；另一方面做好承接非招标采购业务，对相关竞争性谈判、询比价项目按照非招标类采购流程进行评审。

规范供应商管理。一是严格供应商的开发、准入。根据供应商管理相关制度，对公司及下属单位入库供应商进行审核，一旦出现选用理由不合格、信息不准确，管理文件缺失、资质证照过期等相关问题，及时向发起人反馈。二是强化公司特殊关联企业的管理，根据集团相关规定要求，认真梳理公司及下属各单位供应商名单，确保信息及时报送，同时建立长效的工作机制，督促各单位强化特殊关联企业排查过程，规范企业的供应商管理流程。

【战略管理、经营效益】

收入利润实现双增长。2019年，公司收入利润继续保持增长，累计实现营业收入3.99亿元，同比上涨13.99%。实现利润总额7 421万元，同比上涨13.44%，超过集团6 300万元考核奋斗目标；实现净利润7 005万元，同比上涨25.78%，较大幅度超过集团下达的3 750万元奋斗目标，经济增加值与期间费用占营业总收入比重均优于集团考核要求，为集团完成“三个不低于”目标和公司专业化转型作出了积极贡献。

持续跟进“十三五”进程，推动规划执行与项目落地。为贯彻落实集团和公司有关要求，公司进一步督促指导各单位做好战略推进。一是总部战略管理部门前往各单位召开年度工作计划调研会议，部署战略推进重点工作和重大任务。二是组织开展了推进培训，集团战企部为公司作《深化改革促进企业高质量发展》培训宣讲。三是下发加强推进公司“十三五”战略执行的有关文件通知，督促各单位落实公司年度工作部署要求，形成重点工作月度推进情况，制定完善各单位年度战略举措项目清单及战略实施考核指标、考核细则。四是落实集团区域发展规划对上海中远海运提出的最新要求，组织召开液化储运、置业发展、环保业务“十四五”发展规划启动会，明确业务规划编制的工作机制、主要内容以及进度安排等。五是组织召开液化储运及环保业务战略执行及推进专题分析会，液化储运板块各单位对“十三五”规划执行情况、重点项目进度、转型发展瓶颈、解决措施、“十四五”发展思路等工作作专题汇报，公司相关职能部门对战略执行、业务发展思路、安全基础管理、合规经营等重点工作提出要求和建议。六是所属各单位开展“十三五”战略回顾和评估，编写战略实施效果评价报告。

全面推进资产盘活专项工作。在 2019 年资产盘活计划的基础上，为切实完成计划目标，公司总部会同海运物业落实处置方案和工作安排，拜访上海产权联合交易所结合房屋特性共同研究拟定排期计划和公开交易方案，明确专项工作月报、日报机制。对计划内 53 套拟处置房产价值预估，实现了张杨路、浦东南路、阜新路、延吉中路、大木桥路、东大名路等 17 套房产的公开处置。与上海长轮就扬子江股权转让事宜进行研究，并根据合资公司股东各方诉求，在保证公司合理收益的前提下有序推进项目实施。

【“3+1”经营创效平台】

2019 年，“3+1”创效平台聚焦发展核心问题，推动企业向“以客户为中心”的高绩效组织转型，为企业实现收入利润双增长以及高质量可持续发展奠定扎实基础。

1. 液化仓储环保平台

液化仓储方面。上海中远海运液化仓储环保平台主要分布在上海外高桥地区和福建江阴地区。

上海地区，为落实公司外高桥地区仓储一体化总体战略，上海中远海运于 2019 年 6 月 12 日正式完成了对亿升海运 70% 股权的收购项目。此举完善了公司上海地区仓储业务的整体结构，同时通过双品牌运营，依托 LBC60 年的全球先进仓储管理经验和 20 年发展积累的优质国际化客户资源，有效提升公司仓储板块的行业影响力、运营管理水平和业务服务能力。此次成功收购，将成为推进公司在外高桥地区资源优化整合和一体化运作、加快落实战略发展规划、大力发展液化仓储平台的有力抓手。2019 年，基于开创性收购亿升海运、实现“双品牌”运作，上海中远海运在大力发展液化仓储平台、加快推进外高桥地块现有资源优化整合和一体化运作上取得明显进展。盈利创效方面，海运仓储与亿升海运的业务特点构成了天然的优势互补，形成了外高桥仓储板块精细化工品与油品相结合、高附加值货品与普货相平衡的市场经营模式。2019 年，外高桥仓储板块实现营业收入 8 025 万元，同比增加 68.34%；实现经营利润 1 319 万元，同口径相比经营利润同比增加 768 万元，增幅 63.89%，创效成果显著。团队建设方面，库区第一时间整合消安队伍，安全工作有序融合，不断夯实安全生产“三基”建设；双方一线作业班组以“6S”系列活动、“一目了然”工程为载体，立足改善工作环境和作业习惯，通过经验分享、技术交流、互鉴提高，服务质量、生产管理、环境治理等各项工作得到全面提升，人员队伍也从组织融合逐渐走向情感融合、文化融合。

福建地区，福州江阴建滔化工码头有限公司是原中国海运（集团）公司与福建省人民政府签署战略框架协议后首个在福建落地的合作项目，2015 年 1 月由上海中远海运下属海运仓储公司通过增资扩股方式与福建省顺昌富宝实业有限公司合资成立。2019 年，福州建滔紧抓商业机遇，在维护好现有客户并成功提高单价的同时，签约中海油等 3 家新客户；抓住中石油自有码头修复契机，承接发油量从每日 500 吨提升至每日 2 000 多吨的暴涨性需求，通过技改大幅提高装车效率，获得客户满意，实现“三桶油”在库区会师；把握东曹项目重新选择物流方案的机会，顺利引进国际客户，目前已进入施工阶段，大客户营销取得突破性进展。年底福州建滔租罐率达88.5%、同比增加23.19%，实现营业收入同比增加899万元，增幅31.96%，利润大幅减亏500多万元，企业发展焕发新春。

环保产业方面。上海海运（集团）公司船舶污水处理厂是由上海中远海运投资并吸收世界银行贷款和全球环保基金组织赠款共1.9亿元建成的港口环保企业，专门为客户提供船舶油污水接收处置服务。2018年，在做好船舶油污水处理的基础上，4月，召开环保产业发展专题会议，提出向港口环保高新技术企业转型，船舶污水处理厂通过与意大利IODA签订战略框架协议、积极与清华、同济等高校展开产研合作等方式，不断探索油污泥减量化、压载水、工业废水处理等市场开拓的可能性。

2. 化学品运输平台

上海中远海运化学品运输平台下属中海化工运输有限公司成立于1988年12月，是我国第一家专门从事散装化学品国际、国内运输的专业化学品运输公司，也是集团内目前唯一一家液体化学品运输船公司。平台坚持向集团航运主业看齐、树立主业意识，紧盯船队规模科学发展和运营能力稳步提高的目标不动摇。2019年，平台实现收入同比增加1 261.6万元，增长27%。

科学发展船队规模方面。平台目前正全力推进设立香港公司并以该公司为投资主体新建2艘13 800 DWT不锈钢化学品船项目和通过业务开展租出租进、运力置换等方式科学提升运力、壮大船队规模。2019年，公司通过交通运输部审批，顺利获得台海航线运力资质指标和8 000吨新增内贸运力资质指标，尤其是含金量极高的台海航线资质在国家停止审批7年后取得，配合华南项目为船队揽取北上回程货、构筑三角航线奠定坚实的基础，将集团内唯一化学品内贸运营资质的资源优势不断做强做大。

市场化能力提升方面。一是落子华南市场、拓展业务范围。平台创新思维模式，协同广州中远海运物流，共同投标中石化海南洋浦炼化化学品水运项目，取得实质性成果，最终主标中标3个航线，跟标中标2个航线，并于6月底签署COA合同，海南炼化9月开始投产，目前每月4～5万吨的水运需求逐渐释放；同时期租“泓广1”轮投入项目中标线路的运营，实现从拥有到控制运力的转变，项目运营逐渐平稳。二是加大市场营销，不断打响品牌。年内首次和恒力石化（大连）炼化公司、青岛海湾化学、浙江物产化工宁波公司、吉林石化物流等新客户开展了合作，同时对现有业务深度挖潜、成功续签烟台万华COA合约并提价3%。

人才队伍建设和船管能力提升方面。全面加强船岸联动，管理层引入具有思多尔特、LBC等国际先进企业高管经历的人才作总经理和具有原中化国际资深指导船长经历的人才作副总经理，专业化管理人才的配备为公司运营带来积极影响，2019年四季度，中海化运总体货运量、收入和船舶TCE均达年度最高水平，企业盈利创效能力和员工主观能动性有效提升。船舶管理方面一是安排海务机务人员分别跟船指导，了解船舶及设备存在的问题，指导船舶解决问题，取得较好效果；二是通过加大对自有船长、轮机长等培养和建立完善核心船员库，切实提高船岸队伍素质。

3. 置业发展平台

上海中远海运置业发展平台作为保障公司健康有序的“压舱石”和不断为“两轮驱动”输送动力的“发电站”，2019年内总计收入1.72亿元，同比增长6.93%；实现考核利润总额4 702万元，同比增长133.70%。

加大资产管理力度。一是加快低效无效资产处置，提高资产运营质量。年内共处置房产37套，处置价格与进度均优于预期；通过市场调研，科学增加公司代管房产的租赁收益，年内实现可出租存量资产出租率达98%。二是加大高效优质资产开发，促进资产保值增值，全面提升盘活能力。广东路20号整体修缮工作正在紧锣密鼓推进中、700号大楼项目于一季度顺利动工、海运大厦抓紧开展整体租赁开发工作；高阳路147号办公楼、赵家宅、海厦旅馆等“三小”资产也以“运营高效”为原则在整体租赁、自主开发等方面有实质性进展。“三大三小”资产的再定位再发展取得实效，为上海中远海运未来健康稳健发展提供了压舱石保证。

成本费用大幅下降。通过总部成立采购成本管控委员会牵头抓总、营运部门与海运物业以“解剖麻雀”方式对国客中心6号楼、高阳路147号商务楼、居住小区等处展开成本分析和控制，充分发挥区域联动，对项目点设立区域规划、对外聘人员进行协同管理，并通过集采程序，全年实现降本374万元。

打响优质服务品牌。海运物业通过将集团总部大楼创“市优大厦”为抓手、将中远海运能源总部“市优大厦”标准与“三合一”管理体系贯标相结合，不断做细物业服务、做精餐饮服务，各项目点通过不断实践“6S”理念，持续加强品控管理，拉近业主及服务团队之间的距离。集团总部大楼物业项目点凝聚合力，全力以赴配合做好进博会前夕希腊总理到访集团相关部署安排，以“高级别”会晤配套保障、“国宴级”用餐服务标准，全程参与和圆满完成外事接待，进一步彰显海运物业优质服务品牌。

4. 浦江旅游观光平台

上海中远海运浦江旅游观光平台下属上海巴士旅游船务有限公司成立于2001年12月12日，凭借10余年的浦江游览行业资历、成熟的运营团队以及良好的品牌价值，为公司带来稳定的投资收益。截至2019年底，公司浦江旅游观光平台共经营管理4艘游船，分别是“振宇”轮、“金灿灿”轮、“康宁”轮、“蓝森”轮，客位总量为1 698位。近年来，巴士船务牢牢把握黄浦江游览新一轮改革发展的重要契机，在确保安全行驶前提下，通过对接十六铺码头公共平台运营、顺利通过游船“四星”评定、利用富余运力拓展包船和“蓝森号”餐饮航班自营等方式，不断提升服务质量和品牌知名度，实现良好收益。“十三五”时期内，巴士船务营业收入和利润大幅提升：2019年完成营业收入3 520万元，较“十二五”末期相比增长43.32%；实现净利润1 006万元，较“十二五”末期相比增长60.6%。

【安全生产】

聚焦安全生产管理目标，持之以恒落实本质安全。2019年，上海中远海运深刻把握公司“服务客户 提升质量”的工作思路，坚持抓好安全生产主体责任落实，坚持“目标导向”和“问题导向”在安全管理工作中的作用，持续开展安全隐患排查治理，不断完善安全管理体系，持续深入开展安全风险分级管控和隐患排查治理双重预防控制建设，加大安全教育培训力度，强化现场工班组建设和人员综合素质的提升，积极推进安全管理信息化建设，提升公司的本质安全管理能力。全年，未发生上报统计范围内的一般及以上安全生产事故、污染事故、火灾事故以及船舶PSC/FSC被滞留事件，公司安全生产工作总体平稳可控。一是明确年度安全工作目标，强化企业主体责任落实。公司与所属6家单位、2个中心签订了2019年安全生产工作责任书，不仅明确了年度基本指标、分类管理指标和考核要求，也将国家赋予企业的安全生产主体责任，以签订安全生产责任状的形式，层层落实到各单位、部门、班组和每一个工作岗位上。同时，编制公司《2019年安全及消防工作计划》，将安全生产隐患排查治理、安全教育培训、安全管理体系运行、生态环境保护、安全风险管控和隐患排查治理双重预防控制建设等方面的重点工作内容和要求进行细化，为公司年度安全工作目标的实现打下扎实的基础。二是深入开展隐患排查治理，夯实安全生产管理基础。按照集团《2019年安全检查计划》以及第二、三阶段安全检查的通知要求，结合公司所属单位情况，持续开展以船舶驾驶台航行安全和船舶管理、陆岸单位工班组管理、外发包（工程）项目管理等为重点的隐患排查整治，督促各单位按照集团《船舶安全检查标准》和《陆岸安全检查测评表》等文件精神要求，以消除各类生产安全隐患和管理缺陷为导向，组织开展隐患排查治理工作，强化工班组的基层建设，提升班组安全管理能力。三是抓好安全管理体系建设，完善安全生产管理制度。安全管理体系建设是安全工作的中心，各单位以抓好体系建设，进一步完善各项安全生产管理制度，稳妥做好各类管理体系的融合。2019 年，公司制订和完善各类管理制度 25 项，所属各单位制订或修改各类管理制度 143 项。四是实施安全风险分级管控，有效降低安全生产风险。公司组织开展安全管理现状的排摸，从本单位概况、安全生产组织机构设置、安全管理模式、安全管理体系建设、风险管控和隐患排查治理情况、安全教育及培训情况、安全投入等方面梳理安全现状，分析各单位安全生产管理存在的风险、问题和薄弱环节，制订相应的安全管理措施，最大限度做好安全生产风险的管控。五是加大安全教育培训力度，增强从业人员安全素质。公司及所属单位把提升公司各级管理人员专业知识和管理能力，提高一线员工的安全知识教育和基本操作技能培训作为安全管理的一项重要基础性工作。2019 年内，公司及所属各单位组织开展职工岗位安全教育培训 57 次 /225 人次，对外来及施工人员安全教育培训 1 016 次 / 1 344 人次，安全应急培训 74 次 /1 353 人次。六是加强节能减排管理，增强环境保护意识。按照全国节能宣传周“绿色发展，节能先行”和全国低碳日“低碳行动，保卫蓝天”主题，部署开展公司节能宣传周活动，动员公司及所属单位员工参与“申能杯”绿色知识竞赛微信答题，并将活动推广给外来施工队伍，积极营造节能环保宣传活动氛围，传播节能减排、绿色发展理念；结合即将实施的《上海市生活垃圾管理条例》，公司及各单位对员工开展垃圾分类培训指导，引导广大职工关注垃圾分类的环保工作。

【合 规 风 控】

法务与风险管理方面。2019 年，上海中远海运深入贯彻落实习近平总书记全面依法治国新理念新思想新战略，认真落实集团法治工作部署，紧紧围绕转型发展中心任务，始终坚持法律、合规、风险、内控一体化思路，进一步夯实法律基础管理，加强综合性风险管控，推动公司依法治企、合规运营，为公司深化改革、转型发展进一步夯实法治保障。一是法治建设责任压紧压实。公司从全局高度、战略层面深刻认识加强企业法治工作，推进依法治理、依法经营和依法管理的重要意义，运用法治思维和法治方式实施公司治理和经营管理。认真落实集团要求和公司制度规定，两级领导班子高度重视和支持法治央企建设和法务工作，认真履行企业法治建设第一责任人职责，把法治建设作为谋划部署全局工作的重要内容。加强法治工作机构建设，推动公司法务集中管理，通过市场化招聘进一步充实总部法务力量，集中统一选聘第三方法律顾问，多措并举提高法务部门的集中管控和保障能力。二是持续改进和完善风控体系。随着公司三大经营创效平台的稳步发展、深化改革的深入推进，公司总部逐步从职能管理型向战略及运营管控型转变，组织架构、人力资源、管理机制等方面都发生较大变化。为此，公司聘请第三方结合业务和架构调整对公司原有内控体系进行更新优化，建立符合公司战略、能够满足总部管控要求、可落地运行的风险管控框架及体系运维工具。同时，中海化运聘请第三方建立完善风控体系，实现风控体系与安全管理体系的融合。认真开展企业内控体系评价工作，对公司制度、流程以及体系运行情况进行检查，查找缺陷并加大整改力度，提高企业经营管理水平和风险防范能力。三是持续深化合同集中管理模式。从防范合同风险的需求和各单位合同管理短板出发，推行合同集中管理模式，在 OA 系统中重塑合同管理流程，进一步细化规定了合同全生命周期管理要求，实行总部集中审核、动态跟踪合同履行，加强运营风险和法律风险的事前、事中管控。结合下属企业业务多元的实际，区分 32 类购销业务，以各业务历年财务数据为依据，分类核定普通、一般重要和重大合同的金额划分标准，并按照权责统一原则，分级确定各类合同最终审批主体。在加强对合同主体和合同审核把控的同时，进一步规范合同签订授权管理，通过 OA 流程实现授权流程化，规范合同签订行为，避免无权代理、超越代理的情况发生。同时通过履约跟踪流程，敦促合同经办人及时完成履约情况报告，实现合同履行状态的可视化。另一方面，结合集团关于范式合同管理的要求和公司业务实际、风控需求，协调所属单位起草编制码头装卸、液化品仓储、物业管理、船舶修缮、档案管理等业务相关范式合同文本，并通过征求意见、法务部组织评审、外聘律师协助修改，完善文本内容并发布适用。2019年，公司新增范式合同文本15个，新纳入集团范式合同文本库5个。四是法律风险防范机制不断深化。公司坚持将法律风险防范向前、向下延伸，努力做到风险防范全覆盖。针对公司签订的重大业务合同，组织相关部门评估风险，以发出风险提示函方式，及时对企业生产经营中的法律风险进行提示。支持液化仓储平台和置业发展平台打造，全面参与公司收购亿升海运仓储公司股权项目，在尽职调查、交易谈判、法律文件签署、股权交割等环节，走到业务前端，更全面地为业务考虑，充分发挥法律把关和项目推动作用，共同为企业创造价值；深度参与广州物流合作项目、海运大楼改扩建项目、低效资产盘活项目的立项论证，实现风险防控关口前移，及时提示风险点并出具法律意见。此外，公司法务部门将功能发挥延伸至商务领域，归口管理应收账款，月度跟踪公司应收账款情况，书面通报业务部门和相关单位，督促回款工作和客户信用管理。五是优化规章制度组织管理。修订《中远海运（上海）有限公司规章制度管理办法》，优化了制度起草、审查、审议与发布程序，进一步规范内部“立法”活动。在落实制度制定计划的基础上，启动集团重组后第二版规章制度汇编工作，为企业的各项工作有序开展夯实制度保障。通过加强宣贯培训、纳入业务流程、明确岗位职责等方式，提高制度执行力，确保各项制度得到有效落实。不断健全完善规章制度执行监督机制，发挥战略、监督审计、法务等部门协同监督作用，强化制度执行监督。六是普法宣传教育深入推进。突出学法用法，两级党委中心组把学习法律与企业经营管理知识紧密结合，重点做好习近平总书记重要讲话精神、中央和上级重要会议精神以及与企业发展密切相关法律知识的学习，提高学习效果。公司法务与风险管理部通过发放书籍和宣传资料、在OA系统和《海运》杂志开设专栏、举办专题讲座、组织法律知识培训和参观学习等多种途径普及法治理念和法律知识，收到了良好的效果。广泛组织参与集团和公司法治宣传月活动，协助集团承办法治辩论赛、模拟法庭，营造了良好的活动氛围。

监督审计方面。公司深入贯彻国务院国资委和集团对审计工作的要求，认真落实公司审计工作部署，围绕中心服务大局，以发现问题、解决问题为导向，紧密结合本单位经营管理、改革发展的中心任务，强化审计的监督与服务职能，把握工作重点，坚持联网审计和现场审计相结合，强化审计整改，问题建账销号，在提升管理、防范风险、支持决策等方面发挥了积极作用。2019年在集团审计本部指导下，监督审计部认真落实年度审计计划，共完成各类审计项目5项（其中，经济责任审计3项，专项审计2项），促进增收节支12.77万元，审计移交问题线索3件。同时，根据集团相关要求，监督审计部下发《关于实行审计整改建账销号管理的通知》，加大对审计发现问题整改落实情况的跟踪力度，要求被审计单位定期汇报整改进度，明确项目负责人，及时跟踪，做好审计整改“后半篇文章”，提升审计整改效能。

【科技信息】

2019年，上海中远海运以“左手架构、右手治理”策略持续推进企业信息化建设工作，不断强化总部对各项目和流程的集中管控。全年公司共投资12个信息化项目，投资总额达600多万元，创历史以来最大投入力度。

“左手架构”围绕“四层框架”蓝图分层推动，加快信息化项目推进。一是决策支持层启动研究基于各业务板块和系统的“管理驾驶舱”，致力于打造覆盖主营业务的安全可视化平台，为企业经营管理和决策提供支持。二是运营管控层以OA系统为核心提升企业管理水准，年内通过建立采购全流程闭环管理、总部及子公司财务付款报销、合同全生命周期管理、人事与考勤管理等功能，使全公司经营管控流程在同一平台上全面整合应用，不断提高公司精细化管控程度。三是业务执行层通过借助信息化手段支撑公司主营业务发展，海运仓储、亿升海运将智能仓储技术应用融入库区改造、ERP 系统（企业资源管理系统）建设等项目之中；海运物业 BIM 可视化置业管理平台（建筑信息可视化置业管理平台）正式上线，推动物业管理的标准化运作与服务质量的全面提升。四是设备控制层不断加强底层建设，为信息化提供坚实基础。

“右手治理”强化服务，为业务连续性提供有力支撑。年内，公司引入国内领先的第三方专业机构和具有国际标准的 IT 服务管理标准 ITIL（信息技术基础架构库，是 IT 服务管理的国际认证），总部信息管理人员均通过 ITTL 标准认证，进一步提升信息化服务能力；设立 IT 服务台和 IT 热线，以快速响应和支撑全公司所有信息化请求并做好跟踪反馈；对公司 IT 运营能力演进进行了整体设计与规划，初步建立了与公司实际相符合的 IT 服务管理体系，全面提升企业信息化运营和治理水平。

【服 务 管 理】

信访接待和综治维稳方面。上海中远海运全面履行好中远海运集团上海地区综治信访维稳内保工作牵头单位职责，2019 年未发生任何严重群体性上访事项和极端信访事项，未发生任何治安或刑事案件，为集团营造了平安和谐稳定的发展环境。信访工作方面，2019 年，信访接待 / 综治管理中心认真做好每一起信访事项的登记、受理、答复、转办、交办、督办、调处等工作。其间，坚持用心倾听、用情交流、用脑调处，按“事要解决”原则，成功调处信访事项 24 起。稳定工作方面，为做好重点信访群体和重点信访个案人员的稳定工作，我们在做好日常信访接待和沟通交流的同时，适时主动邀约重点信访群体主要信访人员与公司领导座谈（2019 年共计邀约座谈 3 次），坚持在元旦春节、五一、国庆和重要时间节点期间做好重点信访群体主要信访人员和重点信访个案人员的家访、慰问和安抚工作，进一步做好相关政策解释、思想疏导和解疑释惑工作，着力避免群体性信访矛盾激化、扩大和反弹。内保工作方面，公司认真履行集团上海地区内保管理牵头单位职责，以“创安复验”和“平安单位”创建为抓手，强化人防、技防、物防和制度防等综合性防范措施。2019 年，完成 9 家“平安示范单位”、33 家“平安单位”和 8 家单位“创安复验”的材料收集、汇总和上报等工作。结合“平安单位”创建工作，年内 2 次对集团上海地区 20 家单位进行内保工作检查。全年未发生任何治安或刑事案件。

离退休人员服务管理和社保管理方面。一是加强老干部服务管理，截至 2019 年底，上海中远海运共有离退休干部 289 人。其中离休干部 102 人（平均年龄 88.3 岁），处级以上退休干部 187 人（直管 128 人，代管干部 59 人）。中远海运认真学习贯彻落实上级关于老干部工作的部署要求，加强和改进离退休干部服务管理。通过主题征文、聆听讲座、文艺汇演、组织培训、微信竞赛等形式，引导广大离退休干部坚定理想信念，以实际行动支持、服务企业转型发展。加强和改进新形势下离退休人员组织建设，紧紧依托每月组织生活，不断调整、充实、归并基层党支部，凝聚老干部智慧力量。二是做好退休人员管理工作，公司以“细致关心、全面关爱、特殊关注”为目标，坚持“好事要办好，实事须办实”，服务管理好公司退休人员。协助退休职工做好补助医保报销工作，受理外地补充医保单据 1 023 人次，发放补充医保 299.9 万元，赴虹口医保代办外地医疗费报销 1 125 人次，赴上海市总工会报销 601 人次，合计报销 368.9 万元。为外地退休职工办理上海老年综合补贴卡 79 人次。三是严格履行社保服务管理职能，做好本单位和集团上海地区兄弟单位在职及离退休人员的社保服务工作，推进中心部门化管理，及时堵塞业务流程漏洞，消除监管盲区。年内，公司足额缴交养老保险、基本医疗保险、失业保险、生育保险、工伤保险等各类保险基金，未发生任何欠缴情况。

档案管理方面。上海中远海运坚持把档案管理作为一项重要的基础性工作，全力确保档案管理规范化、标准化、科学化。一是推进档案信息化管理。根据退休人员社会化管理要求，进行退休、死亡人员人事档案数字化。2019 年，完成退休、死亡人员档案扫描 4 820 人次，544 908 页，核对 2 645 人次，308 799 页。二是做好国际档案日宣传。档案管理中心在国际档案日宣传活动中，开展了形式多样、内容丰富的系列活动，包括张贴宣传挂图、开展“新中国的记忆”征文活动等。通过活动，增强全体员工的档案意识和员工利用档案的意识。2019 年，公司人事档案管理共接收新进档案 483 本，收集零星材料 3 082 份，对外接待 1 605 人次，登记人员动态 1 681 人次，档案转递 1 401 人次，移库 353 本，审核装订 13 108 本，档案盒更新 1 053 人次。托管单位减少 12 家，档案移出合计 1 011 本。本年度人事档案库藏量减少 528 本；文书档案管理共接待查阅文书、会计、照片、病史等共 216 人次，复印 11 507 页。档案归档情况：集团总部 3 605 件文件，公司机关、中心文件 1 011 件、会计 694 件、照片 140 张、实物 270 件，公司所属单位文件 3 349 件、会计 3 175 件。档案增减情况：归档新增文书 10 573 件、会计 24 961 件，照片 140 张，实物 270 件；销毁和移出减少，按规定销毁已满保管期限的病史档案 115 848 件、文件档案 3 971 卷，出库 515 卷，均做好相应台账记录。

职业健康卫生管理方面。上海中远海运坚持“以人为本”工作理念，每年组织员工开展健康体检，并做好员工基因检测健康评估，提出健康促进意见。公司内设的非营利性医疗机构自 2017 年 7 月 28 日开业以来，全心全意为企业职工提供基本公共卫生服务、基本职业卫生服务和基本医疗服务。2019 年 3 月，卫生所荣获“上海市内设医疗机构标准化合格单位”。卫生所就诊人员主要为慢性病、常见病和多发病的诊治、配药以及健康咨询等方面的处理。医务人员热情接待每位来卫生所就诊的员工，在接诊的同时，根据不同员工不同的身体状况和需求，给予耐心的解释和解答，并给予个性化健康管理建议和意见。2019 年度共计就诊挂号 1 042 人，药费总计金额 145 662.57 元（其中诊疗费、理疗费、换药费等全免）。同时，医务人员做好医保系统的日常维护，做好与区医保中心准确无误的日对账及交接工作，每月与公司财务部报表交接并做到零误差，医疗工作正常、有序开展。整体工作实现“零差错、零事故”。

【队伍建设】

上海中远海运始终坚持正确选人用人导向，积极拓宽人才引进思路，为公司三大经营创效平台建设广聚人才，公司干部人才队伍建设不断取得新进展。截至 2019 年底，公司职工队伍总数 656 人，其中女职工 175 人，劳动合同签订率 100%。一是加大干部人才引进力度。公司聚焦主业经营、强化业务管控，2019 年通过市场化公开选聘方式引进外部专业人才，招录中海化运副总经理人 1 人，福州建滔安全部经理 1 人，并开展公司总部法务、信息岗位人才招聘。同时，通过内部公开竞聘方式，完成了航海学会副秘书长、中海化运办公室主任、信访中心科员、人武部科员共 4 个内部岗位的人员招聘。市场化选聘、内部公开竞聘全程公开透明，合规公正，严守招聘纪律，为用人需求部门、单位提供了有力的人才支持。二是建立健全干部选拔任用制度。公司坚持选好配强基层领导班子队伍，制定《干部选拔任用初始酝酿阶段征求纪委书记意见办法》《所属单位纪委书记提名考察办法》，全年调整各单位班子成员 16 人，增强各创效平台“火车头”的引领带动力。加大年轻干部培养力度，年内提拔 5 名 80 后年轻优秀干部赴重要岗位任职，为年轻干部历练成长创造条件。加强干部监督管理，严格落实领导干部个人有关事项报告制度，开展任期综合考核评价工作，实现干部考核全覆盖。三是持续加强干部职工从业能力建设。公司紧密围绕“十三五”发展目标，加大教育培训投入力度，加强教育培训制度建设，多次开展专题系列讲座，努力通过各类教育培训活动，持续提升广大干部员工的政治素养、专业技术能力、干事创业活力。截至2019年底，公司全年使用教育经费103.78万元，其中公司总部使用55.5万元。公司层面共举办或参加各类外部培训41班次，合计员工参训1 327人次，参加集团及社会培训13班次，参训54人次；自主举办培训28班次，参训1 273人次。

【党群工作、企业文化】

党建工作方面。2019年，上海中远海运党委以习近平新时代中国特色社会主义思想和党的十九大精神为指导，认真贯彻落实党的十九届四中全会精神，落实集团党建工作会各项部署，坚持加强和提升基层党建工作，深入开展“不忘初心、牢记使命”主题教育，推动全面从严治党向纵深发展，在公司专业化转型进程中充分发挥领导核心和政治核心作用。一是坚持政治引领，领导核心作用落实到位。坚持学习宣传贯彻习近平新时代中国特色社会主义思想，真抓实习，不断提升党员领导干部理论素养、决策水平。巩固拓展“看、听、讲、学”四位一体学习教育体制，年内开展党委中心组集中扩大学习15次，787人次受训，内容涵盖习近平新时代中国特色社会主义思想、党的十九届四中全会精神、全国两会精神、党风廉政建设、意识形态建设、爱国主义教育、古田会议精神、企业发展史教育、法治建设和风险管理等方面，增强“四个意识”、坚定“四个自信”、做到“两个维护”。二是坚持初心使命，主题教育取得积极成效。坚持高起点谋划布局，对主题教育工作方案进行研究部署。坚持高效率推动落实，区分两个批次主题教育对象，加强分类施策，着力解决好“做什么、怎么做”的问题，凝心聚力实现“守初心、担使命，找差距、抓落实”工作目标。坚持高强度营造氛围，积极发挥宣传引导作用，下发工作提示5期，编发工作简报21期。公司52个基层党组织、520名党员坚持把“不忘初心、牢记使命”主题教育作为年度党建重点工作，以高度的政治思想自觉推动主题教育落细落地。三是坚持强基固本，管党治党作用有效发挥。公司党委与7家单位党组织签订党建工作责任书，管党治党责任层层分解、层层传导、逐级落实。一体推进党建工作责任制评价、党组织书记抓基层党建工作述职，党员领导干部切实履行“一岗双责”，实现党建与生产经营共融共进。加强党建、纪检监督、组织人事、人民武装、信访维稳等方面制度建设，不断改进、优化、提升管党治党能力水平。各单位党组织持续强化基层党建服务大局，结合实际开展特色党建工作，坚持用新思想武装头脑、指导实践、推动工作的能力得到进一步提升。

宣传思想和企业文化工作方面。2019年，公司宣传思想和企业文化工作牢牢抓住学习贯彻习近平新时代中国特色社会主义思想和党的十九大精神这条主线，准确把握宣传思想工作举旗帜、聚民心、育新人、兴文化、展形象的重要使命任务，为公司实现年度经营目标任务提供有力思想舆论保证和良好精神文化条件。一是多平台传播海运声音。“一刊一网一号一屏”同频共振，围绕“转型纪实”“峥嵘70载”等重大主题，对公司转型创效成果进行系列宣传报道。年内《中国远洋海运报》刊登公司创新创效工作报道57篇，进一步打响上海中远海运经营品牌。畅通各单位交流互鉴渠道，定期发布《海运》内刊、《海运党建》，对企业文化宣贯形成有益补充。二是多载体凝聚向上力量。推进精神文明建设，倡导和践行社会主义核心价值观，所属及属地管理共7家单位获评第十九届“上海市文明单位”。以“风雨同舟七十载、奋楫扬帆新航程”为主题，开展企业文化系列活动，涵盖文化理念征集、图文资料展览、老干部座谈会、职工文艺汇演、“书香海运”、乒羽竞赛、健康徒步行等子活动，展现出公司新时代海运文化新内涵。在新中国成立70周年前夕，退休劳动模范杨怀远荣获“最美奋斗者”称号，172名干部职工荣获“新中国成立70周年纪念章”，老一辈奋斗者的身影，激励新时代海运员工奋力投身专业化转型新征程。三是多举措强化责任担当。公司党委坚持加强对宣传思想工作和意识形态工作的全面领导，研究制定公司意识形态建设工作要点，推动风险排查、舆情管理、信息发布、签约承诺等任务落地，有效筑牢意识形态领域防线。持续加强公司思想政治工作理论研究，召开年度宣传思想工作会，总结和表彰优秀研究成果。

工会工作方面。2019 年，上海中远海运坚持围绕中心、服务大局，在加强职工政治引领、组织职工建功立业、维护职工合法权益、保持职工队伍和谐稳定等方面开展了富有成效的工作。一是围绕中心任务，举办劳动技能竞赛。竞赛内容涵盖：“119”消防演习、急救包扎、单边桥驾驶、拆装车辆轮胎、码头危险化学品泄漏事故应急演练等 13 项，有力促进了公司生产经营水平和职工技术能力提升。二是敞开建言渠道，推进民主管理。公司全年收到职工提交的合理化建议 74 条、安全生产金点子 25 条，为公司凝聚转型发展智慧。强化民主管理，及时在公告栏、OA 等平台发布职工关心的热点、焦点问题，保障职工的知情权和监督权。三是注重源头参与，落实职代会制度。公司认真贯彻落实《上海市职工代表大会条例》《中国远洋海运集团职工代表大会实施细则》，组织基层工会参加辅导讲座，落实换届改选要求，有效提高职代会运行质量。发挥劳动保护监督作用，公司 82 个班组、785 名职工参加“安康杯”竞赛，886 名职工参与全国职工劳动安全卫生防护与自救逃生知识普及竞赛，推动企业安全生产任务落实落地。四是竭诚服务，保障职工权益。2019 年，公司工会共筹集帮扶资金 100.12 万元，并争取到上级工会帮困金 2.8 万元，募集“一日捐”资金 2.06 万元，帮困 431 次（上级帮扶 32 人次），助学帮困 33 人次，发放“金秋助学”金 3.28 万元，走访慰问职工 321 人次。

共青团工作方面。2019 年，上海中远海运团委以服务企业改革发展、服务青年成长成才为抓手，引导青年不忘初心、牢记使命。一是开展“青春心向党 建功新时代”主题宣传教育。公司团委在开展主题宣传教育活动中，积极推进“青年大学习”行动，以会议、内刊、网络平台等方式，发动团的各级组织围绕党的十九大精神，纪念新中国成立 70 周年、纪念五四运动 100 周年，推送学习内容。举办“纪念五四运动 100 周年”微团课，邀请专家以“时代塑造青年 信仰成就青年”为主题上团课；组织团员青年 150 人次收听收看纪念五四运动 100 周年大会；与中远海运能源、中远海运港口联合组织开展主题团日活动暨“青春心向党·建功新时代”主题升旗仪式，激励青年肩负“航运强国”历史使命；开展“我与祖国共奋进”特别主题团日活动，引导广大团员青年大力弘扬以爱国主义为核心的民族精神。二是以青年创新创效促进提质增效。坚持建设“青”字号品牌，发挥青年在公司发展进程中的生力军和突击队作用。公司团委组织 16 名优秀青年志愿者，全力配合承办方为第 15 届“中国航海日”开展多种服务；组织青年积极参与以“防风险、除隐患、遏事故”为主题的安全生产月活动。各单位青年组成 6 支队伍参加“安康杯”安全知识竞赛，普及安全知识。三是坚持服务青年关心青年。公司团委协助工会带队参加集团才艺大赛，由青年排演的节目舞蹈茉莉花和男生小组唱分获三等奖，并代表公司参演集团庆祝中华人民共和国 70 周年职工文艺汇演。动员各单位青年积极参加公司乒羽比赛；举办“晒晒你的年夜饭，分享家的味道”活动，精选各单位最具代表性的年夜饭作品，晒出一场中华美食盛宴；发布与青年生活相关的资讯信息，开展“畅游上海一票通”团购活动；看望产假女青年，送去团组织的关心和问候。四是不断夯实团组织建设基础。坚持例会制度，定期召开工作例会和团委委员例会，组织理论学习、加强工作交流、部署阶段性工作，全年共召开会议 8 次。根据业务实际修订团委工作制度，及时调整团组织，依规撤销海运服务团工委。加强基层团支部建设，组织各级团委学习贯彻《中国共产主义青年团支部工作条例（试行）》，规范各单位《团委工作手册》《团支部工作手册》。坚持双推优制度，共 5 名青年确定为发展对象。

（周涵聪）

中远海运（广州）有限公司

中远海运（广州）有限公司

中远海运（广州）有限公司（以下简称“广州中远海运”），是中国远洋海运集团有限公司（以下简称“集团”）全资子公司，注册资本319 120.240 6万元，注册地广州市海珠区滨江中路308号。公司成立于1949年10月22日，企业名称和管理体制多次变更。2016年6月28日，公司正式更名为中远海运（广州）有限公司。

【公司治理】

广州中远海运为国有独资企业，不设股东会。由2名股东代表、2名公司董事、2名外部董事和1名职工董事组成的董事会是公司的最高决策机构，对股东负责。董事会2019年共召开5次会议，其中1次定期会议为现场会议，4次临时会议以通讯形式召开。董事会审计与风险管理委员会召开1次现场会议。董事会共审议议案19项，主要包括公司年度经营计划、风险管理体系、规章制度、扶贫（援藏）捐赠、下属公司增资项目、利润分配方案、组织架构调整方案、企业年度工作报告、员工招录计划、重大资金使用、聘任总法律顾问、聘任董事会秘书等。公司董事长、集团副总经理叶伟龙在授权范围内审批行权事项共2项。9月，集团审计组进驻公司开展了直属董事会制度建设专项审计，重点是2016年公司第一届董事会成立以后的规章制度建设和运作情况共7个方面。年内，公司1名董事和公司董事会秘书人选作了调整。

公司经理层6人均为公司党委委员。坚持民主集中制，落实“三重一大”决策制度，全年召开总经理办公会46次，党委会27次。年初，集团调整了公司纪委书记。

坚持全心全意依靠职工群众办企业，全面落实党务公开、司务公开制度。2019年，召开年度工作会议、党建工作会议、一届三次职代会暨安全环保工作会议，听取了总经理工作报告、党委工作报告、职代会报告和安全生产、生态环保工作报告；书面审议了公司职工解困救急基金会工作报告，开展了公司领导班子及成员民主评议，通报了2018年公司领导履职待遇业务支出情况，签订了2019年经营业绩责任书、基层党建工作责任书及安全生产、环境保护工作责任书，表彰了先进集体和个人。

7月26日，公司进行组织架构调整，印发《总部各职能部门主要工作职责》。因人员未配备到位，公司总部仍按原有组织架构运行，共有9个部门：董事会办公室/总经理办公室、党委工作部（武装部）/团委、企划部、法律事务部、财务部、组织人事部（安全监管部/安委会办公室）、纪委工作部/监察审计部、基建办、工会办公室。公司下设7个管理主体：新海医院、远海健康、海星旅游、物业公司、海船工程、海宁公司、海建公司。另设3个后勤保障中心：社会保障服务中心、财务核算中心、档案管理中心。

【战略发展】

公司坚持战略定力不动摇，围绕主业做产业，推进重点项目落地，开展对标和合作，强化产业盈利能力。围绕战略规划与发展实际，主动调整产业课题研究小组人员与方向，专项研究了健康养老、船舶远程医疗、珠江游船、商务酒店、航运环保、航海配套保障服务等一批重点项目。

健康产业方面，坚持“医养结合”协同发展，加强优势学科建设，积极拓展远程医疗服务业务，“船舶远程医疗与健康服务系统”科研项目完成验收；着力打造机构养老、社区居家养老、护理站为一体的养老业务布局，推动养老服务标准化建设，建立标准质量管理体系。旅游产业方面，着力优化业务结构，以商旅平台为支点，撬动差旅业务新发展；积极探索开展珠江水上旅游业务的可行性，寻找旅游产业发展新路径。物业与工程服务产业方面，与行业内先进企业对标，引入外部专业顾问团队，提升物业经营质量；利用工程服务资质优势，主动对接集团内基建项目，寻找工程监理业务突破口。及时调整运营策略，开展进江业务，积极应对航运市场波动影响，开展机械产品代加工业务研究，探索业务转型升级路径；以开发船舶电子海图软件、船舶油污水处理设备升级为抓手，推动技术创新、经营模式创新，不断增强为集团主业服务能力。

2019 年 10 月 22 日，新海医院新业务大楼建设项目举行启动仪式。12 月 17 日，海宁公司与高校合作研发的数字海图为船服务软件获得 UKHO 的技术认可，填补了国内该领域的空白。

积极推动各下属单位以产业发展标杆企业为对象，从业务运营、市场拓展、组织管理、人才培养、风险管控等方面进行专项对标；与粤港澳大湾区战略研究机构等企业建立商业伙伴关系，先后与广州公交集团、越秀集团、中移互联网公司、法国威立雅集团、珠江电影集团、中国南方航空等公司开展交流，寻求合作机会，并与广州市国资委、海珠区委区政府、广州港务局等进行沟通，争取更有利的政策指导和支持。加强集团内部互动，与中运海运散运、特运、资产、物流、自保公司、大连投资等兄弟单位保持紧密联系，内部协同效应进一步释放。

至 2019 年末，公司总资产 415.96 亿元，总负债为 88.08 亿元，资产负债率为 21.18%。资产变动主要受招商银行和招商证券股票上涨影响。

【改革重组】

公司根据国务院国资委和集团的要求，初步形成《综合改革实施方案》，明确改革的基本原则：坚持党的领导、坚持深改快改、坚持先行先试。

工作思路：以习近平新时代中国特色社会主义思想为指导，全面贯彻党的十九大和十九届二中、三中、四中全会精神，以及历次中央经济工作会议和中央企业地方国资委负责人会议精神，贯彻集团“三个跑赢”和“三个切换”的决策部署，以市场化为导向，着力解决制约企业发展的体制机制问题，有效激发企业、员工两个层面市场主体活力。

改革目标：一是全面完成所属公司董事会规范建设。二是全面实施三项制度改革。三是以推行职业经理人试点为龙头，加快配套制度改革，实现干部“能上能下”；以推进工资总额决定机制改革为契机，优化分配结构，实现收入“能增能减”；以转型升级深化供给侧结构性改革为契机，建立适应市场化的人员流动机制，实现员工“能进能出”。四是以选取混合所有制改革试点进行初步探索，在保持国资控制力的前提下，持续提升经营管理水平、拓宽市场领域，增强混改意识，积累混改实操经验，为进一步实施多元化激励约束夯实基础。

2019 年，公司将广州迪施有限公司清算关闭项目列入“压减”工作目标，1 月 11 日依法成立广州迪施清算委员会，启动清算关闭工作。与 51 名员工解除了劳动关系，开展公司土地及房屋不动产处置，完成不动产产权转移登记以及设备、存货和商标等资产的公开转让工作，积极推进应收账款回收工作。

【经营管理】

公司切实推进提质增效，提高企业管理水平，厚植实体经济发展根基，生产性盈利大幅提升，抵御风险能力明显增强。公司下属 7 家经营单位提前完成扭亏工作目标。

新海医院积极应对医药政策变化影响，通过建立专科联盟、引进合作等，持续优化学科结构；突出航运主业保障功能，着力发展航海医学，开展远程医疗咨询、航医管理、船员医护培训、船上配药及防疫等业务，带动全年营业收入突破 3

亿元大关。远海健康坚持医养结合特色和五星级服务标准，主动引进中医康复理疗专家团队、打造失智老人专区；采用线下线上相结合的多元化营销模式加强床位营销，新海颐养苑荣获“广东省五一劳动奖状”，江南颐养苑荣获“2019 年羊城最佳养老院”称号；居家长护险服务人数超过 100 人。海星旅游开源节流，积极开拓差旅服务市场，带动酒店、餐饮、会议业务，珠江游船运力指标和船型方案通过政府公示，历史遗留诉讼案件妥善跟进。物业公司推动物业租金水平和出租率同步增长，顺利完成广州海运大厦在“山竹”台风灾后重建各项工程，全年实现利润总额创历史新高。海宁公司借助国家环保政策收紧利好因素，油污水处理经营利润同比增长 451.54%，设备改造项目进入环评阶段，同时深耕国内海图市场。海船工程积极拼抢市场，船舶航修、压载水管路等多项业务效益良好，贸易纠纷二审胜诉，“新粤顺”轮多装快跑有效应对市场低迷。海建公司根据行业发展态势调整经营重心，强化持证人才的培养与发展。社保中心稳妥推进退休人员社会化管理工作；档案中心圆满完成企业文化展览室升级改造项目；核算中心坚守服务定位，规范核算行为，提升监督质量，为各单位经营创效做出新贡献。

金融资产投资方面，在确保资金安全的前提下，全年新股申购业务综合收益率 50%。公司以“三个不低于”为原则落实经营考核体系改革，重点考核经营利润，引入人均创利指标并定期公示，进一步突出企业创效导向。组织广州迪施厂房运营方案评审会，保持“抢资源促发展”的内部良性竞争。严格落实集团“两金”压控的要求，年末应收账款余额由年初的 13 514 万元降至 8 303 万元，应收账款周转天同比减少 20.47 天。本年度公司下属亏损企业 2 户，同比减少 4 户。

2019 年，广州中远海运实现营业收入 71 865 万元，利润总额 46 984 万元；完成考核利润总额 78 255 万元，超额完成集团下达的年度考核指标（73 000 万元）；发生管理费用 18 252 万元；资产减值损失 10 225 万元，主要是公司“新粤顺”轮计提固定资产减值 10 895 万元。公司国有资本保值增值率为 130.37%，同比增加 41.32%，主要是受股价上涨影响，金融资产市值增加 103.10 亿元，实现了国有资产保值增值；净资产收益率为 3.12%，主要还是受金融资产市值增加影响，同时计提了离退休人员费用 3.39 亿元，降低了本年的净利润，使 ROE（Return on Equity，净资产收益率）同步减少。

【信息化建设】

公司加强业务系统建设升级，提高信息系统业务覆盖率；加强公司基础网络改造，强化公司网络安全防护能力；加大人财物投入，推进信息化与企业战略和业务的深入融合。公司及下属单位在建信息化项目 7 个，年度信息化总投资费用为 408.5 万元，开工率 100%，项目总体完成进度为 90.3%。主要项目包括：

一是广州中远海运 IPv6 改造一期，加强网络防护性能，优化网络传输与网络流量管理能力，并实现广州海运大厦 26 楼和 27 楼公司办公楼区域无线全覆盖，提高网络传输速度与稳定性；二是完成物业公司经营管理信息系统建设，搭建智慧物业管理平台；三是海宁公司船舶数据智能服务系统第二阶段建设，至年底完成项目进度 92%；四是新海医院移动医疗护理信息系统建设，至年底完成项目进度 80%；五是建设海船工程生产经营信息系统，至年底完成项目进度 70%；六是完成档案管理系统项目建设，由集团项目组搭建公司档案管理系统模块并建设与集团 OA 的公文接口；七是完成广州中远海运软件正版化。

2019 年，公司积极做好国家与集团部署的各项网络安全保障工作，多措并举加强公司及下属单位网络安全防护能力，确保在春节、全国两会、博鳌亚洲论坛、国庆 70 周年、第二届进博会等重大节日、会议活动及网络攻防实战演练、检查期间的网络安全防护保障。全年没有发生网络与信息安全事件。

【法务风控】

公司董事会、审计与风险管理委员会、经理层、法律事务部、监审部、其他职能部门及各下属单位共同构成公司内部控制和风险管理组织架构，分别履行内部控制和风险管理相关的决策、监督、执行等方面职责。公司逐步建立起两级管理、相对集中的法律管理体制。

建立风险管理长效机制，组织开展内控体系文件更新工作，将内部控制纳入风险管理范畴，建立了公司三级风险数据库，健全了风险防范体系；对公司及各下属单位 29 项规章制度进行了合规性审查，确保规章制度合法有效；全面开展内控评价工作，聘请专业咨询机构对 77% 的基层单位开展年度内控评价工作，以评促改；积极推动 2018 年度内控评价缺陷整改工作，年内全部完成整改任务。

积极探索法务风控工作融入产业发展和经营工作的方式和路径，法律与风控部开展重点项目和重要经营活动的前期论证和谈判沟通，做到提前介入、过程参与、依法合规、保驾护航，为重大经营和投资项目的合规管理与风险防控提供更具针对性的解决方案；按照经济纠纷案件“统一管理、分级负责”的要求，法律与风控部积极参与基层单位重点法律问题和经济纠纷处理，定期召开案件汇报会，直接参与案件评估、案情分析会议和方案研究等工作，为企业挽回经济损失发挥了积极作用。指导和协调经营单位开展诉讼案件 27 个，完成审判终结 13 个。开展“以案为鉴”工作，全面总结涉案经验教训，通过聚焦案件处理过程中暴露出的内部管理问题，以案促改，进一步完善管理，增强员工合规及风险意识；开展合同管理专项整治工作，合同管理做到“事前审查，事中跟踪，事后监督”，将合同法律审查信息化模块延伸至以财务付款为关键节点的事中控制环节，以检促改；开展贸易业务风险防控专项工作，在梳理公司贸易相关业务的同时，要求所有基层单位进行贸易相关业务流程的自查，公司法务深入基层现场检查，提出改进要求，切实强化贸易业务的风险管控能力。

2019 年，公司举办 3 次法律专题知识培训、3 次内控知识培训，约 400 人次参与培训；通过视频连线参与国务院国资委法治讲堂 5 期和集团法险讲堂 1 期，参加培训超过 180 人次。

【干部人才队伍建设】

公司党委坚持党管干部、党管人才。修订、完善公司管理干部管理办法、干部竞争上岗管理办法，制定、修订直属公司董（监）事管理规定、直属公司董（监）事薪酬管理办法、员工手册等制度。引入专业机构开发员工考核测评工具，建立符合公司转型发展需要的考核评价制度。严格干部日常管理，重申公司管理干部出差、休假报批及报告规定，规范干部请休假审批流程，严格司管干部因私出国（境）备案审批。落实谈心谈话制度，做到干部任前谈话全覆盖，全年共交流、调整、提拔干部 24 人。

重视年轻干部培养，选派 1 名年轻干部到基层单位挂职总经理助理、2 名员工到集团相关部门学习锻炼，同时建立“成长档案”、实施跟踪培养。梳理 90 后人才队伍储备情况，完善青年人才库数据；录用应届大学毕业生 18 人，举办新员工入职培训班。

抓好关键人才队伍建设，创新培训工作。建设社会化产业集群人才库，进入公司高级人才库 35 人，上报集团专家人才库 37 人。组织开展定制化培训，投入百万元与暨南大学、白天鹅学校合作开展旅游产业专题培训班，60 人参加培训。派员参加国务院国资委组织的赴德国学习养老服务产业培训。全年外送培训 527 人次，内部培训 7 790 人次。

深化干部人事制度改革。一是探索职业经理人制度，深化与第三方人力资源服务机构的合作，面向全社会公开招聘法务部、新海医院、海船工程负责人和物业公司副总经理，引进了 2 名职业经理人，制定印发实施《市场化经理人薪酬待遇管理办法（试行）》。二是探索“管理 + 专业”双通道的干部管理模式，建立以完成专项工作任务为主的“专务通道”，发挥 3 名管理干部的专务优势，对多项工作开展检查、督办、指导和传帮带。三是继续深化薪酬制度改革，修订直属单位负责人薪酬管理办法，调整了年薪结构，固定部分年薪占比从原来的60%调整为50%，加大绩效考核年薪的比例；绩效年薪除与经营业绩考核挂钩外，与所在单位的资产规模、营收规模、人员规模、人均创利以及是否战略发展行业挂钩；对各单位效益的市场属性进行区分，计算人均创利时，集团外收入、公司外集团内、公司内占比利润折合程度依次降低；增加对各单位副职的考核规定，确保责任分解落实，人人头上有指标。

截至2019年底，公司共有职工1 377人，平均年龄38.23岁。工资总额21 978.5万元。公司强化薪酬发放监督管理，督促直属单位进一步规范薪资运作、完善薪酬分配机制，确保薪酬发放工作规范开展。

【安全生产和生态环保】

公司坚持“安全第一、预防为主、综合治理”工作方针，全面落实企业安全生产、生态环保主体责任，努力构建风险分级管控与隐患排查治理双重机制。

落实安全生产和生态环保“党政同责、一岗双责、齐抓共管、失职追责”。公司与下属14个责任主体签署了安全生产、生态环保工作责任书，各下属单位分别与本单位重点岗位、重点部门签署安全责任书97份、安全承诺书386份。

2019年，公司开展了239库地质灾害隐患整改、广州海运大厦灾后重建和电梯更新、新海医院新业务大楼等重点工程建设项目安全生产监管，严格落实重物搬运、动火作业、高空作业、有限空间、临时用电、二氧化碳等高风险作业的安全措施，并指派专人负责现场安全管理和巡逻检查，确保了建设工程的施工安全。以江苏响水化工园区爆炸事故以及福建海运“金海翔”货轮二氧化碳泄漏事故教训为鉴，开展专项检查消除有限空间安全隐患。全年开展安全生产和生态环保隐患排查32次，发现缺陷65项，年内全部完成整改工作。全面启动安全风险分级管控建设，梳理出危险源92类，初步建立起安全风险分级管控与隐患排查治理双重预防机制。

多措并举，扎实做好各项日常安全生产、生态环保工作。为全体员工足额缴纳工伤保险和交通意外伤害险；重新修订《生产安全事故责任追究管理规定》等三项管理制度；严格执行安全生产奖惩制度；把物业的安全设备、设施改造项目纳入“年度维修计划”给予资金保障；及时启动应急预案，妥善应对“三江1”轮锚链落水和海发公司出租车被追尾交通事故。吸取2018年“山竹”台风灾害教训，加固广州海运大厦的防洪设施。台风来临前，提前开展防台防汛专项检查；台汛期间，严格落实24小时值班制度和巡逻检查制度；暴雨期间，提前将位于低洼等危险地段的工作人员撤离到安全地带。“新粤顺”轮在超强台风“利奇马”袭来时，严格落实防台措施，连续作战50小时，确保了船员和船舶的安全。全年没有发生因台汛造成财产损失和人员伤亡。

强化教育培训。一是公司领导与安全管理人员126人参加安全教育培训考试并取得培训证书，安全管理人员持证上岗率100%。组织61名新员工集中开展上岗前安全生产与生态环保培训。组织88人次参加有限空间事故防范和道路交通法规的专题学习。组织3次安全风险评估专题培训，请集团安管部专家到场指导。在安全生产月等活动中，分26场次组织员工观看安全警示教育视频，共1 330人次接受警示教育。结合“119”消防宣传月活动，组织56名员工到广州市从化区消防安全宣教基地开展应急实操演练培训。

积极践行“绿水青山就是金山银山”发展理念，完成了净海油污水工程有限公司油污水处理设施升级改造项目的立项申报工作。净海公司修订完善《危险废物污染防治管理办法》等七项规章制度，编制了《突发环境事件应急预案》和《重污染天气应急预案》，开展2次综合应急演练，3次组织参加广州港、广州市海上搜救中心组织的联合应急演练；合规处理船舶含油污水，合规转移废矿物油。全年接受属地政府部门检查39次，被要求一般性提升整改建议2项，均已完成整改。

【党工团工作】

公司党委围绕公司转型发展抓实思想引领、强化责任担当，夯实党建基础、提升工作质量，为做实做强公司实体产业、完成年度各项任务提供坚强的政治和组织保证。

做到组织领导、思想教育、检视问题、整改落实“四个到位”，推动主题教育开展有新成效。一是成立主题教育领导机构和工作机构，制定印发实施方案，及时动员部署、约谈督导推进；制定《调研情况记录表》《工作任务细化表》和《检视问题清单》，细化明确工作重点；举办专题培训、发放学习资料、发出工作提示、建立上下联动信息沟通机制，加强培训指导，把好质量关。二是把习近平新时代中国特色社会主义思想作为公司党委中心组学习的主要内容，结合重点工作开展7次专题研讨。两批主题教育共开展了39期“读书研讨班”，551人次参加。两级班子成员共讲授专题党课48场，703人次参加。公司5次邀请专家作专题辅导，组织开展电影党课和网络视频教育活动，观看《音乐家》《我和我的祖国》《中国机长》《攀登者》等爱国主义教育电影，观看央视专题节目《榜样4》视频和“伟大历程，辉煌成就——庆祝中华人民共和国成立70周年大型成就展”网上展馆，并通过“三会一课”、主题党日以及参观对标、讲座培训、交流分享等形式，强化革命传统、形势政策学习教育。三是成立调研组到基层开展调研并组织问卷调查，广泛征集党员群众的意见与建议，不能当场解决的由责任部门跟进落实并及时向基层反馈。召开公司专题民主生活会，公司党委委员以普通党员身份参加所在支部专题组织生活会，开展民主评议党员，到基层指导调研成果交流会、专题组织生活会和民主生活会共43次；召开调研成果交流会13场，促进问题检视和调研成果转化；召开座谈会16次，征集意见建议94条，检视问题177个。四是大力推进整改落实并对第一批主题教育中检视问题整改情况进行“回头看”；建立健全长效机制，两批主题教育共制订、完善制度194个。

强化责任落实，推动基层党建工作有新作为。一是抓实政治生活制度。落实公司党委密切联系职工群众制度、“两学一做”常态化制度、领导干部双重组织生活制度，班子成员每月不少于1次到基层现场办公，参加基层党支部的“三会一课”和主题党日活动等。二是落实党建主体责任。与11个直属单位签订党建工作责任书；修订印发《基层党建工作责任考核细则》；坚持党建工作“书记抓、抓书记”，逐一约谈基层单位党组织书记，压实第一责任人责任。三是落实意识形态工作责任制，定期开展舆情调查与分析，及时把握党员和职工思想动态；组织开展党建思想政治工作研究，形成27篇研究成果，开展优秀论文评比表彰，3篇论文获集团表彰。四是夯实党建工作基础。全力推进基层党建基本组织、基本队伍、基本制度“三基”建设；选派党务干部16人次参加上级培训；组织表彰26个党内“两优一先”先进集体和个人，有13个党内先进集体和个人受到集团党组和广东省国资委党委的表彰；下拨党员教育学习经费24.4万元，开展形式多样的党员教育活动；慰问困难党员、因公致残党员和新中国成立前入党的老党员，发放慰问金15.7万元；向69名老同志发放“庆祝中华人民共和国成立70周年”纪念章；全年共发展党员90人，按期转正党员103人，对基层单位党费管理工作开展自查和风险排查。

工会服务大局、服务职工，坚持职工代表大会制度，充分履行职代会代表团长联席会议职能，征集、落实职代会提案4条，审议关乎企业发展、职工权益的议题3项。开展“优化产业结构，提升核心竞争力”合理化建议征集活动，征集到合理化建议225条。组织开展“安康杯”“中远海运杯”劳动竞赛活动，举办班组安全文化成果评比活动，择优推荐4个项目参加广东省海员工会系统班组安全文化成果评比决赛。基层员工参加4项职业技能比武获个人第一名，获省海员工会“金锚奖”。积极组织工会系统单位参加省海员工会举办的船舶机工技能大赛、全国公路水运班组（船舶）安全生产竞赛、女职工创新工作室演示比赛等活动。组织并提供活动经费支持职工开展瑜伽培训，开展篮球、羽毛球、乒乓球、足球日常训练或比赛活动，丰富职工文体生活，各单位基层党建和文化活动特色亮点纷呈。举办“健康中国行动从合理膳食开始”“职业女性的时间管理”专题讲座；组织16名职工参加省海员工会单身职工趣味交友联谊活动；在公司《集体合同》中明确女职工特殊保护条款并落实；表彰年度先进女工委5家、先进女职工18名。发挥职工医疗互助保障基金、职工解困救急基金、帮扶维稳基金机制，对635名生活困难或患病职工给付医疗互助金、帮扶济困金共255.18万元；组织职工参加广东省“职工住院二次医保计划”“女职工安康保障计划”，切实减轻患病职工医疗负担。开展节日慰问工作，全年慰问特困职工、烈士家属、劳动模范、医师、护士、教师、高温一线职工等共6 915人次，发放慰问金及各类慰问品合计105.97万元。

团委突出“明辨勤学、善思笃行、服务奉献、组织联系”的工作思路，联合集团在穗单位举办“跑赢青春”“我与祖国共奋进——国旗下的演讲”的交流学习和主题团日活动；指导团组织组织开展“青春心向党，建功新时代”主题宣传教育实践，举办纪念五四运动100周年表彰会暨诗歌朗诵会。举办基层团干部培训班，聘请专家教授开展青年大讲堂学习。组织团员青年到广州海关对标、到中远海运散运“育德”轮参观学习；组织基层团组织与离退休老同志党组织开展结对活动；在全体员工、离退休人员和员工家属中开展珠江新能源游船外观设计比赛，收到原创参赛作品29个进行评比表彰；开展第四届“创新发展·青年担当”青年创新创效比赛活动，收到8个单位推荐申报的参赛项目11个，组织召开了项目展示暨评审表彰会，并对四年来创新创效活动进行了总结，获集团团委肯定，相关课题论文获集团优秀研究成果三等奖。积极开展“青年文明号”“青年岗位能手”“青年安全生产示范岗”评选活动，海建公司潘烨鑫荣获中央企业“优秀共青团员”，3个青年集体分别被命名集团“青年文明号”“青年安全生产示范岗”，3名青年被授予集团“青年岗位能手”称号。团委推荐9名优秀青年入党。

【企业文化建设】

2019年是五四运动100周年、中华人民共和国成立70周年、集团航海事业发展70年、广州中远海运成立70周年。公司把握国家及企业重大事项及时间节点，组织开展以“与祖国同行、与时代共进”为主题的企业文化系列活动。组织学习党史、新中国史、企业发展史并开展知识竞赛；升级改造公司企业文化展览室并组织干部职工参观；编印发布企业文化建设系列丛书；在公司官微“发现广海”和《广州海运报》开设专栏，开展爱党爱国、爱企爱岗教育；在广州承办集团为期3天、4个专场、24家参赛单位、近600人参赛的集团职工才艺大赛；组织40名职工排练4个节目赴上海参加“不忘初心、筑梦远航”——集团庆祝中华人民共和国成立70周年文艺汇演；举办广州中远海运“与祖国同行、与时代共进”职工文艺汇演暨金婚庆典活动，以“潮起珠江、纵横四海、生生不息”三个章节回顾了企业发展光辉历史，公司职工文体协会举办了3场职工书画、摄影展，选送26幅书画作品、80幅摄影作品分别参加了集团职工书法美术作品展、纪念中国航海学会成立40周年摄影书画作品评选活动、“交通记忆·强国梦想”——庆祝新中国成立70周年全国交通运输职工书画摄影展、中远海运华南地区单位“心系海洋强国梦”摄影展、职工“手机随手拍”摄影网络展等，在广州航海学院举办广州中远海运工会系统首批“广东海员艺术家”书法摄影作品展，通过文化传播齐唱新中国成立70周年辉煌之歌，齐颂集团航运事业发展70年风雨历程。

【纪检监督审计】

公司党委、纪委认真落实全面从严治党主体责任、监督责任，一体推进不敢腐、不能腐、不想腐，推动党风和反腐倡廉建设取得新进展、新突破、新成效。

年初，组织领导干部签订“三个责任书”39份，签署廉洁承诺书47份，开展集体廉洁谈话68人。成立公司党风廉政建设和反腐败工作协调小组；督促班子成员履行“一岗双责”责任。持续巩固并抓好中央巡视反馈意见整改工作落实；对上年度巡察的2家单位进行“回头看”检查；积极探索巡审结合方法经验，对物业公司和海宁公司2家党总支单位开展了政治巡察。结合基层“减负年”要求，制定实施《解决形式主义突出问题为基层减负的工作措施》；探索试行直属党委建制单位纪检派驻制办法；制定印发公司纪委《“走读式”谈话安全工作实施细则》。

成立“六项自查”工作领导小组。一是以监督检查学习贯彻习近平新时代中国特色社会主义思想和党的十九大精神情况作为工作主线，促进基层党组织进一步提高政治站位，增强政治责任感、使命感。二是集中整治工作中的形式主义、官僚主义，针对查找出的5类突出问题逐条挂牌整治。三是落实中央巡视整改工作到位，26项长期持续整改措施得到落实。四是核实公司管理干部及其亲属有关违规经商办企业情况。五是对查找出来的185个廉洁风险点进行标识，提出防范措施。六是对查出的个别案件存在问题提出改进意见，进行整改。

建立违规经营投资责任追究工作体系，成立违规经营投资责任追究领导小组和工作小组，细化各类经营投资责任条款和清单，以追责促追损，及时化解资产损失风险。坚持正面引导和反面警示相结合，转发、印发集团和公司典型案例通报12件，在重要节点前向公司管理干部发送廉洁提醒短信，通过公司官微推送中央和省、市纪委有关“四风”问题典型案例，开设“纪律微课堂”专栏，编发2期教育材料。

纪委聚焦监督第一责任，到基层单位开展战略规划工作宣贯和监督检查；到公司对口扶贫点开展扶贫工作现场监督检查；对公司25个运行或在建信息化项目、总部机关和下属单位公务用车情况、招投标项目，以及净海公司船舶油污水接收处理业务等开展了廉洁风险管控专项监督检查。督促新海医院积极推动船舶远程医疗与健康服务项目；督促海宁公司积极推进油污水处理设备升级改造项目实施和电子海图业务开发。定期对基层单位“三重一大”决策事项进行监督检查，参与公司“三重一大”决策运行系统建设工作，对海运大厦灾后重建、大厦电梯招标采购、新能源游船设计招标、新海医院新业务大楼建设、大沙地地质灾害治理工程等重大项目进行过程监督。在干部选拔任用工作中，纪委参与动议酝酿，对选人用人导向、笔试、面试、考核等环节全程进行监督。全年开展任前廉洁谈话12人，一般性约谈7人。准确把握“四种形态”，督促履职尽责，全年诫勉谈话4人，党内警告处分1人并作通报。

全力推动公司原总经理离任经济责任审计发现问题的整改工作，纠正事项27项，组织处理4人，追收回资金3 100多万元，完善管理制度57项。选派公司审计、工程管理干部4人次参与集团组织联合审计、专项审计、基建审计项目及集团巡视工作。及时对“新粤顺”轮效益开展专项审计。加强对重点建设项目全过程跟踪审计管理。全年完成审计项目12项，审计发现问题143个，提出并被采纳审计意见建议30条，移交问题线索1件。

严抓审计整改落实，坚持开展审计“回头看”，充分利用口头交换意见促进各单位即知即改，将各单位的整改情况纳入年度考核与单位负责人年薪挂钩，使审计效果得到有效发挥，并促进各单位健全规章制度，梳理业务流程，堵塞管理漏洞。

【扶贫工作】

自2016年定点帮扶广东省遂溪县洋青镇文相村以来，公司累计投入扶贫资金共875.59万元，共实施扶贫项目65个。2019年2月，公司在广东省扶贫成效考核中取得“好”（最高等级）的成绩；到2019年底，公司高标准完成了脱贫攻坚阶段性工作任务，文相村贫困户152户/533人全部达到广东省“两不愁三保障”“八有”脱贫标准，文相村在“两不愁三保障”和公共服务设施“一相当”、贫困发生率、农民年人均可支配收入、集体收入、人居环境、村道建设、饮水安全、水利和电力设施、电视信号和宽带网络、党组织建设等，均达到相对贫困村退出的标准。

产业扶贫取得成效。一是文相村肥猪养殖场项目由正大公司负责生产、经营管理，租赁期 10 年，文相村年收益 32 万元。当年建档立卡贫困人口（五保户除外）每人分红 510 元。二是经济作物种植项目首期种植 60 亩发财树，文相村年收益 2.5 万元，当年建档立卡贫困人口（五保户除外）每人分红 100 元。

实施基础设施建设。一是公司投入 10 万元改造文相村自来水供水方式，由水塔供水改为采用压力水柜直接向村民供水，让群众喝上了“安全水、放心水”。二是投入 13.7 万元分别对文相村、文相坡村、文相东村三条自然村综合楼前硬底化，改善了综合楼周围环境。三是投入 12 万元建设文相村委会法治文化小广场，增加了群众日常活动场所。四是投入 10 万元对文相村委会外围与文相小学靠乡道围墙等地方进行了新农村建设漫画涂画，美化了村庄环境。五是投入 3.2 万元实施文相村养老院连接道路硬底化和文相村路段乡道两边绿化，解决了五保户老人出行安全问题。

推进新农村建设。投入 2.76 万元购买垃圾桶、制定村规民约、“门前三包”责任制等宣传制度上墙，增强群众爱护人居环境意识。在文相村没有省级改造任务（指标）情况下，公司投入 2 万元帮扶 1 户贫困户完成危房改造。

“党建带扶贫、党建促脱贫”，公司以加强脱贫攻坚队伍建设为重点，以党组织规范化建设为抓手，以强化责任落实发挥作用为依托开展党建扶贫。文相村党支部升级为党总支后，下设 4 个党支部。公司投入 20 万元，先后对外村塘村、文相东村的综合楼（一层）上加建一层，供党支部使用。驻村第一书记大力实施“头雁”工程，开展“不忘初心、牢记使命”主题教育，在人居环境整治，三清理、三拆除等乡村振兴工作中发挥文相村党员的作用；秉承扶弱敬老的优良传统，对贫困家庭和40年党龄以上老党员进行了慰问。

重视教育扶贫。公司投入 10 万元帮扶外村塘小学新建一个标准篮球场、学校东边围墙加高加固、新建公共厕所（财政拨款 10 万元）、硬底化 96 米校道项目，彻底改变了外村塘小学落后基础设施；另外投入 1 万元为文相小学购置两台办公电脑、一台打印机，改善办公条件；再投入 0.8 万元，聘请农业专家对文相村有劳动力贫困户进行农业种植技能培训。

落实帮扶政策。一是全面落实应保尽保，文相村建档立卡无劳动能力贫困户 43 户 /61 人全部纳入低保，防止因缺劳力而返贫；16 ~ 59 岁贫困人口全部由财政购买农村社会养老保险。二是落实贫困学生教育补助，文相村 2018—2019 年在校贫困学生 99 名的补助全部发放到位，防止因贫辍学。三是落实医疗保障，建档立卡 533 名贫困户全部由财政统一购买基本医疗保险 250 元 / 每人，26 人享受了普通医疗费用报销，15 人享受了大病救助；公司对一名贫困户实施大病救助 2 万元，降低因病返贫风险。

公司向扶贫点文相村捐赠年度专项扶贫资金 40 万元；于“广东扶贫济困日”发动工会系统职工捐款 14 万元定向用于文相村扶贫项目；开展消费扶贫，由工会采购总额 14 万元的文相村扶贫产品用于职工节日慰问。同时，公司通过集团慈善基金会捐赠扶贫专项资金 400 万元，工会采购总额 42.28 万元的集团扶贫特色产品用于节日慰问职工，助力集团援藏（扶贫）项目。

（严妙群　陈晓艳）

中远海运（大连）有限公司/中远海运客运有限公司

中远海运（大连）有限公司 / 中远海运客运有限公司

【公司概况】

中远海运（大连）有限公司（简称“大连中远海运”），为集团直属二级企业；中远海运客运有限公司（简称“中远海运客运”）系大连中远海运的全资子公司，为专业化客滚运输船队，集团按二级公司管理。两个公司实行一套班子、两块牌子、机关合署办公的管理模式。

大连中远海运注册资本金 89 844 万元。大连中远海运主要承担物业租赁管理、离退休人员管理、代管原中海集团大连地区人员社保及党组织关系，并为客运业务经营提供配套服务。

大连中远海运全资子公司——中远海运客运注册资本金 105 970 万元。中远海运客运现经营客滚船 9 艘（含合资公司 2 艘、光租船舶 2 艘），客位、载车线分别为 12 182 个、12 033 米，分别占渤海湾运力总量的 37.88% 和 30.87%。2019 年，中远海运客运经营 3 条航线：大连至烟台航线，投放运力 7 艘；大连至威海航线，投放运力 1 艘；旅顺至东营航线，投放运力 1 艘。此外，旅顺至天津航线由于天津码头资质和公司运力短缺等问题停航。

【改革重组】

2019 年，为落实国务院厂办大集体改革工作要求，公司启动了“厂办大集体改制企业”工作，完成大连海运船舶服务有限公司 100% 股权接收。

【发展战略】

公司根据“十三五”发展规划，结合集团发展定位调整，认真分析企业发展环境，于 2019 年 10 月制定了公司 2019—2022 年发展规划，明确近年的发展思路与目标，着重提出了“三步走”运力以更新夯实渤海湾业务，协同客滚资源推动业务走出渤海，加快企业创新发展。为落实规划部署，公司全力加快推动运力更新举措，推动运力结构与航线布局优化，提升市场竞争力。公司新造 2 艘客滚船项目已于 2019 年 11 月正式开工建设，新造 2 艘货滚船项目也列入了公司 2020 年投资计划，报送项目立项请示。

【企业管理】

明确未来三年发展规划。积极贯彻落实集团部署要求，结合公司“十三五”发展规划，完成中远海运客运三年发展规划（2019—2022 年）编制工作，分析发展环境，明确规划目标与发展思路，重点提出“三步走”运力更新与业务拓展规划。

加快推进运力结构优化。3 月与广船国际签订建造 2 艘 2 800 米载车线客滚船建造合同。启动新造 2 艘货滚船项目，拟解决公司小型运力短板问题。

积极协调推进增资项目，争取集团支持。大连中远海运对中远海运客运增资 3 亿元，改善了客运业务资产状况，助力公司运力结构更新。

关注企业拓展项目。协助蓬莱港客运码头积极推进项目进展，并协助其做好贷款融资工作，投产后可促进公司航线布局优化。

【企业改革】

1. 盯住细节，强化成本控制

加强预算管理，监控重点项目的实时进度情

况。一是密切关注油价走势，锁油 5 次共 5.5 万吨，占全年用油量的 90%，节约成本约 1 100 万元。二是优化运力与班期安排，权衡各轮用油情况实行集中采购、申领，合理控制库存，燃油海里单耗同比下降 0.45%，万元收益能耗同比下降 0.02%。三是严格把控修船工程报价、账单审核、工程验收等环节，强化效能管理。四是做好资金安排，财务费用同比下降 18.2%。五是推进船舶物资、粮油、办公设备与用品等集中采购，降低采购成本。

2. 提质增效，化解过剩产能

推进综合改革。深入研究理解国企改革相关政策，完成公司综合改革方案编制，明确企业未来改革目标与思路，着重提出了改革重点任务举措，为公司加快推进改革、增强发展企业活力动力，奠定良好基础。理顺企业架构。结合企业实际与职能部门需求，设立专项改革工作组、党建室，有效增强企业改革发展与党建工作力量，并恢复了统计室，进一步理顺工作职责。将监察审计部名称和财务部科室名称进行调整。

优化服务流程。一是开展售票系统功能优化，改善售票查询、对账、退废票等功能，升级查询系统服务器。二是推进航标平台应用，制定航标平台规定，建立应用考核工作制度；三是档案系统推广应用；四是做好企业微信应用，以服务好“两个中心”为目标，做好企业微信运行维护、功能开发与应用推广工作。

完善资产结构。积极推进大连中远海运对中远海运客运增资 3 亿元项目，与集团职能部门多番沟通协调后取得项目批复，并开展增资奖励研究，努力推动客运资产结构进一步优化。

3. 降低杠杆，盘活负债资产

根据集团资产盘活要求，进一步梳理公司资产，充分考虑资产使用现状和存在问题，制定资产盘活或处置方案。对已投产的对外参股投资项目进行梳理，积极协调督促尚未盈利的参股公司多措并举优化经营管理，努力改善企业经营效益；提升“两金”压控精准性，夯实资产质量，减少资金占用，将应收账款和存货类指标纳入重点单位经营责任考核，确保完成集团考核指标；严控投资项目融资比例，妥善选取融资方式，将公司负债率控制在集团规定范围。

【经营效益】

1. 大连中远海运

大连中远海运目前无主营业务，其业务收入主要为投资收益、房屋租金、档案管理、船舶多种经营收入，企业整体持续发展能力不强。

2. 中远海运客运

2019 年，中远海运客运完成客运量 200.76 万人，比上年增加 3.18 万人，增幅为 1.6%，完成年度预算的 101.6%；完成车运量 43.55 万辆，比上年增加 0.66 万辆，增幅为 1.5%，完成年度预算的 101.3%。全年完成旅客周转量 1.93 亿人海里，同比提高 2.8%；货运量 3 862.9 万吨，同比提高 3.1%；货物周转量 37.24 亿吨海里，同比提高 3.5%。2019 年客运市场份额为 33.51%，同比提高 0.44 个百分点；车运市场份额为 31.36%，同比降低 0.63 个百分点。

2019 年的收入为 9.05 亿元，利润总额 142 万元，净利润 −1 647 万元。

【安全生产】

2019 年，公司安全生产形势总体平稳，没有发生海损上报事故和 FSC（船旗国检查）滞留事件，没有发生机损、火灾、人员严重伤亡事故，顺利通过安全管理体系、质量管理体系外审以及安全生产标准化年度复查及船舶 SMC 和保安审核，保持公司、船舶相关资质证书有效。

为了落实公司安全生产主体责任，公司与船舶和相关部室 / 单位签订安全生产责任书，组织船员、员工签署安全承诺书，将安全生产责任层层分解，落实到每一位员工。公司制定了考核办法，定期对员工安全责任的落实情况进行考核。

为提高公司安全管理体系的有效性和可操作性，根据安全管理体系审核、日常监督检查发现的问题和有关部门职能发生变化等情况，公司组织人员对体系文件的手册、程序、须知、应急预案及单船操作等文件进行了多次修订，进一步完善了安全管理体系，同时根据实际需要和部室的修订需求，公司多次组织人员对质量管理体系和安全生产标准化进行修订、建设工作，继续保持了各体系文件、管理制度的符合性和有效性。

公司组织制定2019年《公司年度培训计划》和《船舶年度培训计划》，培训内容涵盖公司安全管理体系规定的全部内容，公司人力资源部和船管中心分别对陆岸培训和船舶培训的实施情况进行监控，公司通过日常监督、内审、运行报告、有效性评价等措施，对培训计划完成情况进行考核，确保员工、船员能够得到有效培训，能够获得执行体系的知识和能力。公司制定陆岸应急演习计划、岸船联合演习计划和船舶应急演习计划，各轮船长、船管中心、安委办各负其责，共同完成陆岸应急演习的组织实施，提高了员工、船员的安全意识和应急反应能力，提高了应对突发事件的能力。

公司建立了风险分级管控和隐患排查治理双重机制。公司组织制定风险分级管控程序和船舶风险管理须知，作为公司风险管理制度性文件，组织人员进行风险识别和评估，建立风险识别清单，根据评估对风险进行分级，并制定了相应的防范措施，为船舶风险管控提供保障和指导，确保风险得到有效控制。公司制定隐患排查治理须知文件，通过日常监督检查、内审、外审、集团安检及FSC检查等对船舶隐患进行排查，对发现的隐患和缺陷进行原因分析并制定整改措施，确保缺陷和隐患得到有效整改，定期对发现的缺陷和隐患进行统计分析，举一反三，逐步减少隐患和事故风险。

【风险管控】

公司内控体系建设工作始于2013年7月，通过培训、访谈、调研、修订、测试等方式，建立了公司《风险管理手册》《内部控制管理手册》《内部控制评价手册》和《廉洁风险防控手册》为主体的内控和风险管理体系。法务部按照集团要求和管理实际有序开展风险管控各项工作。公司按照年度风控规划，开展了内控缺陷整改、风险评估、内控季度监测、内控评价等工作，切实保证各项工作得到有效落实。

2019年11月，公司引入集团合作机构开展了为期一周的内控自评价工作。项目组出具了《2019年内部控制评价报告》。公司以评价中发现的内控体系设计和执行缺陷为目标，分阶段系统检查和改进，切实揭示和防范风险，提升公司相关领域的管理效能，进一步助力公司高质量发展。当月，公司还召开了2019年度风险评估及培训专项会议，公司各主要部门负责人参加，会上对公司2019年风险评估工作情况进行了总结，对2020年公司风险管理进行全面规划。

【服务客户】

贯彻公司“大客户、大服务、大合作”策略，推行精准营销，强化客户服务。一是加强网络营销，在与携程网保持稳定合作的基础上，新增“招商银行”等线上代理商3家，抓住网络热点，开展形式多样的线上促销活动；二是强化渠道建设，优化重点区域的销售网络布局，制定有针对性的销售政策，服务大客户，一方面联合旅行社客户开发航线旅游客源，另一方面强化货运大客户的维护和服务，同时会同港口和船舶，对货运车辆的候船和根据不同航班、不同天气等情况，优化登船服务流程，为货运量稳步提升提供有力保证；三是加强售票网点管理，为售票点提供服务支持，做好延伸服务工作。协调沟通从车辆售票、集港、装船等环节，为票点和驾驶员提供便利解决困难；定期走访票点，了解售票中遇到的困难，倾听意见和建议；对新建票点，指派专人上门指导售票、退票技能，宣传车辆售票安检登船等业务流程，及时协助售票网点解决售票方面遇到的困难；加强与港口合作，联合港口共同走访客户，了解客户需求，共同提高各环节服务水平，用优质的服务争取更多的“回头”客户。

【员工队伍】

大连中远海运始终坚持正确选人用人导向，积极拓宽人才建设思路，加强员工队伍建设，公司员工队伍建设不断取得新进展。

一是加强干部人才队伍建设。2019年，通过开展竞聘上岗共提任13人，其中：中层干部4人，室经理9人；司管干部岗位交流12人，均为室经理。调整充实中层后备干部人才库，正职中层后备6人、中层副职和助理后备18人。制定公司人才库建设实施方案，明确人才队伍储备施力方向。按照公司发展战略规划及实际需求组织保密、信息、制度、体系、内控、合同管理、法律法规等内部培训，安排43人参加了上级组织的相关培训。

二是加强船员队伍建设。拓宽政委选用途径，3名社会招聘军转干部已正式任职；安排1名陆岸人员挂职政委；从中远海运船员公司引进1名政委。牵头组织实施客运经理、领班公开竞聘，选拔2人入选客运经理库，6人入选客运领班库。规范劳务用工管理，与1家派遣公司在合同到期后终止合作，对到期续签的劳务派遣合同及执行情况进行了规范。

三是加强制度建设。修订《陆岸员工管理办法》《陆岸员工请假管理规定》《职工福利费使用管理规定》《职工教育经费使用管理规定》。

四是加强人工成本管理。加大日常薪酬发放审核力度，做好社保降费和年金比例调整工作。基于集团船员薪酬改革总体思路，完成船员薪酬调整的整理、分析、测算等阶段性工作。参与海运服务公司转制工作，完成大集体职工安置、补贴费用测算。配合船管中心完成船舶多级劳务提成制度改革试点和方案调整测算等工作。

截至2019年末，公司在职职工335人，其中在岗职工307人，不在岗职工28人。劳务派遣员工541人（含劳务船员）。公司管理干部年龄结构：中层干部34人，平均年龄48.5岁，室经理52人，平均年龄44.6岁。

【党群工作】

2019年，公司党委以扎实开展“不忘初心、牢记使命”主题教育为主线，综合运用传统媒体和新兴媒体，大力宣传习近平新时代中国特色社会主义思想和党的十九大精神，宣传集团和公司改革发展成果和企业党建新经验。团结带领公司全体党员、干部和职工，为公司创新发展提质增效提供有力政治保障。

1. 坚持党要管党、全面从严治党，不断强化党委领导作用

通过召开年度党建工作会、党风廉政建设和反腐败工作会议，对全年党建、党风廉政建设工作全面部署。通过细化分解党建任务，签订党建工作责任书、全面从严治党主体责任书、党风廉政建设责任书，将党建工作纳入KPI绩效考核系统，实施党建工作与生产经营同部署、同检查、同考核。召开党组织书记抓党建述职评议考核会，将党建任务和主体责任有效传导到基层。

2. 坚持民主集中制原则，严格党委会议事规则、决策程序和“三重一大”决策制度

全年召开党委会16次，完成71项常规议题和14项前置议题，确保企业在维护国家安全、党风廉政、推进党组织建设规范化以及工会、共青团、老干部工作等重点工作等到全面贯彻落实。定期听取党委主体责任、纪委监督责任、班子成员“一岗双责”履职情况汇报，落实领导班子联系点制度，推动领导干部履职尽责。

3. 严明党的纪律，贯彻党内政治生活若干准则

制定《关于坚持全面从严治党强化组织纪律和工作纪律的若干规定》，严格重大事项请示报告制度、民主集中制原则、领导干部外出报告制度、严肃会议管理、新闻发布纪律、中心组学习纪律。严格落实领导班子民主生活会制度和双重组织生活会制度，年内召开2次民主生活会，领导干部均能以普通党员身份参加支部组织生活。支持配合纪委实施同级监督，按程序办事，按规矩办事，正确行使权利，保持清正廉洁。

4. 大力弘扬劳模精神、工匠精神

围绕中心任务发挥先进典型引领作用。运用报纸、网站、微信平台等传媒手段，大力宣传各级先进个人、集体，努力营造向“典型学习、争做典型”浓厚氛围。孙兵同志被授予中央企业劳动模范；长山岛轮客运部、客运经理于士维荣获2019年全国“情满旅途”活动先进集体；“长山岛”轮客运部、客运经理于士维荣获2019年全国“情满旅途”活动先进集体；“长山岛”轮、“葫芦岛”轮客运部被评为大连市2019年“精品航线”竞赛活动优秀船舶、班组。

5. 坚持做好走访慰问工作

为每位在岗职工过生日；开展送温暖、送清凉、送助学等一系列走访慰问活动，累计人数达6 400人次，发放慰问金50余万元；组织省部级劳模疗休养25人次，为90名职工办理医疗互助手续补助12.5万元。

6. 开展职工喜闻乐见的文体活动

组织8名职工参加集团第一届篮球比赛；参加集团庆祝新中国成立70周年文艺汇演、中远海运驻连地区职工趣味运动会，由公司7名船员参演的情景剧《特殊旅客》，获得三等奖；组织第三届职工徒步健身活动。职工文体兴趣小组蓬勃发展，参加人数达1 173人次，组织参加集团庆祝新中国成立70周年书画摄影展。

7. 联合中远海运集团各驻连单位团组织，举办“我与祖国共奋进”特别主题团日文艺汇演

与团市委、团区委持续沟通联系，开展丰富多彩的团建活动。

【企业文化】

做好重点宣传。围绕中央和集团决策部署，聚焦公司中心工作，统筹做好重大会议、重点工作、重要活动的宣传报道。精心组织开展庆祝新中国成立70周年系列活动，制作《我和我的祖国》快闪。策划拍摄企业形象宣传片，发布推广《海上芳华》微视频。结合“不忘初心、牢记使命”主题教育和庆祝新中国成立70周年，开辟“潮起新中国，远航新时代”“船员故事”“优质服务提质增效”等专栏，深化企业宣传和舆论导向。

贯彻集团和公司“企业文化核心价值理念纲要”，制定公司2019年形势任务教育宣传提纲、2019年宣传思想工作要点，布置党建思想政治工作课题研究，出版2期《管理论坛》，择优报交通政研会和集团政研会。对公司先进集体先进个人事迹进行深度报道；开展“2018年度公司十大新闻事件评选活动”；制作发放公司企业文化核心价值理念宣传品。

开展网络环境治理净化，加强舆情监控，做到责任明确，有责必究。编印12期《大连中远海运报》，印发12期《政工信息》，全年向集团海运报、党建要情报送稿件45篇，刊登37篇。

综治维稳和平安创建工作扎实开展，“春节”、两会、新中国成立70周年、第二届进博会期间开展不稳定因素排查，落实责任，加强值班值守，实行“零报告”制度，稳妥处理信访问题、化解矛盾纠纷，确保了安全稳定。

（杨健　刘福阁　陈晓雨）

中远海运（天津）有限公司

中远海运（天津）有限公司

【公 司 概 况】

中远海运（天津）有限公司（以下简称“天津中远海运”）是中国远洋海运集团有限公司（以下简称“集团”）直属二级企业，是集团在京津冀地区发展绿色数智港航产业的核心力量，注册资本 799 000.0 万元。公司前身是 1970 年成立的中国远洋运输公司天津分公司（天津远洋）以及 1998 年落户天津的中远散货运输有限公司，至今已经走过了 50 余年的发展历程；2019 年 2 月 25 日，公司正式挂牌转型为集团地区公司。

截至 2019 年底，天津中远海运合并报表范围内企业共计 14 家（含公司本部 1 家、非法人单位 2 家），参股 13 家。公司共有职工 910 人，其中，公司本部职工 176 人，所属单位在岗职工 734 人。

天津中远海运股权架构图见图 14–2。

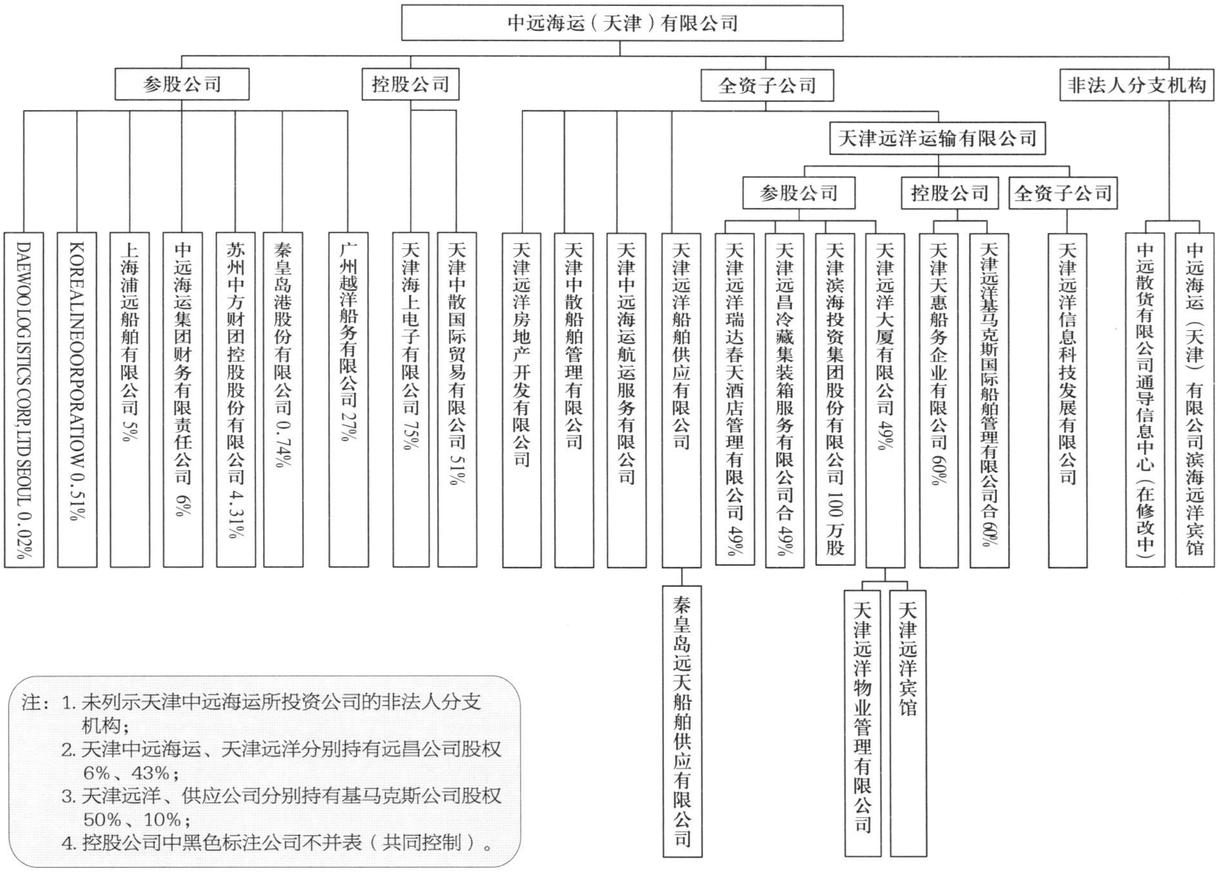

图14–2 天津中远海运股权架构图

【改革重组】

2019年初，按照集团地区公司转型方案，天津中远海运由一家发展近50年的专业航运公司转型为“集团在京津冀地区发展多元化产业的领头羊和重要支柱”，被赋予“三个平台”的定位，即拓展区域社会化产业的投资与经营平台，探索培育新技术、新业态的孵化平台，以及集团属地化管理的服务平台。2月25日，中远海运（天津）有限公司正式成立。

【发展战略】

2019年是天津中远海运全面改革、深化转型、谋求发展的开局之年。公司确定了发展愿景和产业目标，即“立足天津、布局京冀、横贯东西、‘一带一路’”，全面赋能公司现有航运服务业务，为集团打造全球领先的综合物流供应链服务商提供战略支撑；大力探索战略性新兴产业和社会化产业，成为集团在中国北方新产业布局的开拓者，为集团发展航运互补产业平抑主业周期风险开展有益实践。

在公司愿景目标的指引下，公司确定了“六个平台”定位：一是巩固提升现有航运服务业务的经营创效平台，二是盘活存量资产做优社会化产业的开发合作平台，三是介入航运物流相关新兴产业的投资拓展平台，四是集团主业在京津冀地区的协同发展平台，五是集团在京津冀地区的支持保障平台，六是集团在京津冀地区的公共关系平台。同时，确立了“123发展策略”，一是围绕集团发展愿景、品牌优势和产业配套，做强做优天津中远海运航运服务这1个产业基础，保持航运物流特色为企业转型发展设定航向、提供动力；二是挖掘集团航运物流全产业链布局资源，聚焦新能源和物联网2个新兴产业拓展方向，通过投资新兴产业企业为集团航运物流主业提质增效提供新技术支撑；三是坚持“生产经营、资产经营、资本经营”三轮驱动，贯彻集团“6+1”产业布局整合形成3个增量业务拓展载体，为集团业务多元化平抑主业周期提供探索实践。

在已确立的发展战略指引下，公司年初与天津市河北区人民政府签署了战略合作协议，与天津空港经济区管理委员会签署了投资合作协议，与中远海运（香港）有限公司签署了战略合作协议，与金风国际控股（香港）有限公司签署了风电设备运输合同等，为新公司成立后首年度工作开展奠定了扎实的基础。年内，全力探索培育能为集团主业增值赋能的战略性新兴产业，通过改革提升传统业务板块的经营质效并做好属地化服务。2019年，公司广泛调研接洽了60多个转型项目，包括康养产业、第四方物流平台、海洋工程、海事咨询等，最终对照国家《战略性新兴产业分类（2018）》9大产业领域，选择了绿色能源和物联网2个新兴产业赛道与港航产业进行融合创新，并组建团队开展切入自主可控智慧物联以及新能源赛道的项目调研与论证。

同时，为推动大厦二期续建工作，公司成立了二期项目工作组，就土地延期事宜多次与天津市各主管部门及各层面主管领导进行沟通协调，取得理解和支持，最终按照延期251天的认定结果，以最低代价完成了土地延期的核心认定工作，并完成了延期违约金的缴纳，为大厦二期的续建铺平了道路。为做好二期的整体规划和建设，先后与保利地产、仁恒置地、远海建设、中远海运资产公司等内、外部战略合作方进行了磋商，最终与中远海运资产公司达成了合作开发意向，重新启动了大厦二期的定位策划，推动二期建设进入实质阶段。

【经营创效】

2019年，天津中远海运面临改革之后的主业丧失、主营收入减少97%等多重压力。公司上下苦干实干，开局良好，顺利完成集团下达的各项指标，取得了积极成效。

增量拓展多点推进，培育产业发展动力。公司先后接洽了50多个新产业项目线索，逐步筛选重点，成立项目工作组，全力推进项目落地。战企部、孵化中心、资产中心牵头编制完成4项可研报告及4个专项调研报告，其中：入股中交疏浚项目于2019年8月得到集团正式批复同意，虽因中交集团方面原因暂停，但公司获得了集团实实在在的鼎力支持；物联网项目与天津滨海创新研究院的合资公司天津鲲鹏信息技术有限公司正式注册成立，筹备同时积极推动营销，储备了部分在手订单；金风科技合作项目、天津中空合作项目已形成合作方案，列入投资计划，进入实质性推进阶段。

聚焦存量盘活，提升资产运营效率。一是远洋大厦二期项目取得阶段性进展。在集团领导和集团主管部门的协调帮助下，土地合同续签和竣工延期问题得到有效解决，减少违约金支出1 100多万元。同时，公司先后与保利地产、仁恒置地、远海建设、中远海运资产等专业公司合作磋商，并与中远海运资产合作推进二期项目建设定位策划、概念性设计方案和可研报告编制等工作。二是存量资产盘活取得实质性进展。中远里优家公寓项目，与中远海发AMC、优家采取“资产方＋投资方＋运营方”的创新联营合作模式有效盘活闲置资产，项目于10月18日正式开业运营，平均租金1 741元/月。天实大楼盘活项目，合资设立的天津远洋瑞达春天酒店管理有限公司于12月25日正式成立，有序推进大楼改造工作。龙门大厦盘活项目沿用与中远海发AMC、优家三方合作模式确定了合作方案。此外，完成大连安达大厦、成都道119号、中远里金霞路底商等房产出租，年租金合计103万元；完成盐湖股份出售工作，实现股票处置收益222.87万元，有效规避了股票退市风险。

持续降本节支，落实“点滴节支”。一是加强全面预算管理工作，加大成本管控力度。本部管理费用预期较年初预算减少支出超500万元，节支效果明显。二是加强与中介机构、政府机关的日常沟通和联系。与会计师事务所等中介机构维护良好的业务关系，直接减免拟开展项目的相关咨询费用约400万元。通过盘活资产减少支出。通过中远里单身宿舍项目盘活可每年降低税费支出的46%，节约费用35.72万元。三是持续跟踪佳丽海案，经过多次谈判和各方努力，公司于2019年10月14日收到佳丽海案的special charge赔款110万美元。四是与天津市空港人社局积极沟通，共获批返还稳岗补贴资金232.5万元；与集团统筹中心保持沟通，公司本部工伤保险费率由1.5%调整为最低费率标准0.4%，年度缴费额预计比上年下降49.7万元。五是处置4套闲置房产；积极推进中远里底商诉讼案件收回房屋20户，收回租金61.56万元。

2019年，公司全年总收入88 413万元，实现利润总额−13 880万元，较上年同口径减亏4 062万元，较集团考核基本指标（−21 319万元）增加利润7 439万元，较奋斗指标增加利润4 120万元。在完成利润指标的同时，公司全面完成了2019年集团下达的净利润、经济增加值、期间费用占营业收入比重等基本指标，以及分类指标、专项奋斗指标等各项任务目标。

【风险管控】

聚焦依法合规，强化风险有效防控。一是全面加强风控体系建设。按照集团二级公司的管控要求，修订各类规章制度85项，提升规范化管理水平。以合同管理为核心，加强经济活动管控，发布范式合同35份；强化重点环节风险管控，全年共审核各类经济合同114份。二是着重加强业务风险防控。针对国际经济制裁风险，组织所属单位开展两次全面风险排查，切实规避经营风险。深入调研航服公司无船承运业务，形成风险审计报告，并据此形成岗位风险管理手册。法险部健全管控流程，提供全方位法律咨询56次，完成重大项目风评4次，保障风险防控落到实处。

【企业管理】

2019年公司实现成效如下，一是聚焦增量拓展，培育产业发展动力；二是聚焦存量盘活，提升资产运营效率；三是聚焦经营创效，增强企业造血能力；四是聚焦增收节支，本部减亏成效明显；五是聚焦深化改革，提升运营管理效能；六是聚焦机制创新，激发企业发展活力；七是聚焦协同合作，挖掘整体工作成效；八是聚焦依法合规，强化风险有效防控；九是聚焦安全稳定，夯实健康发展基础；十是聚焦党建引领，凝聚干事创业合力。

2019 年，公司加大对所属单位服务支持力度，在公司的整体部署下，协助天惠公司推进中空项目的调研论证，组织调研 LNG 运输和海工船等项目；助力所属单位提质增效，对天津远宾、秦供公司等亏损企业开展工作调研，从帮助企业减亏、实现可持续发展角度提出了若干意见建议，形成调研报告；根据航服公司业务发展的实际，为做大做强航运服务上、下游相关产业链积极提供战略谋划和指导；指导供应公司、房产公司、航服公司在秦供公司和船务分公司的经营上进行协同，实现所属单位整体经营效率的提升。

突出“超额分享”理念，优化所属单位考核机制，在对所属单位的考核中重点引入“超额利润分享”机制，实现了企业效益与所属单位工资总额直接挂钩。明确“转型发展”导向，调整本部考核机制，鼓励全员自我加压、凝心聚力，积极参与公司创新、创业、创效工作，合力推动公司的平稳转型。初步梳理全面深化改革的框架思路，积极与集团进行沟通交流，为贯彻落实集团关于推进国有企业全面深化改革的工作部署做好理论准备和顶层设计。

【财 务 管 理】

2019 年，公司经过一年的改革和发展，无论是资产和财务状况，还是经营管理基础，都得到了较好的改善和提升。结合船舶管理体制改革和地区公司改革的背景，在时间紧、会计师事务所更换、人员大幅变动等不利因素下，克服困难，配合主审会计师事务所和税务师事务所按时间表要求完成年度财务和税务审计工作，组织本部及所属单位圆满完成 2018 年度财务决算工作。第一时间牵头组织协调对公司办公类、信息类资产以及船舶相关遗留资产，开展地区公司成立后第一次阶段性资产清查工作，保持资产管理工作持续有序、资产安全完整。持续跟踪做好船员、船舶管理体制改革遗留往来账清理结算工作。

发挥公司财务队伍的专业能力，更好地服务本部及所属单位创效，发布《关于加强财务专业支持，服务公司创新创效的通知》，强化财务管理部与公司本部各部门（中心）及所属单位协同，加强财务专业支持服务作用，强化前置财务风险管控，提高公司整体决策效率。

积极跟踪集团相关股权划转进度，对相关股权划转方案研提财税意见，沟通业务部门提供股权划入相关文件，完成秦港股份、苏州工业园、房产公司、远昌公司、远海航服、海上电子、供应公司股权划入的相关处理。

扎实做好其他基础性财务管理工作：年内发布公司财务管理办法、会计管理规定、公司资金支付管理细则、大额资金调动和支付审批管理细则等 7 项财务制度，圆满完成部门 2019 年规章制度工作计划；建立完善公司改革后全面预算管理体系，明确职责分工，细化预算单元，强化预算执行，及时组织各部室（中心）重新梳理明确预算项目及归口管理预算项目；完成 2019 年审计和年度税务审计中介机构选聘，配合审计师开展预审工作；完成公司 2019 年度财务检查，配合审计师完成贯彻落实国家重大政策措施跟踪审计相关工作。

【陆 上 产 业】

2019 年，各单位全年实现利润总额 1 097 万元，比上年增加 1 225 万元，比年初预算增加 1 284 万元，取得了好于预期的经营业绩。

航服公司实现利润总额 708.29 万元，同比增长 64.04%；全年顺利出运金风科技 231 套风电设备；获得“中海油海外工程船舶唯一综合保障服务商”资格。

远昌公司实现利润总额 593.32 万元；成功揽取上海洋山港码头冷箱急修业务；促成开利对中远海运集运 5 185 台冷箱销售；成功自主研发冷箱控制器检测分析仪。

大厦公司在海河两岸写字楼空置率达到 40%、竞争异常激烈的不利情况下，提升服务，强化营销，成功完成船管体制改革后空置的近

5 000 平方米面积的招租工作，年租金收益增加 463 万元；一楼大堂引入便利蜂、瑞幸咖啡、悦享商贸等新客户入驻。

中散国贸实现利润 129.33 万元，先后中标银行金融租赁客户 13 艘散货船的监造业务，合同额 1 000 多万元；成功争取到中远海运散运几内亚项目 11 艘顶推驳船和 8 艘散货船的监造业务。

海上电子实现利润 42.38 万元，同比增长 68.58%；完成“海上智能无人艇产业链协同创新与应用示范”项目，通过知识产权管理体系贯标认证；获得“专精特新”中小企业（专业化）证书。

船管公司严格强化安全管理，确保全年所管船舶运营安全；推进实施船队化管理的组织架构优化，促进管理提升；成功揽取中远海运特运、神华中海等大客户船舶管理业务。

天惠公司积极拓展项目，谋划业务转型，全年实现利润 29.6 万元；与中企云链签署战略合作协议，深入了解意向业务市场，打造战略触角。

供应公司推动“天远供应”在“智能优选”上线，全年网上业务实现收入 290.47 万元。

天津远宾更换外包厨师团队，单年总承包费用下降 60 万元；对标瑞达春天酒店，加强市场营销，取得携程“金牌”会员资格。

滨海远宾改造提升硬件设施水平，客房均价提升近 10%；开展党建服务项目、节日销售、微信团购销售等新业务，全年新业务增加收益 47 万元。

房产公司顺利完成房产、秦供股权划转；完成中远里金霞路底商、成都道 119 号、大连安达大厦等房产出租，年租金合计增加 103 万元。

【安 全 生 产】

2019 年，公司所属各企业未发生责任性安全生产事故和生态环境事件。

完善制度体系建设，夯实安全管理基础。按照急用先行、逐步完善的原则，公司明确 2019 年安全生产相关制度的制定计划，及时研究制定并发布实施《安全生产监管办法》《安全生产责任追究规定》《事故隐患排查治理管理规定》《生产安全事故报告和调查处理规定》和《生产安全事故综合应急预案》等 5 项制度，强化对安全管理的顶层指导。同时，根据集团对安全风险管控和隐患排查治理双控机制建设的相关要求，结合公司安全管理实际，邀请中远海运物流安全管理专家来司开展安全风险分级管控专题交流培训，有序推进公司《安全生产风险管理规定》制定工作。

强化安全重点管控，切实筑牢安全防线。认真做好重点单位、关键时段、恶劣天气的安全监管工作。全年，公司领导亲自带队或委派安委办工作人员 3 次集中开展安全监督检查：两节期间，安全主管领导带队赴船管公司等 5 家重点单位检查安全工作；安全生产月期间，公司董事长和总经理分别带队赴船管公司、供应公司等 5 家重点单位督查安全工作；70 周年国庆前夕，公司安委办赴大厦公司等 4 家单位开展安全检查；国庆长假期间，公司总经理赴中远里优家公寓、远洋大厦装修施工现场开展安全检查。全国两会、第二届进博会、法定节假日等关键时段，各单位高度重视、周密部署，及时排查消除安全隐患，加班加点、坚守岗位，维护了安全平稳大局。此外，针对夏季防台防汛、冬季防火防冻等季节性安全重点，各单位也充分做好应对工作。特别是第 9 号台风利奇马侵袭期间，公司安委会提前部署，船管公司、航服公司、大厦公司等单位严格执行集团防台要求，采取有效措施积极抗台，连续多日 24 小时值班值守，确保了安全平稳渡过。

加强安全教育培训，提升全员安全意识。按照集团统一部署，公司在 6 月和 11 月分别组织开展“安全生产月”“消防宣传月”两次全公司范围的主题活动。安全生产月期间，围绕“防风险、除隐患、遏事故”的主题，开展了主题宣教、应急演练、事故教育、岗位体验等一系列针对性活动。组织参加 2019 年全国职工劳动安全健康与交通消防应急法律法规知识普及竞赛活动，发放学习读本 84 本，参加答题 285 人次；组织开展危化品及全民安全应急知识竞赛活动，有效答题次数 700 余次。各单位开展消防疏散、车辆自燃、防汛溢水、伤员救治等各类应急预案演练 11 次；开展隐患大排查大整治工作，船岸累计发现各类安全隐患 300 余项并逐项整改关闭。消防宣传月期间，各单位组织开展消防疏散应急演习 4 场、电梯困人应急演习 1 场，累计参演约 150 人次；针对消防设施设备、电器电线等开展隐患排查整治工作，发现的隐患全部整改关闭。

【员 工 队 伍】

2019 年是天津公司的开局之年，也是转型发展、二次创业的起始之年。公司深入贯彻落实《中国远洋海运集团有限公司“十三五”人才发展规划纲要》、集团 2019 年干部人才会议的部署要求及《干部教育培训工作条例》，认真贯彻年度工作总体要求，以“支撑战略、提升绩效”为目标，统筹规划公司制度建设、薪酬管理、人才培养和教育培训工作。

构建人力资源管理体系基本框架。一是制定下发《中远海运（天津）有限公司员工职业发展体系实施办法》与宣传提纲，科学规划员工职业发展，引导和激励员工双通道、多元化发展。二是制定下发《中远海运（天津）有限公司员工薪酬管理办法》与宣传提纲，以“职业发展体系”为核心，建立双通道晋升机制，拓宽激励晋升渠道。三是制定下发《中远海运（天津）有限公司员工管理办法》，贯穿从员工招聘到员工退出的人力资源管理全流程，“纲”领人力资源管理体系。四是制定下发《中远海运（天津）有限公司员工考核管理办法》，对员工工作业绩、素质能力进行考核评价，促进员工工作绩效和企业整体绩效的提升。五是制定下发《中远海运（天津）有限公司干部管理办法》，建立、完善公司干部管理办法，搭建适应企业发展的选才机制。

持续优化薪酬激励方式。一是组织开展岗位评价，体现价值相对差别。借鉴 CRG 职位评估方法，从对公司影响、解决问题的难度、责任范围、沟通四方面设计《要素评分标准》，组织各部门、中心进行岗位评价，作为员工岗级工资核定要素。二是核定员工职级与薪酬待遇标准，从管理序列、业务序列对员工职级进行初始核定，并按程序将升级人员情况提交职业发展管理委员会审定。三是制定下发《所属企业负责人年薪管理办法》，细化贡献分享奖励机制，引入任期激励，突出对企业负责人的长效激励。综合考虑所属单位的企业规模、经营效益、可持续发展能力和安全风险等经营管理实际情况，明确各所属企业的分类，确定基薪标准。四是制定《职业经理人管理办法》《项目开发人员激励管理办法》，明确项目人员选聘流程，并按照不同项目类别，从项目渠道、项目不同阶段建立畅通激励渠道；制定所属企业职业经理人管理办法及相关配套材料。

创新丰富员工培养方式。围绕“聚焦战略，融合创新”培训主题，确立“支撑战略、提升绩效”为目标，积极践行“人才强企”理念，组织开展各类培训班 66 班次，参训人员 1 202 人次，实现员工教育培训“全覆盖”。训战结合，实施战略规划高级研修班，开展“势者生存——企业战略思维与战略规划实务”“从战略规划到执行”的战略培训。创新形式开展 MBA 互学机制，立足于“投资管理”与“土建工程”两个系列课程，组织开展了“互联网投资的思考与探讨”等四次线下培训课程，并把学习带到员工日常、带到员工身边，建立线上班级，开展“每日一课”59 次、“每周分享”12 期。岗位练兵，组织开展员工挂职交流，根据工作需要与员工职业发展，推动业务融合与协同发展，组织开展跨部门（中心）/ 单位短期挂职交流、兼职交流（B 岗任职）。相继安排 7 名同志到所属单位进行挂职交流。

夯实人力资源基础管理。一是及时完成人员信息梳理，确保基础数据准确。根据地区公司人员选配结果，及时更新本部共计 121 人基础数据与组织编制信息，整理完善干部任免审批表 79 份。二是合理安排合同转签工作。根据地区公司更名等实际情况，研究制作劳动合同范本，按程序听取员工代表意见后，妥善完成地区公司 145 人的劳动合同转签工作。三是变更所属单位董事、监事。根据地区公司人员、岗位设置以及工作需要，对 13 家所属单位的董事、监事提出调整建议，并根据相关规定完成审批和行文程序。四是规范管理临时工作机构，发文废止原中远散运临时工作机构，建立统一管理机制。

【企 业 文 化】

2019 年，天津中远海运凝聚奋进氛围，构筑企业文化宣传新格局。

做好公司企业文化的总结和传承。编写完成《中远散运（天津远洋）发展史（1970—2018）》总结传承公司近半个世纪以来的发展历史，致敬为中国航运史作出积极贡献的中远散运（天津远洋）人，做好企业文化的传承和赓续。编纂新版公司宣传册，以“而津迈步从头越”为题，做好天津中远海运揭牌成立的组织和宣传工作。做好集团和新散运企业文化纲要的宣贯和落实工作。

公司重视企业文化的管理属性，选取所属单位天惠公司开展文化建设梳理、提炼，形成《天惠公司企业文化调研报告》，助推其经营管理，实现文化与经营创效紧密融合。

【党 群 工 作】

2019 年，公司各级党组织牢牢把握新时代党的建设总要求，认真践行“两个一以贯之”，落实党委书记、董事长“一肩挑”，将“党的领导”和党委职责明确写入公司章程，按规定召开党委会 28 次；围绕“不忘初心、牢记使命”主题教育，通过专题民主生活会、中心组学习、集中学习研讨、专题调研等各种形式深化学习内容，全年组织党委理论学习中心组学习 13 次，编发学习参考 12 期，同步展开“一建议、两促进、三提升”大学习大讨论，收集意见建议 200 余项，制定整改措施 119 条，推动主题教育各项工作走深走实；强化“三基建设”，全面提升基层组织力，贯彻落实“四同步、四对接”要求，发布《党委议事规则》《党委落实全面从严治党主体责任实施细则》等规章制度，逐步搭建管理体系；严格督导中央巡视整改落实情况，组织开展自查自纠，高质量完成整改任务，推动加强党的领导和完善公司治理相统一，规范提升公司治理水平；逐级强化党建工作责任制落实，制定发布《党建工作责任制实施细则》，举办 3 期党组织书记及党务工作人员培训班，进一步建立健全组织机构；深化党员教育管理，按要求推动“学习强国”App 的应用和管理，确保全覆盖，充分利用微信公众号、党建微信群等载体，实现党员学习教育常态化、功能化；做好首次钻石团队、先进集体、优秀个人及“两优一先”评选表彰，发挥先进典型的示范带动效应。

公司纪委坚持把政治监督摆在首位，制定印发《落实全面从严治党主体责任实施细则》，夯实管党治党责任；针对公司存量资产盘活和新业务孵化等 7 个创效项目，主动做好党纪政策的研究；推动“党建进章程”，做实做细日常监督，认真开展综合治理“六项自查”，强化招待费管理及特殊关联企业防控；完成 7 张高尔夫球卡清理工作；组织领导人员对亲属经商办企业情况开展自查并作出廉洁承诺；组织对公司党的十八大以来的问题线索处置、审查调查和纪律处分的执行情况进行自查；开展集团“五条禁令”“船舶发生严重违纪违法问题追责十项规定”监督检查。积极探索“巡审结合”工作机制，完成常规审计项目 29 项，提出审计意见建议 77 条，累计促进增收节支 152.40 万元；针对航服公司无船承运业务开展风险管理审计调研，针对大厦二期项目做好内控体系建设预研，开展船务分公司资产清查核实；聚焦作风建设，开展公务用车使用管理情况监督检查；推动形式主义、官僚主义集中整治。深化“三不”机制建设，制定监督制度 17 项，约谈新任职、提职党员领导干部 39 名，构建“一课一刊一群一网”多媒体廉洁文化新阵地。全年处理信访件 2 件，强化失实举报澄清和以案促改工作。

公司积极推进文化宣传工作，聚焦文化制胜，有力增强宣传效果。围绕新中国成立 70 周年做好宣传引导，传递主流媒体声音，营造爱国爱企爱岗的良好氛围；深化集团“四个一”文化理念及“以客户为中心、以市场为导向、以创新为驱动、以员工为根本”核心价值观解读宣贯；

加强正面宣传，集团报专版刊载综述《坚持以高质量发展起步—细数天津中远海运转型发展这半年》，全面展示干部员工“三创”的精气神；围绕公司揭牌成立等中心任务、重要事件在集团官网官微、新华网、人民网等内外部媒体上展开宣传，做好首个存量资产盘活项目中远里青年公寓策划报道，提升品牌形象；深入挖掘“三创”先进人物和典型事迹，做好经验推广。年内网发布稿件 158 篇，其中，涉及“三创”的稿件 41 篇，对外发稿 44 篇。公司官微完成更名，关注用户 3 800 人，累计发稿 164 期、191 篇推文。

公司聚焦同频共振，充分发挥群团作用。履行企业民主管理，组织召开天津中远海运一届一次职工代表大会，构建和谐劳动关系；强化提升职工素质，开展“当好主人翁、建功新时代”劳动竞赛活动，弘扬劳模精神和工匠精神；部署推进对口扶贫工作，结对帮扶的庞庄村各方面取得明显改观，获得地方政府高度认可；关心职工工作生活，举办天津中远海运第一届职工趣味运动会、第一届气排球比赛，开展劳模疗养、暑期慰问；开展纪念五四运动百年、庆祝中华人民共和国成立 70 周年系列活动，引导公司青年将爱国心与爱企情紧密结合；开展年度青年“号、手、岗”评选，起草员工创新创效创业管理办法，制定青年创新创效活动方案，充分发挥青年生力军和突击队作用。

公司逐步完善信访维稳管控处置体系，确保企业和谐稳定。加强党委对维稳工作的全面领导，建立健全相对完善的内部维稳管理体系，着力化解矛盾，筑牢维稳防线，2019 年内无因上访问题导致的不良事件发生。（刘心蕊）

中远海运（青岛）有限公司

中远海运（青岛）有限公司

中远海运（青岛）有限公司〔简称“青岛中远海运”，英文简称COSCO SHIPPING（Qingdao）〕，前身是成立于1976年7月1日的青岛远洋运输有限公司。1976年7月1日，中国远洋运输总公司青岛分公司（简称“中远青岛分公司”）正式成立，是我国首家专门经营干散货运输船舶的专业公司。1979年5月1日，中远青岛分公司更名为青岛远洋运输公司，2007年6月27日，青岛远洋运输公司又更名为青岛远洋运输有限公司。2016年6月16日，中远海运散货运输有限公司在广州成立，青岛远洋运输有限公司成为其全资子公司。

按照中远海运集团的改革部署，2019年1月23日，中远海运（青岛）有限公司完成工商注册更名，2月22日举行揭牌仪式，宣告中远海运（青岛）有限公司（以下简称“青岛中远海运”）正式成立。中远海运集团董事长许立荣、青岛市市长孟凡利等各界嘉宾共同见证了青岛中远海运的成立。至此，青岛远洋运输有限公司转型成为集团直属的地区公司。

【公司机构】

青岛远洋运输有限公司转型前共设10个部门，分别为总经办、安技部、安质部、财务部、战略发展部、人力资源部/组织部、企业文化部/党工部、监督部/纪委、工会、法律事务部；设2个中心，分别为信息中心、陆产管理中心。

2019年2月22日转型后，青岛中远海运共设7个部门，分别为董事会/总经理办公室/安委办、战略及企业管理部/法律风险部、财务管理部、人力资源部/组织部、党委工作部、纪委工作部/监督审计部、工会；设3个共享中心，分别为人力资源中心/保险统筹中心、资产/项目管理中心、后勤保障中心。

【生产经营】

2019年是青岛中远海运深化改革、转型发展的元年，随着主营发展业务的变更，原有以船舶为主的安全管理模式向着以陆岸单位为主的综合安全管理模式发展。公司积极拓展新业务、新项目，并得到了各级政府部门的有力支持。在省政府领导和有关局委的指导下，公司积极参与“气化山东”项目，探讨在LNG储配站和天然气管道业务方面的合作；深度参与青岛市新旧动能转换，融入青岛市现代航运服务业发展，推动市南区国际航运贸易金融创新中心落户远洋广场。经过全面审慎的研讨与实践，公司形成以LNG产业为核心主业的共识，围绕LNG产品制造、工程技术服务、储配、运输服务等展开研究。

2019年，公司合并口径实现营业总收入86 739万元，完成利润总额−22 336万元，净利润−23 235万元；完成集团考核净利润−10 606万元，超额完成集团下达效益指标。截至2019年底，公司合并口径净资产为30.6亿元，资产负债率为23.3%。

【安全管理】

青岛中远海运认真贯彻落实山东省、青岛市以及中远海运集团安全生产工作的部署要求，把保证安全稳定作为企业转型发展、创新突破的第一要务，全面贯彻“安全第一，预防为主，综合治理”的管理方针，认真研究制定新形势下安全生产创新管理机制，严格落实企业安全生产主体责任，保证了公司安全生产稳定局面。着力以抓安全生产责任制落实为抓手，建立健全了公司新的安全管理规章制度体系，全面逐级签订安全生产目标责任状及目标任务全面分解，实现了公司安全生产责任制和目标任务的全覆盖、网格化。坚持“突出重点，分级管理、精准施策”的管理方针，紧盯重点行业、重点领域和重要环节的管理，以安全生产风险分级管理、隐患排查治理、安全监督检查三级预防管理机制为着力点，统筹科学抓好各单位安全生产工作。紧紧围绕人员、设备、环境和管理四个维度，建立完善安全生产组织机构，加强安全生产资金投入，深化安全教育培训管理，充实应急救援保障力量，全面防范和化解重大安全生产事故的发生，确保了全年安全生产稳定的目标及任务。

【人事管理】

贯彻落实新时代党的组织路线和干部人才工作新要求，立足新发展阶段、贯彻新发展理念、构建新发展格局，以集团和公司“十三五”人才发展规划为纲领，围绕公司转型发展工作重心，按照公司“3+6”干部人才队伍建设规划，积极以新面貌、新思维、新方式扎实做好干部队伍建设、人力资源管理等各项工作，切实为公司创新创业、事业发展提供坚强的组织人才保障。

以地区公司改革为契机，不断调整、优化划转人员调动手续，完成地区公司组织机构、人员选配、人事管理调整工作，修订完善 13 项人力资源规章制度。公司本部由 10 部门 2 中心精简为 7 部门 3 中心，本部员工减少 58 人，人员精简 32.6%，推动机构由成本中心向价值中心转变、员工向创造价值的岗位流动。

建立干部管理“熔断”机制，鲜明“能上”导向，注重实绩选拔干部，共调整公司管理干部 9 批次共 161 人次，大力选拔具备较高素质、经历实践检验、具有发展潜力的年轻人才充实到干部岗位，优化干部队伍结构，提升队伍活力；积极选用“改革工具包”中的具体政策，试行董事会管理模式，实行党委书记与董事长一肩挑；公开竞聘“内部职业经理人”，进一步迈出职业经理人制度改革尝试的步伐。

按照公司“3+6”干部人才队伍建设规划，着力打造“直属单位领导班子、企业领军人才、年轻后备干部”3 支精干队伍，建立“市场经营、研发技术、企业管理、财务风控、安全管理、党群综合”6 个专业人才库。

开展优秀年轻人才到本部交流培训工作，通过综合测评和笔试考核，制选拔 13 人安排到本部及中心进行 3 个月的交流培训，建立岗位交流长效机；选调部分领导干部和青年人才参加集团、青岛市、公司培训，持续提升干部的综合素质和业务能力。引入现代企业绩效管理和人才测评的新技术、新工具，打造公司全员、全过程绩效考核评价体系，建设全员线上考核评价软件系统，并将考核结果与薪酬奖惩、干部选拔使用、评先推优、干部员工岗位交流和劳动合同管理挂钩。

【企业管理】

2019 年是青岛中远海运转型发展的起步之年。公司以集团地区公司转型发展的整体规划为纲领，以生产安全、队伍稳定为首要任务，对改革实施路径进行了细致筹备与部署，完善机构设置和人员选聘方案，有序推进建章立制，公司各板块业务正常运转。

地区公司成立后，公司员工投入到转型发展各项工作。持续完善法人治理结构。完善董事会议事规则、总经理办公会议事规则等基础性文件，厘清董事会、党委会、总经理办公会、职代会的权责，建立起高效规范的决策运行体系；结合集团关于深化国有企业改革工作精神，成立公司深化改革领导小组及工作小组，研究制定《青岛中远海运综合改革实施方案》，明确深入推进综合改革的工作方向、路径、主要目标和任务举措；启动直属单位董事会治理改革试点，制定《专职外部董事 / 监事管理办法（试行）》，并在通导科技公司先行先试董事会管理模式；借助战略咨询机构的“外脑”智慧，完成《中远海运（青岛）有限公司发展战略规划报告（2020—2025 年）》

及新产业选择研究报告等子报告，科学规划了公司总体发展愿景、未来产业发展方向、产业结构及核心主业，指明了公司转型发展的方向；综合运用集团内控评价新规范，厘清公司转型发展中的关键风险点，组织开展业务合规性清查，以制度建立、合同审核、新项目立项为重点，进一步推动法律防控关口前移；全面摸清公司所属资产的真实状况，针对性地完善了管理和经营职责，集中精力攻坚制约公司发展的历史遗留问题，为公司转型发展减轻了历史负担。

公司持续推进内控体系建设。重新梳理制定各业务领域规章制度，新建经营管理类规章制度96项、党群类规章制度40项，重点抓好经营合规、项目投资、财务风险、网络安全、采购管理等重点领域的隐患排查和风险防控，持续健全风险防控体系，助力公司高质量转型发展。

【财 务 管 理】

优化资金管理，提高资金创效能力。完成公司与中远海运散运长期往来挂账款的清算工作，对通导科技、供应公司债转股，彻底解决历史遗留的长期挂账问题。做好美元结汇工作，锁定汇兑收益。合理统筹安排资金，开展沉淀资金创效，获得资金超额收益。

提升税务管理，合法合规减轻公司税负。研究并实施房屋租赁计税方法筹划方案，该方案被集团选中作为优秀税务管理案例并在集团层面进行了现场交流。密切关注税收政策变化，编制形成公司增值税操作指引，充分享受增值税加计抵减以及留抵退税政策。

强化预算管理，助力公司战略落地。修订和完善《中远海运（青岛）有限公司预算管理办法》，设计预算编报模板，对各单位生产经营预算数据的掌握更加全面细致。优化公司考核指标，将预算准确度纳入了年度考核指标。加强成本管理，节支创效促转型。

做好财务服务，全力支持公司改革转型。加强与集团和金融机构的工作协调，积极协助解决远洋华林、连云港中远海运、供应公司等直属单位业务问题，助力直属单位业务开展。完成公司更名涉及的银行、税务、产权管理等变更工作。完成资产清查和清产核资工作，持续落实应收账款和存货专项行动，持续落实民营企业款项和农民工工资清欠工作。顺利完成财务机构改革，加强财务人员队伍建设。

完善规章制度，夯实财务基础工作。修订完善10余项财务规章制度，规范和优化房租收入、车辆费用、党组织工作经费、各直属单位工资确认、增值税等会计核算事项，对公司SAP系统成本中心、会计科目等主数据进行调整和统一。完成大厦公司、实业公司、科技公司三家直属单位的SAP系统切换工作。

【党 群 工 作】

2019年，公司党委坚持以习近平新时代中国特色社会主义思想为指导，深入学习贯彻落实党的十九大、十九届四中全会精神，按照民主集中制原则，严格执行《党委议事决策规则》等各项制度，召开党委会19次。严格落实党委理论学习中心组学习制度，组织党委理论学习中心组学习14次。认真落实双重组织生活制度，不断增强班子的领导力、凝聚力和战斗力。

做实党建工作。年初召开2019年党建工作会，认真谋划全年工作，作出了“1235”的工作部署。结合公司党建工作任务，制定并与各基层党组织签订党建工作责任书，细化党建工作考核内容，量化了党建工作考核标准，把党建工作与业务工作同谋划、同实施、同考核。

做细党建工作。注重从细微举措、精细活动入手，大力推行“党建+”活动，通过“党建+互联网”，引导广大党员通过微信、“学习强国”、“灯塔－党建在线”等新媒体学习，推动各基层党组织通过在线党员教育管理系统开展工作。

做强党建工作。进一步优化调整组织机构、配齐配强党务工作人员，确保党建工作有人抓、有人管，保障到位，落实到位。公司挂牌成立后，本部、共享中心支部书记配置完备，并陆续为直属企业调整配齐党组织负责人9人次。在通导公司和科技公司合并重组过程中，大胆探索，先行先试，在公司直属企业中试行董事长、党支部书记一肩挑，为公司下一步研究探索子公司重组、混改新模式，深度参与山东重点国有企业混改，做出有益探索。

高度聚焦主题主线，确保教育取得实效。围绕“不忘初心、牢记使命”主题教育和学习贯彻习近平新时代中国特色社会主义思想这条主线，认真制定下发主题教育实施方案。制定了“8+5+1”的学习教育形式，连续开展8期“读书班”，开展5次党委中心组（扩大）学习深度学习，通过“请进来”邀请1次专家辅导讲座。还通过“走出去”到胶州党史纪念馆接受红色教育，“视频学”学习“时代楷模”南仁东的先进事迹，“现场学”举办反腐倡廉教育展览开展警示教育等。

重视基层组织建设，完善基本制度体系。根据公司转型发展进程，按照“四同步、四对接”要求，及时调整与公司党建工作要求相匹配的党组织架构。结合公司实际，系统梳理、修订完善了《党建责任制实施细则（试行）》《党风廉政建设责任制实施办法》等24项党建工作制度，确保基层党建工作有章可循、有规可依。编印《党建工作标准化暨主题教育工作手册》，扎实推动了基层党建工作模式标准化、工作程序规范化、工作内容科学化。

抓好日常教育管理，做实党建基础工作。扎实推进“两学一做”学习教育常态化制度化，通过“三会一课”、主题党日等形式、“学习强国”、“灯塔－党建在线”等平台，抓好党员日常教育。举办党务、宣传综合素质提高培训班，对公司各基层党组织的组织员、宣传信息员共37人进行培训。落实区域党建工作要求，与青岛地区系统内单位联合举办党性教育培训班，对62名入党积极分子、发展对象和新党员进行有针对性的党性教育培训。通过举办“不忘初心、牢记使命”主题教育专题教育暨2019年基层党组织书记培训班，公司35名基层党支部书记通过培训。抓实党员组织关系、党员档案的管理，努力拓展“互联网＋党建”党员教育管理服务。

强化形势任务宣传，加强意识形态管理。通过宣传平台把握正确的舆论导向，做好公司深化改革关键时期的思想引领和稳定工作；制定下发《中远海运（青岛）有限公司宣传媒体管理办法》，加强意识形态阵地建设和管理。加强通讯员队伍建设，组织好公司系列大型活动。

深化文化宣贯融合，推动多媒体联动。加强企业核心价值体系建设，做好企业文化导入和品牌形象策划，通过多媒体联动，全方位展示公司企业文化和职工队伍良好的精神风貌；丰富企业文化宣传载体，改版升级公司内外部网站，开设“基层动态专栏”，在内容板块设计上更注重实用性，放大内网的宣传效果；成立新媒体创意小组，通过微信公众号、抖音等平台，以微视频、话题等形式，创新开展工作，增强了吸引力、强化了导向性；同时，加强与地方媒体、网络媒体的联络。

精心组织专题活动，紧盯宣传重要节点。围绕转型发展，突出顶层设计，重点策划公司揭牌仪式、转型发展我们在行动、LNG罐箱项目成功落地、庆祝新中国成立70周年等活动宣传主题，通过公司内网、官微等媒体平台大力宣传，并在集团官微、报纸、杂志进行推送，其中，公司揭牌仪式、LNG罐箱项目、航运金融中心等重点活动和项目在数十家媒体进行了相关报道，并在集团《中国远洋海运报》针对公司改革转型发展成效进行了整版宣传，营造良好的舆论氛围。

坚持先进典型引路，发挥模范引领作用。在基层党组织和党员中开展“发现榜样”活动，认真做好典型选树工作。此外，还积极组织开展党内先进评选，共有6名同志和2个基层党组织获得集团表彰、青岛市表彰，8名同志和3个基层党组织分别被评选为公司优秀共产党员、优秀党务工作者和先进基层党组织，激励广大党员学习先进、争当先进，营造浓厚争当先进氛围。

加深党建思想研究，推进政研成果转化。认真做好年度政研工作的经验交流、成果评审、评比表彰等工作，将党建思想政治工作课题研究工作的成效纳入地区公司党建工作责任制考核体系。在集团年度优秀成果表彰中，获得一篇一等奖、两篇二等奖、两篇三等奖的好成绩。目前，完成集团重点课题研究2篇，集团课题研究6篇，公司范围内课题研究成果53篇，取得理论研究和实践探索的新经验、新成果。

强化维稳主体责任，确保和谐稳定大局。认真落实上级关于庆祝新中国成立70周年、进博会期间的信访维稳工作要求，坚持“零报告”制度，加强对不稳定因素和风险隐患的排查治理；加强对特殊群体的关注，保持密切跟踪、关注，加大对复杂事项的跟进和协调力度，引导员工合理、合法表达自身诉求；不断提升公司信访综治维稳工作人员的整体素质，举办2019年公司信访综治维稳工作培训班。

公司团委以“不忘初心、牢记使命”主题教育为契机，广泛开展“青”字号品牌创建活动，充分发挥团员青年生力军和突击队作用，3名青年骨干、4个集体相继获得集团团委、共青团青岛市委表彰；加强群团沟通合作，组织开展劳模青年结对帮带，助力青年早成才、快成才、做栋梁之才；开展广泛交流，参与集团“浪花心愿”爱心助学活动，通过交通行业交流活动、五四篮球赛等活动，拓宽视野，优势互补；强化团员青年理想信念教育，开展“青春心向党·建功新时代”主题宣传教育实践活动，开展集中性主题团日，组织收看、学习习近平总书记在纪念五四运动100周年大会上的讲话，不断激发广大团员青年的爱国之情、报国之志。

【直属企业】

2019年，公司聚力打造LNG产业链，重点项目陆续落地，与连云港交控集团组建了连云港中远海运特种装备制造有限公司，推动LNG罐箱制造业务落地；与法国GTT公司签署LNG薄膜舱技术评审协议，协调各方合资成立青岛中远海运低温工程科技有限公司。在集团的统一部署和安排下，相继完成烟台港股权无偿划转、F10项目股权回购、祥和工贸股权划回，积极推进新造客滚船建造和青远山庄资产盘活工作取得实质进展。各业务板块积极依托现有资源主动作为。公司经营性房产全年实现收入13 366万元，圆满完成年度目标。连云港中远海运积极推进流体转型升级和危化品仓储基地项目研究论证，培育新的利润增长点；流体公司全面加强生产质量管控，不断提升产品智能化水平，逐步在国内外中高端市场打开局面，在第四届全国质量创新大赛中取得优异成绩。中韩轮渡面对货量下滑趋势，主动出击，客运业务实现较大幅度增长。物业公司持续提升管理服务理念，经营效益稳中有升。船务公司以IMO2020年限硫令和新的压载水公约实施为契机，开拓压载水处理装置安装新业务。船贸公司在巩固船舶监造业务优势的同时，借助自身特长为船东提供船舶技术咨询等服务，延伸业务链条。国旅公司利用青远山庄实施“大客户”战略，大力承接会议、培训和集体旅游项目，收入同比实现大幅增长。远洋华林公司持续完善客户差异化管理策略，深化与船东的合作共赢，超额完成利润预算。房地产/大酒店深入调研盈亏“痛点”，主动求变，在降本增效方面进行了卓有成效的探讨与尝试。

【大　事　记】

1月8日，公司印发《中远海运（青岛）有限公司党委议事决策规则》《中远海运（青岛）有限公司关于加强领导班子作风建设的意见》《中远海运（青岛）有限公司本部部门及中心人员选配方案》等文件。

2月21日，中远海运集团董事长、党组书记许立荣出席中远海运（青岛）有限公司见面会。

2月22日，青岛中远海运在青岛八大关宾馆举行揭牌仪式，正式宣告成立。

2月27日，青岛中远海运召开第一次工会代表大会。

2月28日，青岛中远海运2019年工作会、党建工作会暨一届一次职代会在远洋大酒店隆重召开。来自公司本部、各共享中心、各直属单位的176名职工代表、列席代表参加了大会。

3月21日上午，公司董事长、党委书记戚文忠，董事、总经理潘立东，副总经理单继强一行前往青岛市南区政府拜访市南区委副书记、区长高健。

4 月 25 日，公司召开“弘扬劳模精神 学习先进典型 凝聚转型发展力量”劳模青年座谈交流会。

5 月 6 日，青岛中远海运召开领导班子调整宣布大会。潘立东同志任青岛中远海运党委书记，青岛中远海运董事长，免去戚文忠同志青岛中远海运党委书记、委员职务、青岛中远海运董事长职务，退休。

5 月 23—24 日，青岛中远海运在青远山庄举办 2019 年党建、宣传综合素质提高培训班。

6 月 4 日，青岛中远海运董事长、党委书记、总经理潘立东，副总经理单继强与法国气体技术与运输有限公司（GTT）中国总经理 Adnan EZZARHOUNI（安南）会见，双方就 LNG 薄膜舱项目合作进行了深入探讨，并签订了相关协议。这是继公司 LNG 罐箱项目落地之后在 LNG 产业链的一项重大突破，为青岛中远海运改革转型发展奠定了坚实的基础。

6 月 20 日，公司组织开展主题教育第一次党委中心组深度学习研讨。

6 月 26 日，印发《中远海运（青岛）有限公司关于开展“不忘初心、牢记使命”主题教育的实施方案》《中远海运（青岛）有限公司宣传媒体管理办法》。

6 月 28 日下午，青岛中远海运在青远山庄召开庆祝中国共产党成立 98 周年暨“七一”表彰大会。

6 月 28 日上午，中国共产党中远海运（青岛）有限公司第一次代表大会在青远山庄胜利召开。

9 月 6 日上午，中远海运散运纪委书记、工会主席鲍旭一行四人拜访青岛中远海运。

10 月 29 日下午，公司董事长、党委书记、总经理潘立东带队拜访了连云港市开发区管委会。

12 月 30 日，公司党委书记、董事长、总经理潘立东在周例会上，宣布《党建工作标准化手册》改版升级，并于 2020 年 1 月 1 日投入使用。

（张雯）

中远海运大连投资有限公司

中远海运大连投资有限公司

【公司概况】

中远海运大连投资有限公司（简称“中远海运大连投资”）成立于2019年2月15日，是中远海运集团新设二级地区公司，其前身是1975年国务院批复筹建、1978年成立的大连远洋运输公司。中远海运大连投资注册资本金114 700万元，业务主要包括LPG船舶运输、化学品仓储、航运配套服务、酒店及写字楼租赁等。

中远海运大连投资按照集团赋予的“一支柱，三平台”[①]战略定位，围绕国家振兴东北老工业基地、“一带一路”建设以及大连打造东北亚国际航运中心等利好政策，主动拓展差异化发展空间，深入探索危化品物流、LPG业务、精细化工、新能源、大数据应用等多个领域，为公司挖掘主业奠定坚实基础。

截至2019年底，公司合并范围内共有7家单位，公司本部及大厦公司、供应公司、龙鹏公司、电子公司、希云公司、昌盛公司，另有一家参股企业大仁公司。龙鹏公司主营LPG运输业务，共有5艘LPG船舶，总舱容量18 213立方米。

2019年，中远海运大连投资深入贯彻落实集团党组各项决策部署，全体员工齐心协力，攻坚克难，紧密围绕“创业创新创效”中心任务，全力推进企业转型发展，圆满完成各项任务指标。

【改革重组】

中远海运大连投资顺应集团改革部署，作为集团大连地区公司于2019年2月15日在大连市长兴岛经济区以新设方式注册成立。

2019年，公司按照集团地区公司改革方案要求，与中远海运能源共同推进各项改革任务，年内完成了供应子公司设立工作、大厦公司股权无偿划转工作，并积极推进相关股权资产的交割工作，同时就离退休、社保、档案管理及信息化服务等属地化职能的委托管理事宜协商达成一致。

面对从能源板块剥离、由传统航运企业向社会化区域公司转型的实际情况，公司领导班子成员带领全体员工在整合现有资源的基础上，立足集团对公司转型成为“东北地区发展社会化产业的领头羊和重要支柱”的发展定位，充分利用国家振兴东北老工业基地、辽宁自贸试验区设立、“一带一路”建设以及大连打造东北亚航运中心等国家战略和利好政策，努力将公司打造成为集团在东北地区社会化产业的投资与经营平台，培育新领域、新技术、新业态的孵化平台，以及属地化管理的服务平台。

【公司治理】

中远海运大连投资实行监事会、高级管理层共同治理的结构设置。七家所属企业中，大厦公司、供应公司、昌盛公司实行执行董事、监事、高级管理层共同治理的结构设置。龙鹏公司、电子公司、希云公司、大仁公司实行董事会、监事、高级管理层共同治理的结构设置。截至2019年底，公司共有全资所属企业4家：大厦公司、供应公司、希云公司、昌盛公司；

① 一支柱：在东北地区发展社会化产业的领头羊和重要支柱。三平台：中远海运集团在东北地区社会化产业的投资与经营平台；新领域、新技术、新业态的孵化平台；集团属地化管理的服务平台。

控股所属企业2家：龙鹏公司、电子公司；参股企业1家：大仁公司。

为促进公司董事会运作的合规、科学及高效，2019年成立董事会战略委员会，对公司长期发展战略规划进行研究并提出建议，核查、监督、调研公司长期发展战略规划的实施和执行情况，并提出执行、整改和完善的意见或建议。

公司严格执行“三重一大”决策制度，根据集团《“三重一大”决策制度实施办法》修订情况，以及集团直属公司董事会授权清单相关内容调整情况，修订并下发《“三重一大”决策制度实施办法》，2019年执行情况良好。全年公司共召开党委会49次，审议各类决策事项204项；召开总经理办公会41次，审议各类决策事项126项；召开董事会4次，审议各类决策事项21项。确保各项决策科学、合规、高效，为科学治理提供坚实政治保障。

【发展战略】

2019年，中远海运大连投资根据集团确定的作为东北地区发展社会化产业“一支柱、三平台”的定位，加快推进转型发展。成立初期，公司结合实际制定了“以实业投资为主，以股权投资为辅”“初始以航运周边社会化产业为主，稳妥推进其他领域的业务开发”“大力调整现有业务结构，向广度、深度挖掘更多发展机遇”“大胆尝试科技创新及孵化”等战略指导方针。

所属企业方面，公司围绕转型创效为各所属企业量身定制了战略发展目标。LPG航运业务方面，积极推进船队运力扩张。酒店业务方面，抓好生产经营和安全管理，并推进配套会议中心项目建设，积极采取减亏措施。航服配套业务方面，积极推进业务结构转型升级，着力做大做强企业规模，构建品牌形象，扩大品牌影响力。

【财务管理】

2019年，中远海运大连投资财务管理工作主要聚焦于信息系统建设、财务制度搭建等，目的是夯实财务基础工作，确保财务内控管理合规，财务信息质量完整、准确。

系统建设方面，为满足财务核算集中化的要求，实现财务软件网络化、统一化及财务信息一体化，2019年，公司本部及所属企业财务软件统一更新为安全系数较高的“用友NC6.5”网络版，并精心设计新版财务软件的会计体系架构，从信息输入、数据提取、报表使用、财务分析等多个方面对系统进行专属化设计，最大程度提高财务信息化综合质量。

制度建设方面，围绕涉及财务管理的15项规则制度，制定相关完成计划。发布实施了《中远海运大连投资有限公司差旅费管理规定》，以统一费用和补贴标准，科学控制公司差旅费支出。

经济效益方面，截至2019年底，公司财务报表编报范围包含4家单位，公司资产总计184 341万元，较年初73 869万元增加110 472万元；负债总计150 274万元，较年初145 314万元增长4 960万元；年末资产负债率约为81.52%。全年公司合并口径营业总收入发生12 583万元，净利润亏损8 132万元。

【安全生产】

2019年，中远海运大连投资整体安全生产形势相对稳定。接受大石油公司检查13艘次，CDI检查3艘次，全部一次性通过；接受PSC/FSC检查32艘次，无缺陷批注13艘次，无滞留船舶；防抗台风成功率100%；ISPS检查通过率100%。社会管理综合治理全面达标，陆业单位未发生责任性生产安全事故。

落实主体责任方面，坚持“党政同责、一岗双责、失职追责”原则，公司主要负责人担任安委会主任，主持召开安委会专题会议，分析、解决安全生产工作中存在的重大问题；贯彻落实集团《安全生产绩效考核办法》，与各单位、部门签订年度安全生产工作责任书，各部门、单位与员工签订员工安全生产承诺书，有效落实安全生产责任制，实现一级抓一级，层层负责的安全管理机制。

安全体系审核方面，龙鹏公司完成公司内审，安全管理体系符合ISM规则，运行有效。接受深圳海事局SMS年度审核，完成整改。对全部5艘船舶进行了年度安全管理体系、船舶保安和劳工公约履约内审检查。“同心源”轮和“同德源”轮零缺陷通过船级社安全管理体系、船舶保安和劳工公约履约的证书换证审核；供应公司持续执行国家安全生产标准化和职业健康安全生产管理体系，先后获得QMS、EMS、OHSMS认证证书并完成QSE体系评审，取得三级企业证书。

安全督导检查方面，对公司本部办公楼和各所属企业及船舶开展安全督导检查17次，排查安全隐患和问题61条，均整改完成；龙鹏公司登轮自查25艘次，随船检查10艘次，船舶隐患排查共计295条、未遂事件报告76条；供应公司接受上级部门检查和公司自查共发现安全隐患53项，均整改完毕；大厦酒店公司全面识别和评估安全风险，编制《安全风险分级管控清单》，梳理近40项作业单元，评估风险等级，明确防控措施。

安全培训教育方面，组织公司和各所属企业负责人、安全管理人员共30人参加属地安全管理培训，全部通过安全管理资质考试；组织公司总部和供应公司安全管理人员共4人参加危化品类国家注册安全工程师培训和考试；组织公司总部和龙鹏公司、船管公司共19人参加CCS内审员、安保员培训并获得资质；组织供应公司3人参加《危险货物道路运输规则》培训并取得资质；组织7人参加CCS认证公司培训。

【风险防控】

风控体系建设方面，一是完善公司合规风控组织架构，设置了风控与审计委员会，负责对公司内部控制建设、风险管理制度及执行情况进行定期检查和评估。二是建立业务、风控、监督审计“三道防线”，成立由公司领导、业务部门、风控团队、监审部门共同组成的项目评审委员会，在投资项目进入立项决策前对项目投资进行评审，将投资决策风险管控前移。三是推进合规风控体系建设相关工作，建立以公司风险框架、制度框架、流程框架为基础的体系框架，绘制2019年度风险地图，梳理并形成2019年度风险清单，设计并发布风险评估的标准程序。

法律风控方面，在公司投资项目研究、立项、决策过程中，发挥法律风控部门的专业优势，界定法律风险，制定风险排除或转移措施。完成地区公司成立、长兴岛化学品物流园项目、龙鹏公司购买LPG船项目、收购大仁公司7.5%股权项目、拖轮项目等风险评估报告，为公司正确决策提供法律和风险控制依据；完成公司对外签订的合同审核60余份，涵盖项目保密协议、项目尽调服务、软件服务、咨询服务、培训、采购等领域；组建法律人员与投资业务人员团队，完成公司收购大仁公司7.5%股权的可行性研究、竞买操作、股权变更的全部工作。

风控管理方面，依据集团管控要求和国务院国资委企业内控标准，结合业务实际搭建规章制度框架，涵盖公司治理、人力资源管理、安全管理、投资管理、所属企业管理、法务风控管理、费用管理等多个方面；组织开展年度内控自评价工作，覆盖公司内部环境、风险评估、控制活动、信息沟通、内部监督等5大要素200余项具体评价指标，制定了5步走的闭环自评方案。

【队伍建设】

机构改革方面，按照集团改革方案要求，立足公司转型发展需要，制定《公司总部组织机构、职务序列及各部门（中心）职能职数及负责人岗位职责设置方案》《公司所属（代管）企业机构领导岗位职数及职级设置方案》。在机构设置中，突出“创业、创新、创效”原则，强化投资部门、业务部门配置。实行扁平化管理，提高管理效能。设置“领导职务序列”和“非领导职务序列”双通道，畅通员工晋升通道。

干部选任方面，充分考虑干部员工队伍的特点和现状，把具有真才实学、市场意识，能够干事创业的优秀人才选聘到总部岗位及所属（代管）企业/机构领导岗位。研究制订公司总部岗位及所属（代管）企业/机构领导岗位人员组织选聘及公开竞聘方案，经过组织选聘、竞聘，共提拔任用干部45名。

制度建设方面，建立健全干部人事管理制度体系，制定了公司干部管理办法、员工管理办法、薪酬管理办法（试行）、总部外聘员工管理规定（试行）、员工教育培训管理办法、总部员工绩效考核管理办法、福利费管理办法（试行）、所属企业负责人薪酬管理办法（试行）。

人才培养方面，立足公司改革发展实际，完善教育培训制度建设，营造全员学习氛围。针对性举办投资业务通识系列及营销业务培训、员工心理关爱及情绪压力管理培训。对于外部培训，建立外出培训人员交流分享机制，以开展内训的方式及时分享外培成果。开展公司社会化产业高级人才库工作，选拔7人入库。组织安排各类培训34批次，培训员工474人次。

【党群工作】

公司党委班子由5人组成。公司党委坚持围绕中心，服务大局，围绕"创业创新创效"中心任务，以开展"不忘初心、牢记使命"主题教育为主线，扎实开展党建各项工作，为公司改革发展提供强有力的政治保障。

深入开展"不忘初心、牢记使命"主题教育。按照党中央和集团党组具体要求，深入第一批、第二批"不忘初心、牢记使命"主题教育。成立组织机构，研究制定实施方案，就扎实开展好主题教育，进行全面部署。组织党员注册并利用"学习强国"平台开展学习。公司领导干部讲党课6次，普通党员干部讲党课3次；基层党组织开展集中学习研讨38次，党支部书记讲党课10人次，召开职工群众意见建议座谈会8次，征集意见建议29项。

充分发挥企业党组织领导核心作用。积极发挥党委会前置程序作用，在公司深化改革、业务拓展、选人用人等重大决策方面把方向、管大局、保落实；按照"四同步、四对接"要求，设立了党务部门、纪检部门以及群团组织，并专门设立了党建专项工作经费，为开展党建工作提供保障；充分发挥区域党建牵头作用，联合集团各驻连单位举行庆祝新中国成立70周年联合文艺汇演、纪念五四运动100周年升旗仪式、庆祝建党98周年暨"不忘初心、牢记使命"主题教育大党课、职工趣味运动会等活动，进一步强化集团区域党建影响力。

扎实开展庆祝新中国成立70周年系列活动。制定庆祝新中国成立70周年系列活动方案，策划共计27项任务和活动，并有序推进。其中，根据交通运输部"礼赞新中国、奋进新时代"和国资委"大国顶梁柱"等微电影展播活动的号召，策划拍摄讲述创业历程的故事片《心愿》。该片将创业精神与爱国主义情怀结合起来，展示大连投资人在企业转型后，为打造"卓越中远海运"品牌，实现航运强国梦而创新发展、不懈奋斗的高尚品格和崇高精神，获得广泛好评，在交通运输部微视频大赛中，荣获"三等奖"。

纵深推进全面从严治党。召开2019年党风廉政建设和反腐败工作会议，发布党风廉政建设和反腐败工作任务，层层压实责任。搭建纪检监察制度体系，制定纪检监察制度建设年度计划，出台《管理干部任职前组织部门听取纪检部门意见试行办法》《干部廉洁档案管理工作规程》《直属单位纪委书记、副书记提名、考察、考核办法》等制度。开展好战晓静案后续纪律审查工作，对被审查人作出党纪处分决定，进行相应组织处理。组织开展战晓静案件警示教育，要求员工知敬畏、存戒惧、守底线，强化政治纪律，守护政治生命线。

激发群团组织内生动力。扎实推进工会组织规范化建设，成立公司工会，组建领导小组和工作小组。组织召开公司一届一次职代会和第一次职代会联席会，通过《职工代表大会细则》《员工管理办法（试行）》《总部员工薪酬管理办法（试行）》和《总部员工绩效考核管理办法（试行）》等制度。举办集团驻连单位2019年职工趣味运动会、集团2019年境内（大连地区）劳模疗休养活动。中国远洋海运摄影家协会于2019年9月24日在大连正式成立。积极拓展党建带团建工作，开展纪念五四 100 周年系列活动和青年员工“创业创新创效”主题演讲比赛。

2019 年中远海运大连投资基本情况见表 14-8。

2019 年中远海运大连投资基本情况表 表 14-8

类别	项目	单位	数据
船队	船舶艘数	艘	5
	载重吨	万吨	1.49
生产情况	运量	万吨	35.68
	周转量	亿吨海里	2.25
财务情况	总资产	亿元	18.43
	净资产	亿元	3.41
	总收入	亿元	1.26
	利润总额	亿元	-0.81
人力资源	员工总数	人	626

（王鹏飞）

中远海运船员管理有限公司

中远海运船员管理有限公司

【公司概况】

中远海运船员管理有限公司（简称“中远海运船员”，英文简称COSCO SHIPPING Seafarer），是中远海运集团从事船员管理的专业化公司。公司于2017年12月26日挂牌成立。公司为集团主营船队和集团合资合营船队提供可靠、优质、集约、专业、高效的船员管理服务，打造具有国际竞争力的全球领先船员队伍，为集团建成世界一流企业提供战略支持和人才保证。

2019年，公司认真学习贯彻习近平总书记与“中远海运玫瑰”轮通话精神，以供给侧结构性改革“巩固、增强、提升、畅通”八字方针为指引，按照集团党组“三个跑赢”“三个切换”要求，聚焦公司改革目标，围绕公司党委明确的“船员管理、公司党建、干部人才”三个基本问题，深入研究形成理念性、思想性、原则性、战略性的解决方案，全面贯彻落实到公司改革发展中，长期坚持落地见效。

2019年，公司重点精准聚焦船员管理“大逻辑、大工程、大底线”最基本的问题。坚持政治统领，精准推进船员服务“三大重点”工作；坚持质量引领，以供给侧结构性改革为主线推进公司“十项”船员管理工作。充分发挥公司党委领导下的船员管理制度体系优势，公司上下思想一致、团结一致、步调一致走入正轨，不断实现改革发展目标，全面完成了集团下达的2019年各项考核指标。

【公司治理】

1. 坚决贯彻落实“两个一以贯之”

公司准确把握中国特色现代企业制度的内涵，把党的领导融入公司治理全方位各环节。一是完善公司治理结构，厘清权责边界。全面梳理各治理主体在决策、执行、监督各环节的权责，严格落实集团下发的《中远海运船员授权事项清单2.0版》，建立系统性决策程序清单。各治理主体同向发力、同频共振，形成权责法定、权责透明、运转协调、有效制衡的公司治理机制。二是加强董事会制度建设。根据集团相关规定，制定《中远海运船员管理有限公司董事会运作管理办法》《中远海运船员管理有限公司董事会议事规则》《中远海运船员管理有限公司董事会授权规则》等三个制度，并经公司董事会审议通过，提高董事会建设制度化、规范化水平。

2. 有序加强董事会建设

2019年，船员公司进一步深化改革。集团于2019年初配齐公司董事人选，公司职工董事和职工监事人选履行民主程序，董事会制度建设有序进行。为保持工作连贯性和有序衔接，公司董事会以公司董事长的授权事项行权等形式开展。对公司董事长授权事项，经公司总经理办公会审议通过后，报公司董事长批准。其间上报公司董事长审批事项共8项，均已跟进落实到位。

2019年10月18日下午，中远海运船员管理有限公司第一届董事会第一次会议在公司九楼会议室召开。会议由公司董事长孙家康主持。出席会议的有：公司董事黄建平、韩超、吕佐汉、何丽新、于东升，三位未到会董事陈冬、任永强、潘东光分别授权委托黄建平、韩超、吕佐汉参加会议并表决。船员公司其他班子成员及相关部室负责人列席会议。会议审议表决了《关于公司董事会运作管理办法等相关制度的议案》《关于建立公司船员管理体系推进公司船员管理体系和管理能力现代化的议案》《关于公司2018年度财务决算及 2019 年度财务预算的议案》《关于新建船员应知应会实训中心的议案》等四项议案，对四项议案及公司下一步工作提出了有针对性的意见和建议。公司第一届董事会第一次会议顺利召开，标志着公司建立各司其职、各负其责、协调运转、有效制衡的国有企业法人治理结构取得显著成效。

3. 高水平提升公司治理效能

公司经理层充分发挥"谋经营、抓落实、强管理"作用。一是坚持政治统领，紧紧围绕"船员服务有提升"，精准推进船员薪酬整改统一、船员综治"三大工程""两排查一教育"等重点工作，不断增强船员"获得感、幸福感、安全感"。二是坚持质量引领，公司精准聚焦"船员供给高质量"，牢牢咬住改革目标，全面打响提质降本"三大攻坚战"和扎实做好"十项"船员管理工作，不断优化船员队伍结构和提升船员素质。三是精准聚焦"船员管理现代化"，以实现船员管理体系和管理能力现代化为总目标，按照"国际通用、科学严密、简便高效"要求推动各项工作规范化。

【战略发展】

1. 持续推进改革，强化企业管理

一是持续做好改革工作。2019 年，公司编制《中远海运船员管理有限公司综合改革实施方案》，立足当前、贴合实际，准确阐述并分析了下一阶段改革实施路径，获得集团主管部门的肯定；二是抓好考核。2019 年，集团船公司满意度测评达 96 分，集团船员满意度测评达 99.3 分，全面完成集团下达的"三大攻坚战"和"十项"船员管理工作考核指标。三是做好压减管理工作。切实落实集团关于"瘦身健体、提质增效"的要求，完成中海液化气船舶管理（上海）有限公司股权处置、南京中海劳务合作有限公司关闭注销、深圳中远国际船舶管理有限公司关闭注销等三项压减工作。

2. 加强信息化建设，赋能船员管理工作

一是积极推进船员系统建设。2019 年底，公司新船员管理信息系统上线运行，移动 App 也提前启动建设，船员管理信息化水平不断增强。二是加强网络信息安全管理。根据集团要求做好"HW2019"网络攻防实战演习期间网络安全保障工作，以及做好全国两会、博鳌亚洲论坛、第二届"一带一路"高峰论坛、北京世界园艺博览会、国庆 70 周年、上海第二届进口博览会期间网络安全保障工作。

3. 加强法治建设，强化风险内控管理

公司认真落实法治建设各项要求，统筹推进企业法治建设，研究制定法务风控工作相关制度体系，统一协调处理重大决策、经营管理中的法务、风控相关事务；组织完善企业法律和风险防范工作机制，加强企业规章制度管理、合规管理、风险管理、合同管理、法律纠纷管理等工作；重视专业人才培养，加强法务风控宣传教育培训等工作。

4. 坚持问题导向，严格采购管理

制定《船员供方管理规定》、开展供方管理现场检查，推动供方管理制度化规范化；修订完善《中远海运船员管理有限公司特殊关联企业管理实施细则》，明确工作纪律，杜绝利益输送行为。

【经营效益】

2019 年，公司完成营业收入 78.56 亿元，营业成本 73.65 亿元，利润总额 150 万元（考核口径），完成 2019 年经营性利润总额持平的年度考核指标。

【船员管理】

1. 船员队伍情况

（1）总体情况。

截至 2019 年末，公司共派员集团主营、合资船舶 754 艘。按船型：集装箱 184 艘、油轮 144 艘、散货轮 309 艘、特种船 102 艘、客轮 15 艘。公司配员船舶数量及变化见表 14-9。

配员船舶数量及变化情况 表 14–9

（单位：艘）

类别	2018 年 12 月	2019 年 3 月	2019 年 6 月	2019 年 9 月	2019 年 12 月
集装箱	176	176	181	184	184
油轮	143	143	143	143	144
散货轮	328	317	313	314	309
特种船	101	101	106	104	102
客轮	15	15	15	15	15
合计	763	752	758	760	754

截至 2019 年末，6 家分公司共管理和使用船员 28 640 人，其中自有船员 18 748 人，“三自”船员 3 283 人，劳务供方船员 6 609 人，平均单船配备人数 38.0 人（见表 14–10）。

船员队伍数量及变化情况 表 14–10

（单位：人）

类别	2018 年 12 月	2019 年 3 月	2019 年 6 月	2019 年 9 月	2019 年 12 月
自有船员	20 290	20 022	20 032	19 799	18 748
三自船员	2 145	2 688	3 202	3 332	3 283
供方船员	6 937	6 899	6 803	6 695	6 609
合计	29 372	29 609	30 037	29 826	28 640

（2）船员队伍结构及变化情况。

截至 2019 年末，公司实际管理和使用的船员 27 955 人（不含在岸 6 个月以内的供方船员 3 561 人）。其中，集装箱板块 6 553 人，占 23.4%；能源板块 5 384 人，占 19.3%；散货板块 11 760 人，占 42.1%；特运板块 3 434 人，占 12.3%；客运板块 580 人，占 2%；厦门板块 244 人，占 0.9%（见表 14–11）。

船型配置结构情况 表 14–11

（单位：人）

类别	2018 年 12 月	2019 年 3 月	2019 年 6 月	2019 年 9 月	2019 年 12 月
集装箱	5 966	6 095	6 365	6 530	6 553
油轮	5 596	5 510	5 458	5 521	5 384
散货轮	12 574	12 441	12 545	12 067	11 760
特种船	3 926	3 836	3 572	3 484	3 434
客轮	661	648	650	586	580
合计	28 723	28 530	28 590	28 188	27 711

公司实际管理和使用的船员 28 640 人（不含在岸 6 个月以内的供方船员 3 561 人）。共有高级船员 15 556 人，占 54.3%，普通船员 13 084 人，占 45.7%。其中：船长 1 733 人、政委 1 063 人、轮机长 1 786 人（见表 14–12）。

职务配置结构情况

表 14-12

（单位：人）

日期	项目	高级船员	普通船员	船长	政委	轮机长	合计
2019 年 12 月	人数	15 556	13 084	1 733	1 063	1 786	4 582
	占比	54.3%	45.7%	6.1%	3.7%	6.2%	16.0%
2018 年 12 月	人数	16 053	13 319	1 891	1 082	1 916	4 889
	占比	54.7%	45.3%	6.4%	3.7%	6.5%	16.6%

截至 2019 年底，公司 18 748 名自有船员中：平均年龄 43 岁。其中：高级船员平均年龄 40 岁，普通船员平均年龄 49 岁。本科以上学历占 25.1%、大专占 35.5%，中专占 4.3%，高中及以下占 25.2%。其中：高级船员为：本科以上学历占 33.2%、大专占 46.1%，中专占 14.4%，高中及以下占 6.3%。党员船员 8 411 名，按派员船舶 754 艘，平均单船党员人数为 11.2 名（见表 14-13）。

年龄、学历及党团结构情况

表 14-13

日期	平均年龄（岁）	高级船员平均年龄（岁）	普通船员平均年龄（岁）	大专以上占比	高级船员大专以上占比	党员船员人数（人）	高级船员党员人数（人）	平均单船党员人数（人）
2019 年 12 月	43	40	49	60.6%	79.3%	8 411	7 060	11.2
2018 年 12 月	42	40	49	57.1%	75.7%	8 548	7 067	11.2

2. 船员管理工作推进情况

（1）推进信息系统建设，助力船员薪酬整改统一。

按照船员薪酬整改统一工作小组要求，完成“建立统一的船员职务体系、船员基薪设计与 CBA 关系、建立薪酬激励考核机制”等研究课题，落实船员薪酬整改统一后续相关工作的规章制度拟稿工作。

（2）严格落实“两排查一教育”工作。

认真落实公司党委“两排查一教育”工作要求，督促指导分公司把好船员面试关、入库关、上船关，严格落实船员身体和心理健康排摸和达标检查，增加体检项目，重点检查心血管疾病、结石病、腰椎病等航病多发病症，杜绝船员带病上船，做到关口前移，防患未然。同时，强化船员遵纪守法教育工作，强化船舶三长领导力和船舶党支部战斗堡垒作用，教育船员切实做到“明法纪、知敬畏、守底线”。2019 年 3—12 月，各分公司共开展健康体检 50 605 人次，发现异常 1 589 人；开展心理健康排摸 38 156 人次，发现异常 288 人；开展遵纪守法教育 48 665 人次。船舶配备硝酸甘油工作在 2019 年 8 月 9 日已经全部落实到位。通过“两排查一教育”工作，船员健康状况得到明显改善，船员航病多发情况得到有效遏制，船员遵纪守法意识也得到显著增强，船公司十分认同和支持。

（3）积极推进派员协议服务相关工作。

坚持以集团船公司客户为中心，持续服务好集团船公司，提高船公司服务满意度。同时，根据双方派员合作以及相关专项工作沟通情况，稳步推进相关合作协议签署工作，在双方协商一致的前提下，竭尽全力争取公司的最大权益，保障船员切身利益，增进双方友好合作关系。

（4）持续发力推进船员管理建章立制工作。

对公司成立以来的船员管理制度进行全面梳理，吸收借鉴原中远、中海管理的好经验、好做法，根据实际管理需要，广泛调研，反复论证，多方面征求意见，保证了各类制度的严密性、完整性、实用性、科学性，为公司船员管理工作上轨道发展提供坚实保障。截至 12 月底，共对加强“三自”船员管理、实施船员禁止招募等 13 项制度进行研究制订或修改完善，并全面投入管理运行，健全船员管理长效常态工作机制。

（5）推动船员管理体系建设，提升船员管理水平。

按照集团完善安全生产风险管控机制建设要求，着力推进船员安全质量健康管理体系建设：一是全面厘清船员管理要素，按照“计划、组织、控制、协调”的科学管理理论，明确各层级职责；二是认真梳理现有船员管理流程，按体系顶层设计的要求理顺管理线条；三是按照体系建设标准，落实满足体系要素的相关实化细化工作。

（6）协调督促加强船员日常管理工作。

研究评估各分公司船员管理关键指标，通过每天 / 周 / 月管理例会体系传递公司工作要求，提供各分公司日常工作共享交流平台，及时指导分公司总结成功管理经验在内部分享助推共同提高，内部营造比学赶超氛围，督促分公司去冗余、调存量、控增量、拼质量，提升船员队伍生产力和竞争力。

【干部人才】

1. 发挥头雁效应，领导班子建设坚强有力

公司党委以荣获集团“钻石团队”为鞭策，从“怎么看”“怎么想”“怎么干”三个维度，进一步加强公司领导班子自身建设，明确工作思路、目标任务、方法措施，坚持做到“六个表率”。上行下效，直属各单位班子对标公司党委，坚持事业为上，加快重组后“化学反应”，认真贯彻党委决策部署，全面完成各自年度任务目标。充分发挥“支部建在船上”优势，加强船舶“三长”管理，700 多个船舶党支部班子坚强有力。

2. 突出政治标准，干部队伍建设卓有成效

坚持政治标准，突出“忠诚干净担当”，加强干部队伍建设。制定《公司党委管理干部管理规定（试行）》《公司管理干部近三年选任优化方案》《公司年轻干部队伍三年行动计划》等系列规范干部管理文件。严格履行干部选拔任用程序，年内提任公司党委管理干部 2 人，调整交流 13 人，2 人按时到龄退休，干部工作做到“组织放心，群众满意，干部服气”。紧紧围绕公司战略发展并立足工作实际，加强干部教育培训工作，先后举办党务干部、组工干部、维稳干部等多项专题培训。加强干部监督管理，通过现场抽查、核对文件、梳理流程等多种方式详细核查“一图两表”、干部选拔任用、船员借调、人员招募等工作。

3. 强化顶层设计，“五十百千”人才工程稳步推进

在集团指导下，制定《“五十百千”人才工程实施方案》《直属单位实施船岸人才“双栖制”指导意见（试行）》，以集团专业化船员人才库建设作为推进“五十百千”人才工程的载体，提出船员人才库管理和“双栖制”相关制度建设思路，开展船员人才选拔、入库等工作。充分利用亚洲船东协会海员委员会第 25 届中期会议暨 2019 年亚洲海员发展论坛，开创性选派 23 名优秀船长、轮机长参加会议，积极打造海上国际“名家”。做好公司参加启航班的 27 名船员调陆工作，推动“五十百千”人才工程落实落地。

4. 聚焦船员期盼，船员薪酬整改统一落实落地

认真贯彻落实习近平总书记与“中远海运玫瑰”轮通话精神，坚持以船员为中心的发展思想，在 2019 年初制定上报《集团船员薪酬整改统一总体原则方案》，将船员最关心最期盼的薪酬问题作为头等大事，作出全面规划部署。在集团领导的关心指导和集团有关职能部门、集团各船公司的鼎力支持下，经过一年的艰苦努力，船员公司整合了原两大集团 57 套船员薪酬体系，形成了《集团船员薪酬整改统一综合方案》，并于 2019 年 12 月 23 日经集团总经理办公会审议通过。2019 年，集团投入 4.9 亿元用于增加船员工资，充分体现了集团对广大船员的关心厚爱，也体现了船员公司为广大船员谋福利的初心和使命。

【党建工作】

1. 夯实基层基础，健全基本组织

坚持“内在支部”，重点抓好船舶党支部建设，始终坚持“一切工作到支部”的鲜明导向，坚持以上率下，以支部为基本单元，推动各项工作落实落地见效。按照“应建必建、按期换届、届中增补、规范选举”的要求，认真组织船岸支部开展换届选举和届中委员补选工作，重点选优配强船舶支部班子。全面加强船舶党支部标准化规范化建设，确保公司党委的工作要求在每个船舶党支部落实落地。按照“政治统领、创新驱动，多措并举、多方保障”原则，创新公休船员党支部建设，着力构建“战斗堡垒”与“温馨港湾”联建联动机制，实现船员党员在船和公休的闭环管理，久久为功，善作善成。截至 2019 年底，公司系统共有陆岸党支部78个，船舶党支部773个，公休船员党支部 211 个。

2. 分层分类管理，建强基本队伍

加强陆岸党务干部队伍建设。举办以两个“特设机构”人员为主要对象的船舶党建业务专题培训班，43 名专兼职党务干部参加培训。加强船舶政委 / 党支部书记队伍建设，共举办三期后备政委培训班，培养后备船舶政委 237 名，保证船舶政委数量。加强现职政委队伍建设，组织 500 多名船舶政委 / 党支部书记参加集中轮训和观摩培训，进一步提升船舶政委素质。推进船舶政委分级管理，形成《关于统一船舶政委职级设置与分级管理的研究报告》，为船舶政委分级管理提供支撑。不断加强党员队伍建设，下发《关于做好船员党员队伍建设“源头活水工程”重点工作的通知》，明确具体要求，加强跟踪指导，做好发展党员工作“五个阶段”人员统计工作，从源头抓好发展党员的督导工作，全年共发展党员 444 名。

3. 强化责任链条，完善基本制度

坚持“要点在第一责任”，抓牢党建工作责任制，明确职责边界和考核问责，督促各级党组织负责人真正肩负起第一责任，勇于担当，身先士卒，挺在前面，切实把船舶党建主体责任抓实抓好抓到位。坚持“书记抓、抓书记”，建立完善两级党委三级班子“船舶党建工作责任链条图”，强化第一责任，不断强化船舶党建工作责任链条，下大力气解决党建工作的“上热中温下凉”问题，切实把全面从严治党向基层延伸。坚持“外在协同”，主动与船公司加强沟通协调，完善船舶党建配套制度，发挥优势，常态长效。先后制定船舶党建 10 项关键业务流程图和操作表，进一步规范船舶党建工作内容和操作程序，提升船舶党建质量。加强船舶党支部规范化标准化建设，梳理船舶党支部 44 套工作表格，纳入航标系统党建模块，提升支部建设水平。

【纪检监督】

1. 精准有效实施监督

公司研究制定《关于进一步加强和改进监督工作的指导意见》，指导基层纪检组织准确把握监督职能定位，提升监督工作的主动性、精准性和实效性。强化政治监督，围绕“不忘初心、牢记使命”主题教育、中央巡视整改等推进落实。深入开展“六项自查”，排查廉政风险点 246 个，制定防控措施 785 条，完善相关制度 95 个。聚焦公司深化改革重点任务，开展“船员薪酬整改统一”和“劳务外派船员分包采购”专项监督，有效防控风险、堵塞漏洞。做实做细日常监督，深入基层开展调研，全覆盖开展司管干部约谈，加强政治生态研判。

2. 全面加强纪律作风建设

建立每年两次定期监督检查工作机制，组织开展公务用车管理使用情况专项监督。全面对照集团形式主义、官僚主义具体表现形式开展监督检查，查摆突出问题 76 个，制定整改措施 205 条。深入开展“吃拿卡要”专项治理，研究制定《关于开展“吃拿卡要”专项治理的通告》《“吃拿卡要”10 种常见表现形式》，组织公司陆岸管理人员对不发生“吃拿卡要”船员行为进行公开承诺，开展廉洁谈话 559 人次，签字背书 1 031 人，排摸 1 727 人次，问卷调查 946 人次。

3. 深入推进船员纪法教育

持续深入贯彻落实集团“五条禁令”“十项规定”，出台《关于进一步加强船员廉洁从业和遵纪守法教育的指导意见（试行）》《船员廉洁从业行为规范》等制度，梳理编制警示案例汇编和相关法条汇编，健全完善船员廉洁从业遵纪守法教育工作机制，组织开展船员纪法教育 62 772 人次。主动加强沟通协调，协同有关船公司纪委对船员纪法教育工作进行深入研究探讨，进一步凝聚共识、形成合力。

4. 严肃高效执纪问责

对违规违纪违法行为坚持“零容忍”，发现一起，查处一起。全年各级纪检组织共受理信访举报件和相关问题线索 24 件，办结 23 件。党纪立案 11 起，党纪处分 11 人；行政立案 15 起，行政处分 15 人。全年对受到处理或者处分人员进行回访 20 人次。深化以案促改，对相关船员违纪违法案例进行汇总剖析，提出 6 方面管理建议，推动标本兼治。

【关心关爱】

1. 开展帮困送温暖活动

深入开展帮扶慰问活动，做实做细这项暖人心、聚人心、得人心、稳人心的工作，推动凝心聚力工程建设。组织系统工会对遭受今年第 9 号台风“利奇马”影响的 3 461 户船员家庭进行排查，对遭受损失的 69 户船员家庭给予及时慰问，共发放慰问金 84 000 元。做好夏季劳动保护、防暑降温、健康管理工作。全系统高温期间共开展送清凉慰问活动 142 次，慰问职工 7 417 人次，慰问费开支 12.5 万元；组织职工开展事故隐患和职业危害排查 369 次，组织职工专项培训 1 767 人次。开展 2019 年金秋助学活动。各单位工会经过排查，共向 99 名困难职工子女发放助学款 14.8 万元。

2. 积极为船员职工办好事实事

开展设立职工医疗互助保障基金调研。与博看网合作推出公司专属职工电子书屋——“海员书屋”。与中国移动合作推出国内首款为海员量身定制的“海员无忧行尊享号卡”，减少海员在海外与家人的通讯资费，第一批共发放的 4 500 张，受到公众媒体的广泛报道，广受船员及家属好评。深化“船员联络人制度”建设，选定陆岸部分员工作为船员联络人，定期与船员及家属联系，提供及时周到的优质服务。以“互联网 + 工会”思维，推进互联网“海员之家 2.0 版”建设，向船员及家属提供沟通、学习、医疗、出行等服务。

3. 推进海嫂联络站整合建设

组织开展海嫂联络站整合建设工作调研，实地与各地工会干部和海嫂站站长代表座谈，全面掌握公司海嫂联络站现状，广泛听取各分公司和广大海嫂的意见建议，提交《关于海嫂联络站整合建设的调研报告》。在此基础上，制定公司《海嫂联络站整合建设工作方案》。制作了海嫂联络站宣传片《构筑多彩服务站点，共建蓝色温馨港湾》。通过党建带群建，组织各地海嫂联络站与公休党支部结对，共建“蓝色温馨港湾”。

【宣传文化】

1. 加强阵地建设，牢牢把握意识形态工作主动权

坚持把习近平总书记与“中远海运玫瑰”轮通话精神作为公司宣传思想文化工作的主线，切实履行意识形态工作责任。以公司《党建要情》《管理要情》和“一总两刊一网一号”等为重要载体，充分发挥“海员天地”宣传阵地作用，加强正面宣传引导。及时对船员个税减免政策进行宣贯，确保这个事关船员福祉的重大利好政策快速传达到每一艘船舶、每一名船员、每一个家庭。制定船员薪酬体系改革宣贯提纲，加强船员薪酬整改统一工作宣贯，积极解疑释惑，主动回应关切，凝聚推进船员薪酬整改统一工作的正能量。加强网上舆情监测及舆情应急管理处置，妥善开展舆论引导，加强意识形态阵地管理，牢牢把握意识形态工作主动权。全年在《中国远洋海运报》刊登各类稿件 198 篇，编印《中远海运船员》内刊 4 期，编发《党建要情》41 期，微信推送各类新闻信息 520 余条；顺利接办《中国海员》杂志。公司还获评集团新闻报道“优秀组织奖”和“新媒体创新奖”。

2. 加强典型培育，充分发挥示范引领作用

坚持典型引领示范激励，注重在一线职工尤其是船员中发现、挖掘、培育和选树各类先进典型。一大批船员荣获省部级、集团级和行业先进

表彰，其中，李清奎、卢书亮、王国文、吴文峰等分别荣获“中央企业优秀党务工作者”“上海市五一劳动奖章”“辽宁省五一劳动奖章”“2018年航海风云人物之十佳海员”光荣称号。同时在主题教育中广泛开展“见贤思齐”学习，弘扬“大比武”精神，营造学先进、赶先进、当先进的良好氛围。 （詹黎明）

中远海运（厦门）有限公司

中远海运（厦门）有限公司

中远海运（厦门）有限公司（简称“厦门中远海运”，英文简称COSCO SHIPPING（Xiamen）），前身是厦门远洋运输公司，是中远海运集团在福建地区唯一的一家全资二级子公司。原中远集团为履行中央企业的使命与责任，推进两岸和平繁荣，促进两岸交流合作，迎接海峡两岸“三通”，于1993年10月28日成立了厦门远洋运输公司。2017年10月27日，根据国务院国资委、中远海运集团的相关要求，厦门远洋运输公司改制更名为中远海运（厦门）有限公司。

厦门中远海运积极发挥集团的品牌优势和地处海峡西岸的区位优势，在两岸海上交流实践中做了大量首创性工作，于2007—2009年间作为唯一航运央企开通了对台客货运业务。“新五缘”轮经营厦门/金门客运航线；“中远之星”轮经营厦门/基隆、厦门/台中和浙江大麦屿/基隆三条对台客滚直航航线，为扩大两岸人员往来、促进两岸“小三通”“大三通”和闽台经贸合作人员往来、促进两岸融合发展作出积极贡献。

2019年，厦门中远海运在中远海运集团的正确领导下，按照集团“三个跑赢”“三个切换”的要求，以“全面提升”为抓手，围绕邮轮产业落地，持续推进经营管理和转型发展等各项工作迈上新台阶。

【总体业绩】

货运方面：实现货运量295.5万吨，同比增加35.6%；周转量127.9亿吨海里，同比增加16.2%。

对台业务方面：对台客运量1—8月总体实现较快增长，但9月以来受两岸政策影响有所波动。尽管如此，2019年仍努力实现了厦金“小三通”客运量19.92万人次，高于同航线平均每航次载客量的6.2%，再创历史新高；“大三通”客运量4.86万人次，略好于去年；“大三通”集装箱运量1.52万TEU，同比增加21.5%，实现逆势增长并再创历史新高。闽台轮渡较好完成董事会各项指标。

邮轮经营方面：“鼓浪屿”号邮轮自2019年9月30日开启商业运营至2019年底，共完成22个航次，上客2.84万人次，平均上座率72%，经营难度超出预期。

效益完成方面：2019年，公司实现营业总收入36 770.46万元，比上年增加3 328万元，增长9.95%；营业总成本36 428.96万元，比上年增加2 561.98万元，增长7.56%，营业总成本增长幅度小于营业总收入增长幅度2.39个百分点，成本管控取得成效。剔除邮轮项目合资公司投资损益等非常因素，公司2019年实现净利润1 409.66万元，比上年增加334.48万元，增长31.11%，完成集团下达的奋斗目标。截至2019年末，公司资产负债率为35.23%，财务状况良好。

安全生产方面：船队安全生产总体平稳。接受港口国检查28艘次，无批注通过23艘次，无批注通过率为82%。

【远洋货运】

1. 坚持营销先行

2019年，航运营销团队坚持走出去，积极拓展客户“朋友圈”，开发并完成酒钢物流牙买加氧化铝厂项目、铁建铜冠厄瓜多尔设备项目、Acciona的巴拿马项目、中车智利项目、

Domichem 多米尼加水泥厂项目、中集大罐墨西哥啤酒厂项目、Acciona 智利风电项目、Arauco 的 MAPA 纸浆厂项目等一批高价值和直接客户，取得较好的经营效益，公司的市场竞争力得到进一步提升。

2. 精准调度，优化服务

航运调度准确把握船舶动态和舱容，不断优化货物配载计划，港口船长在现场监装监卸。在航次执行过程中不断加强团队的沟通交流，确保各环节严丝合缝，解决航次中出现的各种问题，船舶调度的专业化水平，赢得客户的高度认同。2019 年在调度团队的努力下，公司船队完成货物周转 153.63 万吨，累计安全挂靠装卸港 228 个、加油港 20 个，过运河 10 次，自营航次非在港停天 1.31 天，同比减少 7.1%。

3. 多管齐下控成本

公司内部建立了低硫油定期沟通机制，协同特运公司和中波（弘发）一起征收低硫油附加费，牙买加卸货费从原来的 11 美元 / 运费吨降为普件 2.9 美元 / 运费吨、大件 9.9 美元 / 运费吨。多方式开展子牙河案件仲裁胜诉后的执行追偿工作等，都为船舶的效益作出积极贡献。1 ~ 12 月，公司拉美货源航次平均期租水平为 1.1 万美元 / 天；"荣安城"轮 V43、"平安城"轮 V19 航次、"广安城"轮 V15 航次更是达到 14 300 美元 / 天以上，取得了很好的效益。

4. 多措并举创效益

推动"万邦佳信"轮有货租船的突破、铁建重工项目和背靠背业务成为公司新的利润增长点。其中，内贸背靠背转手货货运量约 141.6 万吨，获取收入约 5 067.6 万元。

【对 台 业 务】

面对复杂的台海形势，继续发挥两岸桥梁纽带作用，为两岸交流合作作出新贡献。

1. 继续在两岸航运交流中先行先试

2019 年 4 月，调整闽台轮渡专职经营班子到位，对台客货业务迅速打开新局面：4 月 29 日，临时恢复厦门至高雄航线，切实支持高雄市提出的"货出得去、人进得来"的策略；5 月，闽台轮渡作为国内唯一具有国资背景的对台海上客运企业，全力支持配合福建省、厦门市，以邮轮承租方身份确保了 3 个邮轮航次、6 000 多人赴高雄顺利成行。

2. 创新客运营销模式

在受政策影响、客运量明显下降的情况下，坚持线上线下并进，"中远之星"轮对标邮轮服务，"新五缘"轮提升客运营销质量和服务标准，积极应对市场变化。"中远之星"轮邀请原"大西洋"号邮轮的台湾籍娱乐总监，联手设计"邮轮式"休闲产品，并招聘台湾籍海乘，精心打造"Cosco star Holiday"品牌；此外，积极承办以"海洋旅游"为主题的全国大学生旅游设计大赛、助力台湾单车天使"神州圆梦"公益骑行、与台湾 UIA 联合国际救援机构开展合作等，赢得两岸各界青睐，达到叫好又叫座的效果。

3. 货运业务全面提速

坚持"以货养客"的思路，构建平台创新优势，推动全新业务模式。实现了台厦欧海铁联运业务在厦门口岸过境中转和对台散货运输的常态化运作，深度开发了南台湾农渔产品市场，并多措并举有效降低了货运运作成本，创运费收入、运费毛利润的历史新高。同时，公司内部深化协同，促成"台北捷运"的盾构机项目通过"中远之星"轮发往台湾，体现了营销协同效应。

【邮轮运营管理】

2019 年是厦门中远海运邮轮产业的启航元年。按照集团发展邮轮产业的部署，公司主动加强和国家有关部委、中旅集团和厦门市的对接，组织公司上下积极推进，确保了合资公司筹建及"鼓浪屿"号邮轮顺利接船、首航和上线运营，实现了合资邮轮项目的良好开局。

1. 合资合作顺利

根据两大集团共识，星旅远洋邮轮项目总部设在香港，国内运营总部设在厦门。2019 年 6 月 14 日，国内运营总部正式注册成立，9 月 30 日对星旅远洋增资到位。11 月 20、21 日，合资公司召开首次董事会、股东会，管理架构逐步完善。同时，完成国际班轮资质办理，并拜访了交通运输部、国台办等单位，争取国内港口多点挂靠和台湾邮轮航线营运资质。

2. 顺利完成“鼓浪屿”号接船并成功举办命名暨首航仪式

在集团领导的高度重视和集团各相关职能部门的牵头策划下，经与中旅方、厦门市通力协调，确保了2019年9月26日在厦门成功举办了“鼓浪屿”号的命名暨首航仪式。包括文化和旅游部、交通运输部、国资委和福建省、厦门市领导和社会各界嘉宾、客户代表共900多人出席仪式，并于9月27—29日顺利完成厦门—香港首航，献礼祖国70华诞。随后，“鼓浪屿”号在2019年国庆期间正式商业运营，亮相厦门、深圳、上海等市场，运营初期总体平稳。

3. 发挥优势支持“鼓浪屿”号经营和推进邮轮产业链发展

按照许立荣董事长主持召开的集团邮轮专题工作会要求，认真做好以下工作：一是积极协助对接船舶管理。与合资公司和V-ships明确安全管理责任边界，并要求其报送动态；对接中远海运船员公司和专业院校机构推进邮轮船员和海乘培训招聘。二是协助加强航线及产品设计。合资公司的经营成效，关键在营销。为此，9月18日对接集团运管本部在公司举办了邮轮产品研讨会，组织邮轮行业专家出谋划策，助力合资公司产品定位、设计和渠道建设。并协助做好集团内部单位、中国移动等央企的推广。三是推进物供和免税综合体项目。邮轮物供方面，启动研究邮轮物供操作模式。同时，在船代、燃油、保险、备件物料采购、通讯等方面推进集团内部协同。邮轮免税综合体项目方面，于2019年8月12日在国务院国资委和厦门市召开央地座谈会期间，我司与港中旅、厦门港务签署项目合作意向书。并与厦门市政府商谈三方合作协议，争取综合体项目用地支持以及其他政策支持。

【改 革 管 理】

1. 理顺公司组织架构

经集团财务中心的管理咨询和建议，对公司组织架构进行梳理和调整。将安管部调整为船管部和安监部，实现了“运动员”和“裁判员”的分离；整合出口、进口、揽货职能，成立营销中心；组建了邮轮室，为邮轮业务发展做好准备。调整后，各职能处室职责清晰有效。

2. 梳理完善制度体系

推进新版管理体系落地，顺利通过海事局年度审核及3个标准换证审核、香港海事处的DOC换证审核。同时，成立以书记挂帅的领导小组，对公司规章制度进行全面梳理评估，新增11项、修订32项制度。

3. 强化法律风险防控

重点关注各类合同和重大投资项目的风险防范，坚持法律审核机制，确保了依法合规经营。

4. 扎实开展审计工作

认真落实年初集团对公司原任总经理离任审计提出的问题整改，已按期完成17项，有效促进管理水平提升。

【人力资源管理】

1. 积极引进转型所需人才

在集团和兄弟公司的大力支持下，分批次引进一批有优秀管理经验的船舶管理人员，并于2019年1月1日到位开展工作，在安全管理岗位和合资邮轮公司海事管理关键岗位发挥作用。

2. 扎实推进学习型企业建设

将每周五作为公司和部门组织内训的固定时间，一年来，机关员工共参加培训116项，参训1 125人次。

3. 深入开展企业文化建设和思想宣传

结合庆祝新中国成立70周年、集团成立3周年，围绕邮轮事业启航和对台“大三通”十周年，大力宣传集团、公司品牌；通过组织驻闽单位系列文体活动、改版升级公司网站和微信公众号等，内聚人心，外树形象，有力提振全体干部员工的精气神。

【企业党建】

公司党委树牢“强党建就是强发展”的理念，不断强化政治建设，坚持深化公司治理与加强党委领导的有机融合，全面深化改革创新，服务保障邮轮产业发展，确保党组织发挥作用组织化、制度化、具体化，为企业加快转型升级提供了坚强保障。

1. 主题教育走深走实

聚焦“守初心、担使命，找差距、抓落实”的总要求，统筹推进学习教育、调查研究、检视问题、整改落实，通过6次党委中心组扩大学习和5次主题调研等活动，将广大干部员工的思想和行动统一到集团交给公司打造“洲际邮轮”平台重任上来，有效激发了干部职工的“三创”精神。

2. 巡视整改扎实推进

2018年底，集团党组在对公司巡视中，提出5个方面21个项目44个问题。公司党委高度重视集团巡视反馈意见，以整改为契机，补短板、促提升，共落实整改措施139项，制定、修订各类制度15项，为党委工作标准化、科学化提供支撑，有力推动全面从严治党向纵深发展。

3. 党建基础不断夯实

坚持把“四同步、四对接”原则落到实处，各党支部书记均完成了年度轮训，有力促进了基层党支部建设。同时，船舶党建与安全生产紧密结合，保障生产经营更加有力。全年共有5艘船舶支部完成换届，全部船舶航标党建模块功能实现正常录入，有力落实了集团五项禁令和船舶专项整治工作，为船舶安全稳定打好基础。

4. 宣传思想凝心聚力

公司党委紧扣合资邮轮项目和对台业务发展的重要节点和事件，大力开展宣传推广，主动对接《人民日报》、新华社等央媒和地方媒体，加大业务报道力度，改版升级公司官网和微信公众号，得到社会各界的广泛关注，进一步树立了企业良好形象。

5. 党风建设持续深化

公司党委认真履行主责主业，积极落实央企纪检监察体制改革部署，集中整治形式主义、官僚主义，深入开展“六项自查”，落实集团“五条禁令”，在船舶宣贯“十项规定”，推进作风建设持续向好。2019年，公司未发现违法违纪问题。（姚兆羽）

中波轮船股份公司

中波轮船股份公司

【公司概况】

中波轮船股份公司（简称“中波公司”，英文简称 CHIPOLBROK）成立于 1951 年 6 月 15 日，是新中国第一家中外合资企业。中波公司的成立，是为了冲破当时西方国家对我国实行的经济封锁和海上禁运，开辟我国至世界各国的海上通道。公司的创建、运营和发展，得到了历任党和国家领导人的亲切关怀和大力支持。

毛泽东主席指示“好好办”。政务院总理周恩来亲自确定公司名称，为公司制定“平等互利、协商一致”合作原则，并视察中波公司。政务院副总理兼财政经济委员会主任陈云，亲自为中波公司签发营业执照。1991 年、2001 年，在中波公司成立 40 周年、50 周年之际，李鹏总理、朱镕基总理分别发来贺信，称赞中波公司是我国对外开放的示范窗口和经济合作的典范。

2016 年 6 月，国家主席习近平访问波兰前夕，在波兰《共和国报》发表署名文章，文章指出，“1951 年成立的中波轮船公司是新中国第一家中外合资企业，至今运营良好”①。

自成立以来，中波公司始终保持稳健发展，不仅为我国经济建设作出重要贡献，更成为两国合作的典范、友谊的象征。从 4 艘旧船起家，公司如今已发展成为全球重大件设备货专业化运输领军企业。

【经营情况】

2019 年，中波公司进一步确立了“打造专业化、领先型的航运物流综合服务商”的发展目标。伴随着中国装备“走出去”以及“一带一路”的脚步，公司先后圆满完成了美国 BECHTEL SPLNG 四期项目、白俄罗斯全循环高科技农工综合体项目、利伯特美国 Jesup 项目、GE 美国风电项目、河钢塞尔维亚技转项目等一系列大型成套设备项目的运输任务，充分彰显了中波公司在重大件设备货运输领域的卓越能力与专业特长。

公司双方货运量 137.96 万吨，周转量是 12 024 980 千吨海里，航运主业完成营运收入 1.52 亿美元，净利润 103.9 万美元。公司下属单位完成总营业收入 4.72 亿元，净利润 1 139 万元。

中波公司在原有航线基础上，2019 年下半年新开辟“红海 + 黑海”航线，具体如下：

（1）环球航线：远东—美湾—欧洲—远东；

（2）美洲航线：远东—美湾—远东；

（3）欧洲航线：远东—欧洲—远东；

（4）红海 / 黑海航线：远东—红海—黑海。

【改革创新】

面对经营管理和改革发展中的新情况、新变化、新趋势，中波公司坚持改革创新，在多方面取得实质突破。

按照公司双方股东和管委会要求，一方面针对公司美湾航线经营困难，双方同意由上海总公司负责美湾航线经营，统一考核，四季度起试行一年；另一方面针对双方航运分开经营所暴露出的弊端，在保持欧洲航线分开经营模式的基础上，实施统一考核，以提升整体效益。同时相应制定了针对主船队经营的《2020 年经营创效奖励机

① 《习近平在波兰媒体发表署名文章 推动中波友谊航船全速前进》，《人民日报》2016年6月18日。

制方案》，根据不同经营模式，设定单航次盈利奖励与全年平均 TCE 指标两项考核激励目标，设立经营创效奖励基金，试行总、分公司统一考核、各自分配的模式，为促进经营管理改革取得实效提供激励保障。为进一步强化市场开拓和客户维护能力，提升公司总体营销水平和市场影响力，研究确定并实施公司营销体制改革方案，进一步规范公司航运营销业务管理。此外，在集团指导下修订了《中波公司中方管理办法》及授权清单，为公司中方进一步规范管理、合规运作提供制度保障。年内公司中方经营管理委员会正式成立。

与中远海运宁波物流开展股权合作，共同增资中波物流，增资后的中波物流将作为双方的合作平台，投资长三角地区物流核心资源，建设现代化物流仓储项目，打造区域全供应链综合物流平台。

【精 益 管 理】

坚持抓好成本控制。合理、科学地做好机务管理，严格控制、审批机务成本支出，集中采购，降低采购成本。在保证公司船队安全航行的前提下，全年总、分公司机务费用得到有效控制。严格控制变动成本，梳理细化工作流程，加大现场管理力度，同时与多个港口进行费率谈判，全力争取最优价格。抓准时机，有效锁定航次成本确保经营效益。此外，行政费厉行节约，严格规范各项支出的审批程序，全面实现有效管控。

坚持抓好财务管理。完善三大财务框架制度，并协调波方完成中英文正式制度文件。按中方管委会要求，调整公司决算对外通用利润表格式，调整应收账款坏账准备计提方法，拟定合并报表编制范围、编制程序，通过调整公司会计核算模式，使公司会计核算逐步趋同于准则要求，更好满足精细化管理要求。中方财务方面，年内成功实现下属单位财务集中管理全覆盖，对金蝶 K3 财务软件的合并报表系统进行更新，进一步增强中方内部往来核算。加强税收管理，控制税务风险，为公司增收创效提供助力。

全面推进公司治理制度化、程序化和规范化，年内完成制度更新计划，为公司经营管理保驾护航。对重点业务部门规章制度的管理及执行情况，定期检查评估，查漏并及时进行修订。

【船 队 建 设】

中波公司自营船舶 17 艘，总运力约 51 万载重吨，平均船龄 11 年。随着连续几轮的更新换代，目前拥有一支船龄年轻、结构合理的重大件设备货专业化运输船队。

2019 年 9 月，“中波雄安”轮入列，该轮是中国黄海船厂于 2012 年建造的 28 000 载重吨多用途二手船。10 月，“Lisbon Trade”轮更名为“中波宝安”轮，该轮是公司 2018 年购入的 33 000 吨多用途二手船。

【人 力 资 源】

公司研究出台《中波公司关于深化人事制度改革的指导意见》，细化集团“干部能上能下、员工能进能出、薪酬能升能降”要求的具体举措，加大人事管理授权力度，提升人力资源配置效率，激发各级组织活力。积极推进薪酬激励机制改革创新，进一步加大考核浮动的比例，做到赏罚分明，有效激发员工工作的积极性。制定颁布《中波轮船股份公司驻外员工管理办法（试行）》，明确驻外员工管理的基本原则和职责分工，体现清晰的绩效从优的管理导向，涵盖从人员选派到调回安排等驻外员工管理的全流程，进一步提升公司驻外员工管理水平。

研究制定船员管理体制改革方案，通过实施船员公司垂直扁平化管理，厘清内外派业务关系，有效促进船员队伍建设。落实船舶管理体制改革要求，调整划分公司安全管理、船舶管理的组织架构及职责，新成立安全监管部和船舶管理部，进一步理顺船员管理、安全管理和船舶管理机制，有效提升公司对船员、船舶和岸基安全生产的管控力度。先后下发《中波公司船舶人才培养管理办法》《中波公司公休船员交流工作机制》和《中波公司船舶管理人员返船工作计划》等相关制度，进一步细化船舶人才选用育留各项举措，健全完善船岸交流长效机制。

【风险防控】

公司内部控制和风险管理领导小组及工作小组开展内控工作。分别于2017年3月和11月制定了《中波公司内部控制和风险管理办法》《中波公司风险评估管理规定》，规范中波公司的内部控制和风险管理工作，健全内部控制和风险管理组织架构与职能，明确工作目标、原则、内容与方法，完善内控和风险管理体系并使之有效运行。

公司建立了以总经理为主任的安全生产委员会，设立了安全管理部作为公司安全生产的专职主管部门。安全管理部由海务监督室和安全质量体系管理室组成，负责公司安全质量管理体系和安全生产标准化体系在公司运行的符合性及有效性的维护，安全管理部同时履行安委会办公室的职能，履行安全生产委员会对整个公司实施日常安全管理的职责。

2019年企业制度废改立方面，制定19项，修订更新9项，废弃3项。年末公司按照规范流程实施了内控评价。

内部控制体系建设总体上符合公司安全生产实际需求，总体情况良好。

【安全生产】

2019年，公司本部没有发生任何重、特大责任性安全事故，防台防汛、防海盗成功率达到100%，船舶接受各类安全检查成绩稳步提升，小事故发生率大幅下降。

通过外部专家宣讲、内网学习、微信平台等方式宣贯《中波公司2019年度安全教育与培训计划》。通过上船前培训、季度例会和专业培训等方式，结合典型事故案例、最新法律法规等，突出针对性和实效性，切实抓好船员培训。共组织船员898人次参加上船前培训，涵盖主船队、中方船队及外派船员，实现上船前培训考评全覆盖；季度例会4期，培训人数83人；组织开展公司员工安全生产法律法规专题培训2期，培训人数73人。

持续深入开展“驾驶台班组和现场工班组管理”，对存在的违章违纪行为及时进行提醒，强化风险管控和隐患排查。定期开展海务监督跟船随航，有效提升了船舶管理水平。对船舶在狭水道航行、靠离泊操纵、恶劣天气航行等方面进行安全提示180余次。实施船岸联合应急演习5次，综合应急演练2次，专项应急演练1次，岸基桌面应急演习16次，通过演习有效检验岸基应急能力。坚持执行上船前谈话和下船后集中述职制度，全年共与47名船舶“三长”进行谈话，举办14艘次共28名船舶“三长”集中述职。

【企业党建】

2019年公司各级党组织深入学习贯彻习近平新时代中国特色社会主义思想和党的十九届四中全会精神，党委理论学习中心组集中扩大学习28次，把开展“不忘初心、牢记使命”主题教育作为重大政治任务，组织基层干部开展短训班，29名船岸干部赴延安进行3天培训，结合行业开展“特色党支部”创建活动，为公司各项任务目标完成提供思想引领和组织保证。把党委研究讨论作为决策重大问题的前置程序，召开党委会19次，研究讨论重大议题47项。公司党委成员牵头成立5个专项改革工作小组，针对制约企业发展的突出问题，加强组织协调，狠抓推进落实，取得突破性进展。修订《中波公司（中方）关于“三重一大”决策制度实施办法》，完成中央企业“三重一大”决策应用系统建设。认真做好巡视整改“后半篇”文章，制定完善长效机制17项，落实完成全部整改工作。出台《中波公司关心关爱和服务船员规范》，明确第一责任和具体关心服务内容，形成规范准则。公司先后与湖南省益阳市安化县、怀化市沅陵县结对帮扶，捐赠各类帮扶款项110多万元；认真开展第四轮与崇明三星镇协进村结对帮扶工作。开展新中国成立70周年庆祝系列活动。公司作为新中国第一家中外合资企业亮相《与世界同行——70 年的中国与世界》大型纪录片，中国国际电视台面向全球多语种播出。

【党风廉政】

贯彻落实十九届中央纪委三次全会精神和集团党风廉政建设和反腐败工作会议精神，进一步强化执纪监督问责。完善“不能腐”的体制机制，制定和修订了《中波公司党委关于推进纪检监察体制改革的实施方案》《关于建立中波公司中层副职以上领导干部廉洁情况档案的管理办法》《中波轮船股份公司纪检监察信访举报澄清工作规定（试行）》《中波轮船股份公司关于进一步加强船员廉洁从业和遵纪守法教育的实施办法（试行）》《中波轮船股份公司下属单位纪委书记、纪检委员履职考核实施办法（试行）》等制度。

制定巡察工作方案，通过巡察组和审计组有机结合、相互协调共同开展检查工作，在各有侧重中形成监督合力。完成对 3 家下属单位的巡审工作。认真组织开展“六项自查”，严防船舶倒卖燃油、润滑油专项自查，加强公务用车管理和监督检查，对照形式主义、官僚主义具体表现形式加强监督检查，强化政治监督等多项专项检查整治活动。加大宣传和监督检查力度，坚决抓好集团“十项规定”“五条禁令”的学习宣传与贯彻落实。完成审计项目 9 项，下属单位在整改过程中已制定或修订相关规章制度 25 项。

【企业文化】

公司八届二次职代会通过《中波公司（中方）职工代表大会实施细则》，健全完善了以职代会为基本形式的民主管理、民主参与和平等协商制度。组织开展“弘扬爱国奋斗精神、建功立业新时代”“爱企业、献良策、作贡献”等主题活动。深入开展“凝聚力工程”建设，认真做好职工生日祝福、节日慰问、夏送清凉、冬送温暖、金秋助学等活动，努力为职工办实事办好事。组织开展健康徒步走、花艺和烘焙体验、亲子周末等职工喜闻乐见系列活动，丰富职工生活，营造和谐氛围。组织举办各类趣味性文体活动，积极参与集团、黄浦区等体育活动，激发职工拼搏热情，展示企业良好风貌。举办“不忘初心、牢记使命，建功立业新时代”庆祝中华人民共和国成立 70 周年暨廉政文化主题书画摄影展，并同期发布作品集，陶冶职工情操，共庆祖国华诞。

公司团委围绕庆祝中华人民共和国成立 70 周年、纪念五四运动 100 周年等主题，积极开展“青春心向党·建功新时代”主题宣传教育实践活动。举办公司首届“青年榜样”评选活动，大力弘扬青春建功正能量。组织公司青年与大连海事大学“育鹏”轮实习学生及上海中远海运物流青年联合开展“航运即国运·青年担使命”主题团日活动。组织近 50 人开展为期 3 天的船岸青年业务骨干专题培训。开展新年、中秋单身宿舍青年慰问，组织“寰宇”轮探船家属新春联欢活动。

（陈晓波）

中国船舶燃料有限责任公司

中国船舶燃料有限责任公司

中国船舶燃料有限责任公司（简称“中国船燃”，英文简称 CHIMBUSCO），其前身是中国船舶燃料供应总公司，1972 年 4 月经国务院批准成立，先后隶属于交通部、中远集团，是国内最大的水上供油供水专业性公司。2003 年 12 月 26 日，公司改制为有限责任公司，股东为中国远洋运输有限公司和中国石油国际事业有限公司。在内地，中国船燃在各主要港口设立了 23 家子公司；在中国香港以及新加坡、韩国、荷兰、美洲等区域设有专业公司和网点，中国船燃的服务走向全球。截至 2019 年底，中国船燃的总资产达 99.44 亿元，净资产为 28.27 亿元。公司拥有油库 19 座，总库容 179.20 万立方米；拥有各类船舶 63 艘 /8.69 万载重吨，以及设施完备的油码头和火车装卸线，构建了集约化的物流管理体系和一体化的营销网络。在五大洲四大洋，与世界各国的船东、租船人、投资者和贸易伙伴建立了合作共赢的良好关系。截至 2019 年底，中国船燃员工总数为 3 180 人。

【生 产 经 营】

2019 年，中国船燃面对纷繁复杂的内外部形势以及 IMO 2020 限硫令带来的行业巨变，聚焦市场，迎难而上，开拓创新，各项工作取得了较好成效。

2019 年，中国船燃全球燃油销售总量 1 984 万吨，其中，境内销量 917 万吨，境外销量 1 067 万吨。实现营业收入 420.92 亿元，实现利润总额 1.39 亿元。

1. 外贸油业务单元

2019 年，公司完成境内外贸油业务量 580 万吨，同比增长 1.1%，境内市场份额 47%，始终走在行业和市场前列，成为国内第一家试生产出低硫船燃的公司，成为第一家开展低硫燃油不同税号调和业务的公司，成为第一家开展超低硫船燃常态化供应的公司，成为第一家获得海关准许开展 DEBUNKER 业务的公司，成为第一家在国内沿海港口最早全面供应低硫船燃的公司，成为唯一一家研发使用“燃油相容性快速检测仪”的公司。多措并举掌控低硫船燃资源。一是在全球范围内积极寻找低硫船燃资源渠道，加大欧洲、中东地区炼厂资源的直接采购，通过长约提前锁定了规模可观的低硫船燃资源，取得了较好的成效。二是在国内舟山港首创低硫燃油不同税号调和业务，成功调兑出全国首单低硫燃油，打通了国内炼厂生产的原料进入外贸船供油市场的流程，突破了外贸船用燃料油完全依靠进口的被动局面，丰富了我国外贸油资源渠道，推动了我国外贸船燃市场“进口 + 调和 + 生产”三位一体多元供应模式的形成。三是加大国内低硫中心库的建设力度，结合中石油“8+1”炼厂低硫油资源生产布局，分别在华北、华东、长江以及华南地区规划建设外贸低硫船燃中心库，确保外贸低硫船燃供应在国内沿海港口的全覆盖。四是积极走访适合生产低硫船燃的中海油、中化集团以及山东、广东地炼厂家，与多家炼厂签订了业务合作协议，为国内低硫油的供应提供了更多的保障。

超前谋划开展主动营销服务。一是连续不间断发起 4 轮对全球船东的需求调研，准确预估船东在高低硫转换期的实际需求，通过引导船东对加油港、加油时间、合约时点选择等，抓住市场机会，全力为船东节省燃油成本。二是率先在境内开展了低硫船燃的供应服务，实现了国内主要港口低硫船燃的供应全覆盖，走在了行业前面。三是发挥网络优势，推进一体化营销服务，在新加坡开展实体供油的基础上，为客户提供在境内与新加坡高低硫联动销售的跨市加油服务。四是外贸油库存经营取得实效，逐步打开实货敞口，节省了转月成本。五是实现高低硫的顺利转换，打破传统的销售模式，通过利用多种价格模式及价格结构、区域供应整合等手段，有序降低高硫油库存，实现了高低硫库存的顺利切换。

优化物流持续推进跨关直供。一是改革驳船管理模式，稳步推进区域供应物流一体化运作。将航运、上海中船燃、舟山、宁波等 4 家公司分散管理驳船的情况，调整为由航运公司统一管理，实现了驳船一体化运作，提升了供油效率。全年实现跨关直供量 203 万吨，比上年增加 77 万吨，增幅为 61%。二是有效利用海关政策支持，拓展外贸油新的利润增长点。总部和珠海 / 深圳、航运、舟山、上海中船燃公司紧密配合，打通了洋山 / 舟山至蛇口的 MGO（含硫量小于 0.1% 的船用轻柴油 Marine Gas Oil）和 ULSFO（极低硫燃料油，Ultra-Low Sulfur Fuel Oil）直供通道，为深圳友联船厂供应 MGO 和 ULSFO 共计 1 万余吨，创造了良好效益，实现了华南区外贸油全品种供应。三是总部和珠海 / 深圳公司协同，打通了桂山油库至蛇口、盐田、南沙、黄埔、高栏等港口及桂山锚地的直供业务，直供网点已覆盖珠江口各港口，为做大做强华南区外贸油业务筑牢了基础。

扎扎实实做好低硫船燃技术保障。一是依托青岛、江苏两个研发基地，联合各大院校和科研单位开展低硫燃油项目研发工作，积累了丰富的低硫船燃以及相关调和原料指标的使用情况。二是经过大量的试验论证，成功开发出“燃油相容性快速检测仪”，并在系统内推广使用。三是提前对沿海主要港口的油库、驳船等供油设施设备进行了低硫化改造，编制库船清洗指引，做到专管专罐，确保了低硫船燃在流转过程中的质量安全。四是动态调整优化驳船供应能力，配置 40 条低硫船燃供应驳船，并配备了 20 台安全可靠的质量流量计，全力提升供油服务效率，节省供油作业时间。截至 2019 年底，公司已经实现了国内主要港口低硫船燃供应的全覆盖，确保满足国际海事组织以及交通运输部的低硫船燃监管政策要求。

2. 内贸油业务单元

2019 年，我国内贸船供油市场消费低迷，公司上下一心，主动应对，内强管理，外拓市场。全年完成内贸油销量 310 万吨，其中，终端销量 230 万吨，经营质量获得提升。优化集中采购，发挥合力降低燃油采购成本。一是持续改进集采工作方式，系统燃油集采比例稳步提升。全年全系统集中采购量 138 万吨。二是实施低硫油保供，开展低硫油收储，提前建立了低硫燃料油库存，防范了内贸低硫燃油资源紧缺的风险。三是梳理内贸燃油供应商管理和内贸燃油采购管理工作思路。开发新市场，培育新业务，服务新客户。一是有效组织新市场开发。填补内贸供油空白，在海南实现供油服务全覆盖，救捞、海事、航标等单位燃油需求已经成为海南市场业务基础和收入来源。组织长江中上游市场、京杭运河市场、两江市场调研，形成内河市场开发思路。二是发挥整体优势做大投标业务。适应采购管理新变化，总部设专人负责投标业务，将投标重点放在政府、事业单位的采购项目上。全年中标 41 个项目，涉及燃油 14 万吨，在取得良好经济效益的同时，提升了公司品牌形象和行业地位。三是开拓新客户，组织系统公司协同开发，与长航系客户达成战略合作，完成加油量为 1.3 万吨，同比增长 66%。四是加大陆上临港市场开拓，系统内贸陆上终端销量稳中有增。青岛公司开发港内市场取得实效；南通公司与集团港口合作取得进展；上海公司陆上投标工作初见成效；广西公司深耕广西及周边市场；江苏公司新设实业部，以新机构推动新业务扩张。

3. 润滑油业务单元

2019 年，完成润滑油业务量 12.4 万吨，实现了量效齐增。提升效率实现客户价值最大化。各公司在标准化、规范化的服务基础上，不断提升服务效率，提高调度与供应能力，扩大供应区域和范围，努力为客户提供超值的服务体验。南通、上海凭借优质服务，获得 2019 年 BP“优秀承包商”称号；福建仓库管理细致，获得 BP 仓库管理优秀员工奖；宁波多次安排加急订单，协同能力强，受到油公司的书面表彰。另一方面，重点解决服务中的突出问题并取得成效。2019年重点指导投诉较多的天津公司改进服务，重新理顺流程，明确人员和岗位责任，使天津公司的服务面貌得到较大的改观。积极配合油公司应对高低硫转换。IMO 2020 限硫令也带来润滑油品种数量的大幅增加，使系统各个仓库的库存压力和管理难度加大。为满足油公司和船东需求，系统各公司积极应对，合理调度，有效控制，及时沟通，确保供应充足。做好舟山外锚地过境补油船舶供应免税润滑油业务，加强与受油船租家代理的沟通，关注舟山综保区新增锚位的政策，并及时反馈给各润滑油公司，争取到更多的外锚地供应订单。燃润结合开拓销售新业务领域。实现燃油和润滑油的一体化运作，积极参与招投标。上海公司成功中标极地研究中心“雪龙”号和长江口航道局润滑油项目，为船东做好燃料油润滑油一体化服务方案，销量位居系统前列；福建公司参与厦门港务局润滑油招标并中标，同时新开拓几家船务公司的港口作业船舶需求；广州公司参加广州港物资采购公司投标并中标；广西公司新开发多家船东客户，销售业务同比增长 39%；舟山公司努力开发船厂新造船和远洋渔业用油业务；日照公司尝试在日照港用国产品牌试用替换进口品牌；南京公司重点开发重庆地区客户，与多家船公司签订了批量订购协议。

4. 全力做好集团燃油集中采购工作

公司紧紧围绕为集团低硫燃油“保供、保质、保价”的“三保”要求，全力以赴做好燃油集采工作，高低硫切换工作平稳有序。全力以赴保障集团船队燃油需求。一是在高硫资源异常紧缺的去年三季度，特别是华东部分港口出现断供的情况下，公司将现有资源优先供应集团内部兄弟单位，对其他长约客户只保证最低限量，确保集团加油订单的有效执行。二是提前与集团内部兄弟单位对接高低硫燃油加注计划和需求，加强互访沟通，通过长约、批量订购形式实现资源的稳定供应。三是加大集团海外燃油需求的保障力度，新加坡、欧洲、美洲、韩国等公司充分利用在当地港口的知名度和信誉度竭力做好与燃油供应商的业务合作，确保集团在海外获得质优价廉的燃油供应渠道，并首次在新加坡进行了实体加油服务。想方设法为集团降低燃油采购成本。

公司积极协同集团内兄弟单位备战 IMO 2020 限硫令大考。一是有针对性地为集团船东提供锁价服务，去年三季度高低硫燃油价格波动剧烈，为规避油价波动风险，公司主动调整计价模式，利用价格结构，提前为船东锁定低价资源，为集团控制燃油成本、提升综合竞争力做出了贡献。全年为集团内部客户执行锁价 17 万吨，节约燃油成本 327 万美元。二是参照“香港青衣”模式制定集团船队海外自供应方案，积极参与集团海外燃油集采工作，加强集团内部兄弟单位的协同，共同制定低硫燃油保供方案，为集团高低硫燃油转换工作做好坚实保障。

2019 年，公司累计为集团船队加油 318 万吨，比上年增长 10 万吨，其中，境内供应 180 万吨，海外供应 138 万吨。对比集团外部客户供应价格，公司在外贸业务方面为集团降低燃油成本 1.2 亿元人民币。为集团锁定 2020 年一季度前外贸低硫资源 50 万吨，与集团外客户价格相比，集团船东相应减少成本支出 5 100 万美元，约合 3.5 亿元人民币。在内贸业务方面全年为集团节省燃油成本 8 821 万元人民币。

【企业管理】

1. 强化战略管控

一是开展“十三五”战略规划滚动修订及“十四五”战略规划的预研工作，为公司可持续发展打牢基础。二是持续推进股权投资项目。去年顺利完成了收购烟台中燃 34% 的股权项目，此次收购烟台中燃股权项目在总部领导、企发部和烟台公司的共同努力下，克服种种困难，最终收购价格比预期节省了 400 多万元。2019 年 12 月，公司与山东港口集团签署了《战略合作框架协议》，为下一步的深化合作奠定了基础。

2. 强化财务管控

一是增强融资能力、丰富融资渠道，保障业

务平稳运行。二是继续推进资金集中管理，提高系统资金统筹调度的灵活性，提高资金使用效率。三是强化财务风险管控能力，持续推进内部会计控制体系建设。

【风险管控】

1. 强化内控管理，筑牢风险防范基础。珠海公司贸易合同案处置取得满意效果

2019 年 12 月，历经三年半的珠海公司贸易合同案经广东省高院二审，驳回原告诉讼请求。最终避免经济损失 1.82 亿元。成功化解安通系风险事件。2019 年，安通系风险事件突发，涉及应收账款总额 1.84 亿元。积极与中信保、中银保沟通，用实实在在的成效化解保险公司的顾虑，避免风险的提前引爆。安通系重组前，应收账款规模压降至 1 997 万元，且全部在信用保险覆盖范围内。

2. 强化监督审计

一是部署在全系统纪检监督组织开展“六项自查”、公务车管理检查、纪律处分执纪检查等多项监督工作，在直属公司中开展防范偷盗油等课题调研，切实促进系统管理规范和风险防控。二是围绕经营风险，强化审计监督。加大对重点环节、重点领域、重大风险、重要项目的审计力度，不断提高审计监督的广度、深度、质量和效果。全年完成审计项目 20 项，审计发现问题 245 个，有力保障了经营管理各项工作合规、有效开展。

3. 强化信息网络安全建设

一是陆续启动了主数据规划、润滑油物流与仓储等信息化项目工作，做好中国船燃智慧业务管理系统（CSBS）的相关调研和准备工作。二是加强网络信息安全管理，建立网络安全信息沟通机制，提升综合应急反应水平。三是润滑油物流仓储信息化项目稳步推进。总部与系统各公司密切配合，集中力量统一部署，通过信息化建设，公司将现代化的科技管理手段用于润滑油的仓储物流服务，将改变传统的仓库管理模式和管理理念，实现实时监管和查询跟踪。

【安全生产】

严防死守，确保全系统安全环保形势稳定。按照集团对安全工作的总体部署，牢记安全责任和神圣使命，进一步落实“铁腕治安全”和“安全保发展”的理念，连续两年公司实现了安全无事故、人员无伤亡、环境无污染的安全管理目标。深入开展习惯性违章整治“攻坚年”活动。2019 年，在全系统部署开展了“攻坚年”活动。各公司积极响应，人人排查、公示、纠正习惯性违章行为，形成了每个岗位的“习惯性违章”清单 4 000 余项。超前防范，有效防控重大安全风险。加大检查力度、落实全面监控，预防事故发生。一是突出抓好船舶航行安全风险防控。二是突出抓好重点敏感时段安全风险防控。三是突出抓好台风灾害风险防控工作。四是突出抓好各类“危险作业”的风险防控。

【人才管理】

1. 以班子建设为龙头，让战斗堡垒“强”起来

围绕全面从严治党的总体要求，不断强化班子建设。召开了“不忘初心、牢记使命”主题教育民主生活会暨巡视整改专题民主生活会，推动领导班子履职尽责、团结奋进。督导各二级公司将主题教育民主生活会与巡视整改专题民主生活会结合召开，提升各单位班子成员思想政治水平。注重班子考核测评，完成对系统全资公司领导班子和合资公司中中燃派出干部的年度考核。

2. 以党管干部人才为原则，让干部人才队伍“聚”起来

认真落实集团关于干部人事冻结的政策，同时积极加强与集团的沟通与协调，认真梳理亟须补充和调整的关键岗位。公司全年调整干部 20 人次，其中按照程序提拔任用 8 人次。积极研究制定“三项制度”改革实施方案，探索完善“干部能上能下、员工能进能出、工资能升能降”的激励约束机制。建立了总部对二级公司中层干部的评价考核体系，举办了船舶安全管理培训班和内贸油业务培训班。坚持标准、规范程序，做好系统新员工招录工作。上海中船燃推进党建学习与业务工作相融合，打造党性修养与业务能力“双高”的党员干部队伍。

3. 以巡视整改为契机，让人才管理“专”起来

积极配合集团选人用人工作检查，对系统内98名司管干部逐一核查。对集团巡视组和选人用人专项调查组反馈的问题照单全收，积极整改。梳理了中国船燃领导干部选拔任用制度方面存在的问题，先后制定《中国船燃党委管理干部管理办法》《中国船燃总部机关员工管理暂行规定》等七项干部人事管理制度，努力实现干部人才管理的制度化、规范化、科学化。

【企业党建】

公司党委紧紧围绕新时代党的建设总要求，按照集团党组统一部署，坚持全面从严治党，认真落实党建工作责任制，先后部署开展了第一批、第二批“不忘初心、牢记使命”主题教育，深入到全系统80个党组织和近千名党员。

扎实推进巡视整改工作，切实加强组织领导、落实整改责任、完善工作机制，以此为契机，加强制度建设，全系统共制定、修订各类制度156项。将巡视整改与主题教育和专项整治结合起来，与推进公司提质增效各项工作结合起来，确保改革期间各项工作有序进行。

开展合理化建议征集活动。继续开展合理化建议月活动，全系统共征集合理化建议429项，涌现出一批智囊式的金点子，一年一度的合理化建议月为员工发挥聪明才智、改善工作质量、提升管理价值搭建了平台，也为公司创新发展提供智力源泉。

以党建促工作，系统上下凝心聚力，使公司在高低硫转换攻坚年交了一份满意答卷，公司顺利完成了高低硫转换过渡，效益创8年来最高水平。

【企业文化】

1. 把握正确舆论导向

大力弘扬“诚信至尚，和谐致远”企业核心理念和“思考、务实、创新、进取”的企业精神，员工向心力进一步增强，创先争优氛围进一步提升，企业正能量进一步凝聚。注重思想引领，将意识形态工作纳入重要议事日程，落实工作责任制。召开系统宣传思想工作会暨政研会年会，总结和部署宣传思想和思想政治研究工作。共收集系统政研论文56篇，评选表彰了21篇优秀论文；优中选优推出5篇参加集团论文评选。

2. 传播中国船燃好声音

充分利用内部刊物、网站、企业微信公众号等媒体平台，宣传中国船燃形象和发展成果，宣传公司党建工作新成效。2019年，中国船燃获得集团新闻报道优秀组织奖。新集团成立以来连续三年获奖，3人荣获集团优秀通讯员称号；在中国远洋海运报共刊发稿件66篇，包括两个专版，在《中国远洋海运》杂志发表12篇，集团报微信公众号刊发17篇，公司网站新闻版块发布86篇，公司微信公众号推送74期，稿件230余篇，在中远海运集团内刊登稿件数保持前列。航运公司注重典型宣传工作，在集团远洋报刊载了“中燃38”轮的典型事迹。

3. 创新开展各种活动

组织召开了中国船燃四届一次职代会和工代会，选举产生新一届工会领导机构。举办第十三届职工（硫含量比对）技能竞赛；在系统评选优秀班组、船舶上报集团，参加2019年全国公路水路行业班组船舶安全生产竞赛；组织开展“增收节支、精益管理”演讲比赛，营造团结拼搏、奋发有为的工作氛围；围绕公司“把握战略机遇 决战低硫时代”的总目标，组织开展了“对标年度经营目标降本创效在行动”图片征集展示活动，系统各公司、总部各业务部门制作了降本创效展板。

4. 提升职工群众凝聚力

积极参加集团举办的庆祝新中国成立70周年职工文艺汇演，河北公司、广州公司编排的节目参加了集团的文艺汇演并获得优胜奖；组织总部职工趣味运动会；开展“最美一线员工”图片展活动，在微信公众号的点击量达到了 2.79 万人次，参与投票 2.2 万人，再次刷新纪录。开展合理化建议征集活动，征集合理化建议 429 项，为公司精益管理提供智力支持；加强对船库员工关心关爱力度，做好节前慰问工作；向集团援藏扶贫基金捐赠 300 万元。广西公司加强企业文化载体建设，将公司走廊打造成企业文化长廊。烟台公司开展了职工健步走、登楼比赛等文体活动，发挥党建带工团作用。

激发青年爱企热情。紧扣集团发展与祖国同诞生、同奋进主题，组织开展基层宣讲、青年征文、国旗下演讲、升旗仪式、青年文艺汇演等活动，激发广大团员青年的爱国爱企情怀。开展中国船燃“两红两优”评比表彰活动，有 2 个青年集体、3 名青年同志获得集团青年文明号、青年安全示范岗、青年岗位能手等荣誉。（郭静）

中石化中海船舶燃料供应有限公司

中石化中海船舶燃料供应有限公司

中石化中海船舶燃料供应有限公司(简称“中石化中海燃供”，英文简称 SINOBUNKER)，由中国石油化工股份有限公司(简称“中国石化”)与中国海运(集团)总公司(简称“中海集团”)于 2003 年 12 月共同出资组建的合资公司。2016 年 2 月，中海集团与中国远洋运输(集团)总公司(简称“中远集团”)重组成立中国远洋海运集团有限公司(简称“中远海运集团”)。

中石化中海燃供注册资本为 87 666 万元，注册地为广州市经济技术开发区才汇街 4 号。公司总部设在广州，在深圳、海口、宁波、厦门、南京、上海、青岛、天津、唐山、湛江、秦皇岛和大连、香港等地设分(子)公司。公司主要经营燃料油、成品油、保税油、润滑油和化工等石油产品的销售、仓储和运输，在沿海港口为船舶提供各种油品供应的同时，还增加物料、备件和淡水供应以及专业的船舶救生筏和消防系统检修、舱容检定等配套服务。截至 2019 年底，公司资产逾 16.39 亿元，拥有 13 艘船舶，船舶燃料及物资供应业务覆盖国内沿海和长江中下游、珠江三角洲等主要港口 58 个。

【改革重组】

中石化中海燃供的前身为中海供贸有限公司(简称“中海供贸”)。中海集团根据“优化资产组合，实施专业重组”的总体改革部署，由中海集团、上海海运(集团)公司、广州海运(集团)有限公司和大连海运(集团)公司四家共同投资组建，是中海集团控股的一级子公司，专业从事船舶燃物料备件供应等业务。

2003 年 12 月，为充分发挥主业优势，进一步开拓海上船舶燃料销售市场，提高企业市场竞争力，根据中国石化与中海集团 2003 年 9 月 25 日签订的合资框架协议，中国石化、广州海运(集团)有限公司、上海海运(集团)公司三方本着平等互利、优势互补的原则，经过友好协商，一致同意将中海集团下属的中海供贸进行增资扩股，并将公司名称更名为中石化中海船舶燃料供应有限公司。

2016 年，中远海运集团成立后，公司在中远海运集团“6+1”发展战略中属于航运服务板块。新集团成立后，集团内各船公司燃油物资采购模式发生了变化，对公司传统业务带来较大的影响。公司以优化经营机构为契机，力促管理水平的提升，推进规模经营，实现统筹运作、精细管理、安全运营的要求。

【发展战略】

根据中远海运集团整体部署，将公司与中国船燃的重组整合列入企业深化改革计划。公司依据集团“十三五”规划“航运服务产业集群分规划”，编制三年滚动规划及年度经营计划，作为过渡期临时战略发展规划。确定“按照集团航运综合服务板块的战略路径，通过有效整合发展，配套支持，联动发展，对内保障服务，对外产业发展，运用互联网技术，延伸船舶增值服务，至 2020 年发展成为行业领先的现代船舶综合服务商”的发展战略。

【经营效益】

2019 年，中石化中海燃供面对纷繁复杂的内外部形势和 IMO2020 限硫令带来的行业巨变，认真落实股东年度工作会议精神和董事会决策部署，围绕“打造国内领先船舶燃料及物资综合服务供应商”的愿景目标，以“三个跑赢”为努力方向和工作准则，积极践行“三创”理念，推动公司实现健康稳定高质量发展。全年实现利润 5 238 万元，完成公司董事会下达的年度利润指标 4 810 万元的 109%。

强化责任担当，保障集团内部供应，做好高低硫燃油切换和低硫燃油“三保”工作，全年实现集团内部燃油供应 83.47 万吨，同比增长 10%；保税油销量实现 90 万吨，同比增长 48%，创历史新高。公司全年物资销售收入 45 596 万元，同比增加 5%，物资销售毛利润 6 694 万元，同比增加 12%，其中集团内物资销售收入为 30 114 万元。公司全年实现油品销售 302 万吨，同比增长 19%，完成公司年度预算进度的 106%。

【风险管控】

面对复杂多变的市场环境，公司不断强化风险管控，持续完善风险管理体系。设置公司副总法律顾问，配备专业法律人员，开展现场述职，强化法务风控工作；强化内控体系建设，编制内控手册，新颁布实施规章制度 88 项；规范合同管理，编制合同范本，重要合同审核率 100%；积极应对风险事件，跟进历史遗留案件处理。开展 IMO2020 限硫令法律风险应对分析、独立保函和境外业务风险排查、贸易业务流程梳理等专项工作，为企业合规经营提供保障。加强对供应商管控，动态掌握供应商经营状况、资信、履约和服务等信息，2019 年共剔除不合格供方 59 家。

公司全年共实施内部审计项目 8 项，其中单位负责人离任审计 2 项，任中经济责任审计 4 项，专项审计项目 2 项。积极配合股东双方经营管理联合审计，逐一落实问题整改；充分发挥内审作用，发现问题 123 项，提出意见建议 95 条，有效促进公司节收增支；调整整改督办模式，优化流程，强化跟踪核实，对账销号，放大审计整改成果，形成管理闭环。

公司党委推进落实全面从严治党各项要求，坚持“一岗双责”，压实“两个责任”，搞好党风廉政建设和风险防控等工作。深入开展盗卖船舶货物、燃油和违规处理污油水等违法违纪行为专项整治工作。公司纪委组织签订党风廉政建设责任书和廉洁承诺书，强化廉洁从业的责任意识。及时开展各大节日节前廉洁教育，有效防止“四风”问题反弹回潮。组织学习《党的十九大以来查处违纪违法党员干部案件警示录》和集团“五条禁令、十项规定”，组织观看《叩问初心》警示教育片，教育干部职工增强自律意识，知敬畏、存戒惧、守底线，营造良好政治生态。

【服务客户】

公司坚持“纵向协调、同向配合、横向联动”三大机制，主动对接集团主营船公司航线和需求，针对性提供锁价服务，与集运、散运和特运等 5 家兄弟单位签订低硫保供协议。坚持集团内供优先策略，在香港为集团第一艘豪华邮轮“鼓浪屿”号提供首航补给任务。

公司积极落实 IMO2020 燃供保供工作小组各项部署，保障股东船舶低硫燃油供应需求，深入开展燃油质量技术研究，增强油品质量控制能力，及时向集团船公司和集采中心提出《关于低硫船用燃料油的几点使用建议》《关于低硫船用燃料油采购质量标准的建议》两份专业报告，为高低硫切换期集团船舶安全用油提供技术支持。积极跟进中国石化生产计划，主动走访适合生产低硫燃油的中国海油及多家地炼厂家，提前洽谈低硫长约资源，保障资源供应。在第二届进口博览会上，与国外战略供应商签订低硫燃油战略合作协议，提升资源保障能力。

公司保税油部与深圳船燃主动担当，全力协助能源公司做好特殊时期燃油保供及华南地区高硫保税燃油退油工作，圆满完成集团交办“特殊任务”，获得高度肯定。辽宁燃供为集团船舶紧急供应燃油，保证应急发电正常，解决燃眉之急；河北燃供积极协调海事部门，协助散运公司处理应急事件，受到通报表扬。

2019 年，公司新增外部终端客户 383 家，实现外部终端销量占总销量的35%，同比增加23%。全年参与投标次数同比增加29%，投标实现毛利润占比提高4%。

公司11家经营单位总顾客满意度99.34%，公司“诚信服务，客户满意，以人为本，追求卓越”的质量方针得到有效贯彻。

【企业管理】

1. 注重顶层设计

公司编制的《企业综合改革实施方案》，以深化三项制度改革为主要抓手，重启发展战略规划。强化总部职能，成立安全技术监管部，突出生产安全和油品数质量专业化管理；增设财务部稽核室，强化稽查复核防范风险。紧跟国家和股东战略部署，成功开拓华南区域保税深圳网点，取得华东区域舟山子公司设立批复，主动融入海南自贸港区建设。

2. 完善企业治理

修订《公司总经理办公会议事决策规则》，推动“三重一大”决策应用系统建设，促进科学治理，实现决策全过程留痕。梳理相关管理制度，提出报表、ERP业务流程优化方案，并召开优化佛山燃供业务审批流程研讨会，优化业务审批流程，提高效率；完善规章制度，先后发布了《油品运营物流管理规定》《应收账款管理办法》以及《客户授信管理办法》，修订《油品供应商管理办法》《采购管理办法》和《销售管理办法》等。此外，经营管理部进一步规范货物交接单据，利用制度办法，以提升业务规范化运营水平和工作效率，提高资金运作效率，规范赊销行为，防范经营风险。

3. 强化运营管理

实施总部战略管控和主导，以FOB定价实施大宗采购，首次实现国际航次租船；积极向董事会争取融资额度，强化与集团财务公司协同，为做大业务规模提供资金保障。公司成功取得“为船服务电商平台”版权，完成“为船服务数字营销系统项目”和“船舶供应服务智慧平台关键技术创新项目”答辩。推动整合“为船服务”线上销售，在集团华南地区采购交流会上大力推广。

4. 突出业财融合

公司为加强成本控制，制定出台《降本压费工作方案》，进一步加强了预算引导，全年三项费用总额控制在预算的86%，其中公务性费用同比减少7%。积极加强沟通，争取各类退税、政策扶持及专项补贴共397万元。

5. 推进多元发展

上海物供不断延伸业务领域，与民企合作成立上海海远船舶污染处理有限公司，为集团进出上海港船舶提供污染防备服务。广州物供线上线下共同发力，“微创新”项目取得突破。深圳船燃丰富非油产品结构，开展联合营销，“好健康”系列保健产品已在中石化易捷公司40家便利店上架销售。

【安全生产】

公司重视加大安全投入，全年安排648.2万元安全维修资金。积极推动安全风险分级管控机制建立，加强生产现场远程监控，全年共组织安全检查325次，排查治理隐患587项。确保公司全年安全生产无事故。广州燃供新造油库工班荣获广东省海员系统安全文化成果三等奖。海南国盛马村油库参加2019年全国公路水路行业班组船舶安全生产竞赛活动。

公司环境管理体系、职业健康安全管理体系、生产安全事故应急预案体系通过中国船级社首次认证审核；公司安全生产标准化二级达标企业通过外部评审机构的复评；公司生产安全事故应急预案体系在通过专家组评审并在广州市应急管理局备案。

【境外业务】

中石化中海船舶燃料供应香港有限公司，是中石化中海燃供境外全资子公司，注册地为中国香港，注册类型为有限责任公司，注册资本为12.89万美元，经营范围为汽油、柴油、燃料油、润滑油、船用零配件、船用物资、化工产品、日用百货的销售和供应。组织机构中，设董事长1名，总经理1名，均由公司人员兼任。在境外无固定资产投资情况。

2019年，香港公司销售油品64万吨，实现利润80.87万元。

【员工队伍】

公司树立鲜明用人导向，重视青年接力，2019年共提拔任用23名能力出众的司管干部，大胆启用80后、90后进入到科级岗位历练；落实纪委书记从动议酝酿阶段就参与本单位党委选人用人工作并实行全过程监督，防止带病提拔。构建经营专业高级人才库，初步建立经营、财务和审计专业人才库。强化干部监督管理，司管干部出入境备案管理全覆盖、休假培训动态全掌控、干部档案管理全集中。开展基层单位领导班子及领导人员年度综合考核评价，进一步完善“四管”监督约束机制。健全考核机制，在总部率先试行职务职级和宽带薪酬体系，实施“一岗多薪”，构建员工发展双通道，调动积极性；提升培训质量，以年度重点培训为抓手，组织开展新进员工岗前培训。

【企业文化】

公司注重文化引领，积极推进精神文明建设。开展形式多样的宣传报道，全年出版《燃供简讯》367期，官微推送信息235条。上级各类报刊采用稿件41篇。精心策划，讲好燃供故事，涌现出《爸爸为船加油，我为爸爸加油！》《展播丨礼赞新中国 同唱一首歌》等阅读量破千上万的好新闻，官微关注用户同比增长80%。精心组织开展献礼新中国成立70周年职工合唱视频展播活动，营造共庆祖国华诞、共享企业荣光、共铸卓越伟业的浓厚氛围。在官微平台开辟专栏专题，进一步加强党史国史、中国航运史学习，大力弘扬爱国主义精神。注重企业文化建设凝心聚力。以集团核心价值理念为总体框架，总结提炼《公司企业文化核心价值理念纲要》，构建具有燃供特色的企业文化体系。开展年度各类评先和总经理年度嘉奖，深入挖掘在普通岗位甘于奉献、勇于创新的先进集体和个人。积极推进品牌建设展示形象。启用公司新标识，提升品牌影响力。充分调动内部资源，制作形象宣传片和宣传册。组织参加广东卫视讴歌改革开放40周年栏目《新的天地》拍摄活动，展示企业良好形象。2019年，公司首次亮相国际海事展，获广泛关注，反响良好。

【党群工作】

2019年，中石化中海燃供党委班子由6人组成。公司所属各级基层党组织共计53个，其中党委5个、党总支5个、党支部43个，共有党员393人。公司坚持“党要管党”和“两手抓、两手都要硬”的原则，抓好党委和基层党组织建设，工会、共青团建设得到同步发展。

2019年，公司党委以习近平新时代中国特色社会主义思想和党的十九届历次全会精神为指导，坚持把方向、管大局、保落实，聚焦“三创”目标，深入开展“不忘初心、牢记使命”主题教育，积极践行“三做”理念，大力弘扬“三办”精神，着力夯实“三基建设”，持续深化从严管党治党，全面提升党建工作质量，团结带领广大干部职工主动担当作为，为促进企业改革发展稳定提供了坚强保证。

坚持中心组学习制度，细化学习安排，加强调查研究，注重研讨交流，公司党委组织中心组（扩大）学习12次。修订完善“三重一大”决策制度，坚持重大事项决策前置程序，细化前置研究清单。召开党委会33次，研究议题77项，前置研究董事会或总经理办公会议题11项。

聚焦主题主线，高起点谋划、高标准部署、高质量推动两批主题教育各项工作。公司领导到基层单位调研指导18人次，各单位领导到所属基层单位调研指导37人次。到河北石家庄举办两期“不忘初心、牢记使命”党性教育专题培训班，提前预热升温。公司党委发挥“头雁效应”，开展读书班学习8次。各级领导干部讲党课78

次，开展学习研讨95次。深入调研检视，找准问题差距。召开座谈会65次，访谈基层干部员工410余人次，查找各类问题143个，形成调研报告45份。召开调研成果交流会、对照党章党规找差距专题会、专题民主生活会，深刻检视剖析，严肃认真开展批评和自我批评。公司党委形成涵盖7个方面20个问题的整改方案。进一步提高了各级党组织的政治站位、坚定了初心使命、增强了纪律意识，进一步激发了党员干部干事创业的内生动力。

召开2019年党建工作会，与13家基层党组织签署党建责任书。开展二级单位党组织书记抓基层党建述职评议考核，组织两级公司班子成员专题报告履行党建工作责任制和党风廉政建设“一岗双责”情况，全面推动管党治党责任落到实处。定期召开党建工作例会，把党建工作抓实抓细，实现党建与生产经营同频共振、一体推进。福建燃供等6家单位召开党员大会，顺利完成换届选举。制定《基层党支部标准化建设考评细则（试行）》，启用新版《党支部工作手册》，推进标准化党员活动室建设。积极推行主题党日制度，确保组织生活经常、严肃、认真，有效发挥锤炼党性“大熔炉”作用。开展党支部书记、党务干部业务培训共有129人次参加。表彰党内“两优一先”，强化先锋引领作用，通过党员示范岗等实践，把党员作用体现在改革创新之中。主动与相关客户和主管单位推动党建共建，党建互帮互学、业务互促互进，搭建良好的合作互动平台，促进党建与经营深度融合。

重视工会工作。落实民主管理，组织代表团长联席会议审议《员工教育培训管理办法》《住房公积金管理办法》等涉及职工切身利益事项，保障职工合法权益。关心关爱职工，努力构建和谐企业，全系统全年慰问、帮扶164人次，发放慰问金、帮扶金14.99万元，走访职工家庭26户次。组织职工参加医疗互助保险。

重视团青工作。以“团建规范年”为主线，加强青年思想政治建设，认真学习贯彻习近平总书记在纪念五四运动100周年大会上的重要讲话精神。深入开展“青春心向党、建功新时代”主题团日、“赤子青春”升国旗仪式、学雷锋便民服务、“浪花心愿结对助学”系列活动，持续打造青年文明号、青年岗位能手、青年安全生产示范岗品牌，调动广大青年职工立足岗位建功立业的积极性。

2018—2019年中石化中海燃供主要情况见表14–14。

2018—2019年中石化中海燃供主要情况表 表14–14

项目	单位	2018年	2019年	备注
船舶	艘数	13	13	—
	载重吨	19 444	19 444	—
油库	座	6	6	—
	容积（万立方米）	22.44	22.44	—
	吞吐量（万吨）	196.4	235.0	—
仓库	座	3	3	—
	面积（万平方米）	3.25	3.25	—
财务状况	总资产（亿元）	18.90	21.24	—
	净资产（亿元）	10.77	8.36	—
	总收入（亿元）	72.58	92.17	—
	利润总额（亿元）	0.51	0.52	—
员工队伍	年末员工总数（人）（含我方委派到合资企业员工及上海中燃员工）	913	935	—

（史明彪）

中远海运集团财务有限责任公司

中远海运集团财务有限责任公司

【公司概况】

中远海运集团财务有限责任公司（简称“中远海运财务”，英文简称 COSCO SHIPPING Finance）为中远海运集团直属二级公司，前身中海集团财务有限责任公司，是经中国银行业监督管理委员会批准成立的企业集团财务公司。公司于 2009 年 12 月 30 日成立，2018 年吸收合并中远财务有限责任公司。2019 年 1 月 18 日，公司完成更名和迁址的工商变更登记，更名为中远海运集团财务有限责任公司，迁址到中国（上海）自由贸易试验区滨江大道 5299 号 8 层。2019 年 4 月 22 日，公司成立中远海运集团财务有限责任公司北京分公司，同年 6 月 10 日，北京分公司正式开业。

公司初始注册资本人民币 3 亿元，2011 年增资至人民币 6 亿元（含 500 万美元）；2017 年增资至人民币 12 亿元（含 500 万美元），2018 年完成吸并后增至人民币28 亿元（含 2 500 万美元）。北京分公司营运资金 5 000 万元。

作为非银行金融机构，公司主要经营范围为：对成员单位办理财务和融资顾问、信用鉴证及相关的咨询、代理业务；协助成员单位实现交易款项的收付；经批准的保险代理业务；对成员单位提供担保；办理成员单位之间的委托贷款及委托投资；对成员单位办理票据承兑与贴现；办理成员单位之间的内部转账结算及相应的结算、清算方案设计；吸收成员单位的存款；对成员单位办理贷款及融资租赁；从事同业拆借；承销成员单位的企业债券；有价证券投资；代客普通类衍生品交易业务（仅限于由客户发起的远期结售汇、远期外汇买卖、人民币外汇掉期产品的代客交易）。

【经营概况】

2019 年是中远海运财务完成重组整合后正式运营的第一年，公司秉持“融合、协同、创新、增效”的经营理念，认真贯彻落实集团工作会精神及各项监管要求，坚持稳中求进工作总基调，助力集团实体经济高质量发展。截至 2019 年末，公司总资产 763.37 亿元，所有者权益 53.95 亿元。全年营业总收入（含投资收益）19.47 亿元，实现利润总额累计 8.23 亿元，净利润 6.55 亿元。

2019 年中远海运财务基本情况见表 14–15。

2019 年中远海运财务基本情况　　表 14–15

类别	项目	单位	数据
财务情况	总资产	亿元	763.37
	净资产		53.95
	营业总收入		17.83
	利润总额		8.23
业务规模（年末规模）	存放同业	亿元	400.97
	信贷资产		298.94
	投资理财		35.6
	吸收存款		705.66
人力资源	员工总数	人	153

【主要业务】

公司严格执行集团资金管理相关要求，按照“做全做齐归集、做简做优结算”的管理要求，全力为集团成员企业打造安全、稳定、高效的结算服务平台。2019 年，公司服务集团境内客户 1 160 家，归集外部账户 3 311 个，企业集中度 99.49%，账户集中度 80.05%，全口径资金集中度 48.46%，可归集口径资金集中度 81.73 %；总结算量折合人民币逾 2.3 万亿元，结算总笔数 326 万笔，结算业务不落地比例超过 90%，未有发生责任性差错。

公司积极落实集团“优先使用内部资源”的管控要求，充分发挥内生持牌金融机构的信息、资源优势，结合集团各重点产业集群发展融资需求，以央行贷款市场报价利率（LPR，Loan Prime Rate）为指引，积极提升信贷金融服务规模和质量，助力集团各成员企业实体经济发展，协助集团降本增效。截至 2019 年 12 月 31 日，自营贷款余额折合人民币 296.46 亿元，同比增加 12.24%，全年协助集团累计降低整体资产负债率 3.18 个百分点。

公司紧紧围绕财务公司四个平台功能定位，配合集团产业链上、下游业务拓展，发挥内、外圈结合优势，通过积极推进电子票据、分离式保函等增量业务拓展，满足集团产业链上、下游业务发展金融需求，提升集团成员企业产业链竞争力，助力集团整体提质增效和实体经济发展。2019 年 9 月 19 日，公司电子票据交易系统（ECDS）正式上线并完成相关配套制度建设工作，10 月完成首笔电子商业汇票业务。截至 2019 年末，累计完成票据专项授信 17 家 / 额度 46.6 亿元，全年累计开票金额 12.93 亿元。累计开立保函业务 51 笔，累计金额人民币 6.07 亿元，协助集团减少在外资金超过人民币 6 000 万元。

结合监管实际，公司不断加大对投资业务管理力度，提高投资业务的管理效率，投资组合更趋标准化、市场化。2019 年，投资理财日均规模超过 30 亿元，实现投资收益超 1.6 亿元。

公司积极调整资金业务结构，拓宽资金业务品种范围，开展交易所债券回购、同业存单等业务，推动单一定期存放向全面资金交易业务转变，不断提高资金使用效率。2019 年公司存放同业（活期和定期）日均余额 256 亿元，平均收益率达 2.76%；同业存单日均余额 27.43 亿元，平均收益率 3.18%。

2019 年，公司办理即期结汇业务 2 287 笔，合计金额 185 230.41 万美元；即期售汇业务 91 笔，合计金额 13 467.45 万美元；累计实现收入人民币 404.91 万元，节约财务费用近 2 000 万元；办理远期结汇业务 3 笔，合计金额 3 588.12 万美元。完成对原跨境资金集中运营业务资质的更新备案。另外公司向外汇局申请并获批准自行开展服务贸易项下外汇资金内部结算业务，通过北京分公司进行境内外汇资金二次归集。

【企业管理】

2019 年，公司以习近平新时代中国特色社会主义思想和党的十九大精神为指导，牢牢把握习近平总书记对国有企业改革重要指示，成立改革领导小组和工作小组，研究深化国企改革精神的贯彻实施，以深化改革为契机，强化机制，催生动力，促进公司转型升级，实现高质量发展。

根据上海银保监局监管评级通知，公司 2018 年度监管评级为 1B，为公司开展供应链金融、金融机构股权投资、发行财务公司金融债、海外财资管理等业务拓展提供了更大的政策空间。

【风险管控】

公司根据监管机构的统一要求，深入开展市场乱象整治工作，从问题整改、问责处理、机制建设三方面落实整改问责要求，巩固整治乱象工作成果。结合 2019 年“合规文化建设年”活动，公司开展“强内控、促合规”建设工作，切实提升内控合规水平。

不断加强对信贷、投资等业务的风控合规审核，调整贷审会、投审会以及衍生产品业务审核委员会组织架构及人员，结合经营管理实际，对规章制度进行全面梳理。截至 2019 年末，公司新增制度 59 项、修订 119 项、废止 45 项，形成涵盖法人治理、资金结算、公司金融等 14 类共 191 项新规章制度体系。

【监 督 审 计】

2019 年，公司监督审计工作突出行业特点，将监管重点、新业务及高风险业务作为审计重点。按评级要求将薪酬绩效审计、信息系统审计纳入审计范围，切实履行内部审计在内控体系中的作用，围绕审计整改落实监督，提升审计价值。坚持对审计发现问题整改落实情况的跟踪检查，强化法规制度执行力，有效发挥审计监督对加强企业管理的促进作用。

按照公司董事会批准的年度内审工作计划，公司严格有序落实各项审计项目。年内，公司共完成审计项目 16 个，审计资产总额累计 4 180 亿元，发现问题 54 个，提出并被采纳审计建议 59 个，已整改审计发现问题 43 个。

【创 新 研 究】

公司积极鼓励改革创新，制定《创新和研究工作管理办法》《创新研究会操作规程》《课题研究及创新项目操作规程》等创新管理制度，成立创新研究会，鼓励干部员工从商业模式、风控合规、产品服务、制度流程、信息科技、管理模式等多个层面进行创新和课题研究，积极促成创新研究项目落地产生实效。

【人 才 队 伍】

公司坚持党管干部，着力推进干部人才队伍建设。建立《中远海运集团财务有限责任公司后备干部管理办法（试行）》等制度，为公司干部人才队伍建设发展提供制度保障和政策依据。通过分级分层推荐，民主选拔，建立公司后备干部库，确定第一批入库后备干部人选 17 人，为公司干部选拔任用、结构调整，建设好人才梯队。

对新公司干部进行续聘和调整，涉及提任干部 10 人，部门调动干部 6 人，推荐 1 名干部到集团其他单位任职，干部员工跨部门轮岗交流 12 人次。稳妥做好涉及职务调整和岗位变动干部思想工作，确保工作不断不乱，规范有序。

结合新公司业务发展需求，开展应届毕业生和社会公开招聘人员的选聘工作。坚持正确导向，严守工作程序，确保公司人才队伍专业化、年轻化，不断提升人才队伍素质。

【党 建 工 作】

2019 年，公司党委以习近平新时代中国特色社会主义思想和党的十九大精神为指导，把党的政治建设放在首位，扎实开展“不忘初心、牢记使命”主题教育。公司总部、各柜台坚持做好第一批主题教育，贯彻“守初心、担使命，找差距、抓落实”的总要求，突出重点，统筹安排、有序推进。公司党委班子认真开展学习教育，组织“不忘初心、牢记使命”主题教育集体读书活动；深入基层一线，扎实开展调查研究，撰写调查研究报告；广泛征求意见，深刻检视存在问题；坚持问题导向，边学边查边改，落实整改措施；召开专题民主生活会，深挖思想根源，认领存在的问题，制定整改措施，明确努力方向；认认真真抓好回头看，确保主题教育力求实效。北京分公司严格抓好第二批主题教育，认真做好组织领导、学习教育，查找自身问题，开展专项整治，做好调查研究、召开专题民主生活会等各项工作。

切实加强公司党的组织建设，根据有关规定和要求，积极筹备公司第一次党代会，成立筹备领导小组和工作小组，明确主题内容，组织召开公司第一次党代会，选举产生了中共中远海运集团财务有限责任公司第一届委员会和纪律检查委员会。

坚持党建工作责任制，不断压实党建主体责任，扎实开展党建责任考核。组织专项检查小组，以现场检查和支部自查相结合的方式，考核支部党建责任落实，有效推动各党支部党建工作开展。

以标准、合规为原则，不断夯实党建基础。积极探索党支部工作目标管理机制，发放《中央和国家机关党支部工作手册》，明确支部工作指导思想、日常工作要点等内容，加强支部标准化建设。建立支部党建工作月度反馈机制，明确各党支部按月度反馈工作内容清单，促使各党支部每月工作有序开展，及时详细掌握支部工作开展情况。

持续开展“新时代新作为——我是共产党员”党建特色活动，通过设置“党员示范岗”、组织“结对登高”、开展“党员积分管理”等特色活动，树立“我是党员、我在央企，我为党工作”的信念。稳步推进“结对登高”活动，实现29项“结对登高”项目全面开展，积极营造党员群众结对登高、拉手进步的良好氛围。

【企业文化】

按照“三讲四坚持”原则，切实把企业文化打造成员工的自觉追求和企业发展的软实力。及时更新公司网站动态讯息，踊跃向《中国财务公司》《中国远洋海运报》《党建要情》等投稿，扩大企业影响力。

充分发挥群工团优势，推选新公司第一届工会委员会，充分维护职工权益，积极发挥桥梁组带作用；选举新公司团总支，增补总支委员；通过群团组织职工拓展、中秋联欢会、青年岗位能手评选等活动，不断提高员工的凝聚力和参与度。

坚持履行社会责任，积极投身公益事业，向中远慈善基金会捐赠300万元帮困扶贫资金。

（赵燕青）

中远海运博鳌有限公司

中远海运博鳌有限公司

【公司概况】

中远海运博鳌有限公司（简称“博鳌公司”，英文简称COSCO SHIPPING BOAO）是由原海南中远发展博鳌开发有限公司发展而来。2001年8月6日，原中国远洋运输（集团）总公司（简称“中远集团”）成立海南中远发展博鳌开发有限公司，2005年10月26日，公司名称变更为海南中远博鳌有限公司。2006年9月25日，中远集团批复同意，将海南中远博鳌有限公司纳入集团总公司直属二级公司管理。2016年，中远集团和中国海运集团合并重组后，同年10月28日，公司更名为中远海运博鳌有限公司，是中远海运集团的直属公司，也是博鳌亚洲论坛年会的核心服务商。博鳌公司注册资金27.9亿元。截至2019年底，在册员工人数1 113名，其中80%以上为海南本岛居民；总资产为23.75亿元。2019年完成营业收入2.65亿元。

作为博鳌亚洲论坛年会的核心服务和接待单位，博鳌公司被赋予特殊的政治使命和政治责任，自2001年博鳌亚洲论坛正式成立，截至2019年，公司已圆满服务了19届论坛年会，接待了党和国家领导人以及国内外贵宾2.6万人次。习近平总书记分别参加了2010年、2013年、2015年、2018年论坛年会。公司温馨细致周到的服务赢得了国内外宾客的广泛赞誉。截至2019年，公司累计投入约50亿元，先后建设了三家五星级酒店、博鳌亚洲论坛国际会议中心、高尔夫球场、新闻中心、环岛路、乐美路、东屿岛景区、论坛公园等配套设施，进一步提升了服务质量和接待能力，有力支撑了国家外交战略的实施。

博鳌公司的主营业务是商务会议和旅游度假。在做好每年年会服务保障工作外，公司依托博鳌亚洲论坛品牌的影响力，抢抓海南发展机遇，发挥战略引领职能，充分开发自主经营模式，打造自主管理服务输出、会议组织和旅游度假品牌的建设。公司年均接待会议200多场、千人以上会议30余次，接待酒店住客14万人次、接待景区游客63万人次。

【深化改革】

公司坚持以市场为导向、以客户为中心，以增强业务价值创造能力和市场竞争能力为目标进行自我革新，2019年完成了新一轮改革，理顺了管理条线、划清了职责边界、分清了业务范畴、明确了业务权限，管理更加扁平化、业务更加专业化、收入更加市场化。

经过外部调研、内部座谈等多轮沟通和酝酿，公司制定了全面深化改革工作方案，经过公司党委会、总办会、职代会以及董事会的审批，完成第一阶段工作，完成东屿岛旅游度假运营管理中心、后勤中心的成立，新机构交接顺利、运转良好，做到了经营上的无缝衔接和人员思想上的稳定，是公司实现战略目标迈出的坚实一步。

根据深化改革和业务发展需要，实质性推动信息化建设工作，完成了“智慧东屿岛”前四个阶段的工作，实现了内部管理系统的优化升级和B2C自主营销平台的上线工作，局部打通了业务间的信息壁垒，阶段性实现了信息数据的共享，规范了操作流程和工作步骤，有效地支撑了战略落地。

对公司本部组织架构进行了调整，按照精简、高效和服务经营的原则，对职责和流程进行了重新梳理和优化，本部各部门之间、本部与经营单位之间职责更加清晰明确，管理权限进一步下放，各类事项审核环节减少，本部的管理职能更加贴近生产经营，提升了公司经营决策效率。

推动原酒店管理中心二次整合工作，完成三家酒店统一命名工作，实现三家酒店在法律架构上的合并，进一步打通了内部壁垒。压缩管理层级，压缩人员编制，践行“三能”机制，每年将节约税费超百万元。推动原旅游管理中心二次整合工作，进一步融合高尔夫业务和景区业务，实现市场营销、对客服务以及后勤保障等职能的相统一。

按照集团整改要求以及公司成本管控需要，成立公司层面的集采中心，简化了审批流程，提升了采购效率以及采购的科学性。实现新建和修缮项目归口规范管理，改变本部、经营单位、特设机构对工程项目的多头管理模式，解决建设与运营两层皮、重复建设和改造以及实施主体不清晰等问题，除大型基建项目外，由度假区中心对项目进行统一管理，实现建设契合经营，避免重复投资产生的浪费，也可以实现施工资源共享减少成本。

对车队实行了社会化、市场化改革，与中远大昌合作，将车辆和人员交由专业的社会化公司进行管理，双方利用各自优势强强联合。

【发展战略】

2019 年是中华人民共和国成立 70 周年，是全面建成小康社会的关键之年，也是高质量发展成为国家战略的一年。公司全体干部员工向外拼搏市场创效益，向内提升管理促改革，基本完成了集团下达的全年经营业绩任务。历史上首次实现经营性现金流打平，公司经营和管理基本面均呈现向好态势。

在会议组织方面，一是在深挖“博鳌 +”这一 IP 上下大力气，以发展定期定址和自办合办论坛为抓手，以优质的会议组织能力为核心，全年召开定期定址和自办合办论坛 30 余个。二是在品牌推介上下功夫，全年进行 4 次全国性的推介活动，让更多的潜在客户了解和接触我们。三是引入总包模式，进一步在会议产业链上发力，丰富公司会议品牌的内涵。

在旅游度假方面，全年围绕东屿岛旅游度假区品牌建设上打基础。一是组织开展了东屿岛宣传素材库建立工作，针对东屿岛软硬件环境发生重大改变的情况，对全岛进行了系统的专业化拍摄。二是推进东屿岛文创产品的体系化设计工作，对东屿岛“鳌”的形象进行了卡通化设计，并以此为基础设计了 37 款文创产品。三是开展商标注册工作。年内部分商标已经进行公示，存在异议的部分正在协调办理，下一步还将推动注册“博鳌东屿岛”及其英文商标。

在管理服务输出方面，公司以高品质、规范化和标准化的服务管理体系为基础，努力打造自主管理服务品牌和对外输出的模式。在 2018 年首次服务上海进博会的基础上， 2019 年更广泛更深度地参与了第二届进博会服务保障工作，全面统筹安排会议服务工作，圆满保障进博会的同时，也实现了经济效益的最大化。成功服务进博会，不仅让公司收获了服务输出的实操经验，也打响了公司管理服务品牌的知名度，在市场上收获了客户的认可，获得了深圳国际会展中心以及深圳前海会展中心业主方的关注，也获得了潜在合作的机会。

2019 是“十三五”规划的收官之年，公司的高质量发展离不开战略的指引及深化改革工作的推动。公司将结合国家最新政策、集团最新要求，海南建设自由贸易区（港）总体规划以及公司长期发展，启动公司“十四五”规划编制工作。要以打造博鳌东屿岛旅游度假区为根本，重点围绕全产业链服务能力建设，以创新的思维、产业链的视野和全面布局为指引，明确公司到 2025 年主要发展指标、板块经营策略、布局思路和战略举措。

【企业管理】

随着改革工作的进一步深入，企业管理水平进一步提高。一是规范董事会建设。进一步完善董事会管理制度以及优化董事会授权机制，明确了重点事项审批的路径和界面，扩大了对公司董事会、董事长以及公司总经理办公会的授权范围。严格执行董事会管理制度，严格履行党委会、总办会、职代会以及董事会的决策程序，定期召开董事会会议，2019 年，共计召开 4 次董事会，其中一次现场董事会，3 次书面董事会，充分发挥董事会在公司治理中的作用。二是加强人力资源建设。扎实推进人才引进培养机制，落地实施管理培训生人才储备计划，完成年度校园招聘工作。开展管理培训工作，形成了管理培训学院、新员工入职培训、专业技能培训、中高层干部培训等多层次多方位的培训体系。优化薪酬激励机制，加大薪酬分配激励效用，推行效益与业绩挂钩的业绩增量考核，激发干部人才创造活力。三是确保安全生产稳定大局。坚持“一岗双责”，发挥好大安保、大监控优势，持续优化网格化管理制度，实现安保管理流程、工作动线、风险隐患排查“一盘棋”，筑牢安全底线，营造安全稳定大环境。加强法务和风险管控工作，加大普法培训力度，结合实际，依法合规，优化流程，及时预警和化解经营、资金、工程和用工等潜在的风险。四是提升财务服务和监督的能力。加强财务管理的顶层设计，积极开展税务筹划，克服重重困难，获得各项税费减免以及东屿岛和金海岸酒店清税注销中增值税进项留抵税转移工作。积极开展财务分析工作，利用信息化手段，通过周报、月报、滚动预算以及月度分析会报告，为公司经营提供数据支撑。深化稽核和财务监督检查机制，提升内控管理水平。五是加强纪检监督力度。落实党风廉政建设责任制，深入开展抓作风、纠“四风”，集中整治形式主义和官僚主义，运用好监督执纪“四种形态”，做好廉洁主题教育活动，把全面从严治党不断引向基层，为公司持续健康发展提供了纪律保障。

【经营效益】

2019 年，海南省经济下行压力大，经济增速放缓，政策调控直接冲击了公司的主营业务。在这样不利的外部环境下，公司顶住了经济下行的压力，经营业绩逆势增长，管理水平长足进步，公司持续性减亏，历史上首次实现经营性现金流打平，公司经营和管理基本面均呈现向好态势。

2019 年，博鳌公司实现营业总收入 26 547 万元，比上年增长 597 万元，增幅为 2%；营业总成本 36 672 万元，比上年减少 881 万元，减幅为 2%；净利润 –8 677 万元，比上年减亏 915 万元，减亏幅度为 10%（表 14–16）。

2019 年博鳌公司基本情况 表 14–16

项目	单位	数据
财务状况	总资产（亿元）	23.75
	净资产（亿元）	7.99
	总收入（亿元）	2.65
	利润总额（亿元）	–0.87
员工队伍	年末员工总数（人）	1 113

经济效益情况：一是会议业务深挖“博鳌 +”，以发展定期定址和自办合办论坛为抓手，以优质的会议组织能力为核心，全年进行 4 次全国性的推介活动，召开定期定址和自办合办论坛 30 余个，同时引入总包模式，进一步在会议产业链上发力，丰富会议品牌内涵。二是旅游度假在团队旅游市场客流逐年下滑的不利情况下，积极开拓市场，扩宽渠道，通过开发产品、打包销售等手段，重点推动“教育 + 旅游”产业融合发展，利用景区“研学教育基地”的优势，促进景区团队流量回升，并针对旅行社合作推出“门票 + 消费点”供货模式，促进景区与旅行社互联互利互惠的双赢局面，提升团队市场活力，收入同比增幅 2%。三是二次消费持续保持良好势头。通过丰富二次消费项目新业态，结合市场和客户需求打造亲子房和淘气堡项目，推出研学活动、节庆活动吸引

客户增加收入。四是管理服务输出，公司以高品质、规范化和标准化的服务管理体系为基础，努力打造自主管理服务品牌和对外输出的模式，深度参与进博会服务保障工作，实现经济效益最大化，2019 年创收 674 万元。

【风险管控】

按照企业内部控制规范体系的规定，建立健全和有效实施内部控制，评价其有效性，并如实披露内部控制评价报告是公司董事会的责任，博鳌公司严格执行董事会管理制度，严格履行党委会、总办会、职代会以及董事会的决策程序，定期召开董事会会议，全年共计召开 5 次董事会，充分发挥董事会在公司治理中的作用。经理层负责组织领导企业内部控制的日常运行。

公司建立并执行了内部控制和全面风险管理规定、风险评估管理规定、法律纠纷案件管理规定等 140 余项制度。其中，2019 年发布 21 项制度，修订了“三重一大”决策实施细则、客户资信管理细则等 18 项制度，新发布了司管干部综合考核评价细则、低值易耗品管理规定 3 项制度，进一步完善了各内控关键点的流程。

公司在集团法险部的指导下，在集团 136 项三级风险框架基础上，结合博鳌公司经营实际，研究确定了博鳌公司四级风险框架 150 余项。

公司将内控体系管控要求嵌入重点业务制度、业务管理流程，重点领域、重要岗位的职责权限和审批程序以及对重大经营事项开展专项风险评估。

进一步规范董事会建设。博鳌公司在集团的指导和支持下，进一步完善董事会管理制度以及优化董事会授权机制，明确了重点事项审批的路径和界面，扩大了对公司董事会、董事长以及公司总经理办公会的授权范围。

宣贯并使用范式合同，降低合同风险。博鳌公司结合业务实际情况，对各业务均设计了范式合同，共计 42 份范式合同，对权利义务、产品质量、安全责任、品牌条款、等情况做了明确约定。同时，法律与风险管理部门加强日常宣贯、合同审核，确保 95% 以上的合同使用公司范式文本，较大程度降低了合同风险。

重点加强应收账款管控。首先对范式合同进行完善，每份范式合同均详细约定了款项回收内容。此外，为了提升款项回收的执行率，法律与风险管理部门牵头，组织业务部门对所有销售合同，进行逐项梳理、逐项排查，将款项回收风险控制在萌芽状态。

开展论坛公园项目专项风险评估。博鳌公司开展论坛公园项目专项风险评估，识别项目的重大风险，明确各项风险防控的责任主体和主要应对措施。同时，论坛公园项目部成立了专门风险管理领导小组应对项目各个施工阶段风险。

【年会服务】

2019 年 3 月 26—29 日，博鳌亚洲论坛 2019 年年会在海南博鳌召开，来自五大洲 60 多个国家和地区的 2 000 多位政界、工商界代表和智库学者参加。国务院总理李克强出席年会开幕式，并发表题为《携手应对挑战 实现共同发展》的主旨演讲。老挝总理通伦、韩国总理李洛渊、卢森堡首相贝泰尔、圣多美和普林西比总理热苏斯以及工商界代表先后致辞。

2019 年论坛年会，是新一届论坛理事会和秘书处首次主办论坛年会，对服务保障工作提出了更高的要求。公司以提升集团“金字招牌”含金量和纯度为出发点，以“硬件再增强、软件再提升”为主线，突出精细管理、精诚服务，展现了“担当、奋斗、协作、工匠、敬业、决胜”的年会精神。确保了年会服务保障万无一失。呈现出“硬件提升超预期”“嘉宾参会体验超预期”“集团重要 VIP 参会服务保障超预期”以及“年会精神引领超预期”的四个“超预期”。

公司年会机制化运作在近 4 年的实践和完善下，愈发成熟，年会保障和日常经营相互融合、相互促进的关系在逐年增强，各经营实体发挥年会保障中的主体性和主动性也在增强，体现在年会保障中涉及临时性、突发性、专项性和反复性的工作在减少，2019 年外部各相关方检查中所提出和反映的问题较以往有了大幅度降低，年会保障工作越来越规范、越来越成熟。2019 年年会共计完成接待政要、分论坛、采访和会见活动 332 场，收到各国政要、中央部委等重要嘉宾感谢信 84 封，锦旗 3 面，微信和口头表扬不胜枚举，论坛秘书处李保东秘书长题词："服务精良、周到热情、为国增光"。

【服务客户】

公司以高品质、规范化和标准化的服务管理体系为基础，努力打造自主管理服务品牌和对外输出的模式。在 2018 年首次服务上海进博会的基础上，2019 年更广泛更深度地参与了第二届进博会服务保障工作，全面统筹安排会议服务工作，圆满保障进博会的同时，也实现了经济效益的最大化。成功服务进博会，不仅让我们收获了服务输出的实操经验，也提高了我们管理服务品牌的知名度，在市场上收获了客户的认可，获得了深圳国际会展中心以及深圳前海会展中心业主方的关注。

2019 年，公司所属两个"运营管理中心"，即酒店运营管理中心和旅游运营管理中心，协同发力，聚焦价值创造，在酒店服务、会议接待、服务输出、景区高尔夫等领域创造持续发力。会议服务方面，酒店运营管理中心做到日常经营与高端大型会议服务保障相互促进、相互提升。对内，团队成功接待各类会议 224 个，千人以上大会 21 个；对外，上海国际会展中心全年接待会议 1 300 多个，共计 12 万人次，会议服务满意率 100%，OTA 满意率 96.36%，行业内处于领先地位。

服务输出方面：2019 年进口博览会会议期间，酒管中心日常管理派出 15 人团队，负责全年日常会务服务；通过培训学院异地培训、全封闭培训等有效方式，选派 400 人团队进驻上海。酒管团队完成 9 大区域、72 个会场、31 间要客嘉宾休息室等各类会议活动近 600 场次，完成 110 余种 20 多万件物资的搬运及管理，接待 6 万多人次，全过程提供专业化、标准化、精细化、国际化服务，实现了零投诉、零事故、零差错的目标；中康西普会共计入会议活动 65 场、61 场餐饮活动，共涉及 14 500 余人次，其中千人以上会议活动 3 场，累计接待参会嘉宾 52 500 人次。酒店管理中心在充分借鉴往届经验的基上实现了创新突破，为客户带来了"满意 + 惊喜 + 感动"的服务，与会各方高度赞誉。

【安全生产】

2019 年，博鳌公司深入开展"安全生产月"、"119"消防宣传月等专项活动，加强安全、环境保护方面培训、完善制度、落实责任、强化指导，认真组织开展隐患排查、应急演练，有力的保障了公司安全生产有序稳定，确保安全工作各项目标的实现。2019 年，公司未发生重大安全生产事故、重大财产损失事件及严重环境污染事故，全年安全管理工作未发生重大决策失误，保持了公司安全形势总体稳定的局面，成功接待 2019 年博鳌亚洲论坛年会服务保障工作，完成了集团年初安全工作提出的各项控制指标。

在环境保护方面：严格按照《中国远洋海运集团关于加强生态环境保护指导意见》的要求，制定完成《中远海运博鳌有限公司生态环境保护管理规定》编制工作，并邀请第三方对公司废气、废水、土壤、噪音等进行生态环境综合检测。在各项生产经营活动过程中，始终坚持污染预防，积极采用新技术，实施清洁生产；积极采取源头控制，日常生产用品、设备采购时就及时考虑环境因素，尽可能采用太阳能等清洁能源，逐步降低水、电、油、汽的消耗，加强固体废弃物的处理；遵守相关环保法律、法规和要求，污染物达标排放；全年实现"零污染"的环境目标。

【员工队伍建设】

公司坚持党管干部原则，夯实干部人才工作机制，选优配齐各级管理人员，夯实干部人才工作机制，以制度建设为抓手加强管理。全力参与推进公司本部组织机构两轮优化，重新核定各部门人员编制，实现本部人员的再一次精简；制定公司本部各部门负责人、各岗位人员选用方案，按期完成各部门各级管理人员配备；充实旅游中心领导班子力量，选优配强旅游中心总经理、副总经理；加大年轻干部人才选拔使用力度，对于公司发展所需，群众认可、业绩突出的年轻人才，遵循“打破年龄、打破学历、打破资历”的原则，严格履行选用程序后，破格提拔 4 名部室副经理；集采中心并入公司本部管理，完成集采中心全体人员劳动人事关系转接；加大市场化人才招聘力度，招录市场运营策划总监 1 人，为下一阶段度假区运营策划工作提供人才支持；组织召开挂职交流总结会，并结合公司本部组织优化情况，对 10 名人员进行轮岗交流。修订了《中远海运博鳌有限公司干部管理规定（试行）》。对干部退出机制、干部提前退出相关内容予以明确，鼓励男性年满 57 周岁、女性年满 53 周岁的在职公司管理干部提前退出领导岗位，转任非领导岗位；出台了《公司直属单位领导班子及公司管理干部综合考核办法（试行）》，开展多维度测评，提高干部考核评价工作的客观公正性；将综合考核评价结果与直属单位领导班子及公司管理干部进行挂钩，实现干部“能进能出”。

2019 年，公司注重人才引进培养，选用育留全生涯管理干部员工，扎实推进公司管理培训生人才储备计划，同时加强培训管理，提高干部员工综合能力。为加大优秀毕业生引进、培养和储备力度，加强公司年轻干部人才队伍建设，为公司未来发展做好人才储备，2019 年初，招录了 10 名管培生，其中硕士应届毕业生 7 名，本科应届毕业生 3 名。并按照学生的专业及个人特点安排学生共分两个阶段进行为期半年的轮岗锻炼学习，每阶段轮岗锻炼时间为 3 个月。轮岗结束后，根据实际工作情况核岗定薪。通过组织开展管培生见面会，新员工入职培训，参加公司文艺活动，到基层锻炼，参与服务接待等方面的工作，不断加强对管培生的管理。截至 2019 年底，其中 3 名管培生半年考核期满后已考核转正，1 名任职于公司本部财务部，2 名任职于酒管中心。2019 年 9—11 月期间，公司按照 2020 年度管培生招录工作计划，又先后前往南京、济南等城市的三大院校参加 6 场校园招聘会，共收到简历 166 份。通过现场或视频面试的方式进行了财务、党务、行政及法务方向的面试，并结合公司整体人才需求，不断引进人才，壮大年轻干部队伍，做好人才储备。公司积极推动与四川大学合作签约，开辟校企合作新模式，实现校企资源的有机结合和优化配置，共同培养优秀的专业型、技能型人才提供了新的途径。公司在岗位培训基础上，整合内部培训资源，发挥地域优势，对新员工入职培训进行集中管理，并由各部门、各单位管理人员负责实施开展；立足于公司 2019 年重点任务，开展成本管控、中高层干部课程（公司领导层授课）两项专项培训；积极了解海南省人才引进相关福利政策，加强与省人才“一站式”服务平台沟通，组织开展海南省人才引进政策宣讲会，做好政策福利解读及内部宣讲工作；根据集团 SAP 人力资源管理系统上线和工作要求，开展SAP-HR 系统培训，利用好SAP-HR 系统，简化人事工作。

公司结合公司实际，积极探索当前新形势下符合公司需要的薪酬激励机制和绩效考核机制，并重新修订《员工绩效考核管理办法》和《员工薪酬管理办法》，加大薪酬分配激励效用，推行效益与业绩挂钩的业绩增量考核，同时，明确相应工作替代人员及待派人员薪酬及绩效，激发干部队伍干事创业的活力和潜力。公司探索员工关系新思路，依法合规与人情关爱双线并行，一方面强化劳动用工规范，全方位评估劳资关系管理，另一方面探索健康体检服务，新方式多方向关心关爱员工健康。

【企 业 文 化】

公司党委组织开展庆祝新中国成立 70 周年主题系列宣传活动，组织 70 名干部员工参加海南卫视庆祝新中国成立 70 周年升国旗仪式节目录制。修订印发《公司内部宣传管理办法》，开展通讯报道员和摄影人员培训 3 次。全年在集团官微、报纸发表稿件 35 篇，公司官微发布各类稿件276篇。制定《公司2019年年会宣传工作方案》等5个，在央视《新闻联播》等主流媒体报道20余次，接受采访30余人次。《新华直播》等视频直播11次，时长近2小时。《中国远洋海运报》刊登整版4个，集团官微报道2次，开展《2019年年会，我们都是追梦人》系列报道36期，字数4万余字。积累视频素材近50G，照片3.5万余张。全方位多维度宣传公司由回归企业本质向做实企业本质转变的新成绩，提升东屿岛旅游度假区服务品牌新形象，展示广大干部员工昂扬向上的新精神。

公司坚持文化引领，持续提升团队战斗力。以集团“四个一”理念为指导，秉承公司核心企业文化理念，大力倡导“用心做事，简单做人”核心价值观，提炼总结符合自身特色定位的一整套企业文化理念体系，持续营造“感恩、乐业、激情、卓越”的积极向上的文化氛围，稳步构建幸福企业。

【党 群 工 作】

2019年是新中国成立70周年，是五四运动100周年，也是公司全面深化改革、夯实高质量发展基础的重要一年。公司党委坚持以习近平新时代中国特色社会主义思想为指导，深入贯彻党的十九大、十九届四中全会精神，落实“中央企业基层党建推进年”工作要求，践行“三做”理念，深入开展“不忘初心、牢记使命”主题教育，全面从严治党、从严治企，推动公司党建工作上新水平，为服务保障论坛年会、全面深化改革、促进生产经营提供了思想、政治和组织保障。公司党委被评为“中央企业先进基层党组织”

坚持把方向、管大局、保落实，全年召开党委会28次，完成85项议题，其中讨论党建议题32项、“三重一大”议题40项、前置议题30项。专题研究年会保障、深化改革、法治建设、安全维稳、统战、意识形态、扶贫等工作，加强协调部署，狠抓推动落实。大兴调查研究之风，深入开展员工思想工作调研，召开专场座谈会5次，151人次参加；个别访谈20余人次，网络问卷调查160人次，收集意见建议46条，实现全覆盖，形成高质量调研报告，为公司党委决策提供依据。

以学深悟透、推动党建融入经营工作为目标，创新党委中心组学习方式，采取党委委员带头作中心发言、1～2名部门负责人作重点发言，其他党员干部谈体会的形式进行，提升学习效果。全年举行党委中心组学习12次。公司党政领导积极参加海南省“深入学习中央12号文件配套方案政策”专题周末学习讲座14场次。印发加强“学习强国”平台使用通知，建立学习微信群，督导全体党员加强学习，营造了全党大学习的浓厚氛围。

坚持围绕中心抓党建，以践行“三服务”为主线，印发《关于深入推进“精细管理 精诚服务”主题活动工作方案》，量化考核指标，推动各级党组织围绕改革发展创造价值。

召开2019年党建工作会，签订党建工作责任书，压实“第一责任人”责任，并与党组织书记年度绩效、奖惩和选拔任用挂钩。结合年度党建考核结果约谈6名党组织书记，强化党建“第一责任人”意识。严肃党内政治生活，坚持双月党群例会制度和“三会一课”制度。严格党员发展，全年接收入党积极分子11人、发展党员7人、7人转正，壮大党员队伍，增强了党支部的凝聚力和战斗力。全年共有13个集体和21名个人在上级和公司党委评优中受到表彰。公司党委作为5家单位之一在集团二级单位党组织书记抓基层党建现场述职评议会上进行述职，受到集团党组高度肯定。

发挥工会桥梁纽带作用。开展慰问帮扶活动3 938人次，金额近58万元，把关怀送到员工心坎上。制定印发《公司工会职工互助活动实施细则（暂行）》，加强推动，营造“博鳌一家人”氛围。举办2019年新春茶话会、男子篮球赛、东屿岛迷你马拉松赛、羽毛球赛、酒店服务技能大赛等喜闻乐见的活动，近2 000人次参加，营造了向上向善向好的氛围。组织40余名青年员工参加联谊，190名女员工到博鳌恒大国际医院参加乳腺癌筛查活动，受到员工好评。突出兴趣小组作用发挥，加强经费保障，推动文艺兴趣小组融入公司经营生产，提升客户体验。公司篮球队荣获集团职工篮球赛广州赛区第四名，总决赛第六名的好成绩，被集团领导称之为博鳌公司闯出一匹黑马。公司合唱队荣获海南省国资委和集团文艺汇演二等奖。原酒管中心荣获琼北旅游饭店服务技能大赛英语情景展示第一名、西式摆台第二名等奖项。

发挥团组织团结凝聚作用。以纪念五四运动100 周年为契机，制定主题活动方案，组织开展升旗仪式暨健步走活动、定安母瑞山革命根据地纪念园主题团日活动、表彰大会等，激励广大青年奋发有为。完成本部和三家单位团组织换届工作。举办 4 期青年大讲堂。多个集体和个人获上级荣誉称号。

制定 2019 年老村巩固脱贫成果方案，合计投入 20.49 万元。定期组织公司党委委员到扶贫点调研慰问，深入开展产业扶贫、消费扶贫、就业扶贫，为老村道路安装太阳能路灯、划线，购置文化室桌椅，接收 8 名老村学生进行暑期实习，购买冬季瓜菜 1 150 千克，个人消费扶贫 7 600 元，受到海南省扶贫办、国资委的肯定。向琼海市“爱心助学子 倾情助英才”捐资助学活动捐赠 10 万元并资助 20 名大学生，彰显央企社会责任担当。（王俊兴）

青岛远洋船员职业学院

青岛远洋船员职业学院

【学 校 概 况】

青岛远洋船员职业学院（简称“学院”），是一所办学特色鲜明、教育质量一流、文化底蕴深厚，集学历教育、在职培训、科技研发为一体的国有公办普通高等职业院校。学校隶属于中国远洋海运集团，教育行政管理隶属山东省，面向全国招生。建院40余年来，累计为中国远洋航运事业培养各类人才60 000余人。

学院前身为中国远洋运输总公司1976年在青岛市市南区组建的青岛海运学校。1980年经交通部批准改为成人高校，更名为青岛远洋船员进修学院。1983年经交通部批准更名为青岛远洋船员学院。2010年经教育部批准改建为普通高等职业院校，更名为青岛远洋船员职业学院。2015年通过山东省教育厅、财政厅组织的山东省技能型人才培养特色名校建设项目的验收。2016年2月18日，中远集团和中海集团改革重组，成立中国远洋海运集团，青岛远洋船员职业学院成为其直属的二级单位。

2007年，为配合原中远集团资产重组和中国远洋回归A股“LUCKY”项目的需要，天津海员学校从原天津远洋运输有限公司无偿划转至学院，成为学院下属的事业法人单位。但多年来没有进行实质性人员、业务与资产划转，天津海员学校的人事管理、干部任命、财务制度、资产管理等都保持原管理体制和模式。学院仅负责其投资计划上报和下达，以及财务数据合并与上报。

2019年，学院设有航海系、机电系、船舶与海洋工程系、物流与航运管理系、外语系、基础部6个系（部），招生专业7个。学院拥有国家级教学改革试点专业2个，国家级精品专业1个，省级特色（示范）专业7个，市级重点专业5个。拥有国际一流水平的航海操纵模拟器和国内领先水平的轮机模拟器等先进设备、设施，学院共有各类实训室120余个；拥有国内首家船用主柴油机电喷二冲程柴油机实训室，图书馆藏书30万册、各类中文期刊700多种，外文原版刊30余种，电子图书12.5万册。

学院占地168亩，建筑面积约10.88万平方米，固定资产总值1.83亿元，其中教学、科研资产6 900余万元。学院按照集团计划推动新校区建设，新校区位于青岛西海岸新区，新校区落成后，学院将更好地发挥企业举办高职教育的辐射和带动作用，为国家航运、物流和修造船等产业以及山东省蓝色经济区跨越发展作出更大的贡献。

【战 略 发 展】

2019年，学院坚持正确政治方向，聚焦改革发展大局，落实集团教育资源改革重组工作部署，推动学院改革转型发展。全面深入参与集团教育资源重组设计，深入开展政策研究和专题调研，设计构建集团企业大学功能定位、组织架构、管控模式及配套管理制度等，形成《集团教育资源整合及组建党校/企业大学/研究院/青岛船院总体方案》，报集团审批，为学院转型为企业大学打下良好基础。

2019年，学院以集团教育资源板块整合和重组为契机，把握改革机遇，迎接市场挑战，探索“教育导向，企业运作”的新模式，积极开拓市场、拼搏效益，激发自主发展活力，增收创效成果成效显著。2019年，学院自主创收收入7 027万元，超出年初预算703万元，超收幅度为11%。

【学历教育】

加强专业与课程建设。学院航海技术专业、轮机工程技术专业获评教育部创新发展行动计划骨干专业。2019 年，青岛市重点专业海洋工程技术专业通过验收，市现代学徒制试点项目船舶工程技术专业顺利通过青岛市教育局验收考核。截至 2019 年底，学院共有国家级精品课程 2 门、省级精品课程 16 门、山东省成人高等教育数字化优质课程 7 门、山东省精品资源共享课程 5 门。

推进教育教学改革与创新。刘加钊副教授主持的“基于模拟器的《极地水域船舶航行》教学研究与实践”获批山东省 2019 年职业教育教学改革研究项目立项。

提高人才培养质量。不断强化内涵建设，深化教育教学改革，提升学生职业素养，提高育人质量。2016 级航海类专业学生 405 人（含三二连读学生）参加了全国适任证书统考，230 人一次性通过全部科目考试，通过率为 56.79%，航海类专业应届生一次性总通过率和总通过人数均在全国航海类本、专科院校中排名第一。

做好招生工作。2019 年，学院录取新生 714 人，报到 619 人，报到率 86.3%，完成率 77.3%，2019 年学院录取分数线、生源录取率、一志愿上线率三创新高，生源质量全面提升。

【在职培训】

学院培训工作坚持企业化思维，做大、做强、做优培训项目，做出增量，做出品牌。创新推出 MAN 电喷柴油机、高压电培训、电子海图培训、驾驶 / 轮机模拟器培训等十余个受到企业高度认可的船员培训品牌，取得了海船船员培训等 39 项国际认可的证书培训资质，国家海事主管机关许可船员培训项目 27 个，学院是目前国内最大的国际海员培训基地。

2019 年，学院以满足集团的培训需求为己任，针对集团重点培训项目进行设计和开发，包括集团审前专题培训、机务审计专题培训、中远海运物流新闻宣传工作培训、集团 2019 年维稳信访工作培训、PPM 投资管理系统第一期用户培训等。

开发新市场和新客户，开发及优化管理培训项目，不断提高培训质量和服务质量，创新创效取得新的成绩。学院全年共完成各类培训 463 期，21 705 人次。其中社会培训 365 期，18 216 人次；学生培训 98 期，3 489 人次，总体满意率达到 97.84%，相比 2018 年提高 3.7%。

2019 年，学院积极开展各项研究，在培训需求的把握上、培训项目的设计和开发上、课程及师资的选择和配置上、资源的利用和整合上都有了较大的提升。根据集团及各公司要求参与并完成了《中远集团党校 2019 年培训方案》《2019 年青岛中远海运物流基层党支部书记培训班》《2019 天津中远海运基层党支部书记培训班》《2019 年中国船燃系统基层党支部书记培训班》《青岛中远海运 2019 年度基层党组织书记培训班》《2019 年集团信访维稳工作培训班》《海洋强省之海上溢油安全技术和管理高级研修班》《中远海运港口国际化后备人才英语强化培训班》《中远海运船员管理有限公司政委专题培训班》等多个培训班的方案设计与实施，得到了集团和各单位的一致好评。

【科技研发与质量管理】

科普工作成效显著。学院入选“2019 年山东省基层科普行动计划”单位，成为青岛市市南区唯一一家入选的基层科普教育基地，并获得奖补资金 5 万元。学院与宁夏路小学举行合作共建签约暨海洋研学基地活动启动仪式，向山东暨青岛航海学会推荐航海科普专家 26 人，积极参加“全国科普日”等活动，为青岛市中小学生等举办航海科普活动 9 场。学院“智慧时代智能航运——2019 年青岛远洋船员职业学院全国科普日活动”，入选山东省科学技术协会“山东省 2019 年全国科普日优秀活动名单”；学院“礼赞共和国，智慧科普日”2019 年科普活动，入选中国科协“2019 年度全国科普日优秀活动名单”。

科研创新有序推进。组织申报新课题 14 批次，21 个项目获得立项。管理在研科研项目 46 个，组织完成 19 项课题验收，其中 3 项课题通过山东省教育厅组织的鉴定，7 个项目通过集团验收，获得 8 项实用新型专利、3 项软件著作权。组织了 8 个渠道的科研评奖申报，获得 2018 年度中国航海科技奖二等奖 1 项、特等奖 1 项；学院 6 篇论文获得中国航海学会 2017—2018 年中国航海科技期刊优秀论文奖。组织教师撰写技术前沿文章并投稿 3 篇，其中《北斗卫星导航系统的发展及其应用》在集团《中远海运研究专项系列》刊发。组织召开学院第九届学术委员会会议 5 次，审议自编教材（讲义）、人才培养方案、科研立项、评奖推荐等事项。组织召开学院智能航运研究团队第一次会议，现有成员 62 名，确定了 8 个研究领域 26 个研究方向。成功承办了“全国交通行指委航海专指委船舶电子电气技术专业教学协作中心暨全国航海职业教育集团船舶电子电气技术专业委员会第一次会议”。通过招标与 3 家专业知识产权代理事务机构公司签订知识产权事务代理协议。学院 4 份提案入选交通运输部海事局海事国际事务优秀提案，学院向国际海事组织（IMO）“人的因素、培训和值班分委会第 6 次会议”（HTW 6）提交了两份“人的因素”提案。

质量监控和风险管控体系不断完善。学院顺利通过 DNV GL ISO9001 质量管理体系 2019 年度监督审核，学院质量目标均全面跟踪且已实现，体系运行有效。按照国资委和集团文件要求，结合学院实际，自主实施内控评价工作，不断提升质量管理水平。

【学 生 管 理】

实行学生半军事化管理。强化学生早操、内务、军容以及一日生活制度的落实；坚持部队教官指导、学生教官主训的原则，完成 2019 级近 600 名新生的军训工作；制定《青岛远洋船员职业学院 2019 年征兵工作实施方案》，共 27 名学生应征入伍，圆满完成上级要求的征兵任务指标。

落实国家和集团各类奖助贷补政策。共有 166 人获得国家奖学金、泰昌祥奖学金等各类奖学金，有 357 人获得优秀学生等先进个人称号，28 个集体获得先进集体称号；本年度共确认家庭经济困难学生 604 人，占全院学生总数的 19%；共 433 人获国家助学金、中远海运助学金等资助；除奖助学金外，全年共受理生源地贷款回执 234 份，贷款到账金额共计 131.04 万元；为 34 名建档立卡免学费学生办理学费补偿 17 万元；2019 年大学生入伍补偿代偿及学费减免 117 人，批准补偿代偿及学费减免总金额 141.88 万元。

开展全院学生心理普查。全年共建立心理档案 2 379 份，接受学生来访咨询百余人次；做好大学生心理健康教育三级队伍的培训，先后选派心理健康教育队伍成员参加山东省心理健康教育专委会、青岛市高校心理健康教育研究会、“阳光心旅”每月一讲大型公益心理讲坛等校外的专题培训、论坛等；举办主题为“阳春悦学·激情人生”的第十二届大学生心理健康教育月活动；邀请了校外专家为全院专兼职学生管理干部做关于“心理危机识别及干预”主题讲座，提升学生管理干部危机干预技能。

加强就业指导，培养适应企业发展需求的优质毕业生。2019 年学院共有毕业生 1 325 人，毕业生就业率为 95.2%，其中航海类毕业生就业率为 95.2%；船舶修造类专业毕业生就业率为 98.6%；航运管理类专业毕业生就业率为 94.4%，海乘和英语类专业毕业生就业率为 92.9%。

【人才队伍建设】

2019 年，学院实施集团教育资源改革期间从严从紧的人力资源策略，新人不进、退休不补，着力进行内部结构调整和优化管理。截至 12 月，学校教职工总计 400 人，退休 13 人，内部岗位微调 21 人，调离及离职 10 人。

建立员工培养培训体系，关注人才梯队建设和青年教工成长。2019 年，共安排各类员工培训 700 余人次。安排海上专业教师上船顶职或实习 13 人次；安排教师随船认识实习指导 56 人次；选派航海系 6 位老师到航运公司和海事院校进行专业调研；选派航海系 2 名教师随中远海特“天禧”轮航行北极东北航道，深度参与极地水域航行。积极鼓励教职工攻读学位，本年度学院在职攻读硕士学位 20 人，在职攻读博士学位 5 人。

加强员工队伍素质能力建设，多名教师获得上级表彰奖励。王学法老师获得“第六届青岛市突出贡献技师”荣誉称号；崔向东老师获得交通行指委“第三届交通运输职业教育教学名师”荣誉称号；丁峰老师获得“青岛市优秀教师”荣誉称号；刘加钊、高兴斌、孙化栋三位老师入选首批山东省工程技术类科普专家人才库专家；毛宏雨老师获得“中国远洋海运集团青年岗位能手”荣誉称号；贾小平老师荣获“青岛市工人先锋”荣誉称号；姜萌老师获得山东省第六届“超星杯”高校教师教学比赛二等奖；于佳凝、王晓燕老师获得 2019 外研社“教学之星”大赛（高职组）全国复赛一等奖；机电系、外语系和航海系教师参加 2019 年全国第三届交通运输类专业教师信息化教学能力大赛决赛，取得 2 个二等奖、4 个三等奖的佳绩。

做好专业技术职务任职资格评审。严格按照职称评审文件规定，组织开展职称评审材料的申报、审核、评审及推荐工作，2019 年，共有研究员 1 人、副教授 1 人、高级工程师 2 人、工程师 4 人、政工师 1 人通过评审。

【对外交流与合作】

充分发挥校企合作理事会平台作用，加强对外交流合作。2019 年校企合作理事会秘书处与中远海运散货运输有限公司船管中心、青岛中远海物流有限公司、青岛中远海运集装箱运输有限公司、中远海运（青岛）有限公司、中远海运船员管理有限公司（青岛）分公司、中远海运船员管理有限公司（深圳）分公司、中远海运船员管理有限公司（天津）分公司、青岛港引航站、青岛洲际船务有限公司、中泉国际经济技术合作（集团）有限公司、大连国际海事服务有限公司等企业保持良好沟通，在开展订单班培养、设立企业奖学金、航海类学生上船实习、毕业生就业等方面进行沟通与交流，为加强校企深度融合打下良好基础。

学院与国家海洋局、国家海事局、山东省人社厅、引航中心等多家单位一直保有密切的联系，并根据各家单位的不同需求，协调内部资源承办培训。2019 年，通过与青岛引航站合作，开展了“青岛港引航站引航员培训”；培训中心与广远职校联办船舶领导管理提升培训班 3 期，128 名学员参加了培训。

【党 群 工 作】

加强党的领导，强化理论武装。学院党委牢牢把握坚持和加强党的全面领导的根本要求，认真落实“两个一以贯之”工作任务，增强“四个意识”、坚定“四个自信”、做到“两个维护”。将政治理论学习作为提升思想觉悟的有效途径，深入学习 2019 年全国两会、全国“不忘初心、牢记使命”主题教育工作会议、集团党建工作会等重要会议精神，全年组织开展党委理论学习中心组学习 7 次，推进理论学习制度化规范化。

深入开展“不忘初心、牢记使命”主题教育。按照集团党组主题教育要求，成立领导小组，制定实施方案，召开动员大会，扎实推进主题教育。召开专题党委会 1 次、主题教育领导小组办公室会议 3 次，举行党委理论学习中心组（扩大）学习 3 次，举办党委班子读书班 5 次，领导班子讲党课 4 次，组织参加集团主题教育集中学习 4 次，组织学院三题教育理论学习与研讨 71 人次，组织参加省市主题教育会议、党课 6 人次，召开总支书记联席会议 2 次。开展专项整治等活动 8 项，修订规章制度 6 项。各基层单位党组织开展主题党日活动 21 次、集中学习 48 次、党总支委员讲党课 21 次。按照集团主题教育专项整治工作实施方案要求，学院党委认真制定调研方案，班子成员到基层单位调研 14 人次，梳理问题及意见建议 68 条，召开调研成果交流会，明确工作任务和时限要求。同时按照集团党组专题民主生活会的通知要求，组织召开专题民主生活会。

夯实基层党建基础。制定《学院 2019 年度党建工作要点》，与各党总支签订了党建工作责任书，进一步落实党建工作责任制，强化党建考核。组织各基层党组织完成 2018 年度民主生活会、主题教育专题民主生活会、各基层党组织书记抓党建述职评议考核、民主评议党员测评等工作并按照相关规定按时完成基层组织换届选举工作。加强对党员干部的教育与管理，组织 1 名院领导参加中组部调训工作。开展“两优一先”评选，共推荐集团优秀个人 3 个、先进基层组织 1 个，推荐省市级优秀个人 3 个、先进基层组织 2 个，表彰院级优秀个人 14 个、先进党支部 9 个。举办业余党校，2019 年共有 238 名学员参加院级业余党校培训，202 人获得结业证书，发展预备党员 60 人，转正 34 人。

扎实开展宣传思想工作。把握宣传要求，提升宣传质量，充分利用学院网站、微信公众号、《中国远洋海运报》、山东省教育厅网站、校园宣传栏等线上线下途径做好学院的内外部宣传，重点宣传习近平新时代中国特色社会主义思想、党的十九届四中全会精神、集团重大决策部署、学院改革发展创新举措成果等，引导师生增强文化认同，坚定发展信心。组织开展思想政治理论研究，开展政研课题研究 16 项，形成理论研究报告以及政研论文 60 余篇，学院 3 项政研成果获得山东省表彰，2 项政研成果获得青岛市表彰，3 项政研成果获得集团政研会表彰。

充分发挥群团桥梁纽带作用。制定《学院教职工劳动纪律管理办法（修订）》。续签学院《集体合同》，进一步鼓励教职工参与学院日常管理。组织教工板羽球等体育比赛、高雅音乐进校园专场音乐会、“书香校园——我和我的祖国”系列主题活动等，营造积极向上的校园文化氛围；选派职工代表参加集团职工男子篮球比赛、集团驻青单位职工乒乓球友谊赛和集团“庆祝新中国成立 70 周年”文艺汇演等文体活动，进一步提升职工企业归属感。组织劳模慰问、院级以上先模疗休养和困难职工家庭走访活动，不断增强学院凝聚力，促进和谐稳定、积极向上的校园环境。

举办多种形式的学生社团活动、社会实践活动和文化体育活动。开展第九届大学生职业技能大赛、海军节海报设计比赛、大学生防诈骗金融安全知识讲座等；成立 4 个校级社会实践小分队，共 26 名学生参与暑期“三下乡”社会实践活动；开办第 23 期业余团校；为庆祝中华人民共和国成立 70 周年，开展“我与祖国共奋进”国旗下演讲、“我和我的祖国”征文等主题教育活动；开展纪念五四运动 100 周年系列主题活动，开展“青春心向党・追梦新时代”主题团日活动，召开“青春心向党 勇做追梦人”纪念五四运动 100 周年暨五四总结表彰大会，参与集团团委“青春心向党，建功新时代”五四运动 100 周年系列活动；选派团干部参加集团团干部培训班和青岛市宣传战线团干部培训班。

【纪检监督审计】

强化对党员干部的廉洁教育。深入贯彻党的十九大精神、十九届中央纪委三次全会精神和集团反腐倡廉建设工作会议精神，把思想和行动统一到党中央决策和集团党组的部署要求上来。组织中层干部和重点岗位工作人员共 50 余人签订廉洁承诺书，督促党员领导干部廉洁自律，自觉接受群众监督。坚持廉洁教育日常化，继续办好“船院清风”公众号和内部刊物，全年推送公众号内容 40 期，廉洁内部刊物 12 期。

加强对重点领域、关键环节的监督。制定发布了《学院 2019 年党风廉政建设和反腐败工作任务分解表》，落实领导责任，明确责任分工，加强考核，督促学院党风廉政建设和反腐败工作责任落实到位。按照集团要求，认真开展“六项自查”工作。制定出台《关于在监督执纪“第一种形态”运用谈话处置方式的规定》，实践运用监督执纪“四种形态”，特别是用好第一种形态，抓早抓小、防微杜渐。紧盯中层以上领导干部和重点岗位人员，发现苗头性、倾向性问题，及时谈话提醒，2019 年共开展提醒谈话 2 次，诫勉谈话 1 次，函询 1 次。对新校区建设项目实施全过程监督，派驻专职人员在施工现场实施监督，重点监督新校区航海训练基地施工的收尾工作。加强对招标采购的监督，完成招标、比价全过程监督42项。强化对合同执行和资金使用的监督，严格落实合同结算审计和资金支付审核制度，完成学院物资设备采购合同审计166项，完成采购结算审计446项1 255万元，完成工程结算审计5项22万元。加强对招生全过程监督，防范违纪事件发生。

巩固深化治理“四风”成果。根据集团纪检监察组《关于对照形式主义、官僚主义具体表现形式加强监督检查的通知》要求，认真开展集中整治形式主义、官僚主义工作。抓住重要时间节点，加强对落实中央八项规定精神的督促检查，在节日前下发了紧盯“四风”问题的通知，不断提升党员干部贯彻落实中央八项规定精神的自觉意识。同时加大执纪监督力度，节日期间到学院餐厅、车队等处进行突击检查，严防节日期间公车私用、公款吃喝等问题的发生。开展公务用车监督检查，对学院公务用车情况进行了全面的监督检查。

扎实推进学院常规巡察。按照学院党委巡察五年规划，2019年，协助学院党委启动两轮常规巡察，均采取“一托二”的方式开展，分别对图文培训党总支和船舶与海洋工程系党总支、航运管理系和基础部党总支开展常规巡察工作，累计发现在党的领导、党的建设和全面从严治党等方面存在的问题24条。

【新校区建设】

持续推进已完工项目尾留工作。协调建设行政主管部门办理完成了学生公寓楼、公共教学楼与外语楼、门诊楼劳务保证金返还工作，返还劳务保证金310万元；航海训练基地项目顺利通过青岛市档案馆组织的竣工档案专项验收；山东省海洋局下发《关于青岛远洋船员职业学院新校区航海训练基地项目填海竣工海域使用验收合格的通知》，标志着航海训练基地填海造地项目具备了使用条件。

配合做好集团教育资源整合前期准备工作。按照集团要求，参加江西路校区盘活、新校区建设联席会议及建设方案调研工作；与黄岛区管委签订《青岛远洋船员职业学院西海岸新校区项目合作意向书》，收到政府支持新校区基础建设补贴资金1 500万元；与古镇口核心区管委就政府回购航海训练基地港池事宜进行对接，就项目成本评估报告进行研讨。（姜丽莉）

中共中国海运集团（总公司）党校

中共中国海运集团（总公司）党校

2019 年，中共中国海运（集团）总公司党校 / 中国海运管理干部学院贯彻落实集团人才强企战略，深耕教育培训主业，精益管理，圆满完成全年任务，为集团干部人才队伍建设积极贡献力量。

【历 史 沿 革】

1981 年 2 月 20 日，经上海海运局党委会议讨论，决定在上海海运政校基础上，成立上海海运党校。此后，交通部党组于 1993 年 2 月 6 日发文，批准在上海海运党校基础上，建立交通部党校上海分校；上海海运党校遂成为交通部党校第一个挂分校牌子的单位。由此，上海海运党校既是公司内的党校，也是交通部党校上海分校；交通部正式确定部属在沪单位处级干部培训、轮训由上海海运党校承担。自 1997 年中国海运（集团）总公司成立后，集团内的干部培训主要由上海海运党校承担。上海海运党校延续原有干部培训的功能，每年均有计划地培训、轮训包括集团在内的交通部在沪单位处级干部、船舶政委、党支部书记、党员和入党积极分子，发挥了作为在沪单位干部船员教育培训基地的作用。

2011 年 9 月 26 日，为贯彻落实中央提出的“大规模培训干部、大幅度提高干部素质”的战略决策，中国海运集团党组会议决定，要大力加强企业党校建设。10 月，集团组成党校建设项目工作小组，开展党校建设调研，形成集团党校建设调研报告。11 月 3 日，集团党校建设项目工作小组提交《关于加强中国海运集团党校建设方案》。12 月 30 日，中国海运集团党组印发《关于成立中国海运（集团）总公司党校的通知》，决定成立中国海运（集团）总公司党校（以下简称“中海党校”），明确中海党校由集团党组直接领导，明确中海党校的组建目的、主要职责、领导体制。同日，集团党组印发《关于徐文荣等同志任职的通知》，任命徐文荣任中国海运党校校长，同时任命中海党校常务副校长、副校长及校务委员会主任、委员。

2012 年 1 月 1 日，中海党校开始进行基础设施建设、组织机构组建、规章制度构建、人员选聘等工作。经过半年筹备，中海党校于 2012 年 6 月 27 日在源深路 118 号正式揭牌。

2013 年 5 月 21 日，集团印发《关于成立中国海运管理干部学院的通知》，明确中国海运管理干部学院与中海党校实施“两块牌子，一套班子”。5 月 30 日，中国海运管理干部学院在中海党校举行揭牌仪式。

【干 部 培 训】

2019 年，党校以集团干部人才发展需求为导向，以提升干部素质能力为指针，精心谋划和组织落实培训办班计划，全年完成各类培训班 68 期，共计 4 320 人次 15 362 人天；其中面授培训 58 期，共计 2 968 人次 15 362 人天；在线培训 10 期 1 352 人次；培训学员满意率为 98%。此外，辅助集团职能部门、各单位组织培训及会议 34 期 2 395 人次 4 899 人天。

中央党校分校班（启航班、远航班）。按照集团干部培训计划，2019 年 4 月 12 日开始，中海党校举办了为期 3 个月的“中央党校国资委分校 2019 年春季处级干部进修班（启航班、远航班）”，集团 50 名处级中青年干部及船舶“三长”参加培训学习。

各级干部专题培训。党校围绕集团业务发展

需要，以培训需求为导向，开发各项专题培训项目，切实把培训融入业务、融入管理。全年先后举办党务、法务、安全、财务、人力资源、工会、集中采购等业务专题培训班，培训 36 期 2 184 人次 8 284 人天，提升了业务干部的综合素质和业务能力。

委托培训。为服务集团内各级企业，为满足各单位培训需求，党校承办了各类委托班，为中远海运能源、中远海运物流、中远海运船员等各单位举办党组织书记、财务总监、团干部、工会干部等培训班，共 22 期培训 784 人次 2 528 人天。

入党发展对象培训。党校配合集团党工部加强入党发展对象培训，将其作为入党积极分子培训班的延续，在课程内容的深度上作进一步延伸，安排现场教学，进一步提高入党发展对象对党的理论理解，端正入党动机，全年共举办 3 期培训 150 人次。

帮扶地区干部培训。2019 年，党校按照集团部署，积极履行集团社会责任，为对口帮扶县开展智力帮扶，先后为云南省永德县、西藏洛隆县、西藏类乌齐县共举办 3 期中青年领导干部、村干部培训班，共有 115 名当地干部在上海完成为期 10 天的培训。

在线培训。党校建有学习管理系统，作为集团员工在线学习平台，在线课程达到 722 门，2019 年共组织在线培训班 10 期培训 1 352 人次。此外，学习系统还面向集团内总部员工及下属单位中层以上干部开放，上述人员均可自主参加在线学习，拓展了党校培训服务范围。

【教学管理】

抓好课程设计。按照课程设计和培训效果匹配的要求，抓住培训需求，聚焦培训内容，突出主业主课，根据每个班次培训目标科学确定培训方案。

创新培训方式。持续更新培训管理理念，结合实际运用多样化的培训方式方法，如课堂讲授、结构化研讨、案例教学、现场教学、互动交流、工作坊等，做到理论与实务结合，讲授与研讨结合，案例与情景结合，提高了培训的针对性和有效性。

严格学风管理。突出“严管”，严格课堂纪律、考勤管理和学习考核制度，营造严肃的学习风气。突出“自管”，加强培训班班委建设，推广应用项目负责制、学员积分制，督促学员自主管理，发挥学员学习主动性、积极性。突出“善管”，加强学习成效考评，采用课后作业、论文撰写、学员评优等方式方法，多维度对学员考核。

注重项目管控。实行跨部门项目管理，细化项目责任制。做到“流程化”，细化培训组织、服务保障操作流程。做好“精细化”，精准把控各节点安排。做实“预算化”，培训成本事前有预算，事中有把控，事后有核查。

做好效果评估。坚持培训效果评估，做到每班学员评估打分，每月教务部门复盘，每季度召开全校培训质量分析会，开展培训学员回访，认真总结经验，查找不足，持续改进。

【能力建设】

在做好干部培训工作的同时，党校注重通过加强员工教育培训和实践锻炼，提升员工能力素质，2019 年共安排党校员工参加内外部培训 37 人次；开展培训研究，广泛实施取经借智活动，增强培训策划、组织能力；加强后勤建设，提升培训保障能力。

【基层党建】

聚集政治理论，宣贯中央精神。坚持党校姓党，提高政治站位，将学习宣传贯彻习近平新时代中国特色社会主义思想作为首要任务，保持正确办学方向，在党校员工和培训班中，将党的理论、中央精神作为主业主课，发挥党校作为党员干部锻炼党性的阵地作用。组织党总支中心组学习 22 次，深化对习近平新时代中国特色社会主义思想的理解，增强政治定力，保证正确办学方向。

开展“不忘初心、牢记使命”主题教育。成立主题教育领导小组，落实实施方案，活动有内容、有形式、有效果。重点抓好领导干部学习研讨，举办读书班 7 期；结合党校实际开展调查研究，针对党校管理存在的短板和问题，加强分析梳理，组织员工结构化研讨，提出并落实改进措施；通过召开民主生活会，深入推进问题查摆和整改落实，保障成效；配合集团党组做好中心组学习辅导老师推荐安排 2 人次，推荐集团内各单位学习辅导老师 5 人次；组织全体党员参加“不忘初心、牢记使命”在线培训班，促进党员干部对党忠诚，立足自身岗位，勇于担当使命。

抓好支部建设，激发基层活力。完善支部工作制度，加强“三会一课”、民主评议、党员教育、评先争优等，召开党支部专题组织生活会 1 次，开展党员民主评议；抓好党校宣传舆论阵地的建设与管理，利用培训班课堂、学习管理平台、党校官微等平台，围绕改革开放四十周年、建党 98 周年、新中国成立 70 周年等重大主题，宣传展示集团改革发展和党的建设取得的成就，加强文化传播，做好内外部宣传，发挥党校企业文化阵地建设；开展巡视整改“回头看”，集中整治形式主义、官僚主义，转变工作作风；深入开展党性党风党纪教育、廉洁从业教育，坚持正面教育与警示教育相结合，重点强化中央八项规定落实，加强党校廉洁风险控制。

强化民主管理，推进校务党务公开。坚持民主集中制领导原则，通过各种形式讨论和部署各项工作，充分发扬党内民主，强化党内监督，使广大党员更好地了解和参与党内事务，促进决策科学化、民主化。全年召开办公会 4 次、党总支会 18 次、员工大会 3 次、专题会议 3 次、周例会 45 次，通过各种形式讨论和部署各项工作，做到校务党务公开透明。2019 年，党校通过各种形式讨论和部署各项工作，充分发扬了党内民主，推进校务、党务公开。（欧阳木林）

中远海运财产保险自保有限公司

中远海运财产保险自保有限公司

【公司概况】

中远海运财产保险自保有限公司（简称“中远海运自保”，英文简称COSCO SHIPPING Insurance）由中远海运集团全资设立。2017年1月25日，中远海运自保获得监管部门保险法人机构的批复，2月8日完成工商注册，注册资本金人民币20亿元，注册地位于中国（上海）自由贸易试验区，2月17日正式开业。中远海运自保是中国第6家、内地第3家自保公司和国内首家航运企业的自保公司，也是上海市唯一的自保公司，得到了上海市有关部门的高度重视，纳入上海市重点金融法人机构名录，被评为上海浦东改革开放40年创新成果之一。

中远海运自保成立以来总体发展稳健，专业能力水平不断提高，在业务规模、服务水平、信息科技化程度不断突破，逐渐在集团内发挥出保险对于产业发展的“稳定器”和“助推器”作用。同时，公司注重自身内部控制和风险管理，成效显著。自2017年第三季度起到2019年，公司已连续10个季度获得中国银保监会行业风险综合评级A级。2018年，公司在集团19家二级单位的内控成熟度评估中排名第一。2018年10月，国际著名信用评级机构A.M.Best授予公司“A级（卓越）”财务实力评级（FSR）和“a级”长期发行人信用评级（ICR）。所有评级展望均为稳定，到2019年已经连续两年保持A级（卓越）评级。

【业务概况】

为贯彻落实集团“三个跑赢”工作总要求，2019年，中远海运自保平稳推进各项重点工作，经营结果实现平稳增长，实现保险业务收入5.49亿元，同比增长27%；实现利润总额1.34亿元，完成年度预算的121%。保费规模和利润总额，自开业以来连续3年增长。

2019年，中远海运自保积极应对水险市场收缩压力，保障集团船舶保险不受影响。在国际水险市场承保能力大幅缩减，价格不断上涨的背景下，公司积极协调市场价格压力以及集团内客户降费诉求，顺利完成集团船舶险的年度续保工作，并给与各船东更优的价格和保险条件，在为集团加强保险保障的同时也节省了更多的保费成本。并于11月，全面承接OOCL的船舶保险，为集团双品牌战略平稳实施提供保障。

2019年，中远海运自保主动聚焦针对集团保险需求风险点，设计创新保险产品和服务。围绕集团和全系统的核心业务，针对可以通过保险化解的风险点，积极发挥公司内部保险和高度专业的优势，为各类企业设计个性化的保险项目。一是开发网络安全保险。公司与公安部第三研究所共同研究开发网络安全应急响应服务保险，有效降低网络风险可能对集团造成的影响。二是推广远海通产品。中远海运自保与集运联合开发“远海通”保险服务，提升集运在非洲航线的综合竞争力，帮助集运拓展非洲市场，未来计划将该产品覆盖至集运全球的航线。三是推广海外雇主责任保险。为保障集团人员在参与“一带一路”建设过程中面临的境外人身安全，中远海运自保针对性地开发了海外派遣人员雇主责任险，已承保集团总部及各二级公司共计507名外派人员，基本实现外派人员全覆盖。

2019年，中远海运自保高效应对多起重大突发事件，最大程度降低风险影响。在重大案件处理过程中，公司与集团应急指挥中心紧密联动，在“太湖”轮进水、“浦海218”碰撞等案中，有效控制事故损失。9月，美国对集团下属企业实施制裁，公司第一时间成立紧急工作小组，制定应急处置方案，密切关注事态进展，尽可能降低此次制裁对集团相关企业的影响。

【保险资金运用】

中远海运自保稳妥开展保险资金运用业务，保持相对良好稳定的投资收益。2019年，权益市场、债券市场频繁震荡调整，固定收益产品收益率较2018年大幅下行，在整体投资收益降低的大背景下，公司投资收益率保持5%左右的较高水平，圆满完成年度利润目标。

【数字化发展】

中远海运自保大力推动保险数据与信息技术的融合，取得多项有利于集团风险管理的金融科技创新成果。

“特战险自动申报系统”是利用集团航标系统中的船舶定位功能，结合国际划定的特别战争区域，建立的特战区域监测系统，可以精确获取船舶进出特战区域的时间，实现特战险自动申报。当前战争、海盗以及恐怖活动等行为频发，国际联合战争委员会不定期将一些高风险区域列为特别战争区域范围，提醒过往船舶予以高度关注。为了避免集团船舶在经过此类高风险地区时因出现漏保、错保，从而导致船舶处于极大的风险暴露中，公司特别开发该系统，希望以此减少航运公司的航行风险和自保公司的承保风险，并极大的提高了操作效率。已在集团内几家较大的船东之间进行测试推广。

“船舶风险画像”课题由中远海运自保与中远海科一同进行研究，从全球海事服务机构以及国际水险再保人等渠道获取船舶事故大数据，从管理、船员、环境等多维度对数据进行分析处理，寻找事故发生的内在规律。计划将项目成果应用于集团对在航船舶的动态风险识别和预警。已经完成一期研究并发布。

【国企改革】

中远海运自保积极贯彻落实国有企业改革精神，为公司高质量发展注入活力。

进一步规范“三重一大”决策流程和董事会授权事项清单，提升公司整体治理体系运行决策效率和科学性。

继续加强和完善公司治理，确保公司决策科学有效。将党建工作总体要求纳入章程，明确党组织在公司法人治理结构中的法定地位。根据保险业监管新规，增加了公司董事会对资产负债管理的政策、制度、资产配置及负债管理相关决策的审批职责。

推动董、监事会进一步规范运作。积极推动公司董、监事及高级管理人员在中国银保监会的任职资格核准进度，促使公司董监事会运作合规有效。

大力推进“三项制度”落地实施，让市场化管理理念深入人心。落实集团关于直属单位实施职业经理人制度的指导意见。严格对照业绩合同进行“一人一考核”。明确员工岗位工作职责，加强对各条线工作的管理。新修订发布了《部门职责》（2019版）和《岗位说明书》（2019版）。

积极营造创新工作氛围，实施创新驱动发展战略。制定《创新工作管理办法（试行）》和相关配套方案，从经营创新、管理创新、技术创新等不同层面鼓励员工开展能够提高公司效能效益、发挥积极作用的方案和实践活动，激发员工的创新潜能和兴趣，促进各领域资源有效整合与利用。

【企业文化】

中远海运自保高度重视企业文化建设。借新中国成立70周年之际，组织开展了一系列企业文化建设活动。邀请集团专家开展航运专题讲座及参观集团文化展示厅，了解集团的发展历程。组织参观中国商飞设计院和沪东中华造船集团，学习了解其他优秀企业的奋斗精神。公司还努力营造积极向上的文化氛围，颁布相关制度，实施具体举措，激发员工的干事动力和创新活力。

（薛堃）

海南港航控股有限公司

海南港航控股有限公司

【公司概况】

海南港航控股有限公司（简称“海南港航”，英文简称 Hainan Harbor&Shipping）是海南省委、省政府在海口港集团、海南省海运总公司、海南马村港港务公司基础上重组设立的国有企业，2005 年 1 月 24 日正式挂牌成立；2006 年 3 月 13 日，为理顺港城管理体制，公司移交海口市政府管理。2018 年 10 月 29 日，为加强海南省政府对港口资源整合和规划建设的统一领导和统筹协调，海口市国资委持有股权无偿上划海南省国资委。2019 年 11 月 27 日，正式纳入中远海运集团管理体系，参照集团直属二级企业管理，是海南省最大的国有港航企业。经营范围包括港口装卸、仓储、水上客货代理服务；集装箱运输；外轮理货；产业租赁；港口工程建设；旅游项目开发；轻工产品加工，为船舶提供岸电、燃物料、淡水和生活供应，代理人身意外险、货物运输险（仅限分支机构经营）、物流服务、港口服务、建筑材料加工和销售、船舶服务等，是海南省最大的国有港航企业。公司组织机构健全，股东会下设党委会、董事会、监事会，经营层受董事会管理，下设 12 个部门、5 个共享中心、5 个专业委员会、5 家二级公司、25 家三级公司。

2019 年海南港航基本情况见表 14–17。

2019 年海南港航基本情况表　　表 14–17

项目		单位	数据
船队	船舶艘数	艘	26
生产情况	运量（航运企业）	万吨	381.9
	周转量（航运企业）	万吨海里	28 016
	轮渡进出口旅客数	万人次	1 022.9
	轮渡进出口车辆数	万辆次	264.1
	散杂货吞吐量	万吨	968.6
	集装箱吞吐量	万标准箱	248.4
财务情况	总资产	亿元	102.78
	净资产	亿元	41.18
	总收入	亿元	18.17
	利润总额	万元	3 368
	纯利润	万元	–6 943
人力资源	员工总数	人	3 717

【港口生产】

2019年，国内经济形势保持稳定，稳中有进，国内航运市场也趋于平稳，波澜不惊。海南在建设自由贸易区（港）大项目开工建设的拉动下，经济保持较快上涨趋势，特别是在“一带一路”建设的推动下，外贸还呈现增长态势。公司紧紧抓住国家推动《西部陆海新通道总体规划》的有利政策和海南建设自由贸易区（港）的发展机遇，扎实开展生产经营工作，上半年生产平稳运行。下半年重组工作筹备组进驻后，公司充分利用中远海运集团航运资源和优势，加大市场开发力度，生产增速明显。轮渡板块、集装箱板块齐头并进，件杂货板块稳步回升。

轮渡板块生产稳中有进，经营稳健。海峡股份充分发挥秀英港、新海港两港作业优势，在淡季、旺季采取不同措施组织好轮渡生产，争揽不同的车型、客源。自2018年10月运行“预约过海”系统后，车辆按预约时间到港待渡，达到了“削峰平谷”作用，即使春运、国庆生产高峰也未出现大批车辆滞港，生产较为顺畅。下半年，根据交通运输部办公厅、广东省人民政府办公厅、广西壮族自治区人民政府办公厅、海南省人民政府办公厅联合印发的《提升琼州海峡客滚运输服务能力三年行动计划（2019—2021年）》通知，公司积极配合政府职能部门，顺利完成定码头、定班期、定船舶三个工作方案。从9月1日起，琼州海峡客滚运输全面实行“定码头、定船舶、定班期”班轮化运营模式，琼州海峡联网售票服务信息系统上线试运营。公司及时调整经营策略，注重单船产值，千方百计提高经济效益。

集装箱板块调整秀英港、洋浦小铲滩码头航线布局，推进两港驱动战略。小铲滩码头开港后，秀英港和洋浦小铲滩码头都从事集装箱装卸业务，公司也一直在推动两港驱动模式，但两港分属两家公司，不能形成合力。根据重组工作筹备组的调研结果和长期考虑，公司将两港集装箱板块作为一个整体统筹安排，两港兼顾，将秀英港部分航线转移到洋浦小铲滩码头，重点扶持小铲滩码头集装箱生产，平衡了秀英港、洋浦港的航线布局。同时从秀英港调拨设备、调配技术人员支持洋浦小铲滩码头生产，大大缓解了秀英港的生产压力，还带动了洋浦小铲滩码头箱量的增长。小铲滩码头全年累计完成集装箱吞吐量50.8万标准箱，增幅高达75.2%，两港驱动成效显著。

杂货板块上半年因房地产建设放缓、非洲猪瘟及马村港周边港口低价竞争等多种因素叠加影响，生产急剧下降。下半年重组工作筹备组向港务分公司等几家公司提出了扭亏为盈的经营目标。港务分公司专门成立了市场营销队伍，加大揽货力度，通过生产组织协调微信群，建立市场反应沟通机制，提高对货源市场的反应灵敏度，第一时间了解外部市场信息及内部生产信息。同时狠抓服务质量，通过提高商务便捷办单和装卸效率等生产措施，赢得了客户的信赖。下半年河砂、镍铁渣、碎石等货种开发效果显著，河砂吞吐量全年完成200万吨，比上年增加180万吨；镍铁渣全年完成20万吨，比上年增加20万吨；碎石完成30万吨，比上年增加27万吨；填海块石完成21万吨，比上年增加21万吨。

【集装箱航线】

2019年是公司集装箱开通和调整航线亮点纷呈的一年。为了做大做强集装箱板块，公司配合各船公司进行航线规划，积极开航布线。3月28日，由安通公司投入的一艘8 000吨级集装箱船开通了海南首条“海口—台湾”的集装箱班轮航线。

8月19日，国务院批复《西部陆海新通道总体规划》，提出“打造交通便捷、物流高效、贸易便利、产业繁荣、机制科学、具有较强竞争力的西部陆海新通道，为推动西部地区高质量发展，建设现代化经济体系提供有力支撑”。西部陆海新通道上升为国家战略，这正符合公司决定将洋浦港打造成为区域国际集装箱枢纽港的发展定位。因此，公司充分利用中远海运集团的航运优势和资源，推动落实泛亚、新鑫海两家船公司的新航线布局工作。泛亚增开航线3条，新增船舶10艘，增加运力2.2万标准箱；新鑫海新开航线4条，新增9艘船，新增运力1.2万标准箱。航线布局方面重点偏向洋浦港，全年陆续开通了6条外贸航线及南北干线，还开通了“小铲滩—三亚”公共驳船航线，进一步丰富了省内驳船运输的航线网络。外贸航线已辐射越南、新加坡、泰国、孟加拉国、缅甸等东南亚国家，构建了洋浦小铲滩以华东以北及外贸东南亚航线为主的中转航线网络，海口港则重点铺设华南航线以服务本地货源需求，通过两港航线优势互补，有效带动两港箱量增长，为将洋浦港打造成为陆海贸易新通道国际中转枢纽港和海南自贸区（港）产业发展起步区奠定了坚实基础。

【安全管理】

安全是企业生产发展的基石。公司坚决贯彻落实“预防为主、安全第一、综合治理”的安全生产方针，牢固树立安全红线意识，落实安全主体责任。加快安全信息系统建设，安全信息平台各模块建设已基本完成，并在集司、洋浦、港务公司投入使用，逐步实施科技兴安战略。根据公司安全风险源辨识评估情况，把轮渡生产和危险品装卸作业列为高风险点重点防控。不断强化安全监督检查工作，在原有的周检、月检和季度检查的基础上，又实施日常抽查、巡查“双随机”机制，定期对客滚船舶进行检查并通报结果。海峡股份在海安航线推行一艘船舶三船长制，确保每个航次都有船长在岗负责生产安全工作。每艘客滚船配备专职巡舱员切实解决汽车舱人车分离问题，加强船舶安全管理。组建了船舶视频监控中心，琼州海峡15艘船舶全部安装高清视频实现实时船岸传输，与中远海运总部统一视频监控平台对接。公司还积极开展客运滚装码头和危险品滚装码头基础安全课题研究，完成了“客运（滚装）码头安全基本要求”和“危险品滚装码头安全基本要求”两个课题评审稿和评审工作。2019年，在全公司高压监管和多种形式的检查下，在全体员工的共同努力下，公司未发生工亡事故和一般及以上事故，各项安全考核指标均控制在责任书约定范围内，公司安全生产形势总体平稳。

【股权重组】

2018年7月2日，中国远洋海运集团与海南省政府签订了战略合作协议。2018年10月29日，海南省国资委和海口市国资委正式签订了《海南港航控股有限公司股权无偿划转协议》。2019年初，公司积极与中远海运集团对接，着手开展股权重组各项前期工作。4月24日，中远海运集团派出10人的对接工作小组进驻公司，对公司的业务、经营、资产等进行全面清查和评估。5月18日下午，筹备9个多月的海南港航控股有限公司股权合作签约暨重组工作筹备组成立揭牌仪式在港航大厦隆重举行，股权重组工作进入实质操作阶段。5月20日上午，公司召开重组工作筹备组碰头周例会，具体布置重组工作任务。随后，成立了筹备组办公室，制定筹备工作计划，明确了重组29项重点工作任务并进行分解安排。在集团战企部的统筹领导和高位推动下，筹备组扎实推进各项重组工作。7月中旬，公司还举办了重组融合培训班，由集团相关领导对股权重组的背景、目的、意义，以及中远海运历史沿革、发展战略和企业文化等进行系统宣贯，公司中层以上管理人员和远航计划各梯队学员参加为期两天的培训。经过五个多月的努力，先后完成了外商投资项目核准、股权无偿划入、外商涉及国内水路运输资质、要约收购豁免、经营者集中反垄断审查的审批、股权交割各项前置审批、核准及备案手续。同时，全面推进与集团管理体系的对接工作，重新修订公司160多个管理制度。11月20日召开公司（重组）第二次股东会，选举产生了公司（重组）第一届董事会非职工董事，与职工董事一起组成了公司重组后新的一届董事会。2019年11月26日，公司召开了（重组）第一届董事会第一次会议以及第一届监事会第一次会议。第一届董事会选举产生了董事长，聘任公司总经理和其他高级管理人员，成立了战略与投资、审计与风险二个专门委员会，审议通过了一系列法人治理制度和公司基本管理制度、组织机构调整等议案；第一届监事会选举产生了监事会主席，通过了监事会议事规则。2019年11月

27 日上午，公司在港航大厦 4 楼大会议室召开新一届领导班子宣布大会，接着又在秀英港集装箱码头隆重举行海南港航控股有限公司重组成立启航仪式，股权重组工作宣告完成，海南港航控股有限公司盛装启航。

【党 建 工 作】

公司党委坚持以习近平新时代中国特色社会主义思想和党的十九大精神为指导，按照公司 2019 年度工作要点和部署，积极协同相关职能部门，多措并举，抓好党建工作重点任务落实，圆满完成了全年工作任务。坚持党对国有企业的领导，完成公司党委议事决策规则和“三重一大”议事规则的编制工作和公司章程修订工作，将党建工作纳入公司章程。坚持抓基层强基石提能力，夯实党建工作基础。

年初将公司党建任务进行分解，确保每项工作任务都有按要求、措施、时限落实的牵头单位和责任人。督促各基层党支部加强规范化建设。针对公司党委查找出的 2 个后进党支部，制定整顿方案，进行帮扶整顿。坚持认真谋划、统筹推进，扎实开展“不忘初心、牢记使命”主题教育。落实公司“不忘初心、牢记使命”主题教育工作部署会议精神，编制《公司关于开展“不忘初心、牢记使命”主题教育的实施方案》。通过党委理论学习中心组学习、举办主题教育演讲比赛等多种方式开展学习教育。做好主题教育调查研究相关工作。公司领导班子深入基层、一线开展调研，并组织召开调研成果交流会。

坚持围绕中心、服务大局的理念，扎实开展思想宣传工作。利用好官网、订阅号、港报、《远航》杂志、重组工作宣传栏、LED 屏等载体全方位宣传公司的生产经营、股权重组、改革发展、党的建设等工作，精心组织策划“港航榜样”晚会和“春之歌”系列活动——港航公交“五一”“五四”联谊晚会。

（曾涛）

中远海运（香港）有限公司

中远海运（香港）有限公司

【公司概况】

中远海运（香港）有限公司（简称“香港中远海运”，英文简称 COSCO SHIPPING（Hong Kong））是中远海运集团重要的境外区域管理公司。公司主营业务包括：航运服务、高速公路、资讯科技、工业制造、货运服务、物业投资管理等，拥有并统一管理在中国内地、中国香港、新加坡、美国、德国及日本等国家或地区所有独资、合资企业。中远海运（香港）有限公司的前身是原中国远洋运输（集团）总公司（简称“中远集团”）旗下的中远（香港）集团有限公司（简称“中远香港集团”），1994 年 8 月 28 日在香港成立。2016 年 11 月 1 日，公司名称变更为中远海运（香港）有限公司。

【公司沿革】

1994 年 8 月 28 日，中远香港集团在港成立。经过初期整顿和改革，形成船舶运输、集装箱租赁和制造、码头和房地产四大支柱性产业，同时建立船货代理、贸易供应、工业能源、金融保险、科技资讯、劳务、旅游、酒店等八个具有较强实力的行业门类。1997 年经过架构调整，中远香港集团组成中远（香港）航运有限公司（简称“香港航运”）、中远太平洋有限公司（简称“中远太平洋”）、中远国际控股有限公司（简称“中远国际”）、中远（香港）工贸有限公司和中远（香港）货运控股有限公司等五家行业归口管理公司，同时还拥有包括置业、保险、科技资讯、旅游、酒店等在内的其他产业。

为配合原中远集团 LUCKY 项目的推进，2004 年 12 月 28 日，中远香港集团将持有的中远太平洋已发行股本约 52.4% 的权益转让予中远太平洋投资控股有限公司；2004 年 12 月 31 日，中远香港集团的中远（香港）货运控股有限公司将中远货柜代理有限公司 100% 股权和深圳市景华峰国际货运代理有限公司的股权转让予中远集运。

2005 年 5 月，原中远集团决定将中远实业公司、幸福大厦和北京远洋酒店划归中远香港集团，并将三家公司的所有股份委托给中远香港集团管理。2006 年，中远香港集团通过香远（北京）投资有限公司完成了三家公司改制和股权转让工作。

为配合中国远洋推进集装箱海外网点收购项目，2006 年 6 月 30 日，中远香港集团将中远菲律宾代理有限公司 55% 股权转让予中远集运（香港）。2006 年 9 月 13 日，中远香港集团将中远（香港）货运服务有限公司 100% 股权转让予中远集运（香港）。

2009 年 4 月，中远香港集团完成中燃（新加坡）公司 65% 股权转让手续。2009 年 6 月 1 日，中远香港集团收购中远控股（新加坡）有限公司持有的中燃（新加坡）公司 30% 股权，中燃（新加坡）公司成为中远香港集团的所属全资公司。

中远香港集团 2009 年 11 月 19 日在新加坡注册成立中远石油有限公司（简称“中远石油”）。自 2010 年 1 月 1 日起，中远石油正式运作并逐步承接原由中燃（新加坡）公司承担的中远船队燃油集中采购业务、执行原中远集团批准的年度套期保值计划；中燃（新加坡）公司转为存续公司，2012 年注销。

自 2010 年 11 月 6 日起，中远香港集团将寰宇船务企业有限公司 100% 股权转让予大连远洋，全力配合 F6 项目运作，积极配合境外油轮船队重组，将 3 艘新造 VLCC 油轮转让予大连远洋。

2010 年 3 月，原中远集团对中远香港集团退出远洋地产进行了部署并提出要求。中远香港集团于 2010 年 12 月 16 日一次性全数出售持有的远洋地产股权，溢价率达 10.2%，创香港资本市场先例，当年实现收益 7 105 万美元。中远国际持有远洋地产股权约 7.5 年，历年投入累计 9 亿港元，出售净得加上历年分红达 57.21 亿港元，总投资回报率达 635%，年平均投资回报率约 85%。

根据原中远集团 2009 年第 18 次总裁办公会决议，决定由中远国际重组原中远集团境外船舶备件供应业务。中远国际于 2010 年 7 月完成了对中国香港、新加坡和日本三个地区中远系内海外备件供应网点的重组工作，建立了船舶备件供应平台。

2011 年，中远香港集团获独家受让济菏高速 40% 股权。

2012 年，中远香港集团以锚定投资者身份及每股 3.93 港元的价格认购了中铝国际工程 IPO 共 59 210 000 股（市盈率约 7.5 倍）。中远香港集团通过所属中远（香港）置业有限公司出资人民币 150 万元持有泸州老窖香港公司的 15% 股份。该项目进一步加深了双方的合作关系，并为原中远集团进入消费品行业做了有益的尝试。

2013 年 6 月 10 日，中远国际全资附属公司远通海运设备服务有限公司收购汉远技术服务中心有限公司全部已发行股本，收购代价为 1 180 000 欧元（约 11 977 000 港元）。收购完成后，汉远技术服务中心有限公司成为中远国际在欧洲地区的第一家全资附属公司，标志着中远国际在拓展亚洲地区以外的船舶备件供应服务网络方面迈出重要的一步。

2013 年 6 月 27 日，中远香港集团所属全资子公司长誉投资有限公司以 12.2 亿美元的价格受让中远太平洋所持有的中远集装箱工业有限公司 100% 股权和债权。2016 年 3 月 31 日，中远香港集团将长誉投资有限公司的全部股权转让予中海集装箱运输（香港）有限公司，转让价为人民币 277 097.26 万元，为集团改革重组和搭建金融产业集群作出贡献。

2013 年，中远香港集团所属裕航投资有限公司以 20.58 亿元的价格受让青岛远洋持有的青岛远洋资产管理有限公司 81% 的股权；中远香港集团所属领惠投资有限公司以 16.8 亿元的价格受让中远集装箱有限公司持有的上海天宏力资产管理有限公司 81% 的股权。

2014 年，中远香港集团所属中远（香港）工贸有限公司与英达公路再生科技（集团）有限公司在香港设立合资公司英达智能道路再生工程投资有限公司，中远（香港）工贸有限公司持有 49% 股权。英达项目初步建立推广循环利用道路养护技术的平台，成功进入环保新兴市场。

2014 年 8 月 6 日，中远国际附属公司远通公司以 472 800 美元（约 3 668 000 港元）作价收购远华技术与供应公司 51% 股权，标志着海外备件供应平台的初步建立。

2015 年，中远香港集团认购中集集团定向增发 H 股，投资金额 7 540 万元。

2016 年 4 月 8 日，中远香港集团与希腊共和国发展基金正式签署比雷埃夫斯港口管理局股权的转让协议和股东协议，以 3.685 亿欧元（约人民币 27.145 亿元）收购比港管理局 67% 的股权。2016 年 8 月 10 日完成了第一阶段的股份交割，中远香港集团持有该公司 51% 的股份，为第一大股东；希腊政府通过希腊共和国资产发展基金持有 23.14% 的股份，为第二大股东。2021 年 10 月，公司如期完成了 PPA 第二阶段 16% 股权交割，持 PPA 的股比提高到 67%。

2016 年 5 月 10 日，中远海运集团按照整合重组的工作安排向中远香港集团下发了《关于中远（香港）集团有限公司名称变更的通知》，确定中远香港集团的名称变更为中远海运（香港）有限公司，新公司名从 2016 年 11 月 1 日起正式生效。

2017 年 6 月，香港中远海运的改革重组工作正式启动，与原中远国际、工贸公司、置业公司的机构和人员，组建新的香港中远海运本部，实现两个层级的管理型公司向一个层级的经营管理型转变，“一套班子，两块牌子”；由中远海运国际（香港）有限公司（简称“中远海运国际香港”）与香港中远海运签署受托管理协议，香港中远海运、工贸公司、置业公司的日常管理业务全部委托中远海运国际香港依法进行管理。改革重组工作于 2018 年 3 月完成，4 月公司按新架构正式运作。

2018 年，香港中远海运落实了耐素项目的投资、底盘车及冷藏箱业务的开拓、鼎晖产业基金的入伙等相关工作。

2019 年，香港中远海运无偿受让了海南港航 45% 股权，并实现了合并报表。

【经 营 效 益】

2019 年，香港中远海运认真贯彻落实集团工作会精神，按照“三个跑赢、三个切换”的要求，持续推进高质量发展，稳中有进、以进固稳，圆满完成2019年集团下达的效益指标及各项任务，成绩显著。

香港中远海运 2019 年营业收入共 2 351 099 千美元，净利润 188 711 千美元，资产总额为 9 154 095 千美元。剔除 PPA 公司、海南港航及当年一次性特殊因素后，香港中远海运 2019 年考核净利润 177 661 千美元。

在涂料业务方面，集装箱制造市场低迷，各箱漆涂料商为抢夺市场展开价格战，导致水性箱漆价格直线下降，市场竞争愈发激烈。中远关西在经历了 2018 年和 2019 年上半年的两大低谷后，水性箱漆产品质量趋于稳定，系内订单大幅度增长，系外客户认可度提升，逐步扭转了被动局面。全年整体市场占有率回升到约 16%，同比提升 9 个百分点。箱漆销售量同比增加 24.6%，中远关西实现总体营业收入 87 733 万元，同比增加 7.4%；中远佐敦明确销售策略，努力做好可盈利与保持市场份额的平衡。全年实现销售额达 19 亿元，为近三年最高。

在船舶贸易业务方面，船贸努力做好二手船和废钢船业务，2019 年处置二手船 6 艘，处置废钢船 15 艘，船贸较高的业务水平获得各船东的高度认可，船贸船舶代理业务实现营业额 1 039.2 万美元，同比减少 28.6%。

在船舶保险业务方面，保险公司加强营销力度，抓住重点项目，克服重重困难，完成中远海运散运几内亚铝土矿转运项目由造船厂到几内亚相关保险安排；争取到 OOCL 船队水险业务，以及为厦门星旅远洋新购“鼓浪屿”邮轮制定了量身定造的保险方案，得到了船东的高度认可，2019 年营业收入 1 071 万美元，比上年增加 41 万美元。

在船舶备件业务方面，远通平台受中美贸易摩擦影响，在严峻的船舶备件市场形势下，通过理顺平台管制架构，深度优化资源分配，积极开拓船舶伙食、免税烟酒供应以及开发海外航修等系外业务，全年完成船舶备件供应业务营业额 16 590 万美元，同比增加 15%。

在香港物业经营业务方面，中远海运香港置业在物业规模发展受限的条件下，对物业经营市场保持敏感，积极跟进市场，根据市场形势及时应变，适时调整市场策略；强化“服务意识”，挖掘和提升现有资产的创效能力，物业经营主业营销创效工作“两高一低”，租金收入同比上升 7.8%。写字楼平均出租率 99.7%。

【发展战略、改革重组】

香港中远海运秉承集团的整体发展战略，以集团赋予的“航运服务产业集群统一经营平台、集团非金融类业务的核心投资平台、基础设施领域的投资平台”三大平台战略定位为引领，抓重点项目谋发展，抓生产经营争创效，抓结构调整优质量，取得成效。

香港中远海运深化改革，补齐高质量发展短板。一是积极推进全面深化国企改革工作，认真研究公司深化改革的目标和路径，特别就“三项制度”改革全覆盖、“2+N”改革工具包等内容，提出改革思路，研究制定深化改革方案，上报集团并获批准。二是完成改革重组后评估及整改工作，通过各项具体措施的落地实施，进一步实现流程机制更加优化，决策过程规范科学，资源配置趋于合理，经营职能更加突出，管理创新空间得以拓展，作风建设得到加强。三是持续推进改革重组由总部层面向直管公司延伸，年内完成了网络公司、香港船贸的重组工作；网络公司成为公司“信息技术中心”，在保证经营和服务质量的同时，降低了管理成本；船贸优化经营模式和架构，并在此基础上重建制度、岗位编制等，实现了京沪两地业务和人员融合，更好发挥两地协同作用。四是推动香港远通公司内部股权和管理架构改革，建立以香港远通为载体，对持有股权的其他网点公司实施“五个统一”和“两个统筹”的总部管理职能，实现股权和管理架构的统一。五是高效完成驻京办、驻深办的清理工作。

【企业管理】

香港中远海运按照深入贯彻落实习近平新时代中国特色社会主义思想和党的十九大精神，坚持稳中求进工作总基调不动摇，紧密围绕“三个平台”建设，持续深化改革攻坚，全力推进战略落地，深度优化资源配置，筑牢风险防控底线，坚定推动高质量发展，提升管理成效，为做强做优做大企业奠定了坚实的基础。

发挥财务管理在企业管理中的核心作用。香港中远海运持续贯彻财务前移，加强各项经营改革工作过程中的财务监控。一是加强财务对客户管理的监控，实施严格的财务评估和准入机制。二是全程参与项目管理，在投资立项和调研阶段提前介入，重点关注经济测算、资产评估、税收筹划、资金安排的合理性和经济性。

香港中远海运高度重视成本费用管理，多次在月度例会、季度经效会和年初年中工作会反复强调“成本管控，降本增效”。通过强化、持续贯彻执行各项成本控制管理措施，实现降本增效，建立预算控制策略，实现费用预算控制，加大管控力度；通过 MAS 费用控制系统约束预算内支出，大大提高了费用预算的刚性。2019 年度成本费用占营业收入比重为 93.08%，比上年同期（95.69%）下降 2.61%。公司可控管理费用（不含 PPA 公司及海南港航）控制在去年同期水平，为全年预算的 77.3%。其中，差旅费、会议费、业务招待费、办公费、邮电通讯费五项费用同比减少 6.9%，为全年预算的 75.4%。

香港中远海运坚持财务稳健原则，提高财务风险防控意识。一是加强运营资金动态管理，确保资金链安全。二是发挥公司融资优势，合理筹划资金，加强与金融机构紧密合作，提高存量资金收益。三是强化资金集中统筹使用，挖掘内部资源，降低对外融资风险。四是加强对汇率、利率风险的监察和控制，合理筹划资金安排，有效控制汇率、利率风险。

按照集团《关于开展集团存货和应收账款清理专项行动的通知》，国务院国资委要求中央企业开展清理专项行动，香港中远海运进一步推动中央企业加强“两金”管理，提高资产运营质量。公司结合各所属单位实际情况，开展了 2019 年度存货和应收账款清理专项行动，制定了专项行动工作方案，按季度汇报行动报告，并于 2019 年末完成专项行动工作总结工作。2019 年涉及多项外在因素影响，例如中美贸易摩擦、国家集中清理民营企业拖欠账款等，导致系内部分公司回款比往年慢。2019 年集团下达的“两金”压控工作目标共五项，剔除当年各项特殊因素后五项指标都顺利完成。

稳妥推进历史遗留问题的解决。一是河北冀星遗留问题处理取得重大进展。香港中远海运重新梳理了历年相关的资料和报告，积极与合作方讨论解决问题的具体方案和细节，其中两个问题最终达成协议，并共同协商促进其他问题的解决。二是争取公司持股 55% 的两家公路公司财务并表。公司积极与对方沟通、磋商，最终双方股东签署新章程并完成办理工商局备案的修订，完善了公司的国有产权管理。

持续狠抓费用管控，实现降本增效。一是改革重组集中效应逐步显现。改革重组后，香港中远海运对原四家单位成本费用管控制度以及费用审批流程进行了统一，公司本部管理费用总额、招待费、办公费等分别大幅下降。二是公司管理层高度重视，反复强调“成本管控，降本增效”。三是近年公司相继出台了各部门、单位负责人履职待遇、业务支出管理办法，制度实现了全覆盖，进一步加强了招待费等费用的管控。

夯实制度根基。结合公司经营管理转型升级及深化改革要求，香港中远海运持续开展规章制度修订工作，做好统筹谋划、整体协调与系统配套，并立足于推进制度的废改立。全年共有 24 项修订 / 新增制度获总裁办公会审议通过，其中 21 项制度已发布，内容涉及决策流程、投资管理、集中采购、选人用人、分配激励机制、法律风控等方面。

香港中远海运完成了招标采购、非招标采购、集中采购、供应商管理等监督管理制度的修订工作，修订后的制度要求已基本覆盖公司常用的采购业务范围。在强化供应商管理方面，公司组织开展了供应商年度评价工作，针对重要供应商，从基本资质、履约情况、质量控制、客户服务、安全环保等多个方面逐一进行评价、定级，作为后续开展采购业务的重要依据。同时，对上一年度的采购管理工作开展自查，从管理体系的运行、供应商管理、计划执行、招标采购执行、合同执行、成本控制等多个方面进行梳理，查找工作中存在的问题和不足，制定整改工作计划并加以落实。

为了提升公司管理水平，优化工作流程，并做好财务预算及审批工作流程，香港中远海运制定了《办公设备购置工作流程》。公司设立了专责部门跟进工作，把办公设备购置纳入年度投资计划及资产处置计划，对拟购置的设备进行年度预算，履行总裁办公会和公司董事会审批程序，并上报集团进行审批。待年度计划得到审批后，购置前仍需履行专项报批程序，针对不同金额级别的项目，设定不同强度的审批要求。待审批流程一一批准后，方可购置。此项工作看似繁复，但对购置办公设备，不单规范了采购行为，同时亦提高了采购信息的全面性及完整性，提升了整体的管理水平。

【经营管理】

香港中远海运围绕“三个不低于”，高质量发展取得良好开端。2019 年，面对错综复杂的国内外风险挑战，公司上下顶住重重压力、克服重重困难，保持了稳中有进的发展态势，超额完成集团下达的奋斗经营业绩考核指标。公司整体创效工作平稳有升，收入虽然受燃油贸易业务波动影响降幅较大，但成本减幅高于收入减幅，整体效益保持健康态势。一是成功培育新项目。2019 年公司坚持战略引领，聚焦长远发展，在寻求战略突破上不断尝试，上市公司和非上市公司在新项目、新业务的开拓均取得进展和收获，将存量资金进一步转化为优质创效资产。各项目持续发展和创效，对香港中远海运效益做出贡献。这些成功运作的投资项目，已成为公司可持续发展的催化剂和放大器。二是各经营企业能够克服各种不利因素、抢抓效益。盈利企业盈利水平不断提高，困难企业想方设法走出困境，亏损企业拼尽全力扭亏减亏，对公司整体创效工作作出了贡献。三是公司资金运作收益大幅提升。公司年度利息收入是近 10 年来利息收入最高的一年。除客观的加息因素外，资金取得的回报率继续优于市场表现，为公司提质增效工作做出应有贡献。四是公司改革重组后集约管控成效显著。

客户驱动，服务至上，科技引领，增强高质量发展动力。香港中远海运坚持市场导向，积极推进营销工作，全年新增客户及潜在客户同比均有所增长；坚持服务至上的理念，注重服务细节，关注客户痛点，受到市场认可；坚持科技引领，推动技术成果转化，以产品创新促营销，收效明显。

航运服务业务板块各单位以营销服务为手段，以服务至上为目标，积极维系系内客户，全力开拓系外市场和新客户，取得明显成效。中远佐敦依靠营销服务和数据系统为客户创造价值和提高客户满意度，打造忠实客户群，主动放弃了价格较低的项目，通过适当提价，获取盈利较高项目，新造船订单市场份额降至 30%，以确保公司整体毛利率水平得到全面改善；完成与挪威佐敦合作协议的续签工作，确保公司平稳发展。远通公司积极探讨平台改革，开拓了船舶物资供应、系外客户海外修船等新业务，与近 30 家厂商的价格谈判取得了明显效果，从各设备供应商获得的优惠由最低 5% 至最高 41.5% 不等，有效降低了船东采购成本；同时远通平台在确保风险可控的前提下，大力开发新客户、新业务，稳步提升市场占有率，增加销售收入，系外业务利润同比增加1.76%，系外客户同比新增42家，同比增长10%。香港保险发挥协同效应，紧抓重点项目，成功拓展系外客户再保险业务，占系外业务总收入1/3；深圳保险获得国银租赁22艘新接散货船相关保险业务。国贸加强大客户营销与项目执行力度，探寻发展机遇，取得了良好效果。船贸积极探索船贸业务新模式，努力开拓系外业务，拓宽船贸业务范围，提高盈利能力。中远关西优化营销组合策略，加大业务拓展力度，集装箱水性涂料市场占有率同比提升9%，同时工业漆开发实验取得技术突破。中远石油在低硫燃油的采购方面，提前布局，精心准备，保障了集团船队燃油供应。船贸积极推进系外业务拓展工作，与德国贝氏、Smarine、工银租赁等机构不断加强联系，与工银租赁签署了战略合作协议，拓宽了业务范围与盈利能力。船贸系外业收入47.8万美元，累计完成年度计划的103.8%，同比持平。中远关西稳定了水性箱漆产品质量，努力扩大系外箱东认可度，先后获得Hapag-Lloyd、SEACO、CMA等系外核心客户订单，获得BSL等供应商资格，同时在工业漆方面，制定了海工市场开发策略，与万海签订了12艘集装箱船供漆合同，使海工业务成为公司利润增长新引擎。全年工业漆销量同比增长11%。国贸在年初沥青业务手持订单处于历史最低水平的情况下，通过强化市场营销，有针对性地收集各区域高速公路沥青采购项目招投标信息，筛选出合适项目，争取到6个中标机会。在广西区域，与广西路桥集团达成战略合作，取得路桥集团2019—2020年度沥青采购优先权总量超过3万吨。同时，充分发挥靖州沥青库优势，在四川、内蒙古、宁夏等市场取得了突破。

基础设施业务板块的公路企业通过改进公路企业的治理机制和董事会运作体系实现提质增效，克服省际收费站撤销带来的困难和成本压力，努力实现业务量和效益稳增。公路企业认真应对国家取消省界站的部署，分析撤站对全年公路收益的影响，提出合适应对措施，做好工程管理工作，严格控制施工成本，妥善安置人员，保持了效益的平稳。

工业制造业务板块江门铝业进一步优化产品结构和客户结构以大客户为中心，以研发带动经营，以经营带动成果转换，加快企业创新改造，深度拓展交通、家电和电子领域的铝合金市场。深圳新世纪采取了有效的市场营销策略，加强与箱厂客户的紧密沟通，积极争取高质量订单，市场份额比去年再提升了2个百分点，达33%。同时，加大生产效率管控，严格控制生产岗位人员增加，通过精细化管理，企业经营成本大幅下降，在箱标生产量下降的情况下实现企业利润率显著提升。合兴船务在机修市场积极开发新客户，客户数量稳步增加，实现营收稳定。

物业经营业务板块各单位根据市场形势适时调整市场策略，最大限度避免社会形势的影响。香远北京公司持续做好市场营销和客户管理，经营平稳有序。

其他业务方面，货运外代与各大船东管理层建立直接联系，加强沟通，全年海运代理操作量增长18.2%。中远旅行社积极应对市场变化，想方设法加强营销、改善服务，通过对客人的针对性服务、个性化服务、人性化服务等一系列的增值服务来吸引和保留住客户，保持了业务稳定发展；在市场下行情况下积极走访客户，争取到8家新客户，系外营业额占旅行社总收入的85%。中远酒店积极拓展营销范围，开拓新客源的同时，与原有网络公司新增公寓长租服务，开拓新市场，并推出“早鸟”计划和连住计划，通过提升服务，使全年入住率能持续保持88.5%，公寓的平均房价增长10.2%。

【资本运作】

香港中远海运在集团统一部署下，经历半年多的尽调、谈判、内部决策等程序，通过全资设立的海南中远海运投资有限公司无偿受让海南港航控股有限公司45%股权并成为控股股东。海南港航股权重组项目是落实国家发展自由贸易港战略、促进集团发展的重大项目，也对公司转型升级具有重要意义。

香港中远海运作为PPA的控股股东履行出资人职责，在公司经营管理、创效发展及权益维护等重大事项上为集团决策提供必要支持；对PPA日常经营财务报表进行审核，并统一安排决算和审计工作；并作为PPA强制性投资融资项目的反担保人，顺利完成协议签署。PPA已经成为公司最重要的创效单位，业务量和经济效益均呈快速增长态势。

为配合集团实施地区公司改革、支持兄弟公司发展，香港中远海运根据集团批复积极配合青岛中远海运回购青岛远洋资产有限公司81%股权，双方于2019年5月底签署了转股协议，并完成工商变更登记。

香港中远海运与北美中远海运合资成立的富通资产管理有限公司业务不断拓展，股东双方按股比完成四次增资，设备租赁规模持续扩大。

根据集团要求，香港中远海运下属香远北京公司通过招标与竞争性谈判相结合的方式，经艰苦谈判与北京宏昆控股有限公司达成了北京远洋酒店房产出租意向，并签订了为期十年的租赁合同。项目的成功实施标志着北京远洋酒店的主营业务由酒店服务经营转型为物业资产经营，借助市场化手段实现了公司转型与资源合理配置，为集团所属其他非主业宾馆酒店资产开拓有效的盘活路径和方式提供了有益的经验，同时也完整保留了处于中央政务区的创效资产，实现了国有资产的保值增值。

此外，香港永丰大厦改造项目的申请已获政府批准并正式启动；京华公司处置工作在依法合规前提下持续推进。

【安全生产】

构建双控机制，严格防范安全事故。香港中远海运认真贯彻落实集团“风险管控”专题会议精神，指导所属企业按照全面构建安全风险分级管控和隐患排查治理双重预防机制的工作目标，初步建立了双机制各项规章制度。危化品类企业已经建立了双机制，并按照集团要求不断健全和完善。公司明确将安全风险分级管控和隐患排查治理双重预防机制作为公司2019年度重点安全工作之一，在安全生产月期间，以“风险管控”为主题，组织了一次全系统的专题培训，促进风险管控理念更加深入人心；公司本部和所属境外企业，结合各自实际，对内派员工在境外工作、生活期间的安全风险开展了一次自查，进一步增强了风险意识；各单位将风险管控与安全专项活动相结合、与日常工作相结合，积极开展本企业内部风险评估和安全隐患排查。全年共排查安全隐患1 549项，全部按要求落实整改。

加强班组建设，筑牢安全发展基石。香港中远海运各直管企业按照公司下发的《现场工班组安全管理工作指南》，继续加大班组建设力度，充分发挥班组在安全管理中的重要作用，进一步筑牢安全管理基石。香远北京公司在长安街6号改造项目中，项目组认真把好质量关、安全关，安全优质完成改造任务，为70周年国庆打造放心工程；中远关西认真贯彻安全管理“一目了然”的理念，继续推进危险预知训练（KYT，Kiken Yochi Training）和TPM（Total Productive Maintenance，是一种以设备为中心的全员参与的生产维护管理方法）管理，简化车间一线操作规程，全面推行“目视化”管理，有效提高了安全可视度和可控度；江门铝业针对厂区内高处作业较多的实际情况，为预防风险，杜绝事故，下发了《关于加强高空作业安全管理的通知》，严格督促机电车间遵守操作规程，落实防范措施；深圳新世纪开展了一线员工 “人人都是安全员”的安全岗位体验，不断提高一线班组员工的安全意识。

抓好重点工作，夯实安全管控基础。香港中远海运一是开展危化品企业安全专项督查。江苏盐城响水“3·21”爆炸事故发生后，公司主要领导主持召开了全系统专题会议，布置危化品安全专项督查。公司分管领导带队，对各危化品企业、涉危企业进行了专项督查。各单位在自查中，不仅查自己，对分包商也实行了严格检查，并且动态评估了部分关键分包商的资质，确保全业务链系统安全。二是做好防抗台等季节性安全工作。

2019 年，公司防台工作坚持集团“以防为主，适时早避，留足余地”的方针，早布置、早动员、早准备，认真落实，严格防范。全年在西北太平洋和中国南海共生成 29 个热带气旋，有 3 个影响公司的企业。其中，第 9 号“利奇马”靠近中国沿海时中心风力达 16 级，为超强台风级别的热带气旋，对公司在长三角、山东半岛企业产生较大影响。公司高度重视对“利奇马”的防范，连续跟踪台风动态，及时布置、指导受影响的上海金山厂、青岛佐敦厂根据实际情况修订预案，做好应急物资准备，开展专项隐患排查，落实防抗台各项措施，安排专人值班并明确值班纪律，确保了防抗台成功。其他基层企业结合自身实际，加强对暴雨、高温、大风等灾害性天气的预防，没有发生人员伤亡和财产损失。三是抓好劳动密集型企业消防安全。公司坚持做好劳动密集企业消防安全规管工作，避免消防安全事故引发群死群伤恶性事件。对所辖写字楼、住宅物业加强日常消防安全管理和检查，及时发现和整治事故隐患；认真组织开展“安全生产月”“事故警示教育”和“消防安全宣传月”等活动，普及消防知识，提升全员消防应急技能。全年共开展消防应急演练 127 次，参加 4 026 人次。四是加强劳动安全与职业健康管理。各基层企业进一步修订完善有关制度，建立管理台账，加强对各类作业场所，尤其是特种作业场所和密闭空间的安全管理；继续全面推行 5S 现场管理，充分发挥班组长在防控劳动安全事故方面的突出作用，严格劳动纪律，劳动安全风险得到有效防范。各企业加强关注职业健康，通过改善工作环境、规范劳保用品的配备和使用、引进职业健康管理系统等多种方式，进一步提高从业人员的健康、安全防护水平。

履行社会责任，积极化解环保风险。香港中远海运贯彻国家绿色发展理念，认真履行社会责任，高度关注环境保护问题，督促基层企业持续改进 HSE 体系，健全环境保护规章制度。中远佐敦当年投入环保资金 624 万元，新制定了《职业健康管理办法》《职业健康管理程序》等规章制度，进一步明确了危险化学品操作、危害因素检测检查等相关要求；中远关西当年投入环保资金 353.5 万元，进一步加强现场作业检测，开展一年一度的作业场所职业危害因素监测工作，检测结果均符合国家标准；中远关西珠海厂年内新安装了 RTO 设备，并于近期投入试运行。这是继金山厂安装同类设备后，公司为化解环保风险采取的又一积极举措。江门铝业借助第三方力量，加强对作业环境的检测，确保排放物完全达标。为破解各地危废收集处理能力不足的问题，各涉危企业主动想办法，通过压缩、分拣等方法，减少危废品数量，降低占用空间。各单位在强化环保措施的同时，加大对员工环保意识的培养和教育力度，规范员工环保处理行为，切实保证环保各项工作的有效开展。

【法务风控】

香港中远海运按照集团关于法治工作的总体部署，紧紧围绕公司改革发展的中心工作，贯彻“突出重点、全程覆盖”的风险管理工作原则，积极推进法治建设第一责任建设，努力完善法律风险防范机制，在提升依法依规治理能力、强化依法合规经营和规范管理方取得了积极进展。

一是进一步优化公司的内控和风险管理体系。香港中远海运坚持制度建设优先，规范公司管治框架。本年内完成制度修订 35 项，涉及采购管理、客户信用管理、人力资源管理、风险管理等方面。其中，修订完善了《中远海运（香港）有限公司 / 中远海运国际（香港）有限公司风险评估管理规定》和《中远海运（香港）有限公司 / 中远海运国际（香港）有限公司内部控制和风险管理办法》，为进一步优化公司的内控和风险管理提供了制度支持。

二是结合风险评估结果，压实风控责任。香港中远海运认真组织公司本部及各单位进行风险评估，识别本单位的风险点，并汇总到公司本部，经过综合评估，确定了公司层面的风险领域。经过讨论比较，将应收账款风险、大宗贸易风险、汇率风险、公司清算法律风险、化工品安全风险、税务风险等，作为公司层面重点监控的风险点。对于每一个重要风险点，都明确了风险管理责任人。公司本部重点对各家的风险点进行监控，并要求各公司定期报告，做到风险在控、可控。

三是努力防控法律风险。香港中远海运按照公司总裁工作报告提出的要求，坚持合同审核全覆盖的工作目标，努力防控操作过程的法律风险。在业务流程设计上，香港中远海运将内部法律审核作为项目投资的必经环节，各级公司按照管理层级向上级公司呈报的重大决策和项目投资的意向，必须有公司法律部门的审核意见；集团总裁办公会在审议相关议题时，也要听取法律和风控部门的意见。公司要求：没有法律部门审核意见的投资项目不能呈报上级领导。公司的法律人员通过全程参与，在项目投资过程中做到事前防范、事中控制、事后补救，法律管理与经营运作达到深度融合，不但提高了法律人员的管理水平，公司经营运作中的法律风险也得到了有效控制。

四是加强合同管理。香港中远海运各经营单位根据业务特点建立了合同电子化管理平台，嵌入日常的业务操作流程，固化合同审批流程，在合同签署之前由责任单位起草并逐级呈报公司领导审批，各部门协同合作对合同条款进行审核，必要时聘请外部中介机构出具专业意见。公司根据业务运作情况制定了《合同评估细则》，详细地评估合同方的主体资格、信用状况、潜在风险和规避措施，通过全面、深入的分析对合同风险作出准确判断，同时要求各单位每月定期内部通报销售合同及其他业务合同正本归档情况，销售部门业务人员与财务、行政人事、内审等相关部门共同配合，保证合同正本归档率。

五是突出重点领域，进行专项风险梳理。为有效控制大宗贸易风险，香港中远海运聘请中介机构协助，开展了大宗贸易流程梳理及内控建设专项管理提升工作。公司对国贸沥青贸易业务开展风险排查及内控管理专项评估，形成项目风险评估报告，报告揭示了 9 个方面的风险点，提出 32 项风险控制点的专项分析，分别对国贸和香港中远海运提供了 32 项和 4 项改进建议，进一步完善了香港中远海运及国贸的内部控制建设。

六是积极应对风险事件，努力控制风险敞口。针对公司在新加坡下属单位出现的风险事件，公司整合各方资源，指导下属单位妥善应对，并督促涉事单位按照集团的要求，认真梳理分析风险敞口，积极研究应对措施，努力控制风险事件的影响。

【审计监督】

香港中远海运认真按照集团年初工作会提出的目标及要求、围绕中心工作、以充分发挥监督和服务功能为目的，超额完成了全年的审计工作计划。本年实际完成 22 项审计项目，完成年初计划的 129%，审计总资产 285 亿元，审计发现问题 111 个，提出并被采纳审计意见和建议 111 条，促进增收节支 1 978 万元。

香港中远海运以服务公司改革发展需要为目标，紧盯采购、可控成本费用、工程建设、三重一大决策管理等重点领域，积极开展专项审计，防范经营风险和廉洁风险。本年重点开展了可控成本费用审计调查，聚焦成本费用管控，促进风险防控和降本增效。同时，利用“六项自查”等专项工作组织各单位对廉洁风险点进行梳理自查，更进一步促进各单位八项规定精神的贯彻执行。

为进一步加强香港中远海运境内企业反腐倡廉建设工作，完善公司监督体系，香港中远海运在境内设立了审计监督分部，审计监督机构和人员配备得以进一步完善和加强。

【队伍建设】

香港中远海运首次全面系统地开展直管公司综合考核、后备人选及优秀年轻干部民主推荐工作。年初赴 9 家境内直管公司，与 122 名直管公司中层及以上管理人员进行谈话考核，向公司提交了专项报告，为干部人才队伍建设打下扎实基础。年内，公司对香远北京公司、船贸、国贸、中远关西、深圳保险、新世纪标志等六家单位 12 名领导京华公司人员进行调整，有效增强直管公司的管理力量。

香港中远海运设立干部人事档案管理室，办公地点在北京，制定下发了《干部人事档案管理办法（试行）》和《干部人事档案管理室制度（试行）》，对公司管理干部的人事档案进行统一管理；推进香港、内地两地人员岗位交流工作，完成了公司本部与香远北京公司、中远关西等内地直管公司岗位交流工作3人次；在交通运输部管理干部学院举办了中青年干部素质能力提升培训班，在本部及境内各直管公司择优选派了30名45周岁以下的中青年骨干进行系统培训，成效突出。

香港中远海运按照“市场化、国际化”和“定岗定薪、岗变薪变”原则，完成“香港当地员工薪酬改革方案”，对本部香港当地员工薪酬改革；按照“差异化分级管理、强化与考核挂钩”的薪酬管理原则，结合境内各直管企业规模、利润贡献、产品及服务的复杂程度、以及各直管企业领导班子薪酬现状等实际情况，实施《境内直管企业领导班子薪酬管理办法（试行）》，有效规范下属单位领导班子薪酬管理；下发《改革重组后评估报告的优化方案及落地路径》，要求各部门按时间节点推进落实整改工作，全方位推进改革重组后评估后续工作；配合集团健全完善驻外员工体系建设。根据集团《驻外员工管理若干事项调整方案》要求，履行区域公司管理职责，制定《香港中远海运驻外员工管理实施细则（试行）》和《试点单位外的代管公司内派考核工作流程》，健全完善驻外员工体系建设。

【企业文化】

为了更好地适应联谊会工作需要，香港中远海运在联谊会章程的基础上，增加了对联谊会的会籍管理、会员福利、文体协会建立、会费来源和支出、会费预算、审批及账目管理等多个方面工作规范的内容，制定了《联谊会工作细则》，并组织开展了多种多样的企业文化活动。

为庆祝中华人民共和国成立70周年，香港中远海运举办“每天10 000步，跑赢100天”微信跑赢活动：推出“为海洋出力 为中华喝彩”系列活动，第一波活动是“东平洲环保行”，共有37名员工及家属参加，大家戴着手套、携带环保垃圾袋，沿着东平洲环岛郊游径，沿途捡拾各种垃圾，不怕脏不怕累，以实际行动为环保做贡献；与橙新闻合作举办“我爱海洋教育计划2019”活动；参加“世界海洋慈善跑”第二项活动——海滩清洁活动，清洁出塑料、发泡胶、玻璃樽、烟盒、拖鞋、食物包装、帆布横额、渔网等不能或不易降解垃圾共50大袋，为香港的海岸出一份力；参加中远海运驻港单位举办2019年足球联谊赛，中远海运港口队以三战全胜夺得冠军，中远海运航运与中远海运货柜联队、中远海运金控队、香港中远海运联队分别获得亚军、季军和殿军。通过比赛，大家以球会友，增进沟通，进一步提升了公司的凝聚力和团队意识。

公司员工积极参与社会活动，中远海运国际香港义工队一行44人参加由非牟利社会机构邻舍辅导会举办的“寒冬送暖 传承爱‘深’”义工关怀探访，探访了39名居住在深水埗石硖尾邨的独居长者和同住长者，为他们送上温暖汤包和礼物福袋，也带去寒冬温暖和新年祝福，表达关心和慰问；与非牟利机构“基督教励行会”共同举办以“捐赠助人 爱暖人心”为主题的环保回收活动，向员工宣传环保理念，鼓励回收再利用，捐赠助人献爱心，有38名员工积极参与，共捐赠了11大袋和1箱物品，交由基督教励行会转赠给新来港低收入家庭及儿童、少数族裔、青海省的孤儿及残障儿童等，或通过义卖把收益作为支持该会于香港和内地的人道支持及社会服务的经费；参加由非牟利组织“邻舍辅导会深水埗康龄小区服务中心”举办的“传承爱‘深’端午探访”义工活动，探访了40名区内长者；参加由非牟利机构“邻舍辅导会深水埗康龄小区服务中心”举办的“传承爱‘深’——关怀探访计划2019之中秋探访”活动，带着中秋礼物探望独居长者，送上关怀与祝福，提前庆祝中秋佳节；以金赞助的身份，派出由员工及家属组成68人17支队伍，参加由非牟利慈善团体苗圃行动举办“挑战12小时”慈善越野马拉松2019的12公里赛事，为学生筹得助学善款，公司的参赛队伍都完成所报赛程，有两组人员在队际公开组分别获得季军和第八名的优异成绩，体现了公司员工团结协作、热心公益、回馈社会的企业公民精神。

（朱月芳）

中远海运金融控股有限公司

中远海运金融控股有限公司

中远海运金融控股有限公司（简称“中远海运金控”），是中远海运集团全资子公司。公司前身为中国海运（香港）控股有限公司，于1998年3月6日在香港注册成立，注册资本5亿港元。2016年5月18日，公司正式更名为中远海运金融控股有限公司，并于同年6月2日在香港正式挂牌成立。

中远海运金控与中远海运发展充分挖掘集团航运产业链供应链上下游协同发展机遇，合力打造中远海运金控平台（简称“金控平台”）。金控平台自建立以来，发挥境内外联动优势，坚持优化产业布局，努力成长为具有航运特色的供应链综合金融服务平台。2019年8月，“百合花”并购项目成功落地，公司主要业务延伸至集装箱制造业，截至2019年末，公司经营业务范围主要涉及以战略性投资、财务性投资、产融结合类投资为主的投资业务、集装箱制造、不良资产管理及物业租赁等。

【公司治理】

中远海运金控始终坚持严谨合规的董事会运作、审慎高效的董事会授权体系，切实提升企业内部治理效能，以改革促发展、以创新提质效，确保国有资产保值增值。公司董事会、专门委员会、管理层权责清晰，与各职能部门各司其职、协同配合，在公司重大决策、重大业务和经营管理中，根据职责权限，依法合规决策。本年度，根据集团下发的《直属单位董事会授权清单》，公司修订了《董事会授权规则》；根据国资委和集团《关于组织建设中央企业“三重一大”决策和运行监管系统有关事项的通知》要求，结合集团对二级公司的指导意见，修订了《“三重一大”决策制度实施办法》，并将制度修订与集团“三重一大”决策和运行监管系统建设相结合，进一步明晰并理清董事会、党委会、办公会决策权限，着力推动中国特色现代企业制度优势转为治理效能。自2019年起，公司每季度向董事会汇报公司经营情况，使董事会成员及时动态了解公司财务状况、重大项目推进情况及其他重要事项，为充分发挥董事会在公司战略规划、重大投资、经营决策及风险防控方面的核心作用，提供有力保障。

【发展战略】

为深化国有企业改革、夯实战略转型基础，中远海运金控与中远海运发展组建中远海运金控平台（简称“金控平台”），金控平台围绕提升企业核心竞争力、优化企业资源配置，于2019年1月调整组织机构设置及部门职责，组织机构设置优化后，金控平台共设有12个职能部门、2个事业部，进一步明确综合管理部、战略发展部、资金管理部、人力资源部、法务与风险管理部、纪委工作部/监督审计部（监督审计职能）等为金控平台共享部门，以深度融合促管理效能再提升。

金控平台自组建以来，始终坚持以产融结合、以融促产为出发点和落脚点，持续打造“专”而“精”、兼具中远海运特色的产业链金融服务平台。金控平台坚持以航运物流产业链为依托，以航运装备制造及租赁、供应链金融服务和投资为核心产业集群，基于集团物流产业链，挖掘“智慧航运”及“智能制造”领域投资机会，打通物流、资金流、信息流，充分发挥装备制造、租赁、投资等服务组合优势，提供集成式供应链解决方案，围绕集团产业布局，积极推进资本运作，不断提升风险定价能力，保障主业装备供应安全，实现业务孵化、价值投资、价值创造，以高质量产融协同推动公司发展再上新台阶。

【业务经营】

2019 年，金控平台以“三个跑赢、三个切换”为工作目标，积极落实产融结合战略，持续探索业务新模式，有效应对市场环境复杂变化，较好地完成了提升集团整体盈利、平抑航运周期波动的战略要求，在盈利性、规模性、抗风险能力、国际化水平等方面取得明显成绩。

集装箱制造板块。公司积极响应党中央、国务院关于深化供给侧结构性改革的政策号召，抓住行业发展过程中的历史性契机，推动“百合花”项目落地实施，2019 年 5 月 6 日，中远海运金控与胜狮货柜企业有限公司（简称“胜狮货柜”）达成协议，以 38 亿元对价收购胜狮货柜下属的青岛、启东和宁波集装箱生产基地和上海研发中心，由高溢价整体收购全球第二大造箱企业——胜狮货柜优化为只收购其旗下青岛、启东和宁波三家精华集装箱制造厂和研发中心（含专利 237 项），考虑标的公司账面净现金和过渡期损益，实际仅以 23.5 亿元并购了稀缺区位的 5 条干箱和 2 条冷箱生产线，较新建厂成本低 40%；比整体收购低 60%，一举弥补造箱板块产能不足、关键区位布局缺失、冷箱产品空白等诸多短板，提升了科研创新能力，确保集团主业上游供应链安全，推动造箱产能升级改造，有力提升航运主业核心竞争力。2019 年 8 月完成并购标的交割后，公司按照工作预案稳健推进整合，迅速扭转整合前月均亏 6 340 万元的局面，成功实现扭亏为盈。

集装箱租赁板块。随着“百合花”项目顺利交割，集装箱租造协同进一步发挥规模联动效应，依托集团品牌优势，积极拓展市场，扩大产能，实施大客户战略，共同营销争取到 ONE、地中海航运（MSC）等订单共 4.3 万标准箱，克服市场低谷，逆市创下 40% 的新箱起租市场份额新高；强化内部协同，优先满足集团内冷箱需求 2.6 万标准箱、干箱需求 5 万标准箱。

航运租赁板块。为集团航运产业链上下游提供优质租赁服务， 灵活设计经营性租赁、二手船融资以及长期售后回租等多种业务模式，在深耕集团内部业务的同时，积极开拓外部租赁业务，投放美元项目 1.79 亿美元。

投资业务板块。为深化金控平台境内外资源联动，发挥境外资金成本优势及上市公司资本市场资源优势，参与境内股权投资、基金投资，拓展债权投资，开展跨境并购及现金增值管理业务，增强金控平台整体投资能力，中远海运金控在境内设立全资子公司远海投资有限公司（简称“远海投资”），远海投资于 2019 年 11 月 28 日在北京注册成立，注册初始资本 5 亿元。

不良资产管理板块。中远海运资产管理（宁波）有限公司聚焦不良债权、低效房地产和股权等三大类资产，创新商业模式，成功与天津中远海运合作，有效盘活中远里存量公寓，被集团研究中心作为典型案例专项研究，为集团内推广资产盘活奠定基础。

【经营效益】

公司近年来选取行业龙头企业加强对标管理，加快提质增效步伐，坚持量力而行、严控风险的原则，优化投资结构，强化产融结合，做到投资规模与资产经营规模相适应，资产负债水平和实际筹资能力相适应，各业务板块保持良性发展势头。

2019 年，公司经营业务主要分为 4 个板块，包括以公司本部、Ocean Fortune、Oversea Lucky 以及远海投资为主体的投资板块，以战略及财务性投资、产融结合类投资为主要业务；以寰宇东方国际集装箱（宁波）有限公司、寰宇东方国际集装箱（启东）有限公司、寰宇东方国际集装箱（青岛）有限公司、寰宇东方国际港务（启东）有限公司、上海寰宇物流科技有限公司为主体的集装箱制造板块，为年内新增板块，以集装箱制造及销售为主要业务；以中远海运资产管理（宁波）有限公司为主体的不良资产管理板块，以盘活集团内不良资产为主要业务；以中海繁泰、荣泰、昌泰及盛泰为主体的物业租赁板块，以办公楼租赁为主要业务。

2019 年，公司合并范围的单位包括本部共有 16 户，其中：直属全资子公司 13 户，间接持有全资公司 2 户，同比增加 6 户，分别为寰宇东方国际集装箱（宁波）有限公司、寰宇东方国际集装箱（启东）有限公司、寰宇东方国际集装箱（青岛）有限公司、寰宇东方国际港务（启东）有限公司、上海寰宇物流科技有限公司以及远海投资有限公司；减少中国海运海外融资 2013 有限公司。另持有投资占 50% 的参股公司 1 户。

截至 2019 年末，公司总资产为 316.33 亿元，总负债为 212.25 亿元，净资产为 104.08 亿元，调减预算外“百合花”并购项目 38 亿元借款影响，资产负债率为 62.20%。公司全年实现营业总收入 19.23 亿元，比上年增加 18.88 亿元，发生营业成本 20.88 亿元，比上年增加 20.44 亿元，营业收入和成本的大幅上升主要来自集装箱制造业的营业收入和成本增加；实现投资收益 18.61 亿元，比上年增加 1.75 亿元；实现营业外净收益 0.15 亿元，主要来自集装箱制造业营业外收入。公司全年实现考核利润 10.64 亿元，较好地完成年度工作任务，其中，投资业务方面，公司存量金融资产包括战略性投资 5 只股票、财务性投资 7 支股票，6 支基金，2 支优先股，以财务口径计，全年各类金融资产实现利润 10.13 亿元；集装箱制造方面，以财务口径计，实现利润 558 万元，物业租赁方面，经营情况与往年基本持平。

【信息化建设】

公司紧跟市场变化、业务发展需求，以数字生产力驱动公司改革红利持续释放，坚持信息化建设与网络安全建设并重，持续完善信息化系统布局、网络安全环境，打造协同高效的数字化服务保障体系，为公司改革发展增添新动能。

2019 年，公司系统推进公司信息化建设，进一步加强信息化管理制度体系建设，夯实流程管理，修订并发布《信息化工作管理办法》《OA 系统使用管理规定》《计算机及相关设备使用管理规定》《信息系统安全管理规定》《信息安全管理体系文件》《网站管理规定》《信息系统使用和运维管理规定》《信息化工作考核管理细则》《软件正版化工作管理规定》9 项制度。

信息系统建设方面，公司加强信息化基础设施建设，现有信息系统包括 OA 系统、财务管理系统、人力资源管理系统、投资和项目管理系统、金融业务投资系统、全面风险管理系统，覆盖公司日常审批、制度发文、财务管理、人事管理、投资管理和风险管理等主要工作范畴，各系统的建设、功能、集成和运维均由中远海运集团科信部和中远海运科技予以监督、指导和管理，符合集团的信息管理要求和策略。随着公司管理的资产规模持续扩大，为提升风险管理效率和准确性，公司推进全面风险管理系统建设项目，经需求调研、复核和确认、开发、用户培训，系统于 12 月正式上线，系统已支持风险管理月报、信用风险管理报告、下属单位法务与风险管理考核、内控缺陷整改等线上填报功能，以及内控手册、合规手册、法律法规、规章制度等信息查询功能。

网络安全建设方面，公司着力强化网络安全建设，提升全员网络安全意识，夯实基础工作。2019 年 6 月，公司配合集团作为防守方参与了为期三周的“HW2019”网络攻防实战演习专项行动，演习期间未发现系统被入侵、攻陷控制事件。完成庆祝新中国成立 70 周年及进博会期间金控平台网络安全保障工作，期间无一起网络安全事件发生。

【风 险 管 控】

2019 年，公司围绕“强意识、夯基础、求实效”，持续打造全面风险管理体系，强化全员法治风控意识，提升风险管理、合规、内控的专业化和精细化管理水平，以风险管理基础环境和机制建设为根本，构建“价值管控”型风控体系。

风险管理方面，为更符合公司业务发展的特点和需要，公司针对投资重点领域，制定有针对性的管理办法和实施细则，建立健全投资项目风险管控体系，落实重大项目风险防控，2019 年，公司制定并发布了《风险复盘操作细则》《金融投资项目风险评估操作细则》《客户资信管理办法》《境内现金增值型投资业务管理暂行办法》《投资项目评审委员会议事规则》等，强化市场风险、流动性风险、信用风险和操作风险的管理措施，改进流动性风险监测，同时结合风险限额、风险评估、风险报告等，进一步推动生产运营和风险管理有效融合；落实全面风险管理信息系统建设，提升全面风险管理专业化水平，确保全年无重大风险事件发生。

内控管理方面，公司将内控体系管控要求嵌入流程与制度，强化重点领域与重要岗位的职责权限和审批程序，落实信息化管控以及专项风险评估。2019 年 3 月，公司基于已有的规章制度、业务与管理流程，正式启动内控手册编制工作，以业务为条线全面开展流程梳理，完成流程盘点，识别流程风险点，对识别出的控制活动实施穿行和运行有效性测试，建立并正式发布了符合公司发展需要、覆盖所有职能部门及业务流程的《内控管理手册》。

合规管理方面，公司加强“内规”管理，加强规章制度体系建设，并对制度的健全性、有效性和合理性进行评估，抓紧补齐金融业务、资金管理和内幕信息管理等领域制度短板；追踪“外规”变化，执行外部合规信息常态化收集与解读机制，定期跟踪收集政策发布信息，公司着力做好重点领域和关键环节的合规风险识别工作，将合规风险识别和审查作为金融投资等业务的交易前置条件，着重强化经营决策的合规论证、运营管理关键环节及流程的监督检查。

【员工队伍】

截至 2019 年 12 月 31 日，中远海运金控及金控平台在港下属公司员工总数为 161 人，其中内派人员 9 人，当地员工 152 人；中远海运金控本部员工总数为 44 人，金控平台在港下属公司员工总数为 117 人。另有境内中远海运资产管理（宁波）有限公司、宁波箱厂、启东箱厂、青岛箱厂、寰宇科技等 5 家公司，在岗职工 1 190 人。

公司持续推进职业经理人工作，形成了一支既熟悉市场运作模式，又了解企业实际情况，业务能力强、专业素养高、综合水平突出的管理队伍。公司针对不同管理岗位，通过量化的业绩考核数据和差异化的薪酬兑现，引导职业经理人摒弃干部能上不能下、收入能增不能减的传统观念，有效增强竞争意识、忧患意识，营造了“以能力决定位置、以业绩决定价值”的业绩导向和价值导向。

公司持续优化人才队伍结构，对标市场，结合企业发展战略，主动引入人才，探索建立员工专业能力培养提升体系，让青年员工能更快适应工作节奏，让资深员工能更好发挥自身所长，以“市场机制、多元化来源”为特色的专业团队初具规模。公司着力建设以人为本、符合市场化人力资源管理规则的绩效考核机制，强化考核结果挂钩，激发员工争先意识，提升考核效能作用，实现员工良性竞争。

实践证明，公司人才改革红利显著，既顺应了市场竞争需要，也符合金控平台改革发展实际，有效推动了企业业务转型和经济效益持续健康发展。

【企业文化】

2019 年，在香港特殊时期，公司将安全维稳工作摆在更突出位置，制定公司安全应急预案，针对突发公众事件，及时部署落实各项应急处置工作，团结稳定当地员工。在确保公司正常运营，有效维护员工人身安全、公司财产安全的同时，公司贴合香港当地实际，丰富企业文化建设载体，营造积极健康的企业文化氛围。

公司配合集团完成“世界海洋慈善跑 2019”在港宣传系列活动，于 10 月 12 日组织公司及在港下属单位 27 人赴香港屯门龙鼓滩进行海滩清洁活动，身体力行对抗海洋环境塑胶污染、传递绿色环保理念，落实集团品牌宣传，展现集团驻港单位良好企业形象。

为让广大在港单位员工增进交流与了解，提

升团队凝聚力，11 月 3 日，公司组织本部及下属单位员工 14 人参加“千人贺华岁龙跃健步行”活动，此次活动是由中企协组织，超过 50 家在港中资企业及其他商会组织代表约 1 000 人共同参与，以一路向前、健康向上的庆祝方式，献礼新中国 70 周年华诞。

为加强全员安全文化建设，12 月 18 日，公司组织本部及在港下属单位员工 26 人赴香港消防处消防及救助学院参观学习，了解香港消防救护工作、紧急救援知识，强化员工安全意识和自我保护能力，积极传递安全理念，落实日常安全责任。（刘旭阳）

中远海运港口有限公司

中远海运港口有限公司

【公 司 概 况】

中远海运港口有限公司（简称“中远海运港口”“公司”“港口公司”）是全球领先的港口物流服务商，其码头组合遍布中国沿海五大港口群及长江中下游、欧洲、地中海、中东、东南亚、南美洲及非洲等。中远海运港口之控股股东为中远海运控股股份有限公司（股份代号：1919）（简称“中远海控”），其母公司为全球最大的综合航运企业集团中国远洋海运集团有限公司（简称“中远海运”或“集团”）。

中远海运港口前身为佛罗伦集团，于 1994 年 12 月在香港联合交易所，即今日的香港交易所上市，成立初期以集装箱租赁业务为主，并逐渐扩大集装箱码头业务。佛罗伦集团于 1996 年更名为中远太平洋有限公司。2015 年 12 月 11 日中远太平洋以人民币 76.32 亿元，收购中海集团旗下港口业务，同时以人民币 77.84 亿元（约 93.48 亿港元）向中海集装箱运输有限公司出售佛罗伦集团全部股权。2016 年交易完成后，中远太平洋业务集中于码头港口营运，并正式更名为中远海运港口有限公司。

截至 2019 年 12 月 31 日，公司持有权益的 48 家全资及合资码头公司管理经营共计 290 个泊位，其中集装箱泊位 197 个，散杂货泊位 88 个，汽车泊位 3 个，托盘泊位 2 个。设计年处理能力 11 300 万标准箱，散杂货 26 267 万吨，汽车 78 万辆，水果托盘 60 万 PLT。2018—2019 年中远海运港口主要情况详见表 14–18。

2018—2019 年中远海运港口主要情况表 表 14–18

项目		2018 年	2019 年	备注
吞吐量	总吞吐量（万标准箱）	11 736.5	12 378.4	—
	权益吞吐量（万标准箱）	3 706.2	3 967.1	—
财务状况	总资产（亿元）	660.76	731.58	—
	净资产（亿元）	390.34	401.30	—
	营业收入（亿元）	67.19	72.17	—
	利润总额（亿元）	29.17	28.00	—
人力资源	员工总数（人）	154	163	总部员工

注：1. 以上财务数据为中国企业会计准则下数据；
2. 2019年金额采用平均汇率为1美元：6.892 0人民币计算（2018年为6.626 1）；
3. 因新租赁准则，2019年已重述2018年末财务状况数据。

【经 营 效 益】

2019 年，全球集装箱贸易需求疲软、中美贸易摩擦对码头市场带来巨大挑战，绿地项目（南通通海码头与阿布扎比码头项目）相继投产也给公司短期运营带来承压，面对双重挤压的严峻形势，公司上下聚焦“提质创效”，成效显著，吞吐量继续领跑，超额完成年度经营指标，公司规模地位持续巩固，经营效益持续增长，财务指标健康稳健。

2019 年，中远海运港口完成集装箱总吞吐量 12 378.4 万标准箱，同比增长 5.5%；权益吞吐量 3 967 万标准箱（权益吞吐量是以各大运营商在港口的占股比例计算吞吐量，更能反映运营商的实际收益），同比增长 7%，远高于德鲁里预测的全年 2.3% 的增幅。其中控股码头总吞吐量 2 510.4 万标准箱，同比增长 11.5%；非控股码头总吞吐量 9 868 万标准箱，同比增长 4%；海外码头吞吐量表现突出，同比增长 13%。

财务表现方面，公司实现营业收入 72.17 亿元，同比增加 7.42%；实现利润总额 28.00 亿元，完成了集团下达的 23 亿元利润总额必保考核指标和 28 亿元利润总额奋斗考核指标。2019 年底，公司总资产为 731.58 亿元，资产负债率 45.15%，公司财务状况健康稳定。

【企业管理】

在公司治理方面，中远海运港口持续完善公司规章制度，对公司规章制度、业务流程进行更新优化、尤其对冗余的审批环节与流程进行精简，提高审批决策效率。年初制定了 2019 年度规章制度制定计划，汇总编制成《中远海运港口有限公司 2019 年规章制度制定计划表》并上报集团。通过制度制订计划执行的跟踪，有效激励各职能部门不定期对所管辖的制度进行梳理、汇总，同时不断改进工作方法，创新工作机制，努力推动制度落实的纵向延伸，防止制度执行效力出现逐级递减现象，从而有效地防范、规避各经营环节上的风险。

在参股公司管理方面，公司建立健全与参股码头管理层、委派人员的日常沟通和信息传导机制，实时关注参股公司的经营情况，充分发挥董事会、股东会的管理效能，表达股东意愿，维护股东权益。

在考核管理方面，将集团对公司各项考核指标分解至总部各职能部门及下属公司，并动态跟踪指标完成情况。总部考核方面，按照“定量为首、定性为辅”的原则，除明确定量指标外，优化定性指标的评价机制，收集部门服务表现并作为评分准则，通过评价机制加大总部部门之间的互相协同，突出了部门之间互相协同的成果。优化下属公司业绩考核，坚持以结果为导向，新增了“港口公司利润”指标和“码头利润贡献”指标，把集团考核的结果与下属公司考核的结果互相联动，以超额利润分配为根本原则，确保考核分配向贡献大的码头倾斜，激励下属公司多创效益、多做贡献。

在风险管控方面，推动风险管理与内部控制体系持续优化，协调外部审计机构对公司进行 2019 年风险管理评估工作，针对审计发现的问题和缺陷分解至相关责任部门，制定整改措施并跟踪落实。积极推进下属码头的风险管理及内部控制的深化工作，针对内部控制评价发现的关于下属码头运营的问题和缺陷，确定责任部门，组织召开专题会议，制定整改措施并跟踪落实情况。

【企业改革】

公司认真贯彻党中央、国务院、中远海运关于深化国企改革的工作部署，于 2019 年初成立了公司深化改革工作小组，按照《关于集团全面深化国企改革工作的指导意见》及其他深化改革的总体部署和要求，工作要求，梳理了公司经营管理的现状，剖析了阻碍公司加快发展的深层问题，形成公司整体改革方案，并监督改革方案的落实与执行，确保深化改革工作取得实质性结果。

按照深化改革的精神，此次改革的重点是优化公司内部决策流程，通过梳理各部门的审批程序，消除冗余的审批环节，在满足下属公司董事会决策与内部管理制度的要求下，提高经营层面的审批效率。并同步梳理及检视现有集团对公司的授权，梳理各部门对下属公司的授权。

【码头布局】

2019 年公司完成 5 个股权投资项目，3 个境内项目分别为增持青岛港股权项目、天津港整合项目、增持北部湾港股权项目，2个海外项目分别为收购秘鲁钱凯码头60%的股权、收购Verbrugge Terminal Zeebrugge 100%股权。

1. 2019年3月—2020年2月，公司全资附属公司中远海运港口发展有限公司在香港二级市场以约4.68亿港元增持青岛港国际1.34%的股权。截至2019年底，公司对青岛港国际的持股比例从17.12%升至18.46%。

2. 2019年6月30日，公司全资附属公司中远码头(天津)有限公司(简称“中远码头”)及中海码头发展有限公司(简称“中海码头”)与天津港股份有限公司、招商局国际港口(天津)有限公司、天津港集装箱码头有限公司(简称“集装箱公司”)、天津五洲国际集装箱码头有限公司(简称“五洲国际”)及天津东方海陆集装箱码头有限公司(简称“东方海陆”)订立合并协议，据此，集装箱公司作为存续公司将吸收合并五洲国际及东方海陆，新合资公司集装箱公司于2019年8月23日完成工商变更并取得新营业执照，整合完成后，中远码头持有集装箱公司10.01%的股份，中海码头持有集装箱公司6%的股份。该合并有利于进一步发挥各方优势，优化资源配置，提升码头一体化管理，降低运营成本，提升集装箱码头公司的综合竞争力及提高企业效益。

3. 2019年11月27日，公司全资附属公司上海中海码头发展有限公司与北部湾港签订转股协议，以7.99亿元取得北部湾港约9 251.82万股。2019年11—12月，上海中海码头发展有限公司在二级市场以约9 117.01万元取得北部湾港约1 061.86万股。交易完成后，上海中海码头发展有限公司对北部湾港的持股比例从4.34%升至10.65%，取得一个董事会席位，实现权益法核算。

4. 2019年1月23日，公司与秘鲁火山矿业(Volcan Compañía Minera S.A.A.)于瑞士达沃斯式签署秘鲁钱凯项目的认购及投资协议，宣布公司将以2.25亿美元向火山矿业收购秘鲁钱凯码头60%的股权。项目相关的股权交易于2019年5月10日正式完成交割，钱凯港成为公司在南美洲的第一个控股绿地项目。

5. 2019年11月29日，公司与Verbrugge International BV (VI) 签署买卖协议，以约1 375.72万欧元的交易总对价向VI收购Verbrugge Terminal Zeebrugge (VTZ) 100%股权并于2019年12月30日正式完成交割。VTZ于泽布吕赫港区内持有的两座仓库，占地约92 000平方米，两座仓库面积共约42 000平方米。土地属于港务局，需要缴付专营权费，专营权原于2039年到期，现港务局同意延长两年至2041年。由于这两座仓库地处泽布吕赫港区内，能与公司旗下的泽布吕赫码头的业务产生协同效应。成功收购VTZ，除了加强码头项目本身的经济利益外，还将有助中远海运港口加速发展泽布吕赫码头的业务，优化资源配置，打造更加稳固的全程物流供应链服务。

【市场营销】

面对全球贸易增长乏力的现状，国际货币基金组织预测2019年全球贸易增长仅2.5%，是最近5年以来最低，而德里路(Drewry)预测2019年全球集装箱贸易量增长1.9%，港口公司迎难而上，内联外拓、优化营销体系，取得了多项实质性工作进展，业务增长取得了超越市场的成绩。

1. 箱量规模持续扩大，航线工作取得实质成果

2019年港口公司控股码头完成箱量22 898 090标准箱，较上年同期增长12%，随着不同新项目陆续投产，港口公司吞吐量规模日渐加大，其中阿布扎比码头于2019年4月开港，首年完成38.6万标准箱；南通通海码头于2018年8月投产，2019年完成正式第一个日历年作业，完成箱量113.6万标准箱，同比增长329.8%，业务规模明显扩大；在现有码头方面，希腊PCT码头和比利时泽布吕赫码头航线取得多项突破，分别取得17%和23.2%的箱量增幅。主要工作体现如下：

(1)比港枢纽建设：2019年比雷埃夫斯港(PPA+PCT)完成箱量570万标准箱，不仅是历年最高箱量，同时间也让比港跻身地中海的第一大港口，三大联盟均派出联盟航线挂靠，比港从中希外交和一带一路的友好象征，到 2019 年成为实际上的海运交通战略枢纽，集运双品牌在 PCT 实现箱量 182 万标准箱，同比增长 19.1%，THE 联盟完成箱量 135 万标准箱，同比增长 63%。

（2）阿布扎比码头开港，码头是港口公司在中东地区自主投资建设、运营管理的设施，作为首个绿地海外控股项目，港口公司前期做好积极的营销布局，尤其是利用好内部船队优势，争取海洋联盟的支持。在海洋联盟 DAY3 产品中，MEA5 和 MEA3 航线挂靠阿布扎比码头，所有船舶于 7 月实现挂靠。另外经过不懈努力，至 2019 年底阿布扎比码头开设了 5 条支线，实现到伊拉克、科威特、卡拉奇、巴林等地的中转路径，帮助吸收中东中转货物，为打造阿布扎比作成为海洋联盟的中转枢纽港奠定基础。

（3）泽布吕赫码头完善航线组合，在海洋联盟 DAY3 航线产品中，NEU1（AEU1）航线将加入泽布吕赫码头挂靠，对比原来只有 NEU3（AEU7）航线，泽港作为 NEU1 线在西北欧的首港将大大增加码头在进口货的竞争力，同时通过做好集运双品牌的协调，码头增加到俄罗斯圣彼得堡、西班牙毕尔巴鄂和爱尔兰都柏林的支线挂靠，截流中转箱量，有利泽布吕赫箱量提升。

2. 强化内部营销管理，年内搭建境外销售体系

港口公司营销部是集团 2016 年重组以来新成立的部门，乃公司为实现全球化而踏出的重要一步，根据港口公司的发展需要，2019 年公司成立了中国台湾及欧洲的营销代表办事处，根据地域更好做好当地船东的关系维护，协助统筹码头的营销事务。通过建立营销总部，区域代表处，码头营销部的三层层级，明确职能、职责及工作权限，对码头客户进行分级渗透，有利客户需要及时响应。

【风险管控】

2019 年，公司在规模扩张、提质增效的同时，着力抓好风险管理及内部控制，夯实企业管理基础，不断增强风险防控能力。

1. 完善制度建设

持续完善制度体系建设工作。根据集团相关要求和港口经营管理需要，2019 年公司新修订及发布多项投资、安全管理、内部审计、项目后评估等多类规章制度，明确权责及管理要求。

2. 加大重大风险防范工作

持续加强 2019 年公司重大风险防控。针对 2019 年评估确定的五大风险，即境外人才储备风险、国际政治和政策变化风险、竞争对手风险、信息系统安全风险、投资决策风险，各部门能够将风险管控与具体业务管控相结合，均采取了积极有效的措施予以应对。

3. 持续提升业务风险应对能力

公司在应收账款管控方面，通过开展码头应收账款培训、日常应收会议、成立应收专项小组等多种形式，进一步增强应收管控能力。此外，合规管理方面，公司根据集团 2019 年法治工作会精神，按照集团法务风控工作的思路和要求，组织相关人员深入学习研究，并对下一步合规管理工作开展规划与培训，提升法律及合规风险应对能力。

4. 构筑内部闭环管理

审计监督方面，2019 年公司依照年度审计计划，有序开展各类审计项目。重点关注所属码头的执纪问责和综合治理，开展各项检查和自查，并及时对整改情况予以跟踪督促。投资项目后评估方面，公司就依照后评估计划，积极开展项目后评估工作，及时运用反思后评估结果，优化项目投资决策及过程规范性。

5. 组织开展 2020 年风险评估工作

组织风险评估和风险管理的培训会，邀请外部专家为公司员工介绍了风险评估的理论基础和方法论，并详细讲解了此次风险评估工作的相关要求和具体内容；其次，此次风险评估在对宏观经济、政治、行业、公司内部等各方面信息进行收集和分析的基础上，通过与各部门负责人以及相关领导进行访谈和沟通，搭建了公司 2020 年度风险数据库，确定了 64 个关键风险，并以此为基础邀请公司领导、各部门负责人以及业务骨干参与此次风险调查；最后，通过对风险调查情况进行汇总统计、分析、排序，最终确认公司前五大风险，即经济波动风险、国际贸易格局变化风险、政治形势风险、应收账款风险、投资决策风险，并据此制定了相应的风险应对措施。

6. 组织开展 2019 年内控评价工作

结合中远海运集团和本公司内部控制制度和评价办法，在内部控制日常监督和专项监督的基础上，邀请第三方机构对公司截至 2019 年 12 月 31 日（内部控制评价报告基准日）的内部控制有效性进行了评价。根据内部控制缺陷认定标准，报告期内公司未发现重大缺陷及重要缺陷。

【安 全 生 产】

2019 年，公司按照国家和上级主管部门部署，全面贯彻落实中远海运集团 2019 年安全工作会议精神和集团领导对安全生产工作的重要指示精神，严格执行集团各项安全管理制度和公司安全管理体系，强化和落实安全生产主体责任，完成 2019 年公司安全生产工作会议提出的安全工作目标和《中国远洋海运集团有限公司 2019 年安全生产工作责任书》下达的安全生产各项考核指标，确保了公司安全形势持续稳定。

1. 根据《中国远洋海运集团 2019 年安全生产工作责任书》下达年度安全考核指标和工作任务，结合码头实际，与 10 家国内控股码头负责人签署了《中远海运港口有限公司 2019 年安全生产工作责任书》，按照“党政同责、一岗双责、失职追责、齐抓共管”的安全生产责任制原则和安全生产“三个必须”的工作要求，层层分解安全生产责任，做到安全责任“横向到边、纵向到底”，进一步完善安全生产责任体系，确保企业主体责任落实到位。

2. 在原来安全生产管理制度的基础上，起草了《中远海运港口现场工班组安全管理规定》，同时修订完善《安全生产绩效考核办法》《安全职责管理规定》和《安全生产综合应急预案》等制度，并分别在公司安委会和管理层会议上审议通过。不仅完善公司安全管理制度体系，明确安全责任和工作职责，而且加强码头作业现场安全监督管理，强化制度执行力，起到以制度作为保障，以监督规范行为的作用。

3. 组织开展“安全生产月”、“119”消防宣传月等专项活动，建立健全组织机构，突出活动主题，制定活动方案，强化责任落实。同时购置大量专项活动宣教资料如活动标语、安全生产挂图等，加大专项活动宣教力度，大力营造浓厚氛围，提高全员参与意识。同时，通过专项活动，逐步形成企业安全文化，达到本质安全。

4. 充分发挥督导员主观能动性和工作积极性，采用“第三只眼睛看问题”的方法，利用督导员实际管理经验，在督察过程中，及时发现被查单位安全隐患，并提出整改建议；同时，通过督察，挖掘被查单位行之有效的安全管理方法，带回到本单位并运用于实际工作中，进一步强化和完善安全管理工作机制，弥补薄弱环节，起到了共同提高的目的。

5. 进一步将“视隐患为事故，把安全当效益”理念深入人心，以《中远海运集团 2019 年安全检查计划》为指导，以季度安全综合督察为抓手，对重点单位，重点领域、关键岗位和重要设备设施开展持续安全隐患排查治理工作，并形成长效机制，及时发现和消除安全隐患，杜绝违章行为，将事故苗子扼杀在萌芽状态，确保安全稳定。

6. 持续开展安全教育培训工作，确保全员安全培训到位，通过培训全面提升员工安全意识和安全防范技能，达到本质安全。组织召开了“中远海运港口 2019 年安全教育培训暨管理经验交流会”，会议期间，邀请盐田国际码头安全总监介绍了盐田国际码头安全管理体系运行工作经验和成效；五家控股码头进行了安全管理经验专题交流发言。通过外部授课和内部交流的方式，学习和借鉴先进管理理念和工作方式，不仅有利于控股码头安全管理软实力的提升，而且推进安全生产标准化一级达标工作起到促进作用。

【人力资源】

2019年，公司持续加强人力资源管理和优化激励机制。

1. 加强员工绩效考核

根据工作实际，为了更有效地发挥绩效考核的激励约束作用，公司在进一步完善绩效考核体系的基础上，于2019年初开展了总部和下属公司委派人员2018度绩效考核。根据岗位职责、任职能力及工作绩效开展360度个人绩效考核评价。考核突出个人绩效考核结果与单位业绩紧密联动，以期达到通过考核使资源向绩优人员倾斜、把公司战略发展目标与员工个人工作表现紧密结合、促进员工与公司共同发展的目标。在依据员工绩效考核结果核定员工年度花红及调薪的同时，对考核“优秀”员工进行职务晋升。

2. 强化人才引进

（1）加大推进市场化人才选聘机制。公司根据业务发展对国际化人才的需求，积极推进并完成了驻台湾营销代表、投资者关系部总经理、法律部总经理、驻欧营销代表等岗位的境外选聘工作，进行市场化管理。（2）进一步推行管理培训生储备计划。在总结去年在香港总部首次实施管培生计划工作的基础上，根据公司发展对后继人才的需求，今年继续实施管培生计划。（3）继续做好控股码头人才引入工作。根据公司第一批纳入的合资码头一线人才的个人专业特长和码头项目的实际需要，安排挂职锻炼，同时，实施了第二批控股码头人才引入工作。

3. 优化干部人才岗位配置

公司以员工年度绩效考核为依据，对总部及下属码头人员岗位做进一步调整，加强总部机关与码头一线岗位人员的交流和锻炼。根据码头项目工作需求及公司干部岗位实际情况，通过考核选拔并履行干部任职程序，把最符合相关岗位任职要求的干部选拔任用到所需岗位，及时、有效地做好了干部人员岗位的调整配置。

4. 加大人才培养力度

（1）成功举办国际化后备人才英语强化培训班。根据加快培育国际化、专业化的经营管理团队及全面提升员工英语水平的实际需求，公司于年初举办了一期中远海运港口国际化后备人才英语强化培训班，进一步将培训资源向合资公司码头一线的属地员工倾斜，选拔码头一线生产运营、操作、工程、技术等专业骨干人员参加英语强化培训。（2）继续做好管培生轮岗锻炼。根据对后继管理人才的培养定位，结合管培生的职业生涯发展规划，公司深入推进2018届首期管培生的轮岗锻炼安排，在总结管培生在香港总部工作锻炼情况的基础上，安排管培生赴总部上海、海外码头、国内码头继续轮岗锻炼。（3）推进人才培养体系建设。按照基层、中层、高层的分层次员工培训方向，设计制定差异化的人才发展培养计划并推进落实，根据不同层级员工的发展需求，开展各种形式的培训。

【企业党建】

2019年是新中国成立70周年，也是中远海运港口持续推进全球化布局，加快高质量发展的重要一年。公司党委以习近平新时代中国特色社会主义思想和党的十九届历次全会精神为指导，扎实开展“不忘初心、牢记使命”主题教育，以创新党建推动企业深化改革，公司党的建设和经营发展均取得显著成绩。

坚持政治统领，强化党政融合，坚决贯彻落实党中央的决策部署。公司党委全年召开中心组（扩大）学习12次，召开党委会33次，修订了《公司“三重一大”决策制度实施细则》，推进包括总部和所属7家境内控股码头实施“三重一大”决策应用系统上线，确保决策事项执行规范高效；积极践行“海运强国、航运强国”以及推进“一带一路”建设的重要决策部署，坚持把党建融入生产经营各环节中，激发基层一线的劳动热情和创新动力。希腊比雷埃夫斯码头在习近平总书记视察参观鼓舞下，抢抓机遇，拼搏效益，PCT码头全年集装箱吞吐量达516万标准箱，助力比港一举超越瓦伦西亚港，荣膺地中海地区最大的、最具吸引力的集装箱港口；阿布扎比码头以高效率顺利实现投建运营，在一个月内连续接卸超大型集装箱船舶，央视报道，这是中阿两国共建高质量、高效率和高标准“一带一路”的集中体现，为中阿两国经贸合作开启了新篇章；秘鲁钱凯项目，2019 年 5 月顺利交割，是公司在中南美洲的第一个控股绿地码头，其基本建设已全面展开。

突出政治引领，推动学思践悟，扎实开展“不忘初心、牢记使命”主题教育。公司党委成立主题教育领导小组和工作小组，制定专项活动实施方案，分两批在公司总部和 6 家基层直属党组织中开展。第一批时，先后组织 5 次领导班子集中学习，推进党委班子赴基层讲专题党课，建立领导干部基层调研机制，形成调研问题清单 19 项、班子检视问题 18 项、专项整治问题清单 43 项；组织召开专题民主生活会和组织生活会，并对整改措施和完成情况进行逐项盘点梳理，评估推进成效。第二批时，公司专项工作指导组全程督导 6 家基层直属党组织扎实开展学习教育、调查研究、检视问题、整改落实各环节任务，推动主题教育切实转化为下属码头提质增效的工作实效。

强化政治功能，优化组织建设，推动基层党建工作守正创新。在党的创新理论指引下，公司党委制定颁发《公司外派党员领导干部思想教育指引（2019 版）》，引导党员干部当好群众带头人，发挥好先锋模范作用。阿布扎比委派团队荣获中国 2019 年“海洋人物”称号，西班牙码头董事总经理孙凯荣获“中央企业优秀共产党员”称号；年内新增了连云港新东方国际货柜码头和扬州远扬国际码头两家直属党委，并积极培育厦门远海码头“远海红”、连云港新东方码头“党建桥头堡”等“红色引擎”，对标新时代党建工作要求，公司党建工作质量又有新提高。

把牢政治底线，严明纪律规矩，深入推进全面从严治党。召开公司党建工作会和反腐倡廉建设工作会，与各基层组织签订 2019 年度党建工作责任书，与总部各部门负责人、直属党委书记、控股码头委派负责人签订党风建设、廉洁从业责任书，层层抓实责任传导；集中开展整治形式主义、官僚主义，对下属三家码头进行专项工作抽查，发现一般问题 11 项，均已做到限时整改；公司纪检部门以连云港新东方码头为试点，开展综合治理和监督检查，并对阿布扎比码头、希腊比雷埃夫斯码头进行纪检监督调研；做好信访举报工作，年内收到公司干部管理权限范围内的信访件 2 件，均已办结；内部审计完成项目 19 个，提出需改善环节 114 项，完成整改 69 项，实现增收节支 2 361 万元。

坚持政治标准，落实党管干部，打造高素质干部人才队伍。公司党委严格贯彻干部选拔任用与岗位职责、任职能力、工作绩效相关联的联动机制，年内共计调整干部岗位 62 人次，2 名部门领导被集团提拔选用到重要岗位，纪检部门梳理更新公司管理干部廉洁档案，年内对 11 名司管干部出具任职前意见；积极践行市场化选聘、契约化管理的高端专业人才选聘机制，完成了驻台湾营销代表、投资者关系部和法律部总经理等岗位的境外选聘工作，根据不同层级员工的发展需求，设计制定差异化的人才发展培养计划，年内总部举办培训共 371 人次参加，培训时数达 3 636 小时。

加强群团领导，强化文化建设，创建和谐企业凝聚发展力量。公司工会持续加强职工安全生产监督和夏季劳动保护，落实服务职工实事项目；以丰富职工文娱活动为切入点，公司篮球队荣获集团职工第一届男子篮球比赛亚军的好成绩；组织新入职团员青年担任第二届中国进博会志愿者，发挥青年的生力军作用；深化企业文化建设和品牌宣传，央视专题片《共筑未来》走进阿布扎比码头和西班牙码头，国资委新闻中心“新媒体走进新国企”走进厦门远海码头和泉州码头，公司连续两年获得“最佳码头运营商”“最创新港口运营商”奖项，全球化形象持续提升；在香港非常时期，公司在网站和大公报等多家主流媒体发声，挺特首、撑警队，支持爱国爱港力量；加强政企交流，输出优秀干部资源支持国家区域建设及扶贫工作，为当地政府发展贡献力量；坚持“安全第一，预防为主”的方针策略，在两会、国庆等重要时间节点，制定工作预案，实行 24 小时值班和零报告制度，确保无重大群体性影响稳定事件发生。

【企业文化】

中远海运港口以“The Ports for ALL”为发展理念，2019年内持续围绕公司中心工作加强“跨文化”传播在内的全球化、企业公民在内的形象塑造。

年内，利用发布新宣传片时机，向市场传递公司“全球化”新声音“Connecting Different Worlds”（融通世界，创享价值），取得较好反响；加大重点宣传和策划报道，重点做好国家级媒体“一带一路”项目建设成果展示与故事传播，包括协助中宣部纪录片《又见丝路》实地拍摄阿布扎比码头、配合交通运输部《中国水运工程建设实录》篇章撰写以及推进国家媒体团赴希腊比雷埃夫斯码头、西班牙码头开展“海丝港口宣传采访活动”、公司管理层接受CNTV2019 Vision Into Reality_ Belt & Road special节目和CCTV4“进博会”专访等。

【社会责任】

中远海运港口高度关注自身运营对当地经济、环境和社会各方面的潜在影响，持续履行社会责任，打造积极正面的良好企业形象。阿布扎比码头委派团队于2019年6月参加中国海南三亚举行的“2019年世界海洋日暨全国海洋宣传日”，荣获2019年“海洋人物”称号。希腊比雷埃夫斯码头为希腊帕拉马市的小学维修校舍，并根据当地的一些节日节点捐赠食物。泉州太平洋码头举行“海丝申遗”保护志愿活动，共27名员工参与对海上丝绸之路的世界文化遗产保护工作。积极承担企业责任，全年完成了“中远海运慈善基金会”人民币800万元捐赠和香港市场7.8万港元捐赠；广州南沙海港码头和比雷埃夫斯码头分别向广州市南沙区慈善会龙穴街道办事处捐款人民币3万元，向中希文化交流活动赞助2万欧元，支持当地扶贫工作及文化交流。

2019年，公司获得诸多奖项，主要有：2月，荣获*International Business*杂志颁发的“最佳港口运营商（码头组别）”“最佳投资者关系（码头组别）”“最佳可持续发展公司（码头组别）”“最佳企业社会责任公司（码头组别）”以及*Finance Derivative*杂志颁发的“最佳码头运营商”和“最佳投资者关系企业奖”；4月，荣获*International Finance*杂志颁发的“最创新港口运营商”、*Global Business Outlook*杂志颁发的“最佳集装箱运营商奖”及“最佳社会责任港口运营商”以及*Business Tabloid*杂志颁发的“最佳港口运营商”；5月，荣获中国《商法》杂志颁发的“合规－年度卓越法务团队”及获该杂志评选为“空运、航运、物流－优秀法律团队”之一，同时在香港董事学会公布的“2020年上市公司企业管治水平报告”中，获评为香港企业管治水平首十家最高分企业。（肖江宇）

中远海运（北美）有限公司

中远海运（北美）有限公司

【公司概况】

中远海运（北美）有限公司（简称“北美公司”，英文简称COSCO SHIPPING（North America））是中远海运集团全资子公司，注册资本2 071万美元，注册地在美国加利福尼亚州。北美公司业务主要涉及航运代理、货运代理、散货运输、油轮运输、物流服务、码头经营、燃油供应、技术服务、社会化服务、设备租赁等业务。

1982年8月6日，原中国远洋运输总公司在美国加利福尼亚州注册成立中远美国公司。1996年6月27日，中远美国公司正式更名为中远（美洲）公司，成为中国远洋运输（集团）总公司在美洲地区的区域管理中心，履行北美洲、中美洲、南美洲和西印度群岛地区的管理职能，业务网点分布于美国、加拿大、巴拿马、巴西、阿根廷、秘鲁、乌拉圭、智利、墨西哥等9个国家。2000年2月，中国海运（集团）总公司在美国特拉华州注册成立中国海运（北美）控股有限公司，注册资本50万美元。主要负责管理美国、加拿大、巴西、阿根廷、智利、墨西哥等地区的集装箱代理业务。

2016年4月12日，根据集团的统一部署，中远海运（北美）有限公司宣布成立。原中国远洋运输（集团）总公司的中远（美洲）公司和原中国海运（集团）总公司的中国海运（北美）控股有限公司正式开始整合重组，历时5个月于同年9月底全面完成整合，实现了合署办公。

改革重组后的北美公司成为集团的全资子公司和区域公司，是集团在北美地区业务拓展的唯一平台。北美公司对美国、加拿大、墨西哥、巴拿马等国家所在的北美、中美洲及加勒比地区公司实施区域管理，公司业务范围涉及投资及区域管理、集装箱、码头、物流、设备租赁、社会化服务、散运、能源运输、船代、无船承运人、燃料供应、船舶备件与技术供应、特种船及多用途船等多个领域，形成了多元化产业布局，具备成为集团航运主业及相关专业公司在北美的现场服务支持和保障中心的业务基础。同时，作为集团的驻外窗口，北美公司积极履行社会责任，积极配合区域内中国使领馆，服务广大中资企业，促进与当地企业经贸合作。

北美公司2019年组织结构图（按法人层级）见图14–3。

2019年，北美公司原董事长张国发退休后，由丁农接任，总裁为冯波。

【发展战略】

2019年，北美公司对“十三五”发展规划进行了修订。按照修订后的规划，公司将围绕码头、设备租赁、物流及中美洲支线网络建设/新兴市场开拓四大板块，立足存量，着眼增量，发展创新，注重量质并举，加强风险防控，激发资源、资产和资本三大要素活力，全力拓展业务延伸和业务孵化，迅速积累资源、资产、资本规模和物质基础，扩大经营规模，增强规模优势；迅速提升创效能力；通过加强内部协同，编织牢固的资产纽带；谋划发展愿景、制定发展目标、研究实施路径。

北美公司依托集团的综合实力，通过加强自身能力建设、整合存量资源、寻找优质增量，打造具有北美区域特色的“多元业务生态圈”为发展方向，努力为集团实现“6+1”产业集群战略和“五个平台”落地作出最大贡献。

2019年，公司战略推进工作遵循“十三五”

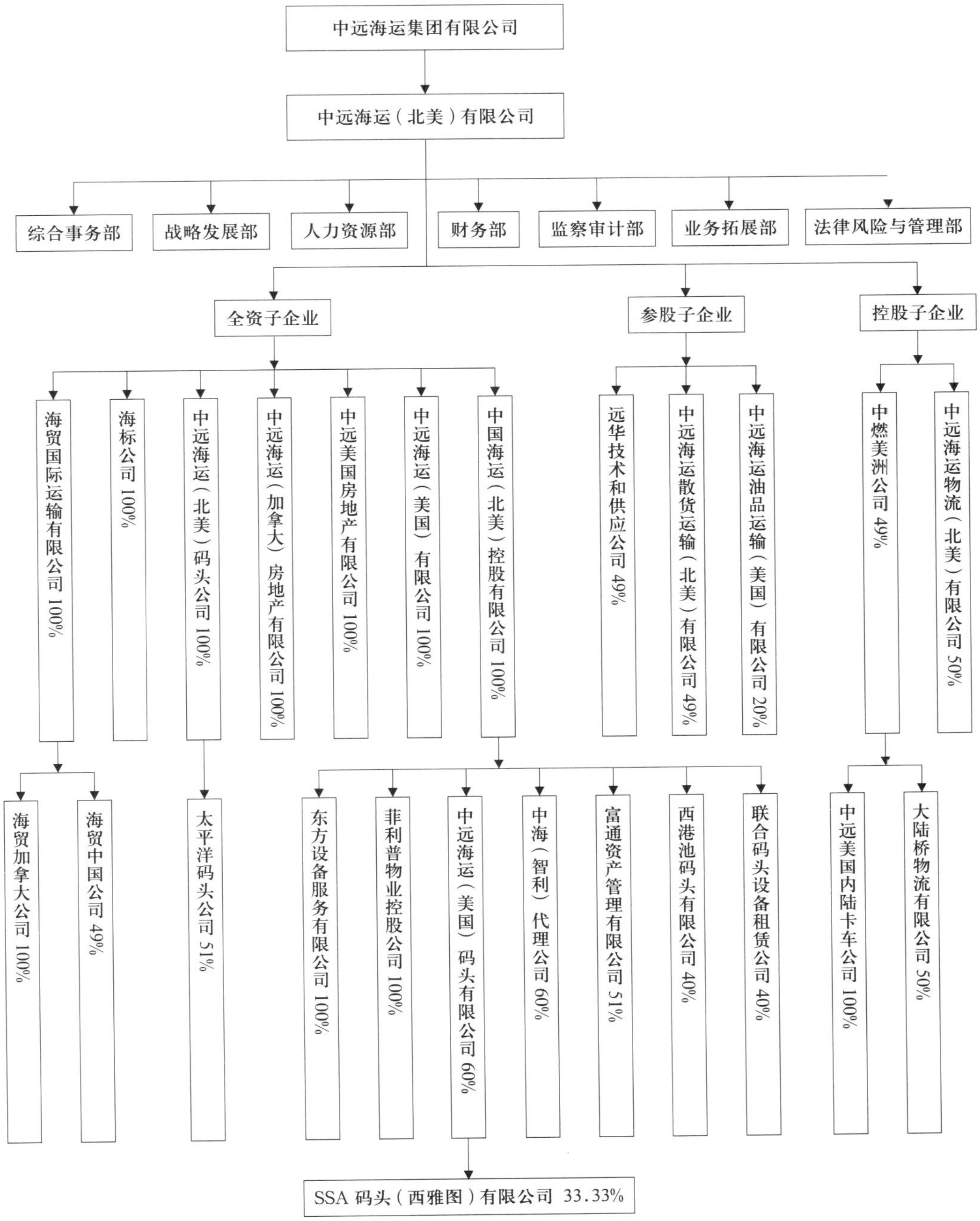

图14-3　北美公司2019年组织结构图（按法人层级）

发展规划，继续贯彻落实项目组工作机制，各项目小组在公司领导带领下，按照年初工作会部署的工作目标及集团下达的考核指标，加大战略项目推进力度，战略推进工作取得良好成效。

1. 加大设备租赁业务投资力度，实现业务规模快速提升。通过加快设备租赁业务的发展速度，实现了产业规模和效益的显著提升。北美公司依托集团品牌和规模优势，全面发挥集团内部业务协同效应，促进战略项目尽早落地。北美公司以“设备租赁战略推进小组”为主力，以东方设备服务有限公司和富通资产管理有限公司为平台，围绕航运及物流供应链相关的设备，聚焦底盘车、冷箱和发电机等设备租赁经营管理产业，优先为集团所属公司提供设备保障和协同服务。

截至2019年底，北美公司设备租赁板块管理的设备累计25 948台，比2018年底增加9 451台，其中底盘车12 005台，冷箱发电机655台，冷藏集装箱13 288台。设备租赁板块资产规模达2.85亿美元，比2018年底增加1.12亿美元。设备租赁板块2019年累计业务收入2 747万美元，同比增加190.41%；实现利润总额778万美元，同比增长248.8%。设备租赁板块2019年度累计创造协同效益总计1 074万美元，其中底盘车900万美元，冷箱161万美元，发电机12.8万美元。

2019年全年完成冷箱投资9 100台，完成战略举措考核指标的227.5%；完成底盘车投资1 000台，完成战略举措考核指标的100%；新增并完成355台冷箱发电机项目。设备租赁板块全年完成投资额1.35亿美元，比年初规划增加18.42%。

2. 推进北美码头业务发展，配合集团做好北美地区码头整合工作。2019年以来，北美公司按照“保持码头运营稳定，提升码头经营效益，积极开发新增码头项目”的工作思路，努力提升北美码头业务规模和效益，推进落实PCT码头升级改造工作和购置新桥吊项目；抓紧论证WBCT阳明续约和设备升级改造方案；落实T30码头OOCL航线转移和效益改善工作；积极开展枢纽港和新兴市场码头项目调研工作，重点对中美洲地区码头投资可行性进行论证。2019年重点开展了以下工作：（1）完成PCT码头租约续租工作。PCT码头主营业务是为中远海运及第三方客户提供集装箱装卸、堆存、中转等码头服务，中远海运作为控股股东享有优先权。自成立以来，PCT码头已经发展成为中远海运集装箱跨太平洋航线在美加地区重要的港口集散基地，中远海运在美国的码头业务拓展也取得了历史性的突破。2019年11月7日，北美公司所属PMS公司与长滩港务局正式签署了租约续租协议。（2）推进落实太平洋码头（PCT）升级改造项目。为更好地为集运提供优质的港口服务，PCT码头积极推进对北码头3台桥吊升高以及购置2台桥吊的项目。太平洋码头公司按时完成了3台桥吊升高项目，并与供应商完成桥吊购置合同文本的筹商工作。（3）积极推进WBCT阳明码头续约和改造工作，研究码头环保改进方案。西港池码头有限公司（WBCT）股东方已经就阳明码头改造、码头租约延长的原则等达成初步意向，下阶段将加强与阳明和洛杉矶港务局的沟通谈判，推进落实后续工作。（4）改善西雅图T30码头经营效益。2019年上半年，经过艰苦谈判，在各方支持和配合下完成了OOCL航线挂靠T30的航线转移工作，极大改善了T30码头的经营效益，公司已连续数月实现盈利。OOCL航线转靠T30码头后，堆场、闸口进出、冷箱操作、铁路衔接等各项操作十分顺畅，总体优于原T18码头。

3. 加快物流业务发展，提升延伸服务能力。物流业务一方面努力提升存量业务的经营规模和效益，另一方面积极寻求物流项目新建和并购机会，以实现北美物流业的快速发展，重点推进了以下工作：（1）加强美东南地区仓储业务网络建设。物流北美持续扩大仓储网点布局。2019年5月和7月分别在查尔斯顿和亚特兰大租赁新仓库，主要用于开展仓储、换装业务。亚特兰大ARAUCO木材项目已经正式运营，两个新租入仓库效益实现持续增长。为了进一步完善现有仓库设施，2019年完成芝加哥仓库的改造工作，并在亚特兰大仓库添置新设施、改善硬件，提高仓库利用率，保障货物存储安全质量，进一步提升了现有客户服务水平。积极开展与外部仓库协作。在物流总部支持下开展了北美平行车出口业务，并与美国、加拿大和墨西哥等国家的5个外部仓库达成合作意向，共同开展平行车出口一条龙物流服务，逐步积累操作经验。2019年共计完成入库车辆350台，出运车辆290台，为今后在上述地区发展自有仓储设施打下业务基础。（2）继续推进巴拿马合资物流公司项目。为优化集运在巴拿马全程供应链服务、打造端到端业务，启动了在巴拿马合资设立物流公司项目。完成北美公司对组建方案的决策审批流程，2019年12月26日大陆桥物流公司在巴拿马注册成立，后续将尽快推进落实合资公司的组建和开业工作。（3）积极推进投资并购工作。按照年度工作会议的部署，落实物流业务未来双轮驱动发展战略，自我滚动发展和兼并收购同步推进。公司积极寻求仓储物流板块的投资并购机会，与多家潜在的合作伙伴进行了合资合作方面的研究和探讨，并与多家投资咨询机构就并购项目服务进行了商谈，拟订了北美公司财务顾问中介协议范本，为下一步推进兼并收购工作打下基础。

【经营效益】

1. 效益情况。2019 年北美公司实现营业收入 453 994.09 万元，同比增加 1.42%；发生营业成本 387 611.21 万元，同比增加 0.49%；发生管理费用 44 565.85 万元，同比减少 2.16%；发生财务费用 2 625.74 万元，比上年增加 2 808.78 万元；录得投资收益 5 642.61 万元，同比增加 151.09%；实现利润总额 24 337.22 万元，同比增长 86.13%；实现净利润 20 668.92 万元人民币，同比增加 79.98%。

2. 财务状况。截至 2019 年末，北美公司资产总额 413 403.61 万元，同比增加 24.73%；负债总额 200 889.40 万元，同比增加 35.88%；所有者权益 212 514.21 万元，同比增加 15.76%，主要是经营积累和汇率变动的影响。

3. 指标完成情况。2019 年财务考核指标为利润总额 7 000 万元，净利润 6 782 万元，期间费用占营业收入比重不超过 10.14%，营业总收入增长率不低于 5%。2019 年经调整事项后核定的全年利润总额为 21 767 万元，净利润 18 765 万元，期间费用占营业收入比重 8.91%，营业收入增长率经调整后视同完成。北美公司 2019 年完成全部各项考核指标。

【企业管理】

1. 加强北美所属公司董事会建设和规范运作工作。严格按照集团对下属公司董事会管理规定及当地企业治理要求，根据《北美公司下属公司董事会管理办法》的规定，做好下属公司董事会管理工作，督促下属公司按照董事会运作管理办法的规定安排召开董事会会议，规范董事会会议材料。

2. 加强企业考核管理工作。按照集团考核规定，认真落实考核责任，及时跟踪考核进展情况，督促各方完成考核指标，真正发挥考核的激励与约束功能。2019 年初，完成了北美公司 2018 年考核自评工作，并配合集团完成 2019 年北美公司考核方案制订工作。认真做好北美下属公司经营业绩考核工作，完成 2018 年度考核结果核定工作，签署了 2019 年考核责任书，落实了考核激励机制。修订了中远海运（北美）有限公司经营业绩责任考核管理办法和中远海运集运（北美）有限公司经营业绩责任考核管理办法，进一步完善了考核管理制度。

3. 推进非集装箱船舶代理工作。2019 年新年伊始，北美公司业务拓展部召开了部门成立及启动专题会议。随着集团海外发展战略的推进，对北美公司“五个平台”建设工作有了更高的要求，业务拓展部的成立有助于各非集装箱船舶公司拓展海外市场，为非集装箱船舶公司提供现场支持，非集装箱船舶公司对北美公司提供揽货服务也有着更高的期待。业务拓展部发挥了承上启下作用，加强与各非集装箱船公司的互动，不断完善和增强各非集装箱业务，进一步提升国家公司的发展高度，做好与各非集装箱船舶公司的协同。

4. 强化企业基础管理工作。一是继续优质高效地完成投资系统的填报工作，做好 2019 年北美公司投资和资产处置调整计划及 2020 年北美公司投资和资产处置计划的编制和上报工作。积极支持集团投资与项目管理信息系统建设工作，协助相关部门做好系统内信息的英文翻译和校验工作，并提出实质性的意见和建议。按照集团的统一部署、要求的时间节点，全面高质量地完成集团的各项工作任务。二是认真完成压减工作任务。按照集团压减工作的要求，经过与外部律师沟通，顺利完成四方易捷公司的关闭工作。三是做好产权登记管理工作。通过产权登记系统及时、准确提交产权登记申请文件，认真填报应登企业基础信息及合规性资料目录，严格按照实际情况填报有关数据。不存在“应登未登”的产权登记事项及补登情况，无非正常经营企业情况。按照集团资本运营部《关于做好产权登记自查及国资委现场核查配合工作有关事宜的通知》要求，做好相关自查工作。四是做好投资统计工作。及时准确地统计并上报北美公司和集运北美的固定资产投资月度执行情况。五是落实信息报送工作。积极做好信息收集及上报工作，按照集团相关部门的要求，按时、保质做好北美公司商情报告、提质增效报告和工作月报的上报工作。

【海外营销】

1. 优化销售组织架构和管理机制。随着国际贸易形势的变化，集装箱运输市场竞争态势更趋激烈，外部环境的变化对北美营销工作提出了更高的要求；为了实现集团三个跑赢的要求，结合IRIS4 销售模块上线的契机，公司对营销管理体系进行了优化，压缩了销售管理层级。北美区域集运的营销体系名称为全球贸易销售部，下设销售部、运价管理部和市场策划及分析部，其中：销售部门的层次结构由原先的 4 个层级压减为 3 个层级，在 1 名销售副总之下设 4 名销售区域总监，3 名专项总监以及 1 名国家销售经理；另外借鉴兄弟公司做法，将销售支持人员视作销售人员。2019 年，外部销售人均完成销售箱量 28 800 标准箱。

2. 圆满完成 2019 年签约工作。根据集团年度签约工作的总体要求，北美公司早规划、早部署、早落实，1 月中旬召开区域营销工作会，分配了各个区域的签约任务，宣贯了航线布局的变化。在签约过程中北美营销团队积极与贸易区保持紧密沟通联系，及时反馈签约市场和客户的情况，得到了总部全力支持。全年北美共获得太平洋签约合同 453 份，签约箱量 1 059 618 标准箱，完成签约箱量指标的 100.9%。同时结合公司 Ocean & Plus（海运和增值服务）战略，深入推进端到端业务，FOB 合约中端到端业务量占比达 40% 左右。

3. 推运价、控成本，为航线持续盈利奠定了坚实基础。成功推涨签约运价，2019 年东行 FOB 签约运价得到了有效推涨，USWC/USEC 均有 $300 ～ 350 和 $400 ～ 450 的上涨。有效控制燃油成本，FOB 合同引用燃油浮动机制占比 94%，27 份使用客户燃油机制合同也考虑了未来燃油成本的变化。同时进一步压缩额外成本，比如：Ashley Furniture（爱室丽家居）同比减少了 4 天 Free Detention（免箱期），取消了 Stop Clock 条款；Dollar Tree(美元树公司)压缩了 Free Demurrage，码头从 5 ～ 10 工作日调整为 5 个工作日，纽约港调整为 4 个工作日，Ramp（铁路堆场）从 5 个工作日调整为 2 个工作日，取消了 Stop Clock（停止计费）条款；Dollar General 压缩了 Free Demurrage，纽约港从 5 个工作日调整为 4 个工作日，Ramp 从 2 个工作日调整为 2 个日历天；Ross Store（罗斯百货公司）原 PCT 码头 Free demurrage 从 6 个工作日调整为 5 个工作日，Hamiton Beach（汉美驰公司）、Conair（美康雅公司）采用 chassis split billing（异地提还车架费)条款等。

4. 强化第三国业务开发，努力提升进出口新兴市场的货量。受中美贸易战的影响，在中国的部分产业布局正加速向东南亚、南亚转移。第三国和新兴市场的开拓是北美集运业务增长的主要驱动力，也是北美集运应对中美贸易货量下降的重要举措。北美公司加强与第三国地区代理互动营销，强化与东南亚、南亚、欧洲、非洲和中南美等第三国货源开发力度，不断提升第三国市场份额，提高客户覆盖面，增强业务抗风险能力。尤其是东南亚以及南亚地区，2019 年北美进口销售箱量中有27% 来自于东南亚以及南亚地区，共完成 24.4 万 TEU，同比提升 48%；北美出口方面，年内北美出口东南亚以及南亚地区的销售箱量实现 10% 左右的增长，完成 18.6 万 TEU，在北美出口销售总量中占比达到 28%。

5. 深化北美冷箱市场开发，集中精力开发高价值货源。2019 年，北美西行冷箱销售货量取得大幅增长，完成 3.62 万 TEU，同比增长 21%。单收 1 263 美元 /TEU，同比提高 6.7%；单贡三 315 美元 /TEU，同比提高 8.5%。主要得益于保鲜货方面，成功开发了几家果蔬协会，以及内陆货方面，开通了 CHICAGO（芝加哥）和 OMAHA（奥马哈）两个新的内陆点。年内实现了向中国承运出口冷箱 1.1 万 TEU，同比增长 47%。出口冷箱 TOP30 客户箱量合计同期增幅达 18%。

6. 加强双品牌协同。美国集运营销团队与 OOCL 北美在出口定价层面保持周期性的交流，针对太平洋航线西行、大西洋航线东行以及南北美航线的市场情况、动态进行定期沟通。尤其是在双品牌的运价政策、出口航线装载率以及重合客户的签约政策等方面进行广泛交流，避免互相冲突；在单航次用箱以及舱位需求方面开展合作，由双方营销口径沟通时各自发起需求，并引导后道服务团队进行需求的确认，实现双赢；在 IRIS4 的销售模块上线前的培训工作上，北美公司获得东方海外北美的大力支持，从人员对接、学习材料交流到业务流程组织架构都获得了东方海外的倾囊相授，帮助公司有效理解了两套系统间的区别，为公司现有销售业务流程适应新系统提供了思路。

【客 户 服 务】

年内集运业务继续以客户需求为导向，努力提升北美地区客服满意度。进一步加强 VIP 客服团队的建设，在奥克兰设立了 Tesla 项目专项客服团队，积极配合总部推进 Tesla 运输项目；当年 7 月从客服、箱管抽调人员，新成立了冷箱操作团队，实现了冷箱业务的一站式服务，大大促进了营销效果。美国地区冷箱出货量由 7 月份的每周 600TEU 上升到年底的 1 000 标准箱。在中远海运集运总部组织的客户满意度调查中得分 88 分，较 2018 年提升了 10 个百分点，位列海外公司前茅。

为保障服务操作的稳定性，年内进行了灾备演习及预防网络攻击演习。集运业务操作中心所在地 9 月遭遇了热带风暴伊梅尔达，是德克萨斯州有记录以来降雨量第四大的风暴，造成经济损失约 50 亿美元。得益于灾备演习，操作中心在兄弟单位和部门的协助下，得以快速恢复生产经营，有效控制了风暴对服务的影响。

【员 工 队 伍】

人才是企业发展的真正动力，公司根据企业的当前全局状况和未来发展情况进行完善薪酬福利制度。确保建立与现代市场相适应的人力资源薪酬福利管理机制，秉持训练有素的人才培养理念，为每位员工构建展现自我的舞台，使员工的人力资本得到保值并实现增值，使员工与企业共同成长。北美公司始终围绕“选才、留才、理才、用才”开展国际化人才建设工作，为员工提供了更广阔的发展空间。

1.“选才有道”，建立人员选拔聘任机制。北美公司拓宽了员工招聘渠道，利用广告招聘、校园招聘、猎头招聘，包括从同行业公司招揽人才等招聘渠道，打破了以学历为唯一标准的做法，通过简历筛选、面试和评估等环节，对候选人进行细致的筛选。公司除了考察候选人的技能和经验外，还考察文化匹配度、团队合作能力等因素，依岗定人，将合适的人安排到合适的岗位上，使每位员工都能充分发挥主观能动性和创造力，提高公司员工的工作积极性和企业归属感，吸引、留住优秀人才。

2.“留才有度”，公司高度重视选人用人工作，在发挥外派人员优势的同时，尤其是注重发挥当地员工的积极性，做到制度管人，感情留人，待遇留人。北美公司采用了对关键岗位人员签署劳动合同的雇佣方式，实行绩效合约化，合同为期两年，到期后双方自愿选择是否续签，协商合同条款更新等事宜，同时以合同的方式明确薪酬福利待遇、工作职责、以及员工违约、到期解约等责任追究条款，以契约的方式进行人员管理，也为将来公司推行职业经理人奠定了基础。

3.“理才有方”，提升员工队伍素质。着力抓好人才引进、培养、使用三个环节，培养造就适应转型升级要求的人才队伍。根据公司战略目标和业务需求，合理配置人才资源，确保每个岗位都有合适的人才，实现人尽其才、才尽其用。

加快落实人才发展规划，推进人才考核工作，做好优秀人才评价选拔、培养开发、激励考核等工作、实现人才结构进一步优化工作体系。为做好人力资源经营，实现人力资本增值，公司建立了行政等级、工作资深、现实工作表现等相互独立的岗位晋升渠道，根据人才的特点研究制定了人才分类考核评价方法，为不同岗位人员设定了个性化的绩效考核以及职务晋升的管理体系。

4.“用才有效”，确保人尽其才。让员工实现其最大潜力，从而为企业的发展做出贡献。公司为员工提供持续的培训和发展机会，提升其技能水平和职业素养，使其适应企业发展的需要，发挥更大的作用。北美公司在战略项目推进过程中不断深化项目组工作机制，抽调各单位、部门优秀员工进入战略项目推进工作组，并根据项目推进的不同阶段动态调整各项目组的组员。公司的发展需要更多的现代高级管理人才及专业技术人才，因此公司采用外部人才引进与内部培养选拔相结合的方式，一方面积极从外部引进符合公司文化理念的管理及技术人才，另一方面为员工提供成长和晋升的机会。建立完善的晋升通道和职业发展规划，让员工能够在工作中实现个人价值和成就感。以人为本，促进和谐企业建设取得新成效，大力提升员工队伍素质。着力抓好人才引进、培养、使用三个环节，培养造就适应转型升级要求的人才队伍。

【风险管理】

1. 制度及机制建设。自整合以来，北美公司在制度建设上再接再厉，不断实践与完善，针对薄弱环节，及时修改并补充，其中包括法务工作管理、绩效考核、劳工管理，供应商管理和安全管理等，为公司的日常经营活动和管理提供了保障。

2. 风险管理考核。北美公司将风险管理工作作为一项专门的约束性指标纳入到区域内各下属公司的年度考核指标中，对出现风险隐患及发生了风险事故的单位给予不同程度的扣分。

3. 风险控制信息化体系建设。北美公司领导非常重视信息化建设，注重办公流程标准化，积极部署公司信息化系统开发工作，通过OA系统对工作进行流程管理，将风险控制作为一个节点纳入到办公流程中，管理者可以随时查看，进行监督和控制。

4. 持续完善公司风险防控体系建设。北美公司继续以风控工作为核心，通过对已经确定的企业重大风险的分析和研判，梳理优化业务管理流程，加强对风险应对和运行的监测，打造一个有效及灵活的风险防控体系，确保战略目标的实现。

5. 提升人员专业素质，加强法律、风控与合规常识的培训。建立独立的专职法律与风险管理部门，积极制定专业法律人员法律培训工作，以及全员风控知识的培训。组织和开展不同形式的法律培训工作，提升企业高管、法律顾问和专业法律人员的法律意识、风险意识、合规意识，扩宽法律视野，提升法律风控工作水平。

6. 维持公司法务专业人员对公司重大决策事项的参与程度。继续坚持法律风险以事前和事中控制为主的原则，抓住工作重点，继续提高对重点业务法律审核的专业性和有效性，确保法律审核能够发现问题，控制风险，创造价值。

7. 信息系统风险。为落实信息系统安全管理，北美公司对公司所有系统安装了防火墙，对硬件的配置以及电脑的参数设置进行了优化，对所有人员的电脑都安装了VPN。公司还组织员工认真参加公司组织的网络安全培训和年度灾备演习，加强对员工的网络安全教育，增强员工信息安全意识，加强对员工上网行为的管理。

【安全生产】

各单位继续落实一把手安全管理和责任工程，没有发生达到上报等级的生产安全事故，员工人身安全得到了有效控制。

【公共关系】

强化公共关系管理。中美贸易摩擦开始后，对中美政治经济政策跟踪研究以及高效公关的重要性，对集团总体战略布局以及在美国的生产经营工作进一步凸显，公司设立了专门的公关工作岗位，招聘了专职公关工作人员负责跟进、研究中美政治经济政策，负责与公关公司的协调工作。2019年，共向集团、中远海运集运报送美国相关对华动态报告27期，与公关公司进行各类互动25次，为集团公关部共提供103期北美地区重要媒体舆情监测日报，并制作完成了北美公司全新的宣传视频和宣传手册。此外，公司协调公关公司积极配合集团应对能源公司下属企业被美国制裁事件，实时监测制裁动向，提供公关传播建议，得到集团充分肯定。

2019年3月，中远海运集运因积极致力于保护海洋环境和海洋生物，被美国环保组织授予2018年度“保护蓝鲸 保护蓝天”项目综合金奖。2019年12月，北美公司参加总部所在地新泽西州斯考克斯市政府组织的节日玩具捐赠活动，斯考克斯市长代表市政府接受了捐赠。

北美公司2019年主要情况见表14-19。

北美公司2019年主要情况 表14-19

项目		数据	备注
业务量	集装箱销售箱量（万TEU）	158.38	—
	集装箱local箱量（万TEU）	73.82	—
	码头吞吐量（万Unit）	88.3	权益箱数
	租赁设备保有量（台）	25 948	—
	干散货揽货量（万吨）	854	含Drummond COA货量560万吨
	件杂费揽货量（计费吨）	36 220	—
	船舶燃油供应量（万吨）	39.03	—
	船舶代理（艘次）	442	—
	物流卡车业务运输量(Move)	119 988	—
	物流内陆运输量（Unit）	14 352	—
	物流货运业务量（TEU)	15 971	—
财务状况	总资产（亿元）	41.34	—
	净资产（亿元）	21.25	—
	总收入（亿元）	45.39	—
	利润总额（亿元）	2.43	—
员工队伍	年末员工总数（人）	943	—

（王金山）

中远海运（比雷埃夫斯）港口有限公司

中远海运（比雷埃夫斯）港口有限公司

【公司概况】

中远海运（比雷埃夫斯）港口有限公司（简称“中远海运比港”或“PPA”）前身为比雷埃夫斯港务局，于1930年在希腊成立，原是希腊大型国有公共服务企业，1999年改制为股份有限公司。2002年，比雷埃夫斯港务局与希腊政府签订了为期50年的特许经营权协议，并依据该协议经营和管理比雷埃夫斯港。比雷埃夫斯港务局于2003年在雅典证券交易所挂牌上市（股票交易代码为“PPA”）。

2016年8月10日，中远海运集团通过中远（香港）集团有限公司与希腊国有资产开发基金正式签署股权转让协议，收购比雷埃夫斯港务局67%的股权，并将其改组成为中远海运（比雷埃夫斯）港口有限公司。

公司注册地为希腊比雷埃夫斯市，注册资本5 000万欧元。主要经营业务包括：邮轮码头、渡轮码头、滚装船（汽车）码头、集装箱码头、船舶修理和物流仓储业务。

【生产经营】

2019年11月11日，国家主席习近平和夫人彭丽媛在希腊总理米佐塔基斯夫妇陪同下，共同参观中远海运比雷埃夫斯港项目。习近平主席指出，“比雷埃夫斯港项目是中希双方优势互补、强强联合、互利共赢的成功范例。希望双方再接再厉，搞好港口后续建设发展，实现区域物流分拨中心的目标，打造好中欧陆海快线。我相信比雷埃夫斯港的前景不可限量，合作成果一定会不断惠及两国及地区人民”[①]。

中远海运比港团队牢记习近平主席指示精神，增强“四个意识”，坚定“四个自信”，做到“两个维护”。按照集团的比港战略，团结并带领中希方团队努力做好比港项目建设，持续推动比港业务取得突破。2019年度，中远海运比港实现营业收入115 319万元，同比增长11%，实现利润总额36 790万元，同比增长11%。

2019年，比港集装箱吞吐量达到565万TEU，同比增长15%，创历史记录并成功实现地中海第一大港的目标。同时，比港全力支持中欧陆海快线建设，中欧陆海快线货量全年完成8万TEU以上，超过集团下达的7.6万TEU指标。汽车滚装码头实现吞吐量40万辆车/次，荣获汽车滚装船行业标杆企业日本邮船（NYK）公司颁发的货物“零损毁”证书，标志着汽车滚装码头装卸服务质量获得客户的高度认可。邮轮码头完成邮轮靠泊685艘次，同比增长19%，游客吞吐量达110万人次，同比增长15%，获得地中海邮轮协会（MEDCRUISE）颁发的“地中海东部最佳邮轮港口”奖。

2019年中远海运比港各业务板块情况见表14–20。

2019年中远海运比港各业务板块业务完成量　　表14–20

业务板块	单位	数据	同比
比港集装箱业务总量	TEU	5 648 054	15.08%
邮轮业务	人次	1 097 816	14.16%
	艘次	693	20.73%

① 《习近平和希腊总理米佐塔基斯共同参观中远海运比雷埃夫斯港项目》，《人民日报》2019年11月13日。

续上表

业务板块	单位	数据	同比
渡轮业务	人次	16 567 415	5.66%
	车次	2 742 213	3.63%
滚装业务	辆	403 757	–5.92%
修船业务	进出坞艘次	110	11%
物流业务	吨	94 812	–8.59%

【重要活动】

2019年3月22日，中央纪委副书记、国家监委副主任李书磊视察比港，并登上正在靠泊作业的“中远海运安第斯”号集装箱船慰问船员。李书磊副书记高度称赞中远海运比港项目是“一带一路”伟大时代倡议的成功践行者，表示他在希期间与希腊政要和学术界的沟通中，了解到比港项目在希腊深入民心，得到广泛赞誉。集团纪检监察组组长、党组成员刘鸿炜陪同视察。

2019年4月5日，公司管理层出席了在希腊总理府举行的关于比港港口总规划（Master Plan）审批的部级协调会。会议由希腊国务部长弗拉布拉利斯主持，中国驻希腊章启月大使应邀参加。会议详细讨论了PPA的港口总规划内容，各方承诺将继续通过沟通协调，推动总规划早日获批。

2019年4月6—11日，公司参加了在美国迈阿密举办的国际邮轮展，重点推介比港区位优势，预计2019年比港邮轮挂靠将达到600艘次，结束连续三年来的下滑态势，实现企稳回升。

2019年4月8日，公司接待了来自英国、比利时、日本等36个国家和地区，包括32位驻希腊大使和11位中国驻希腊使馆外交官的访团。各国使节共同参观比港，积极评价中远海运集团在国际航运业影响力、集装箱船队规模以及中远海运比港的快速发展。

2019年5月28日，公司参加了2019年波塞冬邮轮展，宣传推介比港业务服务，加大力度宣传比港形象，提升比港知名度。

2019年6月19—22日，集团党组书记、董事长许立荣视察比港，与比港中希方管理团队和部门负责人座谈，并宣布PPA股权激励计划，中希方团队深受鼓舞，纷纷表示股权激励计划将激励他们更加努力工作，把比港建设得更好。

2019年6月21日，上海市委副书记、市长应勇在集团许立荣董事长的陪同下，视察比港。应勇市长在听取许立荣董事长的情况介绍后，表示比港是“一带一路”重要节点。希望中远海运不断深化经营管理，树立长期经营理念，持续加强海外资产经营，履行企业社会责任，实现经济效益和社会效益双赢，遵守当地法律的同时也要善用法律维护企业合法权益，使比雷埃夫斯港项目成为中国企业走出去、服务“一带一路”建设的标杆和典范。

2019年6月24日，公司发布了公司自1930年成立以来首份企业社会责任报告，全面报告了公司治理、员工福利、安全健康、社会帮扶和救助、环境保护、绿色发展、履行投资责任等方面的成果，取得良好的社会反响。

2019年6月28日，公司董事长俞曾港在雅典证交所主持召开公司2018年度股东大会，公司快速增长的经营业绩得到希腊主流媒体的一致称赞。

2019年9月18日，中国首席大法官、最高人民法院院长周强视察比港，公司董事长俞曾港陪同视察，详细介绍了中远海运比港的有关情况和未来发展规划。

2019年11月5—10日，公司成功参展第二届中国国际进口博览会，同中外客户和合作伙伴进行了广泛深入洽谈，并取得重要合作共识。希腊总理米佐塔基斯在开幕式致辞中高度评价中远海比港项目，表示与中远海运的合作非常成功，特别是比雷埃夫斯港项目已经成为共建“一带一路”的旗舰项目。

2019 年 11 月 11 日，国家主席习近平和夫人彭丽媛在希腊总理米佐塔基斯夫妇陪同下，共同参观中远海运比雷埃夫斯港项目。习近平主席说，“今天我在这里看到，中国倡议的‘一带一路’不是口号和传说，而是成功的实践和精彩的现实”[①]。

2019 年 11 月 21 日，中远海运慈善基金会助学公益项目“我们在一起”在希腊比雷埃夫斯港举行，向希腊红十字会捐赠 50 万欧元，用于开展希腊儿童的心理健康和文体活动。希腊海运部长普拉基奥塔基斯在致辞中积极评价中远海运履行企业社会责任，为当地慈善事业作出的贡献。

2019 年 12 月 16 日，公司举行比港修船业人士招待会，希腊海运部长普拉基奥塔基斯、希腊船东俱乐部主席帕特拉斯、比港修船企业联合会代表等 40 多人出席。招待会上，公司董事长俞曾港介绍了公司下一步修船板块的发展构想，希望把比港的修船产业做得越来越强，创造更多就业机会，把比港打造成地中海乃至欧洲的修船中心。普拉基奥塔基斯部长积极评价公司为振兴希腊修船业所做工作，表示希腊政府积极支持任何有助于比港修船业发展的有效举措，以更好地造福当地社会。希腊修船企业代表纷纷表示认同比港发展修船板块的设想，愿与公司共同努力，通过提供优质的服务吸引更多客户来比港，不断做大做强比港修船业。（张志明）

① 《习近平和希腊总理米佐塔基斯共同参观中远海运比雷埃夫斯港项目》，《人民日报》2019年11月13日。

中远海运（欧洲）有限公司

中远海运（欧洲）有限公司

【公司概况】

中远海运（欧洲）有限公司（简称“欧洲公司”，英文简称 COSCO SHIPPING（Europe））原名中远欧洲有限公司，前身是中远驻汉堡代表处，成立于 1989 年 2 月 15 日，注册地点为德国汉堡市，注册资本 50 万西德马克，2009 年增资至 378 万欧元。2017 年 9 月 11 日，中远欧洲有限公司更名为中远海运（欧洲）有限公司。2018 年6月27日，欧洲公司无偿受让中国海运欧洲（控股）有限公司的全部股份，注册资本金增至 419 万欧元。

欧洲公司是中远海运集团在欧洲地区的区域管理公司，管辖范围包括欧洲、北非、中亚、地中海及黑海沿线地区，覆盖 60 多个国家及地区。管辖单位业务涉及集装箱运输、散杂货运输、油品运输、物流服务、码头业务、船舶技术服务和船舶燃料供应等。

欧洲公司对区域内各公司行使属地化管理职能，在区域内负责提供行政、人事、法务、监审等共享服务。截至 2019 年末，欧洲公司本部设行政人事部、战略发展（法律风控）部、运营管理部、财务管理部、审计分部 5 个部门，设立所属各级企业 41 家（其中全资 29 家，合资 12 家），管理中远海运集运在欧企业 20 家，代管其他单位在欧企业 10 家。

欧洲公司领导班子成员为林戟董事长、孙军总裁、郭京副总裁、王松文副总裁、田东副总裁。2019 年 4 月 4 日，根据集团人事任免通知，林戟任欧洲公司董事长，不再担任总裁职务；孙军任董事、总裁。

欧洲公司 2019 年组织结构图（按法人层级）见图 14–4。

【发展战略】

根据集团“十三五”海外发展战略，欧洲公司按照“跑赢市场、跑赢变革、跑赢时代”工作方针，强化协同发展，推进业务拓展。

1. 落实“一带一路”倡议，做实做强中欧陆海快线业务。中欧陆海快线公司在经营比港主通道业务的基础上，于 2019 年 7 月及 8 月开通里耶卡至匈牙利及塞尔维亚班列，2019 年完成货运量占中欧陆海快线总货运量的 15%，进一步提升陆海快线运能和产品的稳定性。中欧陆海快线公司分别于 2019 年 11 月 8 日和 11 月 20 日签署了收购比雷埃夫斯欧亚铁路物流公司（PEARL）60% 股权和奥地利国家铁路货运公司所属 RCT–BILK 铁路场站 15% 股权的收购协议，并通过收购，公司获取了欧盟铁路运营资质，大幅提升比雷埃夫斯、里耶卡等海港的海铁联运服务能力和质量。

2. 把握区域航线实体化经营良机，做优做强欧洲区域支线业务。2019 年 7 月 29 日，钻石快航公司（Diamond Line GmbH）在德国汉堡注册成立，12 月 1 日正式对外独立运营。2019 年钻石快航公司运营欧洲区域支线船舶 26 艘，运力 5.5 万 TEU，航线 26 组，覆盖欧洲区域 26 个国家和地区、50 多个港口码头，完成操作箱量 288.1 万 TEU，船队运力排名第四，亚洲背景船公司排名第一。

3. 扩大协同效应，全力支持“比港”和“泽港”业务发展。紧密围绕“一带一路”的桥头堡“比雷埃夫斯港”布局欧洲区域支线，形成每周“11 组支线 15 次挂靠”的网络，自有支线在“比港”完成操作量 67.2 万 TEU。与中远海运港口加强协同，将俄罗斯支线、爱尔兰支线和西班牙毕尔

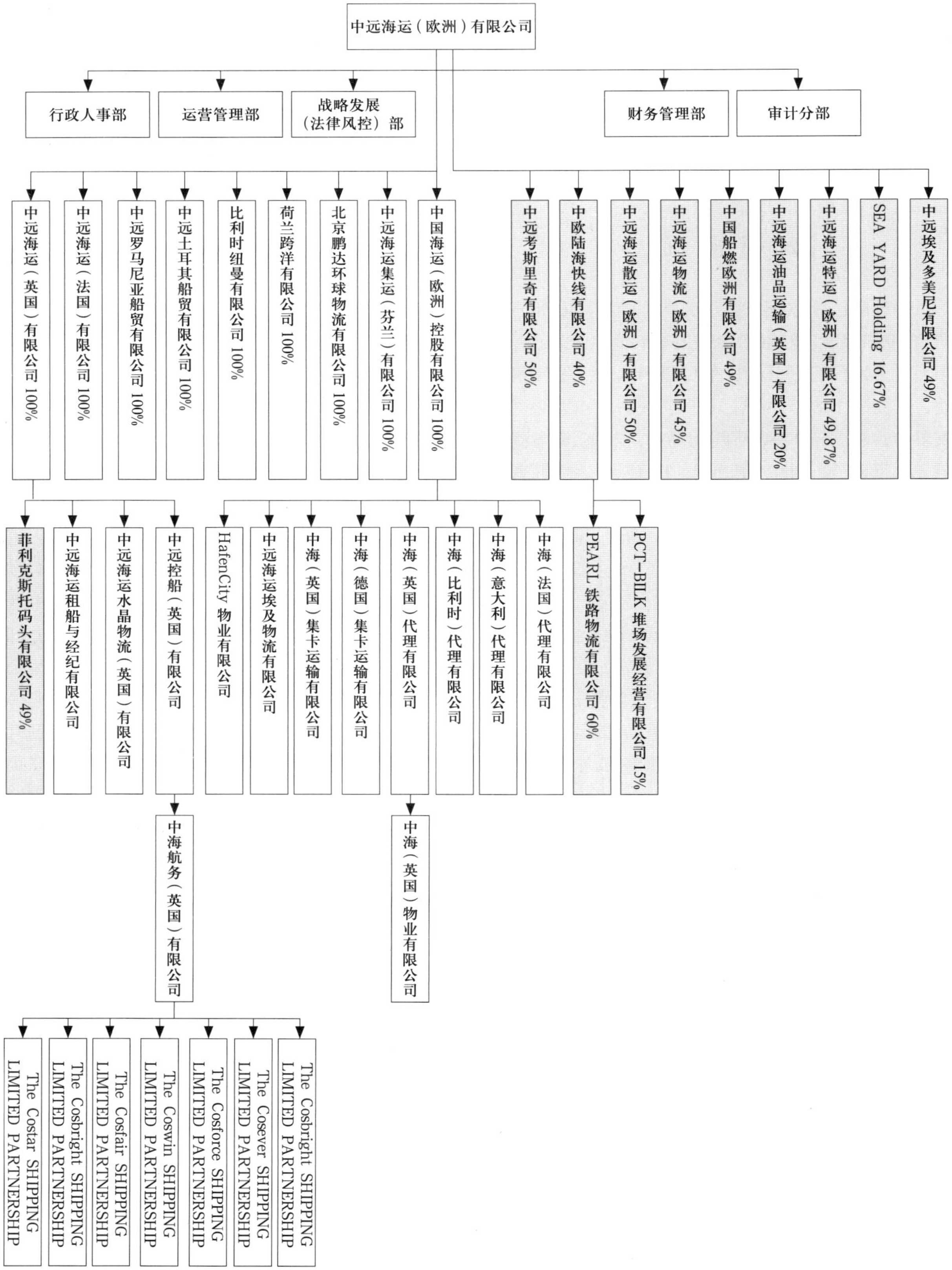

图14-4　欧洲公司2019年组织结构图（按法人层级）

巴鄂支线转移到比利时泽布吕赫港口，形成3组支线挂靠的良好局面，中远海运品牌在泽布吕赫港的装卸量占比大幅提升至36%，OOCL提升至10%。

4. 强化协同合作，推进网络布局。协同中远海运物流，联合杜伊斯堡港口公司推进杜伊斯堡煤码头项目；与中远海运特运合资成立中远海运特运（欧洲）有限公司；协助中远海运集运设立阿塞拜疆分代理，完善中亚地区的物流网络；协助中远海运集运与北非摩洛哥代理签订了股权购买备忘录。

【经营情况】

1. 经营效益。2019年，欧洲公司营业总收入达到8.76亿元，利润总额达到7 410万元，超额完成集团下达的全年利润总额指标。截至2019年末，欧洲公司总资产22.32亿元，总负债8.51亿元，净资产总额13.81亿元。

2. 集装箱业务。全年完成销售箱量233.6万TEU，同比增加11%。其中：完成local出口箱量188万TEU，同比增加12%；完成IET（欧洲区域航线Intra-Europe Trade）箱量37万TEU，同比增加18%；完成大西洋销售箱量5万TEU，同比下降35%；完成西非、南美销售箱量6万TEU，同比增加1%。2019年，中远海运集运（欧洲）有限公司实现营业总收入50.76亿元，同比增长1%，实现净利润1.67亿元。

3. 中欧陆海快线业务。2019年度中欧陆海快线全年累计开行火车1 365班次，同比增长65%；中欧陆海快线全年完成货量82 975万TEU，同比增长64%，完成年度指标的109.2%。

4. 物流业务。物流欧洲公司完成空客大部件66架次（项目累计完成487架次），同比增长24.5%，装运空客零部件，包括新增A330项目1 561TEU，完成空运业务5 067CBM，全年综合物流收入完成253万欧元，超额完成年度指标。中海（英国）集卡运输有限公司全年完成拖车业务7.75万TEU，同比增长19%，完成年度指标的112.3%，其中第三方业务同比增长16%，占总业务比例已超过30%。

5. 散货业务。散运欧洲公司（包括英国代表处）完成揽货量722万吨，同比增长38.3%，完成年度指标的218.8%。

6. 杂货业务。欧洲区域完成揽货量315万计费吨，完成年度指标的131%；其中2019年2月成立的特运欧洲公司，完成揽货量272万计费吨，完成年度指标的117%。

7. 油运业务。油运英国公司全年完成揽货总量400万吨，同比增长33.3%，完成年度指标的200%。

8. 燃供业务。完成燃油销售量127万吨，同比增长5%，完成年度指标的106%。

【企业管理】

1. 加强制度机制建设。以落实集团巡视整改为契机，建立并完善了董事会管理、"三重一大"决策、驻外员工管理、供应商与采购管理、客户资信和应收账款管理、资产管理、固定资产管理、信用卡管理等16项规章制度。

2. 优化职能部门设置。2019年8月，欧洲公司将原有散杂货部的职能并入供应链发展部，供应链发展部更名为运营管理部，统一管理非集装箱业务；将战略发展部更名为战略发展（法律风控）部，增加法律风控工作职责；在人员到位后，将行政人事部更名为行政管理部，增设人力资源部以加强人力资源管理工作。

3. 完善法务风险管理机构。欧洲公司设立了法治建设领导小组与法治建设工作小组，统筹推进欧洲公司内控体系建设总体工作，对内控体系建设工作进行监督和评价。

4. 实施营销改革与创新。成功推进销售机制改革，通过深化运价分级授权管理，成立冷箱、拉非、跨太平洋航线专属营销团队和欧洲区域投标中心，加强对各航线舱位资源的监控、管理及动态调配，欧线东行、地线东行的重箱舱位利用率分别较2018年提升4%和9%，2019年大西洋航线历史性实现盈利。

5. 推进资金集中管理和财务信息化建设。2019 年欧洲公司本部、中海欧控有限公司、Hafencity 物业公司、中远海运英国公司及其下属单位、比利时纽曼公司等合计 10 家单位纳入远吉资金集中管理平台，完成集团内资金归集工作；2019 年欧洲公司本部、中海欧控有限公司和 Hafencity 物业公司正式上线财务 SAP 系统，完成了中远海运英国公司 SAP 项目上线前的各项准备。

6. 落实巡视审计问题整改。欧洲公司成立集团巡视整改工作领导小组和工作小组，共召开 5 次会议研究、部署和推动巡视整改工作，按要求落实完成了 47 项整改措施。认真落实集团审计问题整改，制定整改措施38项，全年完成了35项。

7. 持续加强审计监督。全年完成审计项目 21 个，覆盖单位 35 家，发现审计问题 131 个，提出审计意见和建议 118 条。

【企 业 改 革】

制定欧洲公司深化改革方案。落实国务院国资委、集团有关国企深化改革的工作要求，成立了深化改革领导小组、工作小组，并拟订欧洲公司深化改革方案，推进区域与所属单位的董事会治理机制完善、推进系统内部 3 项制度建设。

【人 力 资 源】

1. 截至 2019 年末，欧洲公司管辖中外员工总数为 3 184 人（不计代管单位中非集团控股单位的当地员工），其中欧洲公司 323 人，中远海运集运（欧洲）有限公司 1 961 人；中方外派员工 108 人（其中代管单位 26 人），占员工总数的 3.39%。中方外派员工平均年龄 45 岁。

2. 按照集团“驻外员工管理若干事项调整方案”要求，欧洲公司制定了《中远海运（欧洲）有限公司驻外员工管理操作细则（试行）》，于 2019 年 10 月经集团批准实施。

3. 选拔 43 名当地优秀骨干建立当地骨干员工后备库，推选 2 人参加集团 2019 年海外干部培训班，推选 1 人参加集运总部海外英才培训计划。

【企业文化与社会责任】

1. 2019 年 5 月 30 日，中国国家副主席王岐山在德国外事访问期间，参观汉堡港 HHLA CTT 码头，并会见了正在码头靠泊的“中远海运白羊座”轮全体船员。刘鸿炜组长代表集团向王岐山副主席现场汇报了中远海运参与“一带一路”建设工作情况。

2. 2019 年 6 月 4—7 日，全球最大的运输物流展会在慕尼黑展览中心举行，欧洲公司积极发挥全球业务协同平台功能，首次在此展会上设立独立展台，重点展示了集运、物流、特运、散运、能源运输等集团核心板块业务，同时也推介了中欧陆海快线等新兴业务，全方位营销集团核心业务，积极提升中远海运品牌的市场影响力。

3. 2019 年 9 月 2 日，由中远海运承运的第二届中国国际进口博览会首批展品在意大利热那亚港正式装船启运。意大利公司举办了全球首票装船启运仪式，邀请新华社、《人民日报》、凤凰卫视、中国广播电视总台及众多意大利当地媒体参与报道，积极宣传中远海运服务，极大地扩大了市场影响力。

4. 以国家航运、船舶工业发展以及参与世界市场竞争为主题，努力讲好中国故事。英国公司撰写文章《敢为天下先，扬帆再出发——中远海运（英国）有限公司 30 周年巡礼》，获得驻英国使馆倡议、商会组织的“讲述企业在英发展故事，宣传中英经贸合作成就”中华人民共和国成立 70 周年主题有奖征文活动一等奖。

2019 年欧洲公司基本情况见表 14-21。

2019 年中远海运欧洲有限公司基本情况

表 14–21

项目		单位	数据
船队	船舶艘数	艘	7
	载重吨	万吨	48.38
生产情况	干散货揽货量	万吨	722
	件杂费揽货量	万计费吨	315
	油品揽货量	万计费吨	400
	中欧陆海快线	万 TEU	8.3
	海运综合物流业务量	万 TEU	18.18
	内陆拖车业务	万 TEU	23.94
	船舶代理	艘次	770
财务情况	总资产	亿元人民币	22.33
	净资产	亿元人民币	13.81
	总收入	亿元人民币	8.84
	利润总额	亿元人民币	0.74
人力资源	员工总数	人	323

（龚韶明）

中远海运（东南亚）有限公司

中远海运（东南亚）有限公司

【公 司 概 况】

中远海运（东南亚）有限公司（简称“中远海运东南亚”，英文简称 COSCO SHIPPING（South East Asia）），其前身是原中远控股（新加坡）有限公司，2017 年 4 月 6 日正式更名为现名，是代表中远海运集团在东南亚和南亚地区行使区域管理职能的公司，为中远海运集团全资子公司，注册资本为 10 238 万新加坡元。中远海运东南亚拥有 9 家全资子公司、4 家控股子公司和 8 家参股公司。中远海运东南亚作为中远海运集团在东南亚及南亚地区的区域总部和管理中心，负责管理和发展中远海运集团在本区域 17 个国家的各项业务。经营范围包括物流、船舶及货运代理、燃油贸易、燃油储存、油驳供船、油品检验、海事咨询、房产管理、船舶供应、劳务和租船中介等。

【企业大事记】

2019 年 3 月 25 日，中远海运东南亚总裁办公会同意参股上汽中远海运环球（印尼）汽车销售公司。2019 年 6 月 14 日，三方签署成立合资公司的股东协议，总出资额 300 万美元，其中 Saic Motor International Co.,Ltd 出资 153 万美元持股 51%，Pt Global Putra Indologistics 出资 99 万美元持股 33%，中远海运（东南亚）有限公司出资 48 万美元持股 16%。

2019 年 9 月 6 日，朱建东任中远海运（东南亚）有限公司董事、副总裁（主持工作），张峰任副总裁，顾劲松不再担任董事、总裁职务。2019 年 11 月 26 日，王善和卸任副总裁职务。

【生 产 经 营】

2019 年，中远海运东南亚按照集团工作会要求，围绕集团、区域和自身发展战略，发挥上市公司海外资本平台作用，调整业务结构。多种方式并举，进军物流产业，坚持加快深化改革，规范基础管理，确保投资运作、生产经营和改革发展各项工作顺利推进。

2019 年，中远海运东南亚完成营业收入 59.42 亿元，利润总额 3 030 万元，超额完成 2 700 万元的考核指标。区域各项业务考核指标完成较好，战略落地指标全面完成。销售箱量为 113.85 万 TEU。区域综合物流新签约合同 1 698.21 万美元，超额完成 900 万美元的目标。散货揽货量达到 202.5 万计费吨，杂货揽货量达到 40.05 万计费吨，油品揽货达到 250 万吨，较好地完成了考核目标，支持了相关业务板块的发展。

【发 展 战 略】

2019 年，公司对多个物流项目进行了跟踪研究，并择优选择了马来西亚 M 项目为收购对象，马来西亚政府对外资收购的审批基本完成。收购 M 项目后，可增加仓储面积 5.20 万平方米，不但可以增强中远海运在马来西亚供应链资源，同时也可以结合新项目，对马来西亚现有高昇物流马来西亚公司、鑫陆物流公司业务以及在巴生西港新建的仓库业务进行整合，完善业务布局，提高资源利用效率，提升服务客户能力，扩大中远海运在马来西亚的影响力，为客户提供更加全面的综合物流服务，为集团相关业务单元提供支持服务，加强协同效应。

为在复杂多变的发展环境中把握正确的发展方向，抓住区域发展机遇，推进高质量发展，中远海运东南亚未雨绸缪，2019年第四季度启动了“十四五”发展规划编制工作，组织编制了区域公司和上市公司的“十四五”发展规划纲要。认真研究发展环境变化趋势，客观分析现有资源状况，按照效益优先的原则，明确区域发展思路和重点战略举措，为编制东南亚区域“十四五”发展规划打好了基础。

【深化改革】

中远海运东南亚以激发员工内生动力，鼓励创新创业，进一步提升企业活力、控制力和抗风险能力，坚持提升企业核心竞争力为目标，积极推进全面深化改革工作。公司领导带着学习文件、听取宣贯，具体指导改革方案的制定工作。2019年，公司制定、实施了驻外员工管理办法、职务管理规定和绩效考核实施细则等制度；上市公司中长期股权激励方案已上报国务院国资委。公司已经完成包括三项制度改革、完善法人治理结构、中长期股权激励、混合所有制改革、职业经理人等措施在内的综合改革方案，并上报集团。为提升上市公司治理水平，公司举办了以“董事的职责、上市规则、公司治理和可持续性报告”等内容的学习培训。

【风险管控】

2019年，公司以健全公司法人治理结构为前提，以完善管理制度为基础，加强了投资及资产管控工作。一是完善管理制度，2019年新制定并发布了9个管理制度。截至2019年底，中远海运东南亚制定的管理制度达到48项。二是加强对经营活动的监督管理，严格执行各项规定。按照集团“要真改、要快改、要深改、要大改”的要求，组织各部门、各直属公司按严格标准对内部控制进行专项检查，并及时整改。自2016年以来，公司发现的27项内控缺陷中，已经有25项得到整改，整改完成率为93%。全年完成审计项目11项，提出并被采纳审计意见和建议44条，促进增收节支14.25万元，帮助被审单位完善制度12项。三是加强风险评估，对于高风险业务、新型业务、重大改革以及重大投资并购等事项建立专项风险评估制度和风险预警机制。四是完善全面预算管理框架，完善全面预算管理办法。

公司一直坚持以建立健全管理制度作为加强内控建设、预防经营风险基础，认真做好业务、管理流程梳理再造工作，管理制度制定工作。截至2019年底，东南亚制定的管理制度达到48项。公司制定了涵盖预算、投资、采购、资金管理、固定资产管理全流程的管理制度，包括《全面预算管理办法》《投资管理办法》《采购管理办法》《非招标采购基础规程》《招标采购基础规程》《大额资金调动和支付审批管理细则》《资金管理实施细则》《付款审批管理规程》《固定资产管理办法》等。对资产运营管理作出明确规定，并严格执行。

【员工队伍】

截至2019年底，中远海运东南亚及所属企业员工830余人，区域内代管公司员工1 780余人。

【船舶运力情况】

截至2019年底，公司自有船舶3艘、16万载重吨，完成货运量126万吨，货运周转量47亿吨海里。（梁键锋　朱春辉）

中远海运（澳洲）有限公司

中远海运（澳洲）有限公司

【公司概况】

中远海运（澳洲）有限公司（简称“澳洲公司”，英文简称COSCO SHIPPING（Oceania））由原中远集团旗下的中远（澳洲）有限公司（以下简称“中远澳洲”）和原中海集团旗下的中国海运（澳大利亚）代理有限公司（以下简称“中海澳大利亚”）重组合并而成，于2016年6月2日正式完成公司更名。

澳洲公司是中远海运集团的全资子公司，是集团海外区域管理公司之一，代表集团行使对澳大利亚、新西兰（澳、新）等大洋洲地区所有企业的管理及业务协调、市场研发、投资决策和资产经营等职能。澳洲公司前身，即中远澳洲和中海澳大利亚，分别于1995年8月和1998年12月在澳大利亚新南威尔士州注册登记成立，注册资本分别为254.83万澳元和8万澳元。截至2019年底，经过改革重组后的澳洲公司，管辖大洋洲范围内的7家公司，净资产规模达到24 371.72万元。公司业务板块见图14–5。

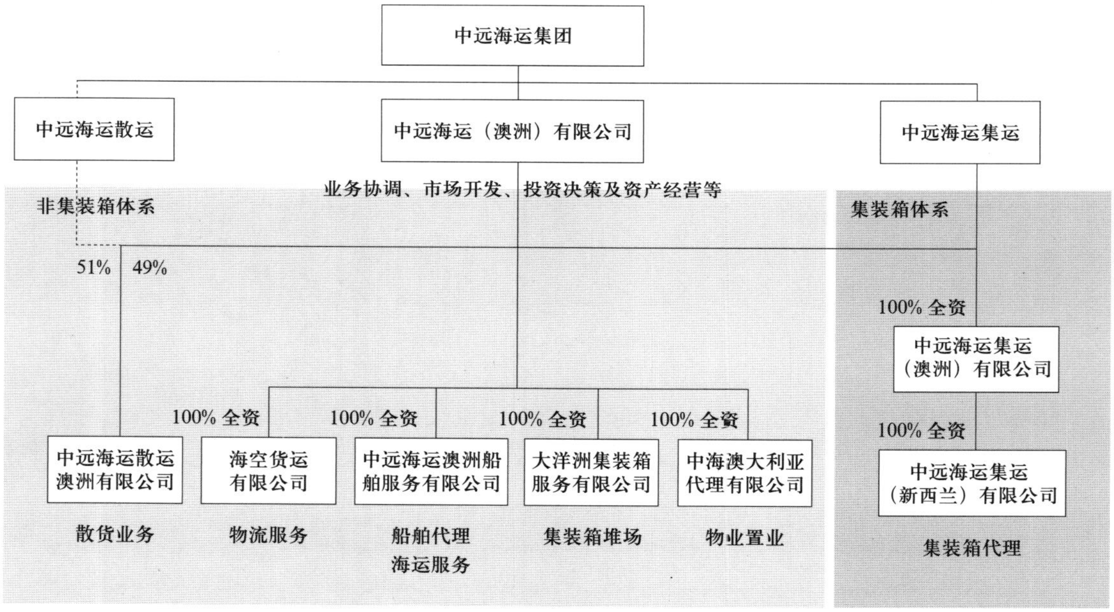

图14–5　澳洲公司业务板块图

【改革重组】

2019年是中华人民共和国成立70周年的重大历史时点，澳洲公司发扬实事求是、真抓实干的工作作风，切实将集团提出的“三个跑赢”“三个切换”作为努力方向和工作准则，这一举措促进了公司业务、资产规模、经营效益稳步上升，保持了公司持续、稳定的发展态势。

澳洲公司将深化改革与运营模式的创新作为稳定企业实现高质量发展的关键因素。按照集团全面深化国企改革总体要求，以集团深化改革指导意见为指引，制定《深改工作方案》并明确了短、中、长期相结合的改革工作目标和措施。同时，根据巡审意见修改并制订的8项规章制度的基础上，进一步加强了顶层设计，加快完善健全现代化企业制度，规范董事会建设，加强董事会行权能力，提升科学性决策水平，切实发挥董事会在公司治理中的核心地位和作用，增强对区域内各公司运营管控和战略引领，推动公司高质量发展，增强市场核心竞争力。

通过改革重组，公司规模实力、综合优势和市场影响力显著增强。2019年，公司营业收入规模达到1.92亿元，同比增长12.37%；利润总额2 728.36万元，同比增长17.93%；资产规模突破4.12亿元。澳、新区域集装箱本地出口箱量规模达到26万标准箱，同比增长6.1%，累计出口箱量完成进度在集运海外各区域公司和分部中排名第二。其中，集运澳洲完成local北行出口箱量18.89万标准箱，完成预算指标101.06%；集运新西兰完成local北行出口箱量7.42万标准箱，完成预算指标110%。澳、新区域干散货揽货量达到1 278.1万吨，并协同中远海特完成特种杂货揽取35.73万吨，实现大洋洲特运业务零的突破。

【发展战略】

澳洲公司按照搭建大洋洲地区综合物流供应链服务平台的整体规划，以提升和延伸服务能力为目标。一是完善网络布局，拓展经营范围。增设布里斯班和新西兰奥克兰办事处，进一步加快物流服务网点建设并优化网络布局，在服务覆盖范围和业务结构上与不断扩大的集运主业有效匹配，填补了新西兰延伸服务的空白，将门到门物流运输服务延伸到客户的需求端。2019年，澳洲公司协同集运落实端到端战略，实现全程供应链业务5 200TEU，同比大幅提升153.34%。同时，在新西兰建设非集装箱船舶代理服务平台，将代理业务覆盖范围延伸至新西兰及南太岛国，提升了公司在南太地区非集装箱体系的服务能力。2019年完成非集装箱船舶代理726艘次，比上年增加54艘次，增幅8%。二是加强转移替代市场的开发。在集装箱市场开拓上，集运澳洲第三国出口箱量占比达到49.90%，同比提升6.15%。开拓澳洲沿岸运输市场并取得较好的成绩，完成沿岸运输3 590TEU。集运新西兰第三国出口箱量占比同比提升6.4%，其占比达到59.66%。在散货市场开拓上，散运澳洲全力开辟东南亚市场，揽取越南、印度尼西亚的非铁矿石货载约13.5万吨，有效拓展了客户群，提升了市场参与度。

【经营效益】

2019年，世界经济增速持续下滑，国际贸易与投资增长表现不佳，叠加中美贸易摩擦影响，航运市场需求疲软。澳洲公司以集团年初、年中工作会重要精神为指引，在深刻认清自身和准确把握外部大势的基础上，围绕“增收节支、提质增效”工作重心，坚持做优做强航运主业、做大做好产业链经营，持续推动澳洲公司经营效益的稳定增长。2019年，公司累计实现营业收入1.92亿元，同比增长12.37%；利润总额2 728.36万元，同比增长17.93%；净利润1 894.29万元，同比增长17.47%。区域内各直属单位效益指标完成情况均超出预期。堆场业务版块克服开局不利影响，强化内控管理和业务开发，促进了作业效率与服务水平同步提升，实现营业收入7 363万元，同比大幅增长17.97%；实现利润总额1 288.85万元，同比增长46.67%。物流服务版块加大了端到端全程供应链服务能力的投入，带动了物流延伸业务在创收、创效方面能力，全年实现营业收入6 617.98万元，同比增长14.05%；实现利润总额599.58万元，同比增加14.91%。船舶代理和海运技术服务业务版块冷静应对突发事件，稳定了业务运营局面，实现营业收入4 106.96万元，同比提升3.51%；实现利润总额713.44万元，同比提升4.82%。散运业务版块强化属地营销优势，大幅改善投资收益水平，实现投资收益151.01万元，投资收益同比大幅增长。尽管在经营风险和困难挑战明显增多的形势下，公司经营效益仍稳中有进、进中有质，高质量发展态势持续显现。

【服务客户】

2019年，公司持续构建大洋洲综合物流服务平台，全力以赴为集团航运产业集群在大洋洲地区的生产经营保驾护航。并在此基础上，积极开发延伸业务，强化核心业务板块服务驱动作用，打造产品服务竞争力，为客户提供更加专业化和高质量的服务。

一是积极应对市场挑战，不断夯实发展基础。随着2019年中美贸易摩擦加剧以及全球经济增速放缓，市场的供需失衡推高航运主业的经营风险。澳洲公司以客户需求为业务开拓的原动力，优化营销渠道和服务意识，制定详细服务营销计划。实现本地出口箱量突破26万TEU，箱量同比增长6.1%，中远海运连续第二年被澳大利亚权威的海运新闻媒体*DAILY CARGO NEWS*评选为澳大利亚至东北亚航线的最佳承运商，并同时获得了2019年度澳大利亚至东南亚航线的最佳承运商殊荣。

二是丰富全程服务产品设计，提升延伸服务能力。公司全力发展仓储配送服务、组建专业仓储团队，多元化延伸配套服务产品，结合客户需求，大力拓展延伸服务和端到端服务，为客户提供现场拆装箱业务、报关检疫、仓库堆存和配送服务，努力嵌入到客户的项目供应链中，墨尔本仓库完成装、拆箱651TEU，实现出库订单3 402份，完成全澳配送服务1 409份。仓储配送业务正逐渐与集运业务深度融合，有效形成支撑和反哺，促进提升集运客户服务体验，增加客户黏性。

三是牢记初心使命，主动承担社会责任。2019年，为进一步加强进口博览会物流运输服务，公司组建专项工作小组，统筹协调展品运输各项工作，根据大洋洲区域展商的产品特点、运输需求，制定了端到端全程供应链物流解决方案，出色完成首届进口博览会大洋洲区域的展品运输任务，为展品运输保驾护航。澳洲公司圆满完成“雪龙”“和平方舟”“远望系列”以及“海军998舰艇编队”在南太平洋地区的现场代理任务16艘次和燃油补给任务3艘次，为集团履行政治责任和社会责任作出了贡献。

【企业管理】

2019年，澳洲公司紧紧抓住改革发展的关键阶段，坚定不移地推进业务板块的深度重组、内控制度的落实执行，通过苦练内功，激发内在动力，迈好了高质量发展的关键一步。

一是坚决推动对标管理。公司坚持贯彻集团创新发展理念，将提升主营业务效益和推进高质量发展摆在首位，通过横向与纵向相结合的对标方式，建立例会制度，定期审议对标指标完成情况，找出短板与差距，并持续改进，引导区域内各业务板块提质增效升级。

二是坚持抓好建章立制。公司强化制度建设，加强内控管理，始终将制度化建设作为一项重要的工作内容，通过企业制度的制定和完善，各业务板块不断优化业务操作流程，不断增强持续发展能力，为企业的持续发展奠定了坚实的基础。澳洲公司根据集团巡审提出的整改意见，立行立改，不断完善相对滞后的规章制度，结合自身实际情况修订了8项规章制度，加快完善制度短板与缺陷。

三是持续发挥协同效应。澳洲公司全力培育产业链服务能力，提升了综合性服务平台的协同合作能力，为集团航运产业链业务拓展提供有力的支撑与保障。大洋洲集装箱充分发挥自有堆场的资源特点，延长运营和作业时间，保障船东用箱需求。以布里斯班、新西兰办事处为支点，扩大服务覆盖范围，协同境外国有企业，精心打造全程产业链服务体系，提升各口岸的延伸服务能力，对航运主业形成支撑和反哺。

四是严格落实精益化管理。澳洲公司加强生产经营各环节监管力度，统筹调配资源，实现最优化利用，提高了管理效率。严格规范公司及所属各单位的采购管理、供应商资信体系建设；实现对供应商优胜劣汰的管理模式；规范合同管理水平，防范合同风险，切实维护合法权益。同时强化合规执行力度，提高集中采购的管理水平。

【安全生产】

2019 年，澳洲公司围绕集团年度生产安全工作的总体要求，以安全生产责任书为抓手，牢固树立安全生产的底线思维和红线意识，通过完善安全生产管理体系，强化安全生产指标考核，实现全年安全生产无事故。公司坚持问题导向，采取检查和督查相结合的方式，加大安全监督管理力度，强化岗位风险管理，不断督促改进。各直属单位、澳新分部贯彻落实安全生产主体责任，着重加强了现场作业场所的隐患排查、防范和应急预案管理，确保各项安全举措有效落实，切实提高异常情况下和突发事件的应急处置能力。2019 年，公司未发生任何等级安全生产事故，维持了安全稳定的经营生产局面。

【风险管控】

澳洲公司结合澳、新当地的法律、法规和实际情况，认真落实法治建设第一责任人职责、推进组织机构建设、制度体系建设，完善风险防控措施，努力提升依法依规治理能力，强化合规经营。在法治建设基础管理、制度管理、合同管理、案件管理及风控管理等方面取得了较大的成绩。

1. 完善组织机构建设。公司按照《中国远洋海运集团有限公司企业主要负责人履行推进法治建设第一责任人职责实施办法》中对直属单位的要求和具体规定，结合区域实际情况，成立了以总裁为组长、副总裁为副组长的区域法治建设领导小组，负责贯彻落实集团法治建设方针政策、重要文件和会议精神，统筹推进集团依法治企、研究部署区域法治建设总体工作，组织、协调区域法治建设工作重大事项，并对区域法治建设工作进行监督和评价。领导小组下设区域法治建设工作小组，负责组织拟订、实施区域法治建设方案（含专项方案）、计划，并向领导小组汇报工作。

2. 不断完善制度体系建设。通过实施年度制度制订计划，逐步建立、健全各项经营管理制度，完善规章制度管理和运行机制。公司先后新增制定了总裁办公会议议事细则、财务管理办法、会计管理规定、公务车辆管理办法、借支管理规定和外派人员管理办法（试行）、资产评估管理办法及违规经营投资责任追究实施办法（试行）、报料人政策（Whistleblower Policy）等项规章制度，修改了采购、供应商管理办法、固定资产管理办法、投资管理办法、特殊关联企业管理规定、存货管理规定等制度，不断使现行制度体系更加适应区域的实际情况。一年来，公司通过不懈努力，已逐步建立起符合区域实际的规章制度体系，涵盖了风险可能发生的高频领域，如决策管理、投资管理、供应商管理、特殊关联企业和反商业贿赂、财务管理、合同管理、人员管理、安全生产、网络安全等。

3. 实施专项风险管控。澳大利亚联邦《2019 财政法律修订（增强报料者保护）法》（“报料者保护法”）于 2019 年 7 月 1 日开始生效，该法对现行的联邦公司法、联邦税收管理法、银行法、保险法、人寿保险法和养老金行业监管法等一系列法律进行了修订，增加了对报料者保护的相关规定，对报料者的范围（即哪些人是报料者）、报料事项（Disclosable Matter）、接受报料人（Eligible Recipients）、受到法律保护的报料（Qualifying Disclosure）、报料者保护的具体内容和违反报料者法律规定的刑事、民事处罚措施和报料者的损害赔偿救助手段做出了详细规定。先期生效的 2019 年联邦《财政法律修订（加强公司和金融行业处罚）法》对违反报料者身份保密和对报料者造成不利后果或威胁造成不利的行为规定了非常高的处罚，最高个人可达 105 万澳元、公司可达 1 050 万澳元或 10% 的营业额（两者取金额较大者）。同时对涉及隐私政策（含员工）、员工行为准则的规定进行重新评估和相应更新，为在报料风险发生时正确应对提供一个行为指引。

4. 抓好重大风险防控。宏观经济风险是 2019 年澳洲公司风险评估中确认的一个重要风险。首先，由于全球经济增速放缓，中美间贸易、关税摩擦不断反复，而澳、新与美国在政治、经济和军事上是长期盟友，对华关系受到美国政策的很大影响，中美关系的变化往往影响中澳、中新关系，导致两国政府对华政策的摇摆和不确定。其次，由于澳、新经济放缓，贸易保护主义抬头，澳洲曾多次采取单边抵制措施，对从中国进口的货物滞留或退运，对区域各公司的传统优势市场造成一定程度的影响。再者，澳、新主要口岸的运输基础设施，如码头、货运铁路等集中化程度高，进入壁垒较高，对区域各公司进入物流供应链上游造成很大困难和阻力。而临近的南太岛国多为发展中国家、基础设施普遍落后、专业人才匮乏，政府廉洁度问题严重，对区域内公司增加南太市场投入造成一定的风险。此外，企业文化上的差异也给区域内公司培育和发展新业务带来许多挑战。

在大连油运事件发生后，澳洲公司迅速组织成立了突发事件应对领导和工作小组，按照集团的统一安排，对区域内可能受影响的业务和受影响的人进行全面排查，积极沉着应对，努力降低该突发事件对区域各公司业务带来的负面影响。在清查中，发现下属船舶服务公司提供船舶代理服务的三艘香港籍广东大鹏 LNG 船舶的股权中和三艘 LNG 船舶管理公司股权中，存在间接涉及可能被限制人（Blocked person）中国液化天然气运输（控股）有限公司（“CLNG”）的情况。2019 年 10 月 7 日，广东大鹏 LNG 接发货人澳大利亚 North West Shelf(“NWS”) 通知，因大连油运事件将停止装运业务，这与区域前期的风险预判结果相吻合①。在随后因为该突发事件而面临的一系列银行合规审查中，积极与银行、涉及的客户和供应商沟通、配合，尽最大努力确保企业资金正常收、付和流转。

健康安全环保风险是澳洲公司 2019 年风险评估中确认的另一个重要风险。随着公司业务量的不断增长和新业务的不断开发，公司除不断完善自身的职业健康安全手册，还要求下属公司根据自身业务实际和业务流程完善职业健康安全手册和各项安全操作指引，并加强监督力度，保证各项安全措施的落实。同时，对空箱堆场等重点安全生产场所，也要求下属公司着手聘请第三方专业机构协助复核、评估和完善安全生产措施和指引，最大可能地避免因制度及流程上的缺失可能导致的安全生产风险。

针对澳洲税务机关重点关注的关联交易这一重要风险，澳洲公司把完善年度纳税申报当成风险防控的关键环节来抓，认真核实申报中涉及的关联方、交易种类、性质、金额、关联方所在国（地区）、关联方的定价标准、转移定价文档的完备程度、关联方协议副本等信息。同时，考虑到集装箱体系在每年委托 PWC 上海准备转移定价文档时，文档中相关计算涉及的样本公司极少有澳、新区域内第三方公司的情况，通过与 PWC 上海沟通，要求其对取样数据库的选择作出相应调整，尽可能增加澳、新区域内的样本公司，从而增强转移定价报告中转移定价结论的相关性。对于非集装箱体系，公司要求所属各单位详尽收集第三方价格、市场等相关资料，以满足其相关要求，从而降低税局转移定价审计风险。

5. 加强合同管理，降低合同风险。根据集团对合同管理工作的总体要求，组织所属单位严格执行区域《合同管理暂行规定》，并结合区域的具体实际，加强对重大经济合同主要条款的合规性审核，从而降低经济合同合规风险，更好地保护公司权益。如在审核集装箱堆存服务协议时，一些非澳洲本地的客户，对区域下属堆场服务公司提供的集装箱堆存及附加增值服务不愿意支付增值税，理由是该公司是海外公司，澳洲其他堆场从未向其收取过增值税。按照澳洲增值税法的相关规定，海外公司的这种方式被视同为在服务提供时，该海外公司在澳洲间接税区域内，因而需要就该类服务缴纳增值税。公司依据此规定坚持收取增值税，从而消除了该类业务此后的合规风险和潜在的经济损失。

---

① 2019年10月21日，大连油运在CLNG的股权转让给中远海运能源运输股份有限公司完成。按照外部律师意见，CLNG不再是被限制人。

6. 加强合规管理，减少违规风险。2019 年 9 月，澳洲公司收到了新南威尔士州税务局关于工资税审计的通知书。新南威尔士州税务局在邮件通知中，称其在对东方海外（澳洲）有限公司、东方海外物流（澳洲）有限公司（以下称“东方海外澳洲”）的工资税审计过程中，发现中远海运（澳洲）有限公司及其关联公司（以下称“中远海运澳洲”）应当与东方海外澳洲合并申报工资税，理由是控股东方海外（国际）有限公司的中国远洋控股股份有限公司（以下称“中国远洋”）与中远海运（澳洲）有着共同的最终母公司中国远洋海运集团有限公司，而中国远洋海运集团有限公司直接和间接拥有中国远洋和中远海运澳洲超过 50% 的股份。因此，按照新南威尔士州 2007 年工资税法第 70 条规定，东方海外澳洲和中远海运澳洲应该被合并申报缴纳工资税。合并纳税的后果之一就是合并主体的免税额减少，从而导致应交工资税增加。在收到审计通知书后，澳洲公司一边按审计书要求准备审计资料、与东方海外澳洲沟通，同时通过多途径了解涉及的公司主体间的股权架构和比例，最后了解到中国远洋海运集团有限公司直接和间接拥有中国远洋的股份比例不超过 50%，并将此信息传递给新南威尔士州税务局负责审计的税务合规官。该税务合规官在审核了股权比例证据文件后，于 9 月 23 日撤销了对中远海运澳洲和东方海外澳洲的工资税审计的决定。

2019 年，澳、新地区没有任何新增重大案件，亦无因企业本身违规引发的重大案件。

【员 工 队 伍】

2019 年是推进《中国远洋海运集团有限公司“十三五”人才发展规划》落地的关键之年。澳洲公司积极发挥海外区域“六大平台”功能，重视本地人才队伍建设，加强高管人才的引进、选拔与培养。在建立和完善本地高管人才优胜劣汰系统机制基础上，努力发挥海外人才孵化平台作用，为集团国际化战略培养和输送优秀本地人才。

1. 坚持科学的选人用人标准，积极培养选拔优秀人才。公司把海外当地员工队伍视为集团人才的重要部分，高度重视人才的国际化。对优秀的当地人才，积极提供平台，发挥其才能，并为其提供职业规划建议，给予职业发展的关心，使他们有认同感和归属感。2019 年，晋升 6 名本地员工在部门担任主管职务。通过重用优秀的当地人才，给其他当地员工树立榜样，让大家感到只要有能力，好好干，就会有发展的机会。

2. 建立健全员工激励机制，激发员工的积极性和创造性。一是激励和奖励相结合。在全区域开展争创“优秀员工”劳动竞赛，充分调动中外员工的积极性。下属各单位也结合各自情况，纷纷开展争创“销售明星”和“客服明星”等形式多样的竞赛活动，涌现出多名年度集运销售明星、客服明星和供应商采购标兵，并给予一定的奖励。二是激励与约束相结合。加强对当地员工工作业绩的考核，将员工的业绩与薪酬挂钩。区域公司年初与各下属公司签订经营管理责任书，将集团下达的相关指标分解到各公司。2019 年，公司制定了《中远海运（澳洲）有限公司当地员工招聘、考核、薪酬管理办法（试行）》，进一步完善和规范对当地员工在招聘、考核、薪酬等方面的管理工作，满足公司健康持续发展对人才的需求，充分发挥考核和薪酬的激励作用，调动员工的积极性，促进员工与企业共同发展。

3. 坚持向市场公开选聘人才，把好入口关。统筹人员招聘管理工作，搭建系统内部人才管理平台。区域公司根据总部及各下属公司的岗位需求情况及员工个人择业意向，统筹进行系统内人力资源配置，充分发挥系统内人才优势。同时坚持向市场公开选聘人才，按照资历审查、背景调查、面试、试用等流程严把入口关。在招聘工作开展过程中，注重优化人员结构，着力解决公司人才结构性短缺、投融资、新兴产业开拓、法律人才匮乏的问题。员工入职时，公司会对员工进行入职前教育。一方面使员工明白法律规定的各项工作权利和职场安全、反歧视和欺压的规定和各项申诉权利；另一方面也使员工对其工作要求有更加清晰的了解。公司制定有《Employment

handbook》《Privacy Policy》，要求入职员工认真阅读，并签署承诺书。

4. 加强人才培养开发，着力提升员工技能素质和管理水平。坚持人才工作为企业发展中心任务服务的根本，紧紧围绕深化改革，激发队伍内生动力，提升系统运行效率、质量和客户体验等重点工作，加大相关行业领域人才培养开发力度，结合公司发展需要，选拔有培养潜力、向往为公司更好服务的优秀后备人才进行资格和技能培训。2019 年，澳新区域共安排内外部培训 879 人次。通过有针对性的培训，员工们开阔了视野，补齐了短板，进一步提升了技能素质和管理水平。

2019 年，澳洲区域管辖 4 家直属公司，1 家合营公司，2 家代管公司，共有员工 191 人。大学以上文化程度占员工总数的 68%；40 岁以下员工和 40 岁以上员工基本各占一半；外派中方人员 13 名。2019 年 1—5 月，中远海运澳洲公司总裁是陈哲瑜、党委书记是潘勇；2019 年 5—12 月，公司总裁、党委书记为陈哲瑜。

【企业文化】

公司十分重视“四个一”理念的宣贯与落实，特别关注改革重组后员工队伍的融合和团结。积极向中外员工播放集团、集运宣传视频、转发微信公众号文章；通过邮件、微信群等渠道，及时向广大中外员工传达集团在响应国家“一带一路”倡议上的重大战略举措。分享集团在经营发展上所取得的成就。在日常工作中公司注重团队文化建设，赞助并组织员工参与中国总商会的羽毛球比赛等文体活动；“三八妇女节”安排给全体女员工送花；员工生日送蛋糕，以增强员工归属感；组织新员工登船参观，提高新员工对企业的认知，增强公司的凝聚力；尊重本地传统，悉尼本部、新西兰公司及墨尔本和布里斯班积极组织举办圣诞聚会；组织员工和家属参加悉尼跨海大桥国际长跑活动等。通过组织开展各类员工活动，团队融合度日益增加，员工凝聚力不断增强。

2018—2019 年中远海运（澳洲）有限公司主要情况见表 14–22。

2018—2019 年中远海运（澳洲）有限公司主要情况　　表 14–22

项目		2018 年	2019 年	增幅	备注
服务保障	堆场容量（TEU）	7 200	7 200	不变	—
	仓库堆场面积（平方米）	5 000	5 000	不变	—
	综合物流开发（万美元）	936.04	450	–51.93%	指标完成率 128.57%
	船舶代理艘次	672	710	5.65%	—
服务营销	本地出口箱量（万 TEU）	24.79	26	4.88%	—
	干散货揽货箱量（万吨）	1 591.6	1 278.1	24.53%	—
财务状况	总资产（万元）	41 202.61	41 162.27	–0.10%	—
	净资产（万元）	22 171.53	24 371.72	9.92%	—
	总收入（万元）	17 059.55	19 169.58	12.37%	—
	净利润（万元）	1 612.64	1 894.29	17.47%	—
抗周期	第三国箱量占比	47%	49.9%	6.15%	—

（孙铁）

中远海运（日本）株式会社

中远海运（日本）株式会社

【公 司 概 况】

中远海运（日本）株式会社（简称“日本公司”，英文简称 COSCO SHIPPING（Japan））由原中远日本株式会社和中国海运日本株式会社整合而来，于 2016 年 4 月正式运营，是中远海运集团的直属全资子公司。公司是在日大型中国企业之一，同时也是在日中国企业协会副会长单位。公司注册资本金为 4 000 万元，注册地位于日本东京都千代田区。

1977 年，原中远总公司经交通部批准在东京设立办事处，并派出航运代表到日本工作，该办事处隶属于中国驻日大使馆经济商务处。1994 年 6 月，中远日本株式会社成立，该公司是中远在日本的全资子公司，也是直属中远集团的日本区域公司，统一管理中远集团驻日所有机构，并担负着对中远系统派驻日本的其他机构和合资企业进行内部指导和管理的责任。1993 年 9 月，中远在日本成立中远正和船务株式会社，2001 年更名为樱花物流株式会社，2006 年 7 月更名为中远服务株式会社。1994 年 4 月，成立中远东方轮船株式会社。2002 年 7 月，成立中铃海运服务株式会社。2005 年 1 月，成立中远集运日本株式会社，该公司由中远集运 100% 控股，其业务为中远日本株式会社原有集装箱业务划转而来。2010 年，配合集团备件供应业务重组，中远日本公司将中铃海运服务株式会社业务和工作人员转让到由远通公司（中远国际所属企业）在日本设立的新中铃株式会社，2017 年 6 月 7 日中铃海运服务株式会社注销关闭。

1996 年 4 月，上海海运局成立上海海兴轮船株式会社，1997 年更名为中国海运日本株式会社。1997 年 12 月，中国海运日本株式会社和日本海运株式会社合资成立中海集装箱日本株式会社，股比分别为 60% 和 40%。2000 年 12 月，中国海运日本株式会社收购日本海运株式会社持有的股份，中海集装箱日本株式会社变为中国海运日本株式会社全资子公司。2007 年 9 月，中国海运日本株式会社与日本运通株式会社合资成立中日世界物流有限公司。日本区域重组整合后，2016 年 11 月 29 日中海集装箱日本株式会社注销关闭，2017 年 6 月 28 日，中日世界物流有限公司也注销关闭。

2016 年 2 月，中国远洋海运集团有限公司成立后，对海外机构实施重组整合。根据新集团的安排，对中远日本株式会社和中国海运日本株式会社进行整合。4 月，中远海运（日本）株式会社成立，成为中远海运集团直属的日本区域管理公司，公司设有行政人事部、财务管理部、战略发展部和油料业务部等四个部门，承担区域管理职能，具体负责区域内行政人事管理、财务管理、集团发展战略落地、油料供应业务，码头投资经营和管理、房地产经营和管理等业务。作为在日大型中国企业，日本公司还在“在日中国企业协会”中任副会长单位。日本公司直管全资子公司 2 家，代管公司 4 家，代管代表处 3 个。企业管理架构见图 14–6。

【各公司情况简介】

中远海运（日本）东方轮船株式会社。成立于 1994 年 4 月，前身为中远东方轮船株式会社。主要负责散货船舶、杂货船舶、油轮船舶代理及揽货等业务。2017 年 1 月 1 日，正式更名中远海运（日本）东方轮船株式会社。

中远海运（日本）服务株式会社。成立于

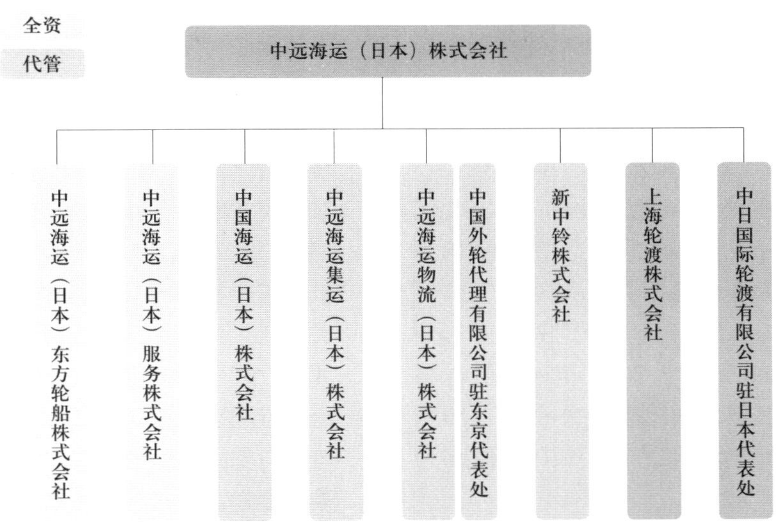

图14-6 企业管理架构

1993 年 9 月，前身为中远服务株式会社。主要负责公司房产的管理、租赁等业务。经营范围涵盖货物运输代理、保险代理、劳务派遣、旅行代理、小型货物快递、进出口贸易、集装箱修理、不动产的投资、经营、管理、租赁等。2017 年 11 月 16 日，正式更名为中远海运（日本）服务株式会社。

中远海运集运（日本）株式会社。成立于 2005 年 1 月，前身为中远集运日本株式会社。主要负责日本地区集装箱船的代理、揽货等业务，下属大阪支店、福冈营业所以及海虹国际货运有限公司一个合营公司。2017 年 1 月 1 日，正式更名为中远海运集运（日本）株式会社。

中远海运物流（日本）株式会社。成立于 2008 年 11 月，前身为中远物流（日本）株式会社，由中远物流有限公司与中远集运（日本）株式会社合资成立，股比分别为 55% 和 45%。主要负责日本区域物流业务、无船承运人、进出口拼箱和日本沿海、内陆、铁路、航空利用运输等业务。2017 年 6 月 19 日，正式更名为中远海运物流（日本）株式会社。

中国海运日本株式会社的前身为 1996 年 4 月成立的上海海兴轮船日本株式会社，该公司于 1997 年 11 月更名中国海运日本株式会社。主要是负责对所属子公司及合资公司进行业务及资金等方面管理。作为中国海运（集团）总公司的全资子公司，下辖全资子公司中海集装箱日本株式会社（已于 2016 年 11 月关闭），以及与日本通运合资成立的中日世界物流有限公司（已于 2017 年 6 月关闭）。2016 年重组整合后，无具体业务。

新中铃株式会社。成立于 2010 年，负责日本地区船舶备件物料供应、船舶修理以及化工品贸易等业务。

海虹国际货运有限公司。成立于 2001 年，截至 2016 年，中远海运集运（日本）株式会社占股 30%，中远海运国际货运代理有限公司占股 70%。公司成立之初，由中远日本株式会社和中货总公司合资成立，中远日本株式会社所属中远服务公司拥有 30% 的股权。2007 年为理顺中远日本地区集装箱业务管理体制，中远服务公司将所持 30% 的股份转让至中远集运日本株式会社（现已更名为中远海运集运（日本）株式会社）。

【经 营 效 益】

2019 年，日本公司在集团的正确领导下，认真学习领会、深入贯彻落实习近平新时代中国特色社会主义思想和党的十九大精神，按照集团“三会”指示精神，围绕“三个跑赢”、做好“三个切换”，不断提升自身经营管理水平，推动企业持续向高质量发展。在国际经贸形势波动的情况下，面对激烈的市场竞争，日本区域全员不忘初心、牢记使命，积极拼搏，努力向上，区域整体生产经营持续向好，超额完成了全年任务指标，公司收入和利润实现两位数增长。

2019年，日本公司实现营业收入23.84亿元（合并全额口径人民币收入），完成全年指标的139.33%；全年实现利润总额579.08万元，实现净利润408.17万元，分别完成全年指标的115.81%和137.89%。2019年末，日本公司资产总额3.88亿元，同比增长25.97%；净资产2.37亿元，同比增长43.6%；资产负债率为39.05%，同比下降7.27%。

【生产经营情况】

件杂货运输揽货业务，全年完成54万计费吨，同比增长2.3%，超额完成指标35%。

散货运输揽货业务，全年完成81万计费吨，同比增长1.3%，超额完成指标47%。

船燃油供应业务，全年完成供应量68万吨，同比增长21.43%。全年营业毛利润197.5万美元，同比增长32.6%；

非集装箱船舶代理业务，全年完成非集装箱船舶代理125艘次、133港次，分别同比减少8.1%和35%。

【提 质 增 效】

日本区域各业务板块聚焦“三个跑赢”，重点加大第三国市场和新兴市场的拓展力度，各项业务实现了不同程度的增长。

1. 集装箱业务。跑赢增长，集装箱专项营销取得成效。根据Seabury提供的统计数据，全年销售箱量完成39.8万TEU，同比增长4%。远洋航线投标客户中标箱量同比增长39.6%；东南亚地区出口中标箱量同比增长26.7%；分代理揽货继续保持增长，同比增长14.0%。第三国货源销售箱量11.7万TEU，同比增长22.2%，占日本区域集装箱总销售箱量29.4%，同比增长4.1%。跑赢市场，集装箱高值货开发成效显著。集装箱冷特危高值货开发成效显著。冷特危销售箱量3.95万TEU，同比增长13.9%，local出口箱量1.32万TEU，同比增长25.5%；新兴市场开发持续增长。东南亚航线进出口销售箱量完成3.18万TEU，同比增长39.6%，local出口箱量完成2.23万TEU，同比增长74.2%；非洲拉美航线进出口销售箱量完成1.47万TEU，同比增长17%。跑赢未来，立项开发、精准营销、夯实货源。筛选和甄别新目标客户，及时跟进并与集运保持沟通。夯实基础货源，专业营销团队加强与客户交流，深挖潜在需求，总结经验，及时与集运协同，沟通解决方案，为客户提供最佳的解决方案。

2. 杂货业务。第三国揽货量37万计费吨，占总货量比68.5%，同比增长15.6%。协同海特成功拿下了JGC北美LNG项目；成功开发了由杂货船从欧洲运往韩国的4 500吨铜精矿散货。协同海特为客户解决运输难题。

3. 散货业务。第三国揽货量7.5万吨，航线是东澳—印度的煤炭，占总货量比9.26%，同比增长100%。直客开发取得成效，揽取了JFE、JERA多载铁矿石、煤炭等货种。开发了日本的化学工业巨头宇部兴产从加拿大回日本的石油焦货载。揽取直客粮食货载，取得较高收益，协助中远海运散运实现“跑赢市场”。

4. 物流业务。坚持属地经营，综合物流服务再获日本客户青睐。中标竹岛铁工建设株式会社关于日本境内和歌山至关东地区建筑用钢架铁骨运输项目。打好物流+外代“组合拳”，内外协同“跑赢市场”。成功中标日本神户钢铁集团关于日本爱媛县新居滨至中国苏州高新区6 300吨汽车铝部件锻压机全程物流服务项目。与外代系统协同安全、顺利完成交货。依托多式联运平台，日本境内综合物流服务再获青睐。成功中标竹岛铁工建设株式会社关于日本境内和歌山至关东地区建筑用钢架铁骨运输项目，共计157件、1 879吨货物。

5. 油料供应业务。抢占低硫油业务先机，紧抓业务“窗口期”，争取了大量低硫油订单，低硫油业务量实现大幅增长，全年完成销量12万吨。

【重要活动】

圆满完成海军“太原舰”访日期间的后勤保障工作。2019年10月10—16日，中国军舰时隔10年再次访问日本，得到了各方高度关注。按照中国驻日本大使馆和中国海军的指示要求，日本公司高度重视，经集团批准，成立由公司主要领导挂帅的专项保障工作组，多方协调、制定应急预案，为中国海军“太原号”驱逐舰在日本参加国际舰队阅舰式期间做好后勤保障工作。军舰访日期间遇到19号超强台风，对加油、补给、靠泊等保障工作带来了巨大的困难，日本公司准备充分，及时启动应急预案，克服台风造成的不利影响，保证了海军舰艇顺利访日，展现了中远海运高素质、高水平。日本公司全程认真细致、用心用力的服务，得到了海军、大使馆等各方的高度评价，中国海军赠送了日本公司一枚宝贵的船舶纪念奖章表示衷心感谢。

服务国家主场外交，做好第二届中国国际进口博览会暨海运年会的相关工作。日本公司年初启动、部署第二届进博会的准备工作，结合首届进博会的经验，从联系客户到第一时间积极主动与大使馆、领事馆、经商处相关机构保持密切联络，区域内部各业务板块紧密协同，开展物流服务营销，针对参展客户需求进行排摸。保持高度的重政治敏锐性，尽全力为客户做好服务，解决好客户提出的问题，消除客户存在的顾虑，确保参展客户顺利参展。同时，做好重点货物物流运输报道宣传工作，全力宣传国家形象和中远海运的服务能力。经中远海运承运的参展货物均安全、及时抵达，受到了日本参展客户的充分肯定和好评。本届进博会结束后，日本区域召开进博会暨海运年会总结会和启动会，及时总结经验教训并对明年工作进行了布置。

【全力推进“一带一路”】

日本区域“一带一路”揽货量同比增长。2019年，比港和中欧陆海快线销售箱量中远东至比港箱量4 399TEU，同比增长86.9%，其中，中欧陆海快线箱量3 703TEU，同比增长112%。“一带一路”共建国家揽货箱量9.63万TEU，同比增长16.8%。其中，出口揽货箱量8.87万TEU，同比增长17.3%，进口揽货箱量7 600TEU，同比持平。协同推进跨境海铁联运业务，日本—天津—蒙古乌兰巴托汽车海铁联运运输项目完成箱量5 186TEU，同比增长39.0%。

连续3年通过北极航线“冰上丝绸之路”运输货物。协同海特开展特种船多用途化经营，揽取欧洲芬兰赫尔辛基运至日本苫小牧集装箱货物，实现了日本区域经“冰上丝绸之路”运输集装箱货物零的突破。

【新领域新业务】

夯实已有成熟业务，努力开拓新业务。继续协同集运远洋一号电商平台开展贸易电商；医疗健康体检业务持续发展，多次接待到东京进行健康体检和医疗的客户；探索会展物流服务领域，助力“北京周”绽放东京；开发“端到端”新通道，打通最后“一公里”，增加了延伸服务覆盖面，吸引了周边更多客户。协助中国企业走出国门，继2017年协助河北国资企业进入日本市场，协同集运协助湖北省企业开通武汉—日本集装箱班轮航线。

贯彻落实集团邮轮业务“开局破题”指示要求，全力服务“鼓浪屿”号顺利首航日本。集团邮轮业务“开局破题”，日本公司多方收集、整理邮轮业务资料，实地考察分代理和靠泊码头，主动对接厦远及星旅公司，最终确定靠泊方案。2019年10月6日，在经历了台风改航改期后迎来了“鼓浪屿”号，日本公司主要领导带队亲赴日本宫古岛现场指挥，确保各项保障服务工作顺利开展。对日本公司从上至下认真负责的积极作为、毫无保留的鼎力支持，星旅公司及厦门远洋领导均表示了衷心感谢。

【践行“四个一”理念】

日本公司不断深化“四个一”理念，探索跨文化融合有效模式。组织日籍员工参观集团展览室，让员工了解中远海运发展历程，亲身感受到在世界第一大船公司工作的自豪感。组织日籍员工参观洋山港集装箱码头，让员工感受中国强大的实力。通过内部COSCO会开展多种多样的文化活动，如“散步会”“太极拳爱好者协会”等，这些活动得到员工积极响应，不断加深中日员工间的文化交流；组织中日文培训，架起中日员工沟通桥梁。关心、关爱船员。代表集团和各专业公司慰问过年过节期间在船上辛勤工作的船员兄弟，送上有日本特色的慰问品。

【员工队伍建设】

立足长远，加强人才队伍建设。物色、考察年轻干部，重点培养，并向集团推荐。推动高素质专业化人才培养。制定、组织实施《中远海运日本区域专业人才库建设实施办法（试行）》，为集团国际化提供人才保障。开展评选推优工作。向集团推荐了优秀员工、先进集体、优秀党员和先进党务工作者人选。持续优化调整人员结构。根据公司岗位需求，通过市场化招聘、劳务派遣、区域内调动等多种方式，不断调整人员结构，充实员工队伍。加强员工培训交流。组织员工中、日文培训，增强员工互动和理解。SAPHR系统上线，实现日本区域全覆盖。

【安 全 工 作】

日本公司切实落实安全生产主体责任，坚守底线、不越红线，努力做到安全责任到位、安全投入到位、安全培训到位、隐患排除到位、安全管理到位，不断提高安全生产保障能力和水平，确保集团在日本区域生产安全稳定。公司不断完善台风、地震等防灾应急预案，定期开展防灾演习。

高度重视网信安全。通过传达集团指示要求、组织培训、参加安全问答等方式，使员工不断提高网信安全意识。同时，贯彻落实集团关于网络安全执法检查等各项指示要求，在区域内开展网络安全自查，梳理安全风险点，查缺补漏，及时升级硬、软件等，确保系统、网信安全，保证业务顺利开展。一如既往协助航运公司，做好抵日船舶、船员的安全工作，努力保证安全稳定的局面得以长期持续，确保一方平安。

【风险防控工作】

严控风险，加强内部管理。有效防范汇兑风险，主动作为减少汇兑损失。成立“资金/汇率管理小组”专项工作小组，实时监控汇率走势，针对日元美元汇率大幅波动等情况，主动采取措施，有效减少汇兑损失。同时，加大财务和税务管理工作力度，重点关注两金压降，加快应收账款的催收，加强资金管理，确保集团资金安全；防风险意识达到前所未有的高度。日本公司不断加强风险防控培训，提高员工风险防控意识，在制度上、流程上、行为上，在事前、事中、事后的整个闭环上，不断完善公司风险管控体系；采用“动态管控、定期评估”方式，梳理区域十大风险点，制定了解决方案和措施，重点落实加强防范；重新梳理了法律纠纷案件情况，并向集团法风部专题汇报，寻求法律帮助；制定并开始执行风险管控计划方案、商务纠纷应对方案和新的客户信用制度。规范合同管理，对合同全生命周期管理进行梳理和排查，减少风险发生可能；不断完善规章制度。完成了16项新制度和细则的制定和发布实施，使公司管理有章可循、有规可依。

【履行社会责任】

履行社会责任，落实“扶贫攻坚”。日本公司党政领导齐抓共管，贯彻落实集团对“扶贫攻坚”工作部署，成立由区域公司领导任组长的“扶贫攻坚”专项工作小组，通过实际行动落实“扶贫攻坚”工作。公司领导亲自带队主动对接，集团人力资源本部协同推进贫困县劳务输出，针对日本劳务用工市场对 IT、医疗介护、建筑等大量用工需求，寻找扶贫县愿意赴日工作的劳务人员；对接集团工会，采购扶贫县特色产品作为公司日常接待和赠送客户的礼品。 （李景石）

中远海运（韩国）有限公司

中远海运（韩国）有限公司

【公 司 概 况】

中远海运（韩国）有限公司〔简称“韩国公司”，英文简称 COSCO SHIPPING（Korea）〕是中远海运集团的全资子公司，注册资本为 79.5 万美元，于 1995 年 6 月在韩国首尔成立。韩国公司是集团在韩国的区域管理公司，是集团在韩国地区的综合管理中心和对外形象宣传窗口，负责韩国区域内各项综合管理及集团在韩国地区航运业务的开拓，为区域内所有集团内企业的经营活动提供必要的支持，并代表集团协调不同业务单元的关系，促进合作。韩国公司负责对集团非集装箱船舶在韩国的代理及揽货业务，对京汉航运公司集装箱船舶代理及揽货业务，公司设 7 个部门 2 个办事处，即代理部、运输部、散货部、物流部、财务部、行政人事部、战略发展部，釜山及仁川办事处。截至 2019 年底，公司共有 48 名员工，其中中方外派人员 7 人，韩国当地员工 41 人。公司负责人是尹为宇。

截至 2019 年底，中远海运韩国区域共有中远海运集团所属的 5 家公司，2 家参股公司及 1 个代表处。具体包括：集团下属的中远海运（韩国）有限公司，是集团在韩国的区域管理公司；中远海运集运公司下属的京汉航运有限公司，中远海运集运（韩国）有限公司及其子公司远明海运有限公司 3 家公司；中国船舶燃料有限责任公司与中远海运（韩国）有限公司合资设立的中燃韩国有限公司；1 个代表处为外代总公司驻韩国代表处（未在韩国正式登记注册）。另外，有 2 家集团下属参股公司，分别是大仁轮渡有限公司和乐天中远物流有限公司。截至 2019 年底，韩国地区 6 家集团所属公司共有中外员工 168 人，其中中方外派人员 12 人，聘用当地员工 156 人。大仁轮渡公司另有 1 名中方外派人员。公司组织机构见图 14–7。

【大 事 记】

1. 2019 年 3 月 11 日，集团总经理助理韩骏莅临韩国公司调研指导。

2. 2019 年 3 月 28 日，公司总经理尹为宇作为中资企业代表，到青瓦台总统府参加文在寅总统召开的在韩外资企业座谈会。

3. 2019 年 4 月 9 日，集团副总经理、韩国公司董事长俞曾港带队来韩国，主持召开中远海运（韩国）有限公司 2019 年度董事会。

4. 2019 年 4 月 22 日，集团纪检监察组组长刘鸿伟带队到韩国公司调研，对公司各项工作开展监督检查，并提出指导意见。

5. 推行员工人事薪酬制度改革，废除“号俸制”，实行与绩效挂钩的考核薪酬制度。2019 年 7 月起实行新的员工人事薪酬制度。

6. 2019 年 8 月，公司总经理尹为宇任公司董事长。

7. 2019 年 12 月，集团副总经理张为带队对韩国公司进行调研，听取韩国公司工作汇报并提出指导意见。

【“十三五”规划推进情况】

韩国公司“十三五”规划以开拓发展韩国地区业务和效益为方针，建立健全适应新集团、新经济和新常态的体制机制，坚持稳中求进，积极推进集团全球业务协同平台、信息共享平台、新兴业务孵化平台、管理服务支持平台、国际人才培养等 5 个平台在韩国地区的建设。公司制定了

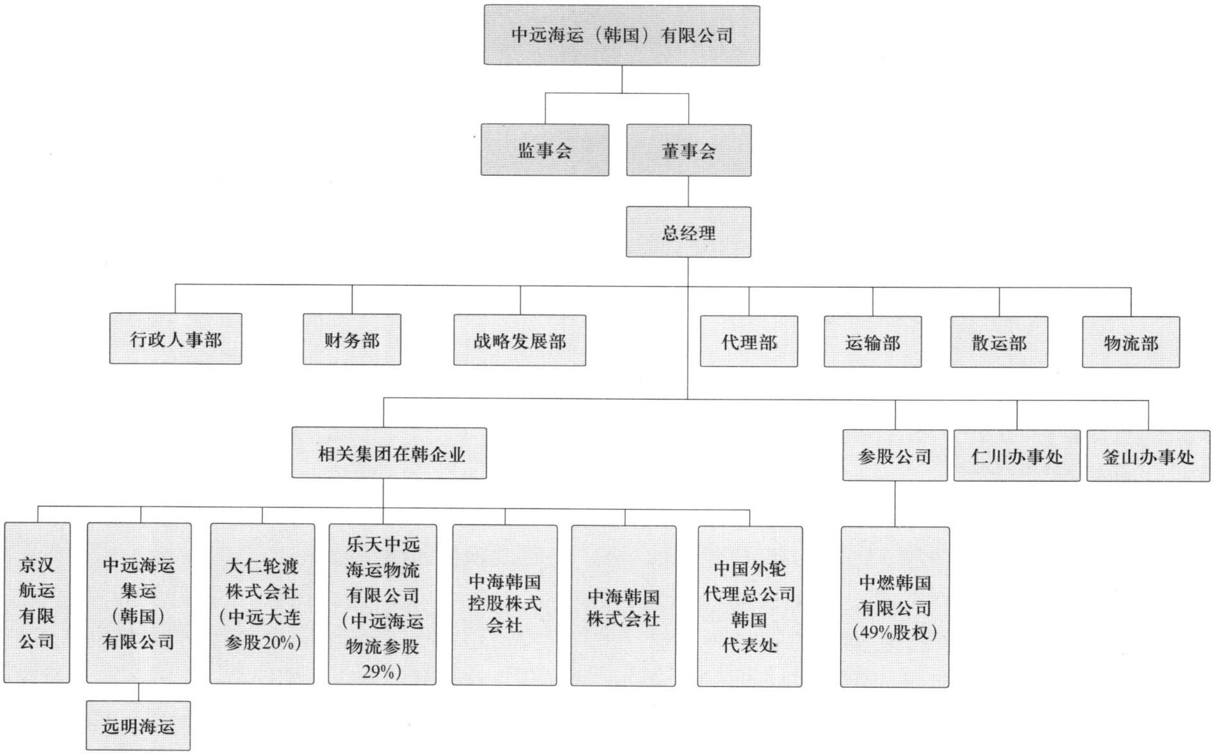

图14-7　中远海运（韩国）有限公司组织机构图

“十三五”各项奋斗目标、依托集团“6+1”产业集群的布局，按照集团海外“十三五”发展规划，积极推进集团及国内各专业公司在韩国地区发展，努力挖掘产业链的机遇，把韩国公司打造成集团在东北亚综合性物流供应链服务的核心网络基地。“十三五”期间，初步完成集团 5 个平台在韩国地区的建设，建立健全适应新集团、经济新常态的体制机制，为下一步打造东北亚综合性物流供应链服务的核心网络基地奠定基础。

“十三五”以来，公司紧盯任务目标，把握改革重组带来的契机，克服航运市场持续低迷、韩国经济走弱、中美贸易争端、新冠疫情影响等诸多不利因素，通过持续深化改革，优化经营业务流程，调动员工积极性，提高运营效率，较好地完成“十三五”各项规划关键任务目标：2019 年，特种运输货量实现 25 万吨、散货直接揽货量实现 311 万吨，非集运代理船舶完成 367 艘，船舶燃料供应业务完成 39.9 万吨。其中，散货直接揽货量已大幅超额完成规划目标；从 2019 年起特种运输对揽货量统计口径由原来韩国全部出口货量调整为韩国公司自揽货货量，按历史数据，韩国公司自揽货量占全部出口货量 50%，因此按同口径，2019 年已完成规划目标；非集装箱船舶代理艘次离规划目标还有一定差距，主要因为规划目标根据当时预测改革重组之后集团在韩靠泊船舶艘数制定，但实际靠泊艘数与预测值有一定偏差（集团已据此修改考核指标）；燃供业务离规划目标差距较大，主要由于随着限硫政策推进，低硫油货源紧张，导致供油业务量增长不及预期。专业物流业务推进方面，公司与物流总部密切配合，积极把握韩国市场机会，完成危险品货物从韩国光阳港至巴基斯坦卡拉奇，非洲阿尔及利亚贝贾亚港和埃及萨德港的第三国运输及空箱的回运；安全完成由美国 FLOUR（世界第一大 EPC）主导的科威特项目马山至珠海的 9 个反应器的运输；积极推进了仁川、平泽保税仓储有色金属业务，实现了保税货物分批次门到门配送业务；完成了韩国—菲律宾设备项目的门到门韩国段的全程仓储、堆场和配送物流业务，以及长兴岛海工设备项目韩国端物流业务；协同物流中标三星重工 2020 年中韩钢材 COA 运输项目。实现项目物流、工程物流等专业物流领域在韩业务的重大突破。

【经 营 效 益】

2019 年，韩国公司全面完成各项考核指标，多项指标大幅超额完成：利润总额 1 527 万元，完成全年指标的 267.9%，净利润完成 1 194 万元，完成全年指标的 279%；期间费用占营业收入比例为 22.86%，大幅低于全年预算指标（28.26%）；散货揽货量 390 万吨，完成全年指标的 488%；件杂货揽货量 25 万吨，完成全年指标的 100%；综合物流开发实现 1.67 亿韩元（约人民币 101 万元），完成全年指标的 111.3%；销售箱量完成 23.84 万 TEU，完成全年指标的 112.2%。由于主要客户压缩中韩支线运力规模等原因，全年营业收入比上年同口径下降 0.7%，未达营业收入年增长 5% 的指标。

韩国区域公司 2019 年集团下达的经营指标完成情况见表 14–23。

韩国区域公司 2019 年集团下达的经营责任书考核指标完成情况表 表 14–23

序号	公司	指标项目	2019 年考核目标	2019 年完成情况	完成全年指标程度
1	中远海运（韩国）有限公司	利润总额	570 万元	1 527 万元	267.9%
2	中远海运（韩国）有限公司	净利润	428 万元	1 194 万元	279.0%
3	中远海运（韩国）有限公司	期间费用占营业收入比重	28.26%	22.86%	完成
4	中远海运（韩国）有限公司	营业收入增长率	5%	同口径增加 0.9%	未完成
5	中远海运（韩国）有限公司	干散货揽货量	80 万吨	390 万吨	488%
6	中远海运（韩国）有限公司	杂货揽货量	25 万吨	25 万吨	100%
7	中远海运（韩国）有限公司	综合物流开发	1.5 亿韩元	1.67 亿韩元	111.3%
8	集运韩国公司	集装箱箱量（销售）	21.24 万 TEU	23.84 万 TEU	112.2%

【深化供给侧结构性改革】

采取多重措施手段，业务开展稳中有升。集装箱业务，优化整合业务管理体系，提升业务信息管理系统。韩国公司将京汉公司和对上海仁川轮渡公司业务关系信息系统统一升级为 KEROS–2 系统，将原由远明公司办理的京汉公司代理业务调整到区域公司操作，并相应整合机构人员和业务流程，将仁川办事处集运韩国公司人员全部划归区域公司管理。散货业务：一是大力做好客户公关工作，积极维护 Posco 等重要客户关系。二是积极做好 COA 客户的二次营销，努力维持并力争扩大合作份额。三是克服困难，为合同执行及分线操作提供最大能力的支持。四是协同散运总部开展定点营销，协调韩国重要客户解决兴隆轮重点船舶的适载问题。五是落实公司大客户战略，积极开拓 Posco Energy 等新客户。件杂货业务：一是积极走访市场，挖掘客户，协同集装箱公司一起开拓客户并成功和 Taewooung Logistics 签署一个 220 台火车机车到巴生的 COA 合同。二是同德高韩国、Agility 等国际物流公司加大合作力度，在新兴的东南亚市场完成了多个航次合同。三是与 Posco Internationa、Samsung C&T 等钢材客户保持沟通，成功揽取了部分他们的钢材货物运输合同。四是加大第三国货量揽取力度，揽取第三国货量 6.5 万吨。物流业务：一是与工程物流广州分部就 2019 年韩国—菲律宾设备出口项目进行业务对接，安排了 5 批次货运出口启运。二是配合总部工程物流长兴岛项目提供韩国端的相关业务服务。三是协助物流北京公司综合物流部落实推进了厦门国贸铜矿熟料保税销售项目。四是积极营销三星重工供应链业务部，对其甲板驳船和钢材中日韩运输需求进行研讨，同时与物流大连公司、工程物流宁波分部对接协同，向三星重工提供了所需的运力供应。五是协助福建区域公司落实中石化俄罗斯项目组到韩国采购工程材料的全程运输业务。

不断提升预算管理效果，持续降低成本费用。2019 年继续加强财务对预算完成情况的监督管理职能，不断完善事业部预算管理模式，加强对各部门全面预算管理，提升预算管理职能，加强成本费用控制措施，加强对预算执行情况的跟踪分析，及时上报年度效益滚动预测，公司在 2019 年份营业收入同比增长 1% 的情况下，成本费用总额同比下降近 5.5%。

【重要外事活动】

积极开展外事活动，为公司改革发展营造有利环境。与当地使领馆、中国商会保持密切联系，积极参加他们组织的外事活动。一是 2019 年 3 月 28 日，公司总经理尹为宇代表公司应邀参加韩国文在寅总统在青瓦台召开的外资企业座谈会，有力提升企业的知名度和美誉度，进一步提升公司在当地业务中的竞争力。二是公司总经理当选为中韩黄海协会中方会长并主持 2019 年度会议，提升集团在区域航运市场的话语权和影响力。三是积极与釜山、仁川码头及当地有影响力的港航物流企业及客户单位开展交流互动，维持良好的合作关系，为公司经营管理创造良好的外部环境。四是公司认真收集当地经济和时政信息，作为经营管理活动的参考，每月上报外事信息动态，向集团总部反馈所在国政商信息。

【深 化 改 革】

2019 年，韩国公司实施多项管理与改革措施，不断提升公司治理水平和持续发展能力。

1. 不断完善公司治理体系，推进规章制度建设。按照集团深化改革工作部署，在集团的关心指导下，平稳推进公司董事会结构调整，公司董事长和党委书记由同一人担任，并同时兼任总经理，实现公司决策高效规范。进一步规范完善公司授权机制，完善“三重一大”决策流程，大力推进公司治理体系的规范和决策效率的提高。公司根据 2019 年度规章制度制定计划及集团有关管理要求，结合韩国实际工作特点，公司对各项制度进一步梳理、完善，编制了年度制度制定计划。2019 年完成新建制度 4 项，修订制度 4 项，完成年度制度计划的各项内容。

2. 推进员工人事薪酬制度改革，落实外派员工管理体制调整。为加强当地员工的规范化管理，借助当地咨询公司的力量，根据实际管理需要，公司推进社规详细内容的修订，征求员工意见，并报备所在国劳动部门，新规定已于 2019 年 4 月颁布实施。为解决薪酬制度实施多年后与市场脱节、激励机制失效、员工满意度下降等问题，引入当地咨询公司，大力推进当地员工人事薪酬制度改革，革除长期以来较为僵化的制度，143 名当地员工全体参与按照国际化现代企业管理理念重新定岗定薪，制定科学的薪酬制度，大力培养当地中层管理人员（已有 9 名当地员工进入区域公司中层管理人员序列），积极推荐当地外部董事。通过改革，形成合理的金字塔形员工层级结构，建立有效激励约束机制，员工队伍更加稳定，员工积极性充分激发。按照集团驻外员工管理体制改革要求，结合韩国公司实际情况研究制定《韩国公司驻外员工管理办法（试行）》及配套考核办法，并细化驻外员工管理各项实施细则，确保改革平稳衔接。落实集团驻外员工薪酬制度改革，严格按规定做好新的薪酬核算和兑现工作。

3. 积极推进深化改革，探索综合激励机制。按集团深化改革总体部署，成立公司深化改革领导小组和工作小组，研究制定综合改革方案，因地制宜认真落实“2+N”改革要求，严格按要求落实规范公司治理体系改革和“三项制度改革”，结合公司实际情况探索推进“超额利润分享”等长效激励机制改革。

4. 发挥区域公司监督管理职能，做好审计整改及违规责任追究工作。全力配合集团审计组，对中远韩国有限公司及中远海运（韩国）有限公司已离任原总经理仇鑫尧、陈哲瑜的经济责任审计。配合集团开展 2019 年行政费用审计工作，提交各项审计材料和信息，制定公司进一步加强行政费用管控的措施。组织开展公司违规经营投资责任追究体系建设，制定责任追究工作方案及工作计划。

5. 做好董事会授权落实工作。完成 2019 年度董事会授权工作执行情况及董事会制度建设情况专项自查，向集团上报自查报告，向集团上报董事会授权工作管理建议。

6. 优化整合业务管理体系，提升业务信息管理系统。韩国公司将京汉公司和上海仁川轮渡公司业务关系信息系统统一升级为 KEROS-2 系统，将原由远明公司办理的京汉公司代理业务调整到区域公司操作，并相应整合机构人员和业务流程，将仁川办事处集运韩国公司人员全部划归区域公司管理。

【市 场 营 销】

散货业务。一是大力做好客户公关工作，积极维护 Posco 等重要客户关系。二是积极做好 COA 客户的二次营销，努力维持并力争扩大合作份额。三是克服困难，为合同执行及分线操作提供最大能力的支持。四是协同散运总部开展定点营销，协调韩国重要客户解决兴隆轮重点船舶的适载问题。五是落实公司大客户战略，积极开拓 Posco Energy 等新客户。

件杂货业务。一是积极走访市场，挖掘客户，协同集装箱公司一起开拓客户，并成功和 Taewooung Logistics 签署一个 220 台火车机车到巴生的 COA 合同。二是同德高韩国，Agility 等国际物流公司加大合作力度，在新兴的东南亚市场完成了多个航次合同。三是与 Posco International，Samsung C&T 等钢材客户保持沟通，成功揽取了部分他们的钢材货物运输合同。四是加大第三国货量揽取力度，揽取第三国货量 6.5 万吨。

物流业务。一是与工程物流广州分部就 2019 年韩国—菲律宾设备出口项目进行业务对接，安排了第五批次货运出口启运。二是配合总部工程物流长兴岛项目提供韩国端的相关业务服务。三是协助物流北京公司综合物流部落实推进了厦门国贸铜矿熟料保税销售项目。四是积极营销三星重工供应链业务部，对其甲板驳船和钢材中日韩运输需求进行研讨，同时与物流大连公司、工程物流宁波分部对接协同，向三星重工提供了所需的运力供应。五是协助福建区域公司落实中石化俄罗斯项目组到韩国采购工程材料的全程运输业务。

【内控体系建设】

公司深化推进全面风险管理与内部控制体系的建设与融合工作。公司总经理办公会议是公司全面风险管理和内部控制工作的最高决策领导机构。2019 年 9 月，为加快提升中远海运韩国公司全面风险管理工作，深入贯彻落实集团法治工作各项要求，韩国公司成立风险管理委员会，由公司总经理担任主任，分管副总经理担任副主任，主要负责对公司风控管理工作进行宏观管理。风险管理委员会工作办公室设在战发部，战发部作为公司风险管理委员会日常管理办事机构。后续在风险管理委员会的领导下，公司将加强风控体系建设，不断完善公司现有管理要求，健全公司风控制度体系。韩国公司高度重视规章制度的建设和管理，积极贯彻落实集团主要领导对法治工作的重要指示，按照《中国远洋海运关于加强集团直属单位制度工作的指导意见》的要求，拟定公司年度规章制度制定计划，不断推进落实。完成新建制度 6 项，修订制度 2 项，促进了公司内部控制管理的开展。

【信息化建设】

公司高度重视信息化建设，以“总体规划、统一规则、业务稳定、不断不乱”为核心要求，在梳理完善公司业务、财务及各项管理要求的基础上，大力推动“十三五”信息规划的落地，取得较好效果，其中统一业务系统平台已建立并运行良好，财务系统升级工作也基本完成。完成了船代业务系统升级改造工作。公司 KEROS 2 船代业务系统是以原中海韩国船代系统为基础升级改造而成，一是彻底解决了公司合并整合的遗留问题，实现了业务操作与管理的全面统一。二是通过系统的升级建设，实现了合并后新公司的船代业务管理新模式和新要求，加强了对业务各环节的管控。三是完善了兼顾多家船公司不同服务需求的公共代理功能。该项目已在 2019 年正式上线，并且运行良好，后续将继续深挖公司业务需求，以 KEROS 2 船代系统为平台，不断改进和完善系统功能。开展 SAP 财务系统建设。韩国公司 SAP 财务系统是在集团科信部的指导与帮助下实施，对公司的管理提升具有重要意义，体现在如下几个方面：一是 SAP 财务系统可以满足公司日益严格的精细化管理要求。二是通过 SAP 财务系统与船代业务系统的数据接口建设，实现了公司业务财务一体化。三是在核算方式及管理方式实现了与集团 SAP 财务软件的统一，有利于集团对海外公司开展有效的管控和监督。SAP 财务系统拟于 2020 年初建设完成，2020 年 7 月正式上线。

【监督体系建设】

韩国公司非常重视在经营管理中的风险防控和内控监督体系的建立和制度执行。2019 年内部控制体系运行效率逐步加强和完善。针对业务经营和各项管理工作制定了具体的管理制度，为内部控制工作确立了制度保障，明确了职责和管理程序，强化了内部控制制度执行力，保障了各项工作全面有序开展。

1. 建立规范的公司治理模式，强化董事会管理机制。公司每年定期召开董事会，审定公司年度经营计划、财务预算与决算、重大投资等管理事项。强化集体决策，确保对重大事项的有效监督。区域公司坚持重大事项集体决策的原则，深入贯彻集团关于“三重一大”的决策程序。针对区域内各公司涉及生产经营、战略发展、重大投资、财务管理、人事劳资等方面的重大事项由韩国公司及区域内各公司负责人集体研究决定，需要提交董事会或经上级单位审批的重大事项再按规定程序进行审批。做到防范决策风险，提高决策水平，促进反腐倡廉。

2. 加强区域公司监管，实施定期审计、检查。中远海运韩国公司对区域内各公司实施统一的监控机制。虽然按照股权关系，区域内部分公司设立独立的财务部门，并直接向母公司上报相关财务报告，但韩国公司也同时建立起统一的监控体系，监督和检查涉及资金状况、融资借款、银行账户、对外担保和抵押、对外捐赠、超期应收账款等关键事项。集团统一建立对各个海外公司的内部审计制度。集团整合后，韩国区域公司归属集团香港审计中心实施内部审计，不再接受集团和各上级单位审计。通过审计及时发现公司生产经营及财务管理上存在的问题，有效的监督和预防风险，并督促各公司对问题进行整改。

【安 全 管 理】

2019 年，韩国区域公司企业安全生产工作取得可喜成果。公司高度重视企业安全生产工作，始终把安全生产放在企业经营管理的优先位置，建立健全了企业生产管理制度 5 项、信息安全规章 13 项、应急响应预案 2 项。这些规章制度在企业日常经营过程中起到了重要的作用，得到中国驻韩大使的充分肯定。PSC 检查始终保持零滞留记录，未发生一般及以上安全生产事故，安全生产管理制度和应急预案体系逐步完备。公司聘请当地知名机构——金张律师事务所作为公司常年法律顾问，为企业提供专业法律咨询服务 10 余件，为班子成员和其他中方外派干部授课 12 个学时，参与项目管理合同 2 份，干部职工法律风险的防范意识逐步得到加强。（祝孝福）

中远海运（西亚）有限公司

中远海运（西亚）有限公司

【公司概况】

中远海运（西亚）有限公司（简称“西亚公司”，英文简称 COSCO SHIPPING WEST ASIA ）为中远海运集团全资子公司，注册资本 300 万迪拉姆，注册地为迪拜杰贝阿里（Jebel Ali）自贸区。

西亚公司前身为中远西亚有限公司和中国海运（西亚）控股有限公司。中远西亚有限公司 1997 年 3 月成立于阿联酋迪拜，注册资本 300 万阿联酋迪拉姆，注册地在迪拜杰贝阿里自由贸易区，员工 56 人，旗下有合资公司中远阿联酋瑞斯代理公司（占股比 49%）。中国海运（西亚）控股有限公司 2006 年 4 月 18 成立于迪拜海运城自贸区，注册资本 50 万美元，员工 76 人，旗下有合资公司中海（阿联酋）代理有限公司（占股比 49%）、绿洲物流有限公司（占股比 49%）和中海（印度）代理有限公司（占股比 60%）。中远中海集团整合之初，中海（印度）代理公司划转集团东南亚公司管理，公司员工 23 人也随之划转东南亚公司。

西亚公司 2016 年 7 月实现重组合署办公，公司承接了原中远西亚有限公司和中国海运（西亚）控股有限公司的资产和业务，公司主要经营范围为船舶代理、货运代理、物流、投资等，代表集团管理辖区下属合资子公司；行使对下属公司和集团外派人员实施管理、监督、协调、服务的职能；对区域内的集装箱代理服务业务进行统筹管理和运营，负责监督、指导、协调各代理的日常工作；依托集团下属各板块业务单位，拓展散货、油轮、物流等业务在区域内的发展。2019 年底，西亚公司完成了所属亏损企业绿洲物流公司的清算关闭。

截至 2019 年末，公司中方外派人员 20 人（含代管机构中方外派人员）。

2019 年公司负责人为邱晋广。公司组织机构图见图 14–8。

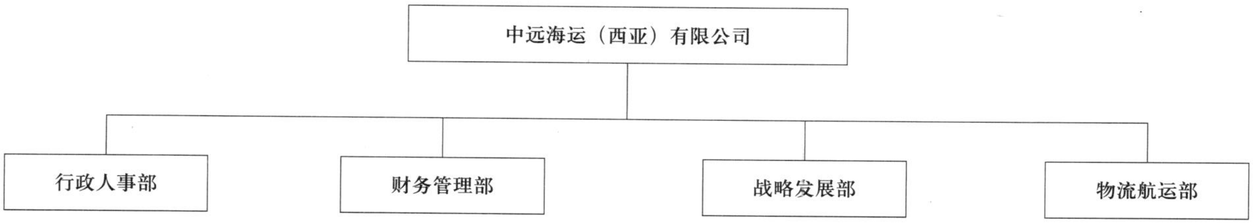

图14–8　中远海运（西亚）有限公司组织机构图

【大　事　记】

1. 2019 年 8 月 5 日，中远海运集团发文聘任邱晋广为中远海运（西亚）有限公司董事长，叶伟龙不再兼任公司董事长、董事职务。免去吴金平中远海运（西亚）有限公司副总裁职务。

2. 2019 年 12 月 23 日，中远海运（西亚）有限公司召开第一届董事会 2019 年第一次会议，审议了《关于聘任邱晋广为中远海运（西亚）有限公司董事总经理、董事长的议案》《中远海运（西亚）有限公司董事总经理2018年工作报告》《中远海运（西亚）有限公司2018年财务决算报告》《中远海运（西亚）有限公司2019年财务预算报告》和《中远海运（西亚）有限公司2018年利润分配方案》。

【经营业务】

2019年，公司代理散杂货船134艘次，比上年下降16艘次。代理油轮合计430艘次，比上年减少72艘次。

2019年，公司在非集装箱船舶境外代理总委托制方面取得进展，分别与中远海运特种运输股份有限公司、广州中远海运工程物流有限公司签订总代补充协议。

2019年，公司揽取散杂货7.3万计费吨，同比增长92%。

截至2019年，公司累计完成海军舰队补给任务33批次，代理服务436艘次，为编队按计划完成护航任务提供了优质的服务。

2019年，公司local出口箱量完成28.8万TEU，为年度经营指标的96%；销售箱量完成22.0万TEU，为年度经营指标的92%；local进口箱量完成79.4万TEU，为年度经营指标的102.3%。

2019年，西亚地区集装箱操作量为233.5万TEU，同比增长3.5%。

2019年，西亚地区重箱堆存费完成19.2万美元，同比下降80%；空箱堆存费完成206万美元，同比下降15%；冷箱插拔监控成本完成106万美元，同比增长26%；集装箱修理费完成4.5万美元，同比下降20%。滞期费完成2.43亿元人民币，完成年度经营指标的88%。

【经营效益】

2019年，西亚公司资产总额（合并口径）13 109万元，较上年末增加1 249万元，增幅11%；负债总额1 211万元，比上年增加了850万元；公司所有者权益总额11 898万元，较上年增加399万元。2019年实现利润总额为127万元，较上年增加了404万元，扭转了上年亏损的局面。（刘剑）

中远海运（非洲）有限公司

中远海运（非洲）有限公司

【公 司 概 况】

中远海运（非洲）有限公司（简称“非洲公司”，英文简称 COSCO SHIPPING（Africa）），是中远海运集团在南非投资成立的全资子公司，是集团直属的二级公司，集团拥有其 100% 股权。非洲公司注册资本为 1000 兰特，注册地为南非约翰内斯堡市，注册时间为 1994 年 5 月 7 日（原中远非洲公司注册时间）。2016 年 7 月，根据集团的统一部署，原中远非洲公司和原中国海运非洲控股公司完成了整合并开始合署办公，后续完成一系列变更手续，即以原中远非洲公司为基础，变更公司名称、董事及股东，成立中远海运（非洲）有限公司。2016 年 7 月 4 日，中远非洲公司更名为中远海运（非洲）有限公司。中海非洲控股公司在 2018 年完成注销。

非洲公司主要经营范围：船舶代理、货运代理、中非及第三国与非洲间全程物流供应链相关产业服务、船舶配件及服务、贸易、融资租赁和投资等非集团负面清单业务。

非洲公司业务及区域事务管辖范围为：非洲西海岸自毛里塔尼亚及以南地区和非洲东海岸自肯尼亚及以南地区的所有非洲区域。区域内管辖 7 家公司，其中，中远海运非洲直属公司 2 家（以上均是包含区域本部），现有人员 261 人，其中集团派出人员 18 人。非洲公司实际履行的职能包括两大块：集运业务和非集运业务。

集运业务：非洲公司目前代行集运非洲分部职能，通过肯尼亚、南非和尼日利亚三个国家公司作为东、南、西非分中心，为集运业务督促管理非洲区域内市场营销和开发、供应商协议谈判和管理、供应链物流、箱管操作、船舶码头操作、客户服务、BPS、分代理管理、财务结算、考核等各方面的工作。

非集运业务：主要业务包括非集装箱船舶代理、非集装箱业务的市场开发和营销、船舶配件加油及航修等服务、内陆综合物流、仓储投资等业务。非洲公司以直属的远南船务打造非洲区域船舶服务平台；以区域本部散运部为散、特运打造非洲区域的营销网络。

【企业组织形式和法人治理结构】

非洲公司是集团按南非公司法，在南非豪登省、约翰内斯堡市全资注册的有限责任公司。非洲公司领导层设有董事长、副总经理、财务总监；职能部门有财务部、行政人事部、战发部、散运部；拥有全资子公司 1 个：远南技术服务中心；参股公司 1 个：中远海运非洲物流有限公司，参股比例 45%。目前公司总人数为 10 人，其中中方外派 5 人（公司董事长、公司副总经理、财务总监兼财务部及行政人事部总经理、战发部总经理、散运部总经理），当地员工 5 人（财务部 3 人、战发部 1 人、专业法务 1 人）。

非洲公司是集团直属二级公司，设有董事会，为公司经营决策最高机构。董事会共由 5 人董事组成，其中含董事长 1 人、董事 1 人、外部董事 3 人，均为集团派出董事。

根据公司章程规定，非洲公司日常决策由董事长办公会行使总经理办公会职能。

根据公司“三重一大”决策制度要求，在集团对直属公司的授权范围内，非受限事项的重大事项分级审批。受限事项先经公司内相应的会议审议后报集团审批。公司本部各职能部门及下属公司为具体决议的执行层。公司财务部还兼具区域内监督审计职能。

【区域内各公司简介】

区域内公司及股权架构情况见表 14–24。

区域内公司及股权架构情况表　　表 14–24

公司名称	股东名称	持股比例
中远海运（非洲）有限公司	中国远洋海运集团有限公司	100%
远南海事技术服务中心	中远海运（非洲）有限公司	100%
中远海运物流（非洲）有限公司	中远海运物流供应链（香港）有限公司	55%
	中远海运（非洲）有限公司	45%
中远海运集运（南非）有限公司	中远海运集装箱运输有限公司	100%
中远海运集运（尼日利亚）有限公司	中远海运集运（南非）有限公司	70%
	Comet Shipping	20%
	Bollore 尼日利亚公司	10%
中远海运集运（肯尼亚）有限公司	中远海运集运（南非）有限公司	50%
	中坦公司	30%
	Rais Shipping Services（Kenya）Ltd.	20%
中远海运集运（加纳）有限公司	中远海运集运（南非）有限公司	60%
	Bollore 加纳公司	40%

【区域内主要企业情况】

1. 远南海事技术服务中心

远南海事技术服务中心（以下简称“远南”）注册时间为 1999 年 5 月 28 日，注册地为约翰内斯堡，办公场所位于德班。远南是中远海运（非洲）有限公司下属全资单位，注册资本 1000 兰特。远南现设有船代业务部、财务管理部。公司共有人员 3 人，其中，中方外派人员 1 人，当地员工 2 人。远南按照非洲区域公司的部署，整合集团内非集装箱船靠泊非洲地区的船代业务，其中包括主要负责中远海运船舶在南非各港口的机务现场管理及机务保障，为中远海运及国内地方船东在南非地区的船舶提供修理、备件物料供应、消防救生检验，以及为中远海运系统内非集装箱班轮在西非、南非相关区域提供船舶代理及其他海事、技术咨询等服务。

远南 2019 年 1—12 月为到港船舶提供了多种现场服务。其中：船舶航修 11 艘次；船舶物料供应 33 艘次；船舶备件转运 64 艘次；代理业务 58 艘次；刮船底 23 艘次，为系统内船舶提供 108 艘次的现场服务。

2019 年，远南收入 1 545.5 万元，经营利润（税前）为 321.5 万元。

2. 中远海运集运（南非）有限公司

中远海运集运（南非）有限公司（以下简称“南非公司”）是中远海运集装箱运输有限公司下属全资单位，注册资本 100 兰特。南非公司本部设在南非德班市，在约翰内斯堡、开普敦和伊丽莎白港分别设有办事处。

南非公司的前身是中远非洲公司 1995 年 9 月在南非合资成立的考斯瑞尼（Cosren）航运代理公司。2016 年 7 月 1 日，在中远、中海两大集团重组整合的背景下，Cosren 航运代理公司和中海南非代理公司完成了重组整合工作。2016 年 8 月 31 日，中远海运集运从中远海运非洲公司收购了南非公司的全部股权，南非公司从 9 月起向集运上报财务报表，并于 9 月 7 日在当地完成了公司更名。

2016 年 11 月 30 日，南非公司从中海非控收购尼日利亚公司 60% 的股权，公司 12 月开始合并尼日利亚公司财务报表。2017 年 2 月，南非公司又从当地合资方 Comet Shipping 收购了尼日利亚公司 10% 的股权。南非公司拥有尼日利亚公司 70% 的股权，尼日利亚当地的两家合资方 Comet 公司和 Bollore 公司分别拥有 20% 和 10% 的股权。

2017 年 6 月，为完善中远海运海外代理网络，集运总部在肯尼亚成立新的合资公司，新成立的中远海运集运（肯尼亚）有限公司股东由集运南非公司、中坦公司和原肯尼亚代理 Rais Shipping Services（Kenya）Ltd 三方组成，所占股份分别为 50%、30%、20%，南非公司按股比出资 10 万美元。

2018 年 6 月，新设中远海运集运（加纳）有限公司，由中远海运集运（南非）公司持股 60%，Bollore 公司持股 40%。据此，南非公司按股比以自有资金现金实际出资 30 万美元入股。加纳公司注册完毕，已于 2019 年 3 月 1 日正式对外营业。

南非公司服务于中远海运集运的集装箱航线经营，主要负责南非地区的集装箱业务海内外的协调和管理，负责在当地市场调研揽货、船舶代理、运使费审核结算、信息跟踪、集装箱调运、集装箱维修，以及集装箱货物在南非和周边地区的内陆运输等业务。经营的远东至南非集装箱航线有 4 条，分别为 ZAX1、ZAX2、ZAX3 和 WAX4。内陆延伸服务扩展至南非境内各主要内陆点。公司业务区域除南非地区外，还负责东起莫桑比克、西至刚果（布）以南的非洲地区的各项业务。此外在南部非洲的跨境业务也取得快速发展，全程供应链服务延伸至津巴布韦、赞比亚、博茨瓦纳和莫桑比克等主要网点。

南非公司下设行政部、市场部、客服部、操作部、财务部和箱管部等 6 个部门。公司共有雇员 75 人，其中，中方外派人员 4 人，当地员工 71 人。

南非公司 2019 年全年 local 出口箱量实际完成 45 170TEU，指标完成率 78%；local 进口箱量实际完成 97 550TEU，指标完成率 67%；销售箱量实际完成 60 764TEU，指标完成率 77%。主要由于今年 ZAX1/2/3 航线部分航次计划外空班，WAX4 部分航次回程跳挂 CPT，影响今年完成情况，相关情况已经通过备忘录上报集运总部。

2019 年，南非公司净利润为 272.35 万元，同比增长 12%，主要是进出口箱量增加以及运费增长所致。2019 年年末，超期应收账款余额为 130 万元，比目标值多 30 万元；应收账款回收天数为 15 天，比目标值多 5 天，与应收账款各项指标略有差距。

3. 中远海运物流（非洲）有限公司

中远海运物流（非洲）有限公司（简称“非洲物流”），成立于 1995 年 10 月 20 日，执行物流业务的区域管理职能，管辖地域为除北非外的其他非洲地区和国家。

非洲物流是物流总部直属三级公司。2018 年 9 月 1 日起成立合资公司，中远海运物流有限公司控股 55%，中远海运（非洲）有限公司控股 45%，注册资金 850 万美元（260 万美元加 8 440 万兰特）。非洲物流公司注册资本为 1 000 兰特，注册地为南非豪登省约翰内斯堡市 CITY DEEP 区，注册时间为 1995 年 10 月 20 日。非洲物流设有业务部、财务部、商务部、行政人事部、战企部、仓储部共 6 个部门。共有雇员 13 人，其中，中方外派人员 1 人，当地员工 12 人。公司地址位于南非豪登省，No.1 Merino Ave. C/O Angus Road，City Deep，Johannesburg。

非洲物流业务范围以综合性物流业务为发展方向，包括货代、船代、现代物流等，具体包括：①工程物流。包括公路运输、大件运输、吊装、安装。②船舶代理业务。③货物海运。包括陆运、航空、NVOCC、多式联运、货物进出口清关、国内国际货运代理和订舱服务。④物流咨询服务。包括方案设计、技术咨询、供应链管理咨询、会展物流服务。⑤货物堆场、仓库、集装箱堆场。

非洲物流 2019 年顺利完成和推进的重点工作：

①顺利完成合资公司 8 440 万兰特增资手续，公司总注册资金达到 260 万美元加 8 440 万兰特。

②为仓库修缮和运营提前做好准备工作，目前已经完成60%以上的修缮工作，同时在进行相关设备的采购、保税仓库资质的申请、铁路及地块的工作推进、人员的招聘等。

③管理工作方面：加强基础管理，建立完善的业务台账、项目档案、制定采购管理规定、合同审核规定，严格遵守各项规定，使公司健康有序发展。

④加强人员建设：根据业务发展需求，积极寻找优秀人才，满足业务发展的要求。

【财务数据】

2019年，纳入非洲公司年度财务决算报表合并范围的企业数量为2个，分别是中海海运集团二级公司中远海运非洲有限公司及下属1个全资子公司远南海事技术服务中心，没有未纳入合并的公司。

2019年，非洲公司合并实现利润总额345万元，比上年增加215万元，增幅为165%；净利润217万元，增幅为171%。

1. 营业收入3 873万元，较上年增加1 031万元，增幅36.28%。不同业务板块对营业总收入的影响如下：

（1）公司本部营业总收入较上年增加284万元，增幅为14.85%。这是本年度收取集运南非公司及下属公司管理费较上年增加了228万元，且航运代理收入较去年同期增加56万元等因素综合影响的结果。

（2）船舶技术服务业务营业收入较上年增加909万元，增幅113.34%，变动的主要原因是经过艰苦努力，船舶技术服务业务较上年同期有所上升，特别是代理业务增长明显，本年度船舶代理59艘次，比上年29艘次增加了30艘次。

2. 营业总成本增加789万元，增幅为29.80%，其中：

（1）营业成本增加573万元，增幅为71.18%，主要原因是2019年随着远南营业收入的增加，营业成本相应增长756万元。同时物流成本2019年为零，较上年下降183万元。

（2）管理费用减少292万元，降幅为10.56%，变动原因主要是职工薪酬较去年减少278万元，业务费、邮电通信费、租赁费等较去年也有所下降。

（3）财务费用较上年增加508万元，增幅为55.04%，2018年和2019年财务费用均为负值，实际为财务收益减少，变动主要是美元贬值汇兑收益减少355万元以及利息收入减少153万元共同影响的结果。

3. 投资收益，2019年金额为–126万元，较2018年度减少30万元。本年度对物流公司按照长期股权投资权益法核算，确认损益调整–126万元。

4. 资产处置收益35万元，这是非洲公司处置办公车辆的收益。

非洲公司的主要财务数据见表14–25、表14–26。

非洲公司（合并） 表14–25

年份	总资产（万元）	收入（万元）	利润总额（万元）
2018年	8 051.88	2 842.35	130.30
2019年	9 122.91	3 873.31	345.18

非洲公司（本部单户） 表14–26

年份	总资产（万元）	收入（万元）	利润总额（万元）
2018年	7 412.11	1 915.45	1 201.56
2019年	8 201.20	2 199.90	65.54

【提质增效】

1. 集装箱业务

（1）2019年，非洲区域加强市场开拓，努力提升出口货量。集运各公司精细化分析市场货源结构、货量和流向，有针对性地调整营销力量，建立健全激励奖惩机制，各公司箱量都有所增长：南非大箱货量占比达到60%；尼日利亚全年本土出口增长6.2%；肯尼亚全年货量增长54%；加纳全年出口货量同比增长19%。

（2）各公司因地制宜积极拓展内陆延伸服务。南非公司全年承揽经铁路/公路延伸服务出口货量10 185TEU，占总承揽货量的22.2%；肯尼亚利用蒙—内铁路修缮完毕之际，协同代理公司，积极协调铁路运输公司，开拓内罗毕内陆延伸服务；尼日利亚成功开拓卡诺内陆堆场。

（3）区域内加强"双品牌"协同，进一步扩大市场品牌影响力。集运南非、尼日利亚、加纳、科特迪瓦和肯尼亚均在各自公司设立了OOCL的销售、客服团队（除科特迪瓦外，其他公共代理暂无专门OOCL团队）。2019年整个非洲区域OOCL品牌进出口重箱量从基本为零增长至超过两万标准箱，OOCL品牌在非洲大陆知名度正不断提升。

（4）苦练内功，通过提升软硬件管理水平提高效益。硬件方面，各国家公司高度重视，积极配合集运总部系统上线计划。根据集运总部的统一部署，安排精兵强将赴上海培训，在总部拉非贸易区和BPS团队的大力支持下，进行内部所有相关人员培训轮训、测试全覆盖，并组织公共代理相关人员进行集中培训。软件方面，各公司纷纷加强内控管理，努力为总部降本增效，例如，尼日利亚公司加大历史欠费滞期费催收力度，全年共收取滞期费1.25亿元，确保总部利益颗粒归仓。

2. 物流业务

非洲物流在继续加强内陆物流运输、特别是加强开发中资客户货源的同时，于2019年4月在约翰内斯堡内陆港核心区域，首次成功竞购约翰内斯堡铁路中心仓储项目。（项目占地总面积21 298平方米，仓库内面积5 082平方米；拍卖额8 440万兰特，约合4 013万人民币；预计仓库修缮、场地改建及设备投资等项目总投资1 760万）。

3. 散杂货业务

公司散运部也将放眼整个非洲区域，除积极为散运、特运公司提供市场信息，积极揽取非洲回程或第三地货源外，已经开始思考如何集约区域内所有资源，统筹制定代理揽货机制；如何加强与各国家公司非集运业务协同，充分利用好非洲各公共代理，尤其是国家公司的合资方代理，充分发挥非洲区域的网络优势，配合散、特运船舶在非洲的动态，在非洲市场发挥总控功能，包括对整体货源分布、流向、货源实际控制，以及建立与各代理分级管理机制和利润分成机制等。

4. 船舶代理服务业务

在区域公司的统一部署下，远南技术服务公司在南部非洲港口为集团内外船舶提供航修和船舶代理、备件转运、船员更换、刮船底等服务基础上，也努力向非洲区域船舶总代平台转变，为集团非集装箱船在包括西非及东非的整个非洲区域提供船舶代理及保障服务等业务。

【制度建设】

1. 充分利用此次集团对区域董事会和党委负责人同一人的试点政策，进一步理顺管理体制和机制，加强制度建设，夯实基础管理。

2. 结合巡视整改和今年对上届班子离任审计意见的整改，制定整改方案，修订并完善公司管理、业务规范的各类规章制度15个，以进一步规范公司内部管理及经营行为。

3. 加强依法、合规经营，防控经营风险。聚焦公司的核心业务领域和高风险领域制订公司四级风控框架，深入排查内控缺陷，认真制订并认真落实整改，以确保公司经营发展平稳有序。

【安全工作】

非洲公司始终牢固树立安全发展的理念，坚

持以人为本、生命至上，把做好安全生产工作作为“不忘初心”的重要实践和历史使命，作为非洲公司实现中长期规划的重要保障。同时，要求所有外派人员主动适应新发展阶段，贯彻新发展理念。促进各公司在长期规划中构建新发展格局，正确处理好安全与发展的关系，安全与效益的关系，始终把安全作为头等大事来抓，不断增强做好安全生产工作的紧迫感、责任感和使命感，牢牢把安全生产工作抓在手上，为集团、集运和非洲公司的规划在非洲区域顺利落地提供有力支撑。

【财务工作】

根据集团最新下发的“两金”压控文件精神，区域公司除本身进一步加强应收账款的回收工作，提高应收账款周转率，确保公司资金安全外，对区域内各国家公司的超期欠费清理工作也高度重视，要求各公司重点关注并跟踪历史超期欠费，积极联系集运总部各相关业务部门协助催收处理。由公司财务部每周更新超期欠费清单，发送给各相关业务部门，要求及时反馈未收款原因及抓紧完成催收工作，收到费用及时入账，针对大额欠费客户继续保持催缴力度，及时挂账开票收款，进一步减少超期应收账款金额，确保最终成功完成年度两金压降及超期应收账款任务。

【法治风控】

非洲公司在法务风控工作中的顶层设计、体系完善、人才储备等方面仍存在很多不足，目前非洲公司正根据公司本身的实际情况，在遵循集团法务的基本规定的基础上，重点抓住符合自身特点和需求的方面，比如坚持公司合同专业法务审核率 100%，专职的管理机构复核率 100%；公司大项目法务参与率 100%；持续保持公司零案件、零事故、零违规违纪的良好局面。

（李辉　高思航）

中远海运（南美）有限公司

中远海运（南美）有限公司

【公 司 概 况】

中远海运（南美）有限公司（简称“南美公司”，英文简称 COSCO SHIPPING（South America））是中远海运集团直属二级单位，其前身为 2013 年 5 月 27 日中国海运（集团）总公司注册成立的中国海运南美控股有限公司。2016 年 3 月，集团决定对原中远集团、原中海集团在南美地区的资产和业务进行重组整合，成立中远海运（南美）有限公司。公司 2016 年 9 月正式投入运营，并于 2017 年 5 月公司正式完成更名，是集团在南美的区域管理公司。

公司注册资本 585.2 万巴西雷亚尔，其中集团持有 95% 的股份，中远海运北美公司持有 5% 的股份。南美公司的组织结构见图 14–9。

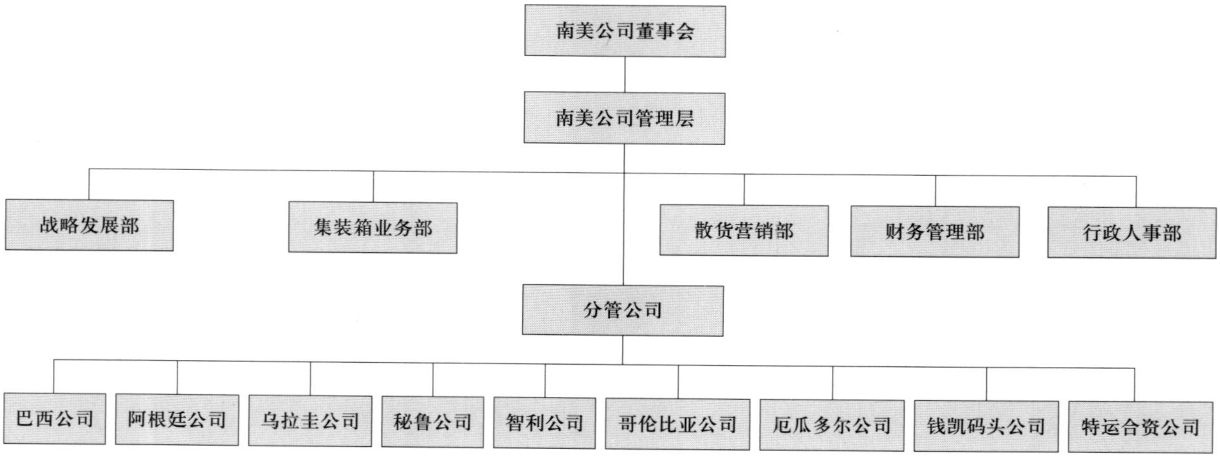

图14–9　南美公司组织结构图

【经 营 业 务】

南美公司经营的业务主要包括船舶代理、货运代理、集装箱买卖修理，船舶配件及修造船业、船舶加油及综合贸易、码头及仓储投资等。

【管 理 职 能】

2019 年，公司实际履行的管理职能包括集运业务和非集运业务两大板块。

1. 集运业务

公司下设集装箱业务部，行使集运南美分部管理职责，管理集运总部下属的中远海运集运（巴西）有限公司、中远海运集运（阿根廷）有限公司、中远海运集运（乌拉圭）有限公司、中远海运集运（秘鲁）有限公司、中远海运集运（智利）有限公司、中远海运集运（哥伦比亚）有限公司和中远海运集运（厄瓜多尔）有限公司。主要负责南美区域内市场营销和开发、供应商协议谈判和管理、供应链物流、箱管操作、船舶码头操作、客户服务、企业流程资讯、分代理管理、财务结算、考核等各方面的工作。

2. 非集运业务

南美公司管理的业务主要包括：非集装箱船舶代理、非集装箱业务的市场开发和营销、集装箱买卖业务，退租和调运、船舶配件及修造船业、船舶加油及综合物流和贸易、码头及仓储投资等。

【公司组成与员工】

2019 年，公司设有集装箱业务部、战略发展部、行政人事部、财务管理部、散货营销部等 5 个部门。截至 2019 年底，公司共有雇员 25 人，其中中方外派人员 6 人，当地员工 19 人。公司（南美分部）常务副总经理为陈珲，副总经理为叶敬彪。

【发 展 战 略】

南美公司的发展战略是立足南美市场，依托海外业务协同平台，强化以客户需求为导向的综合营销管理模式，创造价值，实现集团利益最大化。围绕航运主业，做实集运，培育发展非集运业务，向服务综合航运物流供应商战略转型。打造集团在南美地区的业务协同平台。依托集团品牌效应及整合各专业公司在南美业务的规模优势，协助各专业公司在散货、件杂货、综合物流上积极拓展南美地区业务。

【经 营 效 益】

2019 年，南美公司区域内各公司汇总口径营业收入为 23 588 万元，比上年 20 335 万元增加 15.99%。2019 年，各公司合计利润总额为 1 869 万元，比上年 1 732 万元增加 7.91%；净利润 1 175 万元，比上年 1 098 万元增加 7.02%。

【所管理公司概况】

1. 中远海运集运（巴西）有限公司

1994 年 6 月 8 日，中远美洲公司和巴西当地 Cory 公司共同出资成立中远巴西公司。公司主要从事船舶代理业务和集装箱货运代理业务。1998 年 10 月，CORY 公司退出。2007 年 12 月，中国远洋运输（集团）总公司和中远美洲公司将股份分别转予中远集运和中远集运美洲公司。2016 年 7 月 1 日，原中远巴西公司和原中海巴西公司正式合署办公，并顺利完成业务切换。2016 年 10 月，“COSCO SHIPPING LINES（BRASIL）S/A”的工商登记完成，注册资本 52 万巴西雷亚尔。公司设市场营销部、操作部、客服部、财务部、综合部等 5 个部门，在圣保罗和桑托斯设有办公室。截至 2020 年底，公司现有员工 55 名，其中中方外派员工 3 名，巴西籍员工 52 名。总经理为李政。

2. 中远海运集运（秘鲁）有限公司

中远海运集运（秘鲁）有限公司的前身是中远秘鲁公司，于 1996 年 6 月成立。2001 年初中远秘鲁公司被中远集运美洲公司并购。从 2012 年开始秘鲁公司注册资本增至 50 万美元。2016 年 9 月 28 日，公司正式更名为中远海运集运（秘鲁）有限公司。秘鲁公司股权结构是中远海运集运（北美）有限公司占股 99%，中远海运（北美）有限公司占股 1%。公司负责中远海运集运在秘鲁各口岸的船舶代理和货运代理业务，总部位于秘鲁首都利马市，有市区和卡亚俄港区两个办公场所，设有市场营销部、客服部、操作部、财务部、行政部等部门。公司在职员工 42 人，其中外派员工 3 人，集运精英计划 1 人。总经理为谢梓凯。

3. 中远海运集运（乌拉圭）有限公司

1996 年 10 月 1 日，中远南美公司与 Agencia Maritima Repremar S.A. 合资成立中远乌拉圭公司，注册资本为 200 万乌拉圭比索（按当时汇率折 25 万美元），中远南美公司占股 55%；Repremar 占股 45%。1999 年 9 月，中远南美公司收购了对方股份，解除合营，成为中远乌拉圭公司的全资母公司。2003 年 7 月 1 日，中远南美公司撤销，中远乌拉圭公司 100% 的股权转让给中远美洲公司。2011 年 1 月，中远美洲公司将所持中远乌拉圭公司 100% 股份转给中远集运美洲公司。2016 年，中远集运美洲公司更名为中远海运集运（美洲）公司。2018年7月16日，中远乌拉圭公司更名为中远海运集运（乌拉圭）公司。中远海运集运（乌拉圭）公司是中远海运集运（美洲）公司的全资子公司。公司下设操作部、市场销售部、客户服务部、财务部和行政部，公司现有20名员工，其中中方外派人员3名。总经理为陈宁。

4. 中远海运集运（智利）有限公司

中远海运集运（智利）有限公司位于智利首都圣地亚哥，前身是中远智利公司，成立于1996年9月6日，由中远南美公司与智利当地代理Somarco合资组建，注册资本为20万美元，其中中远南美公司股比为51%，代理公司Somarco股比为49%。2016年9月，新集运智利公司向合资方收购了24%股权，中远海运股比提高到75%。公司设有销售部、操作部、财务部、单证客服部、行政部5个部门，业务范围包括中远海运集运船舶代理、市场营销、客户服务、供应商管理、集装箱设备管理等。截至2020年底，公司现有员工42人，其中中方员工4人。总经理为殷勇。

5. 中远海运集运（阿根廷）有限公司

中远海运集运（阿根廷）有限公司成立于1995年9月25日，前身是中远阿根廷海运股份有限公司，是由中远集团投资控股的独资公司，注册资本10万美元，固定资产150万美元。公司在阿根廷首都布宜诺斯艾利斯帕赛欧·科隆（Paseo Colon）大街221号一楼购买了700平方米的办公楼一层作为办公地址。2011年1月，中远集运美洲公司以220.8万美元收购98%的股份，股份分配为CCLA（中远集运北美有限公司）98%，CAI（中远北美有限公司）2%。2016年整合更名为中远海运集运（阿根廷）有限公司，中远海运北美有限公司控股2%，中远海运集运北美有限公司控股98%。公司主营船舶代理业务和集装箱进出口货运代理服务。公司设有市场营销部、客服部、操作部、财务部和综合部5个部门，无下属分支机构和外派办事处。截至2020年底，公司有员工30名，其中中方外派员工3名，本地籍员工27名。总经理为万铁根。

6. 中远海运集运（哥伦比亚）有限公司

中远海运集运（哥伦比亚）有限公司成立于2019年7月13日，中远海运集运（巴西）公司占股70%，原本地代理Oceanica SAS占股30%，注册资本20万美元。公司设立在哥伦比亚首都波哥大，地址位于哥伦比亚首都波哥大市113街7–21号A座八楼。公司主营中远海运和东方海外双品牌的船舶代理业务和集装箱进出口货运代理服务，设有市场营销部，客户服务部、操作部和财务综合部4个部门以及东方海外哥伦比亚办公室，并在麦德林、卡利和卡塔赫纳三地设有专职销售。公司有员工31名，其中中方外派员工2名，本地籍员工29名。总经理为王明辉。

7. 中远海运港口秘鲁钱凯公司

中远海运港口秘鲁钱凯公司于2019年5月成立。公司由中远海运港口有限公司和秘鲁Volcan Compañía Minera S.A.A.两家公司共同持股。其中，中远海运港口有限公司持股60%，Volcan Compañía Minera S.A.A.持股40%，办公地址位于Av. Manuel Olguin 375 Surco，11 floor，Lima，Peru。中远海运秘鲁钱凯码头公司属于港口绿地项目，主要投资建设并运营秘鲁钱凯码头，项目总投资预计为12.98亿美元（不含税），主要建设4个主要泊位，以及后方辅建区和连接隧道，其中1～2号为多用途散货码头，共约620万吨吞吐能力，3～4号为集装箱码头，共约100万TEU吞吐能力，项目投产运营期预计为2024年。公司管理实行董事会领导下的总经理负责制，下设行政部、人事部、采购部、安全部、社区环境部、法律部、内部审计部、公共关系部、工程部和财务部。截至2020年12月31日，公司总资产为4.07亿美元，在职员工58人，其中外派人员4人。总经理为陈铿。

【所管理公司经营情况】

1. 中远海运集运（巴西）有限公司

2019年，中远海运集运（巴西）有限公司各项业务顺利开展，并取得了较好的成绩。2019年，公司完成销售出口箱量63 017TEU， local 出口箱量完成 68 812TEU，均完成上级下达的任务指标。

2. 中远海运集运（秘鲁）有限公司

2019 年，秘鲁公司围绕提升远东南美西航线装载率和提高欧洲南美西航线冷箱箱量的工作重点，整体箱量得到增长。2020 年，公司全年共完成销售箱量 32 718TEU，指标完成率 73%，同比增长 9.3%；local 箱量 33 023TEU，完成预算指标 78%，同比增长 7.5%。

3. 中远海运集运（乌拉圭）有限公司

2019 年，乌拉圭公司各个部门密切配合，全体员工共同努力，各项业务得以顺利开展，并取得了较好的成绩。全年完成销售箱量 16 539TEU，完成预算指标 113%；local 出口箱量完成 16 744TEU，完成预算指标 111%；local 收入 1 747 万美元，完成预算指标 106%。

4. 中远海运集运（智利）有限公司

2019 年，智利公司按上级要求一方面加强疫情防控，确保公司财产和员工健康安全，以各项经营指标为指引，狠抓生产经营，在品牌推广方面取得较好效果，全体员工努力拼搏市场、拓展客户群体，较好完成各项生产任务指标。2019 年，local 出口箱量完成 82 928TEU，销售箱量完成 91 055TEU，均完成上级下达的任务指标。

5. 中远海运集运（阿根廷）有限公司

2019 年，中远海运集运（阿根廷）有限公司在集运总部以及中远海运南美公司的支持和指导下，各项业务顺利开展，并取得了较好的成绩。全年 local（中远侧）出口箱量完成 20 392TEU，完成预算指标 101%；销售箱量完成 16 904TEU，完成预算指标 74%。在协同效应上取得明显成果，公司利润实现大幅增长，应收账款回收等方面也取得了显著的成绩。

6. 中远海运集运（哥伦比亚）有限公司

公司成立于 2019 年 7 月 13 日，由中远海运集运（巴西）公司占股 70%，原本地代理 Oceanica SAS 占股 30%，注册资本 20 万美元。公司设立在哥伦比亚首都波哥大，地址为波哥大市 113 街 7–21 号 A 座八楼。

7. 中远海运港口秘鲁钱凯公司

截至 2019 年底，钱凯公司仍处于在建期间，没有从事生产经营活动。（葛昊）

中国－坦桑尼亚联合海运公司

中国－坦桑尼亚联合海运公司

【公 司 概 况】

1966 年 4 月 22 日，在国务院总理周恩来和坦桑尼亚开国总统尼雷尔倡议下，中坦两国政府签署备忘录，决定成立中国－坦桑尼亚联合海运公司（简称中坦公司，英文简称 SINOTASHIP）。1967 年 6 月 22 日，尼雷尔总统在达累斯萨拉姆亲自宣布中坦公司成立。公司成立的目的是本着“友好合作、平等互利”的原则，进一步加强中坦两国在航运方面的联系和合作。

根据双方协议，中坦两国政府于 1967 年和 1971 年先后两次各投资 150 万英镑，总计 300 万英镑，作为公司注册资金（折合 857.8 万美元），双方政府各占公司 50% 股份。中坦公司是两国政府合资经营企业，也是中国政府最早对坦投资企业，为增进中、坦两国人民友谊作出了积极贡献，曾被誉为“两国政府间企业合作的典范”。

公司成立以来，长期拥有并经营一支 4 ～ 6 艘件杂货船舶的船队，从事远东至东非的散杂货海上运输。2009 年，公司首艘新造船 5.7 万 DWT 散货船“长顺Ⅱ”轮投入运营，进入散货运输市场。2013 年底，公司作为中远海运集运公司在坦桑尼亚指定代理，涉足集装箱代理业务，逐步融入中远海运集团大家庭，推动业务多元化和公司转型发展。自开展集装箱代理业务以来，公司业务量持续快速增长，助力中远海运集运公司不断扩大东非航线的市场份额。

【发 展 战 略】

加大协同合作，发挥中远海运集团的全球网络和品牌优势，努力将公司打造成中远海运集团在东部非洲的桥头堡。公司业务从现有“航运 + 船代”的“双轮驱动”稳步发展为“航运 + 船代 + 物流 + 资产管理”的“四轮驱动”，不断增强公司经营能力和防抗风险能力。公司船队发展采取“稳健经营、审慎投资”策略，在确保稳健经营的基础上，努力提高经营绩效，不断积累资金，为适时推进下一轮船队发展奠定基础。

【公 司 业 务】

中坦公司长期从事远东至东非的散杂货海上运输，自公司成立以来，航运业务始终是公司主营业务。除航运业务外，公司是中远海运集团旗下在坦桑尼亚唯一指定代理。公司主要代理两大类业务：一是集装箱船舶代理——公司是中远海运集运公司和 OOCL 双品牌在坦桑尼亚的共同代理，为抵港集装箱船舶提供代理和揽货服务，平均每周操作 2 艘抵港集装箱船舶。二是散杂货船舶代理——公司是中远海运特运公司在坦桑尼亚代理，为抵港件杂货和特种船舶提供代理和揽货服务，平均每月操作 2 ～ 3 艘抵港船舶。公司得益于中远海运集团大力开发新兴市场的良好机会，近年来船舶代理业务持续快速发展。2019 年，公司集装箱代理业务量继续保持稳定增长，进、出口重箱量达到 4.71 万标准箱。

公司认真落实集团“建设世界一流综合物流供应链服务企业”战略，在原有集装箱代理业务基础上，积极推进陆路延伸运输服务。继上年开通达累斯萨拉姆到赞比亚和卢旺达的延伸运输服务后，公司克服种种困难，加强与本地公司合作，在年内配合集运公司进一步推出至刚果金的端到端运输服务，不仅进一步完善和畅通集运公司对非洲内陆的服务网络，也提升了中坦公司的服务能力，业务量显著增加。

【经 营 情 况】

2019 年，中坦公司认真贯彻落实中远海运集团工作会要求，双方员工团结一致，奋力拼搏，认真落实“巩固、增强、提升、畅通”八字方针，按照集团“三个跑赢”目标要求，进一步巩固和改善效益，保持了较为稳健的经营和发展局面，全年总收入达到 744 万美元，年度净利润为 102 万美元。公司的“长顺Ⅱ”轮，全年完成货运量 67.5 万吨。

【风 险 管 控】

非洲政策多变，营商环境复杂，通信、交通条件落后，加上各类传染病常年保持高发状态，各类风险和不确定因素叠加。为此，公司上下十分重视风险防控工作，时刻关注当地安全形势，扎实做好包括人员、商务履约、资产和资金安全、网络安全在内的各类风险管控，确保公司安全平稳健康发展。

【服 务 客 户】

作为集运公司和 OOCL 在坦桑尼亚的唯一代理，中坦公司在实现业务量持续增长的同时，通过加强进、出口客服培训、考核和人员配置调整，对客户要求的响应速度大幅提升，客户服务整体水平不断提升。为进一步提高集装箱代理业务服务质量，公司年内对业务组织架构进行重组细化，将原来粗放的进、出口两个模块按业务功能细化为市场营销、客户服务、延伸业务、船代操作、箱管、商务等 6 个模块，岗位职责进一步明确细化，更符合生产经营需求，在促进公司各项业务发展的同时，也提升了公司的管理水平和客户满意度。

由于非洲信息化发展和网络建设状况总体落后，公司业务管理信息化程度明显滞后于业务发展速度，业务活动中不仅增加员工工作量、增加业务统计结算难度，而且还难以避免地出现一些人为失误，直接影响了客户体验。为此，公司在加强客服队伍培训和延伸服务网络建设的同时，也积极推动本地业务管理系统建设。在年内已与有关服务商签订了集装箱代理业务的操作系统开发协议，将加快完成系统开发和试用，系统上线后将显著提高业务管理水平，进一步提高客户体验，提升公司经营能力。

【企 业 管 理】

中坦公司的创立和发展，彰显了中坦两国人民友好合作的共同夙愿，也承载了重要历史使命。公司双方员工在各项重大事务和生产经营中，按照“友好合作、平等互利”的原则，求同存异、合作共处，共同走过了半个多世纪的发展历程。公司注重加强双方合作和团队建设。中方员工顾全大局、以身作则，认真落实集团战略目标和工作部署，围绕公司工作重点，加强与坦方的交流合作，团结和带动坦方员工，形成良好工作合力。

在努力开拓市场，改善经营效果、提升服务质量的同时，公司强化内部管理，大力推动管理提升。公司认真贯彻落实集团提质增效和管理提升各项要求，不断健全和完善公司治理环境，规范业务流程和内部监督，达到深化合作、加强管理的双重效果，推动公司稳健发展。

【安 全 生 产】

公司在安全管理方面始终以如履薄冰的心态，扎实抓好船舶安全生产和船舶代理业务的经营及操作安全。公司始终保持与船管公司和船员公司的良好沟通，加强对自有船舶航行安全和货物安全的指导检查，督促船管公司和船员认真做好防抗海盗、防抗台、防污染等重要安全工作，避免各类事故的发生，确保船舶安全。

在船舶和集装箱代理业务方面，公司需在日常业务中与众多参差不齐的当地小型货代公司打交道。公司不断加强商务审核和财务力量，加大对客户背景和业务环节的排查审核，重点盯住存在商务履约风险和支付风险的客户，努力避免商务履约风险。公司认真执行集团有关国际制裁和客户合规风险，避免从事任何可能涉及各类制裁、敏感业务、高风险业务和特殊关联企业的业务，避免突发事件的发生，筑牢风险防火墙，确保合规经营。

【员 工 队 伍】

中方外派干部队伍是中坦公司转型发展的中坚力量，是一支顾全大局、敢于拼搏的骨干队伍。通过积极开展“不忘初心、牢记使命”主题教育，中方党员干部进一步提高政治站位，牢记初心使命，工作积极，团结进取，责任心强，吃苦耐劳，为带动和培养当地年轻员工树立了良好榜样。随着集装箱代理业务快速发展和综合物流业务增长，公司不断调整充实员工队伍，新增员工主要为近两年招聘的当地大学毕业生，当地业务人员数量从 2016 年底不足 10 人增加到近 30 人。

公司重视加强员工队伍建设，认真组织并抓好岗位培训。经过培训和锻炼，当地年轻员工的业务能力显著提高。公司中方 2 名人员还在下半年先后参加集团安排的脱产培训，学习企业经营管理和团队建设等理论知识，进一步完善知识结构，提高解决问题能力，为公司健康发展增添动力。

【企 业 文 化】

中坦公司高度重视企业文化建设和中坦文化交流融合工作，倡导“友好合作，平等互利”。公司双方员工不断增强大局意识、合作意识、发展意识和创业意识，双方员工团结一致，加强合作，相互支持，努力拼搏，共同推动公司健康稳定发展。

（顾菊根）

2020

CHINA COSCO SHIPPING
CORPORATION LIMITED
YEARBOOK

中国远洋海运集团有限公司

年鉴

第十五篇

大事记

一月

1 月 2 日 中远海运集团与湖南省人民政府举行战略合作框架协议签约仪式。双方将密切合作，共同完成中央脱贫攻坚任务，并抓住扶贫工作孕育的新机遇，使双方合作迈上新台阶。

1 月 8 日 共建“陆海新通道”主题对话会在重庆市举行。中远海运集团董事长、党组书记许立荣出席主题对话会，并围绕西部陆海新通道建设与国际合作作主题发言。中共中央政治局委员、重庆市委书记陈敏尔充分肯定了中远海运集团为推进国际陆海贸易新通道建设作出的独特贡献，同时希望中远海运强化对重庆及西部地区的资源配置，让国际贸易货物流得顺畅、流得更快、流得便宜，推动陆海新通道建设走深、走实。

1 月 17 日 由中远海运集团主办的“中远海运集团暨海洋联盟港航合作交流会”在海南博鳌召开。其间，20 家港航企业举行了主题为“贸易新格局，港航新未来”港航合作座谈会，共同发布了“博鳌倡议”。在同时举行的其他多场活动中，各家港航企业签署了多项合作协议。

1 月 21—23 日 中远海运集团董事长、党组书记许立荣在瑞士出席达沃斯世界经济论坛 2019 年会。其间，许立荣出席了论坛开幕式，聆听了王岐山副主席的致辞，参加了分论坛及中外企业交流会等系列活动。许立荣还先后与格鲁吉亚总理马穆卡・巴赫塔泽、秘鲁副总统梅赛德斯・阿劳斯进行会谈，出席并见证中远海运港口与火山矿业关于收购秘鲁钱凯港口股权签约仪式，并与马士基集团首席执行官施索仁进行会见。

1 月 23 日 中远海运集团所属中远海运港口与秘鲁火山矿业集团在瑞士达沃斯世界经济论坛年会期间举行签约仪式。中远海运港口向火山矿业收购秘鲁钱凯码头 60% 的股权。收购完成后，钱凯码头将成为中远海运在南美控股的第一个码头项目，也是在海外的第二个控股绿地港口项目。

二月

2 月 14 日 时任中共中央政治局委员、上海市委书记李强到中远海运集团开展调研，围绕落实习近平总书记交给上海的三项新的重大任务，推进“五个中心”“四大品牌”建设，深入了解企业创新转型、改革发展情况，认真听取企业对于进一步优化营商环境，推动高质量发展的意见建议。

三月

3 月 25 日 武汉市与中远海运集团签订了全面深化战略合作框架协议，武汉市、中远海运集团、上港集团签署了三方合作备忘录。根据协议，武汉市与中远海运集团将在航运物流等方面开展深度合作，助力武汉枢纽港建设。

四月

4 月 8 日 李克强总理出席欧盟中国商会成立揭牌仪式，寄望欧盟中国商会努力打造中国的“金字招牌”。中远海运集团作为欧盟中国商会三家发起单位之一，参加了揭牌仪式。欧盟中国商会旨在通过对欧盟相关政策的调研及代表会员与欧盟有关部门进行沟通协商，进而改善欧盟内中资企业相关政策条件和投资环境，促进中欧经济贸易合作发展。

4 月 17 日　中远海运集团与扬州市签署战略合作协议。根据协议，双方将进一步推动扬州中远海运重工做强做优，促进两化融合，推动技术创新，并在航运、航运金融、物流及航运相关服务业积极开展合作。

4 月 26 日　国家主席习近平在北京国家会议中心出席第二届“一带一路”国际合作高峰论坛开幕式，并发表题为《齐心开创共建“一带一路”美好未来》的主旨演讲。中远海运集团董事长、党组书记许立荣参加了论坛开幕式，现场聆听了习近平主席的主旨演讲。随后，许立荣参加了第二届“一带一路”国际合作高峰论坛高级别会议。

五月

5 月 18 日　海南港航股权合作签约暨重组工作筹备组成立揭牌仪式举行，标志着海南省政府与中远海运集团战略合作迈入新的阶段。中远海运集团将持有港航控股 45% 股权，与海南省共同推动优化整合海南省港口和航运资源。2019 年 11 月 27 日，海南港航控股重组成立启航仪式在海南海口举行。

5 月 30 日　国家副主席王岐山抵达德国汉堡市，参观了汉堡港集装箱码头。参观当天，“中远海运白羊座”轮正在码头靠泊工作，王岐山副主席与船员们进行了亲切交谈并听取了中远海运集团有关同志的简要汇报。

六月

6 月 7 日　为积极响应国家主席习近平和俄罗斯总统普京于 6 月 5 日共同签署的《关于发展新时代全面战略协作伙伴关系的联合声明》，在俄罗斯联邦副总理马克西姆·阿基莫夫的见证下，中远海运集团与俄罗斯诺瓦泰克股份公司、俄罗斯现代商船公共股份公司以及丝路基金有限责任公司在俄罗斯圣彼得堡签署《关于北极海运有限责任公司的协议》。

七月

7 月 19 日　中远海运集团与中国移动签署战略合作框架协议。根据协议，双方将在落实国家重大战略部署、基础通信、5G 智能应用、云计算、供应链、股权投资资本合作、新技术研发与应用、物业设施和智慧党建等九大领域开展合作。

7 月 31 日　中远海运集团与广西北部湾办公室签署共同打造西部陆海新通道国际门户港战略合作协议、防城港赤沙码头合资协议，并为广西新通道国际集装箱码头有限公司揭牌。

八月

8 月 1 日　中远海运集团和中交集团签署战略合作框架协议。双方就发挥各自优势，推进产业链上下游协同发展，在全球范围内进一步深化战略合作达成一致意见。

8 月 9 日　金砖国家工商理事会中方理事会召开 2019 年第一次理事会议。会上，外交部国际经济司司长王小龙宣读决定，由中远海运集团董事长许立荣、中粮集团董事长吕军、中国通用技术集团总经理陆益民、中国工商银行董事长陈四清、中国石化集团董事长戴厚良担任中方理事会理事，由许立荣兼任中方理事会主席。会议还部署了新一届中方理事会工作重点。

8 月 19 日　陕西省人民政府与中远海运集团签署战略合作协议。根据协议，陕西省将和中远海运集团携手，发挥各自优势，共同推进“一带一路”陆海联运国际大通道建设。

九月

9 月 7 日　以“共商港航合作、共建丝路通道、共享经贸繁荣”为主题的“丝路海运”国际合作论坛在厦门国际会展中心举办。中远海运集团董事长许立荣应邀参加论坛，并在主论坛发表题为《港航企业的产业使命》的主旨演讲。论坛同时举行了合作项目签约仪式，中远海运港口、中远海运散运和厦门中远海运物流分别与厦门市相关企业签署合作协议。

9 月 26 日 由中国旅游集团和中远海运集团共同投资运营的中国民族邮轮品牌“星旅远洋”旗下首艘豪华邮轮“鼓浪屿”号命名暨首航仪式在厦门举行。9 月 27 日，“鼓浪屿”首航，标志着中国首艘自主运营的豪华邮轮正式亮相中国市场。

十月

10 月 9 日 希腊政府正式确认，批准中远海运比雷埃夫斯港“总体规划”。这一规划的获批，标志着这项“一带一路”建设重要投资计划已进入项目实施阶段，将为希腊创造数千个新的岗位，促进希腊经济增长。

10 月 15 日 全国政协副主席、交通运输部党组书记杨传堂一行到中远海运集团就“海运高质量发展”及进一步打造具有国际影响力和竞争力的中国海运品牌开展专题调研。

10 月 20 日 第六届世界互联网大会在浙江乌镇开幕。国家主席习近平致贺信，中共中央政治局委员、中宣部部长黄坤明出席开幕式，宣读习近平主席贺信并发表主旨演讲。中远海运集团董事长许立荣出席企业家高峰论坛并发表题为《技术与产业高度融合的深度挑战》的主旨演讲。

十一月

11 月 4 日 中远海运欧洲与中国东风汽车工业进出口有限公司举行合作意向书签约仪式。本次合作有利于双方共同开拓欧洲市场，打造央企海外“强强合作”的典范。

11 月 4 日 应邀出席第二届中国国际进口博览会的希腊总理基里亚科斯·米佐塔基斯到访中远海运集团。中远海运集团董事长许立荣携船员代表和员工代表欢迎米佐塔基斯总理来访。双方一致认为，比雷埃夫斯港项目是中希两个文明古国之间友谊的桥梁，中远海运将与希腊当地一同努力，以实施总体规划为契机，进一步加强中希两国人民的友好往来，促进两国文明的交融和未来的合作发展。

11 月 8 日 中远海运欧洲公司与希腊 Pearl 公司举行股权收购协议签约仪式。中远海运欧洲公司所属陆海快线有限公司将收购 Pearl 公司 60% 股权。此次股权收购，将使中远海运陆海快线有限公司获得在欧洲的铁路运营资质，从而进一步巩固中远海运集团在中欧陆海快线铁路运输通道的资源建设。

11 月 11 日 在希腊进行国事访问的国家主席习近平在希腊总理米佐塔基斯的陪同下，共同视察中远海运比雷埃夫斯港项目，听取中远海运集团党组书记、董事长许立荣关于比港发展及中欧陆海快线建设的情况汇报，与比港员工亲切交谈，并就比港未来发展发表重要讲话。习近平指出，“比雷埃夫斯港项目是中希双方优势互补、强强联合、互利共赢的成功范例。希望双方再接再厉，搞好港口后续建设发展，实现区域物流分拨中心的目标，打造好中欧陆海快线”[①]。

十二月

12 月 9 日 中远海运集团与国家电投签署战略合作框架协议，开展全方位合作，推动双方实现高质量发展。

12 月 23 日 中远海运集团与中国海洋石油集团签署战略合作框架协议。

① 《习近平和希腊总理米佐塔基斯共同参观中远海运比雷埃夫斯港项目》，《人民日报》2019年11月13日。

2020

CHINA COSCO SHIPPING CORPORATION LIMITED YEARBOOK

中国远洋海运集团有限公司

年鉴

第十六篇

光荣册

2019 年中远海运集团获得荣誉奖项

2019 年中远海运集团获得荣誉奖项

1. 1 月 2 日，中远海运港口荣获 *International Business Magazine*（国际商业杂志）颁发的“2018 年最佳港口运营商”称号，卓越的港口运营能力和全球码头网络获市场认可。国际商业杂志从全球评选出在各个领域表现出色的公司，旨在表彰在商业模式、企业管治、财务表现及投资者关系等领域表现卓越的企业。

2. 2 月 28 日，“波罗的海国际航运公会（BIMCO）2019 年全球会员大会”在上海举行。会议期间，BIMCO 对在航运界作出突出贡献的企业与个人颁发奖项。授予中远海运集团董事长许立荣“BIMCO 主席特别奖”，以表彰其在整个职业生涯中为航运业所作出的杰出贡献。

3. 2 月 20 日，中远海运港口凭借优秀的环境、社会及管治报告(ESG 报告)，于 2 月的评选中成功在 300 多家公司中脱颖而出，首次荣获“立信德豪”(BDO) 颁发的中型市值上市公司“最佳 ESG 报告大奖”“ESG 最佳表现大奖”及“ESG 年度公司大奖”等三大奖项，并成为全场唯一一家囊括三个奖项的机构。BDO 为全球五大会计网络之一，其颁发的香港环境、社会及管治报告大奖，旨在表彰香港杰出的 ESG 报告，同时提升企业对社会责任的认识，鼓励企业关注社会责任，将可持续发展纳入业务发展中。

4. 7 月 15 日，国务院国资委通报表扬 2016—2018 年任期业绩优秀企业、科技创新突出贡献企业和节能减排突出贡献企业。中远海运集团 2018 年度经营业绩考核结果获得 A 级，2016—2018 年任期经营业绩考核结果获得 A 级，同时被评选为 2016—2018 年任期“业绩优秀企业”“节能减排突出贡献企业”。

5. 10 月 17 日，《劳氏日报》“2019 年度亚太区大奖”在新加坡举行颁奖典礼，授予中远海运集团董事长许立荣“终身成就奖”，以表彰其为航运事业所作出的杰出贡献和取得的成就，特别是成功领导两大航运集团重组，提升了中国乃至亚洲在全球航运业的影响力。

6. 10 月 17 日，《劳氏日报》“2019 年度亚太区大奖”在新加坡举行颁奖典礼，东方海外旗下货讯通（CargoSmart）荣获“供应链管理创新大奖”。

7. 11 月 19 日，中远海运云计算管理平台荣获“2019 年度上海市云计算应用示范项目”称号。

8. 12 月 18 日，由人民日报社主办的第五届中国品牌论坛在北京隆重开幕。论坛期间，由人民日报社发起并编制的“人民日报中国品牌发展指数”正式发布，中远海运集团入围“中国品牌发展（企业）指数 100 榜单”。

2019 年中远海运集团获省部级以上先进集体荣誉汇总表

2019 年中远海运集团获省部级以上先进集体荣誉汇总表

表 16–1

序号	直属单位名称	先进集体 / 个人名称	先进集体 / 个人所在单位	所获荣誉称号	受表彰时间	表彰单位
1	上海中远海运	上海海运物业管理有限公司	中远海运（上海）有限公司	上海市平安示范单位	2019 年	中共上海市委政法委员会
2	中远海运能源	“桐林湾”轮	中远海运能源运输股份有限公司	全国工人先锋号	2019 年 4 月	中华全国总工会
3		上海 LNG 亚马尔项目组	上海中远海运液化天然气投资有限公司	中央企业先进集体	2019 年 9 月	人力资源和社会保障部、国务院国资委
4		“远大湖”轮	中远海运能源运输股份有限公司	上海市工人先锋号	2019 年 4 月	上海市总工会
5	中远海运集运	“中远意大利”轮	上海远洋运输有限公司	中央企业先进集体	2019 年 9 月	人力资源和社会保障部、国务院国资委
6		上海中远海运集装箱运输有限公司	中远海运集装箱运输有限公司	上海市五一劳动奖状	2019 年 4 月	上海市总工会
7		“中远亚洲”轮	上海远洋运输有限公司	2019 年全国公路水路行业安全先进船舶	2019 年 11 月	中国海员建设工会、交通运输部安委办
8		“中海印度洋”轮	上海远洋运输有限公司	2019 年全国公路水路行业安全先进船舶	2019 年 11 月	中国海员建设工会、交通运输部安委办
9		“中远比利时”轮	上海远洋运输有限公司	2017—2018 年度全国青年文明号	2019 年 5 月	共青团中央
10		“中远美洲”轮	上海远洋运输有限公司	2018 年度全国青年安全生产示范岗	2019 年 5 月	共青团中央、应急管理部
11		宁波中远海运集装箱运输有限公司客户服务部单证科	宁波中远海运集装箱运输有限公司	2017—2018 年度中央企业青年文明号	2019 年 5 月	中央企业团工委
12		上海中远海运集装箱运输有限公司青年团队	上海中远海运集装箱运输有限公司	2018 年度上海市青年五四奖章（集体）	2019 年 5 月	共青团上海市委员会
13		“中远比利时”轮	上海远洋运输有限公司	2018 年度上海市青年突击队	2019 年 5 月	共青团上海市委员会
14		中远海运集装箱运输有限公司总经理办公室公共关系管理部	中远海运集装箱运输有限公司	2017—2018 年度上海市青年文明号	2019 年 5 月	共青团上海市委员会
15		上海中远海运集装箱运输有限公司客户服务部美加科	上海中远海运集装箱运输有限公司	2017—2018 年度上海市青年文明号	2019 年 5 月	共青团上海市委员会

续上表

序号	直属单位名称	先进集体 / 个人名称	先进集体 / 个人所在单位	所获荣誉称号	受表彰时间	表彰单位
16	中远海运集运	上海中远资讯科技有限公司系统运维部窗口服务团队	上海中远资讯科技有限公司	2017—2018年度上海市青年文明号	2019年5月	共青团上海市委员会
17		“中远海法”轮	上海远洋运输有限公司	2017—2018年度上海市青年文明号	2019年5月	共青团上海市委员会
18		“中远西班牙”轮	上海远洋运输有限公司	2017—2018年度上海市青年文明号	2019年5月	共青团上海市委员会
19	中远海运特运	陆海鸣劳模创新工作室	中远海运特种运输股份有限公司	广东省劳模和工匠人才创新工作室	2019年1月	广东省总工会
20		驻广东省阳江市阳东区北惯镇彭村工作队	中远海运特种运输股份有限公司	脱贫攻坚工作突出贡献集体	2019年2月	广东省扶贫开发领导小组
21		广州远洋宾馆有限公司	中远海运特种运输股份有限公司	2019年度广东省五一劳动奖状	2019年4月	广东省总工会
22		广东省广远职业技术学校职工书屋	中远海运特种运输股份有限公司	全国工会职工书屋	2019年12月	中华全国总工会
23	中远海运散运	中远海运散货运输有限公司	中远海运散货运输有限公司	2019年全国五一劳动奖状	2019年4月	中华全国总工会
24		“宏景”轮	中远海运散货运输有限公司	2019年广东省五一劳动奖状	2019年4月	广东省总工会
25	中远海运重工	智能制造推进组	南通中远海运川崎船舶工程有限公司	中央企业先进集体	2019年9月	人力资源和社会保障部、国务院国资委
26	中远海运物流	安全技术管理部	中远海运化工物流有限公司	中央企业先进集体	2019年9月	人力资源和社会保障部、国务院国资委
27		集装箱业务部操作班组	上海中远海运船务代理有限公司	全国巾帼文明岗	2019年3月	中华全国妇女联合会
28	中远海运港口	厦门远海自动化码头运营中心	厦门远海集装箱码头有限公司	中央企业先进集体	2019年9月	人力资源和社会保障部、国务院国资委
29		阿布扎比码头委派团队	中远海运港口有限公司	2019年度“海洋人物”	2019年12月	自然资源部
30		操作部运行中心岸桥三班	连云港新东方国际货柜码头有限公司	2019年度全国工人先锋号	2019年4月	中华全国总工会
31		操作部运行中心岸桥三班	连云港新东方国际货柜码头有限公司	2019年度新时代品牌特色班组	2019年7月	中华全国总工会
32		厦门远海集装箱码头	中远海运港口有限公司	2019年度福建省口岸“百强十优”外贸集装箱码头泊位优胜单位	2019年12月	福建省商务厅、省口岸办
33		厦门远海集装箱码头	中远海运港口有限公司	2019年度“AAAA物流企业”	2019年10月	中国物流与采购联合会
34		自动化巾帼班组	厦门远海集装箱码头有限公司	2019年福建省巾帼文明岗	2019年12月	福建省妇女联合会
35		泉州太平洋集装箱码头工会	泉州太平洋集装箱码头有限公司	2020年度福建省模范职工之家	2019年10月	福建省总工会
36		南通通海港口一期水工工程	中远海运港口有限公司	2019年度“江苏交通优质工程”	2019年10月	江苏省交通运输厅

续上表

序号	直属单位名称	先进集体 / 个人名称	先进集体 / 个人所在单位	所获荣誉称号	受表彰时间	表彰单位
37	中远海运比港	中远海运比港	中远海运（比雷埃夫斯）港口有限公司	中央企业先进集体	2019 年 9 月	人力资源社会保障部、国务院国资委
38	上海船舶运输科学研究所	船舶水动力性能与能效研究项目组	上海船舶运输科学研究所	2017—2018 年上海市三八集体	2019 年 3 月	上海市妇女联合会、上海市人力资源和社会保障局
39	中远海运资产	中远海运大厦项目建设管理团队	中远海运资产经营管理有限公司	上海市工人先锋号	2019 年 4 月	上海市总工会
40		中远海运资产经营管理有限公司	中远海运资产经营管理有限公司	2017—2018 年度上海市文明单位	2019 年 4 月	上海市人民政府
41	广州中远海运	中远海运（广州）有限公司	广州中远海运健康管理有限公司	广东省五一劳动奖状	2019 年 4 月	广东省总工会
42		广州新海医院工会委员会	广州新海医院	广东省模范职工之家	2019 年 11 月	广东省总工会
43		广州中远海运物业发展有限公司	广州中远海运物业发展有限公司	连续十七年（2002—2018）广东省守合同重信用企业	2019 年 6 月	广东省市场监督管理局
44		广州中远海运党委工作部党支部	中远海运（广州）有限公司	广东省国资委系统先进基层党组织	2019 年 6 月	广东省国资委党委
45		凌淑芬劳模创新工作室	广州中远海运健康管理有限公司	广东省海员系统劳模和工匠人才创新工作室	2019 年 12 月	广东省海员工会
46	海南港航	海峡股份代表队	海南海峡航运股份有限公司	“船舶应急避碰”单项第三名；“主机故障排除”第七名	2019 年 6 月	第五届中国海员技能大比武
47		“黎母岭”轮	海南海峡航运股份有限公司	服务技能大赛文明礼仪季军	2019 年 12 月	海南青年服务技能大赛
48	中远海运发展	中远海运发展股份有限公司	中远海运发展股份有限公司	上海市文明单位	2019 年 5 月	上海市人民政府
49		共青团中远海运发展股份有限公司委员会	共青团中远海运发展股份有限公司委员会	2018 年度上海市五四红旗团组织	2019 年 4 月	共青团上海市委员会
50		中远海运发展股份有限公司	中远海运发展股份有限公司	2019《财富》中国 500 强榜单	2019 年 7 月	《财富》杂志
51		中远海运发展股份有限公司	中远海运发展股份有限公司	2019 年中国上市企业百强排行榜	2019 年 12 月	第十九届中国上市企业百强高峰论坛暨第五届中国百强城市全面发展论坛
52		中远海运发展股份有限公司	中远海运发展股份有限公司	上海市五四红旗团委	2019 年 4 月	共青团上海市委员会
53		中远海运发展股份有限公司	中远海运发展股份有限公司	上海市文明单位	2019 年 5 月	上海市人民政府

续上表

序号	直属单位名称	先进集体 / 个人名称	先进集体 / 个人所在单位	所获荣誉称号	受表彰时间	表彰单位
54	天津中远海运	中散货运票务分公司	中散货运有限公司	2018 年度天津市工人先锋号	2019 年 4 月	天津市总工会
55		天津远洋大厦物业公司党支部	天津远洋大厦有限公司	2018 年度交通运输系统五好党支部	2019 年 7 月	天津市交委
56		中远海运（天津）有限公司	中远海运（天津）有限公司	2018 年度天津港保税区百强企业	2019 年 5 月	天津港保税区管理委员会
57		天津中散船舶管理有限公司	天津中散船舶管理有限公司	2019 年度国家高新技术企业	2019 年 11 月	天津市科技局、天津市财政局、国家税务总局天津市税务局
58		天津远昌冷藏集装箱服务有限公司	天津远昌冷藏集装箱服务有限公司	2019 年度国家高新技术企业	2019 年 11 月	天津市科技局、天津市财政局、国家税务总局天津市税务局
59		天津海上电子有限公司	天津海上电子有限公司	2019 年度“专精特新”中小企业（专业化类）	2019 年 10 月	中国中小企业协会
60		天津航海学会	天津航海学会	2019 年度科技论文优秀组织奖	2019 年 7 月	中国航海学会
61	中远海运财务	中海集团财务有限责任公司	中海集团财务有限责任公司	2018 年度重点企业特殊贡献奖	2019 年 1 月	上海市虹口区人民政府
62		中海集团财务有限责任公司	中海集团财务有限责任公司	2017—2018 年度上海市文明单位	2019 年 4 月	上海市人民政府
63	中波轮船股份公司	中波轮船股份公司	中波轮船股份公司	上海市文明单位	2019 年 5 月	上海市人民政府
64		“乾坤”轮	中波轮船股份公司	2019 年中华人民共和国海事局安全诚信船舶	2020 年 9 月	中华人民共和国海事局

2019 年中远海运集团获省部级以上先进个人荣誉汇总表

2019 年中远海运集团获省部级以上先进个人荣誉汇总表

表 16–2

序号	直属单位名称	姓名	先进集体 / 个人所在单位	所获荣誉称号	受表彰时间	表彰单位
1	上海中远海运	杨怀远	中远海运（上海）有限公司	新中国成立 70 周年“最美奋斗者”	2019 年 9 月	中央宣传部、中央组织部、中央统战部、中央和国家机关工委、中央党史和文献研究院、教育部、人力资源社会保障部、国务院国资委、中央军委政治工作部
2		崔豪	上海中远海运信访接待中心	中央企业先进信访工作者	2019 年	国务院国资委
3	中远海运集运	徐欣	大连中远海运集装箱运输有限公司	中央企业劳动模范	2019 年 9 月	人力资源和社会保障部、国务院国资委
4		杨献	中远海运集运（日本）株式会社	中央企业劳动模范	2019 年 9 月	人力资源和社会保障部、国务院国资委
5		王晶	天津中远海运集装箱运输有限公司	2017—2018 年度中央企业优秀共青团干部	2019 年 5 月	中央企业团工委
6		贺俊	上海泛亚航运有限公司	第十五届上海市青年岗位能手	2019 年 5 月	共青团上海市委员会
7	中远海运特运	孙雄	中远海运特种运输股份有限公司	脱贫攻坚工作突出贡献个人	2019 年 2 月	广东省扶贫开发领导小组
8		王茜	中远海运特种运输股份有限公司	2019 年度广东省海员系统先进女职工工作者	2019 年 3 月	广东省海员工会
9		陈穗娜	中远海运特种运输股份有限公司	2019 年度广东省海员系统先进女职工	2019 年 3 月	广东省海员工会
10		蔡连财	中远海运特种运输股份有限公司	中央企业劳模	2019 年 9 月	国务院国有资产管理委员会
11		张莉	中远海运特种运输股份有限公司	优秀职工之友	2019 年 11 月	广东省总工会
12	中远海运散运	黄钊义	中远海运散运运营调度部	中央企业劳动模范	2019 年 9 月	人力资源和社会保障部、国务院国资委
13	中远海运重工	莫丽平	广东中远海运重工有限公司	全国巾帼建功标兵	2019 年 3 月	中华全国妇女联合会
14	中远海运物流	郭斌	上海中远海运工程物流有限公司	上海市五一劳动奖章	2019 年 4 月	上海市总工会
15		叶阳	上海中远海运物流班轮代理分公司	2019 年度中央企业青年岗位能手荣誉称号	2019 年 7 月	中央企业团工委
16	中远海运客运	孙兵	中远海运客运运管中心	中央企业劳动模范	2019 年 9 月	人力资源和社会保障部、国务院国资委

续上表

序号	直属单位名称	姓名	先进集体 / 个人所在单位	所获荣誉称号	受表彰时间	表彰单位
17	中国船燃	宁军	上海中船燃石油有限公司	2017—2018 年度上海市三八红旗手	2019 年 3 月	上海市妇女联合会、上海市人力资源和社会保障局
18	中远海运船员	吕宏志	中远海运船员管理有限公司天津分公司	中央企业劳动模范	2019 年 9 月	人力资源和社会保障部、国务院国资委
19		刘宗昌	中远海运船员管理有限公司上海分公司	中央企业劳动模范	2019 年 9 月	人力资源和社会保障部、国务院国资委
20		卢书亮	中远海运船员管理有限公司上海分公司	上海市五一劳动奖章	2019 年 4 月	上海市总工会
21	上海船舶运输科学研究所	董国祥	上海船舶运输科学研究所	中央企业劳动模范	2019 年 9 月	人力资源和社会保障部、国务院国资委
22	中远海运博鳌	杨红梅	海南中远海运博鳌国际会务有限公司	中央企业劳动模范	2019 年 9 月	人力资源和社会保障部、国务院国资委
23	广州中远海运	潘烨鑫	广州海建工程咨询有限公司	2017—2018 年度中央企业优秀共青团员	2019 年 6 月	中央企业团工委
24		周燕琼	中远海运（广州）有限公司	广东省国资委系统优秀共产党员	2019 年 6 月	广东省国资委党委
25		梁翠梅	中远海运（广州）有限公司	广东省海员系统先进女职工	2019 年 3 月	广东省海员工会
26		李勇霖	广州海宁海务技术咨询有限公司	广东省海员工会“金锚奖”	2019 年 12 月	广东省海员工会
27		蔡玉婵	广州海星国际旅游有限公司	广东省海员工会“金锚奖”	2019 年 12 月	广东省海员工会
28		梁文晖	广州海星国际旅游有限公司	广东省海员工会“金锚奖”	2019 年 12 月	广东省海员工会
29		靳玉梅	广州海星国际旅游有限公司	广东省海员工会“金锚奖”	2019 年 12 月	广东省海员工会
30	天津中远海运	李松	天津航海学会	2018 年度磁罗经技术服务管理先进个人	2019 年 3 月	中国航海学会
31	海南港航	王儒标	海口港恒安装卸有限公司	“海南最美农民工”	2019 年 12 月	海南省总工会
32		黄剑	海南海峡航运股份有限公司	海南省劳动模范	2019 年 12 月	海南省委、省政府
33	中波轮船股份公司	祝君安	中波轮船股份公司	2019 年中华人民共和国海事局安全诚信船长	2020 年 9 月	中华人民共和国海事局

2019年中远海运集团获省部级以上科学技术奖及专利

2019 年中远海运集团获省部级以上科学技术奖及专利

表 16–3

序号	直属单位名称	项目 / 专利名称	获奖集体 / 个人及所在单位	所获科技奖项 / 专利 / 名称	受表彰时间	表彰单位
1	中远海运重工	多点系泊圆筒型浮式生产储油装置（FPSO）研制	南通中远船务工程有限公司、中国船舶重工集团公司第七〇二研究所、上海海事大学 启东中远海运海洋工程有限公司	海洋工程科学技术奖一等奖	2019 年 1 月	中国海洋工程咨询协会
2		海上 8MW 级大型风机高效高稳自航自升式安装平台与关键技术	南通中远船务工程有限公司、广东工业大学、中远船务（启东）海洋工程有限公司、南通润邦重机有限公司、江苏科技大学、南京工程学院、江苏大学、东南大学、江苏理工学院	中国机械工业科学技术奖一等奖	2019 年 10 月	中国机械工程学会
3		深水海上风机超大型自升自航式安装平台	南通中远海运船务工程有限公司、广东工业大学、启东中远海运海洋工程有限公司、南通润邦重机有限公司	2019“好设计”金奖	2019 年 12 月	中国创新设计产业战略联盟 中国工程院 中国机械工程学会
4		多点系泊圆筒型浮式生产储卸油平台（FPSO）关键技术研发与应用	南通中远船务工程有限公司、南通大学、上海海事大学、启东中远海运海洋工程有限公司	江苏省科学技术奖一等奖	2019 年 12 月	江苏省人民政府
5		巨型海工桩腿与海上风机安装平台的关键设计制造技术	广东工业大学、东南大学、南通中远海运船务工程有限公司、启东中远海运海洋工程有限公司、南通润邦重机有限公司	2019 年中国产学研合作创新成果奖一等奖	2019 年 12 月	中国产学研合作促进会
6		深水区超大型海上风电设备安装平台关键设计与制造技术	广东工业大学、南通中远海运船务工程有限公司、启东中远海运海洋工程有限公司、南通润邦重机有限公司	广东省科学技术奖一等奖	2020 年 1 月	广东省人民政府

续上表

序号	直属单位名称	项目 / 专利名称	获奖集体 / 个人及所在单位	所获科技奖项 / 专利 / 名称	受表彰时间	表彰单位
7	中远海运重工	绿色节能支线集装箱船关键技术研究与产业化	中远海运重工有限公司、舟山中远海运重工有限公司	中国航海学会科学技术奖一等奖	2020 年 1 月	中国航海协会
8	青岛远洋船员职业学院	基于船舶类 LNG 冷能的综合开发与利用研究	青岛远洋船员职业学院 李博洋等	2019 年山东省高等学校科学技术奖一等奖	2019 年 12 月	山东省教育厅
9		船舶动力装置安装 3D 教学软件的开发（主机安装部分）	青岛远洋船员职业学院 王胜军等	2019 年山东省高等学校科学技术奖二等奖	2019 年 12 月	山东省教育厅
10		极地航行船舶船员培训研究	青岛远洋船员职业学院 刘加钊等	2019 年山东省高等学校人文社会科学优秀成果奖一等奖	2019 年 12 月	山东省教育厅
11		高职院校传统文化素养课程建设研究	青岛远洋船员职业学院 陈洪达	2019 年山东省高等学校人文社会科学优秀成果奖三等奖	2019 年 12 月	山东省教育厅
12		基于教育生态的大学生思想政治教育观照与弥合	青岛远洋船员职业学院 朱文琦	2019 年山东省高等学校思想政治教育优秀成果（学生教育管理类）一等奖	2019 年 12 月	山东省教育厅
13		航海类高职院校大学生择业心理调查分析及对策	青岛远洋船员职业学院 高文静	2019 年山东省高等学校思想政治教育优秀成果（学生教育管理类）二等奖	2019 年 12 月	山东省教育厅
14		思想政治理论课混合式教学模式改革初探	青岛远洋船员职业学院 唐洪鹏	2019 年山东省高等学校思想政治教育优秀成果（思政课教育教学类）三等奖	2019 年 12 月	山东省教育厅
15	中远海运港口	《港口堆场智能照明系统》	泉州太平洋集装箱码头有限公司 王端文	2019 年度福建省百万职工“五小”创新大赛活动三等奖	2019 年 10 月	福建省总工会
16	天津中远海运	港口拖轮调度及安全监控系统	天津海上电子有限公司	港口拖轮调度及安全监控系统	2019 年 3 月	国家版权局
17		服务及技术进出口经营管理系统	天津海上电子有限公司	服务及技术进出口经营管理系统	2019 年 3 月	国家版权局
18		船用北斗导航接收机航线设计系统	天津海上电子有限公司	船用北斗导航接收机航线设计系统	2019 年 3 月	国家版权局
19		船舶卫星通信及其他通信方式综合计费系统	天津海上电子有限公司	船舶卫星通信及其他通信方式综合计费系统	2019 年 4 月	国家版权局
20		水面无人艇自动避碰系统	天津海上电子有限公司	水面无人艇自动避碰系统	2019 年 4 月	国家版权局

续上表

序号	直属单位名称	项目 / 专利名称	获奖集体 / 个人及所在单位	所获科技奖项 / 专利 / 名称	受表彰时间	表彰单位
21	中远海运集运	智能船舶体系架构及关键系统技术研究	中远海运集装箱运输有限公司	2019 年度中国航海学会科学技术奖一等奖	2020 年 3 月	中国航海学会
22		基于镁基－海水法的高效低阻海运船舶废气脱硫技术与装备	施永新 / 中远海运集装箱运输有限公司	2019 年度中国航海学会科学技术奖一等奖	2020 年 3 月	中国航海学会

2018年度钻石团队、劳动模范、先进集体、先进个人名单

2018 年度钻石团队、劳动模范、先进集体、先进个人名单

（2019 年 1 月 13 日表彰）

钻石团队（5 个）

1. 中远海运集团收购东方海外项目组

孙月英、叶红军、黄　坚、马向辉、邵　伟、任永强、赵丰年、许　超、肖俊光、冯波鸣、张　瑾、吕　欣、陈　鑫、刘　悦、陈　翔、邓黄君、郭华伟、程　菁、张鸿雁、张　勇、冯　波

2. 中远海运散运几内亚项目组

王世伟、李志强、郑华溢、祁　皓、樊向东、李　炜、陈新川、张　炜、张俊鸿、赵　科、符　鹏、叶　强

3. 习近平总书记访问巴拿马参观运河集团保障服务团队

胡　彧、马晓静、李　刚、王　瑾、张晓岚、徐孜操

4. 中远海运船员管理有限公司党委领导班子

韩　超、黄建平、赵英韬、侯立平、丁兆军、钱伟、王新全

5. 博鳌亚洲论坛 2018 年年会外方政要服务班组

宋新建、樊　冲、侯程恺、周德高、杨丽源、王俊丽、郝凤仁、刘炳和、于　芳、宋晓冬

劳动模范（42 名）

集团总部

1. 葛　军　党组工作部党建室主任

中远海运控股股份有限公司

2. 陈益群　财务管理部会计管理室经理

中远海运集装箱运输有限公司

3. 钱　明　天津中远海运集装箱运输有限公司总经理

4. 吴　宇　资讯发展部总经理

5. 吴怀宇　欧洲贸易区总经理

6. 苗光锋　青岛中远海运集装箱运输有限公司总经理、党委副书记

7. 王志良　武汉中远海运集装箱运输有限公司党委书记

中远海运散货运输有限公司

8. 管清辉　深圳远洋运输股份有限公司总经理

9. 石福安　船舶管理中心总经理

中远海运能源运输股份有限公司

10. 耿佳东　上海中远海运油品运输有限公司技术处副经理

中远海运特种运输股份有限公司

11. 陈建钦　广州中远海运建设实业有限公司党委副书记、总经理

中远海运发展股份有限公司

12. 徐　英　航运租赁事业部资产运营与管理部总经理

中远海运物流有限公司

13. 刘东石　中远海运工程物流有限公司总经理

14. 张志敬　泸州中远海运物流有限公司副总经理、党支部书记

15. 孙勇强　中远海运物流仓储配送有限公司大宗商品事业部总经理

16. 王仁谦　潍坊外轮理货有限公司总经理、支部书记

中远海运重工有限公司

17. 卢晓建　南通中远海运川崎船舶工程有限公司设备部起重科电工

18. 黄　剑　启东中远海运海洋工程有限公司技术经理 / 国家技能大师工作室领办人

19. 王益飞　上海中远海运重工有限公司生产部副经理

中远海运（广州）有限公司

20. 凌淑芬　广州中远海运健康管理有限公司新海颐养苑院长

中远海运（天津）有限公司

21. 苏正东　天津中散船舶管理有限公司 / 天津远洋基马克斯国际船舶管理有限公司总经理

中远海运（青岛）有限公司

22. 王选智　连云港远洋流体装卸设备有限公司总经理、党支部副书记

中远海运船员管理有限公司

23. 吴文峰　上海分公司船长

24. 高正捍　广州分公司船长

25. 唐洪伟　大连分公司政委

26. 赵　亮　天津分公司政委

27. 叶红才　青岛分公司轮机长

28. 王文胜　深圳分公司轮机长

中波轮船股份公司

29. 周菁徕　航运部总经理

中远海运（厦门）有限公司

30. 梁一舟　安全技术监督部总经理

中石化中海船舶燃料供应有限公司

31. 王绍英　福建分公司经营部经理助理

中远海运集团财务有限责任公司（筹）

32. 李　玥　北京分公司（筹）副总经理

中远海运博鳌有限公司

33. 陈丕森　总经理

青岛远洋船员职业学院

34. 卫桂荣　培训中心主任

中远海运（香港）有限公司

35. 汤菊香　中远海运（香港）有限公司 / 中远海运国际（香港）有限公司财务部副总经理

36. 夏永健　代理部总经理

中远海运港口有限公司

37. 陈　栋　连云港新东方国际货柜码头有限公司总经理

38. 王　敏　工程采购部总经理

中远海运（北美）有限公司

39. 张　弛　中远海运集运（中美洲）有限公司常务副总经理

中远海运（欧洲）有限公司

40. 王海先　中远海运集运（欧洲）有限公司航线经营中心总经理

中远海运（东南亚）有限公司

41. 张福光　中国矿运有限公司、中散控股（开曼）有限公司总经理

中远海运（比雷埃夫斯）港口有限公司

42. 陈玉平　操作部总经理

先进集体（100个）

集团总部

1. 战略与企业管理本部
2. 财务管理本部
3. 工会

中远海运控股股份有限公司

4. 协同管理办公室

中远海运集装箱运输有限公司

5. 美洲贸易区
6. 航线网络规划部
7. 箱管中心
8. 天津分部延伸业务部
9. 厦门分部客户销售部
10. 组织 / 人力资源部
11. “中远亚洲”轮
12. “中远海运玫瑰”轮
13. “中远海法”轮
14. “中远海运泰晤士河”轮
15. “中远圣保罗”轮
16. “新鉴真”轮
17. “中远亚喀巴”轮
18. “中远比利时”轮

中远海运散货运输有限公司

19. 中远海运散运总部财务部
20. 中远海运散运上海分部营销部
21. “新鞍钢”轮
22. “中海韶华”轮
23. “宏景”轮
24. “新柳林海”轮
25. “远安海”轮
26. “普陀海”轮
27. “远河海”轮
28. “芙蓉峰”轮

中远海运能源运输股份有限公司

29. 极端降速及燃油精益管理项目组
30. “远翔湖”轮
31. “新金洋”轮
32. “华川”轮
33. “山鹰座”轮

中远海运特种运输股份有限公司

34. “永盛”轮
35. “新光华”轮
36. “大彩云”轮
37. 航运保障部货运技术中心

中远海运发展股份有限公司 / 中远海运金融控股有限公司

38. 上海寰宇市场营销部
39. 中远海运租赁工业和信息业务部
40. “新郑州”轮
41. “新非洲”轮
42. “中海之秋”轮

中远海运物流有限公司

43. 北京中远劳捷斯物资有限公司仓储物流二部
44. 连云港中远海运物流有限公司
45. 南通中远海运物流有限公司综合物流部
46. 宁波中远海运物流有限公司班轮部市场营销中心
47. 湛江中远海运物流有限公司韶钢项目组
48. 中远海运船务代理有限公司船代业务部
49. 中远海运化工金港基建工程项目组
50. 昆明中远海运物流有限公司
51. 中联理货有限公司检验事业部

中远海运重工有限公司

52. 南通中远海运川崎制造本部舾装一部
53. 大连中远海运川崎制造本部工场部
54. 南通中远船务 / 启东中远海运海工舾装车间
55. 大连中远海运重工 62K 多用途纸浆船 N848 项目组
56. 舟山中远海运重工修船管理部总管室
57. 南通远洋船舶配套技术质量部

中远海运资产经营管理有限公司

58. 上海项目管理部

中远海运（上海）有限公司

59. 上海海运物业管理有限公司中远海运大厦物业管理部

中远海运（广州）有限公司

60. 广州中远海运船舶工程有限公司新粤顺轮项目组

中远海运客运有限公司 / 中远海运（大连）有限公司

61. “长山岛”轮

中远海运（天津）有限公司

62. 中远散货运输有限公司财金部

中远海运（青岛）有限公司

63. 青岛远洋物业管理有限公司

中远海运大连投资有限公司

64. 深圳中远龙鹏液化气运输有限公司航运部

中远海运船员管理有限公司

65. 中远海运船员上海分公司船员服务一站式大厅
66. 中远海运船员广州分公司人力资源部 / 组织部
67. 中远海运船员大连分公司能源船员一库
68. 中远海运船员天津分公司船员管理库（1）
69. 中远海运船员青岛分公司船员资源开发部
70. 中远海运对外劳务合作有限公司深圳劳务事业一分部

中波轮船股份公司

71. 中波轮船股份公司波兰分公司（中方）

72. “大西洋”轮

中远海运（厦门）有限公司

73. 厦门闽台轮渡有限公司中远之星轮

中国船舶燃料有限责任公司

74. 中远海运集团技术中心中国船燃技术分中心

75. 南通中燃船舶燃料有限公司润滑油部

76. “中燃 31”轮

中石化中海船舶燃料供应有限公司

77. 上海中燃船舶燃料有限公司何家湾油库散装工班

上海船舶运输科学研究所 / 中远海运科技股份有限公司

78. 港珠澳大桥智能收费系统及通航安全项目团队

79. 中远海运科技集团 OA 项目组

中远海运集团财务有限责任公司（筹）

80. 结算业务部

中远海运博鳌有限公司

81. 海南中远海运博鳌国际会务有限公司第二事业部

青岛远洋船员职业学院

82. 海员技能训练团队项目组

中共中国海运（集团）总公司党校

83. 教务部

中远海运财产保险自保有限公司

84. 信用评级工作小组

中远海运（香港）有限公司

85. 香远北京公司“三供一业”分离移交项目工作组

86. 远通海运设备服务有限公司机械部

87. 新世纪标志（深圳）有限公司市场部

中远海运港口有限公司

88. 阿布扎比码头委派团队

89. 南通通海码头委派团队

90. 财务部

中远海运（北美）有限公司

91. 中远海运集运（墨西哥）有限公司

中远海运（欧洲）有限公司

92. 中远海运集运（欧洲）公司全球销售部

中远海运（东南亚）有限公司

93. 中远海运集运（泰国）有限公司

中远海运（澳洲）有限公司

94. 财务部

中远海运（日本）株式会社

95. 中远海运物流（日本）有限公司海运部

中远海运（韩国）有限公司

96. 中远海运集运韩国公司欧地销售部

中远海运（西亚）有限公司

97. 中远海运集运西亚公司

中远海运（非洲）有限公司

98. 中远海运（尼日利亚）有限公司

中远海运（南美）有限公司

99. 中远海运集运（阿根廷）有限公司

中远海运（比雷埃夫斯）港口有限公司

100. 汽车码头部

先进个人（100 名）

集团总部

1. 李　峻　人力资源本部薪酬管理室高级经理

2. 朱雪峰　党组工作部宣传室 / 企业文化室主任

3. 姚亚平　新闻媒体中心杂志编辑室经理

中远海运控股股份有限公司

4. 杨云胜　组织 / 人力资源部薪酬管理室经理、员工管理室经理

中远海运集装箱运输有限公司

5. 杨海频　企业资讯发展部电子商务部高级业务代表

6. 王坤辉　拉美 / 非洲贸易区总经理

7. 邓胜军　青岛分部客户销售部科员

8. 周　琦　宁波分部客户销售部副总经理

9. 陈　煦　亚太贸易区澳新航线部副经理

10. 柯　嘉　全球海运操作中心运营监控部高级业务代表

11. 王　臻　客户服务部客户体验管理部副

经理

12. 王善平　武汉分部四川中货总经理

13. 王振博　党委工作部党建部主任

中远海运散货运输有限公司

14. 李志强　中远海运散运益丰船务公司总经理

15. 范志军　中远海运散运技术管理部总经理

16. 潘嗣伟　中远海运散运战略与企业管理部总经理

17. 陈　丹　天津远华海运有限公司总经理

18. 崔东星　中远海运散运美国营销分部营销代表

中远海运能源运输股份有限公司

19. 刘文保　上海油运船管部副总经理

20. 陈　明　上海 LNG 技术部副总经理

中远海运特种运输股份有限公司

21. 黄海兵　调度主管

22. 王孜孜　广州远洋宾馆有限公司餐饮总监

中远海运发展股份有限公司／中远海运金融控股有限公司

23. 龚建瑾　战略发展部副处长

24. 李武金　上海海宁总经理

25. 高　原　中远海运金控综合管理部董事会秘书

中远海运物流有限公司

26. 顾培林　财务管理部总经理

27. 岳　明　大连中远海运物流有限公司仓配分公司总经理

28. 苏　南　青岛中远海运物流有限公司综合货运部总经理

29. 章本俭　中国张家港外轮代理有限公司总经理、党总支副书记

30. 綦再胜　宁波中远海运物流有限公司船务部散杂货营运中心经理

31. 陈庆忠　厦门中远海运物流有限公司湄洲湾分公司总经理、支部书记

32. 何光淮　上海中远海运航空货运代理有限公司总经理

33. 贺　敏　无界电子商务有限公司商务部／综合管理部经理

34. 谢旭峻　上海中远海运物流供应链管理有限公司监审部经理助理

35. 邹积强　国投海运发展有限公司航运经营部副经理（主持工作）

中远海运重工有限公司

36. 莫中华　南通中远海运川崎副总经理

37. 郑克雄　大连中远海运重工项目经理

38. 姚　伟　上海中远海运重工生产管理部副经理

39. 曾庆波　广东中远海运重工安监部经理

40. 孙　健　中远船务技术服务现场技术服务

41. 姚　鹏　上海中远川崎项目管理科科长

42. 戴魏魏　南京国际船舶配件技术信息研发部部长

中远海运资产经营管理有限公司

43. 郑　铮　纪委副书记、监察审计部／法务与风险管理部总经理

中远海运（上海）有限公司

44. 蔡黄忠　上海海运物业管理有限公司总经理、党委副书记

中远海运（广州）有限公司

45. 王作为　广州海员宾馆营销部经理

中远海运客运有限公司／中远海运（大连）公司

46. 芦衍柱　运营管理中心副总经理

中远海运（天津）有限公司

47. 邢　钺　中远散运天津海上电子有限公司总经理

中远海运（青岛）有限公司

48. 刘金波　青岛远洋房地产开发有限公司青岛远洋大酒店首席总厨

中远海运大连投资有限公司

49. 于震宏　战企部总经理兼战略与投资室经理、大厦酒店有限公司董事长（法人）兼洲际酒店（分公司）负责人

中远海运船员管理有限公司

50. 李清奎　中远海运船员上海分公司船舶

政委

51. 安万兵　中远海运船员上海分公司船舶轮机长

52. 陶利峰　中远海运船员上海分公司船舶大副

53. 余万军　中远海运船员广州分公司船舶政委

54. 黄活潮　中远海运船员广州分公司船舶轮机长

55. 余运增　中远海运船员广州分公司船舶轮机长

56. 丛云邦　中远海运船员大连分公司船舶船长

57. 王国文　中远海运船员大连分公司船舶轮机长

58. 蒲连军　中远海运船员大连分公司船舶船长

59. 关朝阳　中远海运船员天津分公司船舶轮机长

60. 张宏权　中远海运船员天津分公司船舶船长

61. 赵宗团　中远海运船员青岛分公司船舶船长

62. 梁　明　中远海运船员青岛分公司船舶政委

63. 丁文平　中远海运船员深圳分公司船舶船长

64. 傅　焱　中远海运船员深圳分公司船舶政委

65. 常　兵　中远海运劳务船舶船长

66. 钱　峰　中远海运劳务船舶船长

67. 吴文一　中远海运船员上海教培中心教务主任

68. 曹　曦　中远海运船员纪委工作部 / 监察审计部党风党纪室 / 案件审理室主任

中波轮船股份公司

69. 孙长军　船舶轮机长

中远海运（厦门）有限公司

70. 吕诗永　航运部总经理兼营销中心主任

中国船舶燃料有限责任公司

71. 田　明　企发部副总经理

72. 张　华　中国船舶燃料大连有限公司连油 10 号轮轮机长

中石化中海船舶燃料供应有限公司

73. 杨文超　宁波 / 舟山分公司盘峙油库主任

上海船舶运输科学研究所 / 中远海运科技股份有限公司

74. 唐又林　智能船舶办总工程师

75. 张　宇　中远海运科技（北京）有限公司总经理

中远海运集团财务有限责任公司（筹）

76. 曾湘青　青岛延伸柜台业务经理

中远海运博鳌有限公司

77. 李　丽　战略发展部企业管理岗经理

78. 梁金来　东屿岛大酒店大堂副理

青岛远洋船员职业学院

79. 刘　柱　研究发展部主任兼科技开发事业部总经理

中共中国海运（集团）总公司党校

80. 陈　媛　综合管理部主任科员

中远海运财产保险自保有限公司

81. 葛　琪　再保部总经理兼业务开发部总经理

中远海运（香港）有限公司

82. 温忠民　江门中远海运铝业有限公司总经理

83. 吴咏仪　人力资源部总经理助理

84. 罗敏坚　中远海运国际（香港）有限公司置业业务部业务经营处高级经理

中远海运港口有限公司

85. 孙　凯　西班牙 NOATUM 码头总经理

86. 谭行之　项目开发部副总经理

87. 王沈元　工程采购部副总经理

中远海运（北美）有限公司

88. 高　强　洛杉矶西港池集装箱码头（WBCT）总经理

89. 杨　博　人力资源部副经理

中远海运（欧洲）有限公司

90. 宋明君　中远海运集运（芬兰）公司

91. 谢满定　中远海运集运（埃及）公司

中远海运（东南亚）有限公司

92. 张　聪　中远海运集运（巴基斯坦）有限公司财务经理

93. 臧宣伟　中远海运（印尼）公司集装箱部经理兼客户部经理

中远海运（澳洲）有限公司

94. 康晓彧　中远海运集运（新西兰）有限公司董事总经理

中远海运（日本）株式会社

95. 陈　伟　中远海运（日本）东方轮船株式会社副社长

中远海运（韩国）有限公司

96. 陈　铁　京汉航运有限公司财务经理

中远海运（西亚）有限公司

97. 班国柱　中远海运物流（西亚）有限公司总经理

中远海运（非洲）有限公司

98. 程泓森　散货业务部总经理

中远海运（南美）有限公司

99. 邱　林　中远海运集运（智利）有限公司操作部经理

中远海运（比雷埃夫斯）港口有限公司

100. 李维娜　修船部经理

2019年度钻石团队、先进集体、先进个人名单

2019 年度钻石团队、先进集体、先进个人名单

（2020 年 1 月 8 日表彰）

钻石团队（7 个）

1. 习近平总书记视察比港保障团队

俞曾港、傅承求、翁　林、徐陶然、Mr.Nikolaos Patmanidas、张安铭、阮国良、韩　伟、马潜炯、顾发明、周法成、朱雪峰、胡　彧、马晓静、赵　毅

2. 集团出售美国长滩码头项目团队

叶红军、黄　坚、许　超、陈　鑫、陈　冬、张　炜、肖俊光、邵　伟、张铭文、Andy 董、Lammy 李、姚尔欣、陈　帅、张　峰、冯　波、王明峰

3. 集团收购海南港航（控股）项目团队

冯波鸣、李　岩、曲明洋、郑　斌、秦　岭、祁　浩、姜少虎、李　琳、杨新远、王少亮、朱建辉、苏晓东、王善和、林　健、陈　力、李　伟

4. 中欧陆海快线团队

林　戟、苏旭东、丁　健、罗忠明、胡　华、郑颖国、王继航、陈　韵、汤　伟、王世逸、刘　刚、杜廷刚、谢　银、曲胜斌、林晓烨

5. 中远海运集运、东方海外协同效益团队

萧启豪、刘家琰、李　刚、张鸿雁、吴　宇、李　栋、徐　淏、戈和悦、胡嫒嫒、Shirley LAM、Warren Ma、Flex Lo、Terry Brant

6. 中远海运散运船管体制改革实施小组

黄志强、石福安、卢广兴、赵学岩、林燕兴、郑彦林、张跃升、王伟坚、蒋永祥、罗数强、肖克斌、郭强华

7. 中远海运发展收购胜狮货柜项目组

刘　冲、范　巍、李前敏、张明明、李应龙、刘　凯、黄晟磊、尹雷波、冯海波、赵小波、朱田甜、朱昌宇、马向辉、周　明、代　涛、黄良贤

先进集体（100 个）

集团总部

1. 纪检监察组
2. 安全监管本部
3. 人力资源本部 / 组织部薪酬管理室

中远海运控股股份有限公司

4. 组织 / 人力资源部

中远海运集装箱运输有限公司

5. 亚太贸易区
6. 上海分部浙北经营片区
7. 华南分部客户服务部
8. 采购协同组
9. 应对中美贸易战工作组
10. IRIS4 项目组
11. 通道建设团队
12. “双百行动”小组
13. “中远亚洲”轮
14. “中远意大利”轮
15. “中远比利时”轮
16. “中海印度洋”轮
17. “中海亚洲”轮

中远海运能源运输股份有限公司

18. VLCC 部
19. “华川”轮
20. “远腾湖”轮
21. “金牛座”轮
22. 证券事务部 / 董事会办公室

中远海运散货运输有限公司

23. 租船部
24. 船舶管理中心兼营船舶管理部

25. 广州共享中心燃油核算室 / 资金结算室
26. “新旺海”轮
27. “宇中海”轮
28. “新柳林海”轮
29. “远慧海”轮
30. “宏景”轮
31. “远神海”轮
32. “智达”轮
33. “神华 808”轮

中远海运特种运输股份有限公司

34. TCO 项目组
35. “大彩云”轮
36. “金广岭”轮
37. “永盛”轮

中远海运发展股份有限公司 / 中远海运金融控股有限公司

38. 佛罗伦国际有限公司综合管理部
39. 上海寰宇锦州箱厂融合共享交流团队
40. 财务管理部
41. 航运租赁事业部资产运营和管理部
42. 上海中远海运小额贷款有限公司业务部

中远海运物流有限公司

43. 大连中远海运物流有限公司海运中心
44. 江阴中远海运物流供应链有限公司
45. 嘉兴外轮代理有限公司
46. 中国茂名外轮代理有限公司
47. 中远海运航空货运代理公司第二届进博会服务团队
48. 珠海中远海运船务代理有限公司
49. 中远海运工程物流有限公司上海分部
50. 中理检验有限公司几内亚铝土矿项目组

中远海运重工有限公司

51. 南通中远海运川崎技术本部基本设计部
52. 扬州中远海运重工技术工艺部
53. 广东中远海运重工修船事业部生产运行室
54. 南通中远重工塔克拉夫 ST06 装船机项目组
55. 设计研究院新型穿梭油轮设计开发团队
56. 经营中心

中远海运资产经营管理有限公司

57. 上海项目管理部

中远海运（上海）有限公司

58. 福州江阴建滔化工码头有限公司工程部

中远海运（广州）有限公司

59. 广州海宁海务技术咨询有限公司水处理组

中远海运客运有限公司 / 中远海运（大连）有限公司

60. “长山岛”轮

中远海运（天津）有限公司

61. 资产运营及财务中心

中远海运（青岛）有限公司

62. LNG 罐箱项目组

中远海运大连投资有限公司

63. 大连中远海运油运电子有限公司工程部

中远海运船员管理有限公司

64. 广州分公司特运船员库
65. 大连分公司船员资源开发部
66. 天津分公司党委工作部
67. 青岛分公司船员资源开发部
68. 深圳分公司船员管理库
69. 中远海运劳务上海劳务事业分部

中波轮船股份公司

70. “太平洋”轮
71. 中波置业（上海）有限责任公司

中远海运（厦门）有限公司

72. “长安城”轮

中国船舶燃料有限责任公司

73. 江苏中燃油品储运有限公司油库
74. 贸易部
75. “中燃 38”轮

中石化中海船舶燃料供应有限公司

76. 保税油部

上海船舶运输科学研究所 / 中远海运科技股份有限公司

77. 云数据中心建设项目组
78. 交通信息化部青海高速公路取消省界收费站项目组

中远海运集团财务有限责任公司

79. 计划财务部

中远海运博鳌有限公司

80. 服务保障第二届进博会工作组

青岛远洋船员职业学院

81. 培训中心

中共中国海运（集团）总公司党校

82. 综合管理部

中远海运财产保险自保有限公司

83. 航运与保险数据融合课题项目组

海南港航控股有限公司

84. 海口港集装箱码头有限公司

中远海运（香港）有限公司/中远海运国际（香港）有限公司

85. 深圳中远保险经纪有限公司

86. 联谊会骨干团队

87. 北京远洋酒店资产盘活项目组

中远海运港口有限公司

88. 厦门远海委派管理团队

89. 企业管理部

90. 投资管理部

中远海运（比雷埃夫斯）港口有限公司

91. 行政部

中远海运（北美）有限公司

92. 东方设备服务有限公司

中远海运（欧洲）有限公司

93. 钻石快航有限公司

中远海运（东南亚）有限公司

94. 中远海运油品运输（新加坡）有限公司

中远海运（澳洲）有限公司

95. 财务部

中远海运（日本）株式会社

96. 油料业务部

中远海运（韩国）有限公司

97. 京汉航运有限公司市场部

中远海运（西亚）有限公司

98. 中远海运集运（阿联酋）有限公司

中远海运（非洲）有限公司

99. 中远海运集运（尼日利亚）公司

中远海运（南美）有限公司

100. 件杂货营销和操作团队

先进个人（100名）

集团总部

1. 黄　超　战略与企业管理本部/深化改革办公室绩效管理室/综合管理室高级经理

2. 江　茜　工会女工/文体部主任

3. 谭沛沛　财务服务中心集中核算业务室高级主管

中远海运控股股份有限公司

4. 秦永娟　协同管理办公室经理

中远海运集装箱运输有限公司

5. 朱唯纳　欧洲贸易区市场营销部副经理

6. 潘　松　武汉分部副总经理、营销总监

7. 鞠　伟　青岛分部总经理

8. 张纯逸　全球销售部业务代表

9. 李正宁　全球海运操作中心业务代表

10. 肖龙武　厦门分部箱管部总经理

11. 柳希尔　宁波分部客户服务部综合科长

12. 丁兆刚　上远公司船员培训科科长

13. 谢　菲　华南分部广州公司纪委书记

中远海运能源运输股份有限公司

14. 李俊海　中远海运石油运输有限公司总经理、党委副书记

15. 徐寅生　财务部副总经理（主持工作）

中远海运散货运输有限公司

16. 肖　松　上海时代航运总经理

17. 腾小辉　澳洲营销部总经理

18. 黄兴文　海南分部营销部经理

19. 朱利华　益丰船务副总经理

20. 马　冰　工会组织民管部/文体宣教部员工

中远海运特种运输股份有限公司

21. 林浩亮　广州中远海运船舶技术工程有限公司监造部副经理

22. 周小勇　多用途船经营部经理

中远海运发展股份有限公司 / 中远海运金融控股有限公司

23. 卢　晖　综合管理部总经理（中远海运金控）

24. 元　微　金融投资部总经理

25. 王　露　中远海运租赁财务管理部部门经理

中远海运物流有限公司

26. 杜庭刚　集装箱运营中心主任

27. 司　南　大连中远海运物流班轮部副总经理

28. 李红红　中国唐山外轮代理总经理

29. 吕爱军　青岛中远海运物流船务部总经理

30. 金　琪　中国太仓外轮代理总经理、党支部书记

31. 倪　明　中国宁波外轮代理总经理

32. 黄春锋　厦门中远海运物流总经理

33. 郑　轶　广州中远海运物流综合物流部总经理

34. 季承安　重庆中远海运物流副总经理、工会主席

35. 陈　东　中远海运化工物流顾问

中远海运重工有限公司

36. 丁长青　大连中远海运川崎副部长（兼机装科科长）

37. 李荣稷　启东中远海运海工建造经理

38. 陆子刚　大连中远海运重工项目管理部副经理、N713 项目经理

39. 周璐舰　舟山中远海运重工项目管理部总建造师

40. 于建勋　上海中远海运重工生产部副经理、海工部副经理、项目党支部书记

41. 张　灿　威海中远造船科技有限公司新产品中心主任

42. 孙英水　经营中心副总经理

中远海运资产经营管理有限公司

43. 陈　虹　总经理助理

中远海运（上海）有限公司

44. 钱荣华　上海中远海运仓储总经理、党委委员

中远海运（广州）有限公司

45. 姚文照　广州中远海运物业发展有限公司物业租赁分公司副经理

中远海运客运有限公司 / 中远海运（大连）公司

46. 程梦元　葫芦岛轮客运经理

中远海运（天津）有限公司

47. 汪　哲　天津远洋大厦有限公司总经理

中远海运（青岛）有限公司

48. 杨贤军　青岛远洋船舶供应有限公司总经理 / 党总支副书记

中远海运大连投资有限公司

49. 袁　程　深圳中远龙鹏液化气运输有限公司总经理

中远海运船员管理有限公司

50. 岳东海　上海分公司船长

51. 操胜平　上海分公司轮机长

52. 倪　迪　上海分公司船长

53. 吴　波　广州分公司船长

54. 罗立科　广州分公司船长

55. 柯益民　广州分公司政委

56. 王红军　大连分公司船长

57. 赵厚长　大连分公司政委

58. 张宝林　天津分公司政委

59. 张　洁　天津分公司船长

60. 陈可松　青岛分公司船长

61. 胡丁山　青岛分公司轮机长

62. 谢孙尧　深圳分公司实习船长

63. 汪晨兴　深圳分公司实习轮机长

64. 王　俊　中远海运劳务船长

65. 余少君　中远海运劳务船长

66. 谭常虹　上海教培中心人力资源部 / 组织部主任

67. 许恒怡　工会女工部 / 文体部 / 海嫂工作部主管

中波轮船股份公司

68. 吴若君　上海弘发航运有限公司航运经营部经理 / 航运保障部经理

中远海运（厦门）有限公司

69. 庄绍煌　战发部 / 法务部副经理

中国船舶燃料有限责任公司

70. 谷志宇　保税油部室经理

71. 张　燕　舟山中燃船舶燃料有限公司总经理

中石化中海船舶燃料供应有限公司

72. 荆淑成　河北分公司燃料油经营部经理

上海船舶运输科学研究所 / 中远海运科技股份有限公司

73. 张　辉　中远海运科技（北京）有限公司物流平台产品总监

74. 张平静　中远海运科技创新中心高级项目经理

中远海运集团财务有限责任公司

75. 王　菲　营运总监

中远海运博鳌有限公司

76. 姜德强　酒店运营管理中心餐饮部副总监兼行政总厨

77. 梁　萍　旅游运营管理中心保障部资产专业带头人

青岛远洋船员职业学院

78. 鲁志杰　办公室主任

中共中国海运（集团）总公司党校

79. 王　月　教务部副主任科员

中远海运财产保险自保有限公司

80. 傅　悦　资深级会计师

海南港航控股有限公司

81. 李才原　海南海峡航运船长

中远海运（香港）有限公司 / 中远海运国际（香港）有限公司

82. 陈　枝　新远（新加坡）总经理

83. 江　涛　中远关西涂料化工集装箱涂料研发部经理

84. 任　玮　资本与投资运营部资本运营处高级经理

中远海运港口有限公司

85. 华　南　阿布扎比码头公司操作部经理

86. 黄　莉　规划研发部 & 企业文化部总经理

87. 李华斋　锦州新时代集装箱码头有限公司董事、总经理

中远海运（比雷埃夫斯）港口有限公司

88. 邓　昱　总裁助理

中远海运（北美）有限公司

89. 陈怡源　中远海运集运（北美）有限公司客户部副总经理

90. 杜华文　中远海运（北美）码头公司总经理

中远海运（欧洲）有限公司

91. 黄　斌　中远航务（英国）有限公司副总经理

92. 汪　雷　中远海运集运（欧洲）有限公司资讯发展部经理

中远海运（东南亚）有限公司

93. 陈润威　审计分部业务经理

94. 江红波　中远海运集运越南公司副总经理

中远海运（澳洲）有限公司

95. 孙　轶　行政人事部总经理

中远海运（日本）株式会社

96. 李文涛　中远海运物流（日本）有限公司 / 中国外轮代理有限公司东京代表处社长 / 首席代表

中远海运（韩国）有限公司

97. 郭建广　中燃韩国有限公司总经理

中远海运（西亚）有限公司

98. 丁健炜　中远海运集运（西亚）有限公司市场部经理

中远海运（非洲）有限公司

99. 谭　龙　中远海运集运（南非）有限公司综合业务部经理

中远海运（南美）有限公司

100. 林忠财　中远海运集运（阿根廷）公司财务经理

第十七篇

统计资料

船队统计

船 队 统 计

（截至 2019 年 12 月 31 日）

中远海运集团集装箱船队自有船舶船名录

表 17–1

序号	所属二级公司	所属公司（经营）	中文船名	英文船名	出厂时间	建造国家或地区	船旗	总载重量（吨）	标准箱位数(TEU)
1	中远海运英国公司	COSCO	中远汉堡	COSCO HAMBURG	2001–07–17	日本	英国	69 098	5 446
2	中远海运英国公司	COSCO	中远费利克斯托	COSCO FELIXSTOWE	2001–09–27	中国	英国	69 107	5 446
3	中远海运英国公司	COSCO	中远安特卫普	COSCO ANTWERP	2001–04–20	中国	英国	68 910	5 446
4	中远海运英国公司	COSCO	中远新加坡	COSCO SINGAPORE	2001–09–21	日本	英国	69 098	5 446
5	中远海运英国公司	COSCO	中远香港	COSCO HONGKONG	2001–12–28	日本	英国	69 098	5 446
6	中远海运英国公司	COSCO	中远上海	COSCO SHANGHAI	2001–05–29	日本	英国	69 098	5 446
7	中远海运英国公司	COSCO	中远鹿特丹	COSCO ROTTERDAM	2001–11–09	日本	英国	69 098	5 446
8	中远海运集运	中远海运集运	中远海运行星	COSCO SHIPPING PLANET	2017–04–11	中国	中国香港	198 485	21 237
9	中远海运集运	中远海运集运	中远海运兰花	COSCO SHIPPING ORCHID	2019–08–30	中国	中国香港	192 369	13 800
10	中远海运集运	中远海运集运	中远海运荷花	COSCO SHIPPING LOTUS	2019–05–08	中国	中国香港	192 369	13 800
11	中远海运集运	中远海运集运	中远海运杜鹃花	COSCO SHIPPING AZALEA	2019–04–26	中国	中国香港	192 369	13 800
12	中远海运集运	中远海运集运	中远海运安迪斯	COSCO SHIPPING ANDES	2017–09–04	中国	中国香港	198 485	14 566
13	中远海运集运	中远海运集运	中远海运茉莉	COSCO SHIPPING JASMI	2017–07–25	中国	中国香港	198 485	19 273
14	中远海运集运	中远海运集运	中远海运天蝎座	COSCO SHIPPING SCORP	2017–06–13	中国	中国香港	196 996	13 800
15	中远海运集运	中远海运集运	中远海运天秤座	COSCO SHIPPING LIBRA	2005–06–06	中国	巴拿马	153 811	19 273
16	中远海运集运	中远海运集运	中远海运摩羯座	COSCO SHIPPING CAPRI	2005–02–28	中国	巴拿马	192 369	20 119

续上表

序号	所属二级公司	所属公司（经营）	中文船名	英文船名	出厂时间	建造国家或地区	船旗	总载重量（吨）	标准箱位数(TEU)
17	中远海运集运	中远海运集运	中远海运德纳里	COSCO SHIPPING DENAL	2005-03-31	中国	巴拿马	198 485	14 566
18	中远海运集运	中远海运集运	中远海运宇宙	COSCO SHIPPING UNIVE	2017-04-11	中国	中国香港	199 653	21 237
19	中远海运集运	中远海运集运	中远海运牡丹	COSCO SHIPPING PEONY	2012-08-10	中国	中国香港	192 369	13 800
20	中远海运集运	中远海运集运	中远海运室女座	COSCO SHIPPING VIRGO	2012-06-21	中国	中国香港	67 025	20 119
21	中远海运集运	中远海运集运	中远海运狮子座	COSCO SHIPPING LEO	2012-06-27	中国	中国香港	67 025	19 273
22	中远海运集运	中远海运集运	中远海运双子座	COSCO SHIPPING GEMIN	2012-06-13	中国	中国香港	68 030	20 119
23	中远海运集运	中远海运集运	中远海运金牛座	COSCO SHIPPING TAURU	2012-05-31	中国	中国香港	68 030	20 119
24	中远海运集运	中远海运集运	中远海运白羊座	COSCO SHIPPING ARIES	2012-04-05	中国	中国香港	111 244	19 273
25	中远海运集运	中远海运集运	中远海运阿尔卑斯	COSCO SHIPPING ALPS	2012-04-25	中国	中国香港	153 811	14 566
26	中远海运集运	中远海运集运	中远海运伏尔加河	COSCO SHIPPING VOLGA	2010-06-30	中国	五星旗	111 401	9 092
27	中远海运集运	中远海运集运	锦云河	JIN YUN HE	2002-01-01	日本	巴拿马	67 209	1 432
28	中远海运集运	中远海运集运	中远多瑙河	COSCO SHIPPING DANUB	2010-07-20	中国	五星旗	67 209	9 092
29	中远海运集运	中远海运集运	凌云河	LING YUN HE	2010-06-21	中国	五星旗	67 209	1 702
30	中远海运集运	中远海运集运	密云河	MI YUN HE	2010-05-14	中国	五星旗	111 290	1 432
31	中远海运集运	中远海运集运	奇云河	QI YUN HE	2010-05-06	中国	五星旗	49 963	1 432
32	中远海运集运	中远海运集运	青云河	QING YUN HE	2010-04-15	中国	五星旗	49 963	1 702
33	中远海运集运	中远海运集运	松云河	SONG YU NHE	2010-03-25	中国	五星旗	49 963	1 432
34	中远海运集运	中远海运集运	腾云河	TENG YUN HE	2010-01-29	中国	五星旗	49 963	1 702
35	中远海运集运	中远海运集运	中远亚洲	COSCO ASIA	2009-12-03	中国	五星旗	49 963	10 062
36	中远海运集运	中远海运集运	中远波士顿	CMA CGM SCALA	2009-11-19	中国	五星旗	49 963	5 089
37	中远海运集运	中远海运集运	中远大洋洲	COSCO OCEANIA	2009-10-31	中国	五星旗	49 963	10 020
38	中远海运集运	中远海运集运	中远美洲	COSCO AMERICA	2009-03-03	中国	中国香港	63 296	10 062
39	中远海运集运	中远海运集运	中远纽约	CMA CGM CAPRI	2008-10-16	中国	中国香港	9 294	5 089
40	中远海运集运	中远海运集运	中远欧洲	COSCO EUROPE	2008-07-14	韩国	巴拿马	63 258	10 062

续上表

序号	所属二级公司	所属公司（经营）	中文船名	英文船名	出厂时间	建造国家或地区	船旗	总载重量（吨）	标准箱位数(TEU)
41	中远海运集运	中远海运集运	中远荷兰	COSCO NETHERLANDS	2008-07-09	中国	中国香港	63 165	13 386
42	中远海运集运	中远海运集运	中远西班牙	COSCO SPAIN	2014-04-29	中国	中国香港	63 187	13 386
43	中远海运集运	中远海运集运	中远葡萄牙	COSCO PORTUGAL	2013-08-02	中国	中国香港	63 292	13 386
44	中远海运集运	中远海运集运	中远海法	COSCO HAIFA	2010-07-26	中国	五星旗	63 253	4 253
45	中远海运集运	中远海运集运	中远吉达	COSCO JEDDAH	1998-11-01	日本	巴拿马	63 188	4 253
46	中远海运集运	中远海运集运	中远伊斯坦布尔	COSCO ISTANBUL	2000-07-01	中国	五星旗	63 195	4 253
47	中远海运集运	中远海运集运	中远桑托斯	COSCO SANTOS	2000-09-01	日本	巴拿马	63 001	4 253
48	中远海运集运	中远海运集运	中远比雷埃夫斯	COSCO PIRAEUS	2014-09-24	中国	中国香港	62 997	4 253
49	中远海运集运	中远海运集运	中远比利时	COSCO BELGIUM	2013-09-16	中国	中国香港	62 997	13 386
50	中远海运集运	中远海运集运	中远瓦伦西亚	COSCO VALENCIA	2013-09-03	中国	中国香港	111 499	4 253
51	中远海运集运	中远海运集运	中远圣保罗	COSCO SAO PAULO	2013-08-30	中国	中国香港	111 315	4 253
52	中远海运集运	中远海运集运	中远法国	COSCO FRANCE	2013-08-12	中国	中国香港	109 968	13 386
53	中远海运集运	中远海运集运	中远威尼斯	COSCO VENICE	2013-06-18	中国	中国香港	109 920	4 253
54	中远海运集运	中远海运集运	中远惠灵顿	COSCO WELLINGTON	2013-06-04	中国	中国香港	156 610	4 253
55	中远海运集运	中远海运集运	中远阿什杜德	COSCO ASHDOD	2013-05-24	中国	中国香港	49 963	4 253
56	中远海运集运	中远海运集运	中远英格兰	COSCO ENGLAND	2013-04-15	中国	中国香港	63 143	13 386
57	中远海运集运	中远海运集运	中远泗水	COSCO SURABAYA	2013-04-25	中国	中国香港	24 251	4 253
58	中远海运集运	中远海运集运	中远亚喀巴	COSCO AQABA	2013-02-28	中国	中国香港	25 723	4 253
59	中远海运集运	中远海运集运	中远丹麦	COSCO DENMARK	2013-03-22	中国	中国香港	24 259	13 386
60	中远海运集运	中远海运集运	彩云河	CAI YUN HE	2013-03-28	中国	中国香港	156 610	1 432
61	中远海运集运	中远海运集运	飞云河	FEI YUN HE	2012-09-28	中国	中国香港	49 963	1 702
62	中远海运集运	中远海运集运	峰云河	FENG YUN HE	2012-10-22	中国	中国香港	49 963	1 432
63	中远海运集运	中远海运集运	天福河	TIAN FU HE	2012-09-06	中国	中国香港	156 618	5 089
64	中远海运集运	中远海运集运	中远伊兹密尔	COSCO IZMIR	2014-07-07	中国	中国香港	49 963	4 253

续上表

序号	所属二级公司	所属公司（经营）	中文船名	英文船名	出厂时间	建造国家或地区	船旗	总载重量（吨）	标准箱位数(TEU)
65	中远海运集运	中远海运集运	中远意大利	COSCO ITALY	2014–02–14	中国	中国香港	49 963	13 386
66	中远海运集运	中远海运集运	中远太平洋	COSCO PACIFIC	2013–11–18	中国	中国香港	49 963	10 020
67	中远海运集运	中远海运集运	中远非洲	COSCO AFRICA	2008–01–01	韩国	巴拿马	156 596	10 062
68	中远海运集运	中远海运集运	中远高雄	COSCO KAOHSIUNG	2007–09–20	韩国	巴拿马	49 963	10 020
69	中远海运集运	中远海运集运	中远太仓	COSCO TAICANG	2008–03–01	韩国	巴拿马	49 963	10 020
70	中远海运集运	中远海运集运	天宝河	TIAN BAO HE	2008–04–03	中国	中国香港	156 605	5 089
71	中远海运集运	中远海运集运	天运河	TIAN YUN HE	2007–07–27	韩国	巴拿马	49 963	5 089
72	中远海运集运	中远海运集运	天兴河	TIAN XING HE	2007–08–06	韩国	巴拿马	49 963	5 089
73	中远海运集运	中远海运集运	天隆河	TIAN LONG HE	2000–04–01	中国	五星旗	49 963	5 089
74	中远海运集运	中远海运集运	天秀河	TIAN XIU HE	1998–09–01	日本	巴拿马	49 963	5 089
75	中远海运集运	中远海运集运	天丽河	TIAN LI HE	2000–05–01	中国	五星旗	49 963	5 089
76	中远海运集运	中远海运集运	天盛河	TIAN SHENG HE	2001–01–01	日本	巴拿马	156 610	5 089
77	中远海运集运	中远海运集运	天锦河	TIAN JIN HE	2001–03–01	日本	巴拿马	156 572	5 089
78	中远海运集运	中远海运集运	天安河	TIAN AN HE	2000–09–01	中国	五星旗	156 549	5 089
79	中远海运集运	中远海运集运	天庆河	TIAN QING HE	2016–11–29	中国	中国香港	109 968	5 089
80	中远海运集运	中远海运集运	中远菊花	COSCO KIKU	2000–06–01	日本	巴拿马	68 234	542
81	中远海运集运	中远海运集运	天康河	TIAN KANG HE	2017–01–18	中国	中国香港	109 968	5 089
82	中远海运集运	中远海运集运	中远奥克兰	COSCO AUCKLAND	2018–01–03	中国	中国香港	109 920	4 253
83	中远海运集运	中远海运集运	中远亚丁	COSCO ADEN	2018–01–15	中国	中国香港	68 241	4 253
84	中远海运集运	中远海运集运	中远休斯敦	COSCO HOUSTON	2018–01–29	中国	中国香港	109 968	4 253
85	中远海运集运	中远海运集运	中远科伦坡	COSCO COLOMBO	2018–04–10	中国	中国香港	25 723	4 253
86	中远海运集运	中远海运集运	中远福斯	COSCO FOS	2018–04–23	中国	中国香港	24 237	4 253
87	中远海运集运	中远海运集运	中远德班	COSCO DURBAN	2018–05–29	中国	中国香港	25 679	4 253
88	中远海运集运	中远海运集运	中远热那亚	COSCO GENOA	2018–05–31	中国	中国香港	24 261	4 253

续上表

序号	所属二级公司	所属公司（经营）	中文船名	英文船名	出厂时间	建造国家或地区	船旗	总载重量（吨）	标准箱位数(TEU)
89	中远海运集运	中远海运集运	中远海运泰晤士河	COSCO SHIPPING THAME	2018-06-12	中国	中国香港	23 853	9 092
90	中远海运集运	中远海运集运	天顺河	COSCO DALIAN	2018-06-13	中国	中国香港	25 723	5 816
91	中远海运集运	中远海运集运	天畅河	COSCO XIAMEN	2018-07-17	中国	中国香港	111 290	5 816
92	中远海运集运	中远海运集运	天祥河	COSCO TIANJIN	2018-07-18	中国	中国香港	24 244	5 816
93	中远海运集运	中远海运集运	中远海运塞纳河	COSCO SHIPPING SEINE	2018-08-07	中国	中国香港	111 290	9 092
94	中远海运集运	中远海运集运	中远海运喜马拉雅	COSCO SHIPPING HIMAL	2018-08-20	中国	中国香港	153 811	14 566
95	中远海运集运	中远海运集运	中远海运莱茵河	COSCO SHIPPING RHINE	2018-09-12	中国	中国香港	197 021	9 092
96	中远海运集运	中远海运集运	泛亚宁德	ALM WONDONGA	2018-09-26	中国	中国香港	198 030	5 060
97	中远海运集运	中远海运集运	泛亚广州	ALM ZURICH	2018-10-17	中国	中国香港	198 030	5 060
98	中远海运集运	中远海运集运	泛亚天津	ALM ZURICH	2018-10-23	中国	中国香港	197 021	5 029
99	中远海运集运	中远海运集运	泛亚上海	ALM ZURICH	2018-12-13	中国	中国香港	198 030	5 029
100	中远海运集运	中远海运集运	中远海运玫瑰	COSCO SHIPPING ROSE	2006-04-01	塞浦路斯	中国香港	146 869	13 800
101	中远海运集运	中远海运集运	中远海运人马座	COSCO SHIPPING SAGIT	2006-09-01	塞浦路斯	中国香港	198 485	20 119
102	中远海运集运	中远海运集运	中远海运星云	COSCO SHIPPING NEBUL	2005-01-01	塞浦路斯	中国香港	153 811	21 237
103	中远海运集运	中远海运集运	中远海运樱花	COSCO SHIPPING SAKUR	2004-01-02	塞浦路斯	中国香港	198 030	13 800
104	中远海运集运	中远海运集运	中远海运乞力马扎罗	COSCO SHIPPING KILIM	2017-12-22	中国	中国香港	197 087	14 566
105	中远海运集运	中远海运集运	中远海运双鱼座	COSCO SHIPPING PISCES	2019-01-17	中国	中国香港	192 369	19 273
106	中远海运集运	中远海运集运	中远海运银河	COSCO SHIPPING GALAXY	2019-04-18	中国	中国香港	195 421	21 237
107	中远海运集运	中远海运集运	中远海运太阳	COSCO SHIPPING SOLAR	2019-04-25	中国	中国香港	153 811	21 237
108	中远海运集运	中远海运集运	中远海运山茶	COSCO SHIPPING CAMELLIA	2019-05-10	中国	中国香港	192 369	13 800
109	中远海运集运	中远海运集运	中远海运宝瓶座	COSCO SHIPPING AQUARUIS	2019-06-05	中国	中国香港	197 021	19 273
110	中远海运集运	中远海运集运	中远海运恒星	COSCO SHIPPING STAR	2019-06-27	中国	中国香港	198 485	21 237

续上表

序号	所属二级公司	所属公司（经营）	中文船名	英文船名	出厂时间	建造国家或地区	船旗	总载重量（吨）	标准箱位数(TEU)
111	中远海运发展	CSCL	中海之秋	CSCL AUTUMN	2014-05-09	中国	中国香港	121 270	10 036
112	中远海运发展	CSCL	中海渤海	CSCL BOHAI SEA	2014-06-09	中国	中国香港	121 824	10 036
113	中远海运发展	CSCL	中海黄海	CSCL YELLOW SEA	2014-06-27	中国	中国香港	121 194	10 036
114	中远海运发展	CSCL	新上海	XIN SHANG HAI	2006-10-09	中国	中国香港	111 889	9 572
115	中远海运发展	CSCL	新洛杉矶	XIN LOS ANGELES	2006-06-20	中国	中国香港	111 889	9 572
116	中远海运发展	CSCL	新北京	XIN BEI JING	2007-04-19	中国	中国香港	111 889	9 572
117	中远海运发展	CSCL	新欧洲	XIN OU ZHOU	2007-11-11	中国	五星旗	102 461	8 533
118	中远海运发展	CSCL	新亚洲	XIN YA ZHOU	2007-08-01	中国	五星旗	102 396	8 533
119	中远海运发展	CSCL	中海亚洲	CSCL ASIA	2004-07-07	中国	中国香港	101 612	8 468
120	中远海运发展	CSCL	新烟台	XIN YAN TAI	2005-01-01	中国	五星旗	69 225	5 688
121	中远海运发展	CSCL	新福州	XIN FU ZHOU	2004-09-10	中国	五星旗	69 235	5 688
122	中远海运发展	CSCL	新赤湾	XIN CHI WAN	2004-06-01	中国	五星旗	69 271	5 688
123	中远海运发展	CSCL	新青岛	XIN QING DAO	2003-05-09	中国	五星旗	69 423	5 668
124	中远海运发展	CSCL	新宁波	XIN NING BO	2003-08-25	中国	五星旗	69 323	5 668
125	中远海运发展	CSCL	新郑州	XIN ZHENG ZHOU	2012-07-10	中国	五星旗	67 041	4 738
126	中远海运发展	CSCL	新钦州	XIN QIN ZHOU	2012-03-01	中国	五星旗	66 904	4 738
127	中远海运发展	CSCL	新兰州	XIN LAN ZHOU	2012-08-10	中国	五星旗	67 061	4 738
128	中远海运发展	CSCL	新杭州	XIN HANG ZHOU	2012-05-19	中国	五星旗	67 040	4 738
129	中远海运发展	CSCL	新温州	XIN WEN ZHOU	2013-03-01	中国	五星旗	67 053	4 738
130	中远海运发展	CSCL	新徐州	XIN XU ZHOU	2013-03-01	中国	五星旗	66 926	4 738
131	中远海运发展	CSCL	新沧州	XIN CANG ZHOU	2013-05-01	中国	五星旗	67 001	4 738
132	中远海运发展	CSCL	新惠州	XIN HUI ZHOU	2013-07-23	中国	五星旗	66 967	4 738
133	中远海运发展	CSCL	新北仑	XIN BEI LUN	2005-09-23	中国	五星旗	52 223	4 250
134	中远海运发展	CSCL	新丹东	XIN DAN DONG	2006-04-16	中国	五星旗	52 210	4 250

续上表

序号	所属二级公司	所属公司（经营）	中文船名	英文船名	出厂时间	建造国家或地区	船旗	总载重量（吨）	标准箱位数(TEU)
135	中远海运发展	CSCL	新防城	XIN FANG CHENG	2005-07-12	中国	五星旗	52 160	4 250
136	中远海运发展	CSCL	新海口	XIN HAI KOU	2005-09-03	中国	五星旗	52 212	4 250
137	中远海运发展	CSCL	新黄埔	XIN HUANG PU	2005-08-09	中国	五星旗	52 247	4 250
138	中远海运发展	CSCL	新南沙	XIN NAN SHA	2005-10-16	中国	五星旗	52 191	4 250
139	中远海运发展	CSCL	新泉州	XIN QUAN ZHOU	2005-05-12	中国	五星旗	52 216	4 250
140	中远海运发展	CSCL	新日照	XIN RI ZHAO	2005-11-22	中国	五星旗	52 191	4 250
141	中远海运发展	CSCL	中海土星	CSCL SATURN	2011-12-21	韩国	中国香港	155 470	14 074
142	中远海运发展	CSCL	中海天王星	CSCL URANUS	2012-03-09	韩国	中国香港	155 470	14 074
143	中远海运发展	CSCL	中海水星	CSCL MERCURY	2011-07-15	韩国	中国香港	155 470	14 074
144	中远海运发展	CSCL	中海木星	CSCL JUPITER	2011-05-20	韩国	中国香港	155 470	14 074
145	中远海运发展	CSCL	中海金星	CSCL VENUS	2011-04-29	韩国	中国香港	155 470	14 074
146	中远海运发展	CSCL	中海火星	CSCL MARS	2011-10-28	韩国	中国香港	155 470	14 074
147	中远海运发展	CSCL	中海海王星	CSCL NEPTUNE	2012-05-22	韩国	中国香港	155 470	14 074
148	中远海运发展	CSCL	中海南海	CSCL SOUTH SEA	2014-11-13	中国	五星旗	121 186	10 036
149	中远海运发展	CSCL	中海东海	CSCL EAST SEA	2014-09-02	中国	五星旗	121 186	10 036
150	中远海运发展	CSCL	中海之春	CSCL SPRING	2014-01-08	中国	中国香港	121 849	10 036
151	中远海运发展	CSCL	中海之夏	CSCL SUMMER	2014-03-07	中国	中国香港	121 805	10 036
152	中远海运发展	CSCL	中海之冬	CSCL WINTER	2014-04-18	中国	中国香港	121 839	10 036
153	中远海运发展	CSCL	新浦东	XIN PU DONG	2003-02-15	中国	五星旗	69 303	5 668
154	中远海运发展	CSCL	新厦门	XIN XIA MEN	2004-03-03	中国	五星旗	69 259	5 668
155	中远海运发展	CSCL	新非洲	XIN FEI ZHOU	2008-04-01	中国	五星旗	102 379	8 533
156	中远海运发展	CSCL	新美洲	XIN MEI ZHOU	2008-04-01	中国	五星旗	102 453	8 533
157	中远海运发展	CSCL	新香港	XIN HONG KONG	2007-02-01	中国	中国香港	111 889	9 572
158	中远海运发展	CSCL	新南通	XIN NAN TONG	2003-11-24	中国	五星旗	50 151	4 051

续上表

序号	所属二级公司	所属公司（经营）	中文船名	英文船名	出厂时间	建造国家或地区	船旗	总载重量（吨）	标准箱位数(TEU)
159	中远海运发展	CSCL	新苏州	XIN SU ZHOU	2004-02-15	中国	五星旗	50 137	4 051
160	中远海运发展	CSCL	新扬州	XIN YANG ZHOU	2004-03-29	中国	五星旗	50 137	4 051
161	中远海运发展	CSCL	新重庆	XIN CHONG QING	2003-07-10	中国	五星旗	50 188	4 051
162	中远海运发展	CSCL	新长沙	XIN CHANG SHA	2005-11-06	中国	五星旗	52 214	4 250
163	中远海运发展	CSCL	新漳州	XIN ZHANG ZHOU	2008-11-01	中国	五星旗	52 216	4 250
164	中远海运发展	CSCL	新湛江	XIN ZHAN JIANG	2006-02-18	中国	五星旗	52 279	4 250
165	中远海运发展	CSCL	新营口	XIN YING KOU	2006-03-12	中国	五星旗	52 186	4 250
166	中远海运发展	CSCL	新洋山	XIN YANG SHAN	2005-04-01	中国	五星旗	52 242	4 250
167	中远海运发展	CSCL	新大洋洲	XIN DA YANG ZHOU	2009-04-20	中国	五星旗	102 418	8 533
168	中远海运发展	CSCL	新大连	XIN DA LIAN	2001-10-01	中国	五星旗	69 023	5 668
169	中远海运发展	CSCL	新常熟	XIN CHANG SHU	2005-06-01	中国	五星旗	69 229	5 688
170	中远海运发展	CSCL	新秦皇岛	XIN QIN HUANG DAO	2004-07-01	中国	五星旗	69 308	5 688
171	中远海运发展	CSCL	新盐田	XIN YAN TIAN	2004-03-24	中国	五星旗	68 961	5 668
172	中远海运发展	CSCL	新天津	XIN TIAN JIN	2003-05-25	中国	五星旗	69 023	5 668
173	中远海运发展	CSCL	新连云港	XIN LIAN YUN GANG	2003-01-01	中国	五星旗	68 944	5 668
174	中远海运发展	CSCL	中海环球	CSCL GLOBE	2014-08-23	韩国	中国香港	184 320	18 982
175	中远海运发展	CSCL	中海太平洋	CSCL PACIFIC OCEAN	2014-12-23	韩国	中国香港	184 320	18 982
176	中远海运发展	CSCL	中海印度洋	CSCL INDIAN OCEAN	2015-01-23	韩国	中国香港	184 320	18 982
177	中远海运发展	CSCL	中海北冰洋	CSCL ARCTIC OCEAN	2015-03-20	韩国	中国香港	184 320	18 982
178	中远海运发展	CSCL	中海大西洋	CSCL ATLANTIC OCEAN	2015-04-29	韩国	中国香港	184 320	18 982
179	中远海运发展	CSCL	中海之星	CSCL STAR	2011-01-15	韩国	中国香港	155 470	14 074
180	中远海运发展	CSCL	新洋浦	XIN YANG PU	2008-07-22	中国	五星旗	52 200	4 250
181	中远海运发展	CSCL	新武汉	XIN WU HAN	2008-10-20	中国	五星旗	52 233	4 250
182	中远海运发展	CSCL	新威海	XIN WEI HAI	2006-01-03	中国	五星旗	52 219	4 250

续上表

序号	所属二级公司	所属公司（经营）	中文船名	英文船名	出厂时间	建造国家或地区	船旗	总载重量（吨）	标准箱位数(TEU)
183	中远海运发展	CSCL	新太仓	XIN TAI CANG	2008–07–07	中国	五星旗	52 245	4 250
184	中远海运发展	CSCL	新汕头	XIN SHAN TOU	2005–11–05	中国	五星旗	52 157	4 250
185	东方海外	OOCL	—	OOCL Indonesia	2018–01–18	韩国	中国香港	191 688	21 413
186	东方海外	OOCL	—	OOCL Scandinavia	2017–11–28	韩国	中国香港	191 343	21 413
187	东方海外	OOCL	—	OOCL United Kingdom	2017–09–29	韩国	中国香港	191 688	21 413
188	东方海外	OOCL	—	OOCL Japan	2017–09–11	韩国	中国香港	191 688	21 413
189	东方海外	OOCL	—	OOCL Germany	2017–08–24	韩国	中国香港	191 422	21 413
190	东方海外	OOCL	—	OOCL Hong Kong	2017–05–18	韩国	中国香港	191 422	21 413
191	东方海外	OOCL	—	OOCL Poland	2013–01–22	韩国	中国香港	144 342	13 208
192	东方海外	OOCL	—	OOCL France	2013–04–30	韩国	中国香港	144 162	13 208
193	东方海外	OOCL	—	OOCL Egypt	2013–07–26	韩国	中国香港	144 179	13 208
194	东方海外	OOCL	—	OOCL Malaysia	2013–10–16	韩国	中国香港	144 162	13 208
195	东方海外	OOCL	—	OOCL Singapore	2014–05–23	韩国	中国香港	144 159	13 208
196	东方海外	OOCL	—	OOCL Korea	2014–04–17	韩国	中国香港	144 131	13 208
197	东方海外	OOCL	—	OOCL Bangkok	2013–09–13	韩国	中国香港	144 043	13 208
198	东方海外	OOCL	—	OOCL Brussels	2013–03–26	韩国	中国香港	144 150	13 208
199	东方海外	OOCL	—	OOCL Berlin	2013–03–26	韩国	中国香港	144 143	13 208
200	东方海外	OOCL	—	OOCL Chongqing	2013–06–28	韩国	中国香港	144 060	13 208
201	东方海外	OOCL	—	OOCL Ho Chi Minh Cit	2015–10–30	中国	中国香港	101 047	8 888
202	东方海外	OOCL	—	OOCL Genoa	2015–08–27	中国	中国香港	101 115	8 888
203	东方海外	OOCL	—	OOCL Utah	2015–03–31	中国	中国香港	101 279	8 888
204	东方海外	OOCL	—	OOCL Taipei	2015–01–07	中国	中国香港	101 147	8 888
205	东方海外	OOCL	—	OOCL Memphis	2013–03–28	中国	中国香港	101 544	8 888
206	东方海外	OOCL	—	OOCL Beijing	2011–04–29	中国	中国香港	101 589	8 888

续上表

序号	所属二级公司	所属公司（经营）	中文船名	英文船名	出厂时间	建造国家或地区	船旗	总载重量（吨）	标准箱位数(TEU)
207	东方海外	OOCL	—	OOCL Canada	2011-07-18	中国	中国香港	101 412	8 888
208	东方海外	OOCL	—	OOCL Miami	2013-01-16	中国	中国香港	101 566	8 888
209	东方海外	OOCL	—	OOCL Hamburg	2004-02-26	韩国	中国香港	99 517	8 063
210	东方海外	OOCL	—	OOCL Rotterdam	2004-01-15	韩国	中国香港	105 450	8 063
211	东方海外	OOCL	—	OOCL Atlanta	2005-02-28	韩国	中国香港	105 337	8 063
212	东方海外	OOCL	—	OOCL Europe	2006-07-26	韩国	中国香港	105 545	8 063
213	东方海外	OOCL	—	OOCL Asia	2006-03-17	韩国	中国香港	105 530	8 063
214	东方海外	OOCL	—	OOCL Tokyo	2007-01-08	韩国	中国香港	105 423	8 063
215	东方海外	OOCL	—	OOCL Southampton	2007-05-30	韩国	中国香港	105 400	8 063
216	东方海外	OOCL	—	OOCL Washington	2010-01-11	韩国	中国香港	105 358	8 063
217	东方海外	OOCL	—	OOCL Seoul	2010-01-15	韩国	中国香港	105 563	8 063
218	东方海外	OOCL	—	OOCL London	2010-04-13	韩国	中国香港	105 350	8 063
219	东方海外	OOCL	—	OOCL Luxembourg	2010-04-30	韩国	中国香港	105 374	8 063
220	东方海外	OOCL	—	OOCL Chicago	2000-10-27	中国台湾	中国香港	67 278	5 714
221	东方海外	OOCL	—	OOCL San Francisco	2000-09-15	中国台湾	中国香港	67 313	5 714
222	东方海外	OOCL	—	OOCL New York	1999-12-10	韩国	中国香港	67 660	5 770
223	东方海外	OOCL	—	OOCL Shanghai	1999-12-30	韩国	中国香港	67 584	5 770
224	东方海外	OOCL	—	OOCL America	1995-11-28	日本	中国香港	67 741	5 344
225	东方海外	OOCL	—	OOCL California	1995-08-29	日本	中国香港	67 765	5 344
226	东方海外	OOCL	—	OOCL Australia	2006-11-30	中国	中国香港	52 217	4 583
227	东方海外	OOCL	—	OOCL Zhoushan	2006-09-15	中国	中国香港	52 214	4 583
228	东方海外	OOCL	—	OOCL Yokohama	2007-07-25	韩国	中国香港	50 634	4 578
229	东方海外	OOCL	—	OOCL Kobe	2007-06-29	韩国	中国香港	50 554	4 578
230	东方海外	OOCL	—	OOCL Houston	2007-10-22	韩国	中国香港	50 585	4 578

续上表

序号	所属二级公司	所属公司（经营）	中文船名	英文船名	出厂时间	建造国家或地区	船旗	总载重量（吨）	标准箱位数(TEU)
231	东方海外	OOCL	—	OOCL Panama	2008-04-25	韩国	中国香港	50 633	4 578
232	东方海外	OOCL	—	OOCL Texas	2008-02-05	韩国	中国香港	50 610	4 578
233	东方海外	OOCL	—	OOCL Busan	2008-01-04	韩国	中国香港	50 567	4 578
234	东方海外	OOCL	—	OOCL Norfolk	2009-02-13	韩国	中国香港	50 489	4 578
235	东方海外	OOCL	—	OOCL Brisbane	2009-07-20	韩国	中国香港	50 575	4 578
236	东方海外	OOCL	—	OOCL Dalian	2009-11-10	韩国	中国香港	50 464	4 578
237	东方海外	OOCL	—	OOCL Nagoya	2009-11-23	韩国	中国香港	50 501	4 578
238	东方海外	OOCL	—	OOCL New Zealand	2009-09-04	韩国	中国香港	50 490	4 578
239	东方海外	OOCL	—	OOCL Charleston	2010-01-05	韩国	中国香港	50 518	4 578
240	东方海外	OOCL	—	OOCL Le Havre	2010-01-05	韩国	中国香港	50 580	4 578
241	东方海外	OOCL	—	OOCL Guangzhou	2010-05-17	韩国	中国香港	50 575	4 578
242	东方海外	OOCL	—	OOCL Savannah	2010-06-08	韩国	中国香港	50 490	4 578
243	东方海外	OOCL	—	OOCL Jakarta	2010-06-08	韩国	中国香港	50 560	4 578
244	东方海外	OOCL	—	OOCL Belgium	1998-09-30	韩国	中国香港	40 972	2 992
245	东方海外	OOCL	—	OOCL Montreal	2003-05-19	韩国	中国香港	47 828	4 402
合计								24 161 253	2 133 179

中远海运集团集装箱船队租入船舶船名录

表 17-2

序号	所属二级公司	所属公司（经营）	中文船名	英文船名	出厂时间	建造国家或地区	船旗	总载重量（吨）	标准箱位数(TEU)
1	中远海运集运	中远海运集运	华鑫 878	HUA XIN 878	—	中国	五星旗	2 647	435
2	中远海运集运	中远海运集运	华鑫 858	HUA XIN 858	—	中国	五星旗	6 676	417
3	中远海运集运	中远海运集运	—	CONMAR HAWK	—	英国	英国	8 003	707
4	中远海运集运	中远海运集运	新鸿翔 76	XIN HONG XIANG 76	—	中国	五星旗	8 100	686
5	中远海运集运	中远海运集运	惠金桥 82	QIAN HAI 82	—	中国	五星旗	8 285	573
6	中远海运集运	中远海运集运	华鑫 888	HUA XIN 888	—	中国	五星旗	8 700	570
7	中远海运集运	中远海运集运	泰晟 75	TAI SHENG 75	—	中国	五星旗	10 100	648
8	中远海运集运	中远海运集运	长荣顺达	CHANG RONG SHUN DA	—	中国	五星旗	10 217	816
9	中远海运集运	中远海运集运	新鸿翔 57	XIN HONG XIANG 57	—	中国	五星旗	10 238	648
10	中远海运集运	中远海运集运	丰顺 69	—	—	中国	五星旗	10 307	720
11	中远海运集运	中远海运集运	弘泰 25	HONG TAI 25	—	中国	五星旗	10 325	724
12	中远海运集运	中远海运集运	众兴 22	ZHON XING 22	—	中国	五星旗	10 440	663
13	中远海运集运	中远海运集运	丰顺 68	FENG SHUN 68	—	中国	五星旗	10 442	720
14	中远海运集运	中远海运集运	弘泰 22	HONG TAI 22	—	中国	五星旗	10 565	720
15	中远海运集运	中远海运集运	昌盛集 2	CHANG SHENG JI 2	—	中国	五星旗	11 105	629
16	中远海运集运	中远海运集运	—	TROUPER	—	—	—	11 150	868
17	中远海运集运	中远海运集运	华祥 999	HUA XIANG 999	—	中国	五星旗	11 228	724
18	中远海运集运	中远海运集运	—	JORK	—	塞浦路斯	塞浦路斯	11 494	868
19	中远海运集运	中远海运集运	钱海 83	—	—	中国	五星旗	11 920	802
20	中远海运集运	中远海运集运	港宏 22	—	—	中国	五星旗	12 037	730
21	中远海运集运	中远海运集运	—	HALCYON	—	BS	BS	12 480	1 102
22	中远海运集运	中远海运集运	—	HYPERION	—	BS	BS	12 480	1 102

续上表

序号	所属二级公司	所属公司（经营）	中文船名	英文船名	出厂时间	建造国家或地区	船旗	总载重量（吨）	标准箱位数(TEU)
23	中远海运集运	中远海运集运	—	OPTIMA	—	BS	BS	12 490	1 024
24	中远海运集运	中远海运集运	中海名古屋	CSCL NAGOYA	—	中国香港	中国香港	12 550	954
25	中远海运集运	中远海运集运	中海东京	CSCL TOKYO	—	中国香港	中国香港	12 561	954
26	中远海运集运	中远海运集运	中海大阪	CSCL OSAKA	—	中国香港	中国香港	12 599	954
27	中远海运集运	中远海运集运	新永昌 9	—	—	中国	五星旗	13 136	778
28	中远海运集运	中远海运集运	—	MILD TEMPO	—	中国香港	中国香港	13 255	1 098
29	中远海运集运	中远海运集运	鹏安盛	—	—	中国	五星旗	14 139	859
30	中远海运集运	中远海运集运	远泰 28	YUAN TAI 28	—	中国	五星旗	14 473	933
31	中远海运集运	中远海运集运	新滨河	XIN BIN HE	—	中国	五星旗	14 500	893
32	中远海运集运	中远海运集运	昌盛集 6	CHANG SHENG JI 6	—	中国	五星旗	15 564	872
33	中远海运集运	中远海运集运	昌盛集 5	CHANG SHENG JI 5	—	中国	五星旗	15 800	872
34	中远海运集运	中远海运集运	泰晟 29	—	—	中国	五星旗	16 500	1 131
35	中远海运集运	中远海运集运	中宏 29	ZHONG HONG 29	—	中国	五星旗	16 500	1 131
36	中远海运集运	中远海运集运	弗洛雷斯	CAPE FLORES	—	—	—	16 584	1 200
37	中远海运集运	中远海运集运	惠金桥 593	—	—	中国	五星旗	16 809	1 148
38	中远海运集运	中远海运集运	华旭达 68	—	—	中国	五星旗	17 267	1 113
39	中远海运集运	中远海运集运	华祥 988	HUA XIANG 988	—	中国	五星旗	17 500	956
40	中远海运集运	中远海运集运	惠金桥 598	HUI JIN QIAO 598	—	中国	五星旗	17 663	1 146
41	中远海运集运	中远海运集运	—	KUO HSIUNG	—	巴拿马	巴拿马	17 867	1 142
42	中远海运集运	中远海运集运	恒盛 26	—	—	中国	五星旗	18 011	1 113
43	中远海运集运	中远海运集运	瀚兴	—	—	中国	五星旗	18 197	1 113
44	中远海运集运	中远海运集运	—	GSS YANGON	—	巴拿马	巴拿马	18 421	1 367
45	中远海运集运	中远海运集运	—	AEGEAN EXPRESS	—	巴拿马	巴拿马	18 581	1 439
46	中远海运集运	中远海运集运	—	SEVILLIA	—	利比里亚	利比里亚	18 900	1 794

续上表

序号	所属二级公司	所属公司（经营）	中文船名	英文船名	出厂时间	建造国家或地区	船旗	总载重量（吨）	标准箱位数(TEU)
47	中远海运集运	中远海运集运	东成茂	DONG CHENG MAO	—	中国	五星旗	19 000	843
48	中远海运集运	中远海运集运	—	INDEPENDENT CONCEPT	—	利比里亚	利比里亚	20 994	1 432
49	中远海运集运	中远海运集运	弘泰 223	HONG TAI 223	—	中国	五星旗	21 060	1 330
50	中远海运集运	中远海运集运	弘泰 229	HONG TAI 229	—	中国	五星旗	21 060	1 330
51	中远海运集运	中远海运集运	金盛河	JIN SHENG HE	—	中国	五星旗	21 087	1 599
52	中远海运集运	中远海运集运	金源河	JIN YUAN HE	—	中国	五星旗	21 138	1 599
53	中远海运集运	中远海运集运	—	OCEAN NHAVA SHEVA	—	巴拿马	巴拿马	21 438	1 577
54	中远海运集运	中远海运集运	鸿翔达 1	HONG XIAGN DA1	—	中国	五星旗	23 552	1 397
55	中远海运集运	中远海运集运	—	NORDEMILIA	—	马耳他	马耳他	23 673	1 756
56	中远海运集运	中远海运集运	昌盛集 7	CHANG SHENG JI 7	—	中国	五星旗	24 076	1 427
57	中远海运集运	中远海运集运	—	DELPHIS BOTHNIA	—	中国香港	中国香港	24 427	1 926
58	中远海运集运	中远海运集运	—	DELPHIS GDANSK	—	中国香港	中国香港	24 427	1 926
59	中远海运集运	中远海运集运	石商 18	—	—	中国	五星旗	24 500	1 637
60	中远海运集运	中远海运集运	华祥 936	HUA XIANG 936	—	中国	五星旗	24 548	1 675
61	中远海运集运	中远海运集运	—	HIGHWAY	—	巴拿马	巴拿马	24 758	2 200
62	中远海运集运	中远海运集运	华晟 57	HUA SHENG 57	—	中国	五星旗	25 260	1 508
63	中远海运集运	中远海运集运	金顺河	JIN SHUN HE	—	中国	五星旗	27 000	2 045
64	中远海运集运	中远海运集运	万兴达	WAN XING DA	—	中国	五星旗	27 000	2 100
65	中远海运集运	中远海运集运	东成盛	DONG CHENG SHENG	—	中国	五星旗	28 000	1 546
66	中远海运集运	中远海运集运	万富达	WAN FU DA	—	中国	五星旗	28 500	2 100
67	中远海运集运	中远海运集运	金秀河	JIN XIU HE	—	中国	五星旗	28 500	1 386
68	中远海运集运	中远海运集运	华茂 6	HUA MAO 6	—	中国	五星旗	29 958	2 135
69	中远海运集运	中远海运集运	—	THORSWIND	—	利比里亚	利比里亚	30 046	2 169
70	中远海运集运	中远海运集运	新隆运 86	XIN LONG YUN 86	—	中国	五星旗	30 081	2 193

续上表

序号	所属二级公司	所属公司（经营）	中文船名	英文船名	出厂时间	建造国家或地区	船旗	总载重量（吨）	标准箱位数(TEU)
71	中远海运集运	中远海运集运	辉泓春晓	—	—	中国	五星旗	31 650	1 688
72	中远海运集运	中远海运集运	东成蓝天	DONG CHENG LAN TIAN	—	中国	五星旗	32 500	1 768
73	中远海运集运	中远海运集运	辉泓红冶	HUI HONG HONG YE	—	中国	五星旗	32 602	1 768
74	中远海运集运	中远海运集运	中海休斯敦	CSCL HOUSTON	—	巴拿马	巴拿马	33 613	2 553
75	中远海运集运	中远海运集运	中海金斯敦	CSCL KINGSTON	—	巴拿马	巴拿马	33 651	2 553
76	中远海运集运	中远海运集运	中海巴拿马	CSCL PANAMA	—	中国香港	中国香港	33 800	2 500
77	中远海运集运	中远海运集运	中海圣保罗	CSCL SAO PAULO	—	中国香港	中国香港	33 800	2 500
78	中远海运集运	中远海运集运	中海蒙特维多	CSCL MONTEVIDEO	—	中国香港	中国香港	33 800	2 500
79	中远海运集运	中远海运集运	中海利马	CSCL LIMA	—	中国香港	中国香港	33 800	2 500
80	中远海运集运	中远海运集运	中海圣地亚哥	CSCL SANTIAGO	—	中国香港	中国香港	33 800	2 500
81	中远海运集运	中远海运集运	中海圣何赛	CSCL SAN JOSE	—	中国香港	中国香港	33 800	2 500
82	中远海运集运	中远海运集运	中海卡亚俄	CSCL CALLAO	—	中国香港	中国香港	33 800	2 500
83	中远海运集运	中远海运集运	中海曼萨尼约	CSCL MANZANILLO	—	中国香港	中国香港	33 800	2 500
84	中远海运集运	中远海运集运	金祥源	JIN XIANG YUAN	—	中国	五星旗	35 187	1 780
85	中远海运集运	中远海运集运	金吉源	JIN JI YUAN	—	中国	五星旗	35 187	1 780
86	中远海运集运	中远海运集运	中航盛	ZHONG HANG SHENG	—	中国	五星旗	36 049	2 755
87	中远海运集运	中远海运集运	中远福州	COSCO FUZHOU	—	中国香港	中国香港	42 201	3 534
88	中远海运集运	中远海运集运	中远营口	COSCO YINGKOU	—	中国香港	中国香港	42 201	3 534
89	中远海运集运	中远海运集运	金富源	JIN FU YUAN	—	中国	五星旗	43 973	2 241
90	中远海运集运	中远海运集运	金兴源	JIN XING YUAN	—	中国	五星旗	44 541	2 241
91	中远海运集运	中远海运集运	东成碧海	DONG CHENG BI HAI	—	中国	五星旗	46 228	3 768
92	中远海运集运	中远海运集运	东成浩海	DONG CHENG HAO HAI	—	中国	五星旗	46 288	3 768
93	中远海运集运	中远海运集运	中远名古屋	COSCO NAGOYA	—	巴拿马	巴拿马	50 270	4 506
94	中远海运集运	中远海运集运	中远大阪	COSCO OSAKA	—	巴拿马	巴拿马	50 270	4 506

续上表

序号	所属二级公司	所属公司（经营）	中文船名	英文船名	出厂时间	建造国家或地区	船旗	总载重量（吨）	标准箱位数(TEU)
95	中远海运集运	中远海运集运	中远神户	COSCO KOBE	—	巴拿马	巴拿马	50 270	4 506
96	中远海运集运	中远海运集运	中海布里斯班	CSCL BRISBANE	—	中国香港	中国香港	50 500	4 251
97	中远海运集运	中远海运集运	中远福山	COSCO FUKUYAMA	—	巴拿马	巴拿马	50 687	4 506
98	中远海运集运	中远海运集运	—	ELENI T	—	—	—	50 702	4 253
99	中远海运集运	中远海运集运	中远川崎	COSCO KAWASAKI	—	巴拿马	巴拿马	50 713	4 506
100	中远海运集运	中远海运集运	—	SEASPAN JAKARTA	—	中国香港	中国香港	50 742	4 253
101	中远海运集运	中远海运集运	—	SEASPAN FELIXSTOWE	—	中国香港	中国香港	50 790	4 253
102	中远海运集运	中远海运集运	—	HOBBY HUNTER	—	利比里亚	利比里亚	51 671	4 259
103	中远海运集运	中远海运集运	—	CPO BALTIMORE	—	利比里亚	利比里亚	51 699	4 563
104	中远海运集运	中远海运集运	—	HERON HUNTER	—	利比里亚	利比里亚	51 745	4 259
105	中远海运集运	中远海运集运	—	BAHAMAS	—	利比里亚	利比里亚	52 173	4 360
106	中远海运集运	中远海运集运	阿格莱亚	AGLAIA	—	利比里亚	利比里亚	52 788	4 178
107	中远海运集运	中远海运集运	中远图卡娜	JPO TUCANA	—	利比里亚	利比里亚	52 788	4 178
108	中远海运集运	中远海运集运	—	ROSA	—	利比里亚	利比里亚	54 339	4 387
109	中远海运集运	中远海运集运	—	RHL CONCORDIA	—	利比里亚	利比里亚	58 187	4 664
110	中远海运集运	中远海运集运	—	SEASMILE	—	马耳他	马耳他	62 603	5 071
111	中远海运集运	中远海运集运	—	KURE	—	利比里亚	利比里亚	90 456	7 403
112	中远海运集运	中远海运集运	中海非洲	CSCL AFRICA	—	中国香港	中国香港	101 611	8 094
113	中远海运集运	中远海运集运	中远韩国	COSCO KOREA	—	中国香港	中国香港	102 700	8 501
114	中远海运集运	中远海运集运	中远菲律宾	COSCO PHILIPPINES	—	中国香港	中国香港	102 713	8 501
115	中远海运集运	中远海运集运	中远泰国	COSCO THAILAND	—	中国香港	中国香港	102 713	8 501
116	中远海运集运	中远海运集运	中远鲁珀特王子港	COSCO PRINCE RUPERT	—	中国香港	中国香港	102 742	8 501
117	中远海运集运	中远海运集运	中远马来西亚	COSCO MALAYSIA	—	中国香港	中国香港	102 796	8 501
118	中远海运集运	中远海运集运	中远日本	COSCO JAPAN	—	中国香港	中国香港	102 834	8 501

续上表

序号	所属二级公司	所属公司（经营）	中文船名	英文船名	出厂时间	建造国家或地区	船旗	总载重量（吨）	标准箱位数(TEU)
119	中远海运集运	中远海运集运	中远越南	COSCO VIETNAM	—	中国香港	中国香港	102 875	8 501
120	中远海运集运	中远海运集运	中远印度尼西亚	COSCO INDONESIA	—	中国香港	中国香港	102 876	8 501
121	中远海运集运	中远海运集运	—	LLOYD DON PASCUALE	—	利比里亚	利比里亚	103 378	8 533
122	中远海运集运	中远海运集运	中远北京	COSCO BEIJING	—	马耳他	马耳他	107 277	9 469
123	中远海运集运	中远海运集运	中远宁波	COSCO NINGBO	—	马耳他	马耳他	107 277	9 469
124	中远海运集运	中远海运集运	中远希腊	COSCO HELLAS	—	—	—	107 277	9 469
125	中远海运集运	中远海运集运	中远盐田	COSCO YANTIAN	—	—	—	107 277	9 469
126	中远海运集运	中远海运集运	中远广州	COSCO GUANGZHOU	—	马耳他	马耳他	107 277	9 469
127	中远海运集运	中远海运集运	—	E.R. TEXAS	—	利比里亚	利比里亚	107 612	8 533
128	中远海运集运	中远海运集运	—	ANTHEA Y	—	利比里亚	利比里亚	111 300	9 115
129	中远海运集运	中远海运集运	—	MAIRA XL	—	利比里亚	利比里亚	111 300	9 115
130	中远海运集运	中远海运集运	—	CSCL LONG BEACH	—	中国香港	中国香港	111 889	9 572
131	中远海运集运	中远海运集运	—	CSCL ZEEBRUGGE	—	中国香港	中国香港	111 889	9 572
132	中远海运集运	中远海运集运	—	COSCO SHIPPING PANAMA	—	—	—	117 293	9 472
133	中远海运集运	中远海运集运	—	AISOPOS	—	—	—	117 823	9 472
134	中远海运集运	中远海运集运	中远卓越	COSCO EXCELLENCE	—	中国香港	中国香港	140 146	13 114
135	中远海运集运	中远海运集运	中远希望	COSCO HOPE	—	中国香港	中国香港	140 241	13 114
136	中远海运集运	中远海运集运	中远和谐	COSCO HARMONY	—	中国香港	中国香港	140 453	13 114
137	中远海运集运	中远海运集运	中远诚信	COSCO FAITH	—	中国香港	中国香港	140 599	13 114
138	中远海运集运	中远海运集运	中远发展	COSCO DEVELOPMENT	—	中国香港	中国香港	140 609	13 114
139	中远海运集运	中远海运集运	中远财富	COSCO FORTUNE	—	中国香港	中国香港	140 637	13 114
140	中远海运集运	中远海运集运	中远自豪	COSCO PRIDE	—	中国香港	中国香港	140 666	13 114
141	中远海运集运	中远海运集运	中远荣耀	COSCO GLORY	—	中国香港	中国香港	141 588	13 114
142	中远海运集运	中远海运集运	—	NINOS	—	巴拿马	巴拿马	18 253	1 142

续上表

序号	所属二级公司	所属公司（经营）	中文船名	英文船名	出厂时间	建造国家或地区	船旗	总载重量（吨）	标准箱位数(TEU)
143	中远海运集运	中远海运集运	—	ALSTERDIJK	—	利比里亚	利比里亚	21 297	1 436
144	中远海运集运	中远海运集运	—	MARCLOUD	—	—	—	12 775	1 049
145	中远海运集运	中远海运集运	—	AS FLORIANA	—	—	—	18 550	1 300
146	中远海运集运	中远海运集运	—	SEASPAN FRASER	—	中国香港	中国香港	50 382	4 258
147	中远海运集运	中远海运集运	华茂 369	HUA MAO 369	—	中国	五星旗	35 069	1 874
148	中远海运集运	中远海运集运	—	EF EMMA	—	—	—	24 089	1 710
149	中远海运集运	中远海运集运	—	ISEACO GENESIS	—	巴拿马	巴拿马	18 581	1 367
150	中远海运集运	中远海运集运	—	AS FATIMA	—	利比里亚	利比里亚	18 550	1 300
151	中远海运集运	中远海运集运	—	KHUNA BHUM	—	—	—	19 840	1 668
152	中远海运集运	中远海运集运	—	PACAO	—	—	—	16 403	1 200
153	中远海运集运	中远海运集运	—	YA LU JIANG	—	中国	五星旗	7 633	549
154	中远海运集运	中远海运集运	—	SEASPAN DALIAN	—	中国香港	中国香港	50 790	4 253
155	中远海运集运	中远海运集运	泛亚梅子	LANTAU BRIDGE	—	—	—	12 780	1 049
156	中远海运集运	中远海运集运	—	EXPRESS SPAIN	—	马耳他	马耳他	44 060	3 510
157	中远海运集运	中远海运集运	—	ISEACO FORTUNE	—	巴拿马	巴拿马	18 585	1 367
158	中远海运集运	中远海运集运	—	FRESIDIO	—	—	—	16 421	1 200
159	中远海运集运	中远海运集运	—	LANTAU BEACH	—	—	—	12 818	1 049
160	中远海运集运	中远海运集运	—	CONTSHIP HUB	—	利比里亚	利比里亚	12 850	1 096
161	中远海运集运	中远海运集运	—	RHL ASTRUM	—	—	—	10 277	1 732
162	中远海运集运	中远海运集运	—	SEASPAN NEW DELHI	—	中国香港	中国香港	50 790	4 253
163	中远海运集运	中远海运集运	—	VEGA VIRGO	—	利比里亚	利比里亚	11 765	966
164	中远海运集运	中远海运集运	—	SINOTRANS KAOHSIUNG	—	中国香港	中国香港	24 753	1 946
165	中远海运集运	中远海运集运	中海悉尼	CSCL SYDNEY	—	中国香港	中国香港	50 500	4 251
166	中远海运集运	中远海运集运	—	BOMAR HERMES	—	利比里亚	利比里亚	34 414	2 510

续上表

序号	所属二级公司	所属公司（经营）	中文船名	英文船名	出厂时间	建造国家或地区	船旗	总载重量（吨）	标准箱位数(TEU)
167	中远海运集运	中远海运集运	—	ESCAPE	—	—	—	21 274	1 436
168	中远海运集运	中远海运集运	—	ALEXANDER B	—	—	—	18 530	1 223
169	中远海运集运	中远海运集运	—	JPO TAURUS	—	—	—	42 115	4 178
170	中远海运集运	中远海运集运	—	SEASPAN DUBAI	—	中国香港	中国香港	50 790	4 253
171	中远海运集运	中远海运集运	—	DIAPOROS	—	—	—	80 239	6 621
172	中远海运集运	中远海运集运	—	BARBARA	—	—	—	65 550	5 470
173	中远海运集运	中远海运集运	—	SEASPAN SANTOS	—	中国香港	中国香港	50 790	4 253
174	中远海运集运	中远海运集运	—	CCNI ANGOL	—	利比里亚	利比里亚	112 588	9 030
175	中远海运集运	中远海运集运	—	A.OBELIX	—	马耳他	马耳他	23 866	1 702
176	中远海运集运	中远海运集运	—	NAVIOS MAIMI	—	利比里亚	利比里亚	51 738	4 563
177	中远海运集运	中远海运集运	中海横滨	CSCL YOKOHAMA	—	—	—	12 548	954
178	中远海运集运	中远海运集运	—	ATLANTIC SOLLI	—	利比里亚	利比里亚	27 245	2 015
179	中远海运集运	中远海运集运	辉泓海	HUI HONG HAI	—	中国	五星旗	22 215	1 313
180	中远海运集运	中远海运集运	—	APOLLON D	—	利比里亚	利比里亚	26 723	2 554
181	中远海运集运	中远海运集运	新隆运 82	XIN LONG YUN 82	—	中国	五星旗	9 172	530
182	中远海运集运	中远海运集运	成功 83	CHENG GONG 83	—	中国	五星旗	10 396	724
183	中远海运集运	中远海运集运	—	NAVIOS FELICITAS	—	利比里亚	利比里亚	52 315	4 360
184	中远海运集运	中远海运集运	弘泰 227	HONG TAI 227	—	中国	五星旗	21 060	1 330
185	中远海运集运	中远海运集运	力洲劼海	LI ZHOU JIE HAI	—	中国	五星旗	20 500	1 216
186	中远海运集运	中远海运集运	—	DELPHIS FINLAND	—	中国香港	中国香港	24 413	1 926
187	中远海运集运	中远海运集运	—	E.R.Sweden	—	利比里亚	利比里亚	67 987	5 990
188	中远海运集运	中远海运集运	—	ALS SATSUKI	—	新加坡	新加坡	17 705	1 177
189	中远海运集运	中远海运集运	—	XIN YONG CHANG 16	—	中国	五星旗	21 060	1 330
190	中远海运集运	中远海运集运	—	FOLEGANDROS	—	利比里亚	利比里亚	67 170	5 908

续上表

序号	所属二级公司	所属公司（经营）	中文船名	英文船名	出厂时间	建造国家或地区	船旗	总载重量（吨）	标准箱位数(TEU)
191	中远海运集运	中远海运集运	—	WARNOW CARP	—	—	—	11 979	990
192	中远海运集运	中远海运集运	—	XIN TAI PING	—	中国	五星旗	7 895	629
193	中远海运集运	中远海运集运	—	ORNELLA	—	—	—	22 000	1 714
194	中远海运集运	中远海运集运	—	HE BIN	—	中国	五星旗	11 386	834
195	中远海运集运	中远海运集运	—	BERNHARD SCHULTE	—	中国香港	中国香港	58 350	4 600
196	中远海运集运	中远海运集运	—	BARO	—	中国	五星旗	23 416	1 740
197	中远海运集运	中远海运集运	—	SONGA TOSCANA	—	利比里亚	利比里亚	62 272	4 957
198	中远海运集运	中远海运集运	—	ANDANTE	—	—	—	11 405	868
199	中远海运集运	中远海运集运	弘泰 222	HONG TAI 222	—	中国	五星旗	20 820	1 338
200	中远海运集运	中远海运集运	—	TANJA RICKMERS	—	—	—	50 574	4 250
201	中远海运集运	中远海运集运	—	GALANI	—	—	—	23 693	1 732
202	中远海运集运	中远海运集运	—	CAPE MALE	—	—	—	41 424	2 770
203	中远海运集运	中远海运集运	长恒 22	—	—	中国	五星旗	7 566	345
204	中远海运集运	中远海运集运	—	WATERMARK ST.GEORGE	—	巴拿马	巴拿马	12 258	1 138
205	中远海运集运	中远海运集运	—	RHL AQUA	—	利比里亚	利比里亚	23 600	1 732
206	中远海运集运	中远海运集运	—	EF EMIRA	—	—	—	24 089	1 710
207	中远海运集运	中远海运集运	昌盛集 8	CHANG SHENG JI 8	—	中国	五星旗	30 500	2 001
208	中远海运集运	中远海运集运	—	JAN RITSCHER	—	利比里亚	利比里亚	33 843	2 526
209	中远海运集运	中远海运集运	—	CAPE FERROL	—	—	—	20 307	1 440
210	中远海运集运	中远海运集运	—	SINAR SANGIR	—	巴拿马	巴拿马	21 937	1 708
211	中远海运集运	中远海运集运	—	PACITA	—	—	—	14 807	1 200
212	中远海运集运	中远海运集运	中海门司	HANSA STEINBURG	—	—	—	23 285	1 740
213	中远海运集运	中远海运集运	—	CASTOR N	—	塞浦路斯	塞浦路斯	41 850	3 091
214	中远海运集运	中远海运集运	众兴宏运	ZHONG XING HONG YUN	—	中国	五星旗	10 161	648

续上表

序号	所属二级公司	所属公司（经营）	中文船名	英文船名	出厂时间	建造国家或地区	船旗	总载重量（吨）	标准箱位数(TEU)
215	中远海运集运	中远海运集运	延展 67	YAN ZHAN 67	—	中国	五星旗	19 179	1 176
216	中远海运集运	中远海运集运	富俊恒通	FU JUN HENG TONG	—	中国	五星旗	14 880	1 088
217	中远海运集运	中远海运集运	—	CAPE FULMAR	—	—	—	20 346	1 440
218	中远海运集运	中远海运集运	力洲长荣	LI ZHOU CHANG RONG	—	中国	五星旗	22 037	1 258
219	中远海运集运	中远海运集运	新隆运 89	XIN LONG YUN 89	—	中国	五星旗	27 185	1 744
220	中远海运集运	中远海运集运	弘泰 217	HONT TAI 217	—	中国	五星旗	20 820	1 338
221	中远海运集运	中远海运集运	—	AS ROSALIA	—	—	—	21 200	1 500
222	中远海运集运	中远海运集运	恒盛 868	HENG SHENG 868	—	—	—	13 987	942
223	中远海运集运	中远海运集运	—	NAVIOS AMARILLO	—	—	—	50 629	4 241
224	中远海运集运	中远海运集运	—	NAVIOS VERMILION	—	—	—	50 629	4 241
225	中远海运集运	中远海运集运	—	SINOTRANS KEELUNG	—	中国香港	中国香港	24 753	1 946
226	东方海外	东方海外	—	SINGAPORE	2004-01-01	—	利比里亚	38 638	3 338
227	东方海外	东方海外	—	BOX EXPRESS	2016-01-01	—	利比里亚	21 730	1 708
228	东方海外	东方海外	—	GSL KETA	2003-01-01	—	—	30 543	2 207
229	东方海外	东方海外	—	BALBINA	2010-01-01	—	波兰	64 500	5 470
230	东方海外	东方海外	—	RDO CONCORD	2009-01-01	—	利比里亚	85 622	6 969
231	东方海外	东方海外	—	BUXHANSA	1998-01-01	—	利比里亚	33 995	2 432
232	东方海外	东方海外	—	CAPE FORTIUS	2017-01-01	—	塞浦路斯	25 250	2 210
233	东方海外	东方海外	—	NAVI BALTIC	2009-01-01	—	—	17 861	1 421
234	东方海外	东方海外	—	OOCL RAUMA (ex. ELYSEE)	2009-01-01	—	—	17 861	1 421
235	东方海外	东方海外	—	SANTA LOUKIA	2014-01-01	—	马耳他	21 965	1 704
236	东方海外	东方海外	—	SAN LORENZO	2014-01-01	—	塞浦路斯	21 900	1 708
237	东方海外	东方海外	—	OLIVIA	2012-01-01	—	—	21 789	1 714
238	东方海外	东方海外	—	GREEN HORIZON	2013-01-01	—	巴拿马	21 957	1 736
239	东方海外	东方海外	—	OKEE ALBA	2002-01-01	—	利比里亚	23 722	1 740

续上表

序号	所属二级公司	所属公司（经营）	中文船名	英文船名	出厂时间	建造国家或地区	船旗	总载重量（吨）	标准箱位数(TEU)
240	东方海外	东方海外	—	MOUNT GOUGH	2016-01-01	—	中国香港	23 673	1 756
241	东方海外	东方海外	—	TZINI	2013-01-01	—	马耳他	24 122	1 756
242	东方海外	东方海外	—	FILIA T	2019-01-01	—	马耳他	23 240	1 774
243	东方海外	东方海外	—	CARDIFF TRADER	2003-01-01	—	马耳他	33 740	2 526
244	东方海外	东方海外	—	ST GREEN	2011-01-01	—	利比里亚	33 417	2 535
245	东方海外	东方海外	—	LYDIA	2008-01-01	—	—	38 080	2 702
246	东方海外	东方海外	—	CIMBRIA	2002-01-01	—	利比里亚	39 310	2 824
247	东方海外	东方海外	—	SHANGHAI TRADER	2005-01-01	—	马耳他	67 255	5 047
248	东方海外	东方海外	—	OOCL VANCOUVER	2006-02-02	—	巴拿马	66 940	5 888
249	东方海外	东方海外	—	OOCL KAOHSIUNG	2006-03-29	—	新加坡	66 940	5 888
250	东方海外	东方海外	—	OOCL ANTWERP	2006-05-12	—	巴拿马	66 940	5 888
251	东方海外	东方海外	—	OOCL DUBAI	2006-06-29	—	新加坡	66 940	5 888
252	东方海外	东方海外	—	OOCL KUALA LUMPUR	2007-03-28	—	新加坡	66 940	5 888
253	东方海外	东方海外	—	OOCL OAKLAND	2007-05-24	—	巴拿马	66 940	5 888
254	东方海外	东方海外	—	OOCL ITALY	2007-06-29	—	新加坡	66 940	5 888
255	东方海外	东方海外	—	LANTAU BRIDGE	2001-01-01	—	—	14 900	1 216
256	东方海外	东方海外	—	SEAMASTER	2013-01-01	—	马耳他	24 157	1 756
257	东方海外	东方海外	—	ST BLUE	2011-01-01	—	利比里亚	33 381	2 535
258	东方海外	东方海外	—	AS CAMELLIA	2006-01-01	—	波兰	39 155	2 824
259	东方海外	东方海外	—	NORDTIGER	2014-01-01	—	塞浦路斯	23 673	1 756
260	东方海外	东方海外	—	BRUSSELS	2000-01-01	—	波兰	68 788	5 806
261	东方海外	东方海外	—	PERFORMANCE	2002-01-01	—	马耳他	74 453	6 402
262	东方海外	东方海外	—	BUXCLIFF	2001-01-01	—	波兰	79 501	6 892
263	东方海外	东方海外	—	E. R. LOS ANGELES	2001-01-01	—	利比里亚	68 131	5 992
合计								10 560 386	848 827

中远海运集团原油及成品油船队自有船舶船名录

表 17–3

序号	所属二级公司	所属公司（经营）	中文船名	英文船名	建造时间	建造国家或地区	船旗	总载重量（吨）
1	中远海运能源	中远海运能源（上海油运）	天龙座	TIAN LONG ZUO	2006–04–07	中国	五星旗	75 484
2	中远海运能源	中远海运能源（大连油运）	连兴湖	LIAN XING HU	2006–08–01	中国	五星旗	75 504
3	中远海运能源	中远海运能源（大连油运）	连盛湖	LIAN SHENG HU	2006–09–01	中国	五星旗	75 499
4	中远海运能源	中远海运能源	远莲湾	YUAN LIAN WAN	2019–12–13	中国	五星旗	113 826
5	中远海运能源	中远海运石油运输有限公司	辽油 123	LIAO YOU 123	2007–11–26	中国	五星旗	10 968
6	中远海运能源	中远海运石油运输有限公司	辽油 128	LIAO YOU 128	2007–03–29	中国	五星旗	12 819
7	中远海运能源	中远海运石油运输有限公司	辽油 126	LIAO YOU 126	2006–08–04	中国	五星旗	12 768
8	中远海运能源	中远海运石油运输有限公司	辽油 801	LIAO YOU 801	2004–03–17	中国	五星旗	8 400
9	中远海运能源	中远海运石油运输有限公司	辽油 602	LIAO YOU 602	2006–07–24	中国	五星旗	6 640
10	中远海运能源	中远海运石油运输有限公司	辽油 601	LIAO YOU 601	2003–06–16	中国	五星旗	5 821
11	中远海运能源	中远海运石油运输有限公司	昆仑油 106	KUN LUN YOU 106	2010–04–29	中国	五星旗	13 085
12	中远海运能源	中远海运石油运输有限公司	辽油 121	LIAO YOU 121	2007–03–22	中国	五星旗	10 968
13	中远海运能源	华洋海运有限责任公司	鄱阳湖	PO YANG HU	1994–03–08	中国	五星旗	61 957
14	中远海运能源	台州中油海运有限公司	昆仑油 201	KUN LUN YOU 201	2011–12–15	中国	五星旗	30 119
15	中远海运能源	台州中油海运有限公司	昆仑油 205	KUN LUN YOU 205	2012–07–27	中国	五星旗	30 038
16	中远海运能源	台州中油海运有限公司	昆仑油 206	KUN LUN YOU 206	2012–10–10	中国	五星旗	30 052
17	中远海运能源	台州中油海运有限公司	昆仑油 202	KUN LUN YOU 202	2011–12–30	中国	五星旗	30 046
18	中远海运能源	台州中油海运有限公司	昆仑油 003	KUN LUN YOU 003	2008–01–29	中国	五星旗	12 929
19	中远海运能源	台州中油海运有限公司	昆仑油 203	KUN LUN YOU 203	2012–07–09	中国	五星旗	30 032
20	中远海运能源	华海石油运销有限公司	华海 21	HUA HAI 211	2019–01–01	中国	五星旗	48 764
21	中远海运能源	华海石油运销有限公司	华海 6	HUA HAI 61	2019–01–01	中国	五星旗	40 560
22	中远海运能源	华海石油运销有限公司	华海 5	HUA HAI 51	2019–01–01	中国	五星旗	40 560

续上表

序号	所属二级公司	所属公司（经营）	中文船名	英文船名	建造时间	建造国家或地区	船旗	总载重量（吨）
23	中远海运能源	大连油运	连顺湖	LIAN SHUN HU	2005-06-01	中国	五星旗	71 956
24	中远海运能源	大连油运	连运湖	LIAN YUN HU	2006-05-30	中国	五星旗	75 493
25	中远海运能源	大连油运	连平湖	LIAN PING HU	2005-01-01	中国	五星旗	71 940
26	中远海运能源	大连油运	大明湖	DA MING HU	2003-11-01	中国	五星旗	159 149
27	中远海运能源	大连油运	大理湖	DA LI HU	2004-12-20	中国	五星旗	159 549
28	中远海运能源	大连油运	远秋湖	YUAN QIU HU	2014-10-21	中国	五星旗	308 581
29	中远海运能源	大连油运	远花湖	YUAN HUA HU	2015-12-08	中国	五星旗	308 000
30	中远海运能源	大连油运	连欢湖	LIAN HUAN HU	2015-12-16	中国	五星旗	50 239
31	中远海运能源	大连油运	连松湖	LIAN SONG HU	2015-12-04	中国	五星旗	72 745
32	中远海运能源	大连油运	连柏湖	LIAN BAI HU	2015-12-04	中国	五星旗	72 745
33	中远海运能源	大连油运	远月湖	YUAN YUE HU	2014-10-13	中国	五星旗	308 000
34	中远海运能源	大连油运	大源湖	DA YUAN HU	2004-06-10	中国	五星旗	159 149
35	中远海运能源	大连油运	洋美湖	YANG MEI HU	2010-02-01	中国	五星旗	109 855
36	中远海运能源	大连油运	洋丽湖	YANG LI HU	2010-05-01	中国	五星旗	109 892
37	中远海运能源	大连油运	洋宁湖	YANG NING HU	2009-08-01	中国	五星旗	109 815
38	中远海运能源	寰宇公司	連桂湖	LIAN GUI HU	2015-12-23	中国	中国香港	72 822
39	中远海运能源	寰宇公司	远大湖	COSGREAT LAKE	2002-12-01	中国	巴拿马	298 833
40	中远海运能源	寰宇公司	远明湖	COSBRIGHT LAKE	2003-04-01	中国	巴拿马	299 079
41	中远海运能源	寰宇公司	远惠湖	COSGRACE LAKE	2006-07-31	日本	巴拿马	299 118
42	中远海运能源	寰宇公司	远怡湖	COSMERRY LAKE	2006-12-11	中国	巴拿马	298 920
43	中远海运能源	寰宇公司	远金湖	COSGOLD LAKE	2009-05-05	中国	中国香港	297 163
44	中远海运能源	寰宇公司	远兴湖	COSGLAD LAKE	2010-01-29	中国	中国香港	297 388
45	中远海运能源	寰宇公司	远盛湖	COSGRAND LAKE	2006-02-01	日本	巴拿马	298 997
46	中远海运能源	寰宇公司	远荣湖	COSGLORY LAKE	2003-01-01	日本	巴拿马	299 145

续上表

序号	所属二级公司	所属公司（经营）	中文船名	英文船名	建造时间	建造国家或地区	船旗	总载重量（吨）
47	中远海运能源	寰宇公司	远翠湖	COSJADE LAKE	2009-01-01	日本	中国香港	298 216
48	中远海运能源	寰宇公司	远珍湖	COSPEARL LAKE	2008-01-01	日本	中国香港	298 195
49	中远海运能源	寰宇公司	远腾湖	COSRISING LAKE	2015-12-23	中国	中国香港	310 595
50	中远海运能源	寰宇公司	連楊湖	LIAN YANG HU	2015-12-23	中国	中国香港	72 712
51	中远海运能源	寰宇公司	連杉湖	LIAN SHAN HU	2015-12-23	中国	中国香港	72 780
52	中远海运能源	寰宇公司	連樂湖	LIAN LE HU	2015-12-16	中国	中国香港	50 239
53	中远海运能源	寰宇公司	連囍湖	LIAN XI HU	2015-12-16	中国	中国香港	50 252
54	中远海运能源	寰宇公司	远旺湖	COSFLOURISH LAKE	2015-12-10	中国	中国香港	308 152
55	中远海运能源	寰宇公司	远新湖	COSNEW LAKE	2015-12-10	中国	中国香港	318 803
56	中远海运能源	寰宇公司	远贺湖	COSWISH LAKE	2015-12-10	中国	中国香港	318 737
57	中远海运能源	寰宇公司	远喜湖	COSLUCKY LAKE	2015-12-17	中国	中国香港	310 574
58	中远海运能源	寰宇公司	远誉湖	COSHONOUR LAKE	2015-12-18	中国	中国香港	307 953
59	中远海运能源	寰宇公司	远尊湖	COSDIGNITY LAKE	2015-11-26	中国	中国香港	308 085
60	中远海运能源	寰宇公司	远智湖	COSWISDOM LAKE	2015-11-18	中国	中国香港	308 019
61	中远海运能源	寰宇公司	远翔湖	COSFLYING LAKE	2015-04-16	中国	中国香港	310 421
62	中远海运能源	寰宇公司	远富湖	COSRICH LAKE	2011-10-14	中国	中国香港	297 163
63	中远海运能源	华昌公司	远春湖	YUAN CHUN HU	2014-06-25	中国	五星旗	308 013
64	中远海运能源	华昌公司	远山湖	YUAN SHAN HU	2010-04-01	中国	五星旗	297 316
65	中远海运能源	华昌公司	远洋湖	YUAN YANG HU	2010-01-01	中国	五星旗	297 305
66	中远海运能源	海洋石油（洋浦）船务	洞庭湖	DONG TING HU	1994-04-08	中国	五星旗	61 957
67	中远海运能源	海洋石油（洋浦）船务	连安湖	LIAN AN HU	2005-05-12	中国	五星旗	71 962
68	中远海运能源	广州市三鼎油品贸易有限公司	三鼎长乐	—	2013-04-18	中国	五星旗	75 461
69	中远海运能源	广州市三鼎油品贸易有限公司	三鼎长春	—	2012-06-18	中国	五星旗	75 507
70	中远海运能源	Kong Que Zuo PTE LTD	孔雀座	KONG QUE ZUO	2011-06-27	中国	新加坡	75 579

续上表

序号	所属二级公司	所属公司（经营）	中文船名	英文船名	建造时间	建造国家或地区	船旗	总载重量（吨）
71	中远海运能源	上海油运	新厦洋	XIN XIA YANG	2011-02-11	中国	五星旗	309 140
72	中远海运能源	Xin Dan Yang Shipping	新丹洋	XIN DAN YANG	2013-11-20	中国	中国香港	322 829
73	中远海运能源	Xin Lian Yang Shipping	新连洋	XIN LIAN YANG	2014-01-06	中国	中国香港	322 861
74	中远海运能源	上海油运	华池	HUA CHI	2012-08-21	中国	五星旗	48 743
75	中远海运能源	上海油运	富池	FU CHI	2012-07-20	中国	五星旗	48 769
76	中远海运能源	上海油运	贵池	GUI CHI	2012-10-25	中国	五星旗	48 801
77	中远海运能源	上海油运	秀池	XIU CHI	2012-11-26	中国	五星旗	48 781
78	中远海运能源	上海油运	丽池	LI CHI	2012-10-08	中国	五星旗	48 653
79	中远海运能源	上海油运	河池	HE CHI	2013-01-04	中国	五星旗	48 698
80	中远海运能源	上海油运	山池	SHAN CHI	2013-01-08	中国	五星旗	48 739
81	中远海运能源	上海油运	瑞金潭	RUI JIN TAN	2007-04-01	中国	五星旗	52 687
82	中远海运能源	上海油运	黎平潭	LI PING TAN	2007-06-25	中国	五星旗	52 670
83	中远海运能源	上海油运	遵义潭	ZUN YI TAN	2007-09-09	中国	五星旗	52 662
84	中远海运能源	上海油运	泸定潭	LU DING TAN	2007-12-06	中国	五星旗	52 682
85	中远海运能源	Xin Long Yang PTE LT	新龙洋	XIN LONG YANG	2017-05-19	中国	新加坡	308 376
86	中远海运能源	Xin Wei Yang PTE LT	新威洋	XIN WEI YANG	2017-07-20	中国	新加坡	308 313
87	中远海运能源	Xin Hui Yang PTE LT	新惠洋	XIN HUI YANG	2018-04-24	中国	新加坡	307 664
88	中远海运能源	Xin Mao Yang PTE LT	新茂洋	XIN MAO YANG	2018-10-08	中国	新加坡	307 573
89	中远海运能源	上海油运	柳林湾	LIU LIN WAN	2004-05-20	中国	五星旗	109 181
90	中远海运能源	上海油运	杨林湾	YANG LIN WAN	2004-08-18	中国	五星旗	109 411
91	中远海运能源	上海油运	榆林湾	YU LIN WAN	2004-11-18	中国	五星旗	109 277
92	中远海运能源	上海油运	桃林湾	TAO LIN WAN	2012-09-20	中国	五星旗	109 533
93	中远海运能源	上海油运	梅林湾	MEI LIN WAN	2012-11-02	中国	五星旗	109 485
94	中远海运能源	上海油运	桦林湾	HUA LIN WAN	2012-12-07	中国	五星旗	109 475

续上表

序号	所属二级公司	所属公司（经营）	中文船名	英文船名	建造时间	建造国家或地区	船旗	总载重量（吨）
95	中远海运能源	Tong Lin Wan Shipping	桐林灣	TONG LIN WAN	2014-05-23	中国	中国香港	109 615
96	中远海运能源	Nan Lin Wan PTE LTD	楠林灣	NAN LIN WAN	2017-04-20	中国	新加坡	109 700
97	中远海运能源	Rong Lin Wan PTE LTD	榕林湾	RONG LIN WAN	2017-07-18	中国	新加坡	109 783
98	中远海运能源	上海油运	金牛座	JIN NIU ZUO	2005-08-05	中国	五星旗	75 493
99	中远海运能源	上海油运	狮子座	SHI ZI ZUO	2005-09-06	中国	五星旗	75 447
100	中远海运能源	上海油运	凤凰座	FENG HUANG ZUO	2006-06-13	中国	五星旗	75 514
101	中远海运能源	上海油运	麒麟座	QI LIN ZUO	2009-05-05	中国	五星旗	75 568
102	中远海运能源	上海油运	飞马座	FEI MA ZUO	2009-10-22	中国	五星旗	75 579
103	中远海运能源	上海油运	羚羊座	LING YANG ZUO	2010-01-15	中国	五星旗	75 573
104	中远海运能源	上海油运	海豚座	HAI TUN ZUO	2010-03-23	中国	五星旗	75 571
105	中远海运能源	上海油运	珊瑚座	SHAN HU ZUO	2010-05-22	中国	五星旗	75 596
106	中远海运能源	上海油运	鲸鱼座	JING YU ZUO	2010-07-19	中国	五星旗	75 577
107	中远海运能源	上海油运	新埔洋	XIN PU YANG	2010-01-07	中国	五星旗	309 362
108	中远海运能源	Shan Ying Zuo PTE LTD	山鹰座	SHAN YING ZUO	2010-11-05	中国	新加坡	75 588
109	中远海运能源	Bai Lu Zuo Shipping	白鹭座	BAI LU ZUO	2011-11-18	中国	中国香港	75 595
110	中远海运能源	Tian E Zuo Shipping	天鹅座	TIAN E ZUO	2012-02-23	中国	中国香港	75 594
111	中远海运能源	上海油运	天鸿座	TIAN HONG ZUO	2016-09-02	中国	五星旗	64 986
112	中远海运能源	上海油运	天鹰座	TIAN YING ZUO	2016-11-29	中国	五星旗	64 982
113	中远海运能源	上海油运	天鹤座	TIAN HE ZUO	2017-03-28	中国	五星旗	64 984
114	中远海运能源	上海油运	平池	PING CHI	2002-12-25	中国	五星旗	42 196
115	中远海运能源	上海油运	安池	AN CHI	2003-04-27	中国	五星旗	42 196
116	中远海运能源	上海油运	昌池	CHANG CHI	2003-08-27	中国	五星旗	42 196
117	中远海运能源	上海油运	盛池	SHENG CHI	2003-12-18	中国	五星旗	42 147
118	中远海运能源	上海油运	兴池	XING CHI	2004-03-15	中国	五星旗	42 017

续上表

序号	所属二级公司	所属公司（经营）	中文船名	英文船名	建造时间	建造国家或地区	船旗	总载重量（吨）
119	中远海运能源	上海油运	旺池	WANG CHI	2004-04-14	中国	五星旗	42 003
120	中远海运能源	上海油运	腾池	TENG CHI	2005-01-16	中国	五星旗	42 047
121	中远海运能源	上海油运	达池	DA CHI	2005-01-16	中国	五星旗	42 047
122	中远海运能源	Fei Chi Shipping S.A	飛池	FEI CHI	2005-12-11	中国	中国香港	42 036
123	中远海运能源	Yue Chi Shipping S.A	躍池	YUE CHI	2006-03-16	中国	中国香港	42 053
124	中远海运能源	上海油运	百池	BAI CHI	2007-07-19	中国	五星旗	41 983
125	中远海运能源	上海油运	年池	NIAN CHI	2008-11-05	中国	五星旗	41 956
126	中远海运能源	Zhong Chi Shipping S.A	中池	ZHONG CHI	2009-03-03	中国	中国香港	41 968
127	中远海运能源	上海油运	远池	YUAN CHI	2009-07-27	中国	五星旗	42 005
128	中远海运能源	Qian Chi Shipping S.A	千池	QIAN CHI	2008-06-30	中国	中国香港	45 541
129	中远海运能源	Qiu Chi Shipping S.A	秋池	QIU CHI	2009-01-15	中国	中国香港	45 484
130	中远海运能源	Wei Chi Shipping S.A	偉池	WEI CHI	2009-06-22	中国	中国香港	45 854
131	中远海运能源	Ye Chi Shipping S.A	業池	YE CHI	2009-11-18	中国	中国香港	45 740
132	中远海运能源	上海油运	荣池	RONG CHI	2012-04-05	中国	五星旗	48 698
133	中远海运能源	上海油运	新金洋	XIN JIN YANG	2004-11-28	中国	五星旗	297 376
134	中远海运能源	上海油运	新宁洋	XIN NING YANG	2005-04-11	中国	五星旗	297 439
135	中远海运能源	上海油运	新安洋	XIN AN YANG	2007-11-10	中国	五星旗	297 491
136	中远海运能源	Xin Tong Yang Shipping	新通洋	XIN TONG YANG	2009-01-04	中国	中国香港	297 183
137	中远海运能源	Xin Run Yang Shipping	新潤洋	XIN RUN YANG	2009-07-07	中国	中国香港	297 244
138	中远海运能源	Xin Yue Yang Shipping	新岳洋	XIN YUE YANG	2009-09-03	中国	中国香港	297 232
139	中远海运能源	Xin Han Yang Shipping	新漢洋	XIN HAN YANG	2009-12-12	中国	中国香港	297 293
140	中远海运能源	上海油运	华川	HUA CHUAN	2013-01-08	中国	五星旗	6 323
141	中远海运能源	上海油运	新甬洋	XIN YONG YANG	2010-07-10	中国	五星旗	309 266
142	中远海运能源	上海油运	新申洋	XIN SHEN YANG	2010-12-09	中国	五星旗	309 189

续上表

序号	所属二级公司	所属公司（经营）	中文船名	英文船名	建造时间	建造国家或地区	船旗	总载重量（吨）
143	中远海运能源	北海船务	北海名望	BEI HAI MING WANG	2013–07–05	中国	五星旗	116 166
144	中远海运能源	北海船务	北海威望	BEI HAI WEI WANG	2007–08–02	中国	五星旗	104 405
145	中远海运能源	北海船务	北海展望	BEI HAI ZHAN WANG	2008–11–05	中国	五星旗	104 324
146	中远海运能源	北海船务	北海开拓	BEI HAI KAI TUO	2017–05–18	中国	五星旗	63 401
147	中远海运能源	北海船务	北海奋进	BEI HAI FEN JIN	2017–09–02	中国	五星旗	63 508
148	中远海运能源	北海船务	北海众望	BEI HAI ZHONG WANG	2011–06–18	中国	五星旗	56 192
149	中远海运能源	北海船务	北海厚望	BEI HAI HOU WANG	2011–08–30	中国	五星旗	56 168
150	中远海运能源	北海船务	北海远望	BEI HAI YUAN WANG	2004–01–02	中国	五星旗	45 828
151	中远海运能源	北海船务	北海凤凰	BEI HAI FENG HUANG	2019–12–18	中国	五星旗	64 900
152	中远海运能源	北海船务	滨海 607	BIN HAI 607	1999–07–28	中国	五星旗	4 850
153	中远海运能源	北海船务	滨海 608	BIN HAI 608	1999–08–26	中国	五星旗	4 178
合计								19 934 641

中远海运集团原油及成品油船队租入船舶船名录

表 17-4

序号	所属二级公司	所属公司（经营）	中文船名	英文船名	出厂时间	建造国家或地区	船旗	总载重量（吨）
1	中远海运能源	上海油运	新合洋	NAVE SYNERGY	2010-01-13	日本	中国香港	309 741
2	中远海运能源	上海油运	新宜洋	DS VISION	2011-03-25	中国	黎巴嫩	297 345
3	中远海运能源	上海油运	鑫通洲	XIN TONG ZHOU	2005-09-08	中国	五星旗	69 999
4	中远海运能源	上海油运	新丽洋	XIN LI YANG	2005-09-08	中国	中国香港	299 208
5	中远海运能源	上海油运	新澄洋	DS VENTURE	2011-09-28	中国	黎巴嫩	297 345
6	中远海运能源	上海油运	新春洋	XIN CHUN YANG	2005-09-08	中国	中国香港	296 908
7	中远海运能源	上海油运	新海洋	XIN HAI YANG	2005-09-08	中国	中国香港	297 123
8	中远海运能源	上海油运	新屿洋	XIN YU YANG	2005-09-08	中国	中国香港	296 919
9	中远海运能源	上海油运	新湾洋	XIN WAN YANG	2005-09-08	中国	中国香港	297 052
10	中远海运能源	北海船务	康发 86	KANG FA 86	2011-10-17	中国	五星旗	4 526
合计								2 466 166

中远海运集团 LNG 船队自有船舶船名录

表 17-5

序号	所属二级公司（经营）	所属公司（经营）	中文船名	英文船名	建造时间	建造国家或地区	船旗	总载重量（吨）	LNG 立方数（立方米）
1	中远海运能源	CLNG	—	BORIS DAVYDOV	2019-01-18	韩国	塞浦路斯	98 000	172 610
2	中远海运能源	CLNG	—	NIKOLAY ZUBOV	2019-02-22	韩国	塞浦路斯	98 000	172 610
3	中远海运能源	CLNG	—	FEDOR LITKE	2018-01-08	韩国	塞浦路斯	98 000	172 610
4	中远海运能源	CLNG	—	BORIS VILKITSKY	2017-12-26	韩国	塞浦路斯	98 000	172 610
5	中远海运能源	CLNG	—	GEORGIY BRUSILOV	2018-12-10	韩国	塞浦路斯	98 000	172 610
6	中远海运能源	CLNG	—	EDUARD TOLL	2018-01-09	韩国	巴哈马群岛	98 000	172 610
7	中远海运能源	CLNG	—	RUDOLF SAMOYLOVICH	2018-09-06	韩国	巴哈马群岛	98 000	172 610
8	中远海运能源	CLNG	—	NIKOLAY YEVGENOV	2019-06-03	韩国	巴哈马群岛	98 000	172 610
9	中远海运能源	CLNG	—	VLADIMIR VORONIN	2019-08-13	韩国	巴哈马群岛	98 000	172 610

续上表

序号	所属二级公司（经营）	所属公司（经营）	中文船名	英文船名	建造时间	建造国家或地区	船旗	总载重量（吨）	LNG 立方数（立方米）
10	中远海运能源	CLNG	—	GEORGIY USHAKOV	2019–11–06	韩国	巴哈马群岛	98 000	172 610
11	中远海运能源	CLNG	泛亚	PAN ASIA	2017–10–13	中国	中国香港	83 312	174 000
12	中远海运能源	CLNG	泛美	PAN AMERICAS	2018–01–31	中国	中国香港	83 312	174 000
13	中远海运能源	CLNG	泛欧	PAN EUROPE	2018–07–10	中国	中国香港	83 312	174 000
14	中远海运能源	CLNG	泛非	PAN AFRICA	2019–01–08	中国	中国香港	83 312	174 000
15	中远海运能源	CLNG	大鹏昊	DAPENG SUN	2008–04–03	中国	中国香港	83 050	147 236
16	中远海运能源	CLNG	大鹏月	DAPENG MOON	2008–07–10	中国	中国香港	83 050	147 236
17	中远海运能源	CLNG	申海	SHEN HAI	2012–09–20	中国	中国香港	82 625	147 000
18	中远海运能源	CLNG	闽鹭	MIN LU	2009–03–11	中国	中国香港	82 598	147 236
19	中远海运能源	CLNG	大鹏星	DAPENG STAR	2009–12–10	中国	中国香港	82 428	147 236
20	中远海运能源	CLNG	闽榕	MIN RONG	2009–08–17	中国	中国香港	82 359	147 236
21	中远海运能源	CLNG	—	YAKOV GAKKEL	2019–12–04	韩国	巴哈马群岛	79 880	172 610
22	中远海运能源	LNG 公司（联合营）	北斗星	BEIDOU STAR	2015–11–30	中国	中国香港	84 480	171 825
23	中远海运能源	LNG 公司（联合营）	巴布亚	PAPUA	2015–01–31	中国	中国香港	84 444	171 859
24	中远海运能源	LNG 公司（联合营）	天堂鸟	KUMUL	2016–04–29	中国	中国香港	84 379	171 877
25	中远海运能源	LNG 公司（联合营）	南十字星	SOUTHERN CROSS	2015–06–30	中国	中国香港	84 318	171 859
26	中远海运能源	LNG 公司（联合营）	天枢星	LNG DUBHE	2018–10–19	中国	中国香港	80 155	174 089
27	中远海运能源	LNG 公司（联合营）	—	VLADIMIR RUSANOV	2018–03–26	韩国	中国香港	79 970	172 410
28	中远海运能源	LNG 公司（联合营）	—	VLADIMIR VIZE	2018–10–19	韩国	中国香港	79 970	172 410
29	中远海运能源	LNG 公司（联合营）	—	NIKOLAY URVANTSEV	2019–08–30	韩国	中国香港	79 970	172 410
30	中远海运能源	上海 LNG	中能福石	CESI GLADSTONE	2016–10–18	中国	中国香港	84 065	174 059
31	中远海运能源	上海 LNG	中能青岛	CESI QINGDAO	2017–01–06	中国	中国香港	84 064	173 999

续上表

序号	所属二级公司（经营）	所属公司（经营）	中文船名	英文船名	建造时间	建造国家或地区	船旗	总载重量（吨）	LNG立方数（立方米）
32	中远海运能源	上海 LNG	中能北海	CESI BEIHAI	2017-06-01	中国	中国香港	84 000	173 999
33	中远海运能源	上海 LNG	中能天津	CESI TIANJIN	2017-09-26	中国	中国香港	84 000	173 999
34	中远海运能源	上海 LNG	中能温州	CESI WENZHOU	2018-01-31	中国	中国香港	84 000	173 999
35	中远海运能源	上海 LNG	中能连云港	CESI LIANYUNGANG	2018-05-31	中国	中国香港	84 000	173 999
合计								3 051 053	5 900 683

中远海运集团 LPG 船队自有船舶船名录

表 17-6

序号	所属二级公司（经营）	所属公司（经营）	中文船名	英文船名	出厂时间	建造国家或地区	船旗	总载重量（吨）	立方数（立方米）
1	大连投资	龙鹏公司	百花源	BAI HUA YUAN	1997-10-07	日本	五星旗	3 338	3 500
2	大连投资	龙鹏公司	平安源	PING AN YUAN	2011-11-28	中国	五星旗	3 218	3 700
4	大连投资	龙鹏公司	芙蓉源	FU RONG YUAN	1996-02-13	日本	五星旗	2 854	4 013
5	大连投资	龙鹏公司	同心源	TONG XIN YUAN	2008-05-31	中国	五星旗	2 736	3 500
6	大连投资	龙鹏公司	同德源	TONG DE YUAN	2007-12-28	中国	五星旗	2 716	3 500
合计								14 862	18 213

中远海运集团干散货船队自有船舶船名录

表 17-7

序号	所属二级公司	所属公司（经营）	中文船名	英文船名	建造时间	建造国家或地区	船旗	总载重量（吨）
1	中远新加坡	中远新加坡	—	COS ORCHID	2006-02-23	中国	新加坡	55 539
2	中远新加坡	中远新加坡	—	COS LUCKY	2003-03-28	日本	新加坡	52 395
3	中远新加坡	中远新加坡	—	COS PROSPERITY	2006-03-28	中国	新加坡	55 550
4	中远海运散运	上海远望	嘉裕山	JIA YU SHAN	2015-04-28	中国	五星旗	58 054
5	中远海运散运	上海远望	锦瑞峰	JIN RUI FENG	2012-06-20	中国	五星旗	93 755
6	广州中远海运	广州中远海运	新粤顺	XIN YUE SHUN	2011-08-15	中国	五星旗	57 300
7	中远海运物流	国投海运	国投 001	GUO TOU 001	2010-08-21	中国	五星旗	56 916
8	中远海运物流	国投海运	国投 109	GUO TOU 109	2015-02-12	中国	五星旗	58 089
9	中远海运物流	国投海运	国投 105	GUO TOU 105	2012-01-28	中国	五星旗	56 704
10	中远海运物流	国投海运	国投 106	GUO TOU 106	2012-06-28	中国	五星旗	56 704
11	中远海运物流	国投海运	国投 107	GUO TOU 107	2013-11-01	中国	五星旗	56 704
12	中远海运物流	国投海运	国投 108	GUO TOU 108	2014-03-10	中国	五星旗	57 076
13	中远海运物流	国投海运	国投 102	GUO TOU 102	2010-01-03	中国	五星旗	56 901
14	中远海运物流	国投海运	国投 101	GUO TOU 101	2010-10-29	中国	五星旗	56 936
15	中远海运物流	国投海运	国投 103	GUO TOU 103	2011-02-10	中国	五星旗	56 879
16	中远海运散运	中远海运散运	狮子峰	SHI ZI FENG	2005-09-23	中国	五星旗	56 605
17	中远海运散运	中远海运散运	新安远	XIN AN YUAN	2004-09-22	中国	五星旗	55 277
18	中远海运散运	中远海运散运	新安宁	XIN AN NING	2009-02-16	中国	五星旗	55 256
19	中远海运散运	中远海运散运	远智海	YUAN ZHI HAI	2009-04-30	中国	五星旗	74 272
20	中远海运散运	中远海运散运	新安昌	XIN AN CHANG	2009-02-16	中国	五星旗	55 217
21	中远海运散运	中远海运散运	康寰	KANG HUAN	2005-05-31	日本	五星旗	52 810
22	中远海运散运	中远海运散运	新安平	XIN AN PING	2009-04-30	中国	五星旗	55 259

续上表

序号	所属二级公司	所属公司（经营）	中文船名	英文船名	建造时间	建造国家或地区	船旗	总载重量（吨）
23	中远海运散运	中远海运散运	康满	KANG MAN	2004-05-26	日本	五星旗	52 818
24	中远海运散运	中远海运散运	康誉	KANG YU	2004-07-30	日本	五星旗	52 988
25	中远海运散运	中远海运散运	中海昌运 2	ZHONG HAI CHANG YUN 2	2005-06-23	中国	五星旗	57 791
26	中远海运散运	中远海运散运	康弘	KANG HONG	2004-07-02	中国	五星旗	55 589
27	中远海运散运	中远海运散运	青峰岭	QING FENG LING	2013-12-12	中国	五星旗	34 473
28	中远海运散运	中远海运散运	中海昌运 1	ZHONG HAI CHANG YUN 1	2012-05-11	中国	五星旗	57 794
29	中远海运散运	中远海运散运	中海昌运 6	ZHONG HAI CHANG YUN 6	2009-01-01	中国	五星旗	56 639
30	中远海运散运	中远海运散运	海皇星	HAI HUANG XING	2009-04-01	中国	五星旗	73 581
31	中远海运散运	中远海运散运	石龙岭	SHI LONG LING	2013-11-15	中国	五星旗	34 510
32	中远海运散运	中远海运散运	巨大	JU DA	2009-08-19	中国	五星旗	73 604
33	中远海运散运	中远海运散运	康顺	KANG SHUN	2011-07-27	中国	五星旗	55 566
34	中远海运散运	中散集团	鹏龙	PENG LONG	2012-11-02	中国	五星旗	49 970
35	中远海运散运	中散集团	兰花海	LAN HUA HAI	2013-12-12	中国	五星旗	115 118
36	中远海运散运	中散集团	银竹海	YIN ZHU HAI	2009-06-26	中国	五星旗	76 463
37	中远海运散运	中散集团	远信海	YUAN XIN HAI	2009-09-02	中国	五星旗	178 076
38	中远海运散运	中散集团	中腾海	ZHONG TENG HAI	2009-07-17	中国	五星旗	178 242
39	中远海运散运	中散集团	金竹海	JIN ZHU HAI	2009-05-27	中国	五星旗	76 450
40	中远海运散运	中散集团	年丰海	NIAN FENG HAI	2008-12-10	中国	五星旗	177 878
41	中远海运散运	中散集团	武竹海	WU ZHU HAI	2008-12-09	中国	五星旗	76 381
42	中远海运散运	中散集团	文竹海	WEN ZHU HAI	2008-09-18	中国	五星旗	76 381
43	中远海运散运	中散集团	百安海	BAI AN HAI	2008-09-19	中国	五星旗	178 022
44	中远海运散运	中散集团	九华海	JIU HUA HAI	2008-01-03	中国	五星旗	53 371
45	中远海运散运	中散集团	普陀海	PU TUO HAI	2007-11-28	中国	五星旗	53 371
46	中远海运散运	深圳遠洋	鹏宇	PENG YU	2013-12-16	中国	五星旗	49 998

续上表

序号	所属二级公司	所属公司（经营）	中文船名	英文船名	建造时间	建造国家或地区	船旗	总载重量（吨）
47	中远海运散运	深圳遠洋	鹏安	PENG AN	2013-12-23	中国	五星旗	64 493
48	中远海运散运	深圳遠洋	鹏德	PENG DE	2014-01-20	中国	五星旗	64 486
49	中远海运散运	深圳遠洋	鹏福	PENG FU	2013-12-05	中国	五星旗	49 926
50	中远海运散运	深圳遠洋	鹏錦	PENG JIN	2013-01-18	中国	五星旗	64 542
51	中远海运散运	深圳遠洋	鹏利	PENG LI	2013-12-30	中国	五星旗	64 509
52	中远海运散运	深圳遠洋	鹏泰	PENG TAI	2013-12-10	中国	五星旗	49 837
53	中远海运散运	广发航运	广州发展 5	GUANG ZHOU FA ZHAN 5	2010-01-22	中国	五星旗	56 971
54	中远海运散运	广发航运	广州发展 4	GUANG ZHOU FA ZHAN 4	2011-03-23	中国	五星旗	57 025
55	中远海运散运	广发航运	广州发展 3	GUANG ZHOU FA ZHAN 3	2010-09-25	中国	五星旗	57 114
56	中远海运散运	广发航运	广州发展 2	GUANG ZHOU FA ZHAN 2	2010-05-12	中国	五星旗	57 708
57	中远海运散运	广发航运	广州发展 1	GUANG ZHOU FA ZHAN 1	2010-01-28	中国	五星旗	57 732
58	中海散运	广州京海	京海盛	JING HAI SHENG	2017-10-13	中国	五星旗	6 574
59	中海散运	广州京海	京海昌	JING HAI CHANG	2010-01-26	中国	五星旗	15 034
60	中海散运	广州京海	京海兴	JING HAI XING	2017-09-06	中国	五星旗	6 588
61	中海散运	广州京海	京海旺	JING HAI WANG	2017-09-06	中国	五星旗	6 588
62	中远海运散运	天津中海华润航运有限公司	华润电力 3	HUA RUN DIAN LI 3	2012-11-19	中国	五星旗	45 567
63	中远海运散运	天津中海华润航运有限公司	华润电力 10	HUA RUN DIAN LI 10	2013-12-24	中国	五星旗	45 536
64	中远海运散运	天津中海华润航运有限公司	华润电力 9	HUA RUN DIAN LI 9	2013-11-15	中国	五星旗	45 536
65	中远海运散运	天津中海华润航运有限公司	华润电力 8	HUA RUN DIAN LI 8	2013-10-18	中国	五星旗	45 500
66	中远海运散运	天津中海华润航运有限公司	华润电力 7	HUA RUN DIAN LI 7	2013-08-27	中国	五星旗	45 523
67	中远海运散运	天津中海华润航运有限公司	华润电力 6	HUA RUN DIAN LI 6	2013-04-15	中国	五星旗	45 560
68	中远海运散运	天津中海华润航运有限公司	华润电力 5	HUA RUN DIAN LI 5	2013-02-22	中国	五星旗	45 555
69	中远海运散运	天津中海华润航运有限公司	华润电力 2	HUA RUN DIAN LI 2	2012-08-30	中国	五星旗	45 541
70	中远海运散运	天津中海华润航运有限公司	中海华润 1	ZHONG HAI HUA RUN 1	2013-09-09	中国	五星旗	75 397

续上表

序号	所属二级公司	所属公司（经营）	中文船名	英文船名	建造时间	建造国家或地区	船旗	总载重量（吨）
71	中远海运散运	上海银桦航运有限公司	银桦 2	YIN HUA 2	2014-06-06	中国	五星旗	48 843
72	中远海运散运	上海银桦航运有限公司	银桦 1	YIN HUA 1	2013-11-05	中国	五星旗	48 413
73	中海散运	上海友好航运有限公司	友好 3	YOU HAO 3	2014-09-25	中国	五星旗	44 972
74	中海散运	上海友好航运有限公司	友好 2	YOU HAO 2	2012-08-28	中国	五星旗	47 664
75	中海散运	上海友好航运有限公司	友好 1	YOU HAO 1	2012-05-18	中国	五星旗	47 715
76	中海散运	上海嘉禾航运有限公司	友谊 20	YOU YI 20	1998-05-11	中国	五星旗	20 698
77	中海散运	上海嘉禾航运有限公司	嘉禾航运 2	JIA HE HANH YUN 2	2012-07-18	中国	五星旗	53 007
78	中海散运	上海嘉禾航运有限公司	嘉禾航运 1	JIA HE HANH YUN 1	2012-02-29	中国	五星旗	53 106
79	中远海运散运	香港海宝	光华	GUANG HUA	2013-9-25	中国	中国香港	180 000
80	中远海运散运	香港海宝	文德	WEN DE	2013-12-10	中国	中国香港	82 000
81	中远海运散运	香港海宝	智达	ZHI DA	2012-1-1	中国	中国香港	230 000
82	中远海运散运	香港海宝	礼达	LI DA	2011-11-1	中国	中国香港	230 000
83	中远海运散运	香港海宝	义达	YI DA	2010-11-1	中国	中国香港	230 000
84	中远海运散运	香港海宝	仁达	REN DA	2010-6-1	中国	中国香港	230 000
85	中远海运散运	香港海宝	铭德	MING DE	2014-1-20	中国	中国香港	82 000
86	中远海运散运	香港海宝	风华	FENG HUA	2013-7-29	中国	中国香港	180 000
87	中海散运	中远海运散货运输有限公司	宝仁岭	BAO REN LING	2015-06-15	中国	五星旗	47 483
88	中海散运	中远海运散货运输有限公司	宝和岭	BAO HE LING	2015-05-26	中国	五星旗	47 442
89	中海散运	中远海运散货运输有限公司	宝月岭	BAO YUE LING	2013-10-12	中国	五星旗	47 731
90	中海散运	中远海运散货运输有限公司	宝德岭	BAO DE LING	2015-06-01	中国	五星旗	47 830
91	中海散运	中远海运散货运输有限公司	宝安岭	BAO AN LING	2014-03-28	中国	五星旗	47 483
92	中海散运	中远海运散货运输有限公司	宝星岭	BAO XING LING	2014-12-18	中国	五星旗	47 753
93	中海散运	中远海运散货运输有限公司	宝宁岭	BAO NING LING	2014-12-20	中国	五星旗	47 443
94	中海散运	中远海运散货运输有限公司	宝辰岭	BAO CHEN LING	2015-03-16	中国	五星旗	47 805

续上表

序号	所属二级公司	所属公司（经营）	中文船名	英文船名	建造时间	建造国家或地区	船旗	总载重量（吨）
95	中海散运	中远海运散货运输有限公司	宝广岭	BAO GUANG LING	2015-03-16	中国	五星旗	47 821
96	中海散运	中远海运散货运输有限公司	宝达岭	BAO DA LING	2015-03-16	中国	五星旗	47 801
97	中海散运	中远海运散货运输有限公司	宝源岭	BAO YUAN LING	2015-05-26	中国	五星旗	47 807
98	中海散运	中远海运散货运输有限公司	安悦山	AN YUE SHAN	2011-06-08	中国	五星旗	57 668
99	中海散运	中远海运散货运输有限公司	安绣山	AN XIU SHAN	2011-08-15	中国	五星旗	57 668
100	中海散运	中远海运散货运输有限公司	安华山	AN HUA SHAN	2011-09-16	中国	五星旗	57 668
101	中海散运	中远海运散货运输有限公司	凤凰峰	FENG HUANG FENG	2012-06-19	中国	五星旗	75 396
102	中海散运	中远海运散货运输有限公司	玉霄峰	YU XIAO FENG	2012-12-25	中国	五星旗	75 398
103	中海散运	中远海运散货运输有限公司	宝日岭	BAO RI LING	2013-10-30	中国	五星旗	47 828
104	中海散运	中远海运散货运输有限公司	宝祥岭	BAO XIANG LING	2013-11-26	中国	五星旗	47 514
105	中海散运	中远海运散货运输有限公司	安强山	AN QIANG SHAN	2009-12-10	中国	五星旗	57 667
106	中海散运	中远海运散货运输有限公司	安惠山	AN HUI SHAN	2010-02-04	中国	五星旗	57 668
107	中海散运	中远海运散货运输有限公司	安诚山	AN CHENG SHAN	2010-04-16	中国	五星旗	57 691
108	中海散运	中远海运散货运输有限公司	安永山	AN YONG SHAN	2010-04-29	中国	五星旗	57 652
109	中海散运	中远海运散货运输有限公司	安裕山	AN YU SHAN	2010-09-19	中国	五星旗	57 617
110	中海散运	中远海运散货运输有限公司	安隆山	AN LONG SHAN	2011-01-02	中国	五星旗	57 727
111	中海散运	中远海运散货运输有限公司	安盛山	AN SHENG SHAN	2011-01-13	中国	五星旗	57 679
112	中海散运	中远海运散货运输有限公司	嘉和山	JIA HE SHAN	2005-04-01	中国	五星旗	57 596
113	中海散运	中远海运散货运输有限公司	嘉安山	JIA AN SHAN	2005-06-05	中国	五星旗	57 605
114	中海散运	中远海运散货运输有限公司	嘉永山	JIA YONG SHAN	2005-06-14	中国	五星旗	57 094
115	中海散运	中远海运散货运输有限公司	嘉宁山	JIA NING SHAN	2005-08-01	中国	五星旗	57 599
116	中海散运	中远海运散货运输有限公司	嘉顺山	JIA SHUN SHAN	2005-10-31	中国	五星旗	57 250
117	中海散运	中远海运散货运输有限公司	安国山	AN GUO SHAN	2009-04-25	中国	五星旗	57 700
118	中海散运	中远海运散货运输有限公司	安民山	AN MIN SHAN	2009-09-20	中国	五星旗	57 652

续上表

序号	所属二级公司	所属公司（经营）	中文船名	英文船名	建造时间	建造国家或地区	船旗	总载重量（吨）
119	中海散运	中远海运散货运输有限公司	嘉信山	JIA XIN SHAN	2004-12-28	中国	五星旗	57 134
120	中海散运	中远海运散货运输有限公司	嘉祥山	JIA XIANG SHAN	2005-01-05	中国	五星旗	57 646
121	中海散运	中远海运散货运输有限公司	芙蓉峰	FU RONG FENG	2011-08-22	中国	五星旗	75 444
122	中海散运	中远海运散货运输有限公司	云密峰	YUN MI FENG	2011-11-07	中国	五星旗	75 421
123	中海散运	中远海运散货运输有限公司	玉柱峰	YU ZHU FENG	2011-01-12	中国	五星旗	75 519
124	中海散运	中远海运散货运输有限公司	翠屏峰	CUI PENG FENG	2011-06-21	中国	五星旗	75 486
125	中海散运	中远海运散货运输有限公司	月观峰	YUE GUAN FENG	2010-09-15	中国	五星旗	75 581
126	中海散运	中远海运散货运输有限公司	日观峰	RI GUAN FENG	2010-08-11	中国	五星旗	75 566
127	中海散运	中海散货运输（上海）有限公司	云龙峰	YUN LONG FENG	2012-01-23	中国	五星旗	75 394
128	中海散运	中海散货运输（上海）有限公司	集贤峰	JI XIAN FENG	2012-03-07	中国	五星旗	75 410
129	中海散运	中海散货运输（上海）有限公司	朝阳峰	ZHAO YANG FENG	2012-04-20	中国	五星旗	75 396
130	中海散运	中海散货运输（上海）有限公司	安信山	AN XIN SHAN	2010-01-15	中国	五星旗	57 559
131	中海散运	中海散货运输（上海）有限公司	安顺山	AN SHUN SHAN	2010-08-02	中国	五星旗	57 644
132	中海散运	中海散货运输（上海）有限公司	安茂山	AN MAO SHAN	2011-02-28	中国	五星旗	57 684
133	中海散运	中海散货运输（上海）有限公司	安锦山	AN JIN SHAN	2011-06-15	中国	五星旗	57 668
134	中海散运	中海散货运输（上海）有限公司	安康山	AN KANG SHAN	2011-11-29	中国	五星旗	57 672
135	中海散运	中海散货运输（上海）有限公司	安泰山	AN TAI SHAN	2011-12-21	中国	五星旗	57 668
136	中海散运	中海散货运输（武汉）有限公司	嘉诚山	JIA CHENG SHAN	2004-09-28	中国	五星旗	57 187
137	中海散运	PINGAN SHIPPING S.A.	中海兴旺	CSB FORTUNE	2010-02-01	中国	中国香港	228 990

续上表

序号	所属二级公司	所属公司（经营）	中文船名	英文船名	建造时间	建造国家或地区	船旗	总载重量（吨）
138	中海散运	XIWANG SHINPPING S.A	中海希望	CSB HOPE	2010-09-01	中国	中国香港	229 009
139	中海散运	JIAHUISHAN SHIPPING	嘉惠山	JIA HUI SHAN	2011-04-01	中国	中国香港	56 611
140	中海散运	JIXIANG SHIPPING S.A	中海吉祥	CSB PROPITIOUSNESS	2011-02-01	中国	中国香港	229 127
141	中海散运	RONGHUA SHIPPING S.A	中海荣华	CSB GLORY	2011-12-01	中国	中国香港	315 063
142	中海散运	JIAMAOSHAN SHIPPING	嘉茂山	JIA MAO SHAN	2011-11-01	中国	中国香港	56 623
143	中海散运	JIASHENGSHAN SHIPPIN	嘉盛山	JIA SHENG SHAN	2011-07-01	中国	中国香港	56 632
144	中海散运	JIALONGSHAN SHIPPING	嘉隆山	JIA LONG SHAN	2011-05-01	中国	中国香港	56 603
145	中海散运	NIANHUA SHIPPING S.A	中海年华	CSB YEARS	2012-06-26	中国	中国香港	315 085
146	中海散运	INHUA SHIPPING S.A.	中海英华	CSB HERALD	2012-06-01	中国	中国香港	315 145
147	中海散运	SHAOHUA SHIPPING S.A	中海韶华	CSB BRILLIANT	2012-04-01	中国	中国香港	315 228
148	中海散运	FANHUA SHIPPING S.A.	中海繁华	CSB PROSPERITY	2012-02-01	中国	中国香港	315 279
149	中海散运	中海散货运输（香港）有限公司	锦霞峰	JIN XIA FENG	2014-02-18	中国	中国香港	81 537
150	中海散运	中海散货运输（香港）有限公司	中粮 1	COFCO 1	2014-01-23	中国	中国香港	81 531
151	中海散运	XING LONG SHIPPING S.A.	兴隆	FLOURISH	2011-11-01	中国	中国香港	228 694
152	中海散运	CAIHUA SHIPPING S.A.	中海才华	CSB TALENT	2013-01-01	中国	中国香港	315 041
153	中海散运	中海散货运输（香港）有限公司	中海泰和	CS HARMONY	2015-06-25	中国	中国香港	180 193

续上表

序号	所属二级公司	所属公司（经营）	中文船名	英文船名	建造时间	建造国家或地区	船旗	总载重量（吨）
154	中海散运	中海散货运输（香港）有限公司	中海康和	CS SALUBRITY	2014-09-03	中国	中国香港	180 301
155	中海散运	中海散货运输（香港）有限公司	中海顺和	CS GRACE	2014-06-06	中国	中国香港	180 429
156	中海散运	中海散货运输（香港）有限公司	中海祥和	CS SERENITY	2014-03-18	中国	中国香港	180 364
157	中海散运	上海时代航运有限公司	银年	YIN NIAN	2013-11-18	中国	五星旗	44 926
158	中海散运	上海时代航运有限公司	银鹤	YING HE	2014-01-20	中国	五星旗	44 952
159	中海散运	上海时代航运有限公司	银彩	YIN CAI	2012-12-18	中国	五星旗	48 929
160	中海散运	上海时代航运有限公司	银瑞	YIN RUI	2012-12-20	中国	五星旗	44 945
161	中海散运	上海时代航运有限公司	时代 11	SHI DAI 11	2012-12-28	中国	五星旗	75 467
162	中海散运	上海时代航运有限公司	银雪	YIN XUE	2013-01-26	中国	五星旗	44 945
163	中海散运	上海时代航运有限公司	银平	YIN PING	2010-05-01	中国	五星旗	53 380
164	中海散运	上海时代航运有限公司	银能	YIN NENG	2010-06-01	中国	五星旗	53 478
165	中海散运	上海时代航运有限公司	银致	YIN ZHI	2009-09-01	中国	五星旗	57 924
166	中海散运	上海时代航运有限公司	银连	YIN LIAN	2010-01-01	中国	五星旗	57 664
167	中海散运	上海时代航运有限公司	银杰	YIN JIE	2010-04-01	中国	五星旗	57 586
168	中海散运	上海时代航运有限公司	银远	YIN YUANG	2010-06-01	中国	五星旗	57 674
169	中海散运	上海时代航运有限公司	银福	YIN FU	2012-05-01	中国	五星旗	48 909
170	中海散运	上海时代航运有限公司	银禄	YIN LU	2012-06-01	中国	五星旗	48 886
171	中海散运	上海时代航运有限公司	天龙星	TIAN LONG XING	1995-08-01	德国	五星旗	37 532
172	中海散运	上海时代航运有限公司	银绣	YIN XIU	1995-08-01	日本	五星旗	28 730
173	中海散运	上海时代航运有限公司	时代 8	SHI DAI 8	2012-09-01	中国	五星旗	75 458
174	中海散运	上海时代航运有限公司	银浩	YIN HAO	2012-10-25	中国	五星旗	48 910
175	中海散运	上海时代航运有限公司	时代 9	SHI DAI 9	2012-11-06	中国	五星旗	75 458

续上表

序号	所属二级公司	所属公司（经营）	中文船名	英文船名	建造时间	建造国家或地区	船旗	总载重量（吨）
176	中海散运	上海时代航运有限公司	时代 10	SHI DAI 10	2012-12-28	中国	五星旗	75 414
177	中海散运	上海时代航运有限公司	银宁	YIN NING	2008-01-01	中国	五星旗	53 380
178	中海散运	上海时代航运有限公司	银顺	YIN SHUN	2009-04-01	中国	五星旗	53 496
179	中海散运	上海时代航运有限公司	银宝	YIN BAO	1996-03-01	中国	五星旗	45 513
180	中海散运	上海时代航运有限公司	时代 20	SHI DAI 20	2010-10-01	中国	五星旗	115 000
181	中海散运	上海时代航运有限公司	时代 21	SHI DAI 21	2010-11-01	中国	五星旗	115 496
182	中海散运	上海时代航运有限公司	时代 2	SHI DAI 2	2007-12-01	中国	五星旗	76 509
183	中海散运	上海时代航运有限公司	时代 1	SHI DAI 1	2007-09-01	中国	五星旗	76 610
184	中海散运	上海时代航运有限公司	银浦	YIN PU	1997-04-01	日本	五星旗	46 663
185	中远海运散运	中国矿运	远穗海	YUAN SUI HAI	2019-11-18	中国	新加坡	398 199
186	中远海运散运	中国矿运	远华海	YUAN HUA HAI	2019-10-15	中国	新加坡	398 440
187	中远海运散运	中国矿运	远神海	YUAN SHEN HAI	2019-05-31	中国	新加坡	398 383
188	中远海运散运	中国矿运	远津海	YUAN JIN HAI	2019-01-25	中国	新加坡	398 683
189	中远海运散运	中国矿运	远谊海	YUAN YI HAI	2018-09-17	中国	新加坡	398 459
190	中远海运散运	中国矿运	远宝海	YUAN BAO HAI	2018-10-26	中国	新加坡	398 453
191	中远海运散运	中国矿运	远河海	YUAN HE HAI	2018-01-11	中国	新加坡	398 595
192	中远海运散运	中国矿运	远谷海	YUAN GU HAI	2018-05-16	中国	新加坡	398 292
193	中远海运散运	中国矿运	远卓海	YUAN ZHUO HAI	2014-07-11	中国	新加坡	399 975
194	中远海运散运	中国矿运	远见海	YUAN JIAN HAI	2013-11-22	中国	新加坡	399 996
195	中远海运散运	中国矿运	远识海	YUAN SHI HAI	2013-07-22	中国	新加坡	400 293
196	中远海运散运	中国矿运	远真海	YUAN ZHEN HAI	2013-03-29	中国	新加坡	399 996
197	中远海运散运	中国矿运	远福海	YUAN FU HAI	2019-08-16	中国	新加坡	398 407
198	中远海运散运	昌盛公司	珍珠海	ZHEN ZHU HAI	2015-09-02	中国	中国香港	39 746
199	中远海运散运	昌盛公司	琥珀海	HU PO HAI	2015-11-06	中国	中国香港	39 781

续上表

序号	所属二级公司	所属公司（经营）	中文船名	英文船名	建造时间	建造国家或地区	船旗	总载重量（吨）
200	中远海运散运	昌盛公司	丰德海	FENG DE HAI	2015-11-30	中国	中国香港	63 356
201	中远海运散运	昌盛公司	京津海	JING JIN HAI	2015-09-21	中国	中国香港	77 872
202	中远海运散运	昌盛公司	京鲁海	JING LU HAI	2015-11-03	中国	中国香港	77 927
203	中远海运散运	昌盛公司	蓝宝海	LAN BAO HAI	2015-12-29	中国	中国香港	39 780
204	中远海运散运	昌盛公司	珊瑚海	SHA HU HAI	2016-08-30	中国	中国香港	39 765
205	中远海运散运	昌盛公司	绿松海	LV SONG HAI	2016-11-24	中国	中国香港	38 863
206	中远海运散运	昌盛公司	岫玉海	XIU YU HAI	2016-12-16	中国	中国香港	38 836
207	中远海运散运	昌盛公司	丰秀海	FENG XIU HAI	2016-11-28	中国	中国香港	63 409
208	中远海运散运	昌盛公司	丰和海	FENG HE HAI	2016-11-16	中国	中国香港	63 244
209	中远海运散运	昌盛公司	建国海	JIAN GUO HAI	2016-12-08	中国	中国香港	38 767
210	中远海运散运	昌盛公司	复兴海	FU XING HAI	2016-12-22	中国	中国香港	38 801
211	中远海运散运	昌盛公司	华盛海	HUA SHENG HAI	2017-04-26	中国	中国香港	81 233
212	中远海运散运	昌盛公司	宁静海	NING JING HAI	2017-04-11	中国	中国香港	63 573
213	中远海运散运	昌盛公司	安定海	AN DING HAI	2017-05-16	中国	中国香港	38 801
214	中远海运散运	昌盛公司	新富海	XIN FU HAI	2016-12-15	中国	中国香港	178 332
215	中远海运散运	昌盛公司	宁悦海	NING YUE HAI	2017-04-20	中国	中国香港	63 562
216	中远海运散运	昌盛公司	新丽海	XIN LI HAI	2017-05-05	中国	中国香港	178 302
217	中远海运散运	昌盛公司	德胜海	DE SHENG HAI	2017-05-16	中国	中国香港	38 822
218	中远海运散运	昌盛公司	丰惠海	FENG HUI HAI	2017-06-16	中国	中国香港	63 261
219	中远海运散运	昌盛公司	宁泰海	NING TAI HAI	2017-07-11	中国	中国香港	63 475
220	中远海运散运	昌盛公司	丰茂海	FENG MAO HAI	2017-06-28	中国	中国香港	63 413
221	中远海运散运	昌盛公司	广元海	GUANG YUAN HAI	2017-05-12	中国	中国香港	207 392
222	中远海运散运	昌盛公司	华兴海	HUA XING HAI	2017-07-28	中国	中国香港	81 108
223	中远海运散运	昌盛公司	广亨海	GUANG HENG HAI	2017-06-06	中国	中国香港	207 389

续上表

序号	所属二级公司	所属公司（经营）	中文船名	英文船名	建造时间	建造国家或地区	船旗	总载重量（吨）
224	中远海运散运	昌盛公司	丰丽海	FENG LI HAI	2017-08-29	中国	中国香港	63 424
225	中远海运散运	昌盛公司	广利海	GUANG LI HAI	2017-06-30	中国	中国香港	207 241
226	中远海运散运	昌盛公司	新昌海	XIN CHANG HAI	2017-09-12	中国	中国香港	178 361
227	中远海运散运	昌盛公司	新达海	XIN DA HAI	2017-12-28	中国	中国香港	178 438
228	中远海运散运	昌盛公司	丰收海	FENG SHOU HAI	2017-11-28	中国	中国香港	63 366
229	中远海运散运	昌盛公司	丰泽海	FENG ZE HAI	2018-06-28	中国	中国香港	63 413
230	中远海运散运	开曼公司	舟山海	ZHOU SHAN HAI	2009-10-31	中国	巴拿马	56 988
231	中远海运散运	开曼公司	金州海	JIN ZHOU HAI	2009-11-30	中国	巴拿马	56 976
232	中远海运散运	开曼公司	普兰海	PU LAN HAI	2010-03-13	中国	巴拿马	56 966
233	中远海运散运	开曼公司	岱山海	DAI SHAN HAI	2010-01-05	中国	巴拿马	56 946
234	中远海运散运	开曼公司	衢山海	QU SHAN HAI	2010-05-07	中国	巴拿马	56 965
235	中远海运散运	开曼公司	长山海	CHANG SHAN HAI	2010-06-29	中国	巴拿马	56 907
236	中远海运散运	开曼公司	中兴海	ZHONG XING HAI	2011-05-06	中国	巴拿马	207 978
237	中远海运散运	开曼公司	远旺海	YUAN WANG HAI	2011-06-16	中国	巴拿马	207 906
238	中远海运散运	开曼公司	新柳林海	XIN LIU LIN HAI	2004-06-23	中国	巴拿马	55 676
239	中远海运散运	开曼公司	—	PLACID SEA	2004-07-19	中国	巴拿马	55 604
240	中远海运散运	开曼公司	天发海	TIAN FA HAI	2014-02-18	中国	巴拿马	207 891
241	中远海运散运	开曼公司	郁香海	YU XIANG HAI	2014-03-20	中国	巴拿马	115 088
242	中远海运散运	开曼公司	津达海	JIN DA HAI	2014-04-23	中国	巴拿马	207 811
243	中远海运散运	开曼公司	马莲海	MA LIAN HAI	2014-05-15	中国	巴拿马	115 297
244	中远海运散运	开曼公司	康馨海	KANG XIN HAI	2014-06-19	中国	巴拿马	115 339
245	中远海运散运	明海公司	远顺海	YUAN SHUN	2009-08-28	中国	巴拿马	56 956
246	中远海运散运	明海公司	远安海	YUAN AN HAI	2009-12-23	中国	巴拿马	56 957
247	中远海运散运	明海公司	宇中海	YU ZHONG HAI	2010-02-10	中国	巴拿马	297 959

续上表

序号	所属二级公司	所属公司（经营）	中文船名	英文船名	建造时间	建造国家或地区	船旗	总载重量（吨）
248	中远海运散运	明海公司	宇华海	YU HUA HAI	2010-04-09	中国	巴拿马	297 846
249	中远海运散运	明海公司	远平海	YUAN PING SEA	2004-03-08	中国	巴拿马	55 646
250	中远海运散运	明海公司	远宁海	YUAN NING SEA	2004-03-08	中国	巴拿马	55 580
251	中远海运散运	香港航运	顺欣	SHUN XIN	2010-01-30	中国	中国香港	56 933
252	中远海运散运	香港航运	新鞍钢	NEW ANSTEE	2009-02-13	日本	中国香港	297 488
253	中远海运散运	香港航运	康诚	KANG CHENG	2004-04-30	中国	中国香港	55 541
254	中远海运散运	香港航运	宏元	HONG YUAN	2009-12-03	中国	巴拿马	76 574
255	中远海运散运	香港航运	合永	HE YONG	2009-10-02	中国	中国香港	297 738
256	中远海运散运	香港航运	合瀛	HE YING	2010-07-30	日本	中国香港	297 679
257	中远海运散运	香港航运	港寰	CHS WORLD	2006-01-02	中国	中国香港	174 232
258	中远海运散运	香港航运	合通	HE TONG	2009-07-01	中国	中国香港	297 633
259	中远海运散运	香港航运	港辉	CHS SPLEND	2006-07-12	日本	中国香港	170 000
260	中远海运散运	香港航运	宏盛	HONG SHENG	2010-07-30	中国	巴拿马	76 546
261	中远海运散运	香港航运	合平	HE PING	2009-12-08	中国	中国香港	297 759
262	中远海运散运	香港航运	宏宇	HONG YU	2009-09-15	中国	中国香港	76 364
263	中远海运散运	香港航运	宏景	HON JING	2008-08-21	日本	中国香港	82 354
264	中远海运散运	香港航运	宏富	HONG FU	2009-11-20	中国	中国香港	76 402
265	中远海运散运	香港航运	宏泰	HONG DAI	2010-04-30	中国	巴拿马	76 556
266	中远海运散运	香港航运	港华	CHS MAGNIF	2006-09-19	中国	中国香港	173 624
267	中远海运散运	香港航运	合利	HE LI	2010-12-22	日本	中国香港	297 381
268	中远海运散运	香港航运	宏兴	HONG HING	2010-07-26	中国	中国香港	76 549
269	中远海运散运	香港航运	合恒	HE HENG	2008-12-16	中国	中国香港	297 592
270	中远海运散运	香港航运	港丰	CHS HARVES	2006-04-19	中国	中国香港	173 624
271	中远海运散运	香港航运	恒盛	HENG SHENG	2011-01-18	中国	中国香港	208 001

续上表

序号	所属二级公司	所属公司（经营）	中文船名	英文船名	建造时间	建造国家或地区	船旗	总载重量（吨）
272	中远海运散运	香港航运	恒茂	HENG MAO	2011-03-09	中国	中国香港	207 980
273	中远海运散运	香港航运	恒隆	HENG LONG	2011-11-18	中国	中国香港	207 900
274	中远海运散运	香港航运	恒顺	HENG SHUN	2011-09-25	中国	中国香港	207 941
275	中远海运散运	香港航运	港生	CHS CREATI	2006-09-28	中国	中国香港	174 110
276	中远海运散运	香港航运	港宇	CHS COSMOS	2006-03-02	中国	中国香港	174 091
277	中远海运散运	香港航运	中远鞍钢	COSCO ANST	2009-10-14	日本	中国香港	297 719
278	中远海运散运	雅达公司	锦文峰	JIN WEN FENG	2012-06-27	中国	中国香港	93 696
279	中远海运散运	雅达公司	锦华峰	JIN HUA FENG	2013-01-10	中国	中国香港	93 738
280	中远海运散运	雅达公司	锦泰峰	JIN TAI FENG	2012-06-27	中国	中国香港	93 758
281	中远海运散运	雅达公司	五桂山	WU GUI SHAN	2013-11-08	中国	中国香港	56 624
282	中远海运散运	雅达公司	倚龙山	YI LONG SHAN	2013-10-15	中国	中国香港	56 637
283	中远海运散运	雅达公司	太平山	TAI PING SHAN	2011-09-28	中国	中国香港	56 607
284	中远海运散运	雅达公司	福全山	FU QUAN SHAN	2013-10-22	中国	中国香港	56 621
285	中远海运散运	雅达公司	笔架山	BI JIA SHAN	2012-01-01	中国	中国香港	56 625
286	中远海运散运	雅达公司	寿臣山	SHOU CHEN SHAN	2013-11-18	中国	中国香港	56 621
287	中远海运散运	雅达公司	慈云山	CI YUN SHAN	2010-11-10	中国	中国香港	56 687
288	中海散运（本部）	海南海盛	盛平海	SHENG PING HAI	2012-12-05	中国	五星旗	56 564
289	中海散运（本部）	海南海盛	盛安海	SHENG AN HAI	2012-12-05	中国	五星旗	56 564
290	中海散运（本部）	海南海盛	盛兴海	SHENG XING HAI	2009-08-01	中国	五星旗	57 291
291	中海散运（本部）	海南海盛	盛旺海	SHENG WANG HAI	2009-10-01	中国	五星旗	57 208
292	中海散运（本部）	海南海盛	盛诚海	SHENG CHENG HAI	2013-11-08	中国	五星旗	56 632
293	中海散运（本部）	海南海盛	盛恒海	SHENG HENG HAI	2013-11-08	中国	五星旗	56 649
294	中海散运（本部）	海南海盛	玉龙岭	YU LONG LING	2010-06-23	中国	五星旗	32 005
295	中海散运（本部）	海南海盛	九峰岭	JIU FENG LING	2010-08-15	中国	五星旗	32 033

续上表

序号	所属二级公司	所属公司（经营）	中文船名	英文船名	建造时间	建造国家或地区	船旗	总载重量（吨）
296	中海散运（本部）	海南海盛	七仙岭	QI XIAN LING	2012-06-15	中国	五星旗	34 551
297	中海散运（本部）	海南海盛	盛发海	SHENG FA HAI	2009-11-27	中国	五星旗	57 631
298	中海散运（本部）	海南海盛	盛达海	SHENG DA HAI	2010-05-13	中国	五星旗	57 613
299	中海散运（本部）	海南海盛	盛荣海	SHENG RONG HAI	2010-06-29	中国	五星旗	57 640
300	中海散运（本部）	海南海盛	盛昌海	SEHNG CHANG HAI	2010-11-22	中国	五星旗	57 562
301	中海散运（本部）	海南海盛	梅花海	MEI HUA HAI	2013-11-21	中国	五星旗	115 198
302	中海散运（本部）	海南海盛	菊花海	JU HUA HAI	2012-07-18	中国	五星旗	115 075
303	中海散运（本部）	海南海盛	荷花海	HE HUA HAI	2012-06-21	中国	五星旗	115 079
304	中海散运（本部）	海南海盛	桃花海	TAO HUA HAI	2012-05-25	中国	五星旗	115 184
305	中海散运（本部）	海南海盛	雁荡海	YAN DANG HAI	2008-11-28	中国	五星旗	53 393
306	中海散运（本部）	海南海盛	武夷海	WU YI HAI	2008-06-05	中国	五星旗	53 444
307	中海散运（本部）	海南海盛	远慧海	YUAN HUI HAI	2006-04-20	中国	五星旗	74 272
308	中海散运（本部）	海南海盛	新发海	XIN FA HAI	2004-02-25	中国	五星旗	174 766
309	中海散运（本部）	海南海盛	新旺海	XIN WANG HAI	2003-10-28	中国	五星旗	174 733
310	中海散运（本部）	海南海盛	天禄海	TIAN LU HAI	2005-03-01	中国	五星旗	174 398
311	中海散运（本部）	海南海盛	天宝海	TIAN BAO HAI	2004-12-01	中国	五星旗	174 505
312	中海散运（本部）	海南海盛	德新海	DE XIN HAI	2008-09-27	中国	五星旗	76 528
313	中海散运（本部）	海南海盛	德明海	DE MIN GHAI	2008-06-23	中国	五星旗	76 432
314	中海散运（本部）	广州振华	宝瑞岭	BAO RUI LING	2012-04-20	中国	五星旗	58 107
315	中海散货运输有限公司	雅达公司	清平山	QING PING SHAN	2015-10-01	中国	中国香港	63 473
316	中海散货运输有限公司	雅达公司	清云山	QING YUN SHAN	2016-03-01	中国	中国香港	63 442
317	中海散货运输有限公司	雅达公司	清泉山	QING QUAN SHAN	2016-12-02	中国	中国香港	63 473

续上表

序号	所属二级公司	所属公司（经营）	中文船名	英文船名	建造时间	建造国家或地区	船旗	总载重量（吨）
318	中海散货运输有限公司	雅达公司	清华山	QING HUA SHAN	2016-08-18	中国	中国香港	63 457
319	中远海运特种运输股份	广东省远洋	毓麟海	YU LIN HAI	2012-03-27	中国	五星旗	75 380
320	中远海运特种运输股份	广东省远洋	毓鹏海	YU PENG HAI	2010-11-30	中国	五星旗	76 000
321	中远海运散运	广东海电船务	新红海	XIN HONG HAI	1995-05-19	日本	五星旗	74 044
322	中远海运散运	广东海电船务	新平海	XIN PING HAI	1994-08-29	日本	五星旗	68 636
323	中远海运散运	广东海电船务	新靖海	XIN JING HAI	1988-07-27	日本	五星旗	68 377
324	神华中海	神华中海	神华 501	SHEN HUA 501	2011-12-01	中国	五星旗	46 032
325	神华中海	神华中海	新世纪 128	XIN SHI JI 128	2009-12-01	中国	五星旗	57 662
326	神华中海	神华中海	新世纪 168	XIN SHI JI 168	2010-03-01	中国	五星旗	57 587
327	神华中海	神华中海	宁骅	NING HUA	1993-11-01	中国	日本	69 607
328	神华中海	神华中海	神华 801	SHEN HUA 801	2013-10-18	中国	五星旗	75 331
329	神华中海	神华中海	神华 505	SHEN HUA 505	2013-10-10	中国	五星旗	44 942
330	神华中海	神华中海	神华 508	SHEN HUA 508	2013-10-25	中国	五星旗	44 849
331	神华中海	神华中海	神华 506	SHEN HUA 506	2013-10-10	中国	五星旗	44 942
332	神华中海	神华中海	神华 802	SHEN HUA 802	2013-10-28	中国	五星旗	75 380
333	神华中海	神华中海	神华 522	SHEN HUA 522	2013-11-20	中国	五星旗	45 948
334	神华中海	神华中海	神华 525	SHEN HUA 525	2013-10-25	中国	五星旗	44 942
335	神华中海	神华中海	神华 521	SHEN HUA 521	2012-03-01	中国	五星旗	44 799
336	神华中海	神华中海	神华 502	SHEN HUA 502	2013-06-19	中国	五星旗	44 899
337	神华中海	神华中海	神华 523	SHEN HUA 523	2013-07-05	中国	五星旗	44 826
338	神华中海	神华中海	新世纪 188	XIN SHIJI 188	2010-09-01	中国	五星旗	57 587
339	神华中海	神华中海	新世纪 198	XIN SHIJI 198	2010-07-01	中国	五星旗	57 690
340	神华中海	神华中海	神华 518	SHEN HUA 518	2014-07-01	中国	五星旗	47 676
341	神华中海	神华中海	神华 528	SHEN HUA 528	2013-10-25	中国	五星旗	44 806
342	神华中海	神华中海	神华 803	SHEN HUA 803	2013-11-14	中国	五星旗	75 403
343	神华中海	神华中海	神华 511	SHEN HUA 511	2013-11-15	中国	五星旗	46 116

续上表

序号	所属二级公司	所属公司（经营）	中文船名	英文船名	建造时间	建造国家或地区	船旗	总载重量（吨）
344	神华中海	神华中海	神华 512	SHEN HUA 512	2013-11-15	中国	五星旗	46 116
345	神华中海	神华中海	神华 513	SHEN HUA 513	2013-11-15	中国	五星旗	46 116
346	神华中海	神华中海	神华 531	SHEN HUA 531	2013-11-15	中国	五星旗	47 476
347	神华中海	神华中海	神华 811	SHEN HUA 811	2013-12-03	中国	五星旗	76 150
348	神华中海	神华中海	神华 533	SHEN HUA 533	2014-03-10	中国	五星旗	47 525
349	神华中海	神华中海	神华 532	SHEN HUA 532	2014-03-10	中国	五星旗	47 509
350	神华中海	神华中海	神华 503	SHEN HUA 503	2013-08-08	中国	五星旗	44 842
351	神华中海	神华中海	神华 526	SHEN HUA 526	2013-09-11	中国	五星旗	44 831
352	神华中海	神华中海	神华 806	SHEN HUA 806	2014-06-06	中国	五星旗	75 285
353	神华中海	神华中海	神华 808	SHEN HUA 808	2014-07-01	中国	五星旗	75 411
354	神华中海	神华中海	神华 535	SHEN HUA 535	2014-03-10	中国	五星旗	47 525
355	神华中海	神华中海	神华 516	SHEN HUA 516	2014-04-16	中国	五星旗	47 640
356	神华中海	神华中海	神华 805	SHEN HUA 805	2014-04-08	中国	五星旗	75 347
357	神华中海	神华中海	神华 561	SHEN HUA 561	2014-03-31	中国	五星旗	47 727
358	神华中海	神华中海	神华 515	SHEN HUA 515	2014-03-12	中国	五星旗	47 691
359	神华中海	神华中海	神华 812	SHEN HUA 812	2014-04-10	中国	五星旗	76 124
360	神华中海	神华中海	神华 538	SHEN HUA 538	2014-07-02	中国	五星旗	47 500
361	神华中海	神华中海	神华 563	SHEN HUA 563	2013-12-31	中国	五星旗	47 566
362	神华中海	神华中海	神华 562	SHEN HUA 562	2013-07-25	中国	五星旗	47 676
363	神华中海	神华中海	神华 536	SHEN HUA 536	2013-10-15	中国	五星旗	47 555
364	中远海运散运	中远发展航运	富恒山	FU HENG SHAN	2011-11-14	中国	五星旗	67 681
365	中远海运（厦门）公司	湖南远洋运输公司	韶山 1	SHAO SHAN 1	1997-01-01	日本	中国香港	74 009
366	中远海运（厦门）公司	湖南远洋运输公司	韶山 8	SHAO SHAN 8	2014-01-01	中国	中国香港	75 365
367	中坦公司	天津中散船舶管理	长顺 2 号	CHANG SHUN II	2009-09-25	中国	巴拿马	67 681
合计								35 931 808

注：合营公司中远大唐“中海昌运3”/57 858载重吨没有统计在内。

中远海运集团干散货船队租入船舶船名录

表 17–8

序号	所属二级公司	所属公司（经营）	中文船名	英文船名	建造时间	建造国家或地区	船旗	总载重量（吨）
1	中远海运散运	雅达公司	恒越时代	TRANSCENDE	2010–10–12	中国	新加坡	32 686
2	中远海运散运	雅达公司	新瑞海	XIN RUI HAI	2012–10–10	日本	巴拿马	56 092
3	中远海运散运	雅达公司	新祥海	XIN XIANG HA	2012–07–24	日本	巴拿马	56 111
4	天津中远海运	天津天惠船务企业有限	江远太仓	JOSCO TAICANG	2012–10–01	中国	中国香港	58 675
5	中远海运散运	中远海运散运	育明	YU MING	2012–12–01	中国	五星旗	45 308
6	中远海运散运	中远海运散运	育德	YU DE	2015–07–31	中国	五星旗	57 500
7	中远海运散运	广州京海航运有限公司	正和 58	ZHENG HE 58	2009–11–26	中国	五星旗	15 180
8	中远海运散运	雅达公司	—	BULK DENMARK	—	—	—	180 200
9	中远海运散运	雅达公司	—	CAPE AGAMEMNON	—	—	—	180 000
10	中远海运散运	雅达公司	—	CAPE ALEXANDROS	—	—	—	180 000
11	中远海运散运	雅达公司	—	CAPE STAR	—	—	—	176 000
12	中远海运散运	雅达公司	—	EDWARD N	—	—	—	176 000
13	中远海运散运	雅达公司	—	GNG CONCORD 1	—	—	—	75 396
14	中远海运散运	雅达公司	—	GNG CONCORD 2	—	—	—	75 336
15	中远海运散运	雅达公司	—	GNG CONCORD 3	—	—	—	75 478
16	中远海运散运	雅达公司	—	GOLDEN ECLIPSE	—	—	—	79 474
17	中远海运散运	雅达公司	—	GOLDEN EMPRESS	—	—	—	79 463
18	中远海运散运	雅达公司	—	GOLDEN ENDEAVOUR	—	—	—	79 600
19	中远海运散运	雅达公司	—	GOLDEN ENDURER	—	—	—	79 600
20	中远海运散运	雅达公司	海吉	HAI JI	—	—	—	73 601
21	中远海运散运	雅达公司	海鲁	HAI LU	—	—	—	76 500
22	中远海运散运	雅达公司	—	SHAGANGFIRST POWER	—	—	—	179 500

续上表

序号	所属二级公司	所属公司（经营）	中文船名	英文船名	建造时间	建造国家或地区	船旗	总载重量（吨）
23	中远海运散运	雅达公司	—	THEODOR OLDENDORFF	—	—	—	77 171
24	中远海运散运	雅达公司	—	TIGER EAST	—	—	—	76 212
25	中远海运散运	雅达公司	—	TIGER NORTH	—	—	—	76 255
26	中远海运散运	雅达公司	—	TIGER SOUTH	—	—	—	76 255
27	中远海运散运	雅达公司	—	TIGER WEST	—	—	—	76 212
28	中远海运散运	雅达公司	—	XIN BIN HAI	—	—	—	180 085
29	中远海运散运	雅达公司	—	XIN TAI HAI	—	—	—	180 346
30	中远海运散运	雅达公司	—	ZHENG KAI	—	—	—	81 877
31	中远海运散运	雅达公司	—	VEGA LIBRA	—	—	—	53 716
32	中远海运散运	雅达公司	—	ATTALIA	—	—	—	82 171
33	中远海运散运	雅达公司	—	PAN UNITY	—	—	—	82 709
34	中远海运散运	雅达公司	—	FLAG TOM	—	—	—	93 267
35	中远海运散运	雅达公司	—	PATIENCE LAKE	—	—	—	35 465
36	中远海运散运	雅达公司	—	THOR MAXIMUS	—	—	—	55 695
37	中远海运散运	雅达公司	—	SHANDONG HAI DA	—	—	—	56 734
38	中远海运散运	雅达公司	—	DENSA PANTHER	—	—	—	57 631
39	中远海运散运	雅达公司	—	HUAYANG SPIRIT	—	—	—	75 784
40	中远海运散运	雅达公司	—	HUA YANG CHUAN QI	—	—	—	76 945
41	中远海运散运	雅达公司	—	JY HAMBURG	—	—	—	81 150
42	中远海运散运	雅达公司	—	ANDROUSA	—	—	—	81 533
43	中远海运散运	雅达公司	—	EGYPTIAN MIKE	—	—	—	81 600
44	中远海运散运	雅达公司	—	DL DAHLIA	—	—	—	81 667
合计								3 908 180

中远海运集团杂货特种船队自有船舶船名录

表 17–9

序号	所属二级公司	所属公司（经营）	中文船名	英文船名	建造时间	建造国家或地区	船旗	总载重量（吨）	标准箱位数(TEU)	车位数（个）
1	上海中远海运	中海化工运输	金海涛	JIN HAI TAO	2013–04–01	中国	五星旗	7 914	0	0
2	上海中远海运	中海化工运输	金海澜	JIN HAI LAN	2013–04–19	中国	五星旗	7 900	0	0
3	厦门中远海运	厦门中远海运	荣安城	RONG AN CHENG	2015–06–03	中国	五星旗	38 557	264	0
4	厦门中远海运	厦门中远海运	都安城	DUA N CHENG	2011–05–09	中国	中国香港	31 775	0	0
5	厦门中远海运	厦门中远海运	瑞安城	RUI AN CHENG	2015–12–02	中国	五星旗	37 930	264	0
6	厦门中远海运	厦门中远海运	平安城	PING ANC HENG	2017–02–28	中国	五星旗	37 899	264	0
7	厦门中远海运	厦门中远海运	广安城	GUANG ANC HENG	2017–06–21	中国	五星旗	37 917	264	0
8	厦门中远海运	厦门中远海运	长安城	CHANG ANC HENG	2017–11–02	中国	五星旗	37 971	264	0
9	厦门中远海运	厦门中远海运	宁安城	NING AN CHENG	2010–12–23	中国	中国香港	31 761	0	0
10	中国远洋物流	广远物流重大件	远景	YUAN JING	2009–07–17	中国	五星旗	12 626	0	0
11	中国远洋物流	广远物流重大件	远鉴	YUAN JIAN	2007–07–11	中国	五星旗	6 500	0	0
12	中远海运特运	亚龙湾船务	亚龙湾	YA LONG WAN	2007–01–04	中国	中国香港	6 012	0	0
13	中远海运特运	木兰湾船务	木兰湾	MU LAN WAN	2007–01–04	中国	中国香港	5 988	0	0
14	中远海运特运	福宁湾船务	福宁湾	FU NING WAN	2008–01–08	中国	中国香港	6 109	0	0
15	中远海运特运	大鹏湾船务	大鹏湾	DA PENG WAN	2007–08–28	中国	中国香港	6 144	0	0
16	中远海运特运	平海湾船务	平海湾	PING HAI WAN	2009–08–12	中国	巴拿马	6 115	0	0
17	中远海运特运	海南中远海运沥青	澎湖湾	PENG HU WAN	2008–11–02	中国	五星旗	6 327	0	0
18	中远海运特运	海南中远海运沥青	珍珠湾	ZHEN ZHU WAN	2008–07–28	中国	五星旗	6 315	0	0
19	中远海运特运	海南中远海运沥青	康华湾	KANG HUA WAN	2018–09–19	中国	五星旗	7 651	0	0
20	中远海运特运	海南中远海运沥青	盛华湾	SHENG HUA WAN	2018–09–19	中国	五星旗	7 641	0	0
21	中远海运特运	海南中远海运沥青	泰华湾	TAIHUA WAN	2018–04–12	中国	五星旗	7 652	0	0

续上表

序号	所属二级公司	所属公司（经营）	中文船名	英文船名	建造时间	建造国家或地区	船旗	总载重量（吨）	标准箱位数(TEU)	车位数（个）
22	中远海运特运	海南中远海运沥青	荣华湾	RONGHUA WAN	2018-05-09	中国	五星旗	7 939	0	0
23	中远海运特运	海南中远海运沥青	金州湾	JIN ZHOU WAN	2017-06-10	中国	五星旗	13 265	0	0
24	中远海运特运	海南中远海运沥青	广州湾	GUANG ZHOU WAN	2017-05-10	中国	五星旗	13 307	0	0
25	中远海运特运	宁海湾船务	宁海湾	NING HAI WAN	2010-04-08	中国	巴拿马	6 118	0	0
26	中远海运特运	星海湾船务	星海湾	XIN HAI WAN	2010-01-02	中国	巴拿马	6 123	0	0
27	中远海运特运	安海湾船务	安海湾	AN HAI WAN	2009-11-16	中国	巴拿马	6 165	0	0
28	中远海运特运	中远海运特运	牡丹松	MU DAN SONG	2012-03-19	中国	中国香港	27 410	1 371	0
29	中远海运特运	中远海运特运	幸福松	XING FU SONG	2012-09-17	中国	五星旗	27 292	1 371	0
30	中远海运特运	中远海运特运	卧龙松	WO LONG SONG	2010-11-25	中国	中国香港	27 000	1 371	0
31	中远海运特运	中远海运特运	麒麟松	QI LIN SONG	2010-08-30	中国	中国香港	27 300	1 371	0
32	中远海运特运	中远海运特运	孔雀松	KONG QUE SONG	2010-02-01	中国	中国香港	27 382	1 371	0
33	中远海运特运	中远海运特运	凤凰松	FENG HUANG SONG	2009-04-28	中国	中国香港	27 300	1 371	0
34	中远海运特运	中远海运特运	乐锦	LE JIN	1999-11-01	中国	五星旗	21 728	0	0
35	中远海运特运	中远海运特运	乐同	LE TONG	2000-05-01	中国	五星旗	21 400	0	0
36	中远海运特运	中远海运特运	乐民	LE MIN	1999-06-01	中国	五星旗	21 728	0	0
37	中远海运特运	中远海运特运	乐和	LE HE	2001-02-01	中国	五星旗	28 450	1 089	0
38	中远海运特运	中远海运特运	乐从	LE CONG	2000-12-01	中国	五星旗	28 450	1 089	0
39	中远海运特运	中远海运特运	乐里	LE LI	2000-09-01	中国	五星旗	28 450	1 089	0
40	中远海运特运	中远海运特运	乐宜	LE YI	2000-04-01	中国	五星旗	28 450	1 089	0
41	中远海运特运	太行山船务	中远太行山	COSCO TAIHANGSHAN	2010-07-23	中国	中国香港	31 956	0	0
42	中远海运特运	井冈山船务	中远井冈山	COSCO JINGGANGSHAN	2010-06-30	中国	中国香港	31 956	0	0
43	中远海运特运	武夷山船务	中远武夷山	COSCO WUYISHAN	2010-01-19	中国	中国香港	31 956	0	0
44	中远海运特运	金旺岭船务	金旺岭	JIN WANG LING	2010-09-27	中国	中国香港	31 907	0	0

续上表

序号	所属二级公司	所属公司（经营）	中文船名	英文船名	建造时间	建造国家或地区	船旗	总载重量（吨）	标准箱位数(TEU)	车位数（个）
45	中远海运特运	金兴岭船务	金兴岭	JIN XING LING	2010–06–18	中国	中国香港	31 907	0	0
46	中远海运特运	金远岭船务	金远岭	JIN YUAN LING	2009–11–02	中国	中国香港	31 907	0	0
47	中远海运特运	金广岭船务	金广岭	JIN GUANG LING	2009–07–29	中国	中国香港	31 907	0	0
48	中远海运特运	广州远洋运输	金达岭	JIN DA LING	1998–05–07	中国	巴拿马	28 164	0	0
49	中远海运特运	广州远洋运输	瑞昌海	RUI CHANG HAI	1997–09–01	中国	五星旗	27 275	0	0
50	中远海运特运	广州远洋运输	西昌海	XI CHANG HAI	1997–08–01	中国	五星旗	27 275	0	0
51	中远海运特运	中远海运特运	海王之星	HAI WANG ZHI XING	2007–03–28	中国	五星旗	9 106	630	0
52	中远海运特运	中远海运特运	天王之星	TIAN WANG ZHI XING	2007–03–28	中国	五星旗	9 106	630	0
53	中远海运特运	中远海运特运	天禧	TIAN XI	2016–01–26	中国	中国香港	38 098	1 015	0
54	中远海运特运	中远海运特运	天寿	TIAN SHOU	2016–01–26	中国	中国香港	38 134	1 015	0
55	中远海运特运	中远海运特运	天禄	TIAN LU	2015–12–12	中国	中国香港	38 122	1 015	0
56	中远海运特运	中远海运特运	天福	TIAN FU	2015–12–12	中国	中国香港	38 146	1 015	0
57	中远海运特运	中远海运特运	天健	TIAN JIAN	2016–11–17	中国	五星旗	37 994	0	0
58	中远海运特运	中远海运特运	天祺	TIAN QI	2015–09–07	中国	五星旗	37 940	0	0
59	中远海运特运	中远海运特运	天乐	TIAN LE	2015–12–12	中国	五星旗	38 146	0	0
60	中远海运特运	中远海运特运	天真	TIAN ZHEN	2016–05–10	中国	五星旗	38 007	0	0
61	中远海运特运	中远海运特运	天佑	TIAN YOU	2018–05–15	中国	五星旗	37 080	1 015	0
62	中远海运特运	中远海运特运	天惠	TIAN HUI	2017–12–29	中国	五星旗	37 130	1 015	0
63	中远海运特运	中远海运特运	天恩	TIAN EN	2017–11–03	中国	五星旗	37 125	1 015	0
64	中远海运特运	中远海运特运	紫荆松	ZI JING SONG	2012–11–12	中国	中国香港	27 403	1 371	0
65	中远海运特运	中远海运特运	如意松	RU YI SONG	2012–03–30	中国	五星旗	27 302	1 371	0
66	中远海运特运	中远海运特运	吉祥松	JI XIANG SONG	2011–12–29	中国	五星旗	27 352	1 391	0
67	中远海运特运	中远海运特运	莲花松	LIAN HUA SONG	2011–11–07	中国	中国香港	27 412	1 371	0

续上表

序号	所属二级公司	所属公司（经营）	中文船名	英文船名	建造时间	建造国家或地区	船旗	总载重量（吨）	标准箱位数(TEU)	车位数（个）
68	中远海运特运	中远海运特运	芙蓉松	FU RONG SONG	2011-11-09	中国	中国香港	27 421	1 371	0
69	中远海运特运	中远海运特运	杜鹃松	DU JUAN SONG	2011-08-18	中国	中国香港	27 438	1 371	0
70	中远海运特运	中远海运特运	平安松	PING AN SONG	2012-06-18	中国	五星旗	27 352	1 371	0
71	中远海运特运	中远海运特运	永盛	YONG SHENG	2002-09-04	罗马尼亚	中国香港	19 461	1 226	0
72	中远海运特运	中远海运特运	木棉松	MU MIAN SONG	2012-08-20	中国	中国香港	27 372	1 371	0
73	中远海运特运	中远海运特运	常荣口	CHANG RONG KOU	2000-01-01	—	五星旗	12 781	0	4 100
74	中远海运特运	中远海运特运	常安口	CHANG AN KOU	1999-08-06	—	五星旗	12 781	0	4 100
75	中远海运特运	中远海运特运	玉衡先锋	YU HENG XIAN FENG	1998-01-01	日本	五星旗	13 418	0	5 380
76	中远海运特运	中远海运特运	中远腾飞	ZHONG YUAN TENG FEI	2011-06-06	中国	巴拿马	14 500	0	5 381
77	中远海运特运	中远海运特运	中远盛世	ZHONG YUAN SHENG SHI	2011-02-16	中国	巴拿马	14 500	0	5 381
78	中远海运特运	中远海运特运	大贵	DA GUI	2017-12-07	中国	五星旗	28 621	1 035	0
79	中远海运特运	中远海运特运	大祥	DA XIANG	2017-06-28	中国	五星旗	28 577	1 035	0
80	中远海运特运	中远海运特运	大庆	DA QING	2017-04-12	中国	五星旗	28 604	1 035	0
81	中远海运特运	中远海运特运	大吉	DA JI	2016-12-19	中国	五星旗	28 621	1 035	0
82	中远海运特运	中远海运特运	大良	DA LIANG	2014-10-21	中国	五星旗	28 738	0	0
83	中远海运特运	中远海运特运	大智	DA ZHI	2014-09-11	中国	五星旗	28 738	0	0
84	中远海运特运	中远海运特运	大德	DA DE	2014-08-10	中国	五星旗	28 738	0	0
85	中远海运特运	中远海运特运	大信	DA XIN	2014-07-10	中国	五星旗	28 738	0	0
86	中远海运特运	中远海运特运	大昌	DA CHANG	2013-10-31	中国	中国香港	28 500	0	0
87	中远海运特运	中远海运特运	大泰	DA TAI	2013-09-11	中国	中国香港	29 041	0	0
88	中远海运特运	中远海运特运	大康	DA KANG	2013-07-17	中国	中国香港	28 500	0	0
89	中远海运特运	中远海运特运	大安	DA AN	2013-05-28	中国	中国香港	29 000	0	0
90	中远海运特运	中远海运特运	大彩云	DA CAI YUN	2012-09-18	中国	中国香港	28 378	1 706	0

续上表

序号	所属二级公司	所属公司（经营）	中文船名	英文船名	建造时间	建造国家或地区	船旗	总载重量（吨）	标准箱位数(TEU)	车位数（个）
91	中远海运特运	中远海运特运	大虹霞	DA HONG XIA	2012-05-10	中国	中国香港	28 367	1 706	0
92	中远海运特运	中远海运特运	大彤云	DA TONG YUN	2011-11-25	中国	中国香港	28 378	1 706	0
93	中远海运特运	中远海运特运	大青霞	DA QING XIA	2011-07-26	中国	五星旗	28 367	1 706	0
94	中远海运特运	中远海运特运	大翠云	DA CUI YUN	2011-05-20	中国	中国香港	28 367	1 706	0
95	中远海运特运	中远海运特运	大玉霞	DA YU XIA	2011-01-14	中国	中国香港	28 348	1 706	0
96	中远海运特运	中远海运特运	大紫云	DA ZI YUN	2010-02-05	中国	中国香港	28 451	1 706	0
97	中远海运特运	中远海运特运	大丹霞	DA DAN XIA	2009-10-15	中国	中国香港	28 451	1 706	0
98	中远海运特运	中远海运特运	新大强	XIN DA QIANG	1998-11-01	日本	五星旗	16 957	685	0
99	中远海运特运	中远海运特运	大富	DA FU	1998-10-01	日本	巴拿马	16 957	685	0
100	中远海运特运	中远海运特运	大华	DA HUA	1998-07-01	日本	巴拿马	16 957	685	0
101	中远海运特运	中远海运特运	新大中	XIN DA ZHONG	1998-06-30	日本	五星旗	16 957	685	0
102	中远海运特运	中远海运特运	中远昆仑山	COSCO KUN LUN SHAN	2010-10-25	中国	中国香港	31 956	0	0
103	中远海运特运	中远海运特运	新光华	XIN GUANG HUA	2016-12-08	中国	中国香港	98 370	0	0
104	中远海运特运	中远海运特运	致远口	ZHI YUAN KOU	2012-08-20	中国	五星旗	38 000	0	0
105	中远海运特运	中远海运特运	祥和口	XIANG HE KOU	2016-05-05	中国	中国香港	48 050	0	0
106	中远海运特运	中远海运特运	祥瑞口	XIANG RUI KOU	2011-07-23	中国	五星旗	48 231	0	0
107	中远海运特运	中远海运特运	祥云口	XIANG YUN KOU	2011-01-20	中国	五星旗	48 232	0	0
108	中远海运特运	中远海运特运	康盛口	KANG SHENG KOU	2003-08-15	中国	五星旗	20 248	0	0
109	中远海运特运	中远海运特运	泰安口	TAI AN KOU	2002-11-28	中国	五星旗	20 620	0	0
110	中远海运特运	中远海运特运	中远海运开拓	ZHONG YUAN HAI YUN KAI TUO	2019-01-11	中国	五星旗	62 051	0	0
111	中远海运特运	中远海运特运	中远海运创新	ZHONG YUAN HAI YUN CHUANG XIN	2019-04-18	中国	五星旗	62 042	0	0
112	中远海运特运	中远海运特运	中远海运进取	ZHONG YUAN HAI YUN JIN QU	2019-06-15	中国	五星旗	62 045	0	0

续上表

序号	所属二级公司	所属公司（经营）	中文船名	英文船名	建造时间	建造国家或地区	船旗	总载重量（吨）	标准箱位数(TEU)	车位数（个）
113	中远海运特运	中远海运特运	中远海运卓越	COSCO SHIPPING ZHUO	2019-09-29	中国	五星旗	61 991	0	0
114	中远海运特运	中远海运特运	中远海运锦绣	COSCO SHIPPING JIN X	2019-11-26	中国	五星旗	62 003	0	0
115	中波公司	中波公司	阿斯尼克	ADAM ASNYK	2009-12-10	中国	马耳他	30 435	1 904	0
116	中波公司	中波公司	中波寰宇	CP GALAXY	2010-12-22	中国	中国香港	30 280	1 904	0
117	中波公司	中波公司	中波太阳	CP SUN	2004-02-05	中国	中国香港	30 346	1 904	0
118	中波公司	中波公司	斯塔夫	STAFF	2004-12-11	中国	马耳他	30 346	1 904	0
119	中波公司	中波公司	中波明月	CP MOON	2004-05-04	中国	中国香港	22 258	1 904	0
120	中波公司	中波公司	中波恒星	CP STAR	2010-07-09	中国	中国香港	30 435	1 904	0
121	中波公司	中波公司	帕兰道夫斯基	PARADOWSKI	2010-11-26	中国	马耳他	30 397	1 904	0
122	中波公司	中波公司	乾坤	QIAN KUN	2011-12-12	中国	五星旗	30 330	1 904	0
123	中波公司	中波公司	奥尔坎	ORKAN	2003-11-12	中国	马耳他	30 332	1 904	0
124	中波公司	中波公司	诺沃维耶斯基	NOWOWIEJSKI	2016-04-06	中国	塞浦路斯	30 300	1 904	0
125	中波公司	中波公司	中波大西洋	CP ATLANTIC	2016-07-05	中国	中国香港	31 616	1 919	0
126	中波公司	中波公司	帕德雷夫斯基	PADEREWSKI	2016-12-21	中国	塞浦路斯	31 673	1 919	0
127	中波公司	中波公司	中波太平洋	CP PACIFIC	2015-12-16	中国	中国香港	31 661	1 919	0
128	中波公司	中波公司	克拉舍夫斯基	KRASZEWSKI	2011-10-25	中国	塞浦路斯	31 664	1 919	0
129	中波公司	上海中波航运管理	中波黄河	CHIPOL HUAN GHE	2015-03-31	中国	中国香港	36 947	1 880	0
130	中波公司	上海中波航运管理	中波东海	CHIPOL DONG HAI	2016-03-18	中国	中国香港	36 947	1 880	0
131	中波公司	上海中波航运管理	中波太湖	CHIPOL TAI HU	2015-08-11	中国	中国香港	36 947	1 880	0
132	中波公司	上海中波航运管理	中波长江	CHIPOL CHANG JIANG	2015-01-05	中国	中国香港	36 947	1 880	0
133	中波公司	上海中波航运管理	—	LISBON TRADE	2009-10-26	中国	利比里亚	32 486	0	0
134	中波公司	上海中波航运管理	—	SAN MARINO TRADE	2010-02-04	中国	利比里亚	32 486	0	0

续上表

序号	所属二级公司	所属公司（经营）	中文船名	英文船名	建造时间	建造国家或地区	船旗	总载重量（吨）	标准箱位数(TEU)	车位数（个）
135	中波公司	上海弘发航运	弘发上海	HONG FA SHANG HAI	1997–09–26	YU	五星旗	21 963	1 094	0
136	中波公司	上海中波航运管理	中波雄安	CHIPOL XIONG AN	2012–07–01	中国	利比里亚	28 262	0	0
137	中波公司	上海中波航运管理	瑞安	CHIPOL RUI AN	1998–04–14	YU	利比里亚	30 460	1 094	0
合计								3 815 506	91 433	24 342

注：中波公司“Lisbon Trade”轮后改名为“宝安”轮，英文名“CHIPOL BAOAN ”，“San Marino Trade”改名为“泰安”，英文名“CHIPOL TAIAN”“瑞安”轮是由原“诺威德”改名而来。

中远海运集团杂货特种船队租入船舶船名录

表 17–10

序号	所属二级公司	所属公司（经营）	中文船名	英文船名	建造时间	建造国家或地区	船旗	总载重量（吨）	标准箱位数(TEU)
1	中远海运特运	海南中远海运沥青运输	三都澳	SAN DU AO	2011–08–05	中国	中国香港	12 780	0
2	中远海运特运	中远海运特运	兴意海 2	XING YI HAI	2016–01–01	中国	中国香港	38 947	0
3	中远海运特运	中远海运特运	裕昌	YU CHANG	2003–03–01	中国	利比里亚	30 320	0
4	中远海运特运	中远海运特运	海天	MARITEC	2009–01–01	中国	中国香港	33 266	0
5	中远海运特运	中远海运特运	扬子传奇	YANGTZE LEGEND	2015–02–01	中国	—	39 172	0
6	中远海运特运	中远海运特运	裕荣 3	YU RONG	2002–03–01	中国	利比里亚	30 000	0
7	中远海运特运	中远海运特运	布里斯安娜	BRASSIANA	2012–12–14	韩国	—	57 536	0
8	中远海运特运	中远海运特运	松乐 1	SOZON	2010–03–01	日本	马耳他	50 779	0

续上表

序号	所属二级公司	所属公司（经营）	中文船名	英文船名	建造时间	建造国家或地区	船旗	总载重量（吨）	标准箱位数(TEU)
9	中远海运特运	中远海运特运	东邦巨人 3 号	DONGBANG GIANT NO.3	2010-06-09	韩国	韩国	14 006	0
10	中远海运特运	中远海运特运	东邦巨人 7 号	DONGBANG GIANT NO.7	2016-08-18	中国	韩国	19 399	0
11	中远海运特运	中远海运特运	高丽 2 号	KOREX SPB NO.2	2012-02-23	中国	韩国	15 016	0
12	中远海运特运	中远海运特运	韩进先锋	HAN JIN PIONEER	2010-11-24	韩国	韩国	12 180	0
13	中远海运特运	中远海运特运	青阳越洋 2 号	CY INTEROCEAN Ⅱ	2017-04-20	中国	—	15 633	0
14	中远海运特运	中远海运特运	大和号	YAMATO	2010-11-29	日本	巴拿马	19 812	0
15	中远海运特运	中远海运特运	德渤 2	DE BO 2	2016-02-01	中国	五星旗	20 216	0
16	中远海运特运	中远海运特运	海洋石油 278	HAI YANG SHI YOU 278	2012-02-15	中国	五星旗	52 789	0
17	中波公司	中波公司	—	WARNOW MARS	2015-11-15	中国	利比里亚	33 271	1 158
18	中波公司	上海弘发航运	黄海拼搏	HUANGHAI STRUGGLER	2014-08-19	中国	中国香港	31 777	1 444
19	中波公司	上海弘发航运	黄海先锋	HUANGHAI PIONEER	2012-07-02	中国	中国香港	28 309	1 742
20	中波公司	上海弘发航运	黄海前进	HUANGHAI ADVANCE	2012-07-01	中国	中国香港	28 309	1 742
21	中波公司	上海弘发航运	黄海荣耀	HUANGHAI GLORY	2012-09-20	中国	中国香港	28 309	1 742
22	中波公司	上海弘发航运	育鹏	YU PENG	2015-12-20	中国	五星旗	29 774	1 769
23	上海中远海运	中海化工运输	泓广 1	HONG GUANG 1	2012-06-26	中国	五星旗	4 399	0
合计								645 999	9 597

中远海运集团客轮船队自有船舶船名录

表 17-11

序号	所属二级公司	所属公司（经营）	中文船名	英文船名	建造时间	建造国家或地区	船旗	总载重量（吨）	标准箱位数(TEU)	车位数（个）	客位数（个）
1	青岛中远海运	烟台中韩轮渡	香雪兰	XIANG XUE LAN	1996-03-25	德国	巴拿马	6 526	293	0	392
2	中远海运客运	中远海运客运	葫芦岛	HU LU DAO	2005-09-29	中国	五星旗	3 873	0	100	1 428
3	中远海运客运	中远海运客运	棒棰岛	BANG CHUI DAO	1995-09-03	荷兰	五星旗	4 228	0	105	1 200
4	中远海运客运	中远海运客运	龙兴岛	LONG XING DAO	2010-12-01	中国	五星旗	7 744	0	197	1 400
5	中远海运客运	中远海运客运	永兴岛	YONG XING DAO	2011-03-22	中国	五星旗	7 744	0	197	1 400
6	中远海运客运	中远海运客运	长山岛	CHANG SHAN DAO	2011-12-05	中国	五星旗	7 671	0	197	1 400
7	中远海运客运	中远海运客运	普陀岛	PU TUO DAO	2005-04-21	中国	五星旗	3 873	0	100	1 428
8	中远海运客运	中远海运客运	海洋岛	HAI YANG DAO	1995-12-07	荷兰	五星旗	4 228	0	105	1 200
9	厦门中远海运	厦门中远海运	新五缘	XIN WU YUAN	2016-06-17	中国	五星旗	47	0	0	322
10	海南港航	海南港航	信海 16 号	XIN HAI 16 HAO	2007-09-21	中国	五星旗	2 298	0	41	963
11	海南港航	海南港航	信海 19 号	XIN HAI 19 HAO	2011-12-27	中国	五星旗	2 511	0	41	972
12	海南港航	海南港航	宝岛 12 号	BAO DAO 12 HAO	2010-01-25	中国	五星旗	2 238	0	41	986
13	海南港航	海南港航	宝岛 16 号	BAO DAO 16 HAO	2012-06-20	中国	五星旗	2 511	0	41	972
14	海南港航	海南港航	海峡一号	HAI XIA YI HAO	2012-01-18	中国	五星旗	1 222	0	30	596
15	海南港航	海南港航	五指山	WU ZHI SHAN	2013-12-27	中国	五星旗	2 513	0	46	999
16	海南港航	海南港航	白石岭	BAI SHI LING	2013-12-24	中国	五星旗	2 529	0	46	999
17	海南港航	海南港航	尖峰岭	JIAN FENG LING	2014-01-17	中国	五星旗	2 404	0	46	999
18	海南港航	海南港航	鹦哥岭	YING GE LING	2014-01-14	中国	五星旗	2 555	0	46	999
19	海南港航	海南港航	黎母岭	LI MU LING	2014-02-18	中国	五星旗	2 546	0	46	999
20	海南港航	海南港航	铜鼓岭	TONG GU LING	2014-03-14	中国	五星旗	2 393	0	46	999
21	海南港航	海南港航	凤凰岭	FENG HUANG LING	2014-11-25	中国	五星旗	2 641	0	46	999
22	海南港航	海南港航	六连岭	LIU LIAN LING	2014-12-08	中国	五星旗	2 556	0	46	999

续上表

序号	所属二级公司	所属公司（经营）	中文船名	英文船名	建造时间	建造国家或地区	船旗	总载重量（吨）	标准箱位数(TEU)	车位数（个）	客位数（个）
23	海南港航	海南港航	海棠湾	HAI TANG WAN	2014-12-30	中国	五星旗	2 764	0	46	999
24	海南港航	海南港航	信海 11 号	XIN HAI 11 HAO	2002-12-15	中国	五星旗	989	0	38	312
25	海南港航	海南港航	棋子湾	QI ZI WAN	2009-10-28	中国	五星旗	3 200	0	69	844
26	海南港航	海南港航	长乐公主	CHANG LE GONG ZHU	2017-01-10	中国	五星旗	2 191	0	62	466
27	海南港航	海南港航	信海 12 号	XIN HAI 12 HAO	2004-12-31	中国	五星旗	1 404	0	40	790
28	中远海运客运	三沙南海梦之旅	南海之梦	NAN HAI ZHI MENG	2012-05-15	中国	五星旗	5 995	0	197	893
29	厦门中远海运	厦门闽台轮渡	中远之星	COSCO STAR	1993-09-01	日本	中国香港	10 326	256	0	683
30	厦门中远海运	星旅远洋国际邮轮	鼓浪屿	PIANO LAND	1995-01-01	德国	英国	6 715	0	0	2 014
31	中远海运集运	中日国际轮渡	新鉴真	CHINJIF	2019-02-01	日本	五星旗	4 321	250	0	345
32	中远海运集运	上海国际轮渡	苏州号	SU ZHOU HAO	1992-04-13	日本	五星旗	3 721	229	0	316
合计								118 477	1 028	2 015	30 313

中远海运集团客轮船队租入船舶船名录

表 17–12

序号	所属二级公司（经营）	中文船名	英文船名	船型	建造时间	建造国家或地区	船旗	总载重量（吨）	车位数（个）	客位数（个）
1	中远海运客运	万通海	WAN TONG HAI	客滚船	2010–11–29	中国	五星旗	7 447	260	1 618
2	中远海运客运	万荣海	WAN RONG HAI	客滚船	2008–06–02	中国	五星旗	3 252	69	1 108
合计								10 699	329	2 726

2017—2019年中远海运集团客、货运量统计表

2017—2019 年中远海运集团客、货运量统计表

表 17–13

项目	单位	2017 年	2018 年	2019 年
客运	万人	217.31	225.21	256.50
	亿人海里	2.02	2.18	2.58
货运	万吨	108 425.21	120 204.48	130 973.31
	亿吨海里	29 140.44	31 608.88	36 201.26
内贸	万吨	59 930.06	62 831.41	65 521.20
	亿吨海里	4 092.38	4 311.09	4 412.15
外贸	万吨	48 495.15	57 343.70	65 452.10
	亿吨海里	25 048.06	27 294.98	31 789.12
煤炭及制品	万吨	23 886.71	26 396.54	26 178.62
石油、天然气及制品	万吨	17 697.98	20 552.39	22 758.96
其中：原油	万吨	14 338.76	15 561.18	14 965.80
金属矿石	万吨	13 566.62	13 345.64	15 022.59
钢铁	万吨	1 281.78	1 145.36	1 133.02
矿建材料	万吨	478.32	517.51	782.12
水泥	万吨	361.45	405.21	517.11
木材	万吨	217.35	210.43	228.63
非金属矿石	万吨	235.57	269.24	244.38
化肥及农药	万吨	78.03	166.56	141.26
盐	万吨	95.58	119.93	91.23
粮食	万吨	2 501.89	2 127.59	2 096.17
机电设备	万吨	3 851.79	3 994.47	4 120.53
化工原料	万吨	128.76	72.61	84.42
有色金属	万吨	2.57	6.13	8.52
轻工医药	万吨	86.02	123.23	230.58
农林牧渔品	万吨	11.31	8.91	5.00
集装箱运量	万吨	43 527.63	50 323.73	56 887.62
箱量	TEU	34 268 380	41 690 700	51 603 859
其中：重箱	TEU	26 442 486	32 141 734	40 151 474
车辆数	辆	679 360	790 252	825 250

2017—2019 年中远海运集团运输及生产统计表

2017—2019 年中远海运集团运输及生产统计表

表 17–14

指标	单位	2017 年	2018 年	2019 年
船舶艘数	艘	1 123	1 276	1 316
船队载重吨	万吨	8 635	10 138.40	10 461.90
平均船龄	年	9.67	8.61	9.12
自有船舶单船平均载重吨	万吨	7.69	8.62	8.69
货运量	万吨	108 425	120 205	130 973.31
货运周转量	亿吨海里	29 140	31 608	36 201.26
集装箱重箱运量	万 TEU	2 644	3 213.67	4 015.15
全球集装箱码头数	个	55	51	53
全球集装箱码头吞吐量	万 TEU	10 425	12 627.7	13 395.34
新造船产能	万载重吨	820	748	748
全球船舶燃料销量	万吨	2 783	2 600	2 900

2007—2019 年中远海运集团世界 500 强排名一览表

2007—2019 年中远海运集团世界 500 强排名一览表

表 17–15

年份	世界 500 强排名	年收入（百万美元）
2007 年	488	15 413.5
2008 年	405	2 0840.0
2009 年	327	27 430.3
2010 年	未进入	—
2011 年	399	24 249.7
2012 年	384	28 796.5
2013 年	401	2 8736.0
2014 年	451	26 805.5
2015 年	432	27483.0
2016 年	465	22 965.4
2017 年	366	29 743.1
2018 年	335	34 667.8
2019 年	279	42 607.7

注：1. 2007—2016年为中远集团数据；

2. 年份是《财富》杂志公布的年份，年收入为上一个年度的数据。

2019 年末中远海运集团员工队伍统计表

2019 年末中远海运集团员工队伍统计表

表 17–16

（单位：人）

类别	合计	陆地员工		船员	
		小计	其中中方	小计	其中中方
劳务合同用工	98 106	72 424	62 424	25 682	25 682
其中在岗职工	94 956	70 183	60 511	24 773	24 773
派出职工	1 168	323	323	845	845
其他人员	1 982	1 918	1 590	64	64
劳务派遣用工	37 742	11 851	11 842	25 981	25 867
其他从业人员	1 102	955	803	0	0
员工总数	136 803	85 230	74 922	51 573	51 549

注：1. 其他从业人员包括返聘人员、外部董事、直属单位派出人员等；

2. 员工总数：（劳务合同用工 + 劳务派遣用工 + 其他从业人员）– 集团内部派出人员重复计算部分。

2019 年末中远海运集团船员队伍统计表

2019 年末中远海运集团船员队伍统计表

表 17–17

（单位：人）

类别	合计	运输船员	港作船员	客服船员
船员总量	51 573	50 135	883	585
合同制船员	25 682	24 936	568	178
派遣制船员	25 981	25 199	285	407
高级船员	24 955	24 555	366	34
其中船长	2 635	2 569	65	1
轮机长	2 752	2 687	73	1
政委	1 147	1 145	2	0
大副	2 587	2 533	53	1
大管轮	2 363	2 322	41	0

2020

CHINA COSCO SHIPPING
CORPORATION LIMITED
YEARBOOK

中国远洋海运集团有限公司

年鉴

索引

使用说明

一、本索引按汉语拼音音序排列。具体如下：数字开头的，排在最前面；以英文字母开头的排在其次；汉字标目则按首字的音序、音调依次排列，首字相同时，则以第二字排序，依次类推。

二、索引标目后的数字，表示索引内容所在的年鉴正文页码；数字后面的英文字母 a、b，表示年鉴正文的栏别，合在一起即指该页码及左右两个版面区域。年鉴中用表格反映的内容，则在索引标目后面用括号注明（表）字，以区别文字标目。

三、为反映索引款目间的隶属关系，对于二级标目，采用上一级标目下缩两格的形式编排，之下按照习惯的顺序排列，不再按照汉语拼音音序排列。

0-9

A-Z

E

F

G

H

J

K

L

M

N

P

Q

R

S

Z